STRATEGIA AZIENDALE

Risorse, competenze e vantaggi competitivi

JAY B. BARNEY

STRATEGIA AZIENDALE

Risorse, competenze e vantaggi competitivi

a cura di
Valentina Della Corte e Mauro Sciarelli

G. GIAPPICHELLI EDITORE – TORINO

VIA PO, 21 - TEL. 011-81.53.111 - FAX 011-81.25.100

http://www.giappichelli.it

ISBN/EAN 978-88-921-0155-5

Composizione: Voxel Informatica s.a.s. - Chieri (TO)

Stampa: Stampatre s.r.l. - Torino

Indice

Prefazione

L'edizione italiana di *Gaining and Sustaining Competitive Advantage* ha rappresentato un'opportunità ed una sfida che l'autore ci ha posto e di cui, sin dall'inizio, ci siamo sentiti lusingati ed allo stesso tempo un po' spaventati. La diffusione e l'apprezzamento nel mercato di questo manuale di *strategic management*, giunto alla terza edizione, rendeva – secondo noi – necessaria una versione italiana, che non costituisse, tuttavia, solo una semplice traduzione dell'originale, ma un'edizione adattata al contesto imprenditoriale ed accademico a noi più familiare. Per questo motivo, d'accordo con il professor Barney, si è provveduto a modificare parzialmente la struttura del lavoro, riducendone anche la dimensione, inserendo riferimenti aziendali del nostro contesto ed introducendo un nuovo capitolo sulle strategie di aggregazione. Quest'ultimo contributo risponde alle esigenze dei percorsi di sviluppo delle imprese di piccole dimensioni, elemento strutturale del contesto industriale italiano ed europeo. In questo modo, si è puntato a realizzare un testo di utile adozione nella didattica dei corsi e dei moduli formativi di strategia, a livello universitario e post-universitario e, al tempo stesso, un efficace e fruibile strumento di supporto manageriale. La struttura del testo, pur nella piena integrazione delle sue componenti, può essere idealmente suddivisa in tre parti. Nella prima, che comprende i primi tre capitoli, si sviluppa il *framework* di base per l'analisi delle fonti del vantaggio competitivo sostenibile, secondo la logica *resource-based.* Risorse di valore, rare, difficili o costose da imitare, ed il cui potenziale venga messo a frutto dalle componenti organizzative, costituiscono le basi di vantaggi competitivi durevoli. Tali attributi sono approfonditi all'interno del processo di individuazione delle opportunità e minacce ambientali, integrando strumenti analitici tradizionali ed innovativi. La seconda parte (dal quarto all'ottavo capitolo) traccia il percorso che lega strategie di *business* e di *corporate*, sviluppandone specificità e problematiche, per porre in luce – per ciascuna tipologia analizzata – i meccanismi e le soluzioni che possono generare vantaggi durevoli. L'ultima parte, infine, si concentra sulle traiettorie strategiche, ossia sulle particolari modalità di implementazione delle scelte finalizzate al conseguimento di vantaggi competitivi, come le alleanze, le fusioni ed acquisizioni e lo sviluppo aggregativo di tipo sistemico.

Nella presente edizione, ci sono numerosi aggiornamenti e revisioni di alcuni passaggi contrattuali, tenendo presente il costante dinamismo del mondo delle imprese e la necessità di abbinare teoria e pratica in tutte gli aspetti del management e di quello strategico.

Non possiamo omettere i ringraziamenti ad un gruppo di giovani studiosi, dottorandi e ricercatori, che ha collaborato nella ricerca e selezione dei casi aziendali. Un particolare grazie a Giovanna Del Gaudio, a Chiara D'Andrea, ad Enrico Di Taranto, ad Iris Savastano e a Fabiana Sepe.

Oltre a ringraziare Jay Barney, nostro costante riferimento, per l'opportunità e per la considerazione, nonché per la sua amicizia, ci associamo nell'esprimere la nostra gratitudine verso chi ci ha operativamente supportato nella realizzazione di questo risultato, di cui – naturalmente – assumiamo piena ed unica responsabilità per errori ed omissioni.

Valentina Della Corte
Mauro Sciarelli

1

Che cos'è la strategia

Le strategie di successo: alcuni esempi

Nel 1969 due studenti di informatica alla Lakeside School di Seattle, nello Stato di Washington, si dilettavano ad ideare programmi per risolvere difficili problemi di matematica e per creare dei semplici videogiochi. Quell'anno i due studenti fondarono una propria azienda, Traf-O-Data, in grado di contare il numero di automobili che passavano per un incrocio particolarmente critico, attraverso l'utilizzo di un computer elementare.

Sei anni dopo, nel 1975, uno dei due studenti entrò ad Harvard e l'altro era disoccupato. Quest'ultimo, Paul Allen, lesse un articolo sul mits Altair 8800, uno dei primi personal computer commercializzati, sulla rivista "Popular Electronics" e chiamò il suo vecchio amico, Bill Gates, per creare una nuova società, Microsoft, capace di sfruttare le opportunità create da questa nuova tecnologia. I primi maggiori prodotti di Microsoft furono i linguaggi di programmazione per Apple II e altri personal computer. Tuttavia, nel 1980, IBM chiese a Microsoft di fornirle un sistema operativo per il suo nuovo personal computer (PC). Microsoft acquistò un sistema operativo conosciuto come QDOS (Quick and Dirty Operating System) per 50.000 dollari e lo rinominò MS-DOS (Microsoft Disc Operating System). Nell'agosto del 1981, IBM introdusse sul mercato la sua linea di pc, il sistema operativo MS-DOS e questi prodotti conquistarono oltre il 75% del mercato dei pc, nonostante i principali concorrenti di IBM stessero sviluppando cloni di tali prodotti a prezzi inferiori, anch'essi dotati di MS-DOS come sistema operativo. Tale sistema era oltremodo difficile da usare e così agli inizi degli anni ottanta Microsoft e IBM si impegnarono a co-sviluppare un nuovo sistema operativo che fu poi chiamato os/2. Tuttavia, nel 1990 Microsoft lanciò sul mercato il suo nuovo sistema operativo, Windows 3.0, che rappresentava una versione migliorativa del sistema operativo *user-friendly* dell'Apple di Macintosh e dei sistemi operativi per pc di IBM. Inoltre, tale prodotto creò non pochi problemi a molte aziende, tra cui Lotus e WordPerfect, produttrici di software che funzionavano sul sistema os/2 e che si impegnarono a rendere tali software compatibili con il sistema Windows.

Microsoft non si fece sfuggire questa opportunità ed iniziò a lanciare sul mercato i propri programmi, ottenendo la maggiore quota di mercato. Nel 1997, Microsoft aveva l'83% del mercato dei sistemi operativi per i pc, il 90% degli applicativi di scrittura e l'87% dei fogli elettronici. Il prezzo delle azioni dell'azienda salì da 1,58 dollari della prima quotazione a 120 dollari ad azione. Nel 1999, la redditività media annua sul capitale ha raggiunto il 57,9%.

L'evoluzione di Microsoft da azienda produttrice di un semplice sistema operativo (MS-DOS), ad uno più sofisticato (Windows), per giungere ad un'azienda produttrice di sistemi operativi e programmi (Windows e applicazioni) ha generato enorme ricchezza, ma l'impresa ha anche dovuto affrontare diverse difficoltà. Per esempio, la rapida crescita negli anni novanta fu alimentata dalla domanda crescente di pc e programmi. Tuttavia, una volta stabilizzata tale domanda la vendita di nuovi prodotti cominciò a diminuire poiché i consumatori richiedevano solo limitati aggiornamenti dei loro programmi.

Inoltre, la posizione dominante dell'azienda nei sistemi operativi e nei programmi ha più volte suscitato le accuse di pratiche monopolistiche. Sia la Commissione Federale sul Commercio che il Dipartimento di Giustizia degli Stati Uniti hanno investigato sull'azienda in cerca di comportamenti anticompetitivi. Nonostante queste difficoltà, Bill Gates, facendo leva sul successo originario dell'azienda nei sistemi operativi, ha fondato un'impresa produttrice di software per pc potente e di grande successo (Schlender, 1995; Schlender, Kirkpatrick, 1995; Nocera, 1998; Brinkley, 2000).

La revisione delle strategie aziendali

Nel 1984, Walt Disney Company ottenne un profitto pari a 242 milioni di dollari. Quell'anno, la maggior parte del suo profitto (ben il 77%) proveniva dai suoi parchi a tema situati in California, in Florida e in Giappone. I prodotti per i clienti finali che sfruttavano i famosi personaggi animati della Disney (come ad esempio Topolino), generavano il 22% del profitto, mentre il business dei cartoni animati solo l'1%. A questo punto l'azienda assunse Michael Eisner dalla Paramount Studios come presidente della Walt Disney Company. Eisner prese tre importanti decisioni che alterarono profondamente il modo di operare di Disney. Prima di tutto Eisner aumentò il prezzo di ingresso ai parchi a tema, ritenendo che ciò non avrebbe impattato sulla domanda poiché il prezzo di ingresso al parco rappresentava solo una minima percentuale del costo totale della visita. Inoltre, non c'era neanche il rischio di perdere posizioni di mercato a favore della concorrenza poiché i parchi a tema della Disney erano contraddistinti da caratteristiche uniche dell'azienda. Oltre ad aumentare il prezzo d'ingresso, Eisner migliorò e ingrandì i parchi. Il risultato fu stupefacente: mentre nel 1984 i parchi a tema della Disney generavano solo 186 milioni di dollari di profitto, nel 1989 arrivarono a 787 milioni ed infine nel 1998 i ricavi complessivi raggiunsero i 4,5 miliardi di dollari con profitti pari a 900 milioni.

In secondo luogo, Eisner capì che la capacità di imporre un *premium price* per i prodotti della Disney risiedeva in maniera critica sulla stabilità dei suoi personaggi animati, molti dei quali stavano cominciando ad "invecchiare". Inoltre, non era ben chiaro se i personaggi amati dai bambini negli anni cinquanta e sessanta avrebbero attirato anche quelli degli anni ottanta e novanta. Ciò non avrebbe costituito un problema se l'azienda, nei propri "studios", fosse stata capace di creare costantemente nuovi personaggi. Tuttavia, nel 1984, le attività produttive degli "studios" erano in crisi. Erano trascorsi anni dall'ultimo personaggio di successo e si dubitava persino della capacità di poter ripetere qualcosa del genere. Eisner si concentrò quindi sul segmento della produzione di cartoni animati, investendo in una serie di cartoni di successo. I suoi sforzi culminarono nel 1994 con il film animato *Il Re Leone*, che fu il secondo film più redditizio di tutti i tempi, con un incasso ai box office di tutto il mondo di 740 milioni di dollari. Un ricavo addizionale di 1 miliardo di dollari fu generato dalla vendita del merchandising del film e ancora diverse centinaia di milioni di dollari giunsero dalla vendita delle videocassette. Da allora, Disney ha prodotto numerosi cartoni animati di successo, quali *Pocahontas*, *Il Gobbo di Notre Dame*, *Hercules*, *Mulan* e *Tarzan*. Se nel 1984 il business di produzione di cartoni animati generava profitti pari a soltanto 2,42 milioni di dollari, nel 1997 i profitti hanno raggiunto 1,6 miliardi di dollari.

Infine, Eisner intuì che le numerose risorse uniche dell'azienda non venivano sfruttate al massimo attraverso il business della produzione dei cartoni animati e dei parchi a tema; così diversificò le operazioni della Disney. Se nel 1984 l'azienda operava maggiormente nel settore dei parchi a tema, nel 2000 era presente in un complesso insieme di settori tra i quali: studi cinematografici, Disney Channel, espn, studi televisivi (attraverso l'acquisizione di Capital Cities/abc), parchi a tema negli Stati Uniti, in Europa e in Giappone (con proprietà immobiliari, imprese di costruzione, alberghi e ristoranti all'interno dei parchi), prodotti di consumo, vendita al dettaglio, vendita per corrispondenza, casa editrice, etichetta discografica, spettacoli dal vivo, franchising di una squadra nazionale di hockey (Anaheim Mighty Ducks) e una di baseball (California Angels) e una compagnia crocieristica. Molti di questi business si completavano e rafforzavano l'un l'altro, basandosi sui tradizionali punti di forza della Disney.

Queste decisioni di Eisner ebbero un effetto profondo sulla Disney: nel 1999 i ricavi della Disney superavano di poco i 24,4 miliardi di dollari e l'azienda occupava 117.000 dipendenti. Nel 1994, oltre il 23% dei ricavi aziendali provenivano da attività internazionali e l'azienda registrava incrementi annui di profitto ed una redditività del capitale maggiore del 20%. Nel 1984 il valore di mercato dell'azienda era pari a 2 miliardi di dollari, ma nel 1999 tale valore è aumentato a 70,5 miliardi, superando imprese quali Ford (valore di mercato di 50 miliardi di dollari) e General Motors (valore di mercato pari a 63,8 miliardi di dollari).

Ovviamente, anche durante la presenza di Eisner l'azienda ebbe i suoi momenti difficili, come per esempio nel caso di EuroDisney che impiegò diversi anni per diventare profittevole e che, nel 1994, costò all'azienda ben 500 milioni di dollari. Inoltre, nel corso del 1994, molti manager, che erano stati parte del successo della Disney sino a quel momento, diedero le dimissioni, tra questi Jeffrey Katzenberg (direttore della divisione di produzione televisiva e cinematografica) e Richard Frank (direttore della divisione televisiva). Nello stesso anno la Disney dovette abbandonare il progetto di un nuovo parco a tema (chiamato America) nello stato del Virginia, di fronte alle pressioni dell'opinione pubblica. Dal punto di vista finanziario, inoltre, il prezzo delle azioni dell'azienda ha stentato a riprendersi dall'acquisizione della rete televisiva Capital Cities/abc.

Nonostante ciò, Michael Eisner ha implementato una serie di decisioni che hanno avuto un impatto fortemente positivo sulle performance della Walt Disney Company (Huey, 1995; Gunther, 1998; Lubove, Franco, 1997).

Fattori critici del successo aziendale

Nel 1962 Sam Walton e suo fratello, nello stato dell'Arkansas, erano proprietari e gestori di 16 negozi della catena di supermercati Ben Franklin. Sam Walton intuì da subito la potenzialità economica di localizzare negozi al dettaglio discount nelle città interne, ma fu incapace di convincere anche i proprietari della catena e di sfruttare questa opportunità; così creò la propria azienda con il marchio Wal-Mart.

Wal-Mart operava nel settore altamente competitivo del dettaglio discount. Durante gli anni sessanta molti dettaglianti discount, tra cui King's, Korvette's, Two Guys e Woolco, fallirono. I margini di profitto si assottigliavano sempre di più, spesso posizionandosi in media sul 2-3% delle vendite. Nonostante il settore così competitivo, Wal-Mart cresceva e prosperava. Dalla metà degli anni ottanta, mentre la maggior parte dei dettaglianti consolidati, tra cui Kmart e Zayre's, aveva un ritorno sul capitale in media del 14%, quello di Wal-Mart era in media del 33%. Nonostante Wal-Mart sia 4,6 volte più grande di Kmart, il suo valore di mercato è oltre 48 volte superiore a quello di Kmart. Nel 1999 gli ipermercati Wal-Mart producevano ricavi per 167 miliardi di dollari e profitti per 5,4 miliardi di dollari.

Walton identificava tre fattori chiave del successo della sua azienda. Prima di tutto, la localizzazione dei suoi ipermercati nelle città interne permetteva all'azienda di soddisfare una domanda ancora poco considerata. Inoltre, la dimensione di queste città interne consentiva la presenza di un solo ipermercato. In questo modo Wal-Mart poteva imporre prezzi superiori del 6% dei suoi negozi situati nei maggiori centri urbani, senza subire la minaccia di nuovi concorrenti.

In secondo luogo, l'azienda possedeva e possiede tuttora uno dei network distributivi più efficienti dell'intero settore di distribuzione al dettaglio che ruota intorno a numerose grandi strutture adibite allo stoccaggio delle merci e si basa su dettagliate informazioni sulla gestione delle scorte, raccolte a livello di singolo punto vendita. Inoltre, la proprietà dei mezzi di trasporto e la cooperazione con i propri fornitori permettevano di ottenere dei vantaggi di costo del 6-7% rispetto alla concorrenza. Infine, Sam Walton si impegnò a creare una cultura organizzativa ed un modo di fare business che motivava ed ispirava i suoi dipendenti. Per enfatizzare l'importanza della vendita *low cost*, Walton costruì la sede centrale dell'azienda simile ad un centro di stoccaggio. Girava in un vecchio camioncino, anche se, a quel tempo, era l'uomo più ricco degli Stati Uniti. I dipendenti condivisero tale cultura organizzativa e così l'azienda generò livelli di produttività superiori alla media di settore.

Naturalmente, anche Wal-Mart ebbe dei momenti difficili. Prima di tutto, all'inizio degli anni novanta, la maggior parte delle città interne, che avevano permesso all'azienda di poter imporre prezzi superiori alla media, era stata già occupata dai concorrenti. Per continuare a crescere, l'azienda dovette cominciare a posizionarsi anche nei centri urbani più competitivi. Inoltre, per rispondere allo sviluppo del segmento dei centri di distribuzione al dettaglio, Wal-Mart lanciò i Sam's Discount Warehouses. Anche se tale segmento aveva delle caratteristiche attrattive, i margini di profitto erano ancora più contenuti di quelli del segmento dei punti vendita al dettaglio discount. Inoltre, l'impresa iniziò ad incontrare delle opposizioni alla sua crescita da parte di commercianti locali e degli *opinion leaders* dei centri dove era situato, soprattutto nello stato del New England. Anche gli sforzi di internazionalizzazione di Wal-Mart non hanno dato da subito gli effetti sperati. Infine, molti hanno affermato che, con la morte di Sam Walton, la motivazione dei dipendenti, così importante per il successo dell'azienda, sia andata affievolendosi.

Nonostante tali difficoltà, Wal-Mart continua a crescere e ad essere una realtà di successo. Sam Walton è stato considerato come uno degli imprenditori di maggiore influenza e di maggior successo nel settore della distribuzione al dettaglio (Ghemawat, 1986; Ortega, 1995; Troy, 1998).

Nel settore moda, il *brand* Zara, appartenente al gruppo Inditex, aprì il suo primo negozio nel 1975 a la Coruña, una città al nord della Spagna. Il *concept* di questo primo *store* era costituito da abbigliamento per uomo, donna e bambino e, fin dall'inizio, cercava di coniugare al meglio il rapporto qualità-prezzo attraverso il pronto-moda (immediata riproduzione di modelli che prendono ispirazione dalle *griffes*). Inoltre, le capacità imprenditoriali del fondatore del Gruppo, Amancio Ortega Gaona, fecero sì che Zara intraprendesse il suo percorso di internazionalizzazione dal 1988, quando ormai il mercato spagnolo aveva raggiunto lo stadio di maturità. Altre tappe importanti furono raggiunte nel 1990, quando Zara aprì i suoi negozi a New York e Parigi, considerate capitali indiscusse della moda.

Il concetto di *fast fashion*, alla base della filosofia Zara, ha rivoluzionato il settore al punto che il Direttore di Louis Vuitton ha definito questo come il brand «più innovativo e devastante *retailer* al mondo». Punto di forza non solo di Zara ma di tutti i marchi del gruppo Inditex è la strategia di produzione che avviene per il 50% in Spagna, il 26% in Europa e per il 24% in Asia (D'Ascenzo, 2015). Questo sistema consente di rifornire velocemente i punti vendita dislocati in tutto il mondo al fine di garantire, durante le stagioni (autunno/inverno e primavera/estate), un rinnovo continuo dei capi più richiesti ed anche di quelli nuovi per far sì che gli *store* possano offrire sempre le ultime tendenze delle passerelle (D'Ascenzo, 2015). Oggi i numeri del gruppo (6.683 punti vendita, 137mila dipendenti di 130 nazionalità al mondo, utile netto da 2,5 miliardi di euro, ricavi equivalenti a 18,1 miliardi di euro – D'Ascenzo, 2015) testimoniano l'indiscusso successo dell'azienda spagnola.

Molti potranno concludere che Microsoft, Disney, Zara e Wal-Mart hanno almeno un punto in comune: sono aziende di successo che hanno creato ricchezza sia per i propri azionisti che per i dipendenti. Hanno tutte avuto un profondo impatto sul modo di fare business nei rispettivi settori e sui consumatori in tutto il mondo. In altre parole, queste aziende hanno tutte implementato strategie di successo.

1. Definizione del concetto di strategia

La strategia è la teoria aziendale delle scelte competitive di successo

Molti concorderanno sul fatto che gran parte del successo di Microsoft, Disney e Wal-Mart può essere ricondotto alle strategie che queste imprese hanno portato avanti. Nonostante ciò, si concorda molto meno sulla definizione del concetto di **strategia aziendale**. Infatti, esistono tante definizioni del concetto di strategia quanti sono i libri scritti sull'argomento. Alcune di queste definizioni sono sintetizzate nella tabella 1. Come si evince dalla tabella, talune sono lunghe e complesse, altre sono troppo semplici; alcune enfatizzano il legame tra la strategia e gli obiettivi aziendali, altre pongono l'attenzione sullo sfruttare le opportunità che derivano dall'ambiente esterno attraverso i punti di forza aziendali; altre ancora enfatizzano la soggettività e il carattere psicologico delle strategie.

Tabella 1 – Esempi di alcune definizioni di strategia

Von Clausewitz (1976). L'attività che consente di regolare e coordinare le operazioni belliche per raggiungere lo scopo della guerra.
Von Neumann, Morgenstern (1944). Un piano completo, che specifica quali scelte (i giocatori) faranno in ciascun possibile scenario.
Chandler (1962). La determinazione delle mete fondamentali e degli obiettivi di lungo periodo di un'impresa, la scelta dei criteri di azione ed il tipo di allocazione delle risorse, necessari alla realizzazione degli obiettivi suddetti.
Steiner, Miner (1977). La formulazione della *mission*, degli scopi e degli obiettivi aziendali; le politiche e i programmi strategici per il loro raggiungimento; i metodi necessari ad assicurare che tali strategie siano implementate per il raggiungimento dei fini aziendali.
Glueck (1980). Un piano unico, completo e integrato predisposto per assicurare che gli obiettivi alla base dell'azienda siano raggiunti.
Mintzberg, McHugh (1985). Una coerenza di comportamento in un flusso di azioni e decisioni.
Hatten, Hatten (1988). Il modo per raggiungere gli obiettivi aziendali.
Miller, Dess (1996). I piani o le azioni per il raggiungimento degli obiettivi aziendali.
Hitt, Ireland, Hoskisson (1997). Un set integrato e coordinato di azioni e impegni per sfruttare le *core competencies* e generare un vantaggio competitivo.

L'approccio adottato in questo testo si differenzia notevolmente da quelli presentati nella tabella 1, anche se molte di queste definizioni possono essere ricondotte a casi specifici di quella qui adottata. La **strategia** può essere definita come la teoria aziendale delle scelte competitive di successo. Questa definizione aiuta ad enfatizzare diversi aspetti del concetto di strategia che sono centrali per capire il ruolo che le strategie giocano nelle imprese moderne (Drucker, 1994).

1.1. Strategia come teoria

Nella definizione di strategia come teoria aziendale delle scelte competitive di successo, le imperfezioni dell'informazione e la conoscenza incompleta, che da sempre caratterizzano la scelta e l'implementazione di una teoria aziendale, assumono un rilievo di primo piano. Quando un'impresa inizia ad operare in un settore, le sue scelte su come competere sono basate sulla conoscenza dei processi economici critici del settore o del mercato e sulla migliore intuizione di come si possa operare con successo.

Una strategia di successo può partire dalla revisione degli errori aziendali

Spesso gli organi di governo hanno un'errata comprensione di questi processi economici critici del settore e del mercato e di come poterli sfruttare per ottenere un vantaggio. Per esempio, quando Honda è entrata nel mercato motociclistico americano agli inizi degli anni sessanta, credeva che il modo migliore per competere con Harley Davidson, Triumph ed altre affermate aziende motociclistiche, fosse quello di vendere moto molto potenti. Sfortunatamente, i consumatori americani non avevano intenzione di comprare tali moto da Honda essendo già presenti altri marchi noti; quello che i consumatori americani richiedevano a Honda erano piccoli motocicli. Una volta che Honda comprese le reali esigenze della domanda, la strategia fu modificata. Affermato così il marchio nella nicchia delle moto di piccola cilindrata, l'azienda è poi riuscita anche ad inserirsi nel mercato delle moto di alta cilindrata. La nuova strategia competitiva di Honda è stata di tale successo da annientare le altre aziende motociclistiche nel mercato americano. Tra tutti i concorrenti di Honda, solo Harley Davidson ha continuato ad essere competitiva nel settore (Pascale, 1984).

Strategie competitive errate

Nonostante la strategia competitiva iniziale di Honda fosse errata, l'azienda è stata capace di apprendere da questo errore iniziale e di cambiare strategia velocemente in modo da essere vincente. Altre imprese che avevano commesso lo stesso errore di Honda sono poi risultate incapaci di cambiare strategia o semplicemente non ne hanno avuto l'intenzione.

Per esempio, EuroDisney, il parco a tema della Disney costruito nei pressi di Parigi nel 1992, anno della sua apertura, non riscosse lo stesso successo per la mancata comprensione delle esigenze di una domanda europea, estremamente diversa da quella americana e, ancora oggi, non riesce a trovare una sua stabilità. Malgrado, infatti, rimanga una delle prime mete turistiche in Europa, è in difficoltà sul fronte dei ricavi soprattutto perché le presenze rimangono inferiori alle aspettative e sono molto diminuiti gli introiti dell'infrastruttura alberghiera creata in zona da EuroDisney. Nonostante, infatti, la tradizionale formula americana sia stata modificata per adattarla ai gusti della domanda europea, altri attributi dell'offerta, come ad esempio prezzi e caratteristiche degli alberghi nei pressi del parco a tema, ancora non soddisfano le esigenze europee.

Honda e EuroDisney avevano quindi teorie errate su come competere con successo sul mercato. D'altra parte, altre aziende hanno sviluppato teorie vincenti. La stessa Disney e Wal-Mart nel mercato americano e almeno alcune delle grandi firme italiane nel settore della moda sono solo alcuni esempi di aziende che hanno sviluppato ed implementato strategie di successo capaci di generare valore.

La strategia come teoria competitiva

Nonostante sia generalmente possibile valutare il successo di una strategia competitiva solo una volta realizzata per un certo tempo, non sempre è possibile farlo, con un certo grado di certezza, immediatamente dopo la sua implementazione. Questo è il motivo per cui è appropriato definire la strategia una teoria. Infatti, anche se una strategia sia stata di successo in un settore o mercato per un certo lasso di tempo, questo non significa che lo sarà anche in futuro, né che la stessa sia di successo in altri settori o mercati. In definitiva, la strategia aziendale è sempre una teoria su come competere con successo. Se tale teoria suggerisce azioni che sono incompatibili con i processi competitivi del settore, tali azioni non saranno fonte di vantaggi economici per l'azienda.

Per avere un impatto sulla performance aziendale, la strategia competitiva non deve restare un'idea; piuttosto, tale idea deve essere convertita in azione. Le aziende che traducono le loro strategie competitive in azione aumentano le probabilità di successo, come nel caso di General Electric (GE), che ha fatto degli enormi sforzi per divenire un'impresa flessibile e innovativa ma che, con a capo Jack Welch, presidente ed amministratore delegato dell'azienda, è andata ben oltre questi obiettivi. Il *top management* ha preso importanti e difficili decisioni, sia a livello strategico che operativo (come ad esempio focalizzarsi sull'*imaging medico* e dismettere il business dell'elettronica di consumo), per realizzare la sua *mission*. GE si è affermata come una delle imprese di maggior successo ed è considerata una delle meglio gestite al mondo (Stewart, 1991; Huey, 1991).

Innovazione come risorsa strategica

Anche Apple si è impegnata fortemente per essere una delle aziende più innovative nel settore dell'elettronica. Basti pensare ai circa 2 miliardi investiti in ricerca per lo sviluppo di nuovi prodotti. Per promuovere l'innovazione tecnologica, Apple incoraggia i propri ingegneri a cercare progetti interessanti, a prescindere dal loro ruolo nell'organigramma aziendale. I più creativi raggiungono presto posizioni aziendali chiave. Questo investimento di tempo, risorse finanziarie ed organizzative consente ad Apple di essere sempre la prima a lanciare sul mercato un'ampia gamma di prodotti, tra cui l'iPad e il più recente Apple Watch.

1.2. Strategia e vantaggio competitivo

Impatto della strategia sul posizionamento competitivo

Se la strategia aziendale rappresenta la teoria di come competere con successo, è necessario domandarsi cosa significhi per un'azienda competere con successo. Una possibile risposta può essere data dall'impatto che la strategia aziendale ha sul posizionamento competitivo dell'azienda nel settore e nel mercato.

In generale, l'implementazione di una strategia competitiva potrà generare diverse conseguenze sul posizionamento competitivo dell'impresa come indicato in tabella 2. La strategia, infatti, può condurre al raggiungimento di un vantaggio competitivo, di una parità o di uno svantaggio competitivo. Le aziende ottengono un **vantaggio competitivo** quando la loro strategia competitiva è coerente con i processi economici del mercato/settore nel quale operano e quando poche altre aziende adottano simili strategie. È chiaro che Disney e Wal-Mart hanno attuato strategie competitive di successo. La strategia di Disney è stata quella di sfruttare il proprio potenziale di personaggi animati per ampliare il suo business dell'intrattenimento. La strategia di Wal-Mart si è focalizzata sul soddisfacimento dei bisogni dei mercati interni, continuando ad essere competitiva nei mercati urbani. Ciascuna di queste aziende ha adottato, già in fase di *start up*, strategie competitive innovative e mai sperimentate sino ad allora nel proprio settore.

Le imprese raggiungono una **parità competitiva** quando la loro strategia, pur essendo coerente con i processi economici del mercato/settore nel quale operano, viene adottata ed implementata da numerose aziende. Per esempio, quando Honda è entrata nel mercato motociclistico americano con l'obiettivo di vendere moto di grossa cilindrata, al di là di un'errata scelta strategica, avrebbe potuto, al più, raggiungere una parità competitiva, poiché le altre aziende concorrenti perseguivano una strategia similare. Solo quando Honda ha modificato la sua strategia ha potuto conseguire un vantaggio competitivo.

Tabella 2 – Cosa vuol dire competere con successo

Competere con molto successo Generare un vantaggio competitivo: quando le scelte aziendali in un settore o mercato aggiungono valore e quando poche aziende concorrenti adottano simili decisioni.

Competere con successo Generare una parità competitiva: quando le scelte aziendali in un settore o mercato aggiungono valore, ma molte aziende concorrenti adottano simili decisioni.

Competere senza successo Generare uno svantaggio competitivo: quando le scelte aziendali in un settore o mercato non riescono a creare valore economico.

Strategie errate e distruzione di valore

Infine, un'azienda si trova in una situazione di **svantaggio competitivo**, quando le sue scelte strategiche non riescono a creare valore economico, ma possono addirittura distruggere valore. In questi casi, la strategia competitiva non è coerente con i processi economici del mercato/settore nel quale l'impresa opera. In linea generale, le aziende dovrebbero formulare strategie competitive in grado di generare un vantaggio competitivo.

Diversamente, sarà estremamente difficile raggiungere tale risultato, se non per circostanze casuali o fortunate (Alchian, 1950; Mancke, 1974; Barney, 1986a). Nelle circostanze in cui non sia possibile per le aziende generare un vantaggio competitivo nel proprio settore o mercato, la strategia competitiva dovrà puntare ad ottenere una parità competitiva, per non rischiare di arrivare a generare situazioni di svantaggio. Sarà necessario modificare la strategia perseguita per non rischiare di mettere a repentaglio la stessa sopravvivenza aziendale.

In conclusione, questo approccio nel definire il concetto di strategia suggerisce che analizzare la strategia aziendale equivale allo studio di teorie alternative su come competere con successo. Sicuramente ci sarà più di una strategia appropriata per competere con successo. Questo ci fa comprendere che sarà possibile per più aziende simultaneamente raggiungere un vantaggio competitivo in un determinato settore o mercato. In ogni caso, alcune strategie saranno preferibili ad altre, in quanto più coerenti rispetto ai sottostanti processi economici di uno specifico settore o mercato. È proprio attraverso lo studio delle diverse strategie competitive di successo che diviene possibile valutare la qualità delle scelte strategiche aziendali.

2. Strategia e *mission* aziendale

Scopi fondamentali ed obiettivi di lungo termine

Spesso, la strategia competitiva di successo è basata sulla ***mission*** aziendale, che consiste nel sistema degli scopi fondamentali e degli obiettivi di lungo termine dell'azienda. Alcune volte tale *mission* risulterà formalizzata in un documento scritto, come nei casi illustrati in tabella 3. La *mission* aziendale deve essere ampiamente condivisa dai dipendenti, in modo da fornire loro direttive e scopi per le proprie mansioni, aiutarli nel prendere decisioni e, quindi, essere utile nel formulare ed implementare una strategia competitiva di successo.

Tabella 3 – *Missions* aziendali

Mission di Geox
Convertire un sempre maggior numero di persone in consumatori di prodotti che respirano.

Mission di Mondadori
Favorire la diffusione della cultura e delle idee.

Mission di MSC Crociere
Fare tutto il possibile per rendere la tua vacanza il più rilassante possibile dal momento della prenotazione fino al momento dello sbarco.

Mission della 3M
Ci siamo impegnati a:
a) Soddisfare i nostri consumatori con qualità e valore superiori.
b) Fornire agli investitori un ritorno attrattivo attraverso una crescita sostenuta e di grande qualità.
c) Rispettare il nostro ambiente sociale e fisico.
d) Essere una società di cui i dipendenti sono fieri di far parte.
e) Soddisfare i nostri consumatori con qualità e valore superiori:
– fornendo prodotti e servizi di maggiore qualità coerenti con le richieste e le preferenze dei nostri consumatori;
– realizzando per ogni aspetto di ogni transazione un'esperienza soddisfacente per i nostri consumatori;
– trovando modalità innovative per rendere la vita dei nostri clienti facile e migliore.
f) Fornire agli investitori un ritorno attrattivo attraverso una crescita sostenuta e di grande qualità.
I nostri obiettivi sono:
– crescita nei rendimenti medi azionari di un 10% annuo 0 superiore;
– ritorno sul capitale investito (ROI) del 27% 0 superiore;
– un ritorno sulle azioni tra il 20 ed il 25%;
– almeno il 30% delle nostre vendite annue da nuovi prodotti lanciati negli ultimi quattro anni.
g) Rispettare il nostro ambiente sociale e fisico:
– rispettando tutte le leggi e i regolamenti;
– mantenendo i consumatori, i dipendenti, gli investitori ed il pubblico informati sulle nostre attività: sviluppando prodotti e processi che hanno un minimo impatto ambientale;
– stando attenti ai cambiamenti dei bisogni e delle preferenze dei nostri consumatori, dipendenti e della società;
– non compromettendo l'onestà e l'integrità delle nostre attività.
h) Essere una società di cui i dipendenti sono fieri di far parte:
– rispettando la dignità e il valore degli individui;
– incoraggiando l'iniziativa individuale e l'innovazione in un'atmosfera caratterizzata da flessibilità, cooperazione e fiducia;
– modificando le capacità individuali;
– valutando la diversità e fornendo pari opportunità per lo sviluppo.

1. Definizione tratta dal sito aziendale www.geox.it.
2. Definizione tratta dal sito aziendale www.mondadori.com.
3. Definizione tratta dal sito aziendale www.msccrociere.it.
4. Jeffrey, Abrahams (1995).

Innovazione di prodotto

Prendiamo l'esempio del Gruppo Geox, una società internazionale, recentemente quotata alla borsa di Milano, che opera nel settore della calzatura e in quello dell'abbigliamento in 68 Paesi, portando avanti la propria *mission* "di convertire un sempre maggior numero di persone in consumatori di prodotti che respirano". Il suo intento è di diventare un *household name* (marchio di riferimento) nella vita del consumatore medio attraverso scarpe ed accessori, tutti prodotti con un alto valore differenziale. Questo intento strategico è perseguito seguendo alcune regole base: la logica del "respira" è un dovere di marca, un credo aziendale, una missione di prodotto. Il brevetto Geox rappresenta un'invenzione rivoluzionaria per l'industria della calzatura. L'invenzione riguarda una suola di gomma forata, all'interno della quale è inserita una speciale membrana a struttura microporosa, che permette ai piedi di respirare, senza far penetrare l'acqua. Il mercato ha premiato tale innovazione, consentendo alla Geox di accrescere in misura consistente ed in tempi rapidi la propria quota di mercato.

Diffusione della cultura

Il Gruppo Mondadori, con più di 50 società controllate e collegate, italiane ed estere, è il maggior gruppo editoriale italiano e copre gran parte della catena del valore dell'editoria, dalla creazione dei prodotti alla stampa, dalla distribuzione alla commercializzazione. La sua *mission* è, da sempre, "favorire la diffusione della cultura e delle idee", con una produzione che tocca ogni genere letterario e intende raggiungere tutti i lettori, facendo convivere l'amore per la cultura e per la qualità editoriale con le leggi dei mercati, la propensione ad intuire e anticipare i cambiamenti con il rispetto e la tutela dei valori che stanno alla base del ruolo dell'editore nella società civile.

Soddisfazione dei clienti

Oggi, MSC Crociere è la più grande compagnia di crociera a capitale interamente europeo, con più di 40 uffici in tutto il mondo. Una forte capacità innovativa, un fiuto innato per i business di successo, una tendenza all'internazionalizzazione dei mercati (mantenendo però sempre uno stile prettamente italiano a bordo), una grande professionalità, una spiccata capacità di gestione di un immenso patrimonio, tutte queste sono le competenze che al fondatore hanno permesso di arrivare ai vertici di un mercato in continua evoluzione. MSC Crociere offre un *range* di proposte che garantiscono soluzioni innovative ed "uniche", in grado di soddisfare i desideri/bisogni di qualsiasi segmento di mercato. Ecco perché, all'interno di MSC Crociere, sono nate le cosiddette crociere a "tema": crociera del ballo, crociera del benessere, crociera del sapor bio, crociera enogastronomica, crociera "Adidas Milan Junior Camp", crociera "wellness experience", crociera del golf, crociera del fitness, crociera del baseball, crociera degli astri, crociera del bridge, crociera degli scacchi, crociera musicale, nonché la celebre "MSC nave dei giovani" lanciata nel 2013.

Spesso la formalizzazione della *mission* aziendale va ben oltre l'esplicitazione degli scopi di lungo termine aziendale e di come raggiungerli. Alcune volte arriva anche ad includere i valori aziendali, le azioni specifiche che l'azienda dovrà attuare per il raggiungimento di un vantaggio competitivo e ancora potrebbe includere obiettivi economico-finanziari. In questo modo, la definizione della *mission* aziendale sarà rappresentata dalle relazioni tra la *mission* stessa, gli obiettivi, le strategie, le tattiche e le politiche, come rappresentato in figura 1.

Figura 1 – Relazione tra *mission*, obiettivi, strategie e tattiche/politiche

Mission aziendale Sistema degli scopi aziendali fondamentali

↓

Obiettivi Specifici e misurabili target di performance che l'azienda si propone di raggiungere nell'ambito della *mission* aziendale

↓

Strategie Modalità attraverso le quali le aziende raggiungono gli obiettivi e soddisfano la *mission*

↓

Tattiche/Politiche Specifiche azioni necessarie all'implementazione della strategia aziendale

Articolazione della *mission* aziendale

In questa figura, la *mission* aziendale viene definita quale sistema degli scopi aziendali fondamentali. Gli **obiettivi** sono costituiti da specifici e misurabili target di performance che l'azienda si propone di raggiungere nell'ambito della *mission* aziendale. Le **strategie** rappresentano le modalità attraverso le quali le aziende raggiungono gli obiettivi e soddisfano la *mission*. Le **tattiche** e le **politiche** sono le specifiche azioni necessarie all'implementazione della strategia aziendale.

Consideriamo, per esempio, Minnesota Mining and Manifacturing, meglio conosciuta come 3M, che opera nel settore dei collanti e delle pellicole. Nel 1999 ha raggiunto un fatturato di oltre 15,6 miliardi di dollari e più di 90.000 dipendenti in tutto il mondo. Alcuni dei prodotti più rinomati sono i Post-it ed il nastro adesivo Scotch. La definizione della *mission* di 3M inizia con l'identificazione dei quattro valori in cui l'azienda vuole eccellere nel lungo termine. Questi scopi sono poi scomposti in una serie di obiettivi. Per esempio, per garantire attrattivi ritorni agli investitori attraverso una crescita equilibrata, 3M si pone come obiettivo un incremento dell'Earning per Share, pari al 10% annuo, un ROI del 27%, un ROE tra il 20% e il 25% e almeno il 30% delle vendite annue da prodotti lanciati sul mercato non prima di 4 anni. Quest'ultima condizione ha importanti implicazioni per la strategia competitiva aziendale: 3M basa il proprio vantaggio competitivo sull'innovazione. Solo così, infatti, è possibile generare il 30% delle vendite annue da nuovi prodotti.

Anche se la *mission* di 3M non individua specifiche tattiche o politiche che l'azienda debba attuare per il raggiungimento della *mission* stessa, dei suoi obiettivi e delle sue strategie, non è difficile immaginare quali siano queste tattiche. Per esempio, per raggiungere l'obiettivo del 30% delle vendite da nuovi prodotti, è chiaro che la 3M dovrà attuare specifiche politiche sulle risorse umane in modo da attirare e mantenere i dipendenti più creativi. Ciò significa, tuttavia, che il sistema di controllo aziendale dovrà premiare coloro che rischiano e quindi definire un margine di tolleranza degli errori (Abrahams, 1995). Queste azioni, tese a realizzare gli obiettivi e la *mission,* sono le tattiche e le politiche della 3M. Non tutte le aziende presentano *mission* condivise dai dipendenti che li spronano e li guidano, e neppure *mission* che sintetizzano la strategia competitiva.

Condivisione della *mission*

Inoltre, il solo fatto di possedere una definizione della propria *mission* aziendale, magari con frasi importanti quali "servire la nostra comunità", "i nostri dipendenti sono la nostra ricchezza più importante" e ancora "aiutare a costruire un futuro migliore", non significa che tale *mission* sia adeguatamente condivisa e adottata da tutto il personale aziendale. Le imprese devono continuamente impegnarsi nel comunicare e nell'infondere nei dipendenti fiducia e condivisione verso la *mission* aziendale. Per esempio, Johnson & Johnson (J&J), impresa leader mondiale nei prodotti sanitari per la cura della persona, è estremamente focalizzata sulla sua *mission,* che è stata infatti formalizzata sin dal 1943 e rappresenta, ormai, un vero e proprio "Credo". Tale definizione è riportata nel riquadro 1. Inoltre, il *senior management* effettua verifiche periodiche per assicurarsi la condivisione e le piena consapevolezza di questi valori da parte di tutto il management. È stato stimato che l'amministratore delegato di J&J abbia anche occupato sino al 40% del suo tempo ad assicurarsi della corretta adesione dell'azienda nel suo complesso al "Credo" aziendale (Aguilar, Bhambri, 1983).

Riquadro 1 – La mission della Johnson & Johnson

Noi crediamo che la nostra prima responsabilità sia verso i dottori, gli infermieri e i pazienti,
verso le madri ed i padri e verso tutti quelli che fanno uso dei nostri prodotti e servizi.
Per soddisfare le loro necessità tutto ciò che facciamo deve essere di alta qualità.
Dobbiamo costantemente sforzarci di ridurre i nostri costi
allo scopo di mantenere prezzi ragionevoli.
Gli ordini dei nostri Clienti devono essere evasi prontamente ed accuratamente.
I nostri Distributori e Fornitori devono avere l'opportunità di fare un giusto profitto.

Noi siamo responsabili nei confronti del nostro personale,
gli uomini e le donne che lavorano con noi in tutto il mondo.
Ognuno di essi deve essere considerato come un individuo.
Noi dobbiamo rispettare la loro dignità e riconoscere il loro merito.
Essi devono avere un senso di sicurezza nel loro lavoro.

La retribuzione deve essere giusta ed adeguata
e gli ambienti di lavoro devono essere puliti, ordinati e sicuri.
Noi dobbiamo essere attenti ai modi per aiutare il nostro personale
ad adempiere alle proprie responsabilità familiari.
Il nostro personale deve sentirsi libero di proporre suggerimenti e reclami.
Devono esserci uguali opportunità di impiego, di sviluppo e di carriera
per coloro che ne hanno una qualità.
Noi dobbiamo assicurarci che i dirigenti siano competenti
e che le loro azioni siano oneste ed etiche.

Noi siamo responsabili verso le comunità nelle quali viviamo e lavoriamo
ed allo stesso tempo verso l'intera comunità mondiale.
Noi dobbiamo essere buoni cittadini – sostenere le buone opere e le istituzioni benefiche
e pagare la quota di tasse che ci compete.
Noi dobbiamo incoraggiare il progresso civile
ed il miglioramento della salute e dell'educazione.
Noi dobbiamo mantenere in buon ordine le proprietà che abbiamo il privilegio
di avere a disposizione e proteggere l'ambiente e le risorse naturali.

La nostra responsabilità finale è verso i nostri azionisti.
L'attività economica deve produrre un equo profitto.
Noi dobbiamo sperimentare nuove idee.
Noi dobbiamo continuare la ricerca, sviluppare programmi innovativi
e assumerci le nostre responsabilità in caso di errori.
Noi dobbiamo acquistare nuove attrezzature, creare nuove strutture operative
e lanciare nuovi prodotti.
Noi dobbiamo creare delle riserve per premunirci in situazioni difficili.
Se noi operiamo in conformità con questi principi,
i nostri azionisti realizzeranno un giusto profitto.

Fonte: sito aziendale www.jnj.com.

Imprese basate sulla *vision*

Poiché l'impatto della *mission* sulle azioni intraprese può variare sensibilmente, alcuni studiosi hanno suggerito di operare una distinzione tra *mission* e *vision*. Il concetto di ***vision*** dovrebbe essere applicato esclusivamente alle aziende che pongono al centro delle loro azioni la propria *mission*. La *vision* rappresenta l'esplicitazione della *mission*. Per esempio, la *vision* di Merloni è di «essere il leader europeo che produce soluzioni innovative per creare ogni giorno la qualità del tempo», la sua *mission* è «migliorare la qualità del tempo delle 50.000 famiglie che ogni giorno scelgono un nostro prodotto». Queste due sintetiche definizioni sono poi tradotte in una serie di valori che ispirano continuamente la gestione aziendale: innovazione, rapporto con il cliente, competitività, anticipazione dei bisogni, rispetto per l'ambiente e comunicazione trasparente e puntuale.

Anche alla Vodafone, la *vision* «di essere leader di comunicazione mobile nel mondo – arricchendo la vita dei clienti, aiutando i privati, le imprese e le comunità ad essere più collegati nel mondo della mobilità» guida il modo di operare dell'impresa (Collins, Porras, 1997).

Mission e *vision* come vincoli al successo

Nonostante le aziende possano usare le proprie *missions* e *visions* per formulare strategie che generino un vantaggio competitivo, ci sono anche delle importanti limitazioni a questo approccio da tener presenti. Prima di tutto, questo orientamento nella formulazione della strategia può essere considerato sin troppo focalizzato sugli aspetti interni all'azienda. A volte la *mission* e la *vision* aziendale sono definite facendo riferimento ai valori e alle priorità della proprietà o del *top management*, indipendentemente dal considerare se tali valori e priorità siano coerenti con la realtà economica in cui l'azienda opera. Le strategie che derivano da tali *missions* e *visions* difficilmente si traducono in fonte di un vantaggio competitivo.

Ad esempio, Ben & Jerry's Ice Cream fu fondata nel 1977 da Ben Cohen e Jerry Greenfield per produrre dei gelati di prima qualità e per creare un'organizzazione fondata sui valori della "contro-cultura" degli anni sessanta. Questa *mission*, così fortemente sentita dai due fondatori, ha portato all'adozione di specifiche politiche per la gestione delle risorse umane. Si tratta di un meccanismo di retribuzione che stabiliva che la paga di più alto livello non fosse superiore a cinque volte quella di livello più basso; tale rapporto fu successivamente incrementato fino a sette volte. Tuttavia, tale sistema rese difficile il reperimento di *senior manager* di talento per assicurare la crescita e la profittabilità aziendale, senza dover aumentare la retribuzione degli impiegati di livello più basso. Nel 1995, tale politica fu poi violata con l'arrivo di un amministratore delegato a cui fu riconosciuta una retribuzione di 250.000 dollari.

In effetti, nonostante il mercato dei gelati e dei dolci surgelati stesse attraversando un processo di concentrazione alla fine degli anni novanta, l'azienda rimase indipendente soprattutto a causa della volontà dei due fondatori di restare fedeli ai valori sociali che li avevano ispirati. Tuttavia, a causa della mancanza di accesso agli ampi network distributivi e alle competenze manageriali che sarebbero state disponibili attraverso la fusione con un'altra azienda, la profittabilità di Ben & Jerry's Ice Cream cominciò a diminuire. Infine, nell'aprile del 2000 l'azienda fu acquisita da Unilever. Nonostante ciò, il 66% guadagnato dagli azionisti di Ben & Jerry's Ice Cream fu reinvestito per diversi anni. In tal senso l'idea di Cohen e Greenfield di mantenere l'indipendenza della struttura aziendale era, in concreto, difficile da perseguire rispetto all'evoluzione del settore (Theroux, Hurstak, 1993; Applebaum, 2000). Oggi, la *mission* dell'azienda è interamente incentrata sul concetto di sostenibilità, con particolare enfasi data alle pratiche di approvvigionamento, alla gestione ambientale e all'impegno della comunità: "produciamo il miglior gelato, nel modo più sostenibile".

In secondo luogo, nonostante la *mission* e la *vision* possano chiaramente portare alla scelta di una strategia, spesso risultano inefficaci nel fornire una guida significativa al management. Nonostante la *mission* e la *vision* aziendale possano, per esempio, escludere alcuni obiettivi, poiché incompatibili con gli scopi di lungo termine, restano, solitamente, ancora troppi obiettivi coerenti con una particolare *mission* o *vision*. Esaminando esclusivamente la *mission* e la *vision* aziendale, non è possibile determinare quali di questi obiettivi meritino enfasi e priorità.

3. Le strategie emergenti

Strategie intenzionali ed emergenti

Il modo più semplice di pensare alla strategia aziendale è quello di presumere che un'azienda cominci ad operare con una formula strategica ben sviluppata da testare sul mercato e che il management apporti gli aggiustamenti necessari per incrementarne la capacità di generare un vantaggio competitivo. Non c'è dubbio che questo sia il procedimento seguito da alcune aziende. Per esempio, la FedEx (Federal Express), l'azienda leader nelle consegne per espresso, entrò nel mercato con una strategia competitiva ben definita. Fred Smith, il fondatore della FedEx elaborò per la prima volta tale strategia da studente per un paper all'Università di Yale. La leggenda dice che a quel corso gli fu conferita solo la sufficienza (una C). L'azienda fu poi fondata seguendo tale strategia competitiva e raggiunse risultati di performance estremamente soddisfacenti. Fondata nel 1971, la FedEx nel 1999 ha superato i 16,7 miliardi di dollari di fatturato, generando profitti per 31 milioni di dollari, con 100.000 dipendenti in tutto il mondo (Trimble, 1993).

Al contrario, alcune aziende non hanno sin dall'inizio una strategia ben definita e ben sviluppata e, spesso, anche se l'avessero, tale strategia, una volta implementata, sarebbe soggetta a continue modifiche da non avere più nessuna attinenza con la strategia inizialmente definita.

Le **strategie emergenti** rappresentano strategie che emergono nel tempo o che sono radicalmente ricreate una volta implementate, per il raggiungimento di un vantaggio competitivo in determinati settori (Mintzberg, 1978, 1985). La relazione tra strategie deliberate ed emergenti è raffigurata nella figura 2.

Nuove opportunità di business

Le strategie di molte aziende, comprese quelle di successo, sono state emergenti. Tra gli esempi di strategie emergenti è già stato citato quello di Honda. Anche Johnson & Johnson, che all'inizio forniva solo garze antisettiche e bendaggi e che non aveva alcun contatto diretto con il cliente finale, cominciò ad accludere alla fornitura di bendaggi anche bustine di talco, in seguito alle lamentele legate alle irritazioni causate dai bendaggi. Con il passar del tempo, alcuni consumatori richiesero di poter acquistare solo il talco e così l'azienda lanciò la polvere da bagno e per i bambini. In seguito all'invenzione, da parte di un dipendente, di un cerotto per la moglie che si feriva spesso in cucina, i manager di J&J decisero di immettere anche questo prodotto sul mercato. Così i cerotti Band-Aid di J&J sono diventati il prodotto più venduto dall'azienda. In conclusione, anche se la strategia intenzionale di J&J era quella di competere nel mercato delle forniture per ospedali, più del 40% delle vendite totali proveniva dai prodotti "emergenti" dedicati ai consumatori finali.

Figura 2 – L'analisi di Mintzberg della relazione tra le strategie intenzionali e realizzate

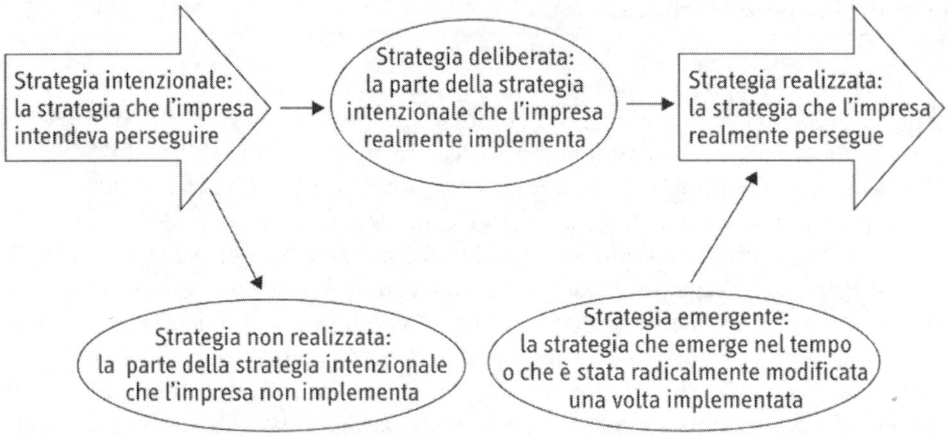

Fonte: Mintzberg, McHugh (1985).

Un altro esempio di strategia emergente è riferibile a Marriott Corporation, che era originalmente nel business della ristorazione e che, negli anni trenta, possedeva otto ristoranti, uno dei quali era situato vicino ad un aeroporto nell'area di Washington dc. I manager di quest'ultimo osservarono che i passeggeri entravano nel ristorante per acquistare pasti da asporto per il loro viaggio. J. Willard Marriott, il fondatore di Marriott, osservando questa tendenza, decise di stringere un accordo con Eastern Airlines per la distribuzione di pasti preconfezionati dei ristoranti Marriott direttamente sugli aeromobili. Questo accordo fu esteso più tardi anche ad American Airlines. Col tempo, il servizio di catering alle linee aeree è divenuto un notevole segmento d'affari per Marriott. Anche se l'iniziale strategia intenzionale era quella di operare nel business della ristorazione, oggi, Marriott, una delle maggiori catene alberghiere a livello internazionale, opera anche nel business del catering per più di 100 aeroporti in tutto il mondo (Collins, Porras, 1997).

Dall'industria pesante al turismo

Anche il tour operator tedesco tui può essere considerato un esempio significativo di strategia emergente. Esso, infatti, nasce dal gruppo Pressaug ag, operante nel settore dell'industria "pesante", che, durante gli anni novanta, per affrontare la situazione economica piuttosto difficile, decise di modificare completamente le strategie aziendali, lanciandosi nel settore dei servizi e, in particolare, del turismo. Attualmente tui è il primo tour operator a livello europeo.

Capacità di sfruttare le sinergie

Infine, un ulteriore esempio di strategia emergente è quello della Fratelli Carli di Oneglia. La storia dei Fratelli Carli inizia nel 1911 quando la famiglia Carli, proprietaria di un'avviata tipografia, ottiene, dal proprio oliveto, un raccolto eccezionale che si trasforma in tanto olio, eccessivo per le necessità familiari. Questa disponibilità fa nascere nella mente di uno dei figli, Giovanni Carli, una felice intuizione: non vendere l'olio ai negozianti di Oneglia, ma direttamente ai consumatori. Data la qualità del prodotto, non risultò difficile venderlo tutto; c'era bisogno, però, di tenersi in contatto con questi nuovi consumatori e, per farlo, si rivelò utilissima la tipografia di famiglia, che iniziò così a stampare i primi listini, le prime lettere e gli inviti a procurare nuovi clienti. Oggi Fratelli Carli è una moderna azienda, rimasta inalterata nei valori e nella produzione di qualità, consegna da quasi un secolo a domicilio e presenta un consistente portafoglio di clienti fidelizzati.

Rilevanza dell'analisi strategica

In effetti, mentre le strategie aziendali possono chiaramente essere emergenti, alcuni autori ritengono che quelle emergenti siano rilevanti solo quando fallisce il processo di formulazione della strategia intenzionale. Ovvero, se i manager di un'azienda avessero condotto un'analisi strategica più attenta e precisa, sarebbero stati in grado di anticipare i processi economici che li hanno costretti ad abbandonare le loro strategie intenzionali in favore delle strategie emergenti.

Secondo questa interpretazione, la strategia emergente di Honda per entrare nel mercato americano degli scooter, la strategia di prodotti per il consumatore di J&J ed il servizio di catering sugli aerei di Marriott, sarebbero tutti esempi di una gestione strategica poco attenta, invece che di aziende che colgono abilmente le opportunità che si presentano.

Strategia del *second mover*

È chiaro che, nel caso in cui i processi economici di un settore che determinano il successo di una strategia aziendale possano essere previsti in sede di analisi strategica, l'abbandono della strategia intenzionale a favore della strategia emergente può essere interpretato come un fallimento del processo di formulazione della prima. Tuttavia, anche in queste circostanze, l'abilità di modificare rapidamente la direzione strategica può essere considerata un importante vantaggio competitivo per l'azienda. Un caso più recente è quello di Groupon, attuale leader mondiale nel settore dei gruppi d'acquisto, che permette ai consumatori iscritti di accedere ad offerte giornaliere di buoni sconto utilizzabili presso aziende nazionali ed internazionali di vario tipo. Nato con il nome di ThePoint, un sito sul quale si raccoglievano petizioni a favore di cause nobili, come la lotta all'Aids o il boicottaggio di multinazionali scorrette, ma che alla lunga non generavano ritorni per gli investitori, Groupon modifica il business con un'idea apparentemente banale e sfruttata come i buoni sconto, diventando inaspettatamente una straordinaria macchina da soldi, utilizzando le potenzialità del web e il desiderio di risparmio dei consumatori. Groupon lancia la sua prima offerta (2 pizze al posto di una) il 21 ottobre del 2008 a Chicago ed è all'inizio un fenomeno esclusivamente locale; adesso è un colosso presente in 48 paesi nel mondo, con quasi 120 milioni di iscritti e oltre 12 mila dipendenti. Alcune imprese adottano un approccio del *second mover*, contando sulla loro abilità di imitare rapidamente la strategia di successo di altre aziende. In generale, queste imprese perseguono strategie più emergenti, che intenzionali. Comunque, date le loro risorse e capacità, tali imprese possono attuare strategie di imitazione che si dimostrano ottimali per le stesse.

Contesti mutevoli e competitivi

Inoltre, in alcuni contesti, è effettivamente impossibile essere capaci di anticipare i processi economici che determinano il valore di una strategia. Questo è il caso di aziende che operano in un contesto altamente mutevole e competitivo. In questi contesti, l'abilità di adattarsi rapidamente alle mutate condizioni e sostituire le strategie intenzionali con le emergenti può essere molto importante. Un esempio calzante è quello del settore turistico, la cui dinamica competitiva è fortemente legata a processi di internazionalizzazione e globalizzazione e, dunque, alla forte varietà e variabilità della domanda, all'elevata incertezza, alla velocità nella competizione, al ruolo rilevante dell'informazione e della conoscenza, alla diffusione delle alleanze e degli accordi. Si tratta, infatti, di un settore caratterizzato da rapide trasformazioni, secondo modalità ed intensità di non semplice previsione e valutazione preventiva.

4. La strategia e i contesti nei quali l'azienda opera

Aspetti del contesto

Al di là del fatto che la strategia sia emergente o intenzionale, alcune ricerche hanno dimostrato che le scelte strategiche di maggiore successo analizzano quattro aspetti del contesto in cui un'azienda opera:

1. i punti di forza;
2. i punti di debolezza;
3. le opportunità nel suo ambiente;
4. le minacce del contesto competitivo. Si tratta della nota tecnica della **SWOT *analysis***, schematizzata in figura 3, un acronimo creato dalla prima lettera di ognuno di questi elementi: s (per i punti di forza – *strengths*), w (per i punti di debolezza – *weaknesses*), o (per le opportunità – *opportunities*) e t (per le minacce – *threats*).

Nella struttura della SWOT *analysis*, i **punti di forza** di un'azienda sono le risorse e le capacità che essa possiede e che l'abilitano a prendere parte ad attività che generano valore economico e, qualche volta, vantaggio competitivo. Molte delle aziende citate come esempi in questo capitolo presentano punti di forza significativi: la capacità di Disney di creare e sfruttare i suoi personaggi animati in molteplici mercati del divertimento e quella di Wal-Mart nell'operare efficientemente nella distribuzione al dettaglio discount.

I **fattori di debolezza**, d'altra parte, sono risorse e capacità aziendali, che rendono difficile la realizzazione del valore economico generato da un punto di forza aziendale o che, addirittura, conducono alla riduzione del valore economico se utilizzati nell'implementazione delle strategie. Sebbene ci siano numerosi esempi di imprese con punti di forza significativi, ve ne sono altrettanti, con rilevanti punti di debolezza.

Figura 3 – SWOT *analysis* e valutazione della qualità delle scelte competitive di successo

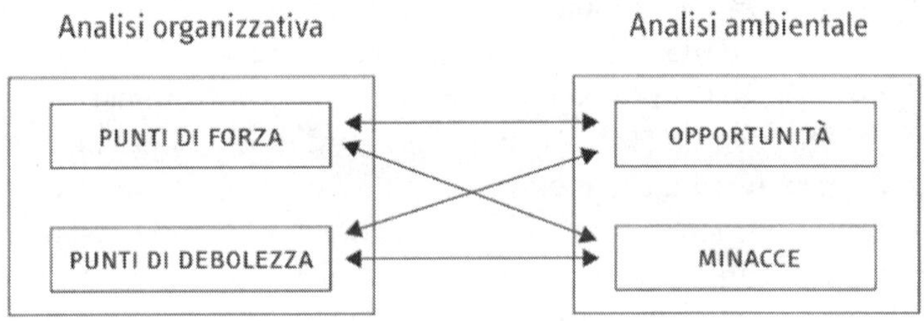

Per esempio, alla Westinghouse Electric Company, l'organizzazione estremamente burocratica e la cultura ostile al cambiamento rappresentano significativi punti di debolezza, che ne hanno ridotto il valore economico, specialmente se comparato con il suo concorrente più flessibile e più rapido nell'adattarsi ai cambiamenti: General Electric. La burocrazia di Westinghouse ha rappresentato un tale fattore di debolezza da far sì che questa azienda fosse costretta a dismettere la maggior parte dei suoi business.

Altro esempio è quello delle principali compagnie aeree nazionali, il cui costo del lavoro è di gran lunga superiore a quello delle linee aeree a basso costo concorrenti, al punto da rappresentare un rilevante punto di debolezza. Ancora, l'apparente incapacità di General Motors nel progettare e costruire auto di lusso, eleganti e di alta qualità rappresenta un fattore di debolezza, specialmente rispetto ai successi che BMW e Lexus hanno goduto in questo segmento di mercato.

Non è detto che le aziende con numerosi punti di debolezza non abbiano punti di forza. Per esempio, anche se Alitalia ha un costo del lavoro relativamente alto (un punto di debolezza), ha anche un'ampia rete aerea, con il controllo di *hubs* aeroportuali situati in località strategiche. Questa rete è sicuramente un importante punto di forza.

Le **opportunità** sono le possibilità per un'azienda di migliorare la propria posizione competitiva e le relative performance si manifestano in diverse forme. Qualche volta possono essere previste; altre volte emergono in modi inaspettati. Per esempio, Fred Smith alla FedEx credeva di poter sfruttare un'opportunità nel servizio di consegna per espresso, mentre Johnson & Johnson non ha subito intuito le opportunità che sono emerse nel mercato dei consumatori e Marriott non riuscì ad anticipare le opportunità nel business del catering aereo.

Infine, le **minacce** sono rappresentate da fattori, individui, gruppi e organizzazioni, al di fuori dell'azienda, che possono compromettere le performance di un'impresa. Ogni azienda affronta delle minacce nel proprio ambiente competitivo. In effetti, in generale, le aziende di maggior successo sono quelle che hanno affrontato le minacce più dure, determinate da altri attori presenti nello stesso ambiente competitivo: Disney si trova a dover fronteggiare le altre aziende del divertimento ed i vari enti locali governativi; Wal-Mart, le altre forme di aziende commerciali al dettaglio e le altre comunità in cui si vorrebbe espandere; Nike, le associazioni dei consumatori.

Vantaggi della *SWOT analysis*

In generale, teorie di successo su come raggiungere un vantaggio competitivo prendono in considerazione tutte e quattro le variabili della SWOT *analysis*. Ciò significa che un'accurata analisi strategica consente all'azienda di identificare i suoi punti di forza, i punti di debolezza, le opportunità e le minacce. Quest'analisi suggerisce all'impresa come far leva sui propri punti di forza per sfruttare le opportunità e neutralizzare le minacce e come eliminare i propri punti di debolezza. Una strategia competitiva di successo dovrebbe condurre a buone decisioni strategiche e, quindi, generare alti livelli di performance aziendale.

Limiti della *SWOT analysis*

Sebbene la strategia debba considerare tutti e quattro gli elementi compresi nella SWOT *analysis*, c'è una debolezza di fondo in questo strumento che ne limita l'utilità. In particolare, anche se la SWOT *analysis* concentra l'attenzione sull'importanza dei punti di forza, dei punti di debolezza, delle opportunità e delle minacce considerate nella strategia aziendale, non offre pressoché alcuna guida nell'identificare questi quattro elementi.

In altre parole, quello che fa la SWOT *analysis* è indicare i quesiti che le aziende devono porsi sulle scelte strategiche che stanno perseguendo, e cioè: questa strategia consente di sfruttare i punti di forza, eliminare i punti di debolezza, sfruttare le opportunità e neutralizzare le minacce? Tale analisi non suggerisce le risposte. Uno degli obiettivi di questo lavoro è proprio cercare delle risposte alle domande poste dalla SWOT *analysis*.

Alcuni autori ritengono che suggerire ai manager le domande corrette sia un obiettivo prioritario, poiché il fattore critico delle scelte strategiche dell'azienda risiede nella formulazione della decisione stessa. In tal senso, la soluzione di un problema strategico risiederebbe nella corretta formulazione della domanda.

In queste circostanze la SWOT *analysis* rappresenta una tecnica utile nell'indicare quali domande l'azienda dovrebbe porsi, anche se è necessario andare oltre ed iniziare a dare le risposte a tali domande.

In altre parole, la SWOT *analysis* rappresenta solo uno strumento organizzativo. Senza il supporto di teorie e modelli aggiuntivi che possono essere usati per identificare i punti di forza, i punti di debolezza, le opportunità e le minacce, questo strumento fa poco più che offrire un metodo per organizzare le domande che un'azienda si dovrebbe porre nello scegliere la strategia da perseguire.

5. La performance nella definizione di strategia

All'inizio di questo capitolo la strategia è stata definita come la teoria d'impresa su come competere con successo, e cioè su come ottenere un vantaggio competitivo.

Le imprese che ottengono un vantaggio competitivo hanno risultati di performance migliori delle imprese che ottengono solo la parità competitiva o uno svantaggio competitivo. È chiaro, quindi, che la performance dell'impresa è centrale nello studio e nella messa in pratica della strategia.

Definizione di performance

È dunque lecito domandarsi cosa si intenda per performance aziendale. Nell'ambito organizzativo, la performance è un concetto abbastanza complicato. Ci sono numerose definizioni di performance organizzativa e non si concorda su quale sia la definizione "migliore" e tanto meno sui criteri secondo cui le definizioni di performance dovrebbero essere giudicate.

La definizione di performance organizzativa trattata qui è basata sul concetto che un'organizzazione è un insieme di *assets* produttivi (compresi gli individui) che volontariamente si mettono insieme per ottenere vantaggi economici. I proprietari degli *assets* produttivi li renderanno disponibili per un'organizzazione solo se soddisfatti dei ritorni che riceveranno e, in particolare, se il ritorno complessivo (**premio per il rischio**) sarà almeno pari al ritorno che potrebbero ricevere da alternative di investimento ragionevoli (Simon, 1976; Jensen, Meckling 1976; Coase, 1937; Alchian, Demsetz, 1972).

Confronto tra valore atteso ed attuale

Da quanto detto, è possibile definire la performance organizzativa comparando il valore che un'organizzazione crea attraverso i propri *assets* produttivi ed il valore che i proprietari di questi *assets* si aspettano di ottenere. Se il valore che è stato generato è almeno pari al valore atteso, è probabile che i proprietari degli *assets* produttivi continueranno a renderli disponibili per far sì che vengano utilizzati da una particolare organizzazione. Quando il valore creato è inferiore a quello atteso, i proprietari degli *assets* saranno probabilmente insoddisfatti e cercheranno alternative nell'ambito delle quali l'uso di quegli *assets* possa generare il massimo valore.

Consideriamo, per esempio, la performance di tre ipotetiche imprese di elettronica in tabella 4 (Zenger, 1989). Si ipotizza (per convenienza) che il solo *asset* produttivo che queste tre imprese usano siano i propri ingegneri. L'impresa X assume i migliori ingegneri (livello di ingegneri A) e paga loro uno stipendio commisurato con le elevate aspettative circa il valore che essi apportano all'impresa (un livello A di compenso). Tuttavia, se l'organizzazione è controllata male, se è sfortunata o adotta una strategia errata, otterrà solo un livello B di performance da questi ingegneri di livello A. In questo caso, nel lungo termine, l'impresa X non sarà capace di generare sufficienti ritorni per pagare stipendi di livello A ai suoi ingegneri e questi ultimi dovranno cercare occupazione altrove.

L'impresa Y assume i migliori ingegneri di livello A, paga loro uno stipendio di livello A, ed è capace di ottenere elevati livelli di performance da questi ultimi. Gli ingegneri, in questa situazione, sono probabilmente soddisfatti e l'impresa genera ricavi sufficienti, tali da poter garantire loro uno stipendio di mercato.

L'impresa Z si trova in un'altra situazione.

Tabella 4 – La performance di tre ipotetiche imprese di elettronica

Impresa X	Impresa Y	Impresa Z
Assume ingegneri di livello A, paga loro stipendi A, genera performance B	Assume ingegneri di livello A, paga loro stipendi A, genera performance A	Assume ingegneri di livello B, paga loro stipendi B, genera performance A

Per qualche motivo, è incapace o poco disposta ad assumere i migliori ingegneri, addestrati ad un livello A. Invece, assume ingegneri competenti di livello B e paga loro uno stipendio corrispondente al livello B. Tuttavia, se l'impresa Z è particolarmente brava nella gestione, se adotta una strategia innovativa, se è fortunata, potrebbe essere capace di ottenere un livello A di performance dai suoi manager di qualità B. In questo contesto, l'impresa Z sta generando un valore più elevato di quello atteso rispetto ai suoi *assets* di ingegneria e otterrà dei ricavi più che sufficienti per pagare pienamente i suoi ingegneri.

Lo stesso tipo di analisi può essere realizzata per ognuna delle risorse produttive utilizzate dall'impresa, incluso il lavoro, il management, la capacità imprenditoriale, il capitale fisico e il capitale finanziario. Le imprese possono usare queste risorse per creare valore e ognuna di queste avrà un proprio valore atteso. La capacità dell'impresa di generare il valore atteso attraverso la combinazione di risorse determina il livello di performance dell'impresa.

La misura della performance

Le relazioni tra il **valore atteso** e il **valore effettivo** suggeriscono tre modalità di classificazione delle performance indicate nella tabella 5. Innanzitutto, un'impresa realizza un **livello normale di performance** quando il valore che genera, con le risorse che impiega, è esattamente uguale a ciò che i proprietari di queste risorse si aspettano. Essi pensano che le loro risorse siano valutate 10 dollari e l'impresa crea, attraverso il loro utilizzo, un valore pari a 10 dollari. Un'impresa realizza una **performance al di sotto del normale** quando genera un valore inferiore rispetto al valore atteso di una risorsa. Quindi, rifacendoci all'esempio sopra riportato, ciò accade se l'azienda crea un valore pari a 8 dollari, mentre il valore atteso delle risorse è di 10.

Tabella 5 – La relazione tra il valore atteso delle risorse di un'impresa, il loro valore attuale e la performance dell'impresa

Performance economica normale	Quando un'impresa genera un valore economico, con le proprie risorse, pari al valore atteso dai proprietari di queste risorse
Performance economica al di sotto del normale	Quando un'impresa genera un valore economico, con le proprie risorse, inferiore rispetto al valore atteso dai proprietari di queste risorse
Performance economica al di sopra del normale	Quando un'impresa genera un valore economico, con le proprie risorse, superiore rispetto a quello atteso dai proprietari di queste risorse

Tabella 6 – Caratteristiche dei principali approcci alla misurazione della performance

Approcci	Caratteristiche	Limiti
1. *Sopravvivenza*	Le imprese che sopravvivono per un periodo di tempo più o meno lungo sono quelle che generano almeno profitti normali. Facile da applicare: non richiede informazioni dettagliate sulla situazione economica dell'impresa.	Il principale limite risiede nel definire con esattezza quando un'impresa cessa di esistere. Inoltre, distingue esclusivamente tra performance inferiori al normale e performance almeno normali. Non approfondisce la distinzione tra performance normali e superiori al normale.
2. *Stakeholder*	La performance di un'impresa è valutata rispetto alle preferenze e ai desideri dei diversi *stakeholders*: clienti, dipendenti, manager, fornitori, finanziatori, proprietari, e così via.	Ciascuno *stakeholder* avrà un proprio criterio di valutazione della performance aziendale, per cui sarà difficile implementare strategie che soddisfino contemporaneamente tutti gli *stakeholders*. Questo implica che ci saranno degli interessi privilegiati rispetto ad altri.
3. *Indicatori contabili semplici*	L'approccio più utilizzato per la misurazione della performance aziendale si basa sull'uso degli indicatori contabili, che per molte imprese sono pubblicamente noti. Tra essi si citano gli indici di redditività, come il ROI, il ROE, l'EPS (*Earnings per Share*), il P/E (*Price/Earnings*), gli indici che misurano la liquidità (*Acid Ratio, Quick Ratio*) e gli indici di indebitamento (*Leverage*).	– Discrezionalità nella scelta dei metodi contabili da parte dei manager. – Orientamento di breve termine. – Ignora le dinamiche degli *intangibles*.
4. *Indicatori contabili ponderati*	Questo approccio si basa sulle informazioni pubblicamente note delle imprese, valutando sia le performance attese che quelle reali, in modo da eliminare alcuni limiti delle misure contabili semplici. Tra i principali indicatori ricordiamo il WACC (*Weighted Avarage Cost of Capital*), il NOPAT (*Net Operating Profit Less Adjusted Taxes*), il MVA (*Market Value Added*) e la q di Tobin.	Tali indicatori non sono di semplice valutazione. Molti si basano sul CAPM e sulla stima del β (Beta). Inoltre, sebbene tentino di superare i limiti degli indicatori contabili semplici, la valutazione degli *intangibles* non è ancora accurata.

Infine, un'impresa ottiene una **performance al di sopra del normale** quando genera, dalle risorse che impiega, un valore maggiore di quello atteso. In quest'ultimo caso, il valore atteso è pari a 10 dollari e l'impresa crea un valore di 12. Questa differenza positiva tra il valore atteso e il valore effettivo è definito **profitto** o **rendita economica**.

Le performance normale, al di sotto del normale e al di sopra del normale sono termini derivati dalla teoria tradizionale della microeconomia e riferiti al livello di performance dell'impresa in condizioni di concorrenza perfetta. In tali condizioni, il valore che un'impresa crea con le proprie risorse è sufficientemente grande da permettere all'impresa di compensare pienamente i proprietari di tutte le risorse, ed a garantire ai fornitori di capitale un tasso di rendimento che tenga conto del fattore rischio. In questo caso le imprese sopravvivono. Quando le imprese generano un valore al di sotto del normale, i proprietari degli *assets* saranno spinti ad utilizzare tali risorse in contesti alternativi dove potranno ottenere il reale valore atteso. Quando tutti gli *assets* di un'impresa saranno utilizzati in investimenti alternativi, economicamente (anche se non legalmente) un'impresa non esiste più. Infine, un'impresa che genera un valore al di sopra del normale sarà capace di mantenere i suoi *assets* produttivi e sarà capace di attrarne anche di più. In questo caso si può dire che l'impresa prospera.

Performance e vantaggio competitivo

In generale, le imprese che stanno generando profitti al di sopra del normale godono di un qualche vantaggio competitivo nel loro mercato o settore. Come suggerito all'inizio di questo capitolo, un'impresa ha un vantaggio competitivo quando persegue una strategia di valore che non è implementata da molte altre imprese in quel mercato o settore. Le imprese che ottengono profitti normali sono generalmente in uno stato di parità competitiva, mentre le imprese che realizzano performance al di sotto del normale sono in uno stato di svantaggio competitivo.

Quest'approccio per definire la performance ha molti vantaggi. È coerente con il punto di vista sostenuto da parte della microeconomia, è coerente con le principali definizioni di performance sviluppate nella teoria di organizzazione e di comportamento organizzativo ed è d'aiuto per analizzare l'impatto sulla performance dell'ambiente di un'impresa, dei suoi punti di forza e di debolezza. Sfortunatamente, questa definizione di performance è difficile da misurare.

Tecniche di misurazione della performance

In conclusione, va accennato che esistono moltissime tecniche per misurare la performance aziendale, ciascuna con i suoi limiti ed è, pertanto, consigliabile utilizzare contemporaneamente diverse tecniche nell'analisi strategica. Si riportano quattro principali approcci per misurare la performance, di cui in tabella 6 si sintetizzano caratteristiche principali e limiti:

1. la sopravvivenza come una misura della performance (Demsetz, 1973; Alchian, 1950; Nelson, Winter, 1982);
2. l'approccio degli *stakeholders* per la misurazione della performance (Cameron, 1986; Jensen, Meckling, 1976);

3. indicatori contabili semplici di performance, tra cui ROE, EPS, P/E, indici di liquidità, indici di indebitamento (Ouchi, 1980; Barney, 1991; Dierickx, Cool, 1989; Fisher, McGowan, 1983);

4. indicatori contabili ponderati di performance, quali MVA e q di Tobin (Copeland, Koller, Murrin, 1995; Choi, Levich, 1990; Tobin, 1978; Lindenberg, Ross, 1981).

Si rinvia alla bibliografia per ulteriori approfondimenti.

In questo capitolo

☞ La **strategia** può essere definita come la teoria aziendale di come competere con successo e generare un vantaggio competitivo.

☞ Un'azienda raggiunge un **vantaggio competitivo** quando le sue azioni creano valore economico e quando poche altre aziende adottano simili strategie. Un'azienda si può trovare in una situazione di **parità competitiva** quando la sue azioni creano valore, ma molte altre aziende adottano ed implementano strategie simili. Infine, un'azienda si trova in una situazione di **svantaggio competitivo** quando le sue scelte strategiche non riescono a creare valore economico.

☞ Una strategia competitiva di successo è basata sulla ***mission*** aziendale che consiste nel sistema degli scopi fondamentali e degli obiettivi di lungo termine dell'azienda. Gli **obiettivi** sono costituiti da specifici e misurabili target di performance che l'azienda si propone di raggiungere nell'ambito della *mission* aziendale. Le **strategie** rappresentano le modalità attraverso le quali le aziende raggiungono gli obiettivi e soddisfano la *mission*. Le **tattiche** e le **politiche** sono le specifiche azioni necessarie all'implementazione della strategia aziendale. Il concetto di ***vision*** dovrebbe essere applicato esclusivamente alle aziende che pongono al centro delle loro azioni la propria *mission*.

☞ Le **strategie emergenti** rappresentano strategie che emergono nel tempo, con l'agire dell'azienda nel mercato o settore di riferimento. Quando i processi economici di un settore non possono essere anticipati, le strategie emergenti possono essere di grande valore.

☞ Sia se intenzionali che emergenti, le strategie aziendali devono analizzare quattro aspetti del contesto in cui un'azienda opera per essere fonti di vantaggi competitivi: 1. i **punti di forza**; 2. i **punti di debolezza**; 3. le **opportunità** nel suo ambiente; 4. le **minacce** del contesto competitivo.

☞ Infine, ci si domanda cosa si intenda per performance delle imprese. Le relazioni tra il **valore atteso** e **valore effettivo** suggeriscono tre modalità di classificazione delle performance: un **livello normale di performance**, una **performance al di sotto del normale**, una **performance al di sopra del normale**.

2

La valutazione delle minacce e delle opportunità ambientali

Definizione di strategia

Nel cap. 1 la strategia aziendale è stata definita la teoria di come creare vantaggi competitivi e sono state evidenziate le implicazioni sulla performance di tali vantaggi. Con questi presupposti, ora è possibile esplorare gli specifici attributi e contenuti che la strategia aziendale deve possedere per generare un vantaggio competitivo e profitti economici al di sopra del normale.

Alcuni di questi specifici attributi sono già stati menzionati nel cap. 1: la strategia dovrebbe neutralizzare le minacce ambientali, sfruttare le opportunità e i punti di forza dell'impresa, neutralizzando gli elementi di debolezza. Ma senza ulteriori approfondimenti, questo elenco di desiderabili attributi della strategia aziendale suggerisce poco più che le domande da porsi, senza fornire delle adeguate risposte. Per trovare una risposta è necessario comprendere cosa siano le minacce ambientali e come neutralizzarle, cosa siano le opportunità e come sfruttarle, quali siano i punti di forza dell'azienda e come metterli a frutto e, infine, quali siano i fattori di debolezza aziendali e come neutralizzarli o finanche trasformarli in opportunità. Uno degli scopi di questo capitolo e del successivo è offrire teorie e modelli per rispondere a queste domande.

Attrattività del settore

L'obiettivo primario nell'analizzare le minacce e le opportunità nell'ambiente dell'azienda è valutare l'**attrattività economica** complessiva di un settore, che dipende dal relativo livello di minacce ed opportunità. Settori estremamente attrattivi sono caratterizzati da opportunità significative e limitate minacce; settori per nulla attrattivi sono caratterizzati da minacce significative e opportunità limitate. Il profitto medio di aziende in settori economicamente molto attrattivi sarà maggiore dei profitti medi di aziende in settori poco attrattivi. Così, le performance delle aziende nell'industria farmaceutica, un'industria considerata da tutti economicamente molto attrattiva, saranno superiori a quelle di aziende del settore alimentare, che è considerato meno attrattivo. Chiaramente, l'analisi di settore deve andare ben oltre l'elencazione arbitraria ed incompleta di minacce e opportunità. Piuttosto, è richiesto un approccio che permetta di analizzare l'attrattività di un settore, sulla base di una più ampia teoria della concorrenza nel settore stesso.

Questo capitolo pone l'attenzione su di un approccio teorico che può essere utilizzato per l'analisi delle minacce ed opportunità ambientali: il modello struttura-condotta-performance (SCP).

1. Il modello struttura-condotta-performance (SCP)

Relazione tra ambiente, condotta e performance

Negli anni trenta, un gruppo di economisti cominciò a sviluppare un approccio per definire la relazione tra l'ambiente in cui opera un'impresa, la sua condotta e la sua performance. L'obiettivo iniziale era di descrivere le condizioni che non favorivano le dinamiche di concorrenza perfetta in un determinato settore. Comprendere quando tali dinamiche di concorrenza perfetta non si sviluppavano aiutava gli organi di regolamentazione del mercato ad individuare i settori nei quali implementare delle norme per favorire una maggiore competizione interna (Mason, 1939; Bain, 1956, 1968; Scherer, 1980; Porter, 1981a; Barney, 1986c).

La teoria che si è sviluppata da questo lavoro è nota come il modello struttura-condotta-performance (SCP). Il termine **struttura** fa riferimento alla struttura del settore, misurata da fattori quali il numero di concorrenti, l'eterogeneità di prodotti ed il costo di entrata ed uscita dal settore stesso. La **condotta** si riferisce a specifiche azioni dell'impresa nel settore, tra cui la differenziazione di prodotto, il *price taking*, la collusione tacita e lo sfruttamento del potere di mercato. La performance nel modello SCP ha due significati: la performance delle aziende prese singolarmente e quella dell'economia nel suo complesso. Tale modello è sintetizzato in figura 1.

Struttura del settore e vantaggio competitivo

La logica che collega la struttura del settore alla condotta e alla performance è ben nota. Le caratteristiche del settore nel quale l'azienda opera definiscono il ventaglio di opzioni e vincoli con cui l'impresa deve confrontarsi. In alcuni settori le imprese hanno ridotte possibilità di scelta e molti vincoli da rispettare. In questi casi, al più, generano profitti normali nel lungo periodo, massimizzando il benessere sociale (come tradizionalmente definito in economia). In questi contesti, la struttura del settore determina completamente sia la condotta aziendale che le performance di lungo termine (normali).

Tipologie di settore e performance aziendali

In altri settori meno competitivi, invece, le aziende si confrontano con minori vincoli ed hanno un più ampio ventaglio di opzioni di condotta. Alcune di queste opzioni possono far sì che le imprese ottengano vantaggi competitivi e risultati economici al di sopra del normale. Tuttavia, anche in questi casi la struttura del settore vincola ancora il *range* di tali opzioni di condotta. Inoltre, altre caratteristiche del settore, tra cui le barriere all'entrata, determinano il lasso di tempo nel quale le imprese del settore saranno capaci di generare risultati al di sopra del normale.

Figura 1 – Il modello struttura-condotta-performance

Senza barriere all'entrata, i profitti superiori al normale delle aziende del settore sarebbero rapidamente azzerati dai nuovi entranti. Quindi, anche in questo caso, la struttura del settore ha ancora un importante impatto sulla condotta e sulle performance aziendali, anche se le aziende del settore stesso potranno, in alcuni casi, generare profitti superiori alla media. Un modo per descrivere la struttura competitiva di settori diversi è riportato nella tabella 1.

Come mostrato in questa tabella, i settori possono essere caratterizzati da concorrenza perfetta, da concorrenza monopolistica, da oligopoli o da situazioni di monopolio.

I settori si possono definire **perfettamente concorrenziali** quando vi sono numerose aziende che competono, i prodotti sono omogenei rispetto al costo e ad altre caratteristiche e l'entrata e l'uscita dal settore sono poco costose. Un esempio può rinvenirsi nel mercato del petrolio. Come è ben noto, le aziende che operano in settori caratterizzati dalla concorrenza perfetta possono solo prendere atto del prezzo di mercato, senza avere alcuna possibilità di determinarlo. Ciò significa che, in caso di variazioni nei livelli di offerta o di domanda, le imprese opereranno come *price takers*, cioè semplicemente adattando i prezzi alle mutate condizioni di mercato, piuttosto che cercare di influenzare i livelli di domanda e offerta. Tali imprese possono aspettarsi solo profitti normali.

Tabella 1 – Tipologie di strutture di settore, opzioni di condotta dell'impresa e implicazioni di *social welfare*

Tipo di settore	Caratteristiche del settore	Esempi	Opzioni di condotta dell'impresa	Performance attese	Implicazioni di *social welfare*
Concorrenza perfetta	Gran numero di imprese concorrenti Prodotti omogenei Basse barriere all'entrata e all'uscita	Mercato azionario Petrolio grezzo	*Price taking*	Normale	*Social welfare* massimo
Concorrenza monopolistica	Gran numero di imprese concorrenti Prodotti omogenei Basse barriere all'entrata e all'uscita	Dentifrici Shampoo Palline da golf Automobili	*Leadership* di costo Differenziazione di prodotto	Al di sopra del normale	Minore rispetto alla concorrenza perfetta
Oligopolio	Ristretto numero di imprese concorrenti Prodotti omogenei o eterogenei Alte barriere all'entrata e all'uscita	Settore statunitense dell'acciaio e delle auto degli anni cinquanta Settore statunitense dei cereali per la colazione	Collusione	Al di sopra del normale	Minore rispetto alla concorrenza monopolistica
Monopolio	Unica impresa Alte barriere all'entrata	Polaroid nel settore della fotografia istantanea Microsoft nel settore dei sistemi operativi per PC	Uso del potere di mercato per stabilire i prezzi	Al di sopra del normale	Minore rispetto all'oligopolio

Altri settori sono caratterizzati da una **concorrenza monopolistica**: le aziende si ritagliano delle nicchie di mercato nelle quali si comportano come quasi-monopolisti. Tuttavia, queste posizioni di monopolio sono sempre minacciate dalle azioni competitive delle altre imprese del settore. Nella concorrenza monopolistica ci sono molte imprese che competono e bassi costi di entrata ed uscita dal settore; diversamente dal caso della concorrenza perfetta, i prodotti in questi settori non sono omogenei rispetto a costi o attributi di prodotto. Esempi di concorrenza monopolistica si ritrovano nel settore dei dentifrici, dello shampoo, delle palline da golf e delle automobili. Le aziende in questi settori hanno un'enorme varietà di opzioni di condotta, tra cui la leadership di costo e la differenziazione di prodotto, strategie che saranno discusse più in dettaglio rispettivamente nei capp. 4 e 5. Le imprese in questi settori possono generare profitti al di sopra del normale.

Gli **oligopoli** sono caratterizzati da un ristretto numero di imprese concorrenti, da prodotti sia omogenei che eterogenei e da elevate barriere all'entrata e all'uscita. Esempi di tali settori sono: il settore energetico in Italia, il settore statunitense delle automobili e dell'acciaio negli anni cinquanta e quello dei cereali per la colazione oggi.

Attualmente, i primi quattro produttori di cereali per la colazione coprono approssimativamente il 90% del mercato negli Stati Uniti, con un valore di 11,60 miliardi di dollari raggiunto negli anni 2009-2014 (Statistica, 2015), e i primi otto arrivano pressoché al 100%. Le imprese in questi settori hanno una varietà di opzioni di condotta, tra cui la collusione tacita, e possono ottenere profitti economici al di sopra della media.

Infine, i settori **monopolistici** sono caratterizzati dalla presenza di una sola azienda offerente; l'entrata in questo tipo di settore è molto costosa. Ci sono pochi esempi di settori puramente monopolistici. In ogni caso, tipologie vicine al monopolio sono quelle dei settori dei pneumatici in Europa (ad esempio, la Pirelli e la Michelin) e l'industria dei sistemi operativi dei personal computer (dominata quasi completamente da Microsoft). Una delle opzioni di condotta critiche che affrontano le aziende in questa tipologia di settore è l'uso del potere di mercato per determinare i prezzi che generano profitti significativi. I monopolisti possono ottenere profitti generalmente al di sopra del normale.

Struttura del settore e *social welfare*

Le implicazioni sulla regolamentazione della concorrenza del paradigma SCP dipendono dal livello di *social welfare* associato ad ognuno dei tipi di concorrenza presentati. Il benessere sociale, che è massimizzato in settori perfettamente competitivi, si riduce progressivamente passando a forme di concorrenza monopolistica, di oligopolio fino ad essere molto basso in condizioni di monopolio. Gli elementi informativi inseriti nella tabella 1 possono essere usati per identificare le situazioni in cui la competizione in un settore si discosti dall'ideale di concorrenza perfetta e per indicare i rimedi da istituire per aumentarne il livello della concorrenza (Demsetz, 1973).

I ricercatori e gli studiosi di strategia hanno ribaltato gli obiettivi tradizionali del modello SCP, utilizzando quest'ultimo per descrivere gli attributi di un settore che lo rendono meno vicino alla forma di concorrenza perfetta, così da aiutare le imprese a trovare modi per ottenere performance economiche al di sopra del normale.

2. Le minacce: il modello della concorrenza allargata

Per un'azienda che miri ad ottenere vantaggi competitivi e profitti al di sopra del normale una **minaccia ambientale** è rappresentata da ciascun individuo, gruppo o organizzazione esterno all'impresa che ne cerchi di ridurre il livello di performance (Christensen, Andrews, Bower, Hamermesh, Porter, 1980). Le minacce, aumentando la competitività di un settore, tendono a far aumentare i costi aziendali, ridurre i ricavi o, in ogni caso, ridurre le performance aziendali, fino a farle giungere a livelli normali (Porter, 1980).

L'obiettivo alla base dello sviluppo di un modello di minacce ambientali è quello di assistere i manager nell'analizzare queste minacce così da poter essere più efficaci nello sviluppare strategie per neutralizzarle. Il modello più noto per studiare le minacce ambientali nel campo della gestione strategica è stato sviluppato dal professor Michael Porter dell'Harvard Business School. Noto come il modello delle "**cinque forze**" l'approccio di Porter (1980) suggerisce che cinque specifici attributi della struttura del settore possono minacciare l'abilità di un'azienda di mantenere o generare profitti al di sopra del normale. Questo modello è stato poi arricchito da una nuova forza (Della Corte, 2009; 2013), quella dei *complementors*, per cui prende il nome di **modello della concorrenza allargata**, le cui forze sono le seguenti:

1. la minaccia di nuovi entranti;
2. la minaccia dei *competitors* diretti;
3. la minaccia di prodotti sostitutivi;
4. la minaccia dei fornitori;
5. la minaccia degli acquirenti;
6. la forza competitiva dei *complementors*.

Il modello della concorrenza allargata è rappresentato nella figura 2.

Figura 2 – Modello della concorrenza allargata

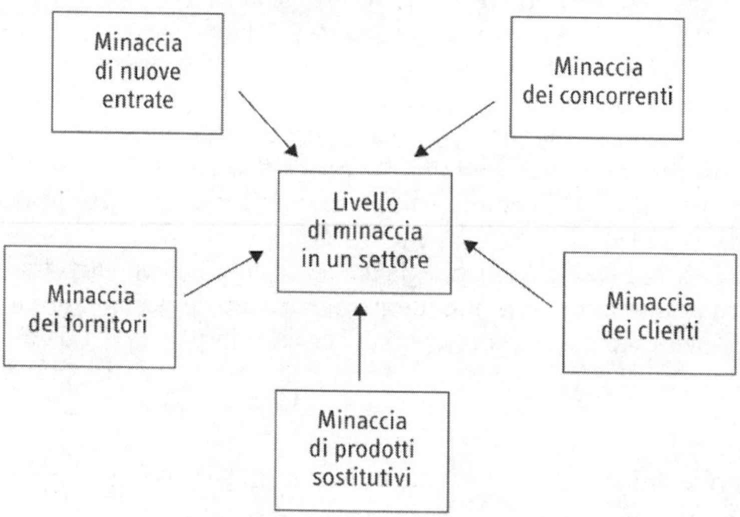

2.1. La minaccia di nuovi entranti

Concorrenti potenziali

I **nuovi entranti** sono aziende che hanno recentemente iniziato ad operare in un settore o minacciano di farlo presto.

Per la General Motors, nel settore delle automobili, nuovi entranti sono stati Toyota, Nissan e più recentemente due aziende coreane, la Hyundai Motor e la Kia. Per l'IBM, nel settore dell'informatica, nuovi entranti sono stati Amdahl Computers, Hewlett-Packard e Digital Equipment Corporation. Recentemente, l'IBM ha affrontato nuove significative entrate da parte di produttori di personal computer, quali Dell, Compaq e Gateway. Nel comparto delle compagnie aeree in Italia, a seguito della deregulation, Alitalia ha assistito all'entrata di molte compagnie aeree, soprattutto *low cost*, che hanno modificato sensibilmente la struttura del settore.

Motivazione all'entrata in un settore

Secondo il modello SCP, i nuovi entranti sono motivati a inserirsi in un settore dai profitti al di sopra del normale di alcune aziende già operanti. Le imprese che cercano di ritagliarsi un pezzo di quella torta con profitti superiori alla media entrano nel settore, aumentando con ciò il livello della competizione e riducendo i risultati di performance delle aziende presenti. Con l'assenza di barriere, nuovi ingressi nel settore si avranno fintanto che le imprese presenti continueranno a realizzare profitti superiori al normale e il processo si concluderà quando i profitti si assesteranno su livelli normali.

La possibilità di ottenere tali profitti è stata una delle principali ragioni della decisione di Intel di entrare nel settore delle apparecchiature per computer e degli sforzi delle società di televisione via cavo ad entrare nel mercato dei servizi telefonici urbani negli Stati Uniti. In entrambi i casi, i notevoli profitti di imprese importanti nei settori considerati (3Com e Cisco Systems nelle apparecchiature informatiche, "Baby Bells" nel caso delle telecomunicazioni) hanno motivato l'entrata delle nuove imprese concorrenti (Baumol, Panzar, Willig, 1982; Takahashi, 1998; Kupfer, 1995).

In Italia, nel settore della telefonia, durante gli anni ottanta l'unico gestore di reti telefoniche era Telecom Italia Spa, sfruttando la sua posizione di monopolista applicava tariffe e canoni di abbonamento al servizio decisamente cari, con conseguenti elevati margini di profitto. La redditività del settore ha spinto altre aziende ad entrare nel comparto della telefonia mobile, non appena la liberalizzazione del settore ha aperto le porte a nuovi gestori. Il processo è iniziato, nel 1993, con l'entrata di Omnitel (oggi Vodafone) e, successivamente, di altri gestori come Wind prima e Tre dopo.

Costo di entrata nel settore

Il livello di minacce derivanti dai nuovi entranti dipende dal costo necessario per l'entrata nel settore; se il costo di entrata in un settore è maggiore dei potenziali profitti che un potenziale nuovo concorrente potrebbe ottenere entrando, tale entrata non avverrà e i nuovi concorrenti non rappresenteranno una minaccia per le aziende già presenti. Tuttavia, se il costo di entrata è minore dei ritorni possibili, i nuovi ingressi proseguiranno fin tanto che i profitti saranno superiori ai costi relativi.

Tabella 2 – Barriere all'entrata in un settore

1. Economie di scala
2. Differenziazione di prodotto
3. Vantaggi di costo indipendenti dal volume di produzione
4. Rappresaglia dei produttori consolidati
5. Politiche governative

La minaccia di entrata dipende dal costo della stessa e questo, a sua volta, dipende dall'esistenza e dall'"altezza" delle barriere. Le barriere all'entrata sono attributi della struttura di un settore che ne aumentano il costo di entrata. In presenza di elevate barriere, concorrenti potenziali non si inseriranno nel settore nonostante le aziende leader stiano ottenendo performance economiche al di sopra della media. Cinque barriere all'entrata sono ampiamente citate negli studi di strategia e del modello SCP. Queste cinque barriere, elencate in tabella 2, sono:

1. economie di scala;
2. differenziazione di prodotto;
3. vantaggi di costo indipendenti dai volumi di produzione;
4. possibili rappresaglie da parte dei produttori consolidati;
5. politiche governative.

Barriere all'entrata

Altre tre barriere all'entrata sono spesso citate nella letteratura, ma rappresentano solo casi particolari delle cinque di base: fabbisogno di capitali, costi di riconversione (*switching costs*), accesso ai canali di distribuzione (Bain, 1968; Porter, 1980).

2.2. Economie di scala

Relazione tra volumi e costi di produzione

Affinché le **economie di scala** rappresentino una barriera all'entrata, la relazione tra il volume di produzione e i costi aziendali deve avere un andamento del tipo descritto nella curva in figura 3.

La curva suggerisce che qualsiasi deviazione, positiva o negativa, dal livello ottimale di produzione (il punto *X*) determina costi di produzione più alti. Ricerche empiriche suggeriscono che la curva delle economie di scala in molti settori non sia così inclinata, come rappresentata dalla curva *A* della figura 3 (Scherer, 1980). Piuttosto, molti settori sono caratterizzati da un'ampia fascia dei volumi di produzione che può condurre a costi di produzione più bassi, come raffigurato dalla funzione *B*. Ciononostante, alcuni settori sembrano avere una fascia di volumi ottimali molto ristretta, tra cui il settore dei contenitori metallici, dell'acciaio e dell'alluminio.

Per capire come le economie di scala possano rappresentare delle barriere all'entrata, si consideri il seguente esempio.

Si immagini un settore con le seguenti caratteristiche: ci sono cinque aziende consolidate (ognuna con un solo stabilimento), il livello ottimale di produzione in ognuno di questi stabilimenti è pari a 4.000 unità (*X* = 4.000 unità), con una domanda totale di 22.000 unità; la curva delle economie di scala è rappresentata dalla linea *A* della figura 3 e le opportunità di differenziare i prodotti sono limitate.

Figura 3 – Economie di scala e costo di produzione

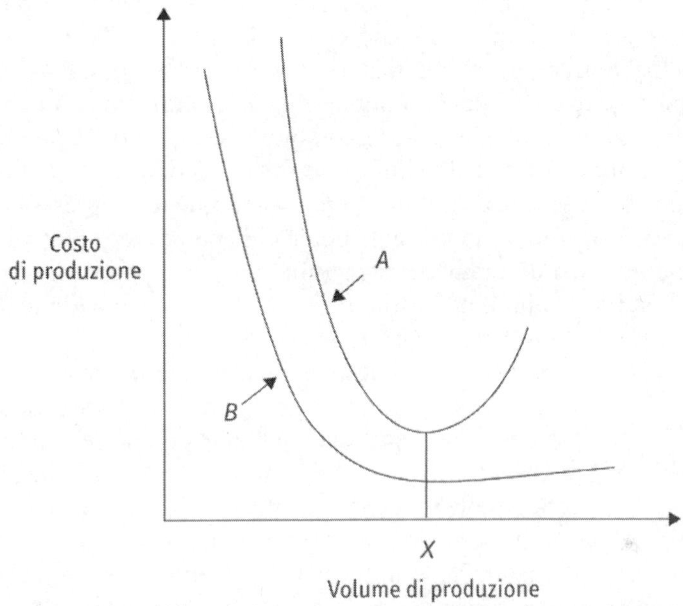

La figura mostra due tipologie di economie di scala: con maggiore pendenza (curva *A*), con minore pendenza (curva *B*)

La domanda totale in questo settore (22.000 unità) eccede l'offerta totale (5 × 4.000 unità = 20.000). Dalla teoria tradizionale basata sul prezzo deriva che le cinque imprese principali in questo settore trarranno profitti superiori al normale. Il modello SCP suggerisce che, in assenza di barriere, questi profitti dovrebbero stimolare nuovi entranti.

Proviamo allora a considerare la decisione di entrare dal punto di vista dei concorrenti potenziali. Certamente, le aziende principali presentano profitti superiori al normale, ma i potenziali concorrenti devono affrontare una scelta difficile: da un lato, i nuovi concorrenti potrebbero entrare nel settore con uno stabilimento dalla capacità ottimale e produrre 4.000 unità, che porterebbe l'offerta totale del settore a raggiungere le 24.000 unità (20.000 + 4.000). Improvvisamente, l'offerta sarebbe perciò superiore alla domanda (24.000 > 22.000) e pertanto tutte le imprese nel settore, incluso il nuovo concorrente, otterrebbero profitti inferiori al normale.

In alternativa, il nuovo concorrente potrebbe entrare nel mercato con uno stabilimento di dimensioni più ridotte (per esempio 1.000 unità). Questo lascerebbe la domanda di settore maggiore dell'offerta (22.000 > 21.000) ed il nuovo entrante si troverebbe in una posizione di svantaggio di costo perché non riuscirebbe a produrre sfruttando le economie di scala. Secondo quest'ottica, è facile immaginare che il nuovo potenziale entrante desista, anche se le imprese del settore generano profitti superiori al normale.

Esistono, chiaramente, delle scelte alternative. Per esempio, i concorrenti potenziali potrebbero tentare di aumentare la domanda (ovvero, aumentare la domanda totale da 22.000 a 24.000 unità o più) ed entrare con la dimensione ottimale. Questa alternativa va contro l'ipotesi che la domanda di mercato sia fissa. I concorrenti potenziali, inoltre, potrebbero anche tentare di sviluppare una nuova tecnologia di produzione, spostare la curva dell'economia di scala verso sinistra (riducendo così il volume di produzione ottimale) ed entrare, ottenendo risultati economici normali o anche superiori al normale. Tale situazione fa riconsiderare la condizione che la curva delle economie di scala abbia una forma come quella rappresentata dalla funzione *A* in figura 3. Infine, i concorrenti potenziali potrebbero tentare di differenziare i loro prodotti, così da praticare prezzi più alti per compensare i più alti costi di produzione relativi a volumi non ottimali. Ciò allenta la condizione di assenza di differenziazione produttiva (Bresnahan, 1985).

Rapporto costo di entrata e profitti generabili

Ciascuna di queste azioni, o la loro combinazione, può favorire l'entrata in un settore, ma deve confrontarsi con i relativi costi. Se il costo per "abbattere" queste barriere è maggiore dei ritorni generabili dall'entrata nel settore, il potenziale concorrente non entrerà, anche se le aziende nel settore stanno ottenendo profitti superiori al normale. Inoltre, non solo i concorrenti potenziali possono agire sulle barriere, ma anche le imprese già presenti nel settore che, attraverso azioni per sviluppare nuova domanda, attraverso tecnologie o interventi di differenziazione, possono ottenere profitti superiori al normale ed evitare l'entrata di nuovi concorrenti. Come discuteremo nel cap. 3, la distribuzione e l'ottenimento di profitti superiori dipenderanno dalle risorse e capacità distintive delle aziende.

Storicamente, le barriere all'entrata determinate dalle economie di scala hanno scoraggiato l'entrata nel mercato mondiale dell'acciaio per anni. Tuttavia, negli anni settanta, lo sviluppo di nuove tecnologie di fabbricazione per volumi ridotti ha spostato la curva delle economie di scala verso sinistra rendendo efficienti anche impianti di minori dimensioni nell'indirizzarsi verso alcuni segmenti del mercato dell'economia e, conseguentemente, ha ridotto il livello delle barriere all'entrata nell'industria dell'acciaio.

2.3. Differenziazione produttiva

Vantaggi della differenziazione produttiva

Per **differenziazione produttiva** si intende il possesso, da parte delle aziende più competitive sul mercato, di un'identificazione della marca e di un'elevata fedeltà della clientela che i concorrenti potenziali non possiedono. Tali elementi fungono da barriere all'entrata in quanto i nuovi entranti non solo devono assorbire i costi standard associati all'avvio di una nuova produzione in un nuovo settore, ma devono anche assorbire i costi associati ai vantaggi di differenziazione delle aziende che sono già presenti nel settore. Se il costo per eliminare questi vantaggi è maggiore dei ritorni potenziali derivanti dall'entrata, difficilmente si avranno nuovi ingressi, nonostante le aziende del settore stiano generando profitti al di sopra del normale.

Costo di dissuasione all'entrata e performance aziendale

Si deve fare attenzione nel comparare i costi sostenuti dalle aziende presenti sul mercato per la differenziazione di prodotto e la relativa creazione di barriere all'entrata ed i costi che i concorrenti potenziali affrontano per il superamento di tali barriere. In generale, se il costo di dissuasione all'entrata sopportato dalle aziende presenti sul mercato è pari al valore conseguente alla mancata entrata, allora tali imprese ottengono solamente profitti normali, nonostante abbiano evitato con successo l'entrata di nuovi concorrenti. Per esempio, si supponga che un'impresa abbia la possibilità di guadagnare 1.000 dollari di profitti superiori al normale, in mancanza di nuovi entranti. Tuttavia, per la presenza di concorrenti potenziali, questa azienda potrebbe sentirsi costretta ad investire nella differenziazione di prodotto (attraverso investimenti in pubblicità, servizi al cliente e così via), per innalzare le barriere all'entrata, con attività costose. Se il costo totale della differenziazione di prodotto per dissuadere i nuovi entranti fosse pari a 1.000 dollari, allora questa azienda otterrebbe solo profitti normali (1.000 dollari di profitto potenziale – 1.000 dollari in costi di dissuasione all'entrata = 0 dollari di profitto), pur avendo scoraggiato con successo i nuovi entranti.

Solamente se il costo di dissuasione all'entrata è inferiore al valore conseguente alla mancata entrata, le aziende presenti nel settore potranno ottenere performance economiche al di sopra del normale.

Differenziazione di prodotto come barriera all'entrata

Ci sono numerosi esempi di settori nei quali la differenziazione di prodotto rappresenta una barriera all'entrata. Nell'industria di fabbricazione della birra, per esempio, gli importanti investimenti di Budweiser, Miller e Coors nella pubblicità e nell'identificazione della marca hanno di fatto reso l'entrata nel settore americano della birra molto costosa. Se questi sforzi diretti a dissuadere nuove entrate hanno ridotto i profitti ottenibili dalle imprese attive nel settore è difficile a dirsi, anche se alcune ricerche sembrano suggerire che ciò possa essere accaduto (Montgomery, Wernerfelt, 1991).

E. & J. Gallo Winery, un produttore americano di vino, si è scontrato con elevate barriere all'entrata dovute alla differenziazione di prodotto nei suoi sforzi di vendere il vino sul mercato francese. Il mercato francese del vino è enorme: i francesi consumano 50 litri di vino a persona all'anno, mentre i consumatori americani solamente 10 litri di vino a persona l'anno, per un valore totale di circa 130 milioni di euro. Il mercato francese del vino è costituito da 85.000 produttori che raggiungono una produzione annua di 43 milioni di ettolitri di vino. Inoltre, le esportazioni raggiungono un valore totale di circa 8 miliardi di euro l'anno.

Nonostante questa differenza, la fedeltà dei francesi ai vigneti locali ha reso molto difficile per Gallo irrompere in questo mercato; un mercato dove i vini americani sono dati come gadgets e dove solamente i ristoranti americani hanno nel proprio menu tali prodotti. Gallo sta tentando di annullare questo vantaggio di differenziazione di prodotto del vino francese enfatizzando le sue radici californiane – radici che molti francesi considerano essere esotiche – e sottovalutando il fatto che è sempre un'azienda americana, caratteristica molto meno attrattiva per i consumatori francesi (Stecklow, 1999).

In Italia, Barilla dal 1975 con il marchio Mulino Bianco, ha innalzato barriere all'entrata attraverso una strategia di forte differenziazione di prodotto, che almeno per un certo periodo ha dissuaso l'ingresso di nuovi entranti nel settore dei prodotti da forno. Inoltre, Barilla continua a differenziarsi attraverso la sua politica di *house of brands* che prevede la presenza di una casa madre che possiede più marche. Infatti, anche il progetto Barilla Chef Academy fa sì che il brand "Barilla Academy" possa accorporare tutti i prodotti agroalimentari tipici delle differenti culture regionali italiane. L'obiettivo è quello di promuovere la cultura enogastronomica dell'Italia presso i ristoranti italiani presenti nel mondo. Barilla non si limita ad offrire i propri prodotti ma svolge anche attività di consulenza e formazione per i ristoratori. Il punto di forza di questa iniziativa è dato dal fatto che Barilla, attraverso questo brand, può vendere i propri prodotti e assolvere la funzione di consulente gastronomico per il canale ristorativo.

Nel settore turistico, le principali catene alberghiere, di livello internazionale (come Marriott, Le Meridien ecc.), hanno seriamente investito sul marchio e sulla qualità del servizio per assicurarsi un adeguato livello di soddisfazione e fidelizzazione della clientela. Tale realtà rende oggi estremamente alte le barriere per nuovi potenziali entranti, che intendono posizionarsi quali *competitors* delle grandi catene, visti gli elevati costi da sostenere in termini di marketing e di personale altamente qualificato nonché le difficoltà a replicare il *know-how* dei principali *competitors*.

2.4. Vantaggi di costo indipendenti dal volume di produzione

Oltre alle barriere prima citate, le aziende possono avere un'ampia serie di vantaggi di costo, rispetto ai nuovi potenziali concorrenti, indipendenti dai volumi di produzione.

Fonti di vantaggi di costo indipendenti dai volumi

Saranno oggetto di discussione cinque fonti di vantaggi di costo indipendenti dalla scala, presentate in tabella 3: 1. la tecnologia proprietaria; 2. il *knowhow*; 3. l'accesso privilegiato alle materie prime; 4. le ubicazioni geografiche favorevoli; 5. i vantaggi di costo legati alla curva di apprendimento.

Tabella 3 – Fonti di vantaggi di costo, indipendenti dal volume di produzione, che possono comportare barriere all'entrata

Tecnologia esclusiva: quando le aziende presenti nel settore hanno tecnologie segrete o brevettate che riducono i loro costi al di sotto dei costi dei concorrenti potenziali, tali concorrenti potenziali devono sviluppare delle tecnologie sostitutive per poter competere.
Know-how: quando le aziende all'interno del settore detengono conoscenze, abilità ed informazioni che richiedono anni per essere sviluppate e che i nuovi potenziali entranti non posseggono.
Accesso privilegiato alle materie prime: si verifica quando le aziende nel settore hanno accesso a basso costo alle materie prime critiche, mentre i potenziali nuovi concorrenti non godono di questo vantaggio.
Ubicazione geografica favorevole: quando le aziende del settore hanno già occupato le ubicazioni migliori.
Vantaggi della curva di apprendimento: quando il volume cumulato di produzione dell'azienda nel settore è maggiore di quello dei concorrenti potenziali e quando i costi dipendono dal volume cumulato di produzione.

La tecnologia come fonte di vantaggio competitivo

Tecnologia esclusiva. In alcuni settori, la tecnologia, segreta o brevettata, dà alle aziende del settore importanti vantaggi competitivi rispetto ai potenziali nuovi entranti.

Per entrare in questi settori, i concorrenti potenziali devono sviluppare le proprie tecnologie sostitutive o copiare quelle di proprietà, soluzioni che possono essere molto costose.

Costo di duplicazione della tecnologia

Lo sviluppo di una tecnologia sostitutiva può comportare ricerche costose e rischiose. Copiare la tecnologia può risultare costoso in termini di possibili liti giudiziarie potenziali per violazioni di brevetti. Se il **costo di duplicazione** per i nuovi concorrenti è maggiore del potenziale economico derivante dall'entrare nel settore stesso, l'entrata non avverrà anche se le aziende di quel settore stanno ottenendo performance superiori al normale. È importante notare che la tecnologia brevettata non deve essere necessariamente legata alle economie di scala per costituire una barriera all'entrata.

Sapere accumulato nel tempo

Know-how. Ancora più importante della tecnologia come barriera all'entrata è il *know-how* sviluppato dalle aziende nel tempo (Kogut, Zander, 1992; Dierickx, Cool, 1989, Grant, 1991; Yang, Lee, Lee, 2013). Il *know-how* è spesso considerato come la conoscenza e le informazioni generalmente accettate, che sono necessarie per competere nel settore giorno per giorno (Polanyi, 1962; Itami, 1987). Il *know-how* include informazioni su dettagli innumerevoli che hanno impiegato anni, qualche volta decenni, per accumularsi all'interno dell'impresa ed abilitano quest'ultima ad interagire con clienti e fornitori, ad essere innovativa e creativa, a produrre beni di qualità e così via. In generale, i concorrenti nuovi non avranno accesso a questo sapere e si potranno così trovare in situazioni di svantaggio di costo rispetto alle imprese già esistenti. Inoltre, potrà essere difficile (costoso), per i concorrenti nuovi, sviluppare questo ***know-how*** in periodi relativamente brevi. Messi insieme, questi attributi di *know-how*, possono scoraggiare i nuovi ingressi.

Know-how come barriera all'entrata

Un settore nel quale il *know-how* è particolarmente importante è l'industria farmaceutica. Il successo in questo comparto dipende in maniera critica da ricerca di alta qualità e capacità di sviluppo. I nuovi entranti si trovano in posizioni di svantaggio per anni, mentre tentano di sviluppare tali abilità ed è per questo che le entrate nell'industria farmaceutica sono state piuttosto limitate. Il *know-how* fa parte della conoscenza tacita aziendale e coinvolge abilità che sono espresse tramite le loro *performance*. Questo tipo di conoscenza non può essere articolata e codificata in modo diretto e, quindi, la sua imitazione da parte dei nuovi entranti risulta difficile.

Il *know-how* è anche un'importante barriera all'entrata nel settore dell'*home entertainment*. Un gruppo di imprese che desidera entrare in questo settore è costituito dai gestori telefonici. La logica di questa scelta risiede nel fatto che tali aziende già posseggono i propri cavi, usati attualmente per le trasmissioni telefoniche. In linea di principio, dovrebbe essere possibile usare questi stessi cavi per trasmettere film, musica e altre forme di intrattenimento da casa. Molte di queste aziende, compresa AT&T negli Stati Uniti, avevano previsto in principio un aumento rapido del volume d'affari in questo settore. Solo di recente, le aziende hanno scoperto che questo business richiede diverse capacità, molte delle quali la maggior parte di loro ancora non possiede. Per esempio, l'utilizzo di una sola rete per offrire il collegamento telefonico e l'intrattenimento ha creato dei problemi tecnici e di gestione ancora non pienamente risolti. In pratica, i gestori telefonici ancora non possiedono il *know-how* necessario per entrare nel mercato. Oltre ai problemi tecnici, le società telefoniche hanno scoperto che la vendita di servizi di intrattenimento da casa richiede *know-how* di marketing probabilmente noto per le società specializzate nei prodotti di intrattenimento, ma molto diverso dalle competenze di marketing possedute per la gestione telefonica. Piuttosto che vendere affidabilità e basso costo – problema centrale del marketing per i prodotti telefonici – le aziende di intrattenimento vendono la varietà, la qualità e l'unicità della loro programmazione. Questo cambiamento nel marketing è stato più difficile da incorporare nella gestione rispetto a quanto previsto dalle maggiori compagnie telefoniche (Cauley, 1995).

Accesso privilegiato alle materie prime. Le aziende nel settore possono trovarsi in situazioni di vantaggio di costo, rispetto ai potenziali nuovi concorrenti, per l'accesso privilegiato alle materie prime. Se, per esempio, ci sono solamente poche fonti di minerale metallico, quale il ferro di alta qualità, in una specifica regione geografica, le imprese produttrici di acciaio che hanno accesso a queste fonti possono trarne un vantaggio di costo sulle altre imprese che devono rifornirsi da fonti più distanti.

Rapporto costo e valore di accesso alle materie prime

Chiaramente, anche l'accesso privilegiato alle materie prime possa essere una fonte di **vantaggio di costo**, le aziende devono aver acquisito queste fonti ad un prezzo inferiore al loro pieno valore.

C'è una varietà di ragioni per cui un'azienda può pagare meno l'accesso alle materie prime di quanto realmente valga. Prima di tutto, quando l'azienda ottiene tale accesso, il pieno valore potrebbe non essere manifesto. Quindi, ad esempio, un coltivatore potrebbe acquistare della terra per la coltivazione del cotone e scoprire, solo successivamente, che si cela un pozzo di petrolio. In secondo luogo, variazioni nella tecnologia o nella domanda di mercato possono far aumentare il valore di una fonte di materie prime in base ad un processo non prevedibile al momento dell'acquisto (Barney, 1986a; Ricardo, 1817). Porter fa l'esempio di alcuni depositi di zolfo, che si pensava avessero relativamente poco valore quando furono venduti da alcune società di petrolio a diverse società di estrazione di zolfo. Successivamente, cambiamenti nella tecnologia di estrazione dello zolfo hanno incrementato il valore di tali fonti di materie prime, molto più di quanto preventivato (Porter, 1980).

In generale, i nuovi entranti hanno minori probabilità di acquisire un accesso privilegiato alle materie prime per un prezzo inferiore al suo pieno valore.

Quando le principali aziende del settore ottengono dei profitti grazie all'accesso favorevole alle materie prime, questi profitti esprimono il pieno valore di quel vantaggio. In futuro, le imprese che tenteranno di riprodurre tale accesso dovranno pagarne il pieno valore. Quindi, i nuovi entranti non riusciranno ad ottenere profitti superiori al normale, raggiunti invece dalle imprese già operanti in virtù dell'accesso privilegiato alle materie prime.

Localizzazioni strategiche

Ubicazioni geografiche favorevoli. Le aziende del settore possono aver già occupato tutte le ubicazioni favorevoli e, quindi, aver ottenuto dei vantaggi di costo rispetto ai nuovi entranti. Come per l'accesso alle materie prime, le **ubicazioni favorevoli** sono una fonte di vantaggio di costo se le aziende del settore riescono ad ubicarsi in **posizioni strategiche** ad un costo inferiore rispetto al valore intrinseco.

Un'azienda che ha costruito, almeno in parte, il suo successo sull'acquisizione di ubicazioni geografiche favorevoli è Wal-Mart. Anticipando la tendenza a posizionare i suoi grandi ipermercati in mercati di medie-piccole dimensioni, è stata capace di aggiudicarsi molte ubicazioni interessanti, prima che il pieno valore di queste ultime si manifestasse. I nuovi entranti, quindi, avrebbero dovuto competere non solo con le notevoli economie di scala di Wal-Mart, ma anche col vantaggio di costo di Wal-Mart che scaturisce dal tempismo dell'acquisizione delle sue ubicazioni. Dati questi due fattori, non è sorprendente che poche altre aziende commerciali al dettaglio siano penetrate negli stessi mercati (Ghemawat, 1986). Anche nel settore food & beverage, l'ubicazione geografica favorevole è un punto chiave e può rappresentare una fonte di vantaggio di costo. In questo settore è importante non solo investire nei posti in cui i costi di affitto e/o acquisto dei locali possono essere favorevoli ma anche comprendere le effettive potenzialità del mercato di riferimento in termini economici e sociali. Infatti, la *location* non può essere stabilita a prescindere dal mercato locale. Ad esempio, le *location* di Starbucks, la catena americana di caffetterie, si trovano in luoghi centrali ed altamente frequentati. Il modello di localizzazione dei suoi *store* si attiene a degli studi preliminari, di natura socio-economica e culturale, (ad esempio, il livello di istruzione della popolazione locale, la dimensione dei nuclei familiari, il reddito medio, ecc.) che riguardano le località in cui intende aprire nuovi negozi.

Nel settore turistico, alcuni gruppi internazionali, come Sandals, specializzato in resort "per sole coppie", hanno investito nell'area caraibica in un periodo in cui gli investimenti in quelle aree risultavano più convenienti rispetto ai tempi attuali. In Europa, una piccola-media impresa italiana, il gruppo Aliantour, specializzato nel turismo delle capitali europee, ha avviato i propri investimenti in luoghi come le città dell'Europa dell'Est, acquistando anche uffici propri in periodi di crisi di quelle aree. Oggi è quasi impossibile, per un tour operator di quelle dimensioni, replicare i medesimi investimenti di Aliantour.

Volume cumulato di produzione

Economie di apprendimento. È stato dimostrato che in alcuni settori (come per la produzione di vettori aerei), il costo di produzione decresce con l'aumentare dei volumi. Col tempo, le aziende del settore acquisiscono maggiore esperienza, i loro costi decrescono maggiormente rispetto a quelli dei concorrenti potenziali. Questi ultimi devono sopportare costi sostanzialmente più alti poiché devono ancora acquisire l'esperienza necessaria per ridurli. Potrebbero, quindi, decidere di non entrare in quel determinato settore, nonostante sia possibile ottenere profitti al di sopra del normale. Le economie di apprendimento saranno affrontate in dettaglio nel cap. 4.

2.5. Le reazioni dei produttori consolidati come barriere all'entrata

Economie di scala, differenziazione di prodotto e vantaggi di costo indipendenti dal volume di produzione possono tutti essere considerati delle **naturali barriere all'entrata**. In ognuno di questi casi, le aziende del settore cercano di migliorare la propria efficienza (economie di scala e vantaggi di costo indipendenti dalla scala) o di ottenere un vantaggio sui concorrenti (differenziazione di prodotto). In via secondaria, queste attività possono rappresentare anche un elemento di dissuasione all'entrata. Infatti, le aziende porterebbero avanti tali attività anche senza la finalità di costruire delle barriere all'entrata, nel tentativo di migliorare l'efficienza aziendale e la propria posizione competitiva nel settore.

Dissuadere l'entrata

Un approccio alternativo allo studio delle barriere all'entrata si concentra sulle **"rappresaglie" da parte dei produttori consolidati** nel settore. In questo caso, le aziende del settore hanno, come obiettivo principale, quello di scoraggiare potenziali nuovi entranti, anche attraverso attività che possono ridurre la propria efficienza (Tirole, 1988). La maggior parte delle barriere prima citate potrebbe essere applicata in tale direzione. Per esempio, per dissuadere le possibili entrate, un'azienda potrebbe investire nella differenziazione di prodotto più di quanto sia richiesto dalla concorrenza attuale, oppure potrebbe investire oltre il livello di produzione che massimizza l'effetto economia di scala. In entrambi i casi, l'obiettivo di questi investimenti supplementari è di mandare dei segnali ai concorrenti potenziali sull'intensità della concorrenza nel settore. Chiaramente, questi investimenti di dissuasione sono costosi e possono ridurre l'efficienza delle aziende del settore. Come in tutte le decisioni strategiche, i benefici di questi investimenti (dissuadere l'entrata) devono essere valutati in relazione ai costi sopportati (ridotta efficienza). Si consideri, per esempio, la situazione presentata nella figura 4 (Dixit, 1982).

Decisione di entrata nel settore e profitto generabile

Sono presenti un'azienda del settore ed un concorrente potenziale. Nello schema A, l'azienda non ha fatto nessun investimento di dissuasione ed il concorrente potenziale deve decidere se entrare o no. Se quest'ultimo decide di non entrare in questo settore (forse a causa di sostanziali "naturali" barriere all'entrata), l'azienda ottiene un **profitto da monopolista** (P_m) e il concorrente nuovo otterrà (almeno in questo settore) zero profitti (0). Se, viceversa, il concorrente potenziale decide di entrare, l'azienda deve stabilire se assecondare il nuovo entrante (per esempio, riducendo il suo livello di produzione) o ostacolarlo (per esempio, variando la sua produzione). Se l'impresa decide di assecondarlo, entrambi otterranno profitti pari a P_d (i profitti in caso di **duopolio** o il profitto che ciascuna azienda nel settore raggiunge agendo in collusione tacita con l'altra azienda). Se, viceversa, l'azienda del settore decide di ostacolare il potenziale entrante, entrambi otterranno profitti pari a P_w (***warring profit***, ossia il profitto ottenuto nello scontro tra le due imprese o il profitto che ciascuna azienda raggiunge tentando di spingere il proprio concorrente fuori dal settore).

Figura 4 – "Rappresaglia" da parte dei produttori consolidati

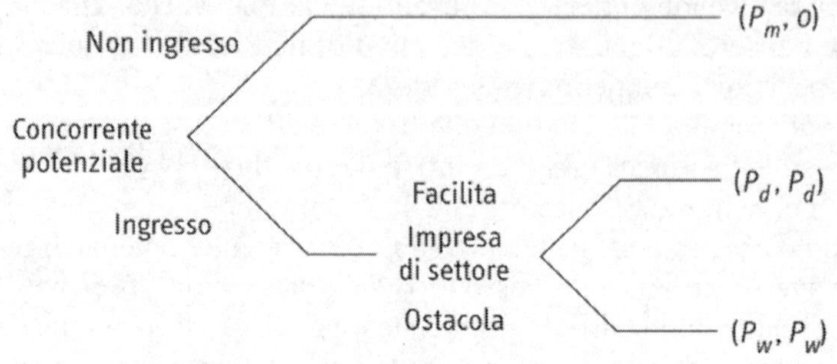

(A)

C'è un'impresa del settore e un concorrente potenziale, e l'impresa del settore non realizza investimenti di dissuasione

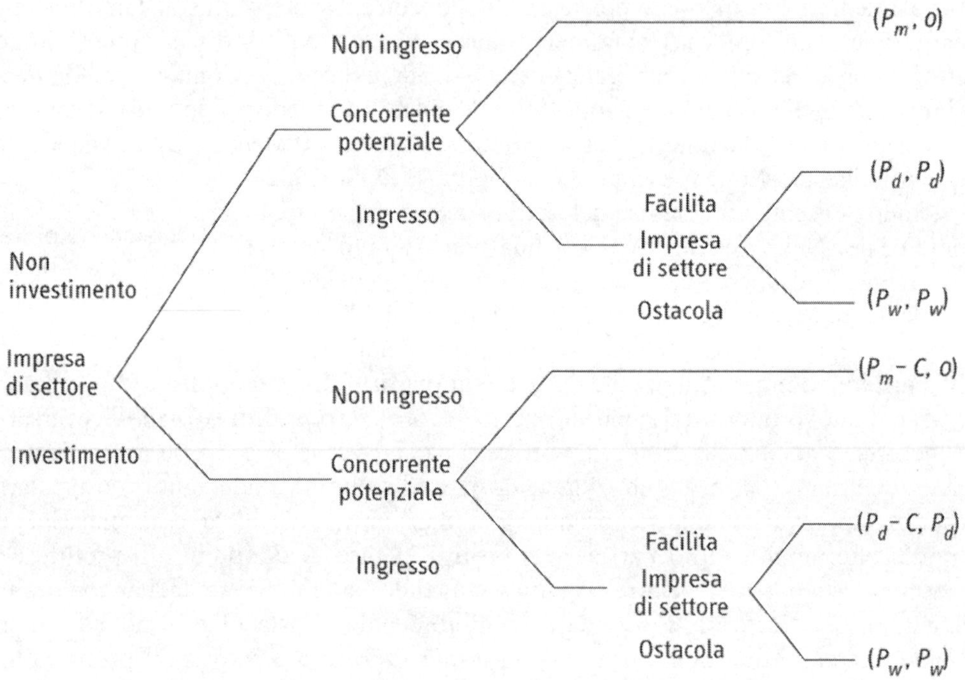

(B)

C'è un'impresa del settore e un nuovo concorrente potenziale, e l'impresa del settore realizza un investimento di dissuasione che costa C.

Implicazioni sul profitto:

$P_m > (P_m - C) > P_d > (P_d - C) > P_w > 0$

Come esposto nella tabella 1, non è difficile vedere che $P_m > P_d > P_w$.

Questi risultati portano ad un dilemma per l'azienda del settore. Chiaramente, la situazione migliore si presenta nel caso in cui il potenziale concorrente decida di non entrare nel settore. In questo caso, l'impresa ottiene profitti pari a P_m. Per far ciò, è probabile che "minacci" il concorrente potenziale, in particolar modo se non ci sono "naturali" barriere all'entrata nel settore. Queste minacce, in linea generale, non sono molto credibili. Una volta che il potenziale concorrente è entrato nel settore, l'azienda ha tutto l'interesse ad assecondarlo poiché P_d è maggiore di P_w. Chiaramente, tale comportamento spinge altri concorrenti potenziali ad entrare.

Strategia di dissuasione

Un'impresa del settore può parzialmente risolvere questo dilemma attuando una strategia di dissuasione. Ciò è raffigurato nello schema B della figura 4. L'azienda del settore stabilisce, in primo luogo, se dar luogo ad investimenti specificamente volti alla dissuasione. Se l'impresa decide di non investire le conseguenze sono mostrate nello schema A. Tuttavia, se è determinata ad investire, il potenziale concorrente deve stabilire se entrare, mentre l'impresa deve decidere se assecondarlo o no. Se l'investimento di dissuasione è attuato e non si verifica l'entrata, l'azienda otterrà un profitto pari a $P_m - C$ (dove C è il costo dell'investimento per dissuadere l'entrata), mentre il concorrente potenziale non otterrà alcun profitto (almeno in questo settore). Se l'investimento è attuato e si verifica comunque l'entrata del nuovo concorrente e l'azienda non la ostacola, quest'ultima otterrà un profitto pari a $P_d - C$ ed il concorrente un profitto pari a P_d. Infine, se l'investimento è attuato ed il concorrente entra nel settore ed è ostacolato dall'azienda già operante, entrambe otterranno profitto pari a P_w. In questo caso, il costo dell'investimento per elevare le barriere all'entrata non è sottratto al profitto dell'azienda del settore poiché è comunque utilizzato in attività produttive per incrementarne l'efficienza aziendale.

Se il costo necessario a distogliere l'entrata (C) è inferiore ai profitti derivanti da una forma di duopolio (P_d), allora sussiste la seguente relazione, riportata nello schema B della figura 4: $P_m > (P_m - C) > P_d > (P_d - C) > P_w$. Le implicazioni di queste disuguaglianze sono estremamente chiare per le aziende del settore. La situazione migliore è quella di trovarsi in una posizione di monopolio, senza minacce di nuovi entranti (o di monopolio protetto da "naturali" barriere all'entrata) e quindi di ottenere le performance economiche maggiori (P_m). Le aziende del settore, di conseguenza, devono investire in misure preventive solo se non sono protette da "naturali" barriere all'entrata quali economie di scala, differenziazione di prodotto o vantaggi di costo indipendenti dal volume di produzione. La soluzione successiva è quella di dissuadere efficacemente l'entrata (poiché $P_m - C > P_d$). Esiste un margine di sicurezza nell'attuare questi investimenti. Finché il costo di prevenzione (C) non riduce la performance aziendale fino al livello di un profitto da duopolista (P_d), questo investimento dovrebbe essere attuato. Inoltre, quest'analisi suggerisce che, se è necessario attuare un investimento per contrastare l'entrata, questo deve condurre a dei risultati concreti poiché $(P_d - C)$ è inferiore a P_d.

Condizioni di efficacia degli investimenti di dissuasione

Studiosi hanno suggerito che tali investimenti di dissuasione all'entrata di nuovi concorrenti potenziali hanno una probabilità maggiore di avere successo se sussistono tre condizioni (Tirole, 1988):

– un'azienda dovrebbe investire in modo tale da essere in grado di ostacolare efficacemente il nuovo concorrente. L'obiettivo di questi investimenti dovrebbe essere quello di ridurre a zero la discrezionalità del management nel facilitare il nuovo concorrente. Anche se può sembrare strano, le aziende in questi casi ottengono profitti limitando le proprie opzioni strategiche (Schelling, 1960);

– tali investimenti devono essere estremamente specifici. **Investimenti specifici** hanno valore in un limitato ambito di attività economiche, mentre investimenti non specifici possono adattarsi a diverse situazioni, incluse quelle di facilitare l'entrata. Viceversa, investimenti specifici non possono essere utili nel favorire l'entrata di nuovi concorrenti. In effetti, il loro unico scopo consiste nel permettere di ostacolare i nuovi concorrenti. Così un investimento generico per incrementare la superficie di produzione o la superficie del magazzino non rappresenta una minaccia reale ad un concorrente potenziale, al contrario di un investimento estremamente specifico di capacità di produzione in spazi di stoccaggio. Inoltre, il costo per tradurre questi investimenti specializzati in usi alternativi deve essere estremamente alto, così da garantirne la specificità;

– gli investimenti di dissuasione all'entrata devono essere resi pubblici. Se un'azienda attua tali investimenti ma non riesce ad informare un concorrente potenziale, il loro impatto di dissuasione è limitato. È molto più efficace pubblicizzare tali investimenti.

Applicazione a settori monopolistici e oligopolistici

Il modello sviluppato da Dixit si applica ad un monopolista che tenta di distogliere l'entrata nel suo settore. Tale modello può essere facilmente generalizzato a settori caratterizzati da una forte cooperazione tra oligopolisti (Tirole, 1988). In effetti, tutta la ricerca sull'ostilità dei produttori consolidati si concentra su settori monopolisti o oligopolisti.

Viceversa, quando numerose aziende delle stesse dimensioni competono in un settore, nessuna di queste riesce a produrre delle minacce concrete per i nuovi entranti. Un esempio di reazioni delle imprese di un settore è dato da numerose catene alberghiere che stanno progressivamente ampliando la propria gamma di prodotti, entrando anche nel segmento della multiproprietà per dissuadere nuovi potenziali concorrenti ad entrare nel settore. Il programma di fidelizzazione di Marriott, ad esempio, offre diverse alternative per utilizzare i punti ottenuti dal pernottamento nelle proprie strutture tra cui anche una settimana in una delle proprie multiproprietà. In questo modo, l'impresa tenta di ostacolare l'ingresso di nuovi concorrenti potenziali di quel settore.

2.6. Politiche governative

I governi, per loro proprie ragioni, possono decidere di dissuadere l'entrata in un settore. Ciò può accadere anche se le aziende già presenti stanno ottenendo profitti superiori al normale.

Deregulation del settore delle compagnie aeree

Negli Stati Uniti ed in altre economie sviluppate, le regolamentazioni governative per l'entrata in un determinato settore sono collegate alle regolamentazioni sulla redditività delle aziende presenti. Quindi, anche se le imprese possono essere protette da barriere governative all'entrata, questa protezione ha un costo corrispondente ai profitti superiori al normale. Un esempio è dato dall'Ente civile aeronautico americano (Civil Aeronautics Board) che, con la successiva deregolamentazione di rotte e tariffe, ha reso le compagnie aeree vulnerabili a nuove entrate (cosa che è accaduta) ma ha anche avviato un processo di competizione che ha visto, sebbene in pochissimi casi, la possibilità di ottenere profitti superiori al normale (O'Brien, 1993; Carey, 1993; Woods, 1991; McGahan, Kou, 1995). Analogo processo è accaduto in Europa dieci anni dopo.

Un altro esempio è rappresentato dal settore delle telecomunicazioni. Nei Paesi europei l'attività in questo settore è stata, per decenni, riservata allo Stato. In Italia il definitivo superamento di questo modello è cominciato il 1° gennaio 1998, con la piena liberalizzazione del mercato della telefonia fissa e con la realizzazione del progetto di *Open Network Provision*. Quest'ultimo, iniziato con la liberalizzazione dei servizi a valore aggiunto, si è concluso con l'eliminazione delle barriere istituzionali nei segmenti monopolistici delle reti e dei servizi pubblici di telefonia fissa, che ha determinato la definitiva apertura del settore alla concorrenza. Da allora, sono state rilasciate innumerevoli licenze per la fornitura del servizio di telefonia pubblica per l'installazione di reti di telecomunicazioni. Telecom Italia ha dunque perso la posizione di monopolio ed altre imprese sono state attratte ad entrare, in una prima fase, in questo settore, tra cui Infostrada, Tele 2, Tiscali e Fastweb mentre Vodafone è entrata in una seconda fase. Attualmente i principali concorrenti di Telecom Italia sono Vodafone, Wind, 3, Fastweb e Tiscali-Aria mentre la concorrenza con gli operatori locali e quelli che vendono solo connettività interne può essere considerata marginale.

Tuttavia, in alcune economie, la politica governativa permette alle aziende presenti di ottenere elevati profitti, continuando ad impedire l'entrata di potenziali concorrenti. Per esempio, l'entrata nei mercati giapponesi è stata storicamente molto difficile, soprattutto a causa di barriere agli scambi (Tuller, 1991).

2.7. Altre barriere all'entrata

Molte altre barriere all'entrata sono state citate in letteratura, anche se di solito risultano essere solo casi speciali dei cinque già discussi.

Costo del capitale

Per esempio, il **fabbisogno di capitale** è stato identificato come una barriera all'entrata. Riflettendoci, è difficile immaginare come il fabbisogno di capitale possa rappresentare di per sé una barriera. Se i mercati dei capitali sono efficienti (il che significa che il valore delle attività aziendali riflette completamente ed immediatamente tutte le informazioni pubbliche circa il valore di quelle attività), almeno nella forma di semi-efficienza, le aziende dovrebbero sempre poter ottenere i capitali da investire in strategie che presentino un valore attuale netto positivo (Fama, 1970; Copeland, Weston, 1983). L'entrata in un settore genera un valore attuale positivo quando il costo di ingresso è inferiore al *cash flow* netto (attualizzato) che deriva dall'entrata. L'ammontare di capitale necessario non è un fattore rilevante in questa decisione; la condizione essenziale è che i ritorni attualizzati siano maggiori del costo per l'entrata. Esempi evidenti in tal senso sono: la decisione di AT&T di entrare nel settore dei computer attraverso l'acquisizione di NCR, nonostante gli ingenti capitali necessari (costo del capitale 7,4 miliardi di dollari), l'entrata di Kohlberg Kravis e Roberts nell'industria di prodotti di consumo tramite la sua acquisizione di RJR-Nabisco (costo del capitale 24,7 miliardi di dollari) e l'ingresso di Disney nel settore delle telecomunicazioni tramite l'acquisizione di Capital Cities/ABC (costo del capitale maggiore di 18 miliardi di dollari).

Tuttavia, ci può essere il caso di aziende che hanno un costo del capitale minore dei nuovi entranti. Questo costo inferiore può incrementare le "naturali" barriere all'entrata prima citate quali: i vantaggi di economie di scala, i vantaggi di differenziazione di prodotto, i vantaggi di costi indipendenti dal volume di produzione. Questi fattori possono combinarsi per rendere gli investimenti in un nuovo settore più rischiosi degli investimenti nelle attività in cui le imprese sono già presenti. In mercati di capitali efficienti, questo differenziale di rischio si ripercuoterà in un differenziale di costo del capitale fra aziende del settore e nuovi entranti.

Un costo molto alto di capitale per i concorrenti potenziali può trasformare quello che altrimenti sarebbe un investimento con un valore attuale netto positivo in uno con un valore attuale netto negativo. In questo caso, le proiezioni di *cash flow* associate all'entrata possono non essersi modificate, ma il tasso di attualizzazione associato con l'investimento può essere molto elevato. Se non si prevedono ritorni dall'entrata per un certo periodo di tempo e se i costi di entrata sono ingenti, l'applicazione di tassi di attualizzazione elevati può facilmente rendere il valore dell'investimento per l'entrata negativo. In questo caso, anche se volessero entrare, le aziende potrebbero non ottenere i capitali necessari.

In Europa, nel settore delle pellicole per la conservazione di alimenti freschi, il cui leader è Domopack, la Termoplast, piccola azienda produttrice di film e propilene per il confezionamento alimentare, fornitrice di tipografie che stampano per conto di grandi gruppi alimentari (Barilla, Buitoni), commissionò una ricerca di mercato per valutare l'effettiva convenienza ad entrare nel mercato delle pellicole per la conservazione di alimenti freschi e determinare la misura dell'investimento necessario. Il progetto venne abbandonato a causa delle elevate barriere all'entrata nel settore, generate dai costi dell'investimento necessari a tal scopo (circa 50 milioni di euro), che rendevano negativo il valore attuale atteso.

Nei casi di mercati non efficienti, il fabbisogno di capitali può rappresentare, di per sé, una barriera all'entrata. In Italia, ad esempio, le piccole e medie imprese sono fortemente penalizzate in termini di accesso al capitale. Inoltre, il sistema finanziario italiano presenta un mercato del capitale di rischio poco sviluppato e resta ancora fortemente legato al sistema bancario. Tale problematica, in ogni caso, dipende anche dal fatto che le forme di governo delle imprese di piccole dimensioni restano ancorate a strutture proprietarie a carattere familiare.

L'entrata, quindi, non è dissuasa dall'ammontare di capitale necessario, ma dai vantaggi che le aziende del settore possiedono e che incrementano il tasso di attualizzazione dell'investimento per i potenziali entranti. Quindi, se il capitale rappresenta una barriera all'entrata, lo è perché esistono una o più barriere "naturali".

Costi di riconversione

I costi di riconversione del cliente (***switching costs***) sono anch'essi citati come una possibile barriera all'entrata. Tali costi rappresentano le spese sostenute dal cliente, quando cambia fornitore. Per alcuni prodotti e servizi, i clienti devono sostenere ingenti investimenti per imparare ad usare il prodotto, per mantenerlo in buono stato e per sfruttarlo al massimo. Quando i clienti hanno sostenuto questi investimenti per usare i prodotti delle aziende del settore, i nuovi concorrenti non solo devono convincerli che i propri prodotti/servizi sono migliori, ma anche che aggiungeranno un valore superiore ai costi sopportati dai clienti nel passaggio dal prodotto dell'azienda al prodotto del nuovo entrante. Se questi costi sono elevati, i potenziali entranti possono rinunciare all'entrata, anche se le aziende del settore stanno ottenendo profitti superiori al normale (Klein, Crawford, Alchian, 1978).

Tuttavia, riflettendoci, è evidente che i costi di riconversione rappresentano un caso speciale del "naturale" costo di differenziazione di prodotto. Esclusa la situazione di monopolio, i consumatori sono disposti ad accettare alti costi di riconversione se percepiscono che il valore del prodotto dell'azienda scelta è maggiore di quello di prodotti alternativi. Il maggior valore percepito è, d'altro canto, funzione del livello di differenziazione di prodotto o dei costi inferiori delle aziende consolidate del settore. Questi costi, quindi, rappresentano una barriera all'entrata solo in condizioni di differenziazione di prodotto o vantaggio di costo.

Accesso alla distribuzione

Infine, l'accesso ai **canali di distribuzione** è stato anch'esso citato come una barriera all'entrata. Se le aziende del settore si sono garantite l'accesso ai principali canali di distribuzione, i nuovi potenziali concorrenti dovranno sostenere alti costi per creare nuovi canali di distribuzione dove poter competere. Tuttavia, se è possibile equiparare tali barriere all'accesso privilegiato ad importanti materie prime, ubicazioni strategiche e *know-how*, allora l'accesso ai canali di distribuzione diventa un caso speciale della barriera identificata come vantaggi di costo indipendenti dal volume di produzione. Per questo motivo, tutte le condizioni, che devono sussistere affinché tali barriere rappresentino minacce reali per i nuovi entranti, devono sussistere anche per l'accesso ai canali di distribuzione. In particolare, il valore reale dell'accesso ai canali di distribuzione non può essere pari al costo che le aziende hanno sostenuto per ottenerlo.

Anche quando le aziende del settore hanno accesso ai canali di distribuzione, i concorrenti potenziali possono comunque creare nuovi canali. In questo senso le nuove tecnologie informatiche hanno permesso a numerose imprese, come nel caso del settore turistico e di quello aereo, di aggiungere al tradizionale canale agenziale di vendita un sito Internet (*brick and click*) o di sostituirlo ad esso (Barney, Della Corte, Sciarelli, 2005).

Il punto chiave è che se i potenziali profitti derivanti dall'entrata sono maggiori dei relativi costi è molto probabile che l'entrata avverrà anche se i costi per creare nuovi canali di distribuzione sono estremamente elevati.

2.8. Intensità della concorrenza reale

Rivalità tra i concorrenti diretti

I nuovi concorrenti sono un'importante minaccia all'abilità delle aziende di mantenere o migliorare il loro livello di performance, ma non sono l'unica minaccia che proviene all'azienda dall'ambiente. Una seconda minaccia ambientale individuata da Porter è l'intensità della **rivalità nel settore**. I concorrenti di GM nel settore delle automobili sono stati da sempre Ford e Chrysler. Più recentemente, Toyota e Nissan sono passati dallo status di concorrenti nuovi a rivali diretti. I concorrenti di IBM nel settore degli elaboratori centrali sono Unisys e Honeywell-Bull e per gli altri prodotti Compaq, Hewlett-Packard, Gateway e Apple. In Italia, i concorrenti di Tim nel settore della telefonia mobile sono Vodafone, Wind e Tre. Queste ultime due aziende vorrebbero dar vita ad una fusione al fine di sviluppare una banda ultralarga ed aumentare la quota di mercato.

La rivalità rappresenta una minaccia per le aziende, poiché ne riduce i profitti. Un'alta intensità competitiva si traduce in una competizione basata sul prezzo (per esempio le tariffe scontate del settore aereo), nell'introduzione frequente di nuovi prodotti (per esempio nell'elettronica), in intense campagne pubblicitarie (le campagne pubblicitarie di prova della Pepsi) e in azioni e reazioni rapide e tempestive in un settore (le linee aeree concorrenti che rapidamente propongono tariffe scontate al pari delle *low cost*).

Alcune delle caratteristiche chiave di un settore che possono generare un'alta intensità competitiva sono elencate in tabella 4.

Tabella 4 – Attributi di un settore che ne aumentano la minaccia della rivalità tra i concorrenti presenti

1. Numero di aziende
2. Aziende della stessa dimensione e con la medesima influenza sulle variabili di mercato
3. Limitata crescita del mercato
4. Scarsa differenziazione di prodotto
5. Forti aumenti di capacità produttiva

Numero e dimensione delle aziende

La rivalità tende ad essere più intensa quando in un settore ci sono numerose aziende della stessa dimensione e con poca influenza sulla quantità prodotta dal settore complessivamente. Questo è il caso del settore dei computer portatili, nel quale, nel mondo, sono entrate oltre 120 imprese, dove storicamente i prezzi diminuivano del 15-20% l'anno, soprattutto a causa dei miglioramenti tecnologici e produttivi; tuttavia, dagli inizi degli anni novanta i prezzi sono diminuiti del 25-30% l'anno. I margini di profitto sui computer portatili, dal 10-13% sono precipitati rapidamente al 3-4% (Saporito, 1992; Allen, Siconolfi, 1993).

Una competizione particolarmente intensa nel settore dei personal computer ha portato il maggior produttore europeo (Siemens) ad abbandonare il mercato nel 1998. Nel settore dell'elettronica il prezzo medio all'ingrosso di televisori negli Stati Uniti è precipitato del 37% dal 1977. Sony e Toshiba hanno subìto perdite consistenti nel 1993; i profitti di Toshiba si sono ridotti del 67% nel 1992. In questo contesto continuavano ad operare più di 15.000 dettaglianti in crisi sul mercato americano (Saporito, 1992; Rose, Mitchener, 1998).

Tasso di crescita del settore

In secondo luogo, la rivalità tende ad essere elevata quando la crescita del settore è lenta. In questo caso, infatti, le aziende che cercano di aumentare le loro vendite devono acquisire quota di mercato dei concorrenti. Questo tende ad aumentare la rivalità. È interessante notare che la "guerra della cola" tra Pepsi e Coca Cola cominciò nella metà degli anni settanta, quando la combinazione dell'aumento del costo dello zucchero e dell'interesse dei consumatori per la salute condusse ad uno stallo nella domanda delle bibite gassate (Christensen, Andrews, Bower, Hamermesh, Porter, 1980). Per continuare a crescere, Coca Cola e Pepsi dovettero cominciare ad acquisire quota di mercato l'uno dall'altro, aumentando così la rivalità tra due aziende già estremamente competitive.

La crescita lenta è stata un fattore che ha intensificato la rivalità anche in altri settori. Nel segmento delle auto di lusso ha intensificato la rivalità fra aziende consolidate (incluse Mercedes e BMW) e tra queste ultime e i concorrenti nuovi (Lexus, Toyota, Nissan). La competizione in questo mercato si è concentrata principalmente sull'introduzione di nuove tecnologie e miglioramenti nella performance e affidabilità. Tuttavia, anche riduzioni di prezzo sono divenute recentemente più comuni in questo segmento di lusso (Mitchell, 1991; Taylor, 1991).

Differenziazione di prodotto

La rivalità tende ad essere maggiore quando le aziende non riescono a differenziare i loro prodotti. Quando la differenziazione di prodotto non è una strategia perseguibile le aziende sono spesso costrette a competere solamente sulla base del prezzo. La competizione basata sul prezzo è tipica di settori ad alta rivalità.

Nel settore delle compagnie aeree, per esempio, l'intensa competizione sulle rotte a lungo raggio ha portato alla riduzione dei prezzi. Ci sono poche opzioni per differenziare questi prodotti. Tuttavia, con la creazione di sistemi Hub&Spoke alcune linee aeree (tra le principali Air France, Lufthansa e British Airways) sono state in grado di sviluppare aree geografiche dove costituiscono la linea aerea dominante. Questo sistema aiuta le linee aeree a differenziare, almeno in parte, geograficamente i propri prodotti e, quindi, a ridurre il livello di rivalità in quell'area geografica. Inoltre, si possono anche sviluppare importanti economie di scala attraverso i sistemi Hub&Spoke.

In alcuni settori, vantaggi di differenziazione di prodotto prima considerati "inattaccabili" sono svaniti, sostituiti da un'intensa competizione. Nel mercato americano delle sigarette, per esempio, le sottomarche stanno catturando una quota di mercato sempre maggiore, da meno del 5% nel 1981 al 30% nel 1992. In risposta a questo trend, Philip Morris ha cominciato a scontare il prezzo del suo marchio più famoso, Marlboro, dichiarando che tale politica era necessaria per mantenere la relativa quota di mercato, anche se ciò ha significato un decremento del 40% del reddito ante imposte dell'azienda (Shapiro, 1993).

D'altra parte, alcuni marchi continuano a proteggere le aziende da una competizione accesa. Nonostante le guerre della cola degli anni settanta-ottanta, la Coca-Cola resta uno dei marchi più noti al mondo. Sfruttando attentamente quel vantaggio di differenziazione di prodotto, specialmente all'estero (evitando con ciò confronti diretti con Pepsi), la Coca Cola è stata capace di ottenere nel 1997 vendite per 18,8 miliardi di dollari, con un profitto netto di 4,1 miliardi di dollari ed un ROE del 56,5%.

Capacità di produzione

Infine, la rivalità tende ad essere alta quando la capacità di produzione viene aumentata con grandi incrementi. Se per ottenere economie di scala la capacità di produzione deve essere accresciuta, è probabile che un settore si trovi in periodi di eccesso di offerta una volta incrementata la capacità. Questo spesso conduce ad una diminuzione dei prezzi.

2.9. La minaccia di prodotti sostitutivi

Prodotti diversi per soddisfare lo stesso bisogno

Una terza minaccia ambientale è rappresentata dai **prodotti sostitutivi**. I prodotti o servizi forniti da un'azienda rivale possono soddisfare i bisogni dei consumatori allo stesso modo dei prodotti offerti dall'azienda in esame. Ad esempio, i prodotti sostitutivi per le automobili della GM sono le biciclette, gli autobus, i treni e gli aeroplani; per i prodotti dell'IBM ci sono relativamente pochi sostituti.

I sostituti pongono un limite massimo ai prezzi che le aziende di un settore possono imporre e ai profitti che queste ultime possono ottenere. Per esempio, durante la crisi del settore petrolifero degli anni settanta e ottanta, i membri di OPEC furono capaci di agire in collusione, ridurre la produzione e portare il prezzo del petrolio grezzo a 40 dollari al barile. A questo prezzo, molti prodotti sostitutivi che precedentemente non erano considerati opzioni economicamente perseguibili, divennero improvvisamente più attrattivi. Se il prezzo del petrolio fosse rimasto a più di 40 dollari al barile (considerando anche l'inflazione), molti di questi sostituti avrebbero potuto raggiungere una massa critica e rappresentare possibili alternative di lungo termine al petrolio grezzo e avrebbero potuto agire da freno ai profitti delle aziende e dei paesi produttori di petrolio. Il crollo dei prezzi del petrolio grezzo negli anni ottanta rese questi prodotti sostitutivi meno attrattivi, ed al contempo ridusse i profitti dei paesi produttori di petrolio. Aumenti nel prezzo del petrolio grezzo potrebbero rendere, ancora una volta, questi prodotti sostitutivi economicamente perseguibili, soprattutto se questo incremento si prolungasse per qualche anno, come sta accadendo attualmente, considerando che il prezzo del petrolio ha superato i 60 dollari a barile.

Effetti dei prodotti sostitutivi

Al limite, i prodotti sostitutivi possono sostituire completamente i prodotti e servizi di un settore. Ciò accade quando un sostituto è chiaramente migliore dei prodotti precedenti. Esempi sono le calcolatrici elettroniche come sostituti delle calcolatrici meccaniche, i meccanismi elettronici degli orologi per quelli meccanici e i compact disc per gli LP (anche se molti esperti continuano a sostenere la superiorità sonora degli LP).

I sostituti stanno avendo un ruolo sempre più importante nel ridurre i profitti potenziali in molti settori. Così, ad esempio, i testi digitali stanno divenendo sostituti reali per libri stampati nel settore dell'editoria ed i telegiornali, specialmente quelli che offrono diverse rubriche come quello della CNN, rappresentano sostituti molto minacciosi per i periodici settimanali, come Time e Newsweek. In Europa, i *superstores* stanno minacciando i piccoli negozi alimentari; la televisione via cavo è una sostituta della *pay* tv; i grandi gruppi dettaglianti sono sostituti dei negozi tradizionali; i sistemi postali privati sono sostituti di quelli statali; i videogiochi sono sostituti dei giochi da tavolo; le memorie USB sostituiscono i floppy disk (Pollock, 1993; Cox, 1993; Reilly, 1993; Rohwedder, 1993; Fatsis, 1995; Norton, Stem, 1995; Paré, 1995; Pacelle, 1996; Pope, Cauley, 1998).

2.10. La minaccia dei fornitori

Azioni sui prezzi e sulla qualità

Una quarta minaccia ambientale è rappresentata dai fornitori, che possono minacciare le performance delle aziende in un settore aumentando il prezzo dei loro prodotti o riducendone la qualità. In questo modo, i profitti al di sopra del normale che si possono ottenere in un settore possono essere trasferiti ai fornitori. Nel settore delle automobili, per esempio, è stato stimato che gran parte dei profitti superiori al normale di General Motors negli anni cinquanta e sessanta furono accaparrati dai sindacati, in qualità di fornitori di lavoro, attraverso salari più elevati (Scherer, 1980). Recenti conflitti tra Microsoft e IBM, insieme con la *joint venture* tra IBM, Apple e Motorola, possono essere interpretati come uno sforzo di IBM per ridurre il potere di Microsoft come fornitore di software nel settore dei computer (Zachery, 1991).

Tabella 5 – Indicatori della minaccia dei fornitori in un settore

1. Il settore dei fornitori è dominato da poche aziende
2. I fornitori vendono prodotti unici o estremamente differenziati
3. I fornitori non sono minacciati da prodotti sostitutivi
4. I fornitori minacciano di integrarsi verticalmente a valle
5. Le aziende non rappresentano clienti importanti per i fornitori

Alcune delle caratteristiche di un fornitore che possono portare ad elevati livelli di minacce ambientali sono elencate nella tabella 5.

Livello di concentrazione del settore dei fornitori

Prima di tutto, i fornitori di un'azienda rappresentano una minaccia maggiore se il settore dei fornitori è dominato da un ristretto numero di aziende. In questo contesto, un'azienda non può fare altro che rivolgersi a questi fornitori, che hanno, quindi, un ampio potere nell'alzare i prezzi, abbassare la qualità o attuare qualsiasi altra azione che può ridurre i profitti aziendali dei propri clienti. Gran parte del potere di Microsoft nel settore dei software riflette il suo dominio nel mercato dei sistemi operativi, dove Windows rimane lo standard di fatto della maggior parte dei personal computer. Almeno per ora, se un'azienda intende operare nel settore dei personal computer deve necessariamente interagire con Microsoft.

Al contrario, quando un'azienda ha la possibilità di approvvigionarsi presso un gran numero di fornitori, questi ultimi hanno meno potere per minacciare i profitti aziendali.

Prodotti unici o differenziati

In secondo luogo, i fornitori rappresentano una seria minaccia quando i loro prodotti sono unici o estremamente differenziati. C'era un solo Michael Jordan, come giocatore di pallacanestro, come testimonial e come celebrità. Lo status unico di Jordan gli ha conferito un enorme potere contrattuale e gli ha concesso di impadronirsi di parte del profitto che altrimenti sarebbe andato alla squadra, i Chicago Bulls. Allo stesso modo, la capacità unica di Intel di sviluppare, produrre e vendere microprocessori conferisce all'azienda un particolare potere contrattuale come fornitore del settore dei computer.

L'unicità di fornitori può esistere in quasi tutti i settori. I conduttori dei talk show possono anch'essi esercitare un potere contrattuale simile a quello dei fornitori. Ad esempio, in Italia personaggi televisivi come Simona Ventura, Paolo Bonolis ecc. hanno un potere contrattuale talmente elevato da ricevere compensi da "capogiro" per la realizzazione di uno show.

Esistenza di prodotti sostitutivi

I fornitori rappresentano una minaccia importante per le aziende in un settore quando non sono minacciati da prodotti sostitutivi. In questi casi, possono approfittare della propria posizione di vantaggio per ottenere profitti dalle aziende clienti. Sia Intel (nei microprocessori) che Microsoft (nei sistemi operativi per PC) sono stati accusati di sfruttare la posizione unica del proprio prodotto per appropriarsi delle rendite dei clienti. Quando ci sono sostituti per i fornitori, il potere dei fornitori è limitato. Nel settore dei contenitori in metallo, per esempio, l'acciaio è minacciato dall'alluminio, che ne rappresenta un sostituto. Le aziende produttrici di acciaio, per continuare a vendere i propri prodotti ai produttori di contenitori, hanno dovuto mantenere i prezzi dell'acciaio al di sotto di quelli dell'alluminio. In questo modo, il prodotto sostitutivo alluminio pone un freno al potere potenziale dei produttori dell'acciaio.

Minaccia di integrazione a valle

I fornitori rappresentano la più grande minaccia quando possono entrare e competere nel settore, attraverso l'**integrazione verticale a valle**. In questo modo, da semplici fornitori dell'azienda diventano fornitori e diretti concorrenti.

La minaccia dell'integrazione verticale è parzialmente una funzione delle barriere all'entrata presenti in un settore. Quando un settore ha alte barriere all'entrata, i fornitori devono sostenere ingenti costi per attuare l'integrazione verticale e, pertanto, l'integrazione non rappresenta una minaccia concreta per i profitti aziendali (l'integrazione verticale sarà discussa in dettaglio nel cap. 6).

Importanza dei clienti

Infine, i fornitori rappresentano una minaccia per le aziende quando queste ultime non costituiscono una parte significativa del volume d'affari dei fornitori. Le imprese produttrici di acciaio, per esempio non sono molto preoccupate di perdere come clienti uno scultore o una piccola impresa di costruzione; le loro preoccupazioni sono maggiormente rivolte al mantenimento di clienti quali i più grandi produttori di contenitori in metallo, i maggiori produttori di elettrodomestici (produttori di frigoriferi, lavatrici, asciugatrici e così via) e le imprese automobilistiche. È probabile che tali produttori di acciaio, in qualità di fornitori, siano molto disponibili nel ridurre i prezzi e migliorare la qualità dei prodotti, nei confronti di tali clienti principali. I clienti più piccoli e "meno importanti", viceversa, potrebbero essere soggetti ad incrementi di prezzo o a servizi e prodotti di qualità inferiore.

2.11. La minaccia dei clienti

Un'ultima minaccia ambientale è rappresentata dai clienti. I fornitori incidono sull'aumento dei costi aziendali, mentre i clienti sulla diminuzione dei ricavi. Maggiore è il potere contrattuale dei clienti, maggiore sarà la minaccia per i profitti aziendali. Alcuni dei più importanti indicatori della minaccia dei clienti sono elencati in tabella 6.

Numero di clienti

Prima di tutto, se un'azienda ha solamente uno o pochi clienti questi ultimi possono risultare molto pericolosi. Aziende che vendono un ammontare significativo della loro produzione al Dipartimento americano per la difesa riconoscono l'influenza di questo acquirente sulle loro attività.

Tabella 6 – Indicatori della minaccia dei clienti in un settore

1. Il numero di clienti è ridotto
2. I prodotti sono indifferenziati
3. I prodotti rappresentano una percentuale significativa dei costi complessivi del cliente
4. I clienti non ottengono profitti soddisfacenti
5. I clienti minacciano l'integrazione verticale a monte

Riduzioni di spesa per la difesa hanno costretto le imprese a tentare di ridurre sempre più i costi ed aumentare la qualità per soddisfare le richieste governative. Tutte queste azioni hanno ridotto i profitti di tali aziende (Perry, 1993).

Le aziende che vendono alle grandi catene al dettaglio hanno trovato difficile mantenere alti livelli di redditività. Le importanti catene distributive hanno il potere di richiedere determinati requisiti, sia per la logistica che per altre funzioni aziendali, che i loro fornitori devono soddisfare, pena la perdita di questi importanti clienti. Tali richieste possono anche comportare la riduzione dei profitti dei propri fornitori. Wal-Mart è un esempio di tale politica.

Prodotti indifferenziati

Se i prodotti o servizi sono indifferenziati la minaccia degli acquirenti può essere maggiore. Per esempio, i contadini vendono un prodotto standard. È molto difficile differenziare prodotti come grano, mais o pomodori (anche se questo può essere fatto attraverso lo sviluppo di nuove coltivazioni, il momento della raccolto, l'uso di concimi e fertilizzanti e così via). In generale, i grossisti di beni di largo consumo e di alimentari possono trovare fornitori alternativi. Queste alternative aumentano il potere contrattuale degli acquirenti e costringono i contadini a mantenere i livelli di prezzo inferiori, riducendo, di conseguenza, anche i profitti. Se un solo coltivatore diretto tentasse di alzare i prezzi, i grossisti si rivolgerebbero altrove.

Incidenza sui costi complessivi

È probabile che i clienti siano più forti contrattualmente quando il costo dell'approvvigionamento è una porzione significativa dei costi complessivi. In questo contesto, i clienti saranno molto attenti alla variabile prezzo e saranno continuamente alla ricerca di alternative più convenienti, considerando anche la possibilità dell'integrazione verticale a monte.

Profitti insoddisfacenti

È ancora probabile che i clienti rappresentino una minaccia per l'azienda quando non ottengono profitti soddisfacenti. In queste circostanze, i clienti saranno molto sensibili al costo e ricercheranno la migliore combinazione qualità-prezzo. Questo effetto può essere esacerbato quando i profitti dei fornitori sono maggiori di quelli dei clienti. In tale contesto, i clienti sono incentivati ad entrare nel settore dei fornitori per poter ottenere gli stessi profitti.

Minaccia di integrazione a monte

Infine, quindi, i clienti rappresentano una minaccia quando possono optare per un'**integrazione verticale a monte**. In questo caso, divengono clienti e concorrenti e si assicurano una certa percentuale delle vendite del settore. Tale minaccia è funzione delle barriere all'entrata del settore. Se tali barriere esistono e sono elevate i clienti possono non essere capaci di integrarsi verticalmente ed il loro potere contrattuale è, quindi, ridotto. Questa strategia dell'integrazione verticale a monte sarà discussa più in dettaglio nel cap. 6.

Per esempio, nel settore turistico molti dei maggiori tour operator, a livello mondiale, come Thomas Cook, TUI, Cendant, hanno acquisito vettori aerei o strutture alberghiere per rendere le proprie offerte turistiche più competitive.

In alcuni casi, la scelta di integrazione consente alle imprese di ampliare allo stesso tempo il proprio raggio d'azione all'interno del settore, anche in senso orizzontale. Basti pensare che TUI, nel primo periodo di introduzione del *low cost* nel settore turistico, acquisendo le compagnie aeree ha cominciato ad operare anche in questo segmento, e si è trovato quindi preparato rispetto alla successiva spirale di sviluppo positiva per questo comparto.

2.12. La forza dei *complementors*

Definizione di *complementor*

Nel corso del tempo, la visione classica di concorrenza del modello delle cinque forze di Porter ha visto un'evoluzione nell'analisi della dinamica delle relazioni tra gli attori. Con l'intervento di logiche della teoria dei giochi applicate al management strategico, è emerso che, tra i competitors, possono realizzarsi processi collaborativi, generando così l'emergere di una nuova forza rappresentata dai "complementors". Questi ultimi rientrano, infatti, in due categorie specifiche (Nalebuff, Branderburger, 1996; Dagnino, Padula, 2002; Della Corte, 2009, 2013):

1. attori esterni, interagendo con i quali l'impresa riesce a rafforzare la propria posizione rispetto alle altre forze competitive del contesto;

2. le stesse cinque forze competitive classicamente individuate, che possono, in realtà, trovarsi, per necessità strategiche e di mercato, a collaborare.

Il concetto di concorrenza allargata, infatti, è articolato e complesso e deve essere interpretato in ottica aperta: le imprese possono contemporaneamente ricoprire più ruoli, essendo concorrenti diretti per alcuni aspetti e partner per altri. La capacità deve essere proprio quella di guardare il contesto competitivo con una maggiore ampiezza di possibili vedute.

L'implementazione di rapporti collaborativi con attori esterni può apportare valore aggiunto alle attività aziendali fino al punto di migliorare la posizione competitiva e acquisire nuove quote di mercato. È il caso, ad esempio, dell'entrata di Enel Green Power sul mercato brasiliano. Infatti, nell'àmbito delle strategie di sviluppo in America Latina per l'offerta di soluzioni energetiche innovative, il Brasile rappresentava un mercato significativo anche il termini numerici. Il fattore che ha determinato l'entrata in questo mercato è stato l'utilizzo di impianti di energia della Camara de Comercializaçao da Energia Eletrica (CCEE), un'organizzazione *super partes* operante nel mercato dell'energia e focalizzato sulla commercializzazione della stessa. La partnership con la CCEE, che rappresenta un attore dell'ecosistema esterno di Enel ma complementare per l'ottenimento di un vantaggio competitivo, ha fatto sì che l'azienda si aggiudicasse, in Brasile, la gara pubblica che le ha consentito di acquisire il diritto di sottoscrivere dei contratti ventennali di vendita di energia per un totale di 553 megawatt relativi ai tre differenti progetti fotovoltaici (Dominelli, 2015). Dall'altro lato, invece, ci sono aziende come Starbucks, Crayola e Sony che collaborano con imprese concorrenti o con le altre forze competitive per raggiungere posizioni competitive vantaggiose.

Caso Starbucks

Il primo esempio, infatti, è dato dal caso Starbucks. L'azienda opera anche nel settore della vendita di prodotti con packaging a marchio proprio e, quindi, la concorrenza diretta va anche ricercata nelle aziende che operano in questo settore. In tal senso, Starbucks ha siglato un accordo con Kraft Foods per la commercializzazione e distribuzione di confezioni di caffè a marchio Starbucks all'interno dei supermercati americani, lanciando così sul mercato la linea "*speciality coffee*" attraverso questo canale. In secondo luogo, va ricordato che Starbucks opera anche nel settore dei fast-food, grazie ad una vasta proposta di offerte gastronomiche presenti nel menù. L'azienda, utilizzando un altro marchio del suo gruppo, Seattles Best Coffee, è riuscita a penetrare anche nella ristorazione veloce, grazie ad un accordo con Burger King che, da gennaio 2010, serve questo caffè nei suoi punti vendita. L'obiettivo di questi accordi è l'accrescimento della competitività a livello globale, tramite la creazione di meccanismi di coopetiton (competition + coopetition – Nalebuff, Brannderburger, 1996).

La coopetition è il risultato di collaborazioni interorganizzave e rappresenta una parte importante della strategia aziendale, per far fronte alle rapide dinamiche di business e alle elevate incertezze del contesto competitivo. Ad esempio, anche la globalizzazione dei mercati e la forte concorrenza economica hanno imposto alle aziende una maggiore acquisizione di know-how (Renna e Argoneto, 2012; Bouncken et al., 2015), che ha accelerato e suggerito l'adozione di azioni di tipo cooperativo anche tra concorrenti. È interessante, infatti, notare che la metà dei rapporti di cooperazione si svolge tra concorrenti (Harbison et al., 1998). Ciò implica la possibile coesistenza tra concorrenza e cooperazione e pone l'attenzione sul fatto che queste due scelte strategiche, che all'apparenza potrebbero sembrare dicotomiche, in realtà non si escludono a vicenda (Bengtsson e Kock, 2000; Luo, 2005). In passato, le aziende e gli studiosi hanno sempre concepito separatamente la collaborazione e la competizione (M'Chirgui, 2005). Questo perché la prospettiva della competizione è basata su interessi divergenti ed ogni azienda tende a raggiungere risultati economici superiori rispetto ai suoi *competitors*. La visione della cooperazione si basa, invece, su una convergenza ed orchestrazione di interessi (Padula e Dagnino, 2007). Questi ultimi si traducono poi in un reale raggiungimento di obiettivi comuni. Questa tipologia di alleanza strategica consente alle aziende di migliorare le proprie performance attraverso la condivisione non solo di risorse e capacità ma anche dei rischi connessi alle attività svolte (Bouncken et al., 2014; Gnyawali e Park, 2011).

Infatti, questa "attività ibrida" (*hybrid activity* – Walley 2007, p. 12) consente alle aziende di collaborare e competere nello stesso tempo (Bengtsson e Kock, 2000).

Ad esempio, alcune aziende che perseguono strategie di internazionalizzazione (cap. 8), per entrare in nuovi mercati di riferimento, adottano come scelta strategica quella della collaborazione con aziende locali che sono dirette concorrenti nel contesto globale.

Crayola, un'azienda americana nata nel 1903, che offre prodotti per bambini (pastelli a cera, album da colorare ed altri assortimenti di strumenti, attività e giocattoli creativi), è un ottimo esempio per comprendere in che modo l'adozione di scelte di coopetition possa favorire l'entrata in nuovi mercati internazionali. Infatti, grazie alla collaborazione con alcune aziende concorrenti che avevano già un know-how locale in termini di mercato di riferimento, Crayola è riuscita a distribuire i propri prodotti in Messico, Cina, Indonesia, Vietnam, Tailandia, Malesia.

La coopetition tra Crayola ed altre aziende

Paese	Azienda
Messico	B&S
Cina	Snowhite Tung Yik
Indonesia	PT. Indoresco
Vietnam	Petro Star Print
Tailandia	Nara
Malesia	Leader Art

Fonte: Crayola, 2015.

Infatti, tra i benefici della *coopetition* è possibile annoverare la condivisione dei costi, l'utilizzo delle economie di scala, l'accesso alle risorse e alle competenze esterne, la mitigazione dei rischi, il miglioramento o l'implementazione di attività di ricerca e sviluppo (Bouncken et al., 2015).

Strategia *win-to-win*

La *coopetition* può generare delle situazioni di tipo *win-to-win* (Chen, 2008), dove tutte le aziende coinvolte raggiungono dei vantaggi effettivi. Il concetto di fondo è che l'ampliamento della torta consente a tutti di poter acquisire una fetta maggiore di mercato, anche se in termini assoluti più che relativi.

Ad esempio, Sony riscontrava delle difficoltà per la produzione di TV a schermo LCD per l'assenza di alcune risorse interne. La collaborazione con la Samsung ha, così, consentito alla Sony di utilizzare gli schermi piatti LCD e di raggiungere una quota di mercato molto ampia (Dello Iacovo, 2011). Questo accordo, basato su meccanismi di *coopetition*, ha visto la collaborazione tra due principali competitors in questo settore. Inoltre, è importante notare che, anche dopo la scadenza dell'accordo, la Samsung resta il principale fornitore della Sony in questo campo.

3. Il modello della concorrenza allargata e la performance media del settore

Utilità del modello

Il modello della concorrenza allargata ha tre importanti implicazioni per aiutare i manager nella scelta e nell'implementazione della strategia. Prima di tutto, questo modello descrive le fonti più comuni di minacce in un settore, in secondo luogo, può essere utilizzato per determinarne il livello complessivo. Infine, è utile per prevedere il livello medio di performance ottenibile nel settore stesso.

Le cinque forze nella concorrenza perfetta

È importante sottolineare che il modello della concorrenza allargata descrive processi che tendono a portare il settore verso la condizione di concorrenza perfetta. Anche se esistono numerose definizioni di concorrenza perfetta in letteratura, la maggior parte di queste concorda sul fatto che in tale condizione un settore deve essere caratterizzato da alti livelli di minaccia di tutte le sei forze analizzate: nuovi entranti, concorrenti reali, sostituti, fornitori, clienti e complementors. Le aziende in questo contesto possono al più ottenere profitti normali o, addirittura, al limite per la propria sopravvivenza. Profitti superiori al normale sarebbero immediatamente annullati da potenziali nuovi entranti, riduzioni di prezzo da parte dei concorrenti, sostituti più attrattivi, aumento di prezzi o riduzione di qualità a parità di prezzo da parte dei fornitori, richieste dei clienti di riduzione dei prezzi o di miglioramento della qualità.

Quando un'azienda opera in un settore che non è perfettamente competitivo, può essere possibile ottenere profitti superiori al normale. Settori nei quali le minacce dei concorrenti potenziali, reali, dei sostituti, dei fornitori e dei clienti sono meno pericolose, saranno caratterizzati, in generale, da livelli di performance più elevati.

4. Le minacce nel contesto internazionale

Definizione di concorrenza

Uno dei più importanti benefici del modello delle cinque forze è che costringe i manager ad ampliare la loro definizione di concorrenza. La tradizionale definizione identifica i concorrenti di un'azienda in quelle imprese i cui prodotti e servizi soddisfano le stesse necessità del cliente. Utilizzando lo schema delle cinque forze, questi concorrenti sono rappresentati dai soli concorrenti diretti. Tuttavia, è importante considerare che qualsiasi individuo, gruppo o organizzazione che cerchi di ridurre i profitti aziendali può essere visto come un concorrente. Il modello delle cinque forze fornisce uno strumento per individuare e definire queste altre forme di concorrenza, che possono ridurre l'attrattività del settore.

Prospettiva internazionale

Anche se il modello delle cinque forze si riferisce alla competizione in un settore, bisogna prestare attenzione nell'applicarlo in maniera più ampia, per avere un'analisi completa delle minacce per le aziende. In tal senso, è necessario analizzare anche le possibili minacce esterne al mercato locale dell'impresa. Aziende straniere hanno lo stesso interesse delle aziende domestiche, a conoscere le possibili minacce ambientali. La mancata considerazione di aziende internazionali nel modello delle cinque forze può condurre a conclusioni errate.

L'erronea sopravvalutazione dell'attrattività di un settore a causa della mancata considerazione delle minacce internazionali è un errore comune. Per esempio, nel mercato americano delle automobili, l'errore di non considerare la minaccia dei produttori giapponesi ed europei, prima di tutto come nuovi entranti e poi come concorrenti diretti, ha condotto le aziende americane quali General Motors, Ford e Chrysler, a sottovalutare il livello di minacce nel loro settore. Questo ha comportato la mancata risposta agli attacchi di questi concorrenti fino alla loro piena entrata nel mercato americano (Womack, Jones, Roos, 1990). Allo stesso modo, le imprese motociclistiche americane ed europee non hanno preso nella dovuta considerazione la minaccia giapponese. Ciò ha quasi distrutto i produttori americani ed europei (Pascale, 1984).

Negli anni settanta le aziende svizzere produttrici di orologi meccanici sottovalutarono il livello di minacce che dovevano affrontare nei mercati internazionali. Anche se i concorrenti internazionali e i nuovi entranti non posero minacce significative in quel settore, i meccanismi elettronici, come sostituti di quelli meccanici, rappresentarono una minaccia reale al settore tradizionale. Gli Stati Uniti e le aziende giapponesi svilupparono queste apparecchiature elettroniche. Ci vollero molti anni affinché le imprese svizzere recuperassero le posizioni di mercato perse a causa di questa minaccia inaspettata. In ogni caso, parte della loro quota di mercato è stata definitivamente persa a vantaggio dei concorrenti internazionali (Enright, Bumbacher, 1995). Le imprese conserviere italiane, ad esempio, subiscono la concorrenza dei produttori greci, turchi e, più di recente, dei produttori asiatici.

Così, per esempio, anche se il mercato americano dei contenitori in metallo si trova in una fase di maturità e ha una crescita molto lenta, il mercato mondiale dei contenitori in metallo ha ancora un potenziale di crescita elevato. La considerazione di questi clienti internazionali può condurre alla conclusione che il settore dei contenitori in metallo sia molto più attrattivo di quanto valutato tenendo conto solo dei confini nazionali (Hamermesh, Rosenbloom, 1989).

Competizione internazionale

In effetti, la competizione internazionale è di tale importanza nel modello delle cinque forze e nella determinazione dell'attrattività di un settore che il Dipartimento americano della giustizia e la Commissione federale sul commercio (FTC) ora comprendono anche la competizione internazionale nella valutazione del grado di concentrazione di un settore. Anche se il settore americano delle automobili appare estremamente concentrato (e perciò soggetto a regolamentazioni antitrust), il settore automobilistico globale non si presenta concentrato e questo influenza anche la competizione nel settore nazionale che, anche se caratterizzato da sole tre imprese americane principali, è estremamente competitivo. Secondo il modello delle cinque forze, il settore americano delle automobili sembra essere molto attrattivo perché fortemente concentrato e, quindi, presumibilmente a bassa rivalità. Tuttavia, considerando i concorrenti esteri e i potenziali nuovi entranti, tale settore si presenta molto meno attrattivo e così cessa di essere un possibile oggetto delle regolamentazioni antitrust.

5. Le opportunità e la struttura del settore

Tipologie di settore

La logica SCP suggerisce che un metodo per individuare le opportunità ambientali consiste nell'esaminarle in base alla struttura del settore (Bain, 1956). Sono state studiate diverse configurazioni dalla letteratura, individuando le relative opportunità per le aziende. Porter ha studiato le opportunità presenti in cinque tipi di settori diversi: 1. settori frammentati; 2. settori emergenti; 3. settori maturi; 4. settori in declino; 5. settori internazionali. Altri tre settori presenti in letteratura sono quelli a rete, quelli ipercompetitivi e i cosiddetti *empty core businesses*. Le opportunità generalmente presenti nelle diverse configurazioni di settore di seguito analizzate sono elencate in tabella 7.

Tabella 7 – Configurazioni di settore e opportunità ambientali

Configurazioni di settore	Opportunità
Settori frammentati	Consolidamento – *Nuove economie di scala* – *Modifica nella governance*
Settori emergenti	Vantaggi del *first mover* – Leadership *tecnologica* – *Sfruttamento delle attività strategiche di valore* – *Creazione dei costi di riconversione (switching costs)*
Settori maturi	Miglioramento del prodotto Investimenti nella qualità dei servizi Innovazione di processo
Settori in declino	Leadership di mercato Strategia di nicchia Strategia di mietitura Disinvestimento
Settori internazionali	Opportunità di tipo multinazionale Opportunità globali Opportunità transnazionali
Settori a rete	Vantaggi del *first mover* e strategie da "vincitore prenditutto"
Settori ipercompetitivi	Flessibilità Distruzione proattiva
Settori *empty core*	Collusione Regolamentazione governativa Differenziazione di prodotto Controllo della domanda

5.1. Opportunità nei settori frammentati: consolidamento

Nei **settori frammentati** operano molte piccole e medie imprese delle quali nessuna detiene una quota di mercato dominante o dispone di tecnologie dominanti. In particolare, il settore terziario, quello della distribuzione al dettaglio, il tessile e il settore dell'editoria commerciale, giusto per citarne alcuni, sono settori frammentati.

Cause della frammentazione

I settori possono essere frammentati per diverse ragioni. Per esempio, ci possono essere basse barriere all'entrata che facilitano l'ingresso di numerose piccole imprese; possono esistere ridotte economie di scala, o persino diseconomie di scala, che incoraggiano le imprese a rimanere di piccole dimensioni. Inoltre, ci può essere la necessità di assicurare un controllo locale sulle imprese del settore, per esempio, per i cinema e i ristoranti locali, per garantire uno standard di qualità e minimizzare le perdite legate ai furti.

Il caso dei club di prodotto

La principale opportunità che si presenta alle imprese nei settori frammentati è quella di attuare **strategie di consolidamento**, riducendo conseguentemente il numero di aziende. Le imprese che implementano con successo queste strategie possono diventare leader del settore e ottenere benefici da questa posizione, qualora ce ne siano.

Il consolidamento può avvenire in diversi modi. Nel settore polverizzato della carta e forniture per ufficio, la Century Paper capì che la proprietà di punti vendita geograficamente non distanti l'uno dall'altro le consentiva di ridurre i costi di magazzino, i costi generali dell'impresa e applicare tecniche manageriali professionali e di controllo a tutte le attività svolte. Basandosi sulla sede centrale a Houston, nel Texas, la Century Paper poteva così rifornirsi da città quali San Antonio, Dallas, New Orleans e così via e diventò uno dei maggiori fornitori di carta degli Stati Uniti.

Ulteriore esempio di consolidamento da parte di imprese che operano in settori frammentati in Italia è il cis, Centro all'ingrosso del settore no-food situato a Nola (Napoli), con le sue 300 aziende specializzate in oltre 90 settori merceologici.

Anche nel settore orafo si assiste a fenomeni di aggregazione e consolidamento come nel caso del Tarì di Marcianise (Caserta).

Nel settore turistico in Italia, un tipico esempio di consolidamento è dato dalla creazione dei club di prodotto in ambito alberghiero. Questa tipologia di aggregazione consente di creare un sistema tra alberghi, dando vita a prodotti dedicati ad un target specifico per offrire un servizio non solo di tipo *taylor made* ma anche tematico. Nella stessa sfera, è anche possibile rintracciare i club di prodotto tra alberghi e ristoranti che possono distinguersi per le proposte enogastronomiche, espressione delle eccellenze e della cucina locale. Questa formula può anche essere collegata alle cooperative agricole di produttori.

I benefici derivanti dall'attuazione di una strategia di consolidamento in un settore frammentato si traducono in quelli tipici delle aziende di maggiori dimensioni, in virtù della più elevata quota di mercato. Come sarà discusso nel cap. 4, le aziende con una maggiore quota di mercato possono avere importanti vantaggi di costo rispetto alle aziende minori. Tuttavia, come per tutte le opportunità che si presentano alle aziende, bisogna confrontare i benefici ottenibili con i costi necessari a cogliere e sfruttare queste opportunità. Se, per un'azienda, il valore di diventare leader del settore (attraverso strategie di consolidamento) è inferiore al costo da sostenere, allora sfruttare questa opportunità condurrà a performance al di sotto della media. Tuttavia, come si evidenzierà nell'analisi delle fusioni ed acquisizioni (cap. 9), ci sono fondati motivi che ci portano a concludere che le strategie di consolidamento nei settori frammentati conducono a volte (ma non sempre) ad ottenere profitti superiori al normale.

5.2. Opportunità nei settori emergenti: i vantaggi del *first mover*

I **settori emergenti** sono quelli recentemente nati o rigenerati per effetto di innovazioni tecnologiche, cambiamenti della domanda, nascita di nuovi bisogni del cliente e così via. Negli ultimi trent'anni, l'economia mondiale è stata caratterizzata dalla nascita di numerosi settori emergenti, compreso il settore dei microprocessori, dei personal computer e delle biotecnologie, per citarne solo alcuni. Le aziende nei settori emergenti si trovano a dover affrontare opportunità uniche, il cui sfruttamento può essere una fonte di performance superiore per un certo periodo di tempo per alcune di esse.

Decisioni strategiche prese in anticipo sui concorrenti

Le opportunità presenti nei settori emergenti sono riconducibili alla categoria generale dei **vantaggi del *first mover***, che sono dovuti ad importanti decisioni strategiche e tecnologiche prese dall'azienda nella prima fase di sviluppo del settore. In queste configurazioni, devono essere ancora definite molte delle regole del gioco e delle procedure operative standard per competere ed avere successo.

Fonti dei vantaggi del *first mover*

Le aziende *first mover* possono, a volte, contribuire a stabilire le regole del gioco e a determinare una struttura del settore favorevole unicamente a loro. In generale, i vantaggi del *first mover* possono risultare da tre fonti primarie: 1. la leadership tecnologica; 2. lo sfruttamento delle attività strategiche; 3. la creazione di costi di riconversione (*switching costs*) per il cliente.

Leadership tecnologica Le aziende che attuano investimenti in tecnologie con un certo anticipo rispetto ai concorrenti stanno implementando una **strategia di leadership tecnologica**.

Vantaggi di costo legati alla tecnologia

Tale strategia, nei settori emergenti, può generare due tipi di vantaggi. In primo luogo, le aziende possono ottenere vantaggi di costo basati sui maggiori volumi cumulati di produzione, con particolare tecnologia. Questi vantaggi di costo hanno avuto implicazioni competitive importanti in settori quali quello della produzione del diossido di titanio per DuPont e dei pannolini per Procter & Gamble (Lieberman, Montgomery, 1988). Du-Pont, avendo già investito in un procedimento ecocompatibile per la produzione del diossido di titanio, ha potuto ottenere significativi vantaggi del *first mover* quando le regolamentazioni governative hanno reso altri metodi di produzione per questo prodotto troppo costosi. Procter & Gamble ha ottenuto un simile vantaggio investendo, prima di qualunque altra azienda, nella tecnologia necessaria per produrre i pannolini. Con questa tecnologia l'impresa ha potuto vendere un prodotto a basso costo e di alta qualità che ha dominato per molti anni il mercato dei pannolini con il marchio Pampers (Ghemawat, 1984b; Porter, 1981a).

Temporaneità dei vantaggi

Tuttavia, anche se la leadership tecnologica può permettere ad un'azienda di ottenere vantaggi del *first mover*, questi vantaggi durano nel tempo soltanto se le tecnologie su cui sono basati non si diffondono velocemente fra i concorrenti del settore. Alcune ricerche hanno dimostrato che molte tecnologie in diversi settori si diffondono piuttosto velocemente e che, quindi, i vantaggi del *first mover* generati dalla leadership tecnologica sono solitamente di breve termine (Spence, 1981; Mansfield, 1985; Lieberman, 1982, 1987). Infatti, sia nel settore del diossido di titanio che dei pannolini, i vantaggi descritti precedentemente, sono durati soltanto per un periodo di tempo relativamente breve. Dopo circa un anno, molti dei concorrenti della DuPont hanno cominciato ad usare lo stesso processo ecocompatibile di produzione.

Allo stesso modo, molti concorrenti di Procter & Gamble hanno investito in tecnologie di produzione simili, se non superiori. Procter & Gamble è stata abile nel sostenere la spinta che la leadership tecnologica le aveva dato nel primo momento. Il ruolo che la leadership tecnologica può svolgere nella generazione di vantaggi del *first mover* e le condizioni sotto cui questi vantaggi possono essere sostenuti, saranno discussi in dettaglio nel cap. 4.

Tecnologia brevettata

Inoltre, le aziende che investono in anticipo sulle altre in tecnologie possono ottenere di brevettarle, così da aumentare le proprie performance (Gilbert, Newbery, 1982). I brevetti della Xerox sul processo della xerografia e quelli della General Electric sul progetto originale della lampadina Edison, sono stati importanti per il successo di queste aziende nella prima fase di sviluppo dei relativi settori (Bresnahan, 1985; Bright, 1949). Tuttavia, anche se ci sono alcune eccezioni (per esempio, il settore dei prodotti chimici e farmaceutici) i brevetti, di per sé, sembrano offrire poche reali opportunità di profitto per le aziende *first mover* nella gran parte dei settori emergenti.

Imitazione e vantaggi del *second mover*

Un gruppo di ricercatori ha scoperto che gli imitatori possono duplicare i vantaggi del *first mover* basati sul possesso di un brevetto sostenendo circa il 65 per cento dei costi dell'azienda imitata (Mansfield, Schwartz, Wagner, 1981). Quindi, possono trarsi dei vantaggi di costo nell'essere *second mover*, particolarmente nei settori dove i ritorni degli investimenti attuati con un certo anticipo sono incerti. Gli stessi studiosi hanno osservato che il 60% di tutti i brevetti sono imitati nei primi quattro anni di protezione, senza violare i diritti di brevetto legalmente ottenuti dalle aziende. Come discuteremo dettagliatamente nel cap. 3, i brevetti raramente sono una fonte di vantaggio competitivo sostenibile per le aziende, anche nei settori emergenti.

Disponibilità di risorse strategiche

Sfruttamento delle attività strategiche di valore. I *first movers* che investono soltanto nella tecnologia solitamente non ottengono vantaggi competitivi sostenibili. Riescono a realizzare tali vantaggi coloro che si assicurano la disponibilità di risorse strategiche per il settore, prima che il loro valore sia pienamente conosciuto, elevando in tal modo alte barriere all'imitabilità. Alcune risorse strategiche che possono essere acquisite in questo modo sono: l'accesso alle materie prime, le posizioni geografiche particolarmente favorevoli e le posizioni di mercato di valore. Quando Wal-Mart apre suoi ipermercati in città di medie dimensioni prima dell'arrivo della relativa concorrenza, ne sta ostacolando la successiva entrata. E quando le aziende produttrici di cereali per la prima colazione espandono la loro gamma di prodotti per includere tutte le combinazioni possibili di frumento, avena, crusca, mais e zucchero, stanno usando un vantaggio del *first mover* per evitare l'entrata di nuovi concorrenti (Main, 1955; Ghemawat, 1986; Schmalanesee, 1978; Robinson, Fornell, 1985).

Acquisizione delle risorse con profitto

Naturalmente, per far sì che l'acquisizione di risorse strategiche prima dei concorrenti generi profitti, tale acquisizione deve avvenire prima che il valore di tali risorse sia noto. Si consideri l'esperienza di Wal-Mart nelle città di medie dimensioni. Quando Wal-Mart per primo implementò questa strategia, non tutte le imprese del settore erano in grado di comprendere i vantaggi di operare in queste città, riuscendo pertanto ad entrare in queste città ad un basso costo ed ottenendo conseguenti profitti. Tuttavia, una volta che il valore di queste posizioni divenne noto, alcuni concorrenti di Wal-Mart cominciarono a competere anche su questi mercati. Inoltre, le amministrazioni delle città stesse cominciarono a richiedere a Wal-Mart ed agli altri concorrenti di investire in strade ed in altri miglioramenti infrastrutturali, di modificare la gamma dei prodotti e il *layout* dell'ipermercato. Tutto ciò aumentò sensibilmente il costo di questa strategia; una volta che il valore di questa risorsa strategica è divenuto di dominio comune, si è resa più difficile la realizzazione di un profitto superiore al normale.

Investimenti dei clienti per l'utilizzo dei prodotti

*Costi di riconversione (*switching costs*).* Le decisioni in anticipo delle aziende in settori emergenti possono anche esercitare un impatto sull'aumento dei **costi di riconversione (*switching costs*)**, che si verificano quando, per esempio, i clienti di un'azienda sostengono degli investimenti per utilizzarne i particolari prodotti o servizi, che rendono impossibile o troppo costoso l'utilizzo di prodotti e servizi offerti da altre imprese. Questi investimenti, che legano i clienti ad una particolare azienda e rendono più difficile il passaggio ad altre, possono essere visti come una particolare forma di differenziazione di prodotto (Klemperer, 1986; Wernerfelt, 1986). Gli investimenti del cliente per utilizzare i prodotti di un *first mover*, differenziano quel prodotto dai prodotti di altre aziende. Tali costi sono fattori importanti in diversi settori, quali ad esempio quello dei software, dei prodotti farmaceutici e dei prodotti di largo consumo (Gross, 1995; Bond, Lean, 1977; Montgomery, 1975; Ries, Trout, 1986; Davidson, 1976).

Nel settore dei software, i clienti attuano importanti investimenti per imparare ad usare un determinato pacchetto applicativo; una volta appreso come far funzionare tale software, è molto improbabile che si passi ad un nuovo software, anche se si tratta di un sistema dalle prestazioni superiori a quello utilizzato. Un simile cambiamento richiederebbe di studiare il nuovo software, capire quanto è simile e quanto si differenzia dal vecchio. Perciò, le aziende produttrici di nuovi software cercano di rendere il passaggio dal vecchio al nuovo il meno doloroso possibile.

Condizione di incertezza

Svantaggi del first mover. Naturalmente, l'opportunità di investimento nelle nuove tecnologie, l'acquisizione di risorse strategiche e la generazione dei costi di riconversione devono essere valutati rispetto ai rischi connessi con l'essere la prima azienda ad operare in settori emergenti, che sono caratterizzati da una forte incertezza. Quando le aziende *first mover* devono prendere importanti decisioni strategiche, può non essere chiaro quale sia la decisione giusta. In generale, è desiderabile essere i primi quando queste aziende possono influenzare il modo in cui risolvere l'incertezza nel settore. Tuttavia, quando lo sviluppo della tecnologia, della domanda di beni e delle tecniche di produzione non possono essere influenzati dalle aziende *first mover*, risulta difficile prevedere il successo degli sforzi di "first-moving" (Wernerfelt, Karnani, 1987).

Flessibilità

In contesti così incerti, un'alternativa strategica ragionevole per le aziende è la flessibilità. Se le aziende *first mover* tentano di risolvere l'incertezza anticipando l'evoluzione del settore, la flessibilità permette alle aziende di risolvere questa incertezza rimandando le decisioni fino a quando lo sviluppo sia chiaro e, solo successivamente, procedendo velocemente in quella direzione per trarne vantaggio. Rimandare le decisioni, per poi sfruttare velocemente le opportunità una volta rese esplicite, ha delle importanti implicazioni strategiche per le aziende. Per esempio, le imprese che scelgono la flessibilità saranno, in generale, meno integrate verticalmente delle aziende che scelgono di ridurre l'incertezza attraverso il comportamento da *first mover*.

In effetti, come è stato suggerito nel cap. 1, ci sono aziende che si focalizzano sull'essere dei veloci e flessibili *second movers*. Nella tecnologia informatica, l'IBM è stata solitamente etichettata una *second mover*, che aspettava che le altre imprese concorrenti sviluppassero la nuova tecnologia per poi rapidamente imitarla. Procter & Gamble è stata una delle migliori aziende *second mover* nel suo settore. Poiché i costi di sviluppo dei prodotti per le aziende *second mover* possono essere appena il 65% dei costi di sviluppo dei prodotti delle aziende *first mover*, i vantaggi che queste ultime riescono a generare tramite tale anticipazione devono essere sostenibili nel tempo per giustificare la scelta strategica (Carroll, 1993; Porter, 1981b).

5.3. Opportunità nei settori maturi: miglioramento del prodotto, servizi e innovazioni di processo

I settori emergenti si sviluppano, spesso, dalla creazione di nuovi prodotti o di tecnologie che alterano radicalmente le regole del gioco nel settore. Tuttavia, non appena col tempo queste nuove attività diventano ampiamente conosciute, le nuove tecnologie si diffondono tra i concorrenti, il tasso di innovazione di nuovi prodotti e delle nuove tecnologie cala ed il settore comincia ad entrare nelle fase di maturità. Le caratteristiche comuni dei **settori maturi** sono:

Caratteristiche dei settori maturi

1. la lenta crescita della domanda complessiva del settore;
2. lo sviluppo di clienti fidelizzati ed esperti;
3. un rallentamento nell'incremento di capacità produttiva;
4. un rallentamento nell'introduzione di nuovi prodotti o servizi;
5. un aumento della concorrenza internazionale;
6. una riduzione generale del profitto delle aziende nel settore (Porter, 1980). Il settore dei fast food negli Stati Uniti è diventato maturo negli ultimi 10-15 anni. Negli anni sessanta, c'erano soltanto tre grandi catene nazionali di fast food negli Stati Uniti: McDonald's, Burger King e Dairy Queen. Nel corso degli anni ottanta, queste catene si sono sviluppate velocemente, anche se il tasso di crescita di McDonald's superava prepotentemente quello delle altre due. In questo periodo, tuttavia, altre catene di fast food sono entrate nel mercato americano. Si tratta di alcune catene nazionali, come Kentucky Fried Chicken, Wendy's e Taco Bell ed altre catene regionali forti, quali Jack in the Box e In and Out Burger. All'inizio degli anni novanta, lo sviluppo di questo settore aveva subito un considerevole rallentamento. McDonald's annunciò che stava avendo difficoltà a trovare ubicazioni per nuovi punti vendita che non potessero interferire sulle vendite di quelli già esistenti. Per generare la percezione di lanciare nuovi prodotti sul mercato, aziende come la McDonald's hanno dovuto ricorrere all'introduzione dei prodotti per periodi di tempo limitati, per poi ritirarli dal mercato e reintrodurli come nuovi dopo un certo periodo di tempo. Ad eccezione dei mercati non americani, nei quali la concorrenza nel settore dei fast food non è così matura, la redditività della maggior parte delle aziende di questo settore negli Stati Uniti negli anni novanta non ha evidenziato gli stessi incrementi che si erano registrati nel periodo compreso tra gli anni sessanta e ottanta (Gibson, 1991).

Opportunità nei settori maturi

Le opportunità per le aziende nei settori maturi generalmente si allontanano dallo sviluppo di nuove tecnologie e di nuovi prodotti, come nei settori emergenti, e si indirizzano al miglioramento dei prodotti dell'azienda, all'aumento della qualità dei servizi, alla riduzione dei costi di produzione e alla migliore qualità realizzabile attraverso innovazioni di processo.

Il miglioramento dei prodotti. In settori maturi come quello dei detersivi, dell'olio per motori e degli elettrodomestici per la cucina, è probabile che non si verifichino importanti innovazioni tecnologiche. Tuttavia, questo non significa che in questi settori non ci siano innovazioni.

Estensione e miglioramento della gamma

L'innovazione in questi contesti si focalizza sull'estensione e sul miglioramento dell'attuale gamma di prodotti e delle tecnologie dell'azienda. Nel settore dei detersivi domestici, l'innovazione si è attualmente manifestata nei cambiamenti nell'imballaggio e nella vendita di detersivi più concentrati. Nel settore degli olii lubrificanti per auto, recenti modifiche nell'imballaggio (da contenitori in latta a quelli in plastica), l'introduzione di additivi che mantengono l'olio pulito più a lungo ed olii formulati per motori a quattro cilindri sono esempi recenti di questo genere d'innovazione. Negli elettrodomestici, nuovi frigoriferi con distributori di ghiaccio e acqua, stufe per uso domestico e lavastoviglie che automaticamente decidono il ciclo a seconda del carico rappresentano tutte innovazioni recenti (Demetrakakes, 1994; Reda, 1995; Quinn, 1995).

Qualità del servizio al cliente

L'enfasi sul servizio. Quando le aziende in un settore hanno limitate capacità di investire in tecnologie e prodotti radicalmente nuovi, gli sforzi di differenziazione di prodotto tendono a rivolgersi alla qualità del servizio al cliente. Un'azienda che riesce ad ottenere una buona reputazione per i servizi di alta qualità offerti ai clienti può ottenere performance superiori anche se i suoi prodotti non sono molto differenziati.

Miglioramento dei processi aziendali

L'innovazione di processo. I **processi** aziendali sono le attività necessarie a progettare, produrre e vendere i propri prodotti o servizi. L'**innovazione di processo**, quindi, è uno sforzo per raffinare e migliorare i processi aziendali. Molti autori hanno studiato il rapporto fra innovazione di processo, di prodotto e la maturità di un settore (Hayes, Wheelwright, 1979). Questo studio, sintetizzato nella figura 5, suggerisce che, nelle fasi iniziali di sviluppo di un settore, l'innovazione di prodotto è molto importante poiché le aziende sono concentrate a generare vantaggi tecnologici, acquisire prima dei concorrenti le risorse strategiche e generare *switching costs* per gli acquirenti.

Figura 5 – Innovazioni di prodotto e di processo e struttura del settore

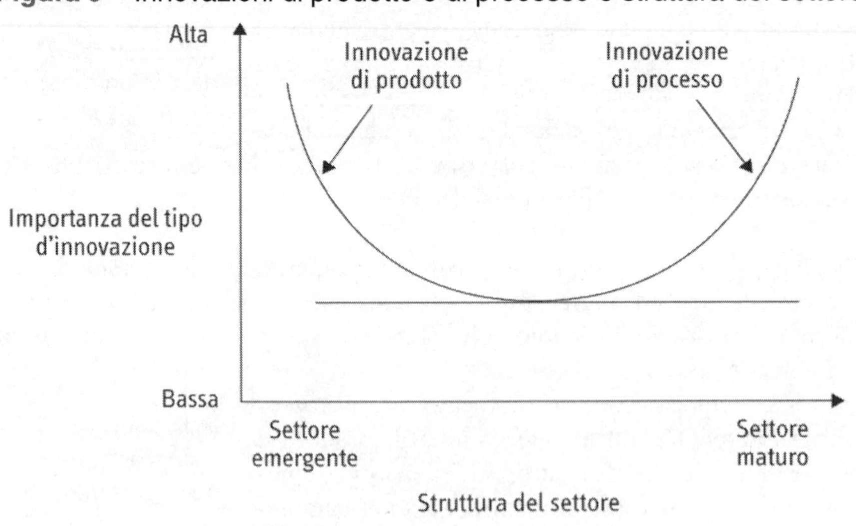

Tuttavia, col tempo, l'innovazione di prodotto diventa meno importante e le innovazioni di processo, necessarie per ridurre i costi di produzione e migliorare la qualità del prodotto per rendere la gestione più fluida, diventano più rilevanti. Nei settori maturi, le aziende possono ottenere un vantaggio producendo lo stesso prodotto dei concorrenti ma ad un costo inferiore, oppure, possono produrre un prodotto che è percepito di maggiore qualità ad un costo competitivo. Le innovazioni di processo facilitano sia la riduzione dei costi, che il miglioramento della qualità.

Ricerche sul settore automobilistico indicano l'importanza delle innovazioni di processo. In uno studio su oltre 70 stabilimenti di produzione di automobili, Krafcik e MacDuffie (1989) hanno misurato sia la qualità che il costo delle automobili. Le auto assemblate in questi stabilimenti erano delle familiari di medie dimensioni, un segmento relativamente maturo in un settore maturo, quello automobilistico. Gli studiosi individuarono sei stabilimenti nel loro campione che soddisfacevano simultaneamente qualità molto alta e costi bassi e che furono, quindi, designati "produttori di prima classe". Il management di questi stabilimenti aveva diversi elementi in comune: un focus continuo verso il miglioramento del processo di produzione e di gestione dello stabilimento nel suo complesso, che ha consentito di ottenere vantaggi competitivi in un segmento ormai maturo (*ibid.*).

5.4. Opportunità nei settori in declino: leadership, nicchia, mietitura e disinvestimento

Riduzione delle vendite

Un **settore in declino** è un settore che ha sperimentato una forte riduzione nelle vendite per un periodo continuativo di tempo (Porter, 1980; Harrigan, 1980).

Ovviamente, le aziende di un settore in declino affrontano più minacce che opportunità. La rivalità nei settori in declino è normalmente molto alta, come la minaccia dei compratori, dei fornitori e dei prodotti sostitutivi. Tuttavia, anche se le minacce sono significative, ci sono opportunità che le aziende devono riconoscere e, se è il caso, sfruttare. Le opzioni strategiche possibili per le aziende in questi settori sono quelle di leadership, nicchia, mietitura e disinvestimento.

Sovracapacità

Leadership di mercato. Un settore in declino è spesso caratterizzato da sovracapacità nella produzione, nella distribuzione e così via. La diminuzione della domanda in un settore spesso significa per le aziende dover attraversare un periodo di crollo (*shakeout*) nella produzione, così da ridurre la capacità in eccesso e riportare l'offerta ai livelli della domanda. Ma dopo questo *shakeout*, un piccolo numero di imprese con organizzazioni più snelle e focalizzate potrà godere di un ambiente relativamente favorevole, con poche minacce e molte opportunità. Se la struttura del settore dopo il periodo di crisi si presenta molto attrattiva, le aziende possono decidere di resistere per superare il periodo critico, di sopravvivere fino a quando il miglioramento del contesto consente di ottenere profitti più alti. Se un'impresa decide di attendere il declino, nella speranza di migliori condizioni ambientali in avvenire, deve prendere in considerazione diversi fattori per aumentare le relative possibilità di sopravvivenza. Il primo e più importante di questi è che l'azienda deve posizionarsi come **leader del mercato** prima del periodo di *shakeout*, ottenendo la maggiore quota di mercato. Tale scopo non è dovuto alla possibilità di facilitare la collusione tacita o di ottenere minori costi dalle economie di scala. Piuttosto, in un settore in declino, l'obiettivo del leader dovrebbe essere quello di facilitare l'uscita delle aziende che hanno le minori possibilità di sopravvivenza ottenendo, quindi, il più rapidamente possibile un ambiente competitivo più favorevole. Le aziende leader nei settori in declino possono facilitare l'uscita in molti modi, tra cui: acquisire, per poi eliminare, linee di prodotto dei concorrenti; acquisire e ridurre la capacità produttiva dei concorrenti; produrre componenti delle linee di prodotto dei concorrenti; comunicare chiaramente l'intenzione di rimanere nel settore come azienda leader. Per esempio, i problemi di sovracapacità nell'industria petrolchimica europea sono stati parzialmente risolti quando la ICI ha scambiato i propri stabilimenti di polietilene con quelli del cloruro polivinilico (PVC) della British-Petroleum. In questo caso, entrambe le aziende hanno potuto eliminare una certa capacità in eccesso nei mercati specifici (polietilene e PVC), mentre comunicavano chiaramente la loro intenzione di rimanere in questi mercati (Aguilar, Bower, Gomes-Casseres, 1985).

Strategia di focalizzazione

Nicchia di mercato. Un'azienda in un settore in declino che persegue una strategia di leadership tenta di facilitare l'uscita di altre imprese, mentre un'impresa che attua una **strategia di nicchia** riduce il suo portafoglio di attività, focalizzandosi su di un piccolo segmento di mercato. Solo se poche imprese scelgono di posizionarsi in quella nicchia, si potrà avere un contesto competitivo favorevole, anche in un settore che, nel complesso, è caratterizzato da una domanda in riduzione.

Sistematico ritiro dal mercato

Mietitura. Le strategie di leadership e di nicchia, pur differenziandosi per molti aspetti, hanno un attributo in comune: le imprese che implementano queste strategie intendono rimanere nel settore malgrado il relativo declino. Le aziende che, invece, perseguono una **strategia di mietitura** in un settore in declino non ritengono di rimanervi ancora a lungo. Al contrario, danno avvio ad un ritiro lungo e sistematico, cercando di estrarre quanto più valore possibile durante questo periodo.

Attuazione di una strategia di mietitura

La produzione di valore durante l'attuazione di una strategia di mietitura ipotizza l'esistenza di un qualche valore da raccogliere. Quindi, le aziende che attuano questa strategia devono aver ottenuto profitti economici almeno normali, prima che il settore sia entrato nella fase di declino. Le imprese possono implementare una strategia di mietitura riducendo la gamma di prodotti che vendono e la loro rete di distribuzione, eliminando i clienti meno profittevoli, riducendo la qualità del prodotto e del servizio, rinviando la manutenzione e la riparazione di apparecchiature e così via. Alla fine, dopo un periodo di mietitura in un settore in declino, le aziende possono cedere alcuni rami di attività al settore (ad esempio al leader di mercato) o cessare semplicemente le attività.

In linea di principio, le opportunità di una strategia di mietitura sembrano semplici, ma in realtà presentano delle importanti sfide per il management. La scelta di una strategia di mietitura può portare a dover dismettere alcune attività storiche e di prestigio dell'azienda.

Con l'applicazione di tale strategia la qualità di servizio e di prodotto può diminuire ed i prezzi possono aumentare. Questi cambiamenti possono essere difficili da accettare da parte dei manager e ciò può determinare un più alto turnover. È, inoltre, difficile trovare manager di qualità per un'azienda in questa fase, poiché è probabile che questi individui cerchino opportunità migliori altrove.

Uscita rapida dal settore

Disinvestimento. L'ultima opportunità per le aziende in un settore in declino è il disinvestimento. Come per la strategia di mietitura, l'obiettivo del **disinvestimento** è di uscire dal settore. Tuttavia, diversamente dalla precedente strategia, il disinvestimento si attua rapidamente, spesso non appena si avverte che ci si avvia verso la fase di declino. Le aziende che non sono in una consolidata posizione di vantaggio possono preferire la strategia di disinvestimento alla mietitura, poiché non hanno vantaggi da sfruttare in un arco temporale più lungo.

Il tour operator TUI, nasce da un programma di disinvestimento e ristrutturazione del gruppo Pressaug AG, che a seguito della crisi del settore dell'industria "pesante", durante gli anni novanta, decise di entrare nel settore turistico.

Negli anni ottanta, la General Electric ha attuato un rapido disinvestimento per uscire dal mercato dell'elettronica di consumo. La domanda totale era più o meno stabile durante gli anni ottanta, ma la concorrenza (principalmente da parte dei fornitori asiatici) aumentò sostanzialmente. Piuttosto che rimanere in questo segmento, la GE ha ceduto la maggior parte delle sue attività nell'elettronica di consumo e ha utilizzato il capitale generato per entrare nel settore della diagnostica per immagine, dove ha trovato un ambiente più favorevole alla generazione di performance superiori (Finn, 1987).

5.5. Opportunità nei settori internazionali: opportunità multinazionali, globali e transnazionali

È ormai provato che nel ventunesimo secolo la concorrenza è divenuta più internazionale. Anche settori che sembrano essere focalizzati su mercati nazionali o regionali sono, dopo molti anni, divenuti internazionali. La concorrenza internazionale spesso presenta numerosi effetti sul livello e sul tipo di minacce in un settore.

Essa tende ad accrescere la rivalità, la minaccia di nuovi entranti e la minaccia di prodotti sostitutivi. Tuttavia, l'internazionalizzazione di un business genera anche numerose opportunità per le imprese (Bartlett, Ghoshal, 1989, 1993). Tali opportunità generalmente comprendono tre categorie: le multinazionali, le globali e le transnazionali.

Le imprese che perseguono **opportunità multinazionali** in settori internazionali svolgono attività simultaneamente in più mercati nazionali e regionali, ma queste attività sono autonome le une dalle altre e libere di scegliere come rispondere ai bisogni specifici di ogni mercato. Questo tipo di opportunità genera almeno due vantaggi. In primo luogo, questa strategia consente all'impresa di rispondere rapidamente ai cambiamenti di un Paese o di una regione. Secondo, nonostante ci siano relativamente poche interazioni operative tra divisioni ed *headquarters*, in una società multinazionale le risorse organizzative specifiche possono essere velocemente ordinate e distribuite per sfruttare un'opportunità e neutralizzare una minaccia in un particolare Paese o regione.

Quando le imprese multinazionali agiscono in paesi o regioni in modo autonomo, queste stanno perseguendo **opportunità globali** per cercare di ottimizzare la produzione, la distribuzione e altre funzioni in tutti i mercati in cui esse operano. Le strategie globali hanno un ovvio vantaggio legato alle attività localizzate in posizioni geografiche che riducono i costi e massimizzano la qualità nelle funzioni dell'impresa. Al contempo queste strategie presentano alcuni costi e rischi associati al coordinamento tra le divisioni nei diversi paesi o regioni, al trasporto per quelle unità localizzate in aree geograficamente disparate e alla difficoltà di rispondere ai bisogni, alle opportunità e alle minacce dei mercati locali.

In relazione a quest'ultimo limite, un'altra opportunità dei settori internazionali è quella di operare come impresa transnazionale. Alcuni studiosi hanno affermato che il tradizionale *trade-off* tra integrazione globale e risposta locale può essere rimpiazzato attraverso l'approccio transnazionale che sfrutta i vantaggi di entrambe. Le imprese che sfruttano un'**opportunità transnazionale** gestiscono le loro attività globali come un network integrato di risorse e capacità distribuite ed interdipendenti (*ibid.*). In questo contesto, le attività dell'impresa in ogni Paese non sono semplicemente indipendenti poiché tentano di rispondere ai bisogni del mercato locale; esse sono anche un insieme di idee, tecnologie e modelli di gestione che l'impresa potrebbe essere capace di usare e applicare nelle sue attività globali.

Per un approfondimento sulle strategie di sviluppo internazionale si rinvia al cap. 8.

5.6. Opportunità nei settori a rete: i vantaggi del *first mover* e le strategie del "vincitore prenditutto" (*winner-takes-it-all*)

Le opportunità connesse alle prime cinque strutture di settore identificate nella tabella 7 sono derivate dall'evoluzione del modello SCP sin dagli anni cinquanta.

Naturalmente, queste strutture e le conseguenti opportunità continuano ad esistere anche ai giorni nostri. Settori emergenti e le relative opportunità del *first mover* continuano a svilupparsi; settori frammentati, maturi e in declino, continuano ad esistere. Tuttavia, sono state individuate altre strutture di settore. Sempre in coerenza con la logica SCP, queste strutture hanno un effetto significativo sulle opportunità che si presentano per le aziende. Tre di questi settori sono qui descritti: settori a rete, settori ipercompetitivi e settori *empty core*.

Un settore è a **rete** quando il valore di un prodotto o servizio dipende, almeno in parte, dal numero di prodotti o servizi venduti e, quindi, aumenta all'aumentare della sua diffusione. A causa del rapporto fra valore del prodotto e numero di prodotti che sono venduti, i settori a rete sono a volte denominati **settori a rendimenti crescenti** (Conner, 1995). Ciascuna delle strutture di settore nella tabella 7 può manifestare, almeno in parte, gli attributi di un settore a rete. Quindi, quando i fax furono introdotti sul mercato, il settore era emergente. Tuttavia, tale settore presentava dei ritorni crescenti, per cui non si trattava solo di un settore emergente ma anche a rete. Il settore dei telefoni è attualmente in una fase di maturità; nonostante ciò ha molte caratteristiche dei settori a rete.

Diffusione del prodotto ed effetti sul valore

Diversi tipi di settore possono presentare gli attributi della rete e questi ultimi vanno ad incidere sulle opportunità per le aziende a seconda di quanto i ritorni crescenti determinino il valore di un prodotto o servizio. Per i prodotti quali telefoni e fax, la diffusione di questi ultimi ha un forte impatto sul loro valore. Quindi, le opportunità in questi settori sono quasi interamente determinate dalle caratteristiche della rete. Nel settore dei software per i personal computer, il numero di persone che utilizza un software specifico ha un effetto sul valore del software stesso. Se un software è particolarmente diffuso sarà più facile comunicare, inviare file e così via. Tuttavia, il valore di un software è legato anche alle particolari caratteristiche, come facilità di utilizzo e velocità, che non dipendono dal numero di persone che effettivamente utilizza quel software. Il livello di incidenza che gli attributi della rete hanno sul valore dei prodotti o servizi rappresenta un indicatore di quanto le opportunità dei network siano importanti per uno specifico settore.

Strategia del *first mover*

L'opportunità principale che si presenta nei settori a rete è rappresentata dai **vantaggi del *first mover***. Sembrerebbe si tratti della stessa opportunità che si presenta nei settori emergenti. Tuttavia, ci sono delle importanti differenze tra queste due configurazioni. Nei settori a rete, il *first mover* può creare valore poiché i suoi prodotti e servizi diventano lo standard di riferimento. In questo modo, è probabile che il prodotto o servizio raggiunga virtualmente il totale della quota di mercato. Nei settori a rete puri, il valore complessivo di un prodotto o servizio dipende dalla sua diffusione. Se un prodotto o un servizio è fra i primi ad essere introdotto sul mercato ed il primo ad essere scelto da una significativa maggioranza di potenziali consumatori, arriva spesso a dominare il mercato. Nei settori a rete, la strategia del *first mover* spesso si trasforma in quella del **"vincitore prenditutto"**, che risulta diversa da quella di creazione di *switching costs* nei settori emergenti.

In un settore a rete, la riluttanza a cambiare prodotti o servizi non dipende dal costo degli investimenti necessari al loro utilizzo, come avviene nei settori emergenti. Piuttosto, è funzione del numero di persone che effettivamente utilizzano tali prodotti. Se il numero di utenti di questo nuovo prodotto o servizio è basso, allora, in un settore a rete, il relativo valore per i clienti sarà basso ed i clienti non saranno disposti ad adottarlo. Naturalmente, in alcuni settori, possono combinarsi sia gli effetti degli *switching costs* che quelli della rete. In questo caso, i clienti saranno poco disposti a passare ai nuovi prodotti o servizi, sia per gli investimenti necessari al loro utilizzo che per la loro scarsa diffusione.

Impatto sulle decisioni

Date le caratteristiche delineate del "vincitore prenditutto", le aziende hanno un forte interesse ad essere i *first movers* nei settori a rete e, quindi, a vedere preferiti dai clienti i propri prodotti. Ciò può guidare le aziende a prendere decisioni che, inizialmente, possono sembrare errate.

Per esempio, le dinamiche della rete sono risultate molto importanti nel mercato dei videoregistratori. Il valore di tale mercato è funzione della disponibilità del film in videocassetta. Quest'ultimo dipende dal numero di videoregistratori venduti. Quindi, maggiore è il numero di videoregistratori di un certo tipo venduti, maggiore sarà il valore di quel tipo di videoregistratore. Questo è un esempio classico di settore a rete. In principio, due erano le tecnologie in competizione: la tecnologia Beta di Sony e la tecnologia VHS di Matsushita. La maggior parte degli esperti riteneva che la tecnologia Betamax di Sony fosse superiore a quella VHS. Tuttavia, Sony era disposta ad autorizzare la produzione della sua tecnologia per un prezzo molto elevato. Questo perché Sony riteneva che, essendo la sua una tecnologia superiore, i clienti l'avrebbero automaticamente scelta e le aziende, per soddisfare tali richieste, sarebbero state disposte a pagare un prezzo più elevato. Matsushita, d'altra parte, autorizzava l'utilizzo della sua tecnologia VHS ad un prezzo molto inferiore. Numerosi produttori iniziarono a vendere videoregistratori VHS. All'aumentare del numero di riproduttori VHS aumentava anche il relativo valore e tale tecnologia divenne lo standard del settore, nonostante le premesse iniziali di una superiorità tecnologica di Betamax (Davidson, 1976).

Al limite, le aziende in un settore a rete possono avere tutto l'interesse a vendere i loro prodotti a prezzi molto bassi per facilitarne una rapida diffusione. Al crescere della diffusione del prodotto, aumenta anche il valore, fino a farlo diventare lo standard per il settore. Una volta che il prodotto sia diventato standard, l'azienda può aumentarne il prezzo ed ottenere dei profitti maggiori. Quindi, in determinati contesti, anche regalare un prodotto può rappresentare una fonte di vantaggio competitivo sostenibile (Conner, Rumelt, 1991). Questa può essere stata la strategia di Microsoft nel mercato degli strumenti di navigazione di Internet. In effetti, inserendo questo strumento nel sistema operativo Windows, Microsoft sta regalando tale prodotto ai consumatori. La spiegazione di tale comportamento può trovarsi nel fatto che Microsoft ritenga che tale settore sia a rete. Per diventare il prodotto leader del mercato, l'azienda ha intuito che doveva far diffondere il prodotto Internet Explorer rapidamente. Il modo migliore era regalarlo.

Tuttavia, il Dipartimento di Giustizia degli Stati Uniti non era convinto che si trattasse di un settore a rete, ma che nel comportamento di Microsoft vi sarebbe stata la volontà di espandere il suo monopolio nel mercato dei sistemi operativi per personal computer, non di diventare lo standard di fatto di questo segmento. Si lascia al lettore la scelta di decidere se tale settore sia caratterizzato da ritorni crescenti o no. Bisogna tenere a mente che la domanda da porsi è: il valore di un determinato software cresce all'aumentare della sua diffusione (Mandel, 2000)?

5.7. Opportunità nei settori ipercompetitivi: flessibilità e distruzione proattiva

Concorrenza instabile e imprevedibile

La competizione in ciascuna delle cinque strutture di settore discusse finora è considerata stabile o comunque si evolve in modo prevedibile. Si supponga, invece, che l'evoluzione della concorrenza in un settore sia instabile e imprevedibile, come avviene nei settori definiti ipercompetitivi (D'Aveni, 1994a), in cui le basi della concorrenza sono costantemente in evoluzione, in un modo totalmente imprevedibile. Si supponga, ad esempio, che in un certo momento, un settore sembri essere in una fase emergente, nel qual caso l'opportunità primaria sarebbe quella di essere un *first mover*; che cosa accadrebbe se tutto ad un tratto questo settore entrasse nella fase di maturità, dove il miglioramento del prodotto e del servizio rappresentano le opportunità principali? Cos'altro potrebbe accadere se tale settore improvvisamente passasse alla fase di declino per poi tornare in una emergente? Dato il carattere instabile ed imprevedibile di questa struttura di settore, che cosa può dirsi sulle opportunità che si possono presentare alle aziende?

Opportunità strategiche

Ci sono parecchi esempi di settori che possono attualmente essere definiti ipercompetitivi, quali il settore delle biotecnologie e del commercio elettronico. In questo momento le dinamiche competitive in questi settori sono difficili da studiare poiché si evolvono continuamente. Nel commercio elettronico, per esempio, alcuni studiosi hanno suggerito che la determinante di successo sta nello sviluppare il primo sito Web in una determinata area del commercio. Altri ritengono che si basi sulla qualità del sito Web, sulla pubblicità per creare un marchio del sito, sui collegamenti tra un sito Web e attività non commerciali e così via. Se questo settore si trovasse in una fase d'introduzione, allora la determinante del successo aziendale sarebbe ben chiara e non ci sarebbe più ambiguità sul perché alcune aziende abbiano più successo di altre. D'altro canto, se il settore è ipercompetitivo, allora i fattori critici di successo cambieranno costantemente in modo imprevedibile. Se il settore del commercio elettronico fosse ipercompetitivo, affermazioni diverse e contraddittorie sulle fonti di successo aziendale sarebbero tutte corrette per diversi periodi temporali e per diverse aziende. Superficialmente, si può ritenere che poiché le basi della concorrenza in un settore ipercompetitivo non possono essere identificate con certezza, non si possano neanche individuare opportunità. Viceversa, ci sono due importanti opportunità strategiche: flessibilità e distruzione proattiva.

Capacità di cambiare direzione strategica

Un'azienda sfrutta un'opportunità di **flessibilità** quando possiede la capacità di passare da una strategia ad un'altra ad un basso costo. Negli ambienti competitivi meno incerti, i vantaggi di flessibilità non producono migliori risultati rispetto alla capacità di potere concentrare gli sforzi aziendali e sfruttare le opportunità che caratterizzano quei particolari ambienti. Tuttavia, nei settori ipercompetitivi, dove non è possibile prevedere opportunità specifiche, la capacità di cambiare rapidamente la direzione strategica, non appena si manifesti un'opportunità da cogliere, rappresenta una strategia possibile e vantaggiosa. Una vasta gamma di politiche aziendali è coerente con il perseguimento della flessibilità nei settori ipercompetitivi. Per esempio, come sarà discusso nel cap. 6, le aziende flessibili saranno meno integrate verticalmente delle aziende meno flessibili; non investiranno in formazione specifica, ma in una più ampia. Le aziende che perseguono la flessibilità adotteranno l'approccio delle opzioni reali per valutare le iniziative strategiche, svilupperanno programmi di ricerca e sviluppo più generali e differenziati e utilizzeranno contratti di lavoro per i dipendenti meno rigidi, quali lavoro a tempo determinato e lavoro per progetto. Questa flessibilità può ridurre l'efficacia di una particolare strategia aziendale, ma aumenta la capacità di poter cambiare strategia al mutare delle condizioni ambientali.

Strategie che modificano le dinamiche competitive

La seconda principale opportunità nei settori ipercompetitivi è la **distruzione proattiva** (D'Aveni, 1995). Piuttosto che attendere che la struttura del settore evolva in maniera imprevedibile, la distruzione proattiva spinge un'azienda a cercare di attuare strategie che modifichino le basi competitive del settore. In questo modo, l'impresa può ottenere almeno vantaggi competitivi temporanei. La distruzione proattiva è simile ai vantaggi del *first mover* in quanto un'azienda che persegue questa opportunità dovrà agire prima dei suoi concorrenti.

Vantaggi temporanei

Tuttavia, diversamente dalle opportunità del *first mover*, le aziende che attuano una distruzione proattiva sono consapevoli di non poter generare vantaggi di lungo termine. Piuttosto, prevedono soltanto vantaggi di breve durata, che saranno annullati dalla distruzione proattiva delle aziende concorrenti o dell'azienda stessa. Quindi, le aziende che perseguono la strategia di distruzione proattiva si impegneranno continuamente a modificare la struttura competitiva del settore nel tempo. Queste aziende non attenderanno che la competizione renda i loro prodotti o servizi obsoleti, ma piuttosto sarà proprio questo l'obiettivo aziendale. Intel spesso progetta la generazione futura di microprocessori prima che la precedente sia ancora stata introdotta sul mercato. In questo modo, Intel rende i suoi prodotti obsoleti prima ancora che siano resi disponibili ai consumatori. La logica sottostante queste azioni è semplice: se non è l'azienda stessa a rendere i suoi prodotti obsoleti, lo faranno le aziende concorrenti. Quindi, per generare almeno vantaggi competitivi temporanei, queste imprese perseguono una strategia di distruzione proattiva (ad esempio produttori di telefoni cellulari).

Sono stati identificati sette attributi delle strategie di distruzione proattiva (D'Aveni, 1995). Come si evidenzia nella tabella 8 le aziende che perseguono la distruzione proattiva non dovrebbero abbandonare i loro clienti attuali, quanto, piuttosto, soddisfare simultaneamente i clienti attuali e attrarre nuovi clienti.

Tabella 8 – Caratteristiche delle opportunità di distruzione proattiva di successo nei settori ipercompetitivi

Vision

1. Soddisfazione degli *stakeholders*: soddisfare gli attuali *stakeholders*, in particolare i clienti.
2. Anticipazione strategica: anticipare i bisogni ancora inespressi dei consumatori e identificare un nuovo segmento di mercato.

Capacità

3. Velocità: prendere le decisioni di distruzione proattiva rapidamente e, soprattutto, prima dei concorrenti.
4. Effetto sorpresa: prendere decisioni che non possono essere previste dai concorrenti.

Tattiche

5. Cambiare le regole del gioco: prendere decisioni che modificano le dinamiche competitive del settore.
6. Segnali: comunicare l'intento di perseguire una distruzione proattiva per scoraggiare i concorrenti.
7. Prendere decisioni strategiche simultanee e sequenziali: investire in una serie di azioni di distruzione proattiva, contemporaneamente e in sequenza.

I nuovi clienti vengono acquisiti individuando e soddisfacendo le esigenze che non sono ancora completamente chiare ai clienti stessi. In effetti, la maggior parte delle più importanti realizzazioni tecnologiche si attua attraverso lo sviluppo di nuovi prodotti e servizi di cui né l'azienda né i clienti attuali potevano prevederne i risultati. Così come Edison non aveva previsto il valore reale del fonografo come riproduttore di musica (era convinto che consistesse in uno strumento di dettatura da usare negli uffici), gli inventori iniziali del circuito integrato non avrebbero mai potuto prevederne le infinite applicazioni nella società moderna. Le aziende che sfruttano le opportunità di distruzione proattiva non attendono che il bisogno di un nuovo prodotto o di una nuova tecnologia sia manifesto, piuttosto creano tale domanda.

Con questo obiettivo in mente, le imprese si muovono rapidamente e improvvisamente per distruggere e ricostruire le regole competitive di un settore. Inoltre, vista l'incertezza che caratterizza il contesto, non è raro, per le aziende che perseguono tali occasioni, attuare diverse azioni contemporaneamente. Le aziende in questo contesto non possono permettersi il lusso di svelare gradualmente prodotti e strategie nel tempo ma, sempre ai limiti di una direzione caotica, devono perseguire contemporaneamente azioni innovative, multiple e, finanche, contraddittorie.

5.8. Opportunità nei settori *empty core*: collusione, regolamentazione governativa, differenziazione di prodotto e controllo della domanda

Settori *empty core*

Mentre i settori ipercompetitivi sono quelli nei quali le dinamiche competitive si modificano continuamente ed in maniera imprevedibile, le fondamenta della competizione nei settori *empty core* sono fin troppo stabili. Sfortunatamente, queste regole del gioco rendono virtualmente impossibile l'adozione con profitto delle tradizionali strategie competitive. Le opportunità principali in questo tipo di settore sono invece la collusione, la regolamentazione governativa, la differenziazione di prodotto e il controllo della domanda.

Settori empty core. I mercati esistono quando compratori e venditori volontariamente attuano uno scambio che entrambi considerano migliore di altri. Una persona che voglia comprare un'automobile, per esempio, acquisterà quella con caratteristiche di prezzo, qualità, performance e sicurezza che ritiene siano migliori di altre. Una persona che invece deve vendere un'automobile la venderà quando il prezzo totale di vendita (prezzo di vendita – costi necessari alla vendita) sarà maggiore del prezzo che potrebbe ottenere continuando la ricerca. Quando sia il compratore che il venditore ritengono di aver trovato le condizioni migliori, lo scambio si completa: il compratore ottiene l'automobile e il venditore il corrispettivo monetario (L. Telser, 1978).

Mercati in cui lo scambio non si conclude

Tuttavia, in alcuni contesti, compratori e venditori possono non considerare mai le condizioni di uno scambio migliori di un altro. I compratori sono, quindi, sempre alla ricerca dell'acquisto e i venditori della vendita, ma lo scambio non avviene. Questi mercati sono definiti ***empty core***. Si porta un esempio molto semplice di un mercato *empty core*. Supponiamo che ci siano due società di taxi, l'azienda A e l'azienda B. Supponiamo anche che ci siano quattro consumatori che vogliano prendere un taxi per l'aeroporto e siano disposti a pagare un massimo di 3 dollari l'uno. Infine, si supponga che entrambe le aziende posseggano un solo taxi: il taxi dell'azienda A può trasportare due persone al costo complessivo di 5 dollari, mentre il taxi dell'azienda B può portare tre passeggeri al costo complessivo di 7 dollari.

Chiaramente, entrambe le aziende sperano di riempire i loro taxi per l'aeroporto. Supponiamo che l'azienda B si presenti a 3 clienti ed offra loro di portarli all'aeroporto per 2,34 dollari a persona. A questo prezzo l'azienda B si trova in pareggio (3 passeggeri a 2,34 è uguale a 7 dollari, pari ai costi di B). Tuttavia, resta fuori ancora un cliente che deve andare all'aeroporto. Supponiamo che quest'ultimo vada dall'azienda A e le offra 3 dollari per portarlo a destinazione. Tale prezzo rappresenta il massimo che il cliente è disposto a pagare, ma non arriva a coprire i costi di A (pari a 5 dollari). Per coprire tali costi, l'azienda A può contattare uno dei clienti di B e offrirgli il trasporto a 2 dollari. In questo modo l'azienda A riesce a coprire i suoi costi ($3 + $2 = $5), e i clienti di B saranno lieti di passare ad A e risparmiare. Ciononostante, appena uno dei clienti di B passa ad A, i costi di B non sono più coperti poiché restano solo 2 passeggeri che pagano 2,34 dollari ciascuno (2 × $2,34 ≠ $7). A questo punto è probabile che l'azienda B contatti il cliente di A che paga 3 dollari e gli offra di portarlo per 2,34. Una volta che questo cliente passa a B, l'azienda A non copre i suoi costi. Il suo unico passeggero rimasto è disposto a pagare 3 dollari invece di 2 e l'azienda A può, quindi, offrire ad un passeggero di B il trasporto a 2 dollari, e così via. Questo rappresenta un mercato *empty core*, dove i clienti sono sempre alla ricerca dell'acquisto e i venditori della vendita, ma lo scambio non avviene.

Sunk costs

In termini strategici, il problema che affrontano le aziende nei mercati *empty core* è l'esistenza di costi dovuti alla mancata conclusione dello scambio. Nell'esempio dei taxi appena riportato, per tutto il tempo necessario alla negoziazione le due aziende stanno pagando i loro taxi. Questo comporta che, anche se questi taxi non arrivano mai all'aeroporto, le aziende sono già in perdita.

Prezzi inferiori ai costi medi

Quando i mercati sono *empty core* (quindi, gli scambi non si concludono) e quando le aziende in questi settori sostengono ingenti *sunk costs* (costi non recuperabili), le imprese sono incentivate a stabilire prezzi inferiori ai costi medi. Così facendo, saranno in perdita, ma, almeno non perderanno tanto quanto nel caso in cui lo scambio non sia attuato. La concorrenza in un settore dove i prezzi sono inferiori ai costi medi è definita ***cutthroat competition*** (letteralmente concorrenza da "sgozzamento").

Studi sull'argomento hanno evidenziato che settori *empty core* dove si sviluppa maggiormente una competizione *cutthroat* sono quelli in cui gli incrementi di capacità si verificano in maniera discontinua, dove si devono sostenere inevitabilmente alti costi fissi, dove c'è una bassa differenziazione di prodotto e dove la domanda non è prevedibile (Telser, 1978).

Incrementi discontinui di capacità

In alcuni mercati, incrementi di capacità possono solo avvenire in maniera discontinua. Per esempio, la capacità su di una particolare tratta aerea non può essere incrementata un posto alla volta, ma un aereo alla volta. Allo stesso modo, la capacità nel mercato del trasporto marittimo si incrementa aggiungendo un'altra nave; la capacità di generazione elettrica si incrementa per centrali e così via (Bittlingmayer, 1982; McWilliams, 1990; Pirrong, 1992; Sjostrom, 1989).

Per vedere graficamente gli effetti di curve di offerta discontinue, si paragoni la situazione nello schema A della figura 6 (dove le curve di domanda e offerta sono continue) con la situazione nello schema B (dove la curva di offerta è discontinua). Nello schema A, ci sarà un prezzo determinato dal mercato, dato dal punto di incontro tra domanda e offerta. A questo livello di prezzo i consumatori sono disposti ad acquistare una certa quantità *Q* di prodotto e i produttori sono disposti a produrre quella stessa quantità.

Anelasticità dell'offerta

La situazione è molto diversa nello schema B. Innanzitutto, si noti che la curva di offerta è discontinua; ciò è dovuto al fatto che incrementi di capacità nel settore avvengono con elevata intensità. In secondo luogo, si noti che ciascun segmento della curva di offerta è verticale. Questo indica l'anelasticità dell'offerta. Per esempio, una determinata petroliera ha una certa capacità e tale sarà la quantità offerta sul mercato, né più né meno. Se ci fosse una seconda petroliera, l'offerta sul mercato sarebbe di due petroliere, né più né meno. Per un dato livello di capacità offerta in questi tipi di mercati, modifiche dal lato della domanda non producono alcun effetto sull'offerta. In altre parole, per un dato livello di capacità l'offerta è quindi fissa.

Quando la curva di domanda si interseca con un segmento della curva discontinua di offerta (come nel caso della curva di domanda D_1 che interseca la curva di offerta nello schema B della figura 6), si determina il prezzo di mercato che i consumatori saranno disposti a pagare per *Q* unità e i produttori ad offrire la stessa quantità. Tuttavia, quando la curva di domanda non si interseca con quella di offerta (come per D_2 e D_3), non ci sarà un prezzo di mercato che soddisfi simultaneamente sia la domanda che l'offerta. In questi casi, il mercato sarà cronicamente in situazione di sottocapacità (per esempio, quando la richiesta totale del petrolio da stivare è maggiore della capacità di carico di una petroliera, ma è solo la quantità di una singola petroliera ad essere immessa sul mercato) o in sovracapacità (se, ad esempio, la richiesta totale di petrolio è superiore alla capacità di una petroliera, ma inferiore a quella di due, e due sono le petroliere sul mercato).

Figura 6 – Curve di domanda e offerta in un settore

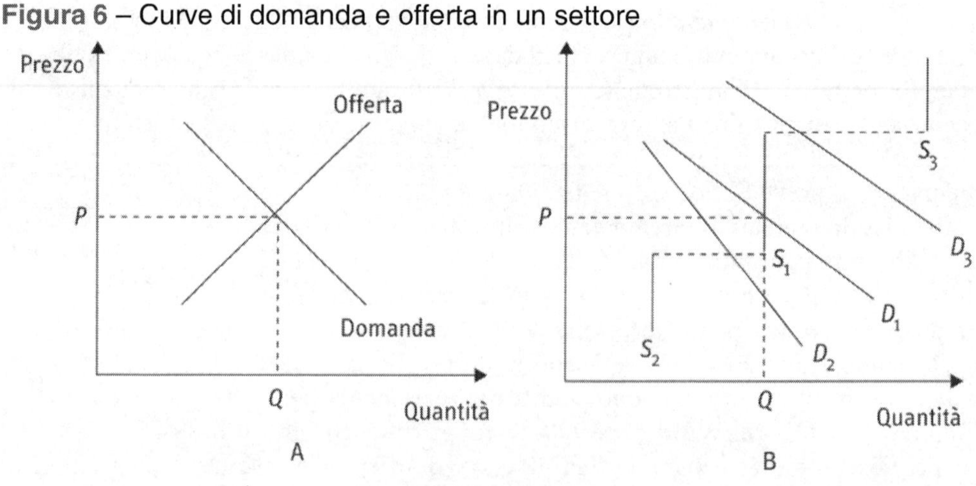

A: curva di offerta continua
B: curva di offerta discontinua

In questo scenario, compratori e venditori avranno sempre altre opportunità di scambio che saranno più interessanti di quelle attuali. Questo, pertanto, è un mercato *empty core*.

Alti costi fissi

Una competizione *cutthroat* si ha nei mercati *empty core* quando, oltre ad avere incrementi di capacità discontinui, le aziende sostengono necessariamente alti costi fissi, la differenziazione di prodotto non è attuabile e la domanda non è prevedibile. Quando un'impresa ha alti costi fissi e non riesce a portare la sua offerta sul mercato (perché non esiste un prezzo che soddisfi contemporaneamente domanda e offerta) già è in perdita, poiché deve comunque sostenere quei costi fissi. In questi casi, l'impresa fissa un livello di prezzo che, anche se non va a coprire i costi totali, può almeno consentire di coprire quelli fissi.

L'impresa, in questi casi, sarà disposta a fissare prezzi non remunerativi, ma che potrebbero minimizzare la perdita che, comunque, deriverebbe dal mancato utilizzo o dalla mancata offerta. Le compagnie armatoriali, ad esempio, sono disposte ad accettare prezzi (noli) più bassi pur di compensare parte dei costi fissi, che comunque dovrebbero sostenere in caso di inutilizzo delle navi.

Sfortunatamente, le aziende nel lungo tempo non potranno sopravvivere ad una strategia che porta i prezzi al di sotto dei costi totali medi.

Impossibilità di differenziare i prodotti

Se le aziende potessero differenziare i propri prodotti nei mercati ad incrementi di capacità discontinui e ad alti costi fissi, la competizione *cutthroat* potrebbe essere eliminata. Se la differenziazione di prodotto portasse alla creazione di diversi gruppi di consumatori non in concorrenza gli uni con gli altri, allora diverse aziende potrebbero soddisfare le richieste di differenti gruppi di consumatori e non ci sarebbe una competizione di tipo *cutthroat*. Pertanto, affinché si crei una competizione *cutthroat* i mercati devono essere caratterizzati da aumenti di capacità che avvengono con elevata intensità, alti costi fissi e impossibilità di differenziare i prodotti.

Domanda non prevedibile

Una domanda non prevedibile contribuisce ad una competizione *cutthroat*. Quando la domanda è facilmente prevedibile è possibile adottare una tecnologia che incrementi la capacità in funzione dell'incremento della domanda che, in parte, andrebbe a risolvere i problemi competitivi creati dagli incrementi elevati. Tuttavia, quando la domanda non è prevedibile, è difficile produrre quella quantità di offerta che farà sì che domanda e offerta si incontrino e, quindi, difficilmente sarà individuato un prezzo di mercato che soddisfi sia i consumatori che i venditori.

Riquadro 1 – Competizione *cutthroat* nel settore aereo americano post-deregulation: un esempio

Un esempio di settore *empty core* è il settore aereo americano, dopo la deregolamentazione (Ghemawat, McGahan, 1995). Prima del 1978, il settore aereo americano era fortemente regolamentato in riferimento a tratte, frequenza dei voli e relative tariffe aeree. Durante questo periodo, era molto stabile: c'erano poche nuove entrate ed uscite dal settore e le aziende erano profittevoli. Dal 1978, la deregulation ha aumentato l'intensità competitiva, riducendo il livello delle tariffe: è cresciuto il numero di nuove imprese, molte sono fallite e si è assistito a processi di consolidamento e ristrutturazione. Molti ritenevano che questo periodo sarebbe durato relativamente poco e lo consideravano necessario per determinare una sorta di selezione naturale, in cui le aziende meno efficienti sarebbero fallite e le più efficienti si sarebbero consolidate.
Tuttavia, l'instabilità è durata molto più a lungo di quanto si potesse prevedere. Infatti, per quasi 10 anni quasi tutte le compagnie aeree americane sono entrate in stato di crisi (con la sola eccezione di Southwest Airlines), molte sono fallite, mettendo a rischio la sopravvivenza dell'intero settore.
Una delle ragioni di questi grossi fallimenti è, appunto, che il comparto aereo rientra nei settori *empty core* con competizione *cutthroat*. Gli incrementi di capacità avvengono con grande intensità: un aeromobile alla volta, non un posto alla volta. Si sostengono enormi costi fissi irrecuperabili (*sunk costs*) per possedere un aeromobile. Dati questi elevati costi fissi, le compagnie aeree preferiscono far volare gli aerei, anche se semivuoti, poiché subiscono una perdita comunque inferiore; inoltre, poiché dopo la deregolamentazione molti vettori avevano le stesse rotte, si è avuta una limitata differenziazione di prodotto nel settore; infine, poiché nel settore deregolamentato non c'era una base storica della domanda aerea, la previsione della domanda era molto difficile. Dato tale contesto competitivo, non è una sorpresa che molte compagnie aeree americane abbiano subito forti perdite.

Peculiarità delle opportunità nei settori *empty core*

Opportunità nei settori empty core. Di sicuro, le compagnie aeree americane hanno tentato diverse strade per generare dei profitti nel settore deregolamentato. Per esempio, molte hanno rinegoziato i contratti con i sindacati e hanno ridotto il livello del servizio così da ridurre i costi operativi. Tuttavia, la leadership di costo (come discusso nel cap. 4) non rappresenta un'opportunità possibile nei settori *empty core*. Le opportunità nei settori maturi, tra cui il miglioramento del prodotto e dei servizi e le innovazioni di processo, non risolvono i problemi competitivi dei settori *empty core*. Allo stesso modo, leadership di mercato, strategie di nicchia, di mietitura e disinvestimento, che rappresentano le opportunità nei settori in declino, non risolvono i problemi competitivi dei settori *empty core*. In poche parole, la competizione *cutthroat* è molto differente da un'intensa ma sana competizione che spesso avviene nei settori maturi e in declino. Le principali opportunità dei settori *empty core* sono collusioni, regolamentazioni governative, differenziazione di prodotto e controllo della domanda (McWilliams, Barney, 1994).

Accordi tra le imprese per modificare la concorrenza

Collusione. La competizione, nei settori *empty core*, può portare i prezzi al di sotto dei costi medi totali delle aziende del settore. Un modo per evitare le perdite dovute a questi prezzi è la **collusione**, una volontaria restrizione dell'arena competitiva attraverso, per esempio, l'alternarsi nell'offrire i propri prodotti/servizi al mercato. Ritornando all'esempio dei taxi, se l'azienda A e l'azienda B si fossero accordate e all'azienda A fossero spettati i giorni dispari mentre alla B quelli pari, entrambe le aziende avrebbero potuto fissare dei prezzi più alti dei costi medi. In questo modo, sia A che B avrebbero potuto ottenere profitti superiori al normale ed evitare una competizione *cutthroat.*

Effetti della collusione

La collusione permette di generare profitti superiori al normale, ma lo fa a spese dei consumatori. L'effetto più diffuso a danno dei consumatori è l'incremento dei prezzi. Tuttavia, nel caso dei settori *empty core*, anche i clienti possono trarre benefici dalla collusione. Infatti, se le aziende continuassero a competere in questi settori, otterrebbero profitti al di sotto del normale e alla fine fallirebbero; di conseguenza, i consumatori potrebbero non ottenere più il prodotto o servizio richiesto. Con la collusione, si soddisfano almeno alcune richieste dei consumatori, e soddisfare alcuni è sempre meglio che non soddisfare nessuno. Quindi, a volte la collusione nei mercati *empty core* può rappresentare la migliore soluzione anche per i consumatori: sebbene non rappresenti una soluzione perfetta, è sempre meglio che non garantire ai consumatori l'accesso ai prodotti o servizi richiesti (Telser, 1987).

Limiti della collusione

Regolamentazione governativa. È spesso difficile per le aziende creare e mantenere rapporti volontari di collusione. Una volta che le imprese si accordano sulla cooperazione ed accettano di ridurre i volumi di produzione, facendo quindi aumentare i prezzi, sono spinte a non rispettare questi accordi. Anche se tale azione si può attuare in molti modi, nei settori *empty core* spesso si traduce nell'incrementare l'offerta rispetto agli accordi stabiliti. Nei casi in cui è immessa una maggiore quantità sul mercato in un settore *empty core*, è facile che si verifichi una situazione di *cutthroat competition.*

Regolamentazione imposta dall'alto

Quando le aziende non riescono a disciplinarsi autonomamente per evitare una competizione *cutthroat*, possono richiedere una regolamentazione governativa per mantenere ordine e disciplina nel settore. Piuttosto che fare affidamento su di una collusione tacita per portare i prezzi ad un livello superiore ai costi totali medi, la regolamentazione governativa utilizza la burocrazia ed i processi amministrativi per stabilire prezzi che garantiscano la sopravvivenza delle aziende. Anche se questi prezzi sono naturalmente superiori a quelli determinati da una competizione *cutthroat*, assicurano la sopravvivenza delle imprese e, quindi, garantiscono l'accesso ai prodotti e servizi per i consumatori. Come nel caso della collusione tacita, il costo della regolamentazione governativa si traduce in prezzi più elevati.

Segmentazione dei consumatori

Differenziazione di prodotto. La differenziazione di prodotto rappresenta un'altra opportunità dei settori *empty core* per risolvere i problemi competitivi. Tuttavia, per risolvere tale problema competitivo è necessario non solo che la differenziazione di prodotto sia significativa, ma anche portare alla creazione di gruppi di consumatori che non siano in competizione tra loro. In questo modo l'azienda può godere di alcuni vantaggi del monopolio all'interno del particolare gruppo di consumatori. In tali situazioni di monopolio parziale, le aziende non devono accordarsi con le altre e la competizione *cutthroat* non emerge.

Previsione della domanda

Un'ultima opportunità nei settori *empty core* è il **controllo della domanda**. Qui si deve capire come prevedere la domanda ed avere la disponibilità di diverse capacità di offerta da introdurre nel mercato per soddisfare la domanda. Con lo sviluppo di strumenti estremamente sofisticati, le aziende possono agire sulla capacità produttiva per andare incontro a situazioni di sovracapacità o sottocapacità che caratterizzano i mercati *empty core*. Quando si può agire sull'offerta per adattarla alla domanda, la competizione *cutthroat* non può sussistere.

Risolvere i problemi empty core *nel settore aereo americano post deregolamentazione.* Il settore aereo deregolamentato rappresenta un ottimo esempio di un settore *empty core* caratterizzato da competizione *cutthroat*. È anche un esempio di come le aziende in questo tipo di settore possano sfruttare le opportunità presenti, quali collusioni, regolamentazioni governative, differenziazione del prodotto e previsioni della domanda, per risolvere i problemi causati da una competizione sottocosto. Anche se ci sono voluti diversi anni prima che il settore aereo americano sfruttasse appieno queste opportunità, a partire dalla metà degli anni novanta si è stabilizzato e le compagnie aeree americane stanno tornando ad essere profittevoli.

A partire dalla metà degli anni ottanta, divenne ormai chiaro che nessuna delle opportunità perseguibili nei settori maturi o in declino potesse rappresentare opportunità possibili in un settore *empty core*. Anche se le aziende continuavano ad essere sempre più efficienti, non riuscivano mai a ridurre i costi tanto da essere profittevoli. In questo periodo, le imprese incominciarono ad instaurare rapporti di collusione, talvolta anche condannati dal Dipartimento americano di Giustizia.

Poiché gli accordi di collusione erano stati difficili da attuare, agli inizi degli anni novanta molti cominciarono a richiedere una ri-regolamentazione del settore aereo americano. Anche se tali nuove regolamentazioni non hanno mai riguardato tariffe e tratte, il governo americano ha ristabilito una certa disciplina, in base alla quale è consentito alle aziende di agire in modi che, al di fuori della particolare situazione del settore sarebbero considerati illegali, ma che consentono di risolvere il problema della competizione sottocosto.

In particolare, il governo americano ha autorizzato alla creazione di veri e propri monopoli geografici attraverso i cosiddetti sistemi Hub&Spoke. Diverse compagnie aeree dominano diversi scali aeroportuali. Così Delta controlla Atlanta e Cincinnati, American Airlines Dallas e Chicago, United Chicago e Denver. Anche in Europa si sta progressivamente ripetendo l'esperienza americana post regolamentazione del settore aereo e tra i maggiori *hubs* europei ricordiamo Parigi controllato da Air France, Francoforte da Lufthansa, Roma da Alitalia e Londra da British Airways. Queste compagnie aeree controllano i relativi scali aeroportuali garantendo la maggior parte dei voli da e per quella destinazione. Inoltre, controllano i *gates* più importanti dei rispettivi aeroporti. Chiunque dovesse volare da o per uno di questi aeroporti, è molto probabile che prenda un aeromobile del vettore che lo controlla. Ancora più importante, chiunque viva nei dintorni di queste destinazioni, ha una scelta molto limitata del vettore da prendere.

Questo controllo dà alle compagnie aeree un potere di mercato geograficamente limitato. Tale potere incide sul prezzo dei biglietti, che può essere maggiore del prezzo che si avrebbe in un mercato competitivo.

Inoltre, il controllo di un *hub* può differenziare il prodotto. I prodotti di una compagnia aerea sono molto più differenziati nel proprio *hub* che altrove. La differenziazione permette al vettore di imporre prezzi più elevati, rispetto ad una normale concorrenza. Si ricordi che i prezzi nel settore aereo deregolamentato erano comunque al di sotto dei costi medi e, quindi, non garantivano la sopravvivenza delle aziende nel lungo termine. Attraverso la differenziazione con i sistemi Hub&Spoke, oltre ad altri vantaggi, si sono eliminati i problemi della competizione definita *cutthroat*.

I sistemi Hub&Spoke possono anche aumentare la prevedibilità della domanda per un vettore aereo. Se le compagnie aeree possono prevedere la domanda su di una particolare rotta, allora possono anche determinare la capacità da offrire sul mercato. Questo aiuta a risolvere il problema di sovracapacità o sottocapacità che caratterizza i settori *empty core* e, di riflesso, ad eliminare la competizione sottocosto su queste tratte. La disponibilità di aeromobili con diversa capacità produttiva rende possibile per i vettori aerei offrire sul mercato la quantità richiesta su quella rotta.

Recentemente, le compagnie aeree hanno introdotto sistemi di *yield management*, che consentono di aumentare la prevedibilità della domanda su una particolare rotta. Questo avviene attraverso la leva del prezzo, che viene modificato in funzione di una serie storica della domanda su quella rotta.

Tuttavia, le compagnie aeree americane hanno impiegato molto tempo a rendersi conto delle opportunità che potevano sfruttare. Prima di tutto si sono dovute rendere conto che si trovavano in un settore *empty core* e che gli approcci tradizionali per migliorare le performance non avrebbero funzionato in questa struttura di settore. Successivamente, è stato necessario del tempo per implementare il sistema

Hub&Spoke e per sviluppare il database necessario all'utilizzo dello *yield management*. Tuttavia, sembra che ora molte compagnie aeree abbiano capito come competere con successo. Detto ciò, c'è una compagnia aerea americana, la Southwest Airlines, che non ha mai subito perdite associate alla competizione *cutthroat*, non ha mai adottato sistemi Hub&Spoke, utilizza un solo tipo di aeromobile e non adopera il sistema di *yield management*. Infatti, la Southwest Airlines utilizza prevalentemente un servizio aereo *short-distance* ed uno *long-distance,* quest'ultimo realizzato grazie all'acquisizione di AirTran Airways, attraverso l'adozione di un modello *point-to-point* che permette il collegamento tra più destinazioni da un punto ad un altro punto.

6. L'analisi dei raggruppamenti strategici in relazione alle minacce e opportunità ambientali

Settore come unità di analisi

L'analisi delle minacce ed opportunità affrontata fino ad ora pone, come unità di analisi, il settore. Per quanto riguarda le minacce, i punti di analisi più importanti sono rappresentati dalle cinque forze: potenziali entranti nel settore, intensità della concorrenza, sostituti, potere contrattuale dei fornitori e dei clienti. Dal lato delle opportunità, si sono analizzate le opportunità esistenti in diverse strutture di settore. Il fatto che sia il settore il centro dell'analisi è coerente con l'approccio teorico di base rappresentato dal paradigma struttura-condotta-performance.

Limiti all'approccio di settore

Tuttavia, ponendo al centro dell'analisi delle minacce ed opportunità ambientali il settore si determinano una serie di limitazioni allo studio. Prima di tutto, la stessa definizione di settore spesso non è univoca. La tradizionale definizione di settore, si focalizza sull'elasticità incrociata della domanda tra un certo numero di imprese. Quando incrementi di prezzo di un prodotto o servizio di una certa azienda portano ad incrementi di domanda di un prodotto o servizio di un'altra, queste due aziende presentano un'**elasticità incrociata** della domanda positiva e possono essere considerate appartenenti allo stesso settore.

Tuttavia, nella pratica, raramente si sono prodotti studi sull'elasticità incrociata tra le aziende. E, in ogni caso, quand'è che il valore dell'elasticità incrociata è tale da determinare che le due aziende appartengano allo stesso settore? Molto più spesso si afferma che due aziende appartengano allo stesso settore quando, dall'esterno, i prodotti e i servizi offerti da entrambe sembrano simili. Definizioni precise su quanto questi prodotti debbano essere simili per poterli considerare appartenenti allo stesso settore non sono disponibili. In verità l'appartenenza di un'impresa ad un settore è data più dai codici degli Istituti nazionali di statistica, che da condizioni economiche.

Differenza tra le minacce ed opportunità per l'impresa

In secondo luogo, porre al centro dell'analisi il settore vuole implicitamente dire che tutte le aziende presenti nello stesso settore si trovano a dover affrontare le stesse minacce e opportunità. Tuttavia, anche quando due aziende hanno un'alta elasticità incrociata della domanda, non è necessariamente detto che affrontino le stesse minacce ed opportunità. Per esempio, tra Mercedes e Lexus è probabile evidenziare un'alta elasticità incrociata. Entrambe sono posizionate nel segmento delle auto di lusso e modificazioni nei prezzi di una di queste due case è molto probabile che influenzino le vendite dell'altra. Nonostante ciò, le minacce che le due aziende hanno affrontato e affrontano sono molto diverse. Per esempio, Lexus, che è una divisione di Toyota Motor Corporation, deve affrontare la minaccia delle restrizioni alle importazioni che si applicano alle aziende giapponesi e che, invece, non rappresentano una minaccia per Mercedes ed altre aziende tedesche.

Dati questi limiti all'utilizzo del settore come centro di analisi, molti ricercatori hanno suggerito di individuare un'entità che sia intermedia al settore e alla singola impresa. Questo livello di analisi sono i raggruppamenti strategici.

6.1. La definizione di raggruppamenti strategici

Imprese che affrontano simili minacce ed opportunità

Per **raggruppamento strategico** si intende un insieme di aziende che si trovano a dover affrontare simili minacce ed opportunità, che si differenziano da quelle affrontate da altre aziende nel settore (Hunt, 1972; Caves, Porter, 1977; McGee, Thomas, 1986; Barney, Hoskisson, 1990). Si noti che questa definizione richiede che le aziende di un raggruppamento strategico affrontino simili opportunità e minacce e che queste ultime siano differenti da quelle affrontate da altre aziende nel settore. Se si verifica solo la prima condizione, ma non la seconda, il raggruppamento strategico equivale al settore, e l'analisi tradizionale basata sul paradigma SCP risulta appropriata.

Dal settore al raggruppamento

Il concetto di raggruppamenti strategici ci aiuta a superare il problema di definizione dei confini di un settore e ci permette di affermare che esistono delle differenze tra le opportunità e le minacce che si presentano alle aziende nello stesso settore. A questo punto, definire i confini del settore non ha più molta importanza. Ciò che conta ora è definire i confini del raggruppamento. Se esiste più di un raggruppamento strategico nel settore, allora bisognerà anche studiare le differenti minacce ed opportunità.

Molti dei concetti applicabili all'analisi di settore, possono essere utilizzati anche nell'analisi dei raggruppamenti strategici. Il principale è quello delle **barriere alla mobilità**, che si presenta molto simile a quello di barriere all'entrata analizzate a livello di settore. Mentre le barriere all'entrata difendono il settore dall'entrata di nuovi potenziali concorrenti, le barriere alla mobilità limitano gli spostamenti delle aziende da un raggruppamento strategico ad un altro dello stesso settore. Le barriere che limitano l'entrata in un settore possono anche servire a limitare la mobilità. Per esempio, le economie di scala, la differenziazione di prodotto, i vantaggi di costo indipendenti dal volume di produzione, le barriere legali e governative ed anche l'ostilità dei produttori consolidati, possono tutte rappresentare barriere alla mobilità. Le aziende che vogliono ridurre la mobilità attraverso la creazione di barriere si trovano ad affrontare gli stessi problemi di analisi costi/benefici delle aziende che devono innalzare delle barriere all'entrata (Caves, Porter, 1977).

6.2. Limiti nell'analisi dei raggruppamenti strategici

Se applicata con attenzione, l'analisi dei raggruppamenti strategici può rappresentare un importante strumento supplementare per studiare le minacce e le opportunità di un settore. In particolare, può essere utilizzata per studiare l'evoluzione della competizione tra gruppi di imprese del settore.

Riscontro dei gruppi nella realtà

Sfortunatamente, tale analisi può anche portare a dei risultati ambigui (Barney, Hoskisson, 1990). Poiché la *cluster analysis* non è accompagnata da un attento studio delle probabilità, non è generalmente possibile affermare con certezza che un raggruppamento strategico individuato attraverso l'analisi per gruppi esista nella realtà. Quindi, bisogna essere cauti nell'interpretare i risultati di quest'analisi. Quando però i raggruppamenti strategici sono coerenti con la realtà, allora l'uso di un'analisi dei raggruppamenti può notevolmente migliorare la qualità dello studio delle minacce e delle opportunità che si presentano alle aziende.

7. I limiti dei modelli di studio delle minacce e delle opportunità ambientali basati sul paradigma SCP

Sicuramente gli strumenti di analisi delle minacce ed opportunità ambientali basati sul paradigma SCP sono estremamente utili alle imprese che devono scegliere le loro strategie. Tuttavia, come ogni modello di analisi, hanno i loro limiti, che studiosi e studenti devono tenere bene a mente. Tre importanti limiti sono:

1. ipotesi sull'entrata e sulla profittabilità delle imprese;
2. il ruolo delle strategie che riducono l'efficienza;
3. la scarsa considerazione dell'eterogeneità delle imprese.

7.1. Ipotesi di base sulla relazione tra entrata e profitti aziendali

Legame tra performance ed entrata nel settore

La logica SCP afferma che l'entrata in un settore è motivata dal fatto che le imprese presenti ottengono profitti superiori al normale; tali profitti indicano ai potenziali entranti che ci sono delle opportunità da sfruttare nel settore. Quindi, la logica SCP afferma che le entrate nel settore sono positivamente correlate al livello di performance nel settore stesso.

Profitto come indicatore di efficienza

Tuttavia, esiste anche un altro punto di vista. Gli alti livelli di performance del settore, secondo questo approccio, manderebbero segnali opposti ai nuovi entranti: invece di incoraggiarli, andrebbero a scoraggiarli poiché sarebbero indicatori di efficacia ed efficienza delle aziende nel settore (Demsetz, 1973). Le aziende del settore che hanno un vantaggio competitivo possono soddisfare le richieste dei consumatori in modo molto efficace ed efficiente, generando così performance superiori al normale. I potenziali nuovi entranti, quindi, potrebbero rinunciare all'entrata nel settore per timore di non poter replicare tale efficacia ed efficienza. Questo diverso punto di vista ci suggerisce, quindi, che l'entrata sia negativamente correlata con i livelli di performance del settore.

Profitto come indicatore di posizioni di monopolio

Purtroppo, i casi concreti danno risultati contrastanti rispetto al legame tra performance ed entrate nel settore. Sembra che se le aziende ottengono profitti superiori al normale in settori monopolistici od oligopolistici, gli alti livelli di performance motivino l'entrata di nuovi concorrenti. Il motivo sta nel fatto che gli alti livelli di performance in questi settori non sono dovuti all'efficienza ed efficacia delle imprese. Tuttavia, se alla base delle performance superiori ci sono aziende efficaci ed efficienti allora l'entrata viene scoraggiata. Ad esempio, nel settore turistico, nonostante la gran parte delle agenzie di viaggio siano in crisi, soprattutto per il processo della disintermediazione dovuto all'avvento delle nuove tecnologie informatiche, ve ne sono alcune che per le particolari risorse e competenze riescono a generare performance superiori al normale e ciò stimola l'entrata nel settore di nuovi *competitors*.

Effetti sulle politiche governative

Questi risultati opposti danno vita a diverse implicazioni da tenere in considerazione. A livello sociale, le regolamentazioni antitrust si sono da sempre basate sulle ipotesi SCP che affermano che alti livelli di performance sono motivati da collusioni, prevenzione all'entrata, monopoli, o altre forme di azioni che limitano la concorrenza nel settore. Il punto di vista alternativo sta cominciando ad influenzare anche le politiche governative. Infatti, è difficile determinare se gli alti profitti incoraggino o scoraggino l'entrata in un settore. Quest'ultimo aspetto rappresenta il quesito-chiave nel caso della Microsoft. Non ci sono dubbi nell'affermare che la Microsoft domina i mercati dei sistemi operativi per PC e dei software.

Tuttavia, tale dominio è dovuto al comportamento monopolistico o alla sua abilità particolare nella produzione di sistemi operativi e di software? Supponiamo che siano entrambe le cose. Quale parte della sua quota di mercato può essere attribuita alla sua posizione monopolistica e quale alla sua efficienza ed efficacia nella produzione di nuovi prodotti e servizi? E ancora, se la Microsoft sfrutta entrambe queste situazioni, le politiche governative per limitarne la posizione di monopolio avranno effetto anche sulla sua efficienza ed efficacia?

Impatto sulle decisioni d'entrata

A livello d'impresa, determinare il rapporto tra performance ed entrata ha dei risvolti importanti per i nuovi potenziali concorrenti. Se tali performance sono dovute a posizioni di monopolio od oligopolio, allora l'entrata rappresenterà una possibile alternativa. Se, viceversa, i profitti superiori al normale dipendono dal vantaggio competitivo delle aziende del settore, è probabile che l'entrata non rappresenti più un'opzione desiderabile.

7.2. Il ruolo delle strategie che riducono l'efficienza

Molte delle opzioni strategiche che emergono dall'analisi SCP delle minacce ed opportunità ambientali migliorano l'abilità delle aziende nel soddisfare le richieste dei consumatori o nel ridurre i costi aziendali. Queste strategie si focalizzano sull'efficienza ed efficacia aziendale per generare un vantaggio competitivo e profitti superiori al normale. Quindi, tali scelte strategiche suggeriscono che il modo per generare vantaggi competitivi sostenibili nel tempo è quello di essere più efficienti ed efficaci dei concorrenti attuali e potenziali.

Strategie che riducono l'efficienza

Tuttavia, alcune strategie SCP (come la prevenzione all'entrata) sembrano suggerire che attraverso un rallentamento nell'efficacia ed efficienza aziendale si possa massimizzare la performance. Tale scelta si riferisce alle azioni che spesso le aziende attuano per scoraggiare nuovi entranti e che si esplicano in investimenti in capacità aggiuntiva, non supportata da un aumento della domanda, in una differenziazione di prodotto non richiesta dai consumatori o nell'acquisizione di fattori di produzione più a basso costo di quanto sia necessario per una gestione afficiente.

Rischi dell'inefficienza

In generale, implementare strategie che diminuiscono l'efficienza aziendale per migliorarne la performance sembra essere molto rischioso ed attuabile solo in determinate e particolari circostanze. Per esempio, per la prevenzione all'entrata si portava l'esempio di una sola azienda nel settore e di un solo potenziale entrante. Generalmente, le imprese che riducono la loro efficienza incoraggiano i nuovi entranti, invece che scoraggiarli. Come già affermato, imprese inefficienti sono più facili prede di efficienti rivali. Le aziende dovrebbero concentrarsi sull'essere efficaci ed efficienti nel soddisfare le richieste dei consumatori. Questo non solo potrà generare dei vantaggi competitivi, ma scoraggerà anche i nuovi entranti (Williamson, 1991a).

7.3. La scarsa considerazione dell'eterogeneità delle aziende

Eterogeneità delle imprese

Il modello SCP di analisi delle minacce ed opportunità ambientali non attribuisce molta importanza all'eterogeneità delle imprese in un settore. In questo modello, le aziende possono differire, ma limitatamente alle opportunità e minacce che incontrano. Questa differenza si va a riflettere sulle economie di scala, sulla differenziazione di prodotto, sui costi di produzione e così via.

Limiti dell'analisi SCP

La differenziazione riconosciuta alle aziende in un settore è però molto minore che in altri approcci di strategia (Barney, 1991; Conner, 1991) ed è il risultato del focus dell'analisi SCP: il settore. Il modello SCP è stato studiato per essere applicato al settore e rappresenta un valido strumento di analisi delle minacce ed opportunità ambientali, ma non è mai stato inteso come strumento per guidare il processo di scelta della strategia. Uno strumento di questo tipo deve considerare sia l'analisi ambientale (minacce e opportunità), che l'analisi organizzativa (punti di forza e di debolezza). Altri approcci teorici che si focalizzano sulle caratteristiche particolari ed uniche delle aziende, dovranno essere usati per l'analisi interna. Questi modelli saranno affrontati nel prossimo capitolo.

In questo capitolo

☞ Il modello **struttura-condotta-performance** afferma che la condotta e la performance di un'azienda sono in gran parte determinati dalla struttura del settore. Le fonti di profitti superiori al normale andrebbero, quindi, ricercate nelle caratteristiche del settore.

☞ Michael Porter ha creato il modello più famoso di analisi (**swot analysis**) delle minacce ambientali. Questo modello è stato poi ampliato ed ha visto il prevalere di una concorrenza allargata. Quindi, le forze in un settore sono:

1. minaccia di nuovi entranti;
2. minaccia della concorrenza reale;
3. minaccia dei sostituti;
4. minaccia dei fornitori;
5. minaccia dei clienti;
6. i complementors.

Talvolta, nell'identificare le minacce e le opportunità che si presentano alle imprese in un settore, può essere utile individuare dei gruppi di imprese che affrontano minacce ed opportunità simili alle altre aziende nel gruppo, ma dissimili dagli altri gruppi di aziende nel settore. Tali aziende costituiscono un raggruppamento strategico nel settore.

☞ Nonostante l'utilità dei modelli di analisi delle minacce ed opportunità in un settore basati sul paradigma SCP, esistono anche alcuni limiti. In particolare, i limiti principali si riscontrano nell'impatto che i profitti delle imprese del settore e le strategie che riducono l'efficienza aziendale hanno sulla decisione di entrata dei potenziali concorrenti e il mancato riconoscimento delle eterogeneità delle imprese. Questi limiti mostrano che il paradigma SCP non rappresenta un modello esaustivo di formulazione strategica, ma deve essere associato ad altri modelli teorici che permettano ai manager di analizzare i punti di forza e di debolezza e di scegliere le strategie che massimizzano le performance dell'azienda.

3

La valutazione dei punti di forza e di debolezza dell'azienda: la *resource-based view*

Settori altamente competitivi

Al fine di analizzare il comportamento delle imprese in settori altamente competitivi, si può partire con alcuni esempi. Si pensi alla performance di Southwest Airlines che, per 40 anni consecutivi, ha realizzato risultati economici positivi e al di sopra del normale, in un settore in cui vi è un elevato grado di competizione con generali scarsi profitti. Il totale dei ricavi, negli ultimi anni, si aggira intorno ai 17,1 miliardi di dollari, con un utile netto di 421 milioni dollari (Statistica, 2015).

L'analisi della concorrenza allargata, in questo caso, mette in evidenza numerose minacce e poche opportunità. Infatti, la presenza di numerose compagnie aeree rende questo settore altamente competitivo. Quindi, la rivalità in questo settore è medio-alta, seppur l'azienda presenti degli elementi distintivi di differenziazione, visto che i concorrenti della Southwest Airlines vanno ricercati, oltre che nelle compagnie aeree *low cost*, anche in quelle *full cost*.

Inoltre, i costi da sostenere per la fornitura di prodotti/servizi sono ingenti (carburante, aeromobili, slot aeroportuali, ecc.) anche se la Southwest Airlines riesce ad ottenere significative riduzioni di prezzo da fornitori importanti del settore (si pensi, ad esempio, alla partnership con la Boeing per la fornitura di aeromobili).

Solo le minacce dei prodotti sostitutivi e dei potenziali nuovi entranti sono più attenuate poiché, anche se esistono altri mezzi di trasporto, i tempi di percorrenza sono superiori e, inoltre, per i nuovi entranti le barriere all'entrata potrebbero essere elevate se si considerano gli alti costi fissi, i bassi margini, l'alta e crescente competizione. In aggiunta, il potere contrattuale dei clienti finali ed intermedi è medio-alto in questo settore, ma la Southwest Airlines ha rapporti consolidati con agenzie di viaggio e tour operators.

Infine, rispetto ai *complementors*, la Southwest Airlines ha attivato numerose partnership con aziende concorrenti o altre forze competitive al fine di aumentare la propria competitività sul mercato (si pensi agli accordi con gli scali aeroportuali e con i fornitori sopra menzionati).

Southwest Airlines non rappresenta l'unica azienda capace di ottenere alti livelli di performance economiche, nonostante la concorrenza agguerrita del settore.

Si pensi, infatti, al settore dei *fast food* in America (cfr. cap. 2) che rappresenta un settore maturo anche in virtù di un aumento della concorrenza a livello nazionale ed internazionale. In questo contesto, McDonald's è leader di mercato da anni con una quota di mercato pari al 17% ed i ricavi pari a $ 8,6 milioni (Ibis, 2015), seguito da altri principali competitors quali Yum! Brands Inc. che detiene il 10,8%, Subway il 6,7% e Wendy's Company il 4,4% (IbisWorld, 2015).

Limiti dell'approccio di settore

Le performance di Southwest Airlines e McDonald's, così come di altre imprese in settori caratterizzati da molte minacce e poche opportunità, ci fanno riflettere sul fatto che l'ambiente competitivo non sia la sola determinante dei potenziali profitti aziendali. Alcune aziende sono capaci di formulare ed implementare strategie che generano alti livelli di profitto anche in settori fortemente competitivi. Altre imprese, pur operando in settori caratterizzati dalla presenza di un numero inferiore di minacce e numerose opportunità, formulano ed implementano strategie che, invece, daranno ritorni inferiori al normale. Per comprendere questi fenomeni, è necessario andare oltre le minacce ed opportunità ambientali e analizzare gli esclusivi punti di forza e di debolezza di un'azienda.

1. Gli studi classici sui punti di forza e di debolezza aziendali

Approcci teorici di base

Mentre i modelli di analisi delle minacce e delle opportunità ambientali sono fondati su di un'unica teoria economica – il paradigma struttura-condotta-performance –, lo studio dei punti di forza e di debolezza aziendali riprende diverse aree tradizionali di ricerca, di matrice non solo economica. Tra queste le più importanti sono gli studi sulle competenze distintive, la teoria economica ricardiana e la teoria della crescita dell'impresa.

1.1. La teoria sulle competenze distintive

Il primo approccio teorico su cui si basano gli studi moderni sui punti di forza e di debolezza aziendali è la teoria delle competenze distintive. Tale teoria può suddividersi in due filoni di ricerca: il primo considera il *general manager* come una competenza distintiva; il secondo esamina altri fattori organizzativi, sempre intesi come competenze distintive.

1.2. *General manager* come competenza distintiva

Impatto dei *general manager* sulle performance aziendali

Gli studi sulle implicazioni competitive dei punti di forza e di debolezza aziendali hanno una lunga tradizione. Molte ricerche sono state condotte all'Harvard Business School nel 1911 da A.W. Shaw, M.T. Copeland, George Albert Smith Jr. e Edmund P. Learned attraverso l'analisi del ruolo svolto dal *general manager* delle aziende. In questi primi studi, si dichiarava che le decisioni prese dai ***general managers*** (cioè da manager con le maggiori responsabilità sui risultati economici nelle imprese) avessero un forte impatto sulle performance aziendali. Si argomentava che i *general managers* fossero responsabili dell'analisi dell'ambiente esterno, dei punti di forza e dei punti di debolezza interni e della scelta di strategie che massimizzassero il valore complessivo. Nonostante i *general managers* fossero assistiti da altri manager, sia di *line* che di *staff*, era la qualità del *general manager* a determinare le performance aziendali. *General managers* di elevata competenza erano considerati punti di forza dell'azienda; viceversa, *general managers* incompetenti erano considerati un fattore di debolezza (Learned, Christensen, Andrews, Guth, 1969).

Attributi di *general manager* di successo

Questo approccio allo studio dei punti di forza e di debolezza aziendali è sempre valido, ma presenta due problemi che ne limitano l'applicabilità. In primo luogo, anche se si accetta l'ipotesi di base che siano le decisioni del *general management* le determinanti principali della performance aziendale, le caratteristiche necessarie a delineare un *general manager* competente sono estremamente vaghe e difficili da specificare. *General managers* con diverse capacità e stili di direzione hanno avuto ugualmente successo. Per esempio, Jack Welch, l'amministratore delegato della General Electric, è generalmente considerato un manager estraneo alle attività quotidiane dell'azienda, poiché si occupa della direzione strategica e operativa dell'azienda e delega ai suoi subordinati il raggiungimento dei target di performance e di profitto. Viceversa, Bill Gates, co-fondatore e amministratore delegato della Microsoft, è quotidianamente inserito nelle attività operative della sua azienda. Eppure, sia Jack Welch che Bill Gates sono considerati *general managers* di successo. Nonostante alcuni autori suggeriscano che ci sono degli attributi comuni a *general managers* di successo, bisogna ammettere che ci sono diversi stili di direzione e diverse caratteristiche che li contraddistinguono (Curran, 1997; Schlender, 1997). Charan e Colvin (1999) identificano otto attributi comuni ad amministratori delegati di successo: 1. integrità, maturità ed energia; 2. perspicacia; 3. astuzia; 4. intuito organizzativo; 5. curiosità, capacità intellettuale ed intelligenza complessiva; 6. superiore capacità di giudizio; 7. un desiderio insaziabile di gratificazione e di raggiungimento del profitto; 8. una forte motivazione alla crescita e a convertire l'insegnamento in pratica. Altri studi (Nasrallah et al., 2015), invece, identificano le principali abilità dei *general managers* che si distinguono in interpersonali, comunicative e di leadership oltre alle capacità di gestire progetti/attività secondo il rispetto della relativa tempistica. Inoltre, i *general managers* devono possedere la conoscenza del settore di riferimento che comprende anche gli aspetti tecnici e finanziari, strategici e di *decision making.* Nonostante non ci siano dubbi sul fatto che queste caratteristiche personali di un amministratore delegato contribuiscano al successo, si riscontra ancora un'elevata variabilità nello stile, nell'approccio e nel metodo di direzione dei *general managers* per poter individuare esattamente le caratteristiche alla base di *general managers* di successo (Yukl, 1989).

Altre fonti di vantaggi competitivi

In secondo luogo, i *general managers* sono un importante punto di forza (o punto di debolezza) per un'azienda, ma non ne rappresentano l'unico. Un'enfasi esclusiva sui *general managers* come fonte di vantaggio competitivo ignora tanti altri attributi dell'azienda che possono essere importanti quali determinanti della performance.

1.3. Leadership istituzionale come competenza distintiva

Mentre ad Harvard si studiava l'impatto dei ***general managers*** sulle performance aziendali, alcuni sociologi, guidati da Phillip Selznick, si stavano interessando ad altre caratteristiche interne delle aziende partendo da altre prospettive di analisi. In una serie di articoli e libri, compreso il suo *Leadership and Administration*, Selznick esaminava la relazione tra la leadership istituzionale e le competenze distintive (Selznick, 1957).

Creazione di una *vision* condivisa

Secondo Selznick, i **leader istituzionali** nelle aziende fanno molto di più che svolgere le normali attività direzionali di programmazione, organizzazione, conduzione e controllo: creano e definiscono la *mission* e gli scopi aziendali. In termini più attuali, i leader istituzionali creano una *vision* nell'azienda, che deve essere condivisa dai suoi membri. I leader istituzionali organizzano la struttura aziendale in modo che possa riflettere la propria *vision* ed i relativi fondamentali obiettivi. Con un'organizzazione così strutturata Selznick afferma che i leader istituzionali possono focalizzarsi sulla salvaguardia dei valori distintivi e dell'identità aziendale (la *vision* distintiva dell'azienda) dalle minacce interne ed esterne. La *vision* organizzativa, insieme alla struttura, aiuta a definire le **competenze distintive** dell'azienda, ovvero quelle particolari attività che un'azienda svolge meglio dei propri concorrenti.

Implicazioni competitive

Selznick non ha poi analizzato in dettaglio le implicazioni competitive e sulla performance dei leader istituzionali o delle competenze distintive. Tuttavia, non è difficile constatare che le aziende con competenze distintive posseggano dei punti di forza tali da ottenere dei vantaggi competitivi e che i leader, in qualità di creatori della *vision* e della struttura, oltre che manager e amministratori, possano rappresentare un'importante fonte di vantaggio competitivo. Questa logica è molto vicina ai modelli di analisi dei punti di forza e debolezza aziendali che saranno affrontati più avanti nel capitolo.

Limiti dell'analisi

Nonostante l'analisi di Selznick sulle competenze distintive sia di estrema rilevanza, essa presenta alcuni limiti. Il principale limite è che si focalizza esclusivamente sui manager di più alto livello (quelli da lui definiti leader istituzionali) come fonte principale di vantaggio competitivo e su di un unico strumento (lo sviluppo di una *vision* aziendale) per creare le competenze distintive. Anche se questi sono importanti punti di forza e di debolezza delle aziende, non sono tuttavia gli unici.

1.4. La teoria economica ricardiana

Gli studi economici di Ricardo

Gli studi sui *general managers* e sui leader istituzionali come possibili punti di forza e di debolezza aziendali si concentrano esclusivamente sul *top management*, mentre la teoria economica ricardiana (Ricardo, 1817; Lim et al., 2013; Freebairn, 2015) altra area di influenza nello studio dei punti di forza e dei punti di debolezza di un'organizzazione, non assegna quasi alcuna rilevanza a tali fattori. Piuttosto, David Ricardo era più interessato alle conseguenze economiche degli "originali, fissi e indistruttibili doni della natura". Gran parte dei suoi lavori si concentrano sulle conseguenze economiche derivanti dal possesso di un appezzamento di terra (Ricardo, 1817).

Fattori di produzione anelastici

Diversamente da molti fattori di produzione, l'offerta complessiva del fattore terra è rigida e non può subire significativi incrementi in risposta ad una maggiore domanda e a prezzi più elevati. Tali fattori di produzione sono perfettamente anelastici, poiché la loro quantità offerta è fissa e non si modifica a seguito di incrementi di prezzo. In questo contesto, coloro che possiedono fattori di produzione di elevata qualità e con un'offerta anelastica possono ottenere delle rendite economiche. Una **rendita economica** è il pagamento al proprietario del fattore di produzione di un valore in eccesso rispetto al minimo richiesto per impiegare quel fattore. Le argomentazioni di Ricardo nel considerare la terra un fattore di produzione sono schematizzate nella figura 1.

Si supponga che ci siano molti appezzamenti di terra per coltivare il frumento e che questi appezzamenti abbiano diversi livelli di fertilità: alta (fattori a basso costo), bassa (fattori ad alto costo). La curva di offerta di frumento nel lungo tempo può essere ricavata nel seguente modo: per un basso prezzo, solo gli appezzamenti fertili saranno coltivati; a mano a mano che i prezzi aumentano, continua la produzione sulla terra fertile e si comincerà ad utilizzare anche quella meno fertile; a prezzi ancora superiori, appezzamenti ancora meno fertili saranno coltivati.

Figura 1 – Rendite ricardiane e la teoria economica del fattore terra con differenti livelli di fertilità

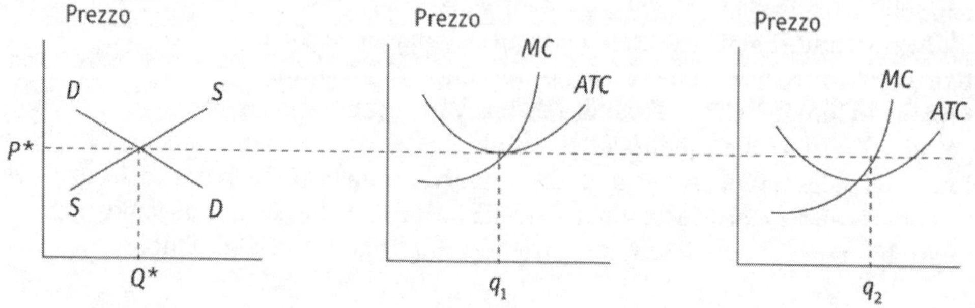

A. Curve di domanda ed offerta di mercato, quantità di mercato (Q^*) e prezzo di mercato (P^*).

B. Performance di aziende con terreni meno fertili.

C. Performance di aziende con terreni più fertili.

Quest'analisi conduce alla semplice curva di offerta rappresentata nello schema A della figura 1. Data una certa domanda di mercato, P^* rappresenta il prezzo di mercato del frumento.

Ora si consideri l'esempio di due aziende. Entrambe seguono la logica della massimizzazione del profitto producendo una quantità (q) in modo che i costi marginali equivalgano ai ricavi marginali. Tuttavia, questa logica per l'azienda con la terra meno fertile (nel riquadro B della figura 1) genera una performance economica normale ed un profitto nullo. Dall'altra parte, l'impresa con la terra più fertile (riquadro C della figura 1) ha i costi totali medi (*Avarage Total Costs*) inferiori al prezzo di mercato e quindi può ottenere dei profitti superiori al normale, cioè delle rendite.

Fattori anelastici e vantaggio competitivo sostenibile

Nell'analisi economica tradizionale, il profitto ottenuto dall'azienda con la terra più fertile dovrebbe invogliare altre aziende ad entrare nel mercato, acquistare della terra e cominciare a coltivare il frumento. Tuttavia, tutta la terra per la coltivazione del frumento che generi almeno ritorni normali, dato il prezzo di mercato P^*, è già utilizzata. In particolare, non sono più disponibili appezzamenti di terra fertile e altra terra fertile, per deduzione, non può essere creata. L'offerta di terra è, quindi, anelastica. Pertanto, l'azienda con la terra più fertile e minori costi di produzione ottiene un vantaggio competitivo sostenibile rispetto alle imprese con terra meno fertile e maggiori costi di produzione e può, quindi, generare dei profitti superiori al normale.

Vincoli alla rendita economica

Naturalmente, almeno due eventi possono minacciare questo vantaggio competitivo e la rendita economica. Prima di tutto, la domanda di mercato può crollare o diminuire; ciò costringerebbe le aziende con la terra meno fertile a cessare la produzione e andrebbe anche a diminuire la rendita delle aziende che posseggono terra fertile. Se la domanda crollasse, tale rendita economica potrebbe scomparire.

Inoltre, le aziende con appezzamenti di terra meno fertile potrebbero trovare modalità a basso costo per aumentare la fertilità della loro terra e, quindi, ridurre il vantaggio competitivo delle aziende con terra fertile. Per esempio, le aziende con terra meno fertile potrebbero utilizzare dei fertilizzanti a basso costo per aumentare la produttività della terra o per ridurre i loro costi di produzione e pareggiarli a quelli delle aziende con terra più fertile. L'esistenza di fertilizzanti a basso costo ci suggerisce che mentre la terra è un bene ad offerta rigida, la fertilità no. Se numerose imprese riuscissero ad aumentare la fertilità della loro terra, allora i ritorni originariamente ottenuti dalle aziende con la terra fertile sarebbero eliminati.

Risorse aziendali anelastiche

Tradizionalmente, molti economisti hanno implicitamente assunto che relativamente pochi fattori di produzione siano anelastici nell'offerta. Molti modelli economici presumono che se i prezzi di un fattore di produzione aumentano, la produzione di quel fattore si incrementerà così che l'offerta aumenterà e i profitti generati saranno solo normali. Tuttavia, più di recente, si è diffusa una maggiore convergenza di opinioni sulla tesi che molte risorse impiegate dalle aziende sono caratterizzate da un'offerta anelastica e possono rappresentare quindi possibili fonti di rendite economiche. Quindi, nonostante il lavoro non sia di per sé anelastico nell'offerta, lavoratori altamente qualificati e specializzati potrebbero esserlo; nonostante singoli manager non siano fattori anelastici nell'offerta, manager capaci di lavorare efficacemente in gruppo e *top managers* che siano anche leader istituzionali (come suggerito da Selznick ed altri) possono esserlo. Le aziende che posseggono (o controllano) queste risorse possono ottenere dal loro sfruttamento delle rendite economiche e performance al di sopra del normale. Queste osservazioni sono cruciali per il modello di analisi dei punti di forza e di debolezza aziendali discusso nel par. 2.

1.5. La teoria della crescita dell'impresa della Penrose

Definizione neoclassica di azienda

Nel 1959 Edith Penrose pubblicò un libro intitolato *The Theory of the Growth of the Firm.* L'obiettivo della Penrose era di capire il processo attraverso il quale le imprese crescono e i limiti alla crescita. I modelli economici tradizionali hanno analizzato la crescita delle imprese attraverso le ipotesi e gli strumenti della microeconomia neoclassica (Penrose, 1959). L'ipotesi maggiormente problematica per la Penrose era che le imprese potessero essere modellate come delle semplici funzioni di produzione. In altre parole, i modelli economici tradizionali ipotizzavano che le aziende osservassero le condizioni di domanda e di offerta e traducessero queste condizioni in livelli di produzione che massimizzavano il profitto (Williamson, 1975, 1985; Nelson, Winter, 1982; Barney, Ouchi, 1986).

Azienda quale fascio di risorse produttive

Questa nozione astratta di cosa sia l'azienda, in alcune circostanze, ha avuto e continua ad avere una sua utilità. Tuttavia, per comprendere i limiti alla crescita delle imprese, la Penrose ha suggerito che l'impresa debba essere interpretata prima di tutto come modello organizzativo, che lega e coordina le azioni di numerosi individui e gruppi e, in secondo luogo, come un fascio di risorse produttive. Il dovere dei manager è di sfruttare questo fascio di risorse controllato dalle imprese attraverso il modello organizzativo creato nell'azienda stessa. Secondo la Penrose, la crescita delle imprese è limitata dalle opportunità che esistono in funzione del fascio di risorse controllato e dal modello organizzativo utilizzato per coordinare l'uso di queste risorse.

Oltre a guardare all'interno dell'azienda per analizzare l'abilità delle imprese di crescere (in un modo simile all'analisi interna della SWOT Analysis), la Penrose ha dato altri contributi allo studio dei punti di forza e debolezza delle imprese. Innanzitutto, ha osservato che il fascio di risorse produttive controllate dall'impresa può variare sensibilmente da impresa ad impresa anche nello stesso settore. La Penrose ha adottato una definizione molto ampia di risorse produttive. Quando gli economisti tradizionali (come Ricardo) si focalizzarono su poche risorse rigide nell'offerta (come la terra), la Penrose cominciò a studiare le implicazioni competitive di alcune risorse produttive anelastiche, come l'abilità di lavorare in team da parte del *top management* e le capacità imprenditoriali. Infine, si rese conto che, anche considerando queste risorse addizionali come risorse produttive, ce n'erano ancora altre che rappresentavano fonti di diversità tra le imprese. Ad esempio, nella sua analisi sulle capacità imprenditoriali come una possibile risorsa produttiva, la Penrose osservò che alcuni imprenditori erano più versatili, più ingegnosi, più ambiziosi o più giudiziosi di altri.

2. L'analisi dei punti di forza e di debolezza aziendali

Modello di analisi delle fonti di vantaggio competitivo

Studi sulle capacità dei *general managers*, dei leader istituzionali, sulle rendite economiche e sullo sviluppo delle aziende sono stati recentemente ripresi e ricondotti ad unità, pervenendo ad un modello rigoroso che può essere utilizzato per analizzare i punti di forza e di debolezza aziendali. Questo modello generale, noto come ***resource-based view***, si concentra sulle risorse idiosincratiche e costose da imitare, che, se adeguatamente sfruttate, possono essere fonte di vantaggio competitivo. Un numero crescente di studiosi si sta interrogando sulla *resource-based view*, sulle implicazioni del modello rispetto alle performance aziendali e sui legami con i modelli di analisi delle minacce ed opportunità ambientali discussi nel cap. 2 (Wernerfelt, 1984; Rumelt, 1984; Barney, 1986a, 1986b, 1991; Dierickx, Cool, 1989; Conner, 1991; Peteraf, 1993; Mahoney, Pandian, 1992).

2.1. Ipotesi di base della *resource-based view*

Ipotesi fondamentali

Questo approccio allo studio dei punti di forza e di debolezza aziendali si basa su due ipotesi fondamentali. In primo luogo, riprendendo la Penrose, definisce le aziende come un fascio di risorse produttive e afferma che differenti aziende posseggono differenti fasci di risorse (ipotesi dell'**eterogeneità delle risorse**). Inoltre, riprendendo Selznick e Ricardo, si suppone che alcune di queste risorse siano costose da imitare o anelastiche nell'offerta (ipotesi dell'**immobilità delle risorse**). Se le risorse possedute da un'azienda le consentono di sfruttare le opportunità o neutralizzare le minacce, sono possedute da pochi concorrenti e sono costose da imitare o anelastiche nell'offerta, possono costituire **punti di forza aziendali** e, quindi, fonti potenziali di vantaggio competitivo.

2.2. Categorie di risorse

Definizione di risorsa

Ciascuno degli attributi aziendali potrebbe essere considerato una risorsa. In generale, le **risorse aziendali** sono tutte le attività, le capacità, le competenze, i processi organizzativi, le caratteristiche aziendali, le informazioni, le conoscenze e così via, che sono controllate dall'azienda e che le permettono di formulare ed implementare strategie che ne migliorino l'efficacia e l'efficienza.

Categorie di risorse

Molti autori hanno elaborato un elenco di caratteristiche aziendali che possono rappresentare delle risorse (Hitt, Ireland, 1986). In generale, le risorse possono essere distinte in quattro categorie: finanziarie, fisiche, umane e organizzative. Le **risorse finanziarie** comprendono tutte le diverse fonti di finanziamento che le aziende possono utilizzare per formulare ed implementare strategie: capitale apportato dagli imprenditori, dagli azionisti, dagli obbligazionisti, dalle banche. L'autofinanziamento rappresenta un'altra importante risorsa finanziaria.

Le **risorse fisiche** comprendono la tecnologia utilizzata dall'azienda, gli impianti e i macchinari, l'ubicazione geografica e l'accesso alle materie prime. Esempi specifici di risorse fisiche sono i computer, sia l'hardware che i software, i robot usati nella produzione, i magazzini automatizzati per la gestione delle scorte. L'ubicazione geografica, come risorsa fisica, rappresenta una risorsa fondamentale per imprese come Wal-Mart (l'attività nei mercati rurali genera, in media, ritorni maggiori di quella nei mercati urbani più competitivi, come evidenziato in Ghemawat, 1986). Anche nel settore alberghiero, per il brand Sofitel (appartenente al gruppo *Accor Hospitality,* che opera attraverso 15 marchi complementari e differenziati, da *luxury* a *budget*), l'ubicazione geografica è di fondamentale importanza perché gli hotel sono dislocati nel centro delle città e vicino agli aeroporti (Benevolo, Grasso, 2010).

Le **risorse umane** comprendono la formazione, l'esperienza, l'equilibrio, l'intelligenza e la perspicacia dei singoli manager e dei dipendenti aziendali (Becker,

1964). L'importanza del capitale umano di imprenditori di successo come Bill Gates (Microsoft) e Steve Jobs (Apple) è chiaro a tutti. Tuttavia, risorse umane di valore non sono limitate agli imprenditori o al *top management*. Molte aziende, tra cui STMicroelectronics e DuPont, hanno investito nella formazione dei propri ingegneri per aumentare la disponibilità e l'apertura alle nuove tecnologie, incrementando così il capitale umano disponibile all'azienda (Rigdon, 1993; Alpert, 1992; Barney, Wright, 1998). In STMicroelectronics, leader globale nel mercato dei semiconduttori, il capitale umano non rappresenta solo una delle risorse più importanti dell'azienda, ma la fonte del vantaggio competitivo. Gli oltre 43,000 dipendenti rappresentano gli artefici dell'innovazione e della performance aziendale. La creatività viene amplificata attraverso la responsabilizzazione dei dipendenti, un'efficace formazione continua ed il riconoscimento dei meriti.

Mentre il capitale umano è una caratteristica di ogni singolo individuo, il **capitale organizzativo** si riferisce ad un insieme di individui. Le risorse organizzative comprendono: il sistema di *reporting* (quello che la Penrose chiamava sistema amministrativo); il sistema di programmazione, controllo e coordinamento; la cultura e reputazione aziendale e le relazioni informali tra i gruppi interni all'impresa e tra quest'ultima e l'ambiente esterno. Aziende diverse tra loro come la Merck e l'Harley-Davidson fanno leva sulla reputazione del loro management per accedere al mercato del lavoro, alle reti distributive e ai gruppi di consumatori. Helwett-Packard si basa sulla sua cultura organizzativa per implementare e gestire il cambiamento (Tomer, 1987; Caminiti, 1992; Leana, Van Buren III, 1999; Yoder, 1991; Nee, 1999). Anche Google ha come punto di forza una cultura organizzativa aperta in cui vi sono risorse umane di differente provenienza ed estrazione sociale. La cultura aziendale di Google si basa su costanti attività di *team building* ed anche gli ambienti lavorativi "sono stati concepiti per favorire l'interazione tra persone all'interno di uno stesso team e tra i vari team, nonché per far nascere conversazioni sul lavoro e sul tempo libero".

2.3. Risorse, capacità e competenze

Distinzione tra risorse, capacità e competenze

Nell'àmbito del filone *resource-based*, diversi autori hanno utilizzato termini differenti per descrivere attributi finanziari, fisici, umani e organizzativi strategicamente importanti. Uno dei primi riferimenti a questi attributi aziendali è stato fatto da Wernerfelt (1984), che li ha semplicemente definiti "risorse". Barney (1991) e altri hanno adottato la terminologia usata da Wernerfelt. Prahalad e Bettis (1986), nel loro studio sulle implicazioni di queste caratteristiche dell'impresa sulle strategie di diversificazione, li hanno definiti "logica dominante" dell'impresa. In studi più recenti sulla gestione della diversificazione, Prahalad e Hamel (1990) hanno definito queste caratteristiche interne le *core competencies* aziendali. Stalk, Evans e Shullman (1992), in alcuni studi collegati, le definiscono *core capabilities*.

In pratica, la differenza tra queste diverse definizioni è molto sottile. Alcuni affermano che le **risorse** di un'impresa comprendono gli attributi fondamentali del capitale finanziario, fisico, individuale e organizzativo. Le **capacità**, al contrario, comprendono quegli attributi interni all'azienda, che le permettono di sfruttare e coordinare le altre risorse. La pratica suggerisce di includere nelle ***core competencies*** solo gli attributi interni all'azienda, che le consentono di formulare ed implementare strategie complessive di diversificazione.

Sebbene questa distinzione tra risorse, capacità e competenze si presta ad essere solo teorica, è molto probabile che sarà applicata in modo confusionario nella pratica. In particolare, sembra evidente che una disquisizione sul fatto che una caratteristica aziendale possa rappresentare una risorsa, piuttosto che una capacità o competenza, sia di scarso interesse per i manager e per le aziende. Detto ciò, nel libro si utilizzerà la seguente terminologia: risorse e capacità saranno utilizzate indistintamente, mentre il termine *core competence* si utilizzerà nell'ambito della discussione della formulazione ed implementazione delle strategie di diversificazione.

2.4. Utilizzare la catena del valore per identificare risorse e capacità

Attività della catena del valore

Un modo per individuare risorse e capacità che hanno le potenzialità di generare dei vantaggi competitivi è l'utilizzo della **catena del valore**. Molti beni e servizi sono prodotti attraverso una serie di attività poste in sequenza verticale: acquisto delle materie prime, produzione di beni intermedi, produzione di beni finali, vendita e distribuzione, servizi post-vendita, e così via. Questa serie di attività legate verticalmente l'una con l'altra costituisce la catena del valore del prodotto.

Identificazione delle risorse strategiche

Ciascuno stadio della catena del valore di un prodotto coinvolge risorse finanziarie, fisiche, umane e organizzative. Inoltre, capire in quale stadio della catena del valore l'azienda operi può esserci di aiuto a identificare quali tipi di risorse finanziarie, fisiche, umane e organizzative l'azienda debba controllare. Si può, quindi, analizzare l'abilità di queste risorse e capacità di generare un vantaggio competitivo. Naturalmente, imprese diverse possono scegliere di focalizzarsi in differenti aspetti di una particolare catena del valore.

Tuttavia, anche le aziende che operano nelle stesse attività della catena del valore possono attuarle in modi molto diversi e quindi sviluppare risorse e capacità differenti. Per esempio, se due aziende operano nella vendita del carburante ai consumatori finali, ma solo una delle due lo fa attraverso punti vendita di proprietà, le risorse finanziarie e fisiche della prima saranno molto diverse da quelle della seconda, nonostante le due imprese possano avere risorse umane ed organizzative molto simili.

L'analisi della catena del valore aiuta a riferirci alle risorse e capacità aziendali ad un livello micro. Anche se è possibile definire le risorse e le capacità in modo più ampio, è di solito di maggiore aiuto comprendere come ciascuna attività dell'azienda incida sulle risorse finanziarie, fisiche, umane e organizzative dell'azienda stessa. Grazie a questo sforzo è poi possibile identificare le fonti di un vantaggio competitivo. Inoltre, come sarà chiarito più avanti, questo approccio ci permette di affermare che un'azienda può simultaneamente raggiungere un vantaggio competitivo in alcune attività della catena del valore, una parità competitiva in altre e persino uno svantaggio competitivo in altre ancora.

Figura 2 – La catena del valore generica sviluppata dalla McKinsey and Company

Sviluppo tecnologia	Progettazione	Produzione	Marketing	Distribuzione	Servizi
Fonte Sofisticazione Brevetti Scelte di prodotto/processo	Funzioni Caratteristiche fisiche Estetica Qualità	Integrazione Materie prime Capacità Ubicazione Approvvigionamenti Produzione di singole componenti Assemblaggio	Prezzi Promozione Forza vendite Packaging Marchio	Canali Integrazione Scorte Stoccaggio Trasporto	Garanzia Velocità *captive*/indipendente Prezzi

Fonte: Grant (1991).

Quindi, ad un livello micro bisogna individuare non solo le risorse e le capacità, ma anche contestualizzare il concetto di vantaggio competitivo e ciò può condurci a un'analisi più dettagliata della posizione competitiva dell'azienda nel settore.

Catena del valore della McKinsey

Data l'importanza della catena del valore nell'identificare le risorse e le capacità finanziarie, fisiche, umane e organizzative che l'impresa controlla, sono state sviluppate diverse catene del valore generiche. La prima, proposta dalla società di consulenza McKinsey and Company è illustrata nella figura 2 (Grant, 1991). Questo modello abbastanza semplice mostra che la creazione di valore quasi sempre coinvolge sei distinte attività: sviluppo della tecnologia, progettazione del prodotto, produzione, marketing, distribuzione e servizi. Le aziende possono sviluppare capacità distintive in una o in un insieme di attività. Per esempio, molti ritengono che le imprese giapponesi abbiano sviluppato competenze distintive prima nella produzione e che adesso le stiano sviluppando anche nella progettazione del prodotto. Un punto chiave per le imprese giapponesi riguarda la loro abilità nello sviluppare competenze distintive nella tecnologia poiché, fino a non molto tempo fa, gran parte della tecnologia utilizzata dai giapponesi era stata sviluppata altrove. Altre imprese possono non avere competenze distintive nella produzione, quanto nella progettazione, nel marketing e nella distribuzione (come le principali catene distributive dell'abbigliamento).

Catena del valore di Porter

Porter (1987) ha sviluppato una seconda catena del valore generica (cfr. figura 3), che divide le attività generatrici di valore in due grandi categorie: attività primarie e attività di supporto. Le **attività primarie** comprendono la logistica in entrata (acquisti, magazzino e così via), la produzione, la logistica in uscita (stoccaggio e distribuzione), le vendite e il marketing e i servizi post-vendita (assistenza e servizi al consumatore).

Figura 3 – La catena del valore generica sviluppata da Porter

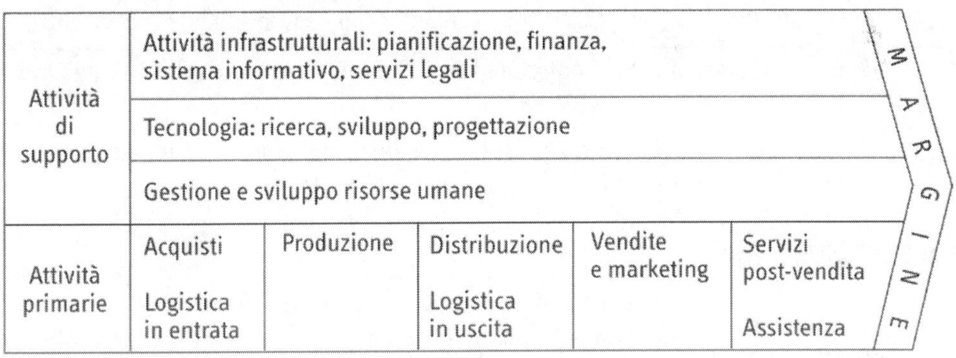

Fonte: Porter (1985).

Le **attività di supporto** sono rappresentate dalle infrastrutture (programmazione, finanza, sistemi informativi e servizi legali), dallo sviluppo della tecnologia (ricerca e sviluppo, progettazione del prodotto) e dallo sviluppo e gestione delle risorse umane. Le attività primarie sono direttamente collegate con la produzione e distribuzione dei prodotti, mentre le attività di supporto fanno sì che le attività primarie possano essere realizzate. Come nel caso della catena del valore della McKinsey, un'azienda può sviluppare forze e debolezze in una o più attività della catena del valore di Porter. Queste attività ed il loro collegamento possono essere considerate risorse e capacità aziendali.

2.5. Un modello di analisi: il VRIO

Le quattro variabili del VRIO

La definizione delle risorse e capacità aziendali e le due ipotesi di base dell'eterogeneità ed immobilità delle risorse sono piuttosto astratte e non direttamente riferibili all'analisi dei punti di forza e di debolezza aziendali. Tuttavia, è possibile sviluppare in merito un modello di analisi noto come il **VRIO *framework***, che si basa sulla formulazione di quattro quesiti a cui trovare risposta rispetto alle risorse aziendali: 1. il valore; 2. la rarità; 3. l'imitabilità; 4. l'organizzazione (Barney, 1991). Dalle iniziali di questi quattro quesiti deriva l'anonimo VRIO. Le risposte a queste domande determinano se una particolare risorsa o capacità sia un punto di forza o di debolezza. La tabella 1 schematizza queste domande; ciascuna sarà affrontata in dettaglio.

Tabella 1 – Le domande da porsi per condurre un'analisi *resource-based* dei punti di forza e di debolezza aziendali

1. *Valore*: le risorse e le capacità aziendali consentono all'impresa di rispondere alle minacce e alle opportunità ambientali?
2. *Rarità*: la risorsa è attualmente controllata solamente da poche aziende concorrenti?
3. *Imitabilità*: le aziende che non controllano questa risorse devono sopportare uno svantaggio di costo per ottenerla o svilupparla?
4. *Organizzazione*: le altre politiche e procedure aziendali sono organizzate per consentire lo sfruttamento delle sue risorse di valore, rare ed inimitabili?

2.6. Il problema del valore

Sfruttare un'opportunità o neutralizzare una minaccia

Il quesito da porsi per determinare il valore di una risorsa è: la risorsa o la capacità mi permette di rispondere alle minacce e opportunità ambientali? Affinché risorse e capacità siano un punto di forza aziendale devono consentire all'impresa di sfruttare un'opportunità o neutralizzare una minaccia. Le risorse e capacità che rendono difficili tali azioni rappresentano delle debolezze. Il valore, quindi, lega l'analisi interna delle forze e debolezze aziendali con l'analisi esterna delle minacce e opportunità ambientali. Pertanto, nonostante le opinioni di diversi studiosi di *management*, secondo tale ottica i modelli basati sul paradigma SCP per l'analisi delle minacce e opportunità ambientali sono complementari ai modelli *resource-based* di analisi dei punti di forza e debolezza aziendali.

Risorse di valore

Molte aziende possiedono risorse di valore. Per esempio, 3M ha utilizzato le sue risorse e capacità nei collanti e pellicole, insieme alla sua cultura organizzativa propensa al rischio ed estremamente creativa, per sfruttare numerose opportunità di mercato nei prodotti da ufficio, come il nastro adesivo trasparente e i Post-it.

Risorse non di valore

Le risorse e le capacità Sony e di 3M, incluse le sue specifiche abilità tecnologiche e la sua creativa cultura organizzativa, hanno reso possibile sfruttare ed anche creare nuove opportunità ambientali (Schlender, 1992; Krogh, Praeger, Sorenson, Tomlinson,

1988). Viceversa, altre aziende non possiedono risorse di valore. Numerosi sono i casi di imprese guidate da un *bad management* che ovviamente costituisce una risorsa non di valore.

Cambiamenti nel valore di una risorsa. Naturalmente, il fatto che alcune risorse e capacità siano state di valore nel passato, non implica necessariamente che lo saranno per sempre. Cambiamenti nei gusti dei consumatori, nella struttura del settore o nella tecnologia possono modificare il valore di una risorsa. Per esempio, una delle risorse chiave per le agenzie di viaggio in Italia era rappresentata dal possesso della licenza. Una volta liberalizzato il settore, tale risorsa ha perso il suo valore. Le numerose risorse e capacità di IBM negli elaboratori centrali divennero meno importanti con l'incremento delle prestazioni e la diminuzione dei prezzi dei personal computer.

Sviluppo di nuove risorse

Un'azienda che, a causa delle suddette modificazioni, non possiede più risorse di valore ha due opzioni fondamentali. La prima è di sviluppare nuove risorse e capacità di valore. Quando, negli anni novanta, le capacità di Enel nel settore dell'energia elettrica persero valore a seguito della liberalizzazione del settore elettrico, l'azienda si è focalizzata sullo sviluppo di nuove risorse e competenze. La liberalizzazione ha ridimensionato Enel nel suo *core business*: è stata attuata perciò una strategia di diversificazione per lo sviluppo di nuovi business. Enel Spa si è trasformata in holding industriale. Sono nate così Enel Produzione, Terna ed Enel Distribuzione. Parallelamente alla creazione di società *ad hoc* per le attività tipiche di produzione, trasmissione e distribuzione, si è provveduto allo sviluppo di nuove aree di business. Per esempio, lo sviluppo e la diffusione della tecnologia digitale ha sensibilmente ridotto il valore delle pellicole fotografiche di Kodak. Tuttavia, invece di cambiare radicalmente le sue capacità, l'azienda si è diretta ai nuovi mercati nei quali i suoi punti di forza tradizionali sono ancora di valore. Kodak è oggi leader assoluto nel settore fotografico e dell'*imaging*. Il portafoglio prodotti di Kodak, che spazia dalle pellicole tradizionali alle apparecchiature digitali più avanzate, fino ai recentissimi chioschi digitali, offre soluzioni per le più svariate esigenze dei consumatori, dei professionisti, dei settori specializzati e del *business to business*. Poste italiane, anche per difendersi dalle sfide competitive di nuovi attori entrati nel business delle spedizioni postali (corrieri, moto-recapiti ecc.), ha recentemente puntato a sfruttare una risorsa distintiva: la capillare rete di sportelli. Ciò è avvenuto migliorando ed allargando la gamma dei servizi offerti (anche a quelli tipicamente finanziari ed assicurativi), migliorando il *layout* degli uffici postali, formando il personale a questa nuova cultura di servizio al cliente.

Risorse di valore se riducono i costi o aumentano i ricavi

Risorse di valore e performance economica. Quanto all'impatto delle risorse e delle capacità di valore sulle performance aziendali, facendo riferimento alla definizione di performance suggerita nel cap. 1, si può affermare che le risorse e le capacità sono di valore se, e solo se, riducono i costi o aumentano i ricavi (Martin, 1996). Quando nella formulazione di una strategia si utilizzano risorse e capacità che non permettono di sfruttare opportunità o di neutralizzare minacce, l'uso di queste risorse e capacità non consentirà di ridurre i costi o incrementare i ricavi aziendali. Queste risorse e capacità, pertanto, rappresentano delle **debolezze** aziendali.

Differenze nel valore delle risorse nello stesso settore

Inoltre, come affermato in precedenza, le risorse e le capacità di valore di aziende differenti possono essere diverse. Questo è vero anche per aziende che si trovano a competere nello stesso settore. Per esempio sia Rolex che Timex producono orologi, ma sfruttano diverse risorse e capacità di valore. Rolex nel commercializzare i suoi prodotti si concentra sulla qualità, sull'eccellenza e sulla reputazione. Timex mette in evidenza le sue abilità nella produzione basata su alti volumi e bassi costi. Rolex sfrutta le sue risorse e capacità per rispondere ad una domanda di orologi di un certo valore; Timex si indirizza ad una clientela che richiede orologi più pratici, affidabili ed economici.

2.7. Il problema della rarità

Diffusione della risorsa tra i concorrenti

Il valore delle risorse e delle capacità aziendali è una prima importante condizione. Tuttavia, se una determinata risorsa o capacità è posseduta da numerose imprese concorrenti, allora sarà improbabile che quella risorsa o capacità sia fonte di un vantaggio competitivo per qualunque azienda. Le risorse di valore, ma comuni (cioè non rare) sono fonti di parità competitiva. Quante aziende concorrenti già possiedono quelle risorse e capacità di valore? Questa è la domanda chiave per determinare la rarità di risorse e capacità.

Il fatto che una risorsa o capacità non sia fonte di un vantaggio competitivo non significa che non sia importante per i manager. Infatti, risorse di valore ma comuni possono essere necessarie per la sopravvivenza dell'azienda quando sono utilizzate per creare situazioni di parità competitiva. Infatti, in condizioni di parità competitiva, nonostante nessuna azienda ottenga un vantaggio, si incrementano in ogni caso le probabilità di sopravvivenza nel settore.

Si consideri, per esempio, un sistema di telecomunicazione come una risorsa o capacità. Poiché i sistemi telefonici sono molto comuni e tutte le aziende ne possiedono uno, queste risorse non saranno rare e quindi non genereranno vantaggi competitivi. Tuttavia, le aziende che non possiedono tale risorsa cedono ai loro concorrenti un importante vantaggio competitivo e si ritrovano in una posizione di svantaggio competitivo. Tali aziende ottengono profitti inferiori alla norma mettendo a rischio, nel lungo tempo, la loro stessa sopravvivenza.

Risorse rare e vantaggio competitivo temporaneo

Quanto le risorse e capacità debbano essere di valore e rare per generare vantaggi competitivi dipende dalla specifica situazione. Non è difficile immaginare che se le risorse e le capacità di valore sono uniche rispetto ai concorrenti dell'azienda, queste saranno fonti di vantaggio competitivo. Tuttavia, è possibile che un ristretto numero di aziende possegga tali risorse e che comunque queste generino vantaggi competitivi. In generale, fino a che il numero di aziende che possiede tali risorse di valore risulti inferiore al numero necessario a determinare dinamiche di concorrenza perfetta, quelle risorse saranno considerate rare e quindi potenziali fonti di vantaggio competitivo, anche se temporaneo.

Per esempio, l'abilità di Wal-Mart di sviluppare ed utilizzare un sistema informativo in grado di controllare le giacenze e gli ordini di merci in base agli acquisti nei punti vendita, le ha dato un vantaggio competitivo rispetto a Kmart, fino a che quest'ultima non ha adeguato il suo sistema di gestione delle scorte. Per molti anni la tecnica di gestione delle scorte di Wal-Mart è stata rara, almeno nei confronti del principale concorrente americano. I manager di Kmart, tuttavia, sono ormai consapevoli della fonte del vantaggio di Wal-Mart e stanno cercando di sviluppare capacità ed abilità tecnologiche simili (Steven, 1992; Davids, 1997). In altre parole, il vantaggio competitivo di Wal-Mart basato su queste capacità è stato temporaneo. Tuttavia, molte altre risorse di Wal-Mart, come la localizzazione dei suoi ipermercati, potrebbero essere più difficili da imitare. Queste risorse possono essere fonti di un vantaggio competitivo sostenibile.

2.8. Il problema dell'imitabilità

Capacità di innovare

Come già affermato, risorse di valore e rare possono essere fonte di vantaggi competitivi. Infatti, aziende che possiedono queste risorse sono generalmente innovative, poiché capaci di formulare ed attuare strategie che i propri concorrenti o non riescono a concepire o ad attuare, perché non possiedono le risorse e la capacità necessarie. Queste aziende possono ottenere i vantaggi del *first mover* discussi nel cap. 2.

Risorse difficili o costose da imitare

Tuttavia, risorse di valore e rare possono essere fonti di vantaggio competitivo sostenibile solo se le aziende che non le possiedono subiscono uno svantaggio di costo per ottenerle, rispetto a quelle che già ne dispongono. Secondo quanto sostenuto da Lippman e Rumelt (1982) e da Barney (1986a, 1986b) queste risorse sono imperfettamente imitabili. Tali considerazioni ci portano a definire il problema dell'imitabilità: le aziende che non posseggono queste risorse e capacità devono sostenere uno svantaggio di costo per ottenerle rispetto alla aziende che già le posseggono?

Si immagini un settore con cinque imprese identiche. Ciascuna di queste imprese realizza lo stesso prodotto, utilizza le stesse materie prime e vende il prodotto agli stessi clienti attraverso i medesimi canali distributivi. Non è difficile prevedere che tali aziende avranno delle performance economiche normali. Ora, si supponga invece che una di queste aziende, per una qualsiasi ragione, scopra o sviluppi una risorsa di valore non conosciuta e la utilizzi per sfruttare un'opportunità o neutralizzare una minaccia ambientale. Ovviamente, questa azienda otterrà un vantaggio competitivo e profitti superiori al normale.

Risposte dei concorrenti

I concorrenti potranno agire in almeno due modi. In primo luogo, potrebbero ignorare il successo di quest'azienda e continuare ad operare come hanno sempre fatto. Questa decisione li condurrà in una posizione di svantaggio competitivo e di profitti inferiori al normale. Un secondo modo di agire è cercare di capire le fonti del successo di questa azienda, tentare di imitare tali risorse ed implementare una strategia simile. Se i concorrenti non subiscono uno svantaggio di costo per ottenere o sviluppare queste risorse, allora l'imitazione condurrà ad una situazione di parità competitiva nel settore e a performance normali.

Inimitabilità e sostenibilità del vantaggio competitivo

Tuttavia, per motivi che saranno analizzati più avanti, le aziende concorrenti possono trovarsi in posizioni di svantaggio di costo nel copiare le risorse di un'azienda di successo. Se questo è il caso, quest'unica azienda innovativa può ottenere un **vantaggio competitivo sostenibile**, che non può essere annullato dall'imitazione strategica. Le aziende che posseggono ed utilizzano risorse costose da imitare, rare e di valore nella scelta ed implementazione delle loro strategie possono godere di un vantaggio competitivo sostenibile e di profitti superiori al normale.

Modalità di imitazione: duplicazione

Forme di imitazione: duplicazione diretta e sostituzione. Normalmente, l'imitazione può avvenire in due modi: **duplicazione diretta** o **sostituzione**. Le aziende possono cercare di duplicare le risorse possedute dall'azienda di successo. Quindi, se un'azienda detiene un vantaggio competitivo per delle particolari abilità nella ricerca e sviluppo, altre aziende possono tentare di sviluppare le proprie abilità in quella stessa funzione. Se il costo di duplicazione delle risorse e capacità è maggiore del costo di sviluppo di quelle stesse risorse e capacità per l'azienda che già le possiede, allora il vantaggio di quest'ultima è sostenibile. Se viceversa, è inferiore, allora il vantaggio competitivo è solo temporaneo. La relatività del costo di duplicazione si ricollega alla fertilità della terra di cui parlava Ricardo (figura 1). Una **duplicazione costosa** ci porta ad affermare che le risorse e capacità sono **anelastiche nell'offerta** e, quindi, che le aziende che le posseggono possono ottenere delle **rendite economiche**.

Risorse sostitutive

Le aziende possono anche tentare di sostituire con altre risorse quelle costose da imitare dell'azienda di successo. Per esempio, se la fonte di vantaggio competitivo di un'azienda è rappresentata dalle capacità di comunicazione interpersonale del suo *top management*, un concorrente può cercare di sostituire tale risorsa con un sistema informativo sofisticato. Se gli effetti di queste due risorse sono gli stessi, allora le risorse in questione possono essere considerate sostitutive. Se esiste una risorsa sostitutiva e le aziende non subiscono uno svantaggio di costo per ottenerla, allora il vantaggio competitivo sarà solamente temporaneo. Tuttavia, se queste risorse non hanno sostituti o se il costo per ottenere tali risorse sostitutive è maggiore del costo sostenuto dall'azienda che già le possiede, il vantaggio competitivo può essere sostenibile.

Il costo della sostituzione può essere rapportato al ruolo dei sostituti dell'analisi delle rendite ricardiane nella figura 1. Nell'esempio, se terre meno fertili con l'utilizzo di fertilizzanti a basso costo possono essere strategicamente equivalenti alle terre fertili, allora la terra fertile non sarà più una fonte di rendite economiche. Tuttavia, se il fertilizzante a basso costo non rappresenta un sostituto della terra fertile, o se il fertilizzante è molto costoso, allora il possesso della terra fertile genererà delle rendite economiche.

Fonti di svantaggi di costo nell'imitazione delle risorse. Perché un'azienda concorrente dovrebbe subire uno svantaggio di costo per imitare le risorse dell'azienda di successo? Diversi autori hanno indicato molteplici ragioni (Dierickx, Cool, 1989; Barney, 1991; Mahoney, Pandian, 1992; Peteraf, 1993).

Svantaggi di costo legati alla storia dell'azienda

1. Condizioni storiche uniche. Può accadere che l'acquisizione o lo sviluppo a basso costo di risorse strategiche dipendano da condizioni storiche uniche dell'azienda. L'abilità di un'azienda di acquisire, sviluppare e sfruttare risorse, spesso dipende dalla sua particolare collocazione spaziale e temporale. Col passare del tempo, le aziende che non possiedono queste risorse storiche devono subire significativi svantaggi di costo per ottenerle e svilupparle poiché ne devono ricreare la storia. Dierickx e Cool (1989) affermano che queste risorse hanno importanti **diseconomie di compressione del tempo**.

Si consideri per esempio Caterpillar, azienda che si occupa della produzione di macchinari da costruzione. Negli anni precedenti all'entrata degli Stati Uniti nella seconda guerra mondiale, il governo federale comprese la necessità di un fornitore principale di macchinari per la costruzione e la manutenzione delle basi militari presenti in tutto il mondo e di sviluppare un network globale di fornitura e di servizi efficiente ed efficace di supporto alle stesse basi militari. In quel dato momento storico nessuna azienda possedeva questo network globale di fornitura e di servizi.

Dopo una breve gara tra alcune imprese di medie dimensioni di produzione di macchinari da costruzione, il governo federale scelse Caterpillar come fornitore principale. Il governo accettò di pagare più che adeguatamente i macchinari di Caterpillar per poter permettere all'azienda di sviluppare il network globale di fornitura e servizi. Caterpillar accettò volentieri questa opportunità e si concentrò sulla produzione di macchinari da costruzione di alta qualità e sullo sviluppo del network globale di fornitura e servizi.

Dopo la guerra, Caterpillar era l'unica azienda al mondo a possedere un network globale di fornitura e servizi. Infatti, pubblicizzava la sua capacità di poter consegnare qualsiasi macchinario in qualsiasi parte del mondo in meno di due giorni. Attraverso lo sfruttamento di questa risorsa di valore, Caterpillar è riuscita a diventare l'azienda leader del settore di produzione dei macchinari da costruzione. Ancora oggi, nonostante la recessione e i conflitti sindacali, Caterpillar resta l'azienda leader del settore (Rukstad, Horn, 1989).

Ora si consideri la posizione di un'azienda che voglia competere oggi con Caterpillar cercando di duplicare il suo network globale. Per sviluppare il network allo stesso costo sostenuto in origine da Caterpillar, quest'azienda concorrente dovrebbe ottenere lo stesso aiuto governativo che la Caterpillar ha ricevuto durante la seconda guerra mondiale. È ovvio che questo tipo di supporto difficilmente si ripresenterà in futuro.

È interessante notare che mentre nessun'altra azienda è riuscita a duplicare il network globale di fornitura e servizi della Caterpillar, altre imprese hanno comunque raggiunto il successo nel settore senza la necessità di possedere queste risorse costose da imitare. Tali concorrenti hanno sviluppato risorse sostitutive del network globale della Caterpillar. In modo particolare, la Komatsu, un'azienda giapponese, ha scavalcato l'esigenza di un network globale di fornitura e servizi semplicemente producendo macchinari che necessitavano di assistenza meno frequentemente (Bartlett, Rangan, 1985). Analogo esempio è quello della Luxottica, azienda specializzata nel settore dei prodotti ottici che, da impresa artigiana, è diventata una delle imprese di maggior successo a livello internazionale. La forte conoscenza del processo produttivo e delle caratteristiche tecniche del prodotto, da parte dell'imprenditore Del Vecchio, hanno consentito un processo di crescita graduale nella distribuzione commerciale, accompagnato da una serie di acquisizioni. In tal modo, l'impresa è riuscita ad aggredire diversi mercati, progressivamente, a livello globale. Oggi risulterebbe molto difficile, per un'impresa del settore, replicare il medesimo processo evolutivo.

Vantaggi del *first mover*

Ci sono almeno due modi attraverso i quali condizioni storiche uniche possono generare vantaggi competitivi sostenibili. Innanzi tutto, un'azienda può essere la prima in un settore a riconoscere e sfruttare un'opportunità e quindi può godere di uno o più vantaggi del *first mover* descritti in precedenza. Quindi, in questo caso tale opportunità poteva essere colta da più aziende nel settore, ma solo una di esse è stata capace di sfruttarla e ciò rende più costosa l'imitazione per le altre imprese.

Vantaggi legati alla *path dependence*

Un secondo modo si basa sulla cosiddetta ***path dependance*** (Arthur, 1989). Un processo si dice *path dependent* quando eventi avvenuti all'inizio dell'evoluzione del processo hanno effetti significativi sui successivi eventi. Nell'evoluzione del vantaggio competitivo, secondo il principio della *path dependance*, un'azienda può godere di un vantaggio competitivo oggi, basato sull'acquisizione e lo sviluppo di risorse in periodi precedenti, quando cioè poteva non essere chiaro il futuro valore di quella particolare risorsa. A causa di questa incertezza, le aziende possono acquisire o sviluppare le risorse ad un costo inferiore al valore reale. Tuttavia, una volta noto il valore reale, le imprese che vogliano acquisire o sviluppare quella risorsa dovranno sostenere un costo pari al valore reale, che (in generale) sarà maggiore dei costi sostenuti dalle imprese che l'hanno acquisita in precedenza. Il costo per l'acquisizione di risorse sostitutive o per la loro duplicazione pertanto aumenterà una volta noto il valore reale.

Si consideri, per esempio, il caso di un'azienda che acquisti della terra per un maneggio e scopra, solo successivamente, la presenza di un pozzo di petrolio, o di un albergo costruito in una località dove a seguito di scavi viene fatta una scoperta archeologica straordinaria. Come affermerebbe Ricardo, la differenza tra il valore della terra intesa come fonte di petrolio e come sito archeologico (alto) e il valore della stessa come maneggio o albergo (basso) rappresenta una rendita economica per l'azienda. Inoltre, altre aziende che volessero acquistare quella terra o appezzamenti adiacenti dovrebbero pagare il valore reale della terra come fonte di petrolio o sito archeologico (alto) e quindi subirebbero uno svantaggio di costo rispetto all'impresa che l'ha acquistata in passato per utilizzarla come maneggio o per costruirci un albergo.

Ambiguità causale sulle fonti del vantaggio competitivo

2. Ambiguità causale (*causal ambiguity*). Una seconda ragione che può rendere le risorse e capacità di un'azienda costose da imitare è l'impossibilità, per le altre imprese, di cogliere i legami tra le risorse e le capacità possedute dall'azienda e il vantaggio competitivo generato. In altre parole, il rapporto tra le risorse e le capacità aziendali e il vantaggio competitivo può essere caratterizzato da "un'ambiguità causale".

Sembrerebbe quasi impossibile che possa esistere dell'ambiguità causale sulle fonti di un vantaggio competitivo. I manager di una azienda dovrebbero conoscere le fonti del proprio vantaggio competitivo. Se fosse sempre così, tuttavia allora anche i manager di altre aziende potrebbero facilmente individuare le risorse e le capacità da duplicare o da sostituire con altre e, in assenza di svantaggi di costo, l'imitazione condurrebbe ad una parità competitiva e a profitti normali (Reed, DeFillippi, 1990).

Risorse radicate nell'impresa

Tuttavia, non è molto frequente che i manager di un'azienda siano consapevoli delle relazioni esistenti tra le risorse e le capacità possedute e il vantaggio competitivo. Questa mancanza di chiarezza ha almeno tre giustificazioni. Prima di tutto, può accadere che le risorse e le capacità, fonti di vantaggi competitivi, siano talmente legate alla vita dell'impresa, parte del quotidiano per i manager, che essi stessi non abbiano una chiara consapevolezza di queste risorse specifiche. Itami (1987) le definisce ***invisibile assets***. Risorse e capacità organizzative come la capacità di lavorare in team da parte del *top management*, la cultura organizzativa, le relazioni con i dipendenti e con clienti e fornitori possono essere considerati "invisibili" (Barney, Tyler, 1990; Barney, 1986a; Henderson, Cockburn, 1994; Dyer,

Singh, 1998). Se i manager di un'azienda con queste capacità non riescono a coglierne il legame con il vantaggio competitivo, i manager delle aziende concorrenti avranno grosse difficoltà ad individuare le risorse da imitare. In secondo luogo, i manager potrebbero avere diverse ipotesi su quali risorse e capacità siano fonte di vantaggio competitivo, ma potrebbero essere incapaci di determinare con certezza quali di queste, prese singolarmente o in gruppo, siano effettivamente responsabili del vantaggio. Per esempio, quando si chiede a diversi imprenditori di successo il loro segreto, le risposte sono solitamente vaghe: duro lavoro, propensione al rischio, manager di alta qualità. Tuttavia, quando si chiede a imprenditori non di successo i motivi del loro fallimento, anche le loro risposte descrivono un'impresa caratterizzata da "duro lavoro, propensione al rischio, manager di alta qualità". "Duro lavoro, propensione al rischio, manager di alta qualità" sono sicuramente risorse e capacità importanti per imprenditori di successo; tuttavia, ci saranno anche altri fattori determinanti. Senza analisi rigorose è difficile stabilire quali risorse abbiano una relazione causale con il vantaggio competitivo e quali no.

Rete complessa di risorse e capacità

Infine, può anche accadere che non siano una o più risorse e capacità a generare un vantaggio competitivo, ma migliaia di esse, interconnesse tra di loro. Dierickx e Cool (1989) hanno evidenziato l'importanza della **inter-connessione tra le attività** e delle **efficienze dovute all'insieme delle attività** come barriere all'imitazione. Quando le risorse e capacità che generano il vantaggio competitivo sono rappresentate da una rete complessa di relazioni tra individui, gruppi, tecnologie, l'imitazione può essere molto costosa.

Storicamente, lo studio delle strategie è stato sempre affascinato dall'abilità delle aziende di prendere importanti decisioni. L'enfasi sulle decisioni importanti come fonte di vantaggio competitivo riflette la tradizionale enfasi sui *general managers* discussa nel par. 1. Il successo di alcune aziende può essere ricondotto alla loro abilità di prendere importanti decisioni (per esempio, la decisione dell'IBM sul modello 360 nel 1960 e quella di Boeing sul 747 nel 1970). In altre circostanze, il vantaggio competitivo non si basa sull'abilità di prendere poche importanti decisioni, bensì su quella di prenderne tante e piccole. La capacità di prendere piccole, quotidiane decisioni è quasi invisibile all'esterno, poiché ciascuna di queste, presa singolarmente, è quasi senza conseguenze. L'insieme di decisioni, tuttavia, può dare all'impresa un vantaggio competitivo costoso da imitare.

La conoscenza come risorsa aziendale

Ogni volta che la fonte del vantaggio competitivo è diffusa tra le persone, i luoghi e i processi, le fonti del vantaggio diventano costose da imitare. Probabilmente il miglior esempio di tale risorsa è la conoscenza. Fino a che la conoscenza di valore dei prodotti aziendali, dei processi, dei consumatori e così via è ampiamente diffusa nell'organizzazione, i concorrenti hanno grosse difficoltà ad imitarla e, quindi, può essere fonte di vantaggio competitivo. Tale considerazione ha portato alcuni autori a suggerire che la resource-based view dovrebbe essere nota come

knowledge-based view. Tuttavia, nonostante la **conoscenza** sia una fondamentale risorsa dell'impresa, non è l'unica che l'azienda può controllare e che può generare vantaggi competitivi (Stewart, 1995; Simonin, 1999; Spender, 1996; Hatfield, Liebeskind, Opler, 1996; Grant, 1996).

Natura socialmente complessa delle risorse strategiche

3. Complessità sociale (*social complexity*). Una terza ragione, che può rendere costosa l'imitazione di risorse e capacità, è data dalla loro natura socialmente complessa, che va oltre l'abilità dell'azienda di gestire ed influenzare il contesto. Quando i vantaggi competitivi sono caratterizzati dalla complessità sociale, l'abilità di altre aziende di imitare queste risorse e capacità, sia attraverso la duplicazione, che la sostituzione, è ampiamente ridotta. Sforzi diretti a influenzare questi fenomeni sono molto più costosi rispetto al naturale sviluppo nel tempo di questi rapporti (Porras, Berg, 1978). Diverse risorse e capacità possono essere socialmente complesse, come, ad esempio, i rapporti interpersonali tra i manager dell'azienda, la cultura aziendale, la reputazione presso i clienti e i fornitori (Hambrick, 1987; Barney, 1986b; Porter, 1980; Klein, Leffler, 1981). Si noti che nella maggior parte di questi casi è possibile specificare come queste risorse socialmente complesse creino valore per l'impresa. Quindi, non esiste ambiguità causale nei legami tra queste risorse e capacità e il vantaggio competitivo; tuttavia, riconoscere che la cultura organizzativa o la qualità dei rapporti tra i manager possano migliorare l'efficacia a l'efficienza aziendale non implica necessariamente che le aziende che non posseggono queste caratteristiche siano in grado di crearle *ex novo* o trovare dei sostituti a basso costo. Inoltre, tale "ingegneria sociale" potrebbe essere al di là della maggioranza delle imprese o, comunque, estremamente costosa rispetto al naturale evolversi delle relazioni socialmente complesse all'interno di un'impresa (Harris, Ogbonna, 1999). Ad esempio, nel comparto della distribuzione commerciale via internet nel settore turistico, Octopustravel.com è altamente competitivo. Sebbene da un'analisi del sistema appaia che non vi sono elementi distintivi rispetto ad altri portali del turismo, la vera fonte di vantaggio competitivo risiede nel fatto che l'impresa è in realtà emanazione del tour operator Gulliver Travel Associates (gta) di esperienza quarantennale nel settore con competenze altamente distintive. Non a caso OctopusTravel rappresenta il concorrente in Europa dei principali *providers* americani (Travelocity.com, Expedia.com e Expedia.it).

Basti pensare che le controllate italiane del gruppo Kuoni Travel Holding Ltd, Kuoni Italia S.p.A. e Best Tours S.p.A. sono state cedute, nel 2013, ad Alessandro Rosso Group, leader nel settore dei viaggi *incentive* e nell'organizzazione di *convention* ed eventi. Alessandro Rosso Group ha, infatti, acquistato in licenza d'uso questi marchi Italia per entrare nel mercato dei tour operator italiani di lusso con l'obiettivo di rilanciare e modernizzare il settore.

Capacità di modificare le risorse strategiche

Questa analisi non vuole intendere che le risorse e capacità complesse dell'azienda non cambino o non si evolvano; né vuole suggerire che i manager non possano radicalmente alterare le risorse e le capacità socialmente complesse dell'impresa. Questi ***transformational leaders*** sembrano che esistano e che abbiano un'influenza molto forte sulle risorse e capacità socialmente complesse dell'azienda. Come accennato precedentemente, gli amministratori delegati come Jack Welsh e Bill Gates sembrano possedere gli attributi dei *transformational leaders*, così come Robert Goizueta di Coca-Cola e Arthur Martinez di Sears Roebuck. Tuttavia, gli stessi *transformational leaders* rappresentano dei fenomeni socialmente complessi. Il fatto che un leader aziendale possa trasformare le risorse e le capacità socialmente complesse di un'impresa, non implica necessariamente che altre aziende potranno duplicarle a basso costo. Può anche accadere che un particolare leader possa trasformare le risorse e le capacità di un'azienda e non quelle di un'altra (Tichy, Devanna, 1986; Huey, 1997; Sellers, 1995b; Curran, 1997; Schlender, 1997; Welbourne, Andrews, 1998).

Se risorse e capacità socialmente complesse possono generare vantaggi competitivi sostenibili, risorse e capacità non di valore possono creare svantaggi competitivi sostenibili per le aziende. Per esempio, le compagnie aeree tradizionali che, per controbattere la concorrenza sempre più agguerrita delle *low cost*, hanno cercato di modificare il loro modello di business, sono state fortemente frenate dalla cultura organizzativa, dai valori e dalle tradizioni del management, che hanno rappresentato un vincolo nell'adozione con successo di tale modello di business. Queste aziende subiscono dei significativi svantaggi di costo rispetto alle imprese già nate con un modello *low cost*.

Risorse fisiche e vantaggio competitivo

È interessante notare che gli stessi svantaggi di costo per le aziende che cercano di imitare risorse fisiche caratterizzate da una forte componente tecnologica sono diversi da quelli legati alla natura socialmente complessa delle risorse. Gran parte di tali risorse fisiche (macchinari, robot e così via) può essere acquistata sui mercati di fornitura. Anche quando un'impresa sviluppa una propria tecnologia, quest'ultima, successivamente, si diffonde a basso costo tra le aziende concorrenti. Infatti, i costi per imitare una tecnologia di successo sono spesso molto inferiori a quelli necessari allo sviluppo di una nuova (Lieberman, 1987; Lieberman, Montgomery, 1988).

Nonostante tale risorsa non sia costosa da imitare, il suo inserimento può comportare la necessità di disporre di altre risorse e capacità aziendali socialmente complesse. Queste risorse organizzative possono essere costose da imitare e, se sono di valore e rare, la combinazione di risorse fisiche e socialmente complesse può essere fonte di vantaggi competitivi sostenibili. Per esempio, molte imprese di medio-grandi dimensioni posseggono sistemi informativi di gestione che forniscono informazioni sulla performance economica, sul personale e sulla gestione operativa. I computer, altri hardware e software che sono utilizzati in questi sistemi, possono essere acquistati facilmente sul mercato. Anche i software personalizzati per l'azienda possono essere imitati (attraverso la duplicazione diretta o con lo sviluppo di un software sostitutivo) senza sostenere significativi svantaggi di costo. Tuttavia, in alcune aziende, i sistemi informativi di gestione sono strettamente connessi con il processo decisionale dei manager, questi ultimi hanno strette relazioni con altri manager e il sistema informativo rappresenta uno strumento di gestione quotidiana. È probabile che queste imprese avranno un vantaggio competitivo rispetto ad altre aziende che posseggono un sistema informativo gestione, ma che non lo utilizzano al meglio. Le aziende con uno svantaggio competitivo potranno facilmente acquistare i più aggiornati hardware e software, ma l'acquisto di per sé non porterà ad una parità competitiva perché è il legame socialmente complesso tra il sistema informativo e le altre parti dell'organizzazione ad essere la fonte del vantaggio competitivo sostenibile (Fuerst, Mata, Barney, 1996).

Barriere legali all'imitazione

4. Brevetti. A prima vista sembra che i brevetti rendano i prodotti dell'azienda molto costosi da imitare (Rumelt, 1984). In realtà, hanno questo effetto in alcuni settori. Per esempio, nel settore farmaceutico i brevetti limitano, fino al momento della loro scadenza, la produzione dello stesso farmaco da parte di altre aziende.

Tuttavia, da un altro punto di vista, il brevetto può ridurre, piuttosto che incrementare, i costi dell'imitazione. Questo è vero per i brevetti sui prodotti, piuttosto che per i brevetti sui processi. Quando un'azienda richiede un brevetto deve fornire una serie di informazioni molto precise sul prodotto. I governi richiedono tali informazioni per accertarsi che la tecnologia in questione possa essere brevettata. In questo modo, però, un'azienda rivela importanti informazioni ai concorrenti.

Inoltre, come suggerito nel cap. 2, molti sviluppi tecnologici in un settore si diffondono tra le aziende dello stesso settore in un periodo di tempo molto breve. Anche se la tecnologia è brevettata non è immune da un'imitazione a basso costo. I brevetti possono limitare la diretta duplicazione per un certo periodo di tempo, ma potrebbero incrementare le possibilità di sostituzione attraverso una tecnologia equivalente (Thurm, 1998).

Capacità di innovare per la sostenibilità del vantaggio

Le abilità e capacità che permettono ad un'azienda di sviluppare numerosi nuovi prodotti o servizi nel tempo possono essere una fonte di vantaggio competitivo sostenibile, anche se ciascun prodotto o servizio può essere imitato. Si consideri, per esempio, la performance di Sony. Molti concorderanno sul fatto che Sony possieda speciali abilità nella gestione e nel management che permettono all'azienda di concepire, progettare e produrre elettronica di consumo miniaturizzata di alta qualità. Tuttavia, ogni volta che Sony lancia un nuovo prodotto molti concorrenti immediatamente lo copiano, riducendo il vantaggio tecnologico dell'azienda. In che modo, quindi, le risorse e le capacità socialmente complesse possono essere fonte di vantaggio competitivo sostenibile quando la maggior parte dei prodotti dell'azienda vengono immediatamente imitati attraverso la duplicazione diretta?

Guardando ai ricavi totali di tutti i suoi nuovi prodotti lanciati negli anni risulta chiara la fonte del vantaggio competitivo sostenibile dell'azienda: attraverso l'utilizzo delle sue risorse e capacità nell'elettronica miniaturizzata, Sony lancia continuamente nuovi prodotti sul mercato. Nessuno di questi prodotti genera un vantaggio competitivo sostenibile, ma nel tempo, grazie al lancio di numerosi nuovi prodotti, le risorse e capacità di Sony sono la fonte di vantaggio competitivo sostenibile dell'impresa (Schlender, 1992).

2.9. Il problema dell'organizzazione

Dal vantaggio competitivo potenziale al reale

Il potenziale aziendale per la generazione di un vantaggio competitivo si basa sul valore, la rarità e l'inimitabilità delle proprie risorse e capacità. Tuttavia, per poter esprimere questo potenziale, un'azienda deve essere opportunamente organizzata per sfruttare le proprie risorse e capacità. Tale osservazione ci porta al problema dell'organizzazione: l'azienda è organizzata per sfruttare al massimo il potenziale competitivo di risorse e capacità?

Elementi dell'organizzazione

Numerosi elementi dell'organizzazione aziendale sono rilevanti per questa variabile come, ad esempio, la struttura di reporting, il sistema di controllo e le politiche di gestione del personale. Queste componenti sono spesso definite **risorse e capacità complementari** perché hanno una capacità limitata di generare vantaggi competitivi, se prese singolarmente. Tuttavia, associate ad altre risorse e capacità, possono permettere all'azienda di sfruttare il suo potenziale e generare un vantaggio competitivo sostenibile (Amit, Schoemaker, 1993). Per esempio, si è già discusso di come gran parte del vantaggio competitivo sostenibile di Caterpillar può essere ricondotto al rappresentare il fornitore principale delle forze alleate della seconda guerra mondiale. Tuttavia, se il management aziendale non avesse sfruttato questa opportunità implementando una struttura di reporting formale e globale, un sistema di gestione delle scorte globale, altri sistemi di controllo, politiche retributive per incentivare i dipendenti a lavorare all'estero, il potenziale competitivo dell'azienda non sarebbe stato messo a frutto. Prese isolatamente, queste componenti dell'organizzazione aziendale non possono essere fonte di vantaggio competitivo, ma tale organizzazione si è rivelata essenziale per realizzare il potenziale competitivo dell'azienda.

Organizzazione coerente con le risorse

Allo stesso modo, gran parte del permanente vantaggio competitivo di Wal-Mart nel settore al dettaglio discount può essere attribuito alla sua entrata tempestiva nei mercati interni del Sud degli Stati Uniti. Tuttavia, per sfruttare al massimo questo vantaggio geografico, Wal-Mart ha dovuto implementare strutture di reporting appropriate, sistemi di controllo e politiche retributive. Una componente dell'organizzazione aziendale, il sistema di controllo delle scorte nei punti vendita, è stato imitato da Kmart e quindi, di per sé, non può essere fonte di un vantaggio competitivo sostenibile. Nonostante ciò, questo sistema di gestione delle scorte ha permesso all'azienda di ottenere un vantaggio nelle sue ubicazioni "rurali", riducendo la probabilità di andare sotto scorta in quelle località.

Organizzazione incapace di sfruttare il potenziale di risorse

Viceversa, una struttura organizzativa non adeguata non ha permesso a Xerox di sfruttare gran parte delle proprie risorse di valore, rare e costose da imitare. Dagli anni sessanta fino all'inizio degli anni settanta, la Xerox ha investito in una serie di ricerche per lo sviluppo di tecnologie innovative, attraverso la creazione di un centro ricerche a Palo Alto in California (Palo Alto Research Center-Parc), trasferendo lì un gruppo di scienziati e ingegneri altamente creativi e innovativi. In quel contesto sono state sviluppate numerose innovazioni tecnologiche: personal computer, puntatori, software tipo Windows, stampanti laser, "l'ufficio senza carta", Ethernet e così via. Oggi il potenziale di queste innovazioni è noto a tutti. Inoltre, poiché erano state sviluppate allo Xerox Parc erano anche rare. Xerox avrebbe potuto ottenere diversi vantaggi del *first mover*, se solo la sua organizzazione fosse stata capace di tradurre queste tecnologie in prodotti, incrementando i costi di imitazione delle imprese concorrenti.

L'azienda possedeva risorse di valore, rare e costose da imitare nelle tecnologie sviluppate allo Xerox Parc, ma non possedeva un'organizzazione che fosse capace di sfruttarle. Non esisteva una struttura organizzativa che permettesse ai manager di venire a conoscenza delle innovazioni di Xerox Parc. Infatti, molti manager sono rimasti all'oscuro di queste innovazioni fino alla metà degli anni settanta, ed anche quando ne sono venuti a conoscenza, poche tecnologie sono sopravvissute al processo estremamente burocratico di progettazione di nuovi prodotti, suddiviso in centinaia di operazioni, ciascuna controllata da una decina di commissioni. Anche le poche innovazioni sopravvissute non sono state sfruttate dai manager poiché le retribuzioni dipendevano quasi esclusivamente dalla massimizzazione dei ricavi di breve termine. La profittabilità di breve termine aveva un peso minore nei calcoli delle retribuzioni e lo sviluppo di mercati per le vendite e le profittabilità future erano essenzialmente irrilevanti. La struttura di reporting, il sistema di controllo direzionale e le politiche retributive erano incoerenti con lo sfruttamento di risorse di valore, rare e costose da imitare sviluppate allo Xerox Parc. Non sorprende che Xerox non abbia sfruttato neanche una minima parte di questa potenziale fonte di vantaggio competitivo sostenibile (Kearnes, Nadler, 1992; Smith, Alexander, 1988).

3. Un'applicazione del VRIO *framework*

Risorse non di valore e svantaggio competitivo

Le problematiche del valore, della rarità, dell'imitabilità e dell'organizzazione, possono essere riportate in un singolo *framework* per comprendere il ritorno potenziale associato allo sfruttamento di ognuna delle risorse o competenze dell'impresa. Ciò è mostrato nella tabella 2. La relazione del VRIO *framework* con i punti di forza e di debolezza è evidenziata nella tabella 3.

Se una risorsa o capacità controllata dall'impresa non è di valore, quella risorsa non permetterà all'impresa di formulare o attuare strategie che sfruttino le opportunità o neutralizzino le minacce ambientali. Organizzare per sfruttare questa risorsa accrescerà i costi dell'impresa o farà decrescere i ricavi. Questi tipi di risorse sono fattori di debolezza.

Le imprese dovranno rimediare a queste debolezze o evitare di utilizzarle nella formulazione o implementazione delle strategie. Viceversa, si troveranno in una posizione di svantaggio competitivo rispetto alle imprese che non possiedono queste risorse non di valore o non le usano per formulare ed attuare le strategie. Le imprese con uno svantaggio competitivo probabilmente otterranno profitti economici inferiori al normale.

Risorse di valore e parità competitiva

Se la risorsa o la capacità è di valore ma non rara, l'utilizzo di questa risorsa per la formulazione e attuazione delle strategie genererà una parità competitiva e una performance economica normale. Queste risorse di valore, ma non rare solitamente non genereranno una performance economica superiore al normale per l'impresa, ma la loro mancata utilizzazione potrà determinare, per l'impresa, uno svantaggio competitivo. In questo senso, risorse di valore, ma non rare possono essere definite dei punti di forza organizzativi.

Tabella 2 – Il VRIO framework. È una risorsa o una capacità

Di valore?	Rara?	Costosa da imitare?	Sfruttata dall'organizzazione?	Implicazioni competitive	Performance economica
No	–	–	No	Svantaggio competitivo	Al di sotto del normale
Sì	No	–	↑	Parità competitiva	Normale
Sì	Sì	No	↓	Vantaggio competitivo temporaneo	Superiore al normale
Sì	Sì	Sì	Sì	Vantaggio competitivo sostenibile	Superiore al normale

Tabella 3 – La relazione tra il VRIO *framework* ed i punti di forza e debolezza organizzativi. È una risorsa o una capacità

Di valore?	Rara?	Costosa da imitare?	Sfruttata dall'organizzazione?	Punti di forza o di debolezza
No	–	–	No	Punto di debolezza
Sì	No	–	↕	Punto di forza
Sì	Sì	No		Punto di forza e competenza distintiva
Sì	Sì	Sì	Sì	Punto di forza e competenza distintiva sostenibile

Rarità e vantaggio competitivo temporaneo

Se una risorsa o capacità è di valore e rara, ma non costosa da imitare, l'utilizzo di questa risorsa genererà un vantaggio competitivo temporaneo per un'impresa e profitti economici superiori al normale. Un'azienda che sfrutta questo tipo di risorse sta ottenendo un vantaggio da *first mover*, poiché è la prima impresa a sfruttare una risorsa particolare. Comunque, una volta venute a conoscenza di questo vantaggio competitivo, le imprese concorrenti potranno acquisire o sviluppare le risorse di cui hanno bisogno per attuare questa strategia attraverso la diretta duplicazione o la sostituzione senza alcuno svantaggio di costo rispetto all'impresa *first mover*. Inoltre, ciascun vantaggio competitivo che il *first mover* ottiene potrebbe essere eliminato dalle imprese concorrenti che imitano le risorse di cui hanno bisogno per competere. Tuttavia, tra il tempo in cui un'impresa ottiene un vantaggio competitivo sfruttando una risorsa o una capacità di valore, rara e difficile da imitare e il tempo in cui il vantaggio competitivo è annullato attraverso l'imitazione, il *first mover* può ottenere ritorni economici più che normali. Conseguentemente, questo tipo di risorsa e capacità può essere definita un punto di forza dell'organizzazione e una competenza distintiva.

Inimitabilità e vantaggio competitivo sostenibile

Se una risorsa o competenza è di valore, rara e costosa da imitare, il suo sfruttamento genererà un vantaggio competitivo sostenibile e profitti economici più che normali. In questo caso, le imprese concorrenti affronteranno un significativo svantaggio di costo nell'imitare risorse e capacità dell'impresa di successo e quindi non potranno imitare queste strategie dell'impresa. Come suggerito precedentemente in questo capitolo, il vantaggio di costo rifletterebbe l'unicità della storia dell'impresa di successo, l'ambiguità causale circa le risorse da imitare e la natura socialmente complessa di queste risorse e capacità. In ogni caso, provare a pareggiare i vantaggi delle imprese che sfruttano queste risorse non genererà una performance normale o superiore al normale per le imprese che la imitano. Anche se queste imprese possono acquisire o sviluppare le risorse e le capacità in questione, i costi saranno così elevati da comportare uno svantaggio competitivo rispetto all'impresa che già possiede risorse di valore rare e costose da imitare. Questi tipi di risorse e capacità sono punti di forza dell'organizzazione e competenze distintive e sostenibili.

Organizzazione come fattore di aggiustamento

La variabile organizzazione agisce come fattore di aggiustamento nel VRIO *framework*. Per esempio, se un'impresa possiede una risorsa e una capacità di valore, rara e costosa da imitare, ma fallisce nella variabile organizzativa, parte del suo potenziale ritorno potrebbe essere perso (come nell'esempio della Xerox). Un'organizzazione sbagliata, in questo caso, potrebbe condurre un'impresa che ha un potenziale di performance superiore al normale ad ottenere performance normali o inferiori al normale.

Aliantour in Europa. Il Gruppo Aliantour, tour operator di medie dimensioni, è un caso interessante in quanto dimostra come, anche in un settore come quello turistico, ipercompetitivo e caratterizzato da rilevanti processi di concentrazione industriale, sia possibile per una piccola e media impresa conquistare e mantenere posizioni di vantaggio competitivo, grazie alla presenza di una serie di fattori, che rappresentano risorse strategiche per la stessa. Leader tra gli operatori nel turismo verso le capitali europee, l'impresa ha, negli anni, acquisito e successivamente rafforzato la propria posizione competitiva (Della Corte, 2004).

Secondo l'approccio *resource-based* e l'applicazione del VRIO *framework*, è possibile pervenire all'identificazione delle "risorse chiave" che hanno reso vincente la formula imprenditoriale, basata su una forte capacità innovativa e una spiccata tendenza all'internazionalizzazione, anche in mercati di nicchia, come risposta alle sempre più affermate tendenze alla concentrazione in atto nel settore.

La prima risorsa, dimostratasi poi anche punto di forza dell'impresa, è la **capacità imprenditoriale del fondatore**: vivacità intellettuale, marcata propensione all'internazionalizzazione, lungimiranza, forte intuito sono tra le doti principali dell'imprenditore, che hanno consentito un approccio innovativo alla gestione.

La stessa realizzazione di sedi in uffici di proprietà del gruppo nelle principali capitali europee servite, anche in periodi critici e nebulosi, ha consentito, infatti, all'impresa di acquisire un vantaggio competitivo rispetto alla concorrenza. L'azienda, infatti, dispone di uffici assistenza, con personale dedicato altamente qualificato, di profonda conoscenza del territorio, in grado di interagire con il contesto e le istituzioni locali. Ciò conferisce un innegabile vantaggio, nell'ottica delle vacanze *taylor made* (basate, cioè, sull'assistenza personalizzata al cliente, sia nella fase di definizione del viaggio che rispetto ai servizi offerti nella destinazione). Per la concorrenza risulta oggi difficile, se non impossibile, replicare gli investimenti nelle diverse capitali. Aliantour è riuscita, quindi, ad attivare il meccanismo delle *time compression diseconomies*.

Le **capacità manageriali e relazionali del *top management***: grande professionalità, competenza, conoscenza del territorio, capacità di gestione dei rapporti con i diversi *stakeholders*, capacità di coordinamento ed organizzative sono tra le principali doti delle risorse preposte al coordinamento delle sedi. In particolare, le capacità professionali rilevate riescono ad attivare circuiti di relazioni sul territorio, difficilmente replicabili; anche queste rappresentano una fonte di vantaggio competitivo sostenibile.

La **generale competenza e professionalità dello staff**: un altro grande vantaggio per l'impresa è dato dalle capacità operative del personale, frutto di rigorose e puntuali selezioni e di processi di formazione continua, in grado di elevare, rispetto alla concorrenza, la professionalità e puntualità nello svolgimento dell'attività aziendale. Tale risorsa è rara, ma non inimitabile e, quindi, in grado di generare vantaggio competitivo temporaneo.

La **cultura e l'identità aziendale**: è un altro aspetto estremamente importante, espresso nel marchio, nello stile dell'arredamento degli uffici e riflesso nella filosofia di conduzione dell'impresa. Anche nella gestione del personale, l'imprenditore è riuscito a creare una sentita coesione, un forte senso di identità organizzativa. Basti pensare che anche i componenti della famiglia lavorano con il personale operativo, rispetto al quale risultano perfettamente integrati. Lo stile di conduzione "familiare" del personale, non per caso ma per scelta metodologica precisa, consente di favorire l'identificazione dell'individuo con l'azienda; anche tale risorsa si ritiene possa generare un vantaggio competitivo sostenibile.

La **fiducia**: intesa come affidabilità dell'impresa, all'interno e all'esterno, rispetto all'intero sistema di *stakeholders* aziendali. Al di là della correttezza, trasparenza e professionalità prestata, nella gestione dei rapporti di filiera a monte e a valle, l'impresa evidenzia sempre più la volontà di esprimere una chiara responsabilità sociale, oltre che nei rapporti con gli interlocutori diretti dell'attività tipica (personale, clienti, fornitori, banche, ecc.), anche nello sviluppo di relazioni con il mondo accademico, nella tendenza ad avviare e consolidare rapporti di collaborazione di medio termine, rispetto alla comunità locale. Non a caso, la sede principale della società è ubicata a Pompei, con personale addetto prevalentemente locale; ciò testimonia il forte desiderio dell'imprenditore di raggiungere anche obiettivi sociali nel Paese di origine.

Le **risorse finanziarie**: si tratta, ovviamente di un aspetto indispensabile che contribuisce a rafforzare l'immagine di affidabilità del gruppo. È una risorsa, in ogni caso, in grado di condurre solo alla parità competitiva. Va, tuttavia, valutata non tanto come risorsa in sé, quanto come politica finanziaria dell'impresa, che punta, in primo luogo, sull'autofinanziamento e sul reinvestimento degli utili aziendali.

Dall'analisi effettuata si rileva che, anche se la tendenza attuale del settore turistico, date le mutate condizioni di scenario, impone per gran parte delle aziende in buone condizioni e, quindi, di valore, un percorso proteso alle alleanze, o l'assorbimento in realtà più grandi, per alcune realtà medio-piccole, consolidate e in possesso di risorse strategiche in grado di generare un vantaggio competitivo sostenibile, è possibile il mantenimento di posizioni autonome, a condizione che sussista un approccio proattivo in termini di imprenditorialità e managerialità.

4. Le implicazioni della *resource-based view*

Complementarietà tra *resource-based view* ed approccio SCP

La *resource-based view* ed il VRIO *framework* possono essere applicati a singole imprese per capire se queste otterranno vantaggi competitivi, come questi vantaggi possano essere sostenibili e quali siano le fonti dei vantaggi competitivi. In questo modo, la *resource-based view* e il VRIO *framework* possono essere considerati come complementari all'analisi delle cinque forze competitive e all'analisi delle opportunità descritte nel cap. 2, al fine di valutare la situazione competitiva delle singole imprese.

Tuttavia, oltre a quello che questi modelli ci possono dire sulla performance competitiva di una determinata impresa, la *resource-based view* ha alcune più vaste implicazioni per i manager che stanno cercando di ottenere vantaggi competitivi. Alcune di queste implicazioni sono elencate nella tabella 4.

4.1. Dove risiede la responsabilità per il vantaggio competitivo di un'impresa?

Responsabilizzazione dei dipendenti

Innanzitutto, la *resource-based view* afferma che i vantaggi competitivi possono risiedere in molte delle differenti risorse e capacità controllate dall'impresa. La responsabilità di generare, consolidare e sfruttare le risorse e le capacità di valore, rare ed inimitabili per il vantaggio competitivo non è limitata ai *senior managers*. Piuttosto, ogni dipendente di un'impresa può essere in grado di creare, consolidare e sfruttare le risorse e le capacità che possono generare un vantaggio competitivo.

Tabella 4 – Ampie implicazioni della *resource-based view*

1. La responsabilità per il vantaggio competitivo in un'impresa
Il vantaggio competitivo dipende da ogni dipendente.

2. Parità competitiva e vantaggio competitivo
Se l'impresa opera come fanno i suoi concorrenti essa può ottenere solo una situazione di parità competitiva. Per ottenere un vantaggio competitivo è meglio per un'impresa sfruttare le proprie risorse di valore, rare, costose da imitare, piuttosto che imitare le risorse di valore e rare di un suo concorrente.

3. Strategie difficili da attuare
Finché il costo dell'attuazione della strategia è minore del valore di attuazione della strategia stessa, il costo relativo di attuazione è più importante per il vantaggio competitivo rispetto al costo assoluto di attuazione della strategia.
Le imprese, sistematicamente, possono sovrastimare e sottostimare le loro unicità.

4. Risorse socialmente complesse
La responsabilizzazione dei dipendenti, la cultura organizzativa ed il lavoro di squadra non solo possono essere di valore, ma possono anche essere fonti di vantaggio competitivo sostenibile.

5. Il ruolo dell'organizzazione
L'organizzazione dovrebbe supportare l'uso delle risorse di valore, rare, costose da imitare. Se emergessero dei conflitti tra questi attributi bisognerebbe cambiare l'organizzazione.

Per fare questo, i dipendenti dovrebbero rivedere le loro mansioni non solo a livello funzionale, ma anche in termini competitivi ed economici.

In una recente visita ad uno stabilimento produttivo automobilistico di successo, al manager dello stabilimento era stato chiesto di descrivere le proprie responsabilità: «Il mio lavoro è gestire lo stabilimento per aiutare l'impresa a realizzare e vendere le migliori automobili nel mondo». In risposta ad una simile domanda, anche il direttore della produzione disse: «Il mio lavoro è gestire questa linea di produzione per aiutare l'impresa a realizzare e vendere le migliori automobili nel mondo». Ad un custode era stato chiesto di descrivere le proprie responsabilità. Nonostante, egli non fosse stato presente nelle due prime interviste, il custode rispose: «Il mio lavoro è mantenere questa funzione per aiutare a realizzare e vendere le migliori auto al mondo».

Chi di questi tre dipendenti è la maggiore fonte di vantaggio competitivo per l'impresa? Certamente, ci si aspettava che sia il manager dello stabilimento che quello della linea di produzione avrebbero definito i loro compiti coerenti con l'aiutare l'impresa a realizzare e vendere le migliori auto al mondo. Tuttavia, è anche evidente che altri *senior managers* e altri manager di stabilimento nel resto del mondo darebbero la stessa risposta.

In altre parole, mentre la definizione dei compiti di questi due manager è sicuramente di valore, è improbabile che sia rara e, dunque, rappresenta una fonte di parità competitiva, non di vantaggio competitivo. D'altra parte, un custode che definisce il suo lavoro in termini di aiutare l'impresa a realizzare e vendere le migliori auto nel mondo, invece che di ricoprire semplicemente la sua funzione, è abbastanza inusuale. Poiché ciò è raro, potrebbe essere una fonte di un vantaggio competitivo almeno temporaneo.

Ora il valore generato da un custode che definisce il suo lavoro in termini competitivi, piuttosto che funzionali, non è così evidente; ma si supponga che tutti i dipendenti in questo stabilimento definiscano il proprio lavoro in questi termini. Improvvisamente, il valore generato sarebbe sostanziale. Inoltre, la cultura organizzativa e la tradizione in un'impresa che volesse condurre i dipendenti a definire i loro compiti in questo modo è probabile che sia costosa da imitare per altre imprese. Dunque, se questo approccio per definire le responsabilità lavorative è molto diffuso in un particolare stabilimento, sembra probabile che possa essere di valore, raro ed inimitabile e quindi rappresentare una fonte di un vantaggio competitivo sostenibile, assumendo che l'impresa sia organizzata per ottenere un vantaggio da questa risorsa.

In conclusione, è chiaro che il vantaggio competitivo è troppo importante per rimanere soltanto legato al management di più alto livello. Nella misura in cui i dipendenti attraverso l'organizzazione sono autorizzati a sviluppare e sfruttare le risorse e le competenze di valore, rare ed inimitabili nella realizzazione dei loro compiti, un'impresa può realmente ottenere vantaggi competitivi sostenibili.

4.2. Parità competitiva e vantaggio competitivo

Strategie innovative e vantaggio competitivo

La *resource-based view* dichiara che se l'impresa sta creando valore allo stesso modo dei suoi concorrenti, la migliore performance che potrà ottenere è la parità competitiva.

Per fare meglio rispetto ai concorrenti, le imprese devono investire in attività di valore e rare, devono cioè implementare strategie innovative.

Ciò è piuttosto critico per le aziende che si trovano in una posizione di svantaggio competitivo. Tali imprese dovrebbe studiare i maggiori concorrenti di successo, comprendere le fonti di tale successo e, se l'imitazione è a basso costo, imitarne le attività di successo. In questo senso, paragonare le performance di un'impresa con le performance dei concorrenti può essere estremamente importante.

Tuttavia, in questo modo l'impresa potrà solo aspettarsi di ottenere una parità competitiva. Ottenere il vantaggio competitivo significa per l'impresa identificare le sue risorse e capacità uniche ed utilizzarle nella scelta e nell'attuazione delle strategie. Per un'impresa che vuole ottenere un vantaggio competitivo è meglio eccellere nello sviluppare e sfruttare le proprie risorse e capacità uniche che essere eccellente nell'imitare le risorse e le capacità di altre imprese.

Ciò non implica che le imprese debbano sempre essere *first movers* per ottenere vantaggi competitivi. Come affermato nei primi capitoli, alcune aziende sviluppano risorse e capacità di valore, rare ed inimitabili, pur essendo efficienti *second movers*, cioè capaci di imitare rapidamente le innovazioni produttive e tecnologiche di altre imprese. Piuttosto che suggerire alle imprese di essere sempre *first movers*, la *resource-based view* afferma che, per ottenere vantaggi competitivi, le imprese devono attuare strategie che si fondano su risorse e capacità di valore, rare e costose da imitare, qualunque siano le strategie o le risorse.

4.3. Strategie difficili da attuare

Costo di implementazione delle strategie

Siccome le imprese hanno differenti opzioni strategiche, spesso si chiedono quanto sia difficile e costoso implementare differenti strategie. Finché il costo di implementazione della strategia è minore del valore che la strategia genera, la *resource-based view* afferma che il problema critico per le imprese non è: "È una strategia facile da attuare o no?", ma piuttosto è: "Questa strategia è più facile da attuare per noi rispetto ai nostri concorrenti?". Le imprese che già possiedono risorse di valore, rare e costose da imitare, in generale, troveranno più semplice (e cioè meno costosa) l'implementazione di una strategia, rispetto ad imprese che hanno dovuto prima sviluppare le risorse necessarie all'attuazione della strategia proposta. Per le imprese che già posseggono risorse, l'implementazione della strategia può essere naturale e immediata.

Sovrastima dell'unicità delle risorse

Nel comprendere i costi relativi all'implementazione di una strategia le imprese possono commettere due errori. Innanzitutto, possono sovrastimare l'unicità delle risorse che possiedono. Ogni storia dell'impresa è unica, così come due *management teams* non sono mai esattamente gli stessi, ma ciò non implica necessariamente che le risorse e le capacità dell'impresa siano rare. Le imprese con storie analoghe, che operano in simili settori spesso sviluppano capacità simili. Se un'impresa sovrastima la rarità delle sue risorse e capacità, può sovrastimare la propria abilità di generare vantaggi competitivi.

Per esempio, quando si chiede quali siano le fonti più critiche del vantaggio competitivo, molte imprese, nel rispondere, citeranno la qualità dei loro *top management teams*, la qualità delle loro tecnologie e il loro impegno all'eccellenza in tutto ciò che fanno. Tuttavia, questi tre attributi possono essere fonti di parità competitiva, non possono essere fonti di vantaggio competitivo.

Sottostima della rarità delle risorse

D'altro canto, le imprese possono qualche volta sottostimare l'unicità fino al punto da sottostimare anche l'impatto delle strategie che perseguono sulla generazione di un vantaggio competitivo sostenibile. Quando le imprese possiedono risorse di valore, rare ed inimitabili, l'attuazione della strategia può essere relativamente semplice. In questo contesto, sembra ragionevole attendersi che altre imprese imitino velocemente questa strategia "facile da attuare". Naturalmente, questo non avviene se le risorse controllate dalle imprese sono, in realtà, rare e costose da imitare.

I problemi associati alla sottovalutazione dell'unicità di un'impresa sono per la maggior parte comuni quando le risorse e le capacità di un'azienda sono invisibili e date per scontate. In questi contesti, i manager potrebbero non rendersi pienamente conto di ciò che la loro impresa realizza e, di conseguenza, del potenziale competitivo che queste risorse generano.

Problema di una valutazione corretta

In generale, le imprese devono procedere con molta cura per non sovrastimare o sottostimare i loro fattori distintivi. Un'accurata valutazione delle risorse di valore, rare ed inimitabili è necessaria per sviluppare un'accurata comprensione dei costi relativi all'implementazione della strategia dell'impresa. Spesso, le imprese devono rivolgersi a consulenti esterni per assisterle nell'analisi della rarità ed inimitabilità delle loro risorse, anche se i manager dovrebbero conoscere meglio di essi le risorse controllate dall'impresa. In ogni caso, tali consulenti esterni possono fornire una misura obiettiva di valutazione dell'unicità dell'impresa.

4.4. Risorse socialmente complesse

Risorse socialmente complesse e vantaggio competitivo sostenibile

Per molti decenni si è scritto sull'importanza della responsabilizzazione dei dipendenti, della cultura organizzativa e del lavoro di squadra per la performance dell'impresa. La maggior parte di questi studi afferma che le imprese che responsabilizzano i dipendenti, che hanno una cultura permissiva e che incoraggiano il lavoro di gruppo, in media, realizzeranno le migliori scelte strategiche e le influenzeranno in modo più efficiente rispetto alle imprese prive di questi attributi organizzativi. Utilizzando il linguaggio della *resource-*

based view questo significa che dipendenti responsabili, cultura organizzativa e lavoro di gruppo, almeno in alcuni contesti, sono economicamente di valore.

La logica *resource-based* riconosce l'importanza del valore di questi attributi organizzativi; tuttavia, suggerisce anche che queste risorse socialmente complesse possono essere rare e costose da imitare ed è la loro rarità e difficoltà di imitazione a renderle fonti di vantaggio competitivo sostenibile.

In altre parole, la *resource-based view* attualmente estende e amplia l'analisi tradizionale degli attributi socialmente complessi delle imprese. Non solo questi attributi possono essere di valore, ma possono anche essere rari e costosi da imitare e quindi fonti di vantaggio competitivo sostenibile. Molti studiosi del comportamento organizzativo e della gestione delle risorse umane hanno mostrato interesse alla comprensione delle implicazioni di risorse individuali e organizzative socialmente complesse alla generazione di un vantaggio competitivo sostenibile. La ricerca empirica in quest'area è coerente con le attese della *resource-based view*.

4.5. Il ruolo dell'organizzazione

La variabile organizzativa

Infine, la logica *resource-based* suggerisce che la struttura organizzativa, i sistemi di controllo e le politiche retributive potrebbero favorire gli sforzi di un'impresa a sfruttare pienamente le risorse e le capacità di valore, rare e costose da imitare. Queste osservazioni suggeriscono che se ci dovesse essere incoerenza tra le risorse che un'impresa controlla e l'organizzazione dell'impresa, sarebbe l'organizzazione a dover essere cambiata. Tuttavia, accade spesso che una volta che la struttura di un'impresa, i sistemi di controllo e le politiche retributive siano determinati, non sia facile modificarli, nonostante non siano coerenti con le risorse e le capacità dell'impresa. In tali contesti, un'azienda non sarà capace di realizzare il pieno potenziale competitivo delle sue risorse.

Nella misura in cui le risorse e le capacità di un'impresa siano continuamente in evoluzione, anche la sua struttura organizzativa, i sistemi di controllo e le politiche retributive devono evolversi. Affinché queste caratteristiche dell'organizzazione si evolvano, i manager devono essere a conoscenza dei loro legami con le risorse e le capacità dell'impresa e delle alternative organizzative. In ognuno dei successivi capitoli di questo libro saranno affrontate le alternative organizzative che sono associate alle differenti strategie.

5. I limiti del VRIO *framework*

La *resource-based view* dell'impresa ed il VRIO *framework* discussi nella tabella 2 forniscono un potente strumento per analizzare i punti di forza e di debolezza dell'organizzazione interna di un'impresa. Anche questo approccio, come i modelli di analisi delle minacce ed opportunità ambientali basati sul SCP, ha dei limiti, i più importanti dei quali sono di seguito affrontati.

5.1. Vantaggio competitivo sostenibile e turbolenza ambientale

Problema della sostenibilità del vantaggio competitivo

Si è detto che il vantaggio competitivo sostenibile non dura per sempre, anche se è fondato su risorse e competenze di valore rare e costose da imitare. Se le minacce e le opportunità che affronta un'impresa nel suo ambiente competitivo restano relativamente stabili, un'impresa con queste risorse (se è organizzata correttamente) sarà capace di continuare a sfruttarle per ottenere un vantaggio competitivo. Inoltre, se le minacce e le opportunità nell'ambiente evolvono in modi prevedibili, un'impresa con disponibilità di risorse e capacità sarà capace di sfruttarle e modificarle per mantenere un vantaggio competitivo sostenibile. Tuttavia, se le minacce e opportunità di un'azienda cambiano rapidamente e in maniera non prevedibile, spesso non sarà possibile mantenere un vantaggio competitivo sostenibile.

Turbolenza ambientale e impatto sul valore delle risorse

Questi improvvisi e imprevedibili cambiamenti nelle minacce e nelle opportunità di un'impresa sono definiti **rivoluzioni schumpeteriane**, da Joseph Schumpeter (1934), l'economista che per primo le descrisse e analizzò le loro conseguenze economiche. Le rivoluzioni shumpeteriane hanno l'effetto di cambiare drasticamente il valore delle risorse di un'impresa modificando le minacce e le opportunità che si presentano. Ciò potrebbe accadere a causa di cambiamenti non anticipati della domanda, di una nuova radicale tecnologia sviluppata, di violenti sconvolgimenti politici e così via, come avviene nei settori ipercompetitivi trattati nel cap. 2.

Per esempio, lo sviluppo dei personal computer alterò significativamente il valore delle abilità produttive delle imprese produttrici di macchine da scrivere; lo sviluppo dei calcolatori elettronici alterò significativamente il valore delle abilità grafiche e produttive delle imprese produttrici di calcolatrici; le capacità della produzione di dischi in vinile di alta qualità hanno perso valore a causa dell'introduzione della tecnologie dei CD.

La *resource-based view* dell'impresa può aiutare i manager a scegliere le strategie per ottenere un vantaggio competitivo sostenibile solo finché le regole del gioco in un settore restano relativamente stabili. Infatti, a seguito di una rivoluzione schumpeteriana, le debolezze potrebbero diventare punti di forza e i punti di forza divenire debolezze. Si noti, tuttavia, che i vantaggi competitivi delle imprese in questo contesto non sono annullati dall'imitazione. Piuttosto, essi sono eliminati da una rivoluzione schumpeteriana. Dunque, nonostante i vantaggi competitivi non durino per sempre, essi non vengono annullati dall'imitazione, ma piuttosto possono essere minacciati da cambiamenti ambientali rivoluzionari.

5.2. L'influenza manageriale

Il paradosso dell'imitabilità

Un secondo limite dell'approccio VRIO ai punti di forza e di debolezza organizzativi, è che esso suggerisce che i manager abbiano una limitata abilità di creare vantaggi competitivi sostenibili. Questi limiti sono meglio sintetizzati, forse, da ciò che è definito il paradosso dell'imitabilità: meno costoso è per i manager di un'impresa sviluppare o acquisire risorse che potrebbero generare un vantaggio competitivo, meno probabile è che queste risorse siano fonte di vantaggio competitivo sostenibile. In generale, se ogni impresa può sviluppare o acquisire un insieme di risorse di valore con nessuno svantaggio di costo, queste risorse saranno imitabili e rappresenteranno perciò solo una fonte di parità competitiva nel lungo termine.

Quello che il paradosso dell'imitabilità sostiene, è che non tutte le imprese potranno ottenere vantaggi competitivi sostenibili. I manager nelle imprese che hanno sviluppato risorse e capacità di valore, rare e difficili da imitare per lunghi periodi di tempo (a causa della *path dependence*, dell'ambiguità casuale, o della complessità sociale) potrebbero condurre le loro imprese a ottenere vantaggi competitivi sostenibili. Tuttavia, le imprese che non hanno alcuna di queste capacità e abilità particolari, ma attendono di acquisirle senza alcuno svantaggio di costo, non otterranno vantaggi competitivi sostenibili, poiché se un'impresa potesse acquistare queste risorse, altre potrebbero fare lo stesso.

Differenziale di performance nello stesso settore

Nonostante, quindi, la considerazione che non tutte le imprese possano ottenere un vantaggio competitivo sostenibile evidenzi alcuni limiti alla capacità dei manager di influenzare la loro performance, tale affermazione è coerente con la maggior parte della ricerca sulle performance delle imprese in un settore. In tanti settori, infatti, molte di esse (forse anche la maggioranza) individuano le loro risorse e capacità e le sfruttano in modi che genereranno ritorni economici superiori al normale. Tuttavia, ci sono spesso imprese in un settore che continuano a ottenere ritorni normali e qualche volta inferiori al normale. Queste imprese, in particolar modo, non hanno sviluppato risorse di valore che potrebbero condurle a ottenere un vantaggio competitivo sostenibile. Ci potrebbe essere un momento nel futuro in cui una rivoluzione schumpeteriana in questi settori potrebbe consentire a queste imprese di ottenere improvvisamente un vantaggio competitivo sostenibile ed eccellere (Jacobsen, 1988).

5.3. L'unità di analisi

Dal settore all'impresa

Nel modello SCP delle opportunità e minacce ambientali, l'unità di analisi è il settore. Questa unità di analisi ha notevoli vantaggi per l'analista strategico, a partire dall'accesso ai dati. La maggior parte delle analisi ufficiali delle imprese riguarda i settori a cui queste imprese appartengono e contiene informazioni circa il numero dei concorrenti, il potere dei fornitori e degli acquirenti e altri dati che risultano relativamente accessibili.

Focus sulle risorse aziendali

Nel modello di analisi *resource-based* dei punti di forza e di debolezza di un'organizzazione, tuttavia, l'unità di analisi si sposta all'interno dell'impresa.

L'impresa in questo modello è definita quale insieme di risorse e capacità e l'analisi del potenziale ritorno di queste risorse deve essere condotta indagando una risorsa alla volta. L'accesso a questo tipo di informazioni intraorganizzative può essere molto difficile. Questi problemi informativi sono esacerbati quando si riconosce che le risorse e le capacità possono essere fonti di vantaggio competitivo sostenibili proprio a causa della difficoltà nel descriverle e del loro essere "invisibili".

Nell'affrontare queste sfide, si tenta di spostare il livello di analisi dei punti di forza e debolezza dell'impresa a livello di singola impresa e di analizzare il valore, la rarità, l'inimitabilità e l'organizzazione dei prodotti e servizi dell'impresa stessa. Questo tipo di analisi può essere d'aiuto ma può risultare anche fuorviante. Studi incentrati sulla diffusione della tecnologia del prodotto, citati nel cap. 2, affermano che i nuovi prodotti e servizi, con poche eccezioni, si diffondono rapidamente tra le imprese concorrenti. Tuttavia, come è stato suggerito per Sony Corporation, anche se un particolare prodotto dell'impresa può essere imitato, l'impresa avrà un vantaggio competitivo sostenibile basato sulle sue abilità di essere continuamente innovativa e creativa.

Dunque, nonostante le difficoltà associate alla scelta delle risorse dell'impresa come unità di analisi nel modello dei punti di forza e di debolezza dell'organizzazione, un'analisi corretta sembra aver bisogno di uno studio approfondito di questi fenomeni intra-organizzativi. In conclusione, non sorprende che comprendere le implicazioni di queste risorse intra-organizzative sia un elemento critico per sviluppare un'analisi approfondita e completa dell'impresa.

In questo capitolo

☞ Il capitolo presenta un modello di analisi dei **punti di forza e di debolezza** aziendali. Il modello riprende diverse aree tradizionali di ricerca, tra cui gli studi sul ruolo dei general managers nelle imprese, gli studi su altre competenze distintive dell'azienda, la teoria economica ricardiana e i modelli economici della crescita dell'impresa.

☞ In particolare, il modello si basa sull'approccio **resource-based** all'azienda e su due ipotesi fondamentali: che le aziende posseggono differenti risorse e capacità (ipotesi dell'eterogeneità delle risorse) e che queste differenze possono perdurare nel tempo (ipotesi dell'immobilità delle risorse).

☞ Partendo da queste due ipotesi, si afferma che le risposte a quattro quesiti possono essere utilizzate per determinare l'impatto delle risorse e delle capacità aziendali sulle performance aziendali.

☞ Questi quattro quesiti, che compongono il **VRIO framework** , sono il quesito del valore, della rarità, dell'imitabilità e dell'organizzazione. Tre sono i limiti principali di questo approccio che sono affrontati: l'impatto sul modello di modificazioni inaspettate nell'ambiente, l'impatto limitato dei manager sulle performance e i problemi connessi con l'unità di analisi per il reperimento di dati.

4

La leadership di costo

Nell'ambito delle strategie competitive attuabili ai diversi livelli di business, la leadership di costo e la differenziazione produttiva (quest'ultima trattata nel capitolo successivo) sono molto importanti nella letteratura. Esse sono anche definite **strategie di business generiche** (Porter, 1980). La strategia di leadership di costo, infatti, e quella di differenziazione, spiegata nel cap. 5, rappresentano le strategie competitive volte al rafforzamento della posizione dell'impresa nel proprio mercato di riferimento. Esprimono, quindi, anche l'esigenza di sviluppo mono-business che, in termini di strategia complessiva, viene generalmente definita **integrazione orizzontale**.

1. Definizione di leadership di costo

Il vantaggio di costo

Un'impresa che sceglie di attuare una strategia di **leadership di costo** mira a raggiungere un vantaggio competitivo attraverso la riduzione dei costi di gestione rispetto a quelli dei suoi concorrenti. Ciò non significa che l'impresa abbandoni le altre strategie competitive e complessive. Infatti, un orientamento basato solo ed esclusivamente sulla semplice riduzione del costo di produzione potrebbe portare l'impresa ad un output produttivo a basso costo che però nessuno acquisterebbe. Comunque, un'azienda che persegue tale strategia incentra maggiormente i propri sforzi sulla riduzione dei costi rispetto a quelli dei concorrenti.

Nel settore turistico, le compagnie aeree *low cost* in Europa, come Ryanair puntano sulla leadership di costo, grazie ad un'offerta ristretta ai servizi di base, ai ridotti costi di approvvigionamento (ridotti servizi a bordo, accordi con scali piccoli per servizi di *handling* più economici ecc.), ai minori costi di gestione (personale di bordo ridotto, velivoli più economici e di minore dimensione) e di distribuzione (senza agenzie di viaggio, vendita solo via web).

Il caso Hyundai

Nel mercato dell'auto, Hyundai ha attuato una strategia di leadership di costo, focalizzandosi sulla vendita a basso prezzo delle auto utilitarie. L'azienda spende significative somme in pubblicità per i suoi prodotti, ma con lo scopo principale di enfatizzare lo stile sportivo e i risparmi di costo del gas nella lunga distanza. Hyundai si posiziona come un'auto divertente ed economica e non come auto sportiva dalle elevate prestazioni o come uno *status symbol* di lusso. L'abilità di Hyundai di vendere queste auto divertenti ed economiche dipende dalle scelte di design e dai bassi costi di produzione (Weiner, 1987).

Nel settore degli orologi, la Timex ha attuato una strategia di leadership di costo. Timex inizialmente ha sviluppato bassi costi di produzione utilizzando meccanismi d'acciaio. Poi, con lo sviluppo di più accurati e spesso meno costosi dispositivi elettronici, Timex ha rapidamente innovato la sua linea di orologi. L'impresa continua a pubblicizzare i bassi prezzi di vendita, la propria affidabilità ed assoluto valore. Una persona che indossa un Timex non lo fa per moda o per assumere uno status, ma unicamente per conoscere l'ora (Roush, 1993).

1.1. Fonti del vantaggio di costo

Esistono molte ragioni per cui un'impresa gode di un vantaggio di costo rispetto ai propri concorrenti. È possibile avere un vantaggio di costo anche nei confronti di aziende che realizzano prodotti uguali o simili. Segue una descrizione di alcune fonti fondamentali delle differenze di costo tra le imprese.

Dimensione e costo unitario medio di produzione

Dimensioni differenti ed economie di scala. Uno dei fattori più citati che genera vantaggi di costo per un'impresa mono-business è la dimensione. Quando si realizzano significative **economie di scala** nella produzione, nel marketing, nella distribuzione, nell'erogazione dei servizi e nelle altre funzioni di un business, le grandi imprese ottengono dei vantaggi di costo rispetto a quelle di minori dimensioni.

La curva delle economie di scala

La relazione tra la dimensione dell'impresa (misurata in termini di valore della produzione) e i costi (misurati in termini di costo unitario medio di produzione), in presenza di elevate economie di scala, è presentata in figura 1.

Quantità ottimale di produzione

Al crescere del volume della produzione, il costo unitario medio di produzione decresce fino al raggiungimento di un punto ottimale di produzione (punto *X*), superato il quale, lo stesso costo unitario medio tende ad aumentare per effetto delle **diseconomie di scala** (un concetto discusso più in dettaglio nel prosieguo del capitolo). Se la relazione tra volume della produzione e costo unitario medio di produzione descritta in figura 1 è esatta e se un'impresa presente in un settore raggiunge dei volumi di produzione più elevati (ma non superiori al livello ottimale *X*), godrà di un vantaggio di costo.

Figura 1 – La catena del valore generica sviluppata da Porter

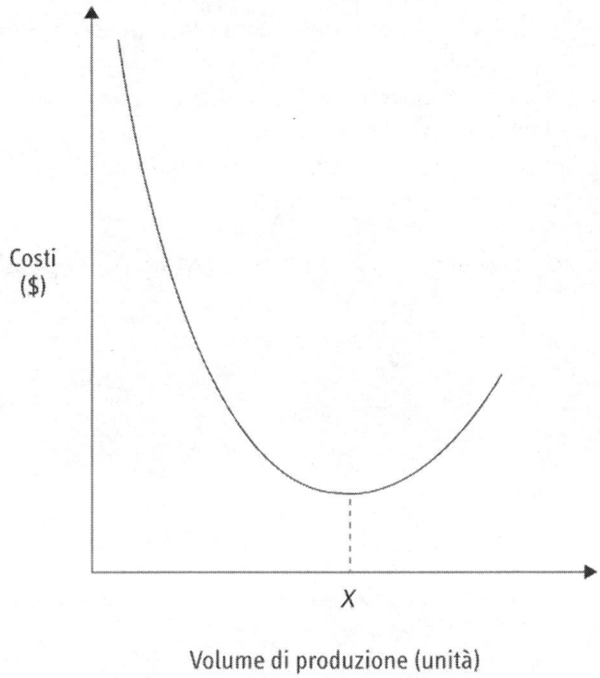

Economie/diseconomie di scala: calcolo analitico

La curva delle economie di scala descritta in figura 1 può essere anche rappresentata matematicamente. Se la quantità di un bene o di un servizio è pari a Q e il costo totale di produzione di tale quantità è pari a $TC(Q)$, allora il **costo medio unitario di produzione** $[AC(Q)]$ è dato da:

[4.1] $AC(Q) = TC(Q)/Q$

Le economie di scala si verificano quando il costo medio di produzione $AC(Q)$ decresce al crescere della quantità prodotta Q.

Per esempio, se la relazione tra costo totale $TC(Q)$ e quantità prodotta è data da:

[4.2] $TC(Q) = 200 + 5Q^2$

Allora:

[4.3] $AC(Q) = (200 + 5Q^2)/Q = 200/Q + 5Q^2$

Come mostra la tabella 1, il costo medio di produzione per questo prodotto o servizio si riduce al crescere della quantità prodotta da 1 $[AC(1) = 205]$ a 6 unità $[AC(6) = 63,33]$. Tuttavia, diseconomie di scala si verificano dalla settima unità prodotta $[AC(7) = 63,57]$.

Le fonti delle economie di scala

Esistono varie ragioni per cui grandi volumi di produzione sono spesso associati ad un più basso costo unitario. Le principali fonti delle economie di scala sono elencate qui di seguito:

1. volume di produzione e macchinari specializzati;
2. volume di produzione e costi di impianti e attrezzature;
3. volume di produzione e specializzazione degli addetti;
4. volume di produzione e spese generali.

Tabella 1 – Calcolo delle economie di scala quando $TC(Q) = 200 + 5\,Q$

Q	$AC(Q)$
1	205
2	110
3	81,6
4	70
5	65
6	63,3
7	63,57
8	65
9	67,22
10	70

La specializzazione dei macchinari

Volume di produzione e macchinari specializzati. Quando un'impresa ha alti livelli di produzione, è in genere capace di acquistare ed utilizzare macchinari specializzati non utilizzabili da parte di piccole imprese. I manager della produzione nella Bic Corporation, ad esempio, hanno enfatizzato questo importante vantaggio degli alti volumi di produzione. Un direttore di produzione osservò:

> Noi siamo nel business dell'automazione. Grazie ai nostri elevati volumi di produzione, un 10% di risparmi su un centesimo, si traduce in enormi benefici [...]. Un vantaggio degli alti volumi produttivi è che puoi acquistare i migliori macchinari, le attrezzature, ed ammortizzarli interamente in un breve periodo (4 o 5 mesi). Io sono sempre alla ricerca di nuovi macchinari. Se credo che un macchinario possa portare ad un risparmio di costo, lo compro. Non mi faccio condizionare dall'entità della spesa (Christensen, Berg, Salter, 1980, p. 163).

Solo le imprese che raggiungono livelli di produzione pari a quelli della Bic, nell'industria delle penne, possono ridurre i propri costi di produzione allo stesso modo.

Economie di impianto

Volume di produzione e costi di impianti e attrezzature. Gli alti volumi di produzione possono anche portare un'impresa a impiantare grandi attività produttive. Un'impresa con elevati volumi di produzione, fermi restando gli altri fattori, sarà capace di realizzare attività industriali a costi unitari ridotti ed avrà un costo medio di produzione più basso.

Il collegamento tra volume di produzione e costo di realizzazione di attività industriali è fondamentale nei settori caratterizzati da **processi di trasformazione**, come il settore chimico, petrolifero, della carta e così via. Date le caratteristiche fisiche degli impianti di trasformazione, il costo di costruzione di un impianto con maggiore capacità di produzione può aumentare proporzionalmente ai due terzi della capacità produttiva stessa. Questo perché l'area della superficie di alcuni contenitori tridimensionali (come sfera e cilindro) cresce a un tasso minore rispetto al volume degli stessi. Dunque, contenitori più grandi ospitano maggiori volumi e richiedono minor materiale per unità di volume per il loro rivestimento esterno. Fino ad un certo punto, gli aumenti nella capacità sono meno che proporzionali rispetto al costo necessario per sviluppare questa capacità (Scherer, 1980; Moore, 1959; Lau, Tamura, 1972).

La specializzazione delle risorse umane

Volume di produzione e specializzazione degli addetti. Gli elevati livelli di produzione sono anche associati all'elevato grado di specializzazione delle risorse umane. Quando i lavoratori sono specializzati nel compiere una determinata mansione, possono garantire maggiore efficienza nell'espletamento della stessa, riducendo in tal modo i costi per la propria impresa. Questo ragionamento è applicabile sia alle funzioni più propriamente produttive (ad esempio assemblaggio), che alle funzioni manageriali (contabilità, finanza e vendite). Come osservò per primo Adam Smith nel 1776, i vantaggi di costo possono essere ricondotti alla divisione del lavoro.

La specializzazione delle PMI

Le imprese più piccole spesso non raggiungono volumi di produzione tali da giustificare questo livello di specializzazione delle risorse umane. Dati i piccoli volumi produttivi, gli addetti altamente specializzati possono non avere sufficiente lavoro per essere impegnati per un'intera giornata. Questo ridotto volume di produzione è una delle ragioni per cui le piccole imprese hanno addetti che svolgono più funzioni e spesso usano contratti di lavoro part-time o di collaborazione esterna per lo svolgimento di funzioni ad alta specializzazione come contabilità, gestione del personale, consulenza fiscale.

Ripartire i costi fissi: un esempio

Volume di produzione e spese generali. Un'impresa con elevati volumi produttivi ha la possibilità di frazionare i propri costi generali su maggiori unità di prodotto e, quindi, di ridurre il costo unitario di produzione. Supponiamo, in un settore specifico, che il costo delle attività riguardanti le funzioni di contabilità, controllo, ricerca e sviluppo, a prescindere dalla dimensione dell'impresa, sia di 100.000 dollari. Chiaramente, considerando esclusivamente tali costi, un'impresa che produce 1.000 unità sostiene un costo di 100 dollari per unità prodotta. Mentre, per un'impresa che ne produce 10.000, il costo unitario è di 10 dollari. Di conseguenza, il costo unitario medio di produzione in una grande impresa è più basso di quello di un'impresa più piccola.

Ovviamente, affinché si generi un vantaggio di costo, secondo tale relazione, il totale di questi costi non deve essere correlato al volume di produzione. Se i costi generali sono correlati positivamente al volume di produzione dell'impresa stessa, allora, ogni incremento del volume di produzione porterà ad una corrispondente crescita. Un'azienda con spese generali di 100.000 dollari e un volume di produzione di 1.000 unità sosterrebbe un costo fisso di 1 milione di dollari se dovesse aumentare il suo volume di produzione a 10.000 unità e se i suddetti costi fossero correlati positivamente al volume di produzione dell'impresa stessa. Ovviamente, il costo medio per unità (100 dollari) resterebbe invariato in entrambe le situazioni. Pertanto, quanto più le spese generali ed il volume di produzione non sono correlati, maggiore sarà il vantaggio, in termini di costi unitari, delle imprese con elevati volumi di produzione rispetto alle imprese con bassi livelli produttivi.

Si pensi, ad esempio, al caso McDonald's: il vantaggio competitivo di quest'azienda si basa essenzialmente sulla capacità di mantenere i prezzi bassi, attraverso una divisione del lavoro che consente di assumere e formare dipendenti inesperti, piuttosto che cuochi qualificati. Questi risparmi di personale permettono all'azienda di mantenere i costi di gestione molto bassi e, dunque, di offrire i propri servizi a prezzi estremamente competitivi.

Le fonti delle diseconomie di scala

Differenti dimensioni e diseconomie di scala. Così come le economie di scala possono generare vantaggi di costo per le imprese di maggiori dimensioni, ingenti diseconomie di scala possono far aumentare sproporzionatamente i costi di un'impresa che cresce troppo. Come mostrato dalla figura 1 e dalla tabella 1, i volumi di produzione superiori al punto ottimale (punto *X* nella figura 1, sette unità nella tabella 1) possono portare anche ad incrementi di costo. Se le altre imprese del settore presentano una crescita dei volumi che supera la dimensione ottimale, un'azienda più piccola (con un livello di produzione più prossimo a quello ottimale) può ottenere un vantaggio di costo rispetto alle imprese che realizzano un prodotto simile. Le principali fonti delle diseconomie di scala sono elencate qui di seguito:

1. limiti fisici alla dimensione efficiente;
2. diseconomie manageriali;
3. motivazione del lavoratore;
4. distanza dai mercati e dai fornitori.

La regola dei due terzi

Limiti fisici (limitazioni oggettive) alla dimensione efficiente. L'applicazione della regola *two-thirds* (dei due terzi) alla produzione di beni e servizi sembra implicare, almeno per alcuni settori, che la maggiore dimensione sia sempre preferibile. Tuttavia, esistono limitazioni oggettive alla dimensione di taluni processi industriali. Alcuni ingegneri hanno trovato, per esempio, che forni in cemento sviluppano una forte instabilità oltre una capacità produttiva pari a sette milioni di barili all'anno. Altri hanno suggerito che aumentando i reattori nucleari da piccole a grandi installazioni si generano forze e processi fisici non percepibili con impianti minori, che potrebbero diventare significativi per grandi dimensioni produttive. Queste limitazioni oggettive sui processi industriali riflettono l'importanza degli aspetti fisici e ingegneristici in un processo produttivo e suggeriscono quando la curva di costo della figura 1 inizierà a crescere (Scherer, 1980; Perrow, 1984).

Dimensione e complessità della gestione

Diseconomie manageriali. Benché le suddette limitazioni fisiche oggettive abbiano un impatto fondamentale sui costi d'impresa, le diseconomie manageriali risultano, a loro volta, un'importante causa della crescita dei costi. Un'impresa che cresce di dimensione, spesso cresce anche nella sua complessità e, quindi, l'abilità di controllo e gestione dei manager diviene spesso limitata.

Un noto esempio di un impianto produttivo cresciuto oltre misura e di conseguenza divenuto inefficiente è quello della Crown, Cork and Seal's, impianto produttivo di imballaggi di Filadelfia. Nella prima parte della sua storia centenaria, l'impresa riusciva a produrre ben 75 linee differenti di imballaggi. L'impianto più efficiente del settore, però, produceva dalle 10 alle 15 linee simultaneamente. L'impianto di Filadelfia era semplicemente troppo grande per operare efficientemente e generò elevate perdite, con alta percentuale di linee produttive ferme e prodotti di bassissima qualità (Hamermesh, Rosenbloom, 1989).

La teoria di Hackman e Oldham

Motivazione del lavoratore. Una terza fonte delle diseconomie di scala dipende dalla relazione tra specializzazione e motivazione della forza lavoro. È già stato affermato che uno dei vantaggi della crescita dei volumi di produzione è che essa consente ai lavoratori di specializzarsi in più piccoli e circoscritti compiti di produzione. Con la specializzazione, i dipendenti diventano più efficienti nel compimento delle mansioni loro attribuite. Tuttavia, un significativo filone di ricerca suggerisce che questi tipi di lavoro altamente specializzati sono anche quelli più demotivanti per i lavoratori. Basandosi su teorie motivazionali prese dalla psicologia sociale, la letteratura evidenzia che il lavoratore è come se venisse rimosso dalla visione globale della produzione aziendale e il suo ruolo, come parte del sistema impresa, venisse via via oscurato. È come se il lavoratore divenisse mero "ingranaggio di un meccanismo", facendone svanire la motivazione, con effetti negativi anche sulla produttività e sulla qualità dell'output (Hackman, Oldham, 1980).

Ubicazione della produzione rispetto alla domanda finale

Distanza dai mercati e dai fornitori. Un'ultima fonte delle diseconomie di scala può essere la distanza tra un grande stabilimento di produzione ed il luogo dove gli stessi prodotti possono essere venduti, o dove le materie prime essenziali sono acquisite. Ogni riduzione di costo attribuibile allo sfruttamento di economie di scala può essere cancellata dagli elevati costi di trasporto di materie prime e prodotti, da e verso l'impianto di produzione. Imprese che costruiscono impianti molto efficienti, senza considerare questi elevati costi di trasporto, possono trovarsi in una condizione di svantaggio competitivo rispetto ad imprese meno efficienti, ma meglio localizzate rispetto ai fornitori e alla domanda finale.

Economie di apprendimento

Esperienze differenti ed economie di apprendimento. Una terza possibile fonte di vantaggio di costo di un'impresa, in un particolare business, dipende dai volumi cumulati di produzione. In alcune circostanze, imprese con maggiori esperienze nella realizzazione di un prodotto o servizio riescono ad avere costi di produzione più bassi, garantendosi, quindi, un vantaggio di costo. Il collegamento tra volumi di produzione cumulati e costo relativo è stato formalizzato nel concetto di **curva di apprendimento**, rappresentata graficamente nella figura 2.

Figura 2 – Curve di apprendimento e costo di produzione

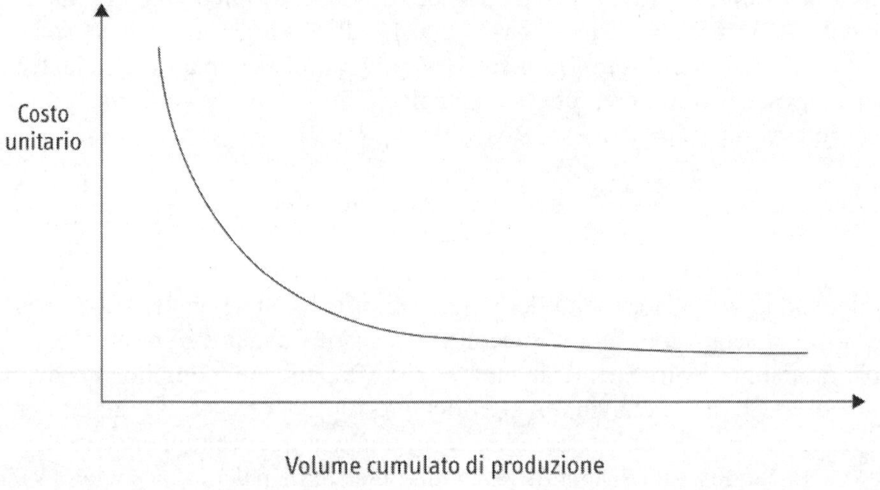

Differenze tra economie di apprendimento ed economie di scala

Curva di apprendimento ed economie di scala. Secondo quanto illustrato nella figura 2, la curva di apprendimento è strettamente collegata alle economie di scala. Infatti, ci sono solo due differenze tra questi concetti. La prima è che, mentre le economie di scala si focalizzano sulla relazione tra volume di produzione in un determinato istante e costi medi unitari, la curva di apprendimento si focalizza sulla relazione tra il volume cumulato di produzione e i costi medi unitari. La seconda è che, mentre le diseconomie di scala si presume possano presentarsi solo allorquando un'impresa sia sovradimensionata nel modello della curva di apprendimento all'aumentare del volume di produzione cumulato, i costi continuano a decrescere fino a raggiungere il più basso costo tecnologicamente possibile.

In generale, il modello della curva di apprendimento può essere visto come una dinamica generalizzazione del concetto delle economie di scala. Invece di una semplice osservazione del volume di produzione e dei costi in un determinato istante, la curva di apprendimento cerca di correlare il volume di produzione ed i costi, nel lungo termine.

Vantaggi di costo nell'industria aeronautica

Curva di apprendimento e vantaggi di costo. Il modello della curva di apprendimento è basato sull'osservazione empirica che i costi di produzione di un'unità decrescono all'aumentare del volume di produzione cumulato. Questa relazione fu, per la prima volta, osservata nella costruzione di aerei prima della seconda guerra mondiale. La ricerca mostrò che il costo di lavoro per un aereo scendeva del 20% ogni volta che il volume cumulato di produzione si duplicava. Un simile fenomeno è stato osservato in molti altri settori, nonostante il tasso di riduzione del costo potesse variare. Alcuni di questi settori comprendono la produzione di navi, computer, veicoli spaziali e semiconduttori. In tutti questi casi, la crescita del volume di produzione cumulato è stata associata al miglioramento dei metodi di lavoro, ad una buona messa a punto delle attività di produzione e all'apprendimento specialistico su come realizzare la produzione nel modo più efficiente possibile.

Comunque, curve di apprendimento e vantaggi di costo non sono concetti ristretti al solo settore produttivo. L'apprendimento può essere associato a qualsiasi funzione, dall'approvvigionamento alla distribuzione e ai servizi. Ci possono essere importanti effetti di apprendimento nel settore terziario. La curva di apprendimento è maggiormente applicata nell'analisi dei costi di produzione, ma è importante sapere che si tratta di uno strumento applicabile ogni qualvolta il costo di svolgimento di una funzione decresce al cumularsi del numero di volte in cui un'impresa è impegnata in quella funzione (Boston Consulting Group, 1970; M. Lieberman, 1984).

L'equazione della curva di apprendimento

La curva in figura 2 può essere rappresentata con la seguente equazione:

[4.4] $y = ax^{-b}$

dove a è la quantità di tempo usato per produrre (che comprende approvvigionamento di materiali, produzione, distribuzione e così via) la prima unità, x è il numero totale di unità prodotte, b è il coefficiente che esprime il tasso di apprendimento nella produzione e y è il tempo medio necessario per produrre le x unità. In generale, le imprese che realizzano gli stessi prodotti e servizi dei propri concorrenti, ma che lo fanno in minor tempo, avranno un maggiore vantaggio di costo.

Un'applicazione delle economie di apprendimento

È possibile usare l'equazione della curva di apprendimento per prevedere il costo medio temporale di produzione dell'output. Supponiamo che si ingaggi un team di lavoratori per produrre in 45 minuti il loro primo mouse. In considerazione dell'apprendimento ricevuto, gli stessi lavoratori potrebbero produrre in meno tempo il loro secondo mouse, diciamo 27 minuti; con queste due osservazioni, è possibile stimare il tasso di apprendimento per la produzione di mouse. Il tempo per produrre il primo mouse è 45 minuti. Il numero totale di mouse, x, è 2 e il tempo medio di produzione, y, è 36 minuti (45 + 27/2). Ponendo questa informazione nell'equazione della curva di apprendimento, è possibile calcolare b, il tasso di apprendimento. In questo esempio, b, il tasso di apprendimento nella produzione di mouse, è 0,3219. Con questa stima di b, la curva di apprendimento per la produzione di mouse diventa:

[4.5] $y = (45)(x)^{-0,3219}$

Questa equazione può essere usata per prevedere i costi di produzione nel futuro. Essa può anche essere utilizzata per confrontare i relativi costi di produzione tra due differenti imprese. Supponiamo ci siano due diverse imprese nel settore della produzione di mouse. L'impresa A e l'impresa B. Supponiamo che l'impresa A sia appena entrata in tale settore ed abbia appena prodotto il suo primo mouse, nel tempo di 45 minuti. L'impresa B sta producendo lo stesso mouse. Utilizzando la curva di apprendimento, possono essere stimati i costi temporali di produzione di questo prodotto. Per stimare il costo di produzione del sesto prodotto, va calcolato prima il tempo medio necessario per produrre ciascuno dei sei mouse, moltiplicarlo per sei (al fine di ottenere il tempo di produzione totale), stimare il tempo medio necessario per produrne cinque, moltiplicarlo per cinque (al fine di ottenere il tempo di produzione totale dei cinque) e quindi sottrarre quest'ultimo risultato dal tempo totale necessario per produrne sei. Questa differenza è il tempo necessario per produrre il sesto mouse. Questi calcoli sono mostrati nella tabella 2.

Di qui, si giunge al risultato che il sesto mouse potrà essere prodotto approssimativamente in 17,8 minuti. Questo va confrontato con i 45 minuti necessari all'impresa A per produrre il suo primo mouse. La differenza tra 45 e 17,8 minuti rappresenta il vantaggio di costo per l'impresa B nei confronti di A.

Alcuni esempi numerici

Valori della curva di apprendimento. Le curve di apprendimento hanno differenti valori. L'effetto di una curva di apprendimento deriva dall'impatto che l'apprendimento ha sul costo medio di produzione quando la produzione si raddoppia. Se sono necessarie 10 ore per produrre la prima unità, ed una media di 9 ore per produrre la seconda (si noti che la produzione è raddoppiata da 1 a 2 unità), si dice che questo processo produttivo ha un 90% di curva di apprendimento. Se in media si producono 6 unità in 20 minuti e se ne impiegano 16 per produrne 12 (produzione raddoppiata), questo processo ha un 80% di curva di apprendimento.

Nell'equazione della curva di apprendimento c'è una relazione matematica tra la curva di apprendimento e β. Comunque, per maggiore chiarezza, il valore di β e la curva di apprendimento elencati nella tabella 3 sono sufficienti per calcolare la maggior parte dei vantaggi di costo basati sulla curva di apprendimento.

Tabella 2 – Applicazione della curva di apprendimento per stimare i costi di produzione di mouse per due imprese: impresa A (in fase di start-up) e impresa B (che produce il sesto mouse)

Step 1	Stimare l'equazione della curva di apprendimento per la produzione di mouse (fatto nel testo) $y = (45)(x)^{-0,3219}$
Step 2	In quanto tempo l'impresa A produce il suo primo mouse? 45 minuti (lo stesso per l'impresa B)
Step 3	Qual è il tempo medio per l'impresa B per produrre 6 mouse? $y = (45)(6)^{-0,3219} = 25,3$ minuti
Step 4	Qual è il tempo totale per l'impresa B per produrre questi 6 mouse? 151,8 minuti = $(6) \times (25,3)$ minuti
Step 5	Qual era il tempo medio in cui l'impresa B produceva 5 mouse? $y = (45)(5)^{-0,3219} = 26,8$ minuti
Step 6	Qual è il tempo totale per l'impresa B per produrre questi 5 mouse? 134 minuti = $(5) \times (26,8)$ minuti
Step 7	In quanto tempo l'impresa B produce solo la sesta unità di mouse? Tempo totale per produrne 6 : 151,8 minuti – Tempo totale per produrne 5 : 134,0 minuti = Tempo per produrre il sesto mouse : 17,8 minuti

Nota: quindi all'impresa A costerà 45 minuti la produzione del proprio mouse, mentre all'impresa B solo 17,8 minuti.

Il collegamento con la quota di mercato

Vantaggio competitivo e curva di apprendimento. Il modello della curva di apprendimento schematizzato nella figura 2 è stato utilizzato per sviluppare un ulteriore modello di vantaggio competitivo di costo che collega l'apprendimento alla quota di mercato e ai costi medi di produzione. La Boston Consulting Group è tra i principali fautori dell'applicazione della logica della curva di apprendimento per la creazione del vantaggio competitivo (Henderson, 1974; Boston Consulting Group, 1970).

La logica dietro questa applicazione del modello della curva di apprendimento è semplice. Sembra chiaro che la prima impresa che sposta con successo verso il basso la curva di apprendimento otterrà un vantaggio di costo nei confronti dei concorrenti, come l'impresa B nell'esempio della produzione di mouse nei confronti di A. Per spostare la curva verso il basso e, quindi, ottenere dei costi più bassi rispetto alla concorrenza, un'impresa deve raggiungere livelli cumulati di produzione più elevati. Di certo, un'azienda che produce con successo grandi quantità di output ha bisogno anche di collocare sul mercato le stesse quantità. Realizzare grandi volumi può ridurre i costi di produzione di un'impresa, ma potrebbe portare anche ad effetti disastrosi nel lungo termine. Per vendere le maggiori quantità prodotte, le aziende sono costrette, in effetti, ad incrementare la propria quota di mercato.

Tabella 3 – Misure della curva di apprendimento e valori di b per comuni curve di apprendimento

Misura della curva di apprendimento (in %)	Valore di β
99	0,1044
98	0,0291
97	0,0439
96	0,0589
95	0,074
94	0,0893
93	0,1047
92	0,1203
91	0,1361
90	0,152
89	0,1681
88	0,1844
87	0,2009
86	0,2176
85	0,2345
84	0,2515
83	0,2688
82	0,2863
81	0,304
80	0,3219

Quindi, per spostare verso il basso la propria curva di apprendimento e ottenere un vantaggio di costo, l'impresa deve aggressivamente guadagnare quota di mercato.

Critiche all'applicazione della curva di apprendimento

Questa applicazione del modello della curva di apprendimento è stata criticata da numerosi autori. Due critiche sono particolarmente salienti. In primo luogo, anche se l'acquisizione di una maggiore quota di mercato porta alla riduzione dei costi di produzione di un'impresa, va detto che l'acquisizione di nuova clientela è a sua volta dispendiosa e costosa. Per aumentare la quota di mercato, le imprese devono incrementare le proprie spese di pubblicità, di marketing e ridurre i prezzi. Infatti, numerose ricerche (Montgomery, Wernerfelt, 1991; Buzzell, Gale, Sultan, 1975) dimostrano che i costi necessari alle imprese per acquisire una ulteriore quota di mercato spesso compensano il vantaggio legato ai minori costi di produzione. Ogni sforzo per spostare rapidamente la curva di apprendimento verso il basso acquisendo quota di mercato, è probabile che generi solo profitti "normali".

La seconda critica è che in questa logica non c'è spazio per differenziazione produttiva, strategie competitive o strategie complessive. In altre parole, questa applicazione della curva di apprendimento assume implicitamente che le imprese possano competere solo sulla base di bassi costi e che ogni altra strategia non sia applicabile. Molti settori, comunque, sono caratterizzati proprio dall'opportunità di attuare altre strategie, per cui questa applicazione del modello della curva di apprendimento può risultare fuorviante.

Escludendo queste critiche, ci sono ancora casi, in molti settori, di imprese con elevati volumi di produzione cumulati che, a parità di altri fattori, presentano un più basso costo medio di produzione. Quindi, l'esperienza in tutte le fasi della produzione può essere una fonte di vantaggio di costo, anche se il perseguimento della maggiore quota di mercato per ottenere tale vantaggio potrebbe non far ottenere all'impresa dei ritorni economici superiori al normale.

Fattori produttivi a basso costo

L'accesso a basso costo ai fattori produttivi. Al di là di economie di scala, diseconomie di scala e vantaggi di costo da curva di apprendimento, costi di accesso ridotti per **fattori di produzione** possono generare differenze di costo tra imprese che realizzano lo stesso prodotto. I fattori di produzione sono tutti gli input usati dall'impresa per condurre la propria attività; essi includono lavoro, capitale, terra e materie prime. Un'azienda, che gode di un basso costo differenziale di accesso ad uno o più di questi fattori, può presentare più ridotti costi rispetto ai concorrenti.

Consideriamo, per esempio, un'impresa petrolifera che operi in Arabia Saudita confrontandola con un'impresa che operi nel Mare del Nord. Il costo per ottenere il petrolio greggio per la prima impresa è notevolmente più basso rispetto alla seconda. La raffinazione nel Mare del Nord comporta la costruzione di giganti piattaforme, il dare alloggio ai lavoratori sulle città galleggianti e il trasporto del petrolio attraverso un mare spesso tempestoso. La raffinazione in Arabia Saudita necessita solo delle più semplici tecnologie poiché il petrolio si trova relativamente vicino alla terraferma. Non è difficile evincere che i costi per un'impresa in Arabia Saudita sono molto più bassi rispetto ad un'impresa situata nel Mare del Nord.

Di certo, per creare un vantaggio di costo, il basso costo di acquisto di fattori produttivi deve essere minore dei risparmi generati dagli stessi fattori. Per esempio, benché possa essere meno oneroso raffinare il petrolio in Arabia Saudita rispetto al Mare del Nord, se è molto costoso ottenere la licenza (il diritto) per raffinare in

Arabia rispetto al Mare del Nord, il potenziale vantaggio di costo può venir meno. Come con tutte le fonti del vantaggio di costo, le imprese devono essere attente al costo di acquisizione del vantaggio, confrontandolo con il valore del vantaggio stesso.

Il minore costo di reclutamento

I costi di accesso a materie prime come petrolio, carbone, rame grezzo possono essere una determinante importante per un vantaggio di costo. Comunque, differenze nell'accesso ad altri fattori possono essere ugualmente importanti. Per esempio, può essere più facile (e quindi meno costoso) reclutare ingegneri elettronici altamente specializzati per imprese localizzate vicino alla sede dei centri di formazione di questi ingegneri. Questo minore costo di reclutamento è una parziale spiegazione dello sviluppo di centri tecnologici territorialmente concentrati, come Silicon Valley in California, Route 128 nel Massachusetts e il triangolo di ricerca nel North Carolina. In questi tre casi, le imprese sono localizzate fisicamente vicino ad una serie di università che formano ingegneri che aspirano ad entrare in una compagnia high tech.

Il volume di produzione di un'impresa può incidere anche sul differenziale di accesso ai fattori produttivi. Un'impresa con alti volumi di produzione può essere capace di usare la propria quota di mercato come leva per ottenere sconti per materie prime ed altre forniture. Questi sconti di volume non possono essere accessibili alle imprese più piccole. La ricerca degli sconti per alti volumi è una delle spiegazioni del recente sviluppo di gruppi di strutture mediche nel settore ospedaliero e catene di distributori al dettaglio in vari mercati. Le "catene di ospedali" possono acquistare molte loro provviste ad un costo più basso rispetto ad un ospedale singolo, tanto che singoli ospedali stanno iniziando ad unirsi in consorzi o gruppi di acquisto per ridurre i propri costi di approvvigionamento. Gli stessi singoli distributori, attraverso i gruppi di acquisto, riescono ad ottenere il vantaggio legato agli alti volumi di acquisto dai fornitori.

Vantaggi di costo *technology-based*

Vantaggi tecnologici indipendenti dalla scala. Un'altra possibile fonte di vantaggio di costo può essere la differente tecnologia utilizzata dall'impresa nel proprio business. È già stato suggerito che le imprese più grandi possono presentare dei vantaggi di costo *technology-based* legati allo sfruttamento delle economie di scala. Esistono, tuttavia, vantaggi di costo basati sulle tecnologie che non dipendono dalle economie di scala.

L'industria siderurgica

Tradizionalmente, le discussioni sui vantaggi di costo basati sulle tecnologie si sono focalizzate su macchinari, computer ed altre attrezzature fisiche che le imprese usano nello svolgimento del proprio business. Chiaramente, in alcuni settori, queste diverse tecnologie possono provocare importanti differenze di costo tra le imprese, anche quando le imprese in questione sono approssimativamente della stessa dimensione in termini di volume di produzione (Ghemawat, Stander, 1992; Shaffer, 1995; Monteverde, Teece, 1982; McCormick, Stone, 1990). I progressi tecnologici nell'industria siderurgica, per esempio, possono ridurre sostanzialmente i costi di produzione. Lo stesso vale nella produzione di semiconduttori, automobili, dispositivi elettronici e di una vasta gamma di altri prodotti.

Questi vantaggi di costo legati alle tecnologie hardware si riferiscono tanto alle imprese di produzione quanto a quelle di servizi.

Tuttavia, il concetto di tecnologia può essere facilmente ampliato per includere non solo le attrezzature fisiche che le imprese utilizzano nel loro business, ma ogni altro processo. Questo concetto di tecnologia riguarda non solo le **tecnologie hardware** – macchine e robot – ma anche le **tecnologie software**, come la qualità delle relazioni tra lavoratori e management, una specifica cultura organizzativa e la qualità del sistema di controllo direzionale. Tutte queste caratteristiche possono avere un impatto sui costi economici dell'impresa.

Tecnologie "hard" e "soft"

Una ricerca effettuata in Giappone sostiene che, anche se la tecnologia "hard", che include automazione e macchine, è una componente importante della riduzione di costo, la tecnologia "soft", come, per esempio, l'uso di circoli di qualità nei piani di produzione, la fidelizzazione del personale e una cultura organizzativa che enfatizzi il controllo dei costi, risulta altrettanto rilevante per spiegare le posizioni di costo di alcune imprese giapponesi. Anche un lavoro statunitense enfatizza le implicazioni sui costi di questi aspetti tecnologici più "soft". Le imprese che posseggono la combinazione giusta tra tecnologie hardware e software possono godere di costi più bassi anche quando non posseggono i vantaggi di scala e di curve d'apprendimento (Ouchi, 1981; Pascale, Athos, 1981; Peters, Waterman, 1982; Womach, Jones, Roos's, 1990).

Politiche di prodotto

Politiche di gestione. Finora l'analisi si è concentrata sulla ragione per cui un'impresa ottiene un vantaggio di costo, malgrado realizzi prodotti del tutto simili alle imprese concorrenti. Quando le imprese producono essenzialmente lo stesso output, le differenze nelle economie di scala, nella curva di apprendimento, nell'accesso ai fattori produttivi e nelle tecnologie possono tutte creare vantaggi (o svantaggi) di costo per le imprese. Tuttavia, le aziende possono effettuare anche scelte differenziate circa il tipo di prodotto e servizio da vendere, che hanno effetto sul posizionamento relativo in termini di costo.

Politiche di prezzo

In generale, le imprese intenzionate ad implementare una strategia di leadership di costo sceglieranno di realizzare prodotti relativamente semplici e standardizzati vendendoli ad un prezzo basso. Questi tipi di prodotti spesso tendono a presentare elevati volumi di vendita che, se esistono significative economie di scala, tendono a ridurre ulteriormente i costi.

Prezzi e costi di produzione-obiettivo

Scelte di prodotto e di prezzo come queste tendono ad avere un enorme impatto sulle attività del leader di costo. In queste aziende, la riduzione dei costi non è demandata a singole funzioni oppure ad un responsabile nell'impresa, ma è una responsabilità di tutti i manager e di tutta la forza lavoro. La riduzione di costo a volte diventa l'obiettivo centrale dell'impresa. Il management deve però fare costantemente attenzione agli sforzi di tagliare costi che riducono l'abilità dell'impresa di soddisfare i bisogni dei consumatori.

Alcune imprese gestiscono la relazione tra scelte strategiche e leadership di costo, ricorrendo al sistema definito "target costing". A titolo esemplificativo, Mercedes e Toyota per l'industria automobilistica, Panasonic e Sharp per l'elettronica e Apple e Toshiba per la produzione di personal computer utilizzano il target costing (Swamidass, 2002). Questo approccio per lo sviluppo del prodotto parte dalla determinazione del prezzo al quale il nuovo prodotto dovrebbe essere più appetibile per i potenziali consumatori. Tale prezzo-obiettivo determina il costo obiettivo di produzione e tutte le decisioni in termini di design, *engineering* e approvvigionamenti sono assunte in funzione del livello di costo determinato. In tal senso, le scelte strategiche circa le caratteristiche dei prodotti risultano legate alle implicazioni che le stesse possono avere sulla produzione e sui relativi costi (Worthy, 1991).

Questo approccio nella progettazione del prodotto è in marcato contrasto con le modalità di progettazione di molte altre imprese, per le quali la progettazione può svilupparsi per un certo tempo, prima che il costo di produzione sia preso in considerazione. Il processo di determinazione dei costi di produzione è spesso descritto come il far passare il prodotto "oltre il muro" esistente tra i progettisti e la funzione di produzione. Se il costo di produzione è troppo alto, i prodotti devono essere fatti passare attraverso un costoso processo di riprogettazione.

Tale riprogettazione può ritardare l'introduzione del prodotto sul mercato forzando i progettisti ad approntare modifiche inappropriate, che non sarebbero state fatte se il costo di produzione fosse stato considerato dall'inizio nel processo di progettazione.

La leadership di costo di Ikea

Con tutti questi sforzi per ridurre i costi, l'impresa deve comunque evitare di produrre o vendere prodotti a basso costo che nessuno comprerebbe: le performance dipendono anche dalla relazione tra costi e ricavi. Una riduzione indiscriminata dei costi può rappresentare una minaccia per i profitti aziendali, un'impresa con costi ridotti può non restare competitiva. Un'azienda che ha puntato su una strategia di leadership di costo è Ikea, impresa di distribuzione svedese di arredamenti per la casa. Per accedere al mercato nordamericano, Ikea ha praticato prezzi molto bassi. Alcuni consumatori hanno trovato basso il livello del suo servizio. I clienti spesso dovevano aspettare più di un'ora per acquistare i prodotti. Ikea distribuiva sette milioni di cataloghi l'anno, ma il sistema di prenotazioni telefoniche era inadeguato. Risultava difficile per i clienti ordinare prodotti temporaneamente non disponibili. Gli investimenti ridotti in servizi hanno ritardato la crescita iniziale di Ikea nel Nordamerica, anche se l'impresa ha poi trovato le opportune risposte a molti dei problemi di servizio (Trachtenberg, 1991).

2. Il valore economico della leadership di costo

L'impatto sulla performance

Le scelte sui tipi di prodotti che le imprese di un settore decidono di produrre possono generare anche significative differenze di costo. L'impatto di queste differenze di costo sulle performance economiche è rappresentato nella figura 3.

Imprese *price takers*

Le imprese descritte nella figura sono *price takers*, nel senso che il prezzo dei prodotti e dei servizi venduti è determinato dalle condizioni di mercato

Figura 3 – Leadership di costo e performance economica

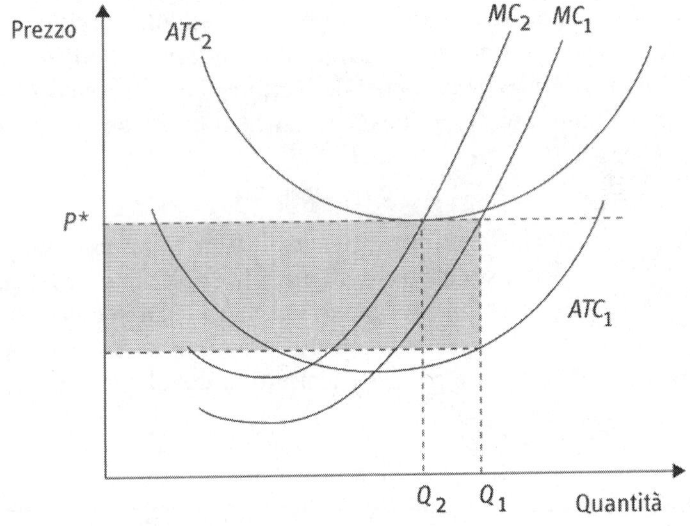

e non dalle decisioni individuali delle imprese stesse (cap. 2). Questo implica che non c'è effettivamente una differenziazione produttiva e che nessuna azienda detiene una grossa quota di mercato (i mercati caratterizzati da differenziazione produttiva sono discussi nel cap. 5). Il prezzo dei beni o servizi in questi casi è determinato dal rapporto tra la domanda e l'offerta del settore. Tale prezzo determina la domanda per ciascuna impresa nel mercato. Dato che queste aziende sono *price takers*, la domanda soddisfatta da una singola impresa è costante, nel senso che le decisioni dell'azienda circa i livelli di output hanno un impatto ininfluente sull'intera

offerta del settore, nonché un trascurabile impatto sul prezzo determinato dal mercato. Come è ben noto, un'impresa massimizza le sue performance economiche se produce la quantità di output rispetto alla quale il ricavo marginale uguaglia il costo marginale. La capacità dell'impresa di maturare profitti in questa situazione dipende dalla relazione tra il prezzo determinato dal mercato e il costo totale medio dell'impresa, in funzione della quantità che ha scelto di produrre.
Le imprese nel mercato descritto nella figura 3 si distinguono in 2 categorie. La prima presenta la curva del costo totale medio ATC_2 e la curva del costo marginale MC_2; la seconda mostra la curva del costo totale ATC_1 e la curva del costo marginale MC_1. Si noti che ATC_1 è minore di ATC_2 in corrispondenza delle quantità prodotte che massimizzano le performance per questi due tipi di imprese (Q_1 e Q_2 rispettivamente). In questo specifico esempio, le aziende che hanno una comune curva dei costi medi totali hanno profitti economici pari a zero, mentre un'**impresa *low cost*** presenta un profitto (uguale all'area evidenziata nella figura 3). Una molteplicità di altre situazioni potrebbero essere presentate: l'impresa leader di costo potrebbe non avere profitti, mentre altre aziende nel mercato subiscono perdite; potrebbe produrre notevoli profitti, mentre le altre profitti minori; potrebbe subire piccole perdite economiche mentre altre imprese consistenti perdite; e così via. Comunque, in tutti questi esempi, le performance economiche dell'impresa leader sono migliori di quelle delle altre imprese del settore. La leadership di costo, quindi, può produrre importanti impatti sulle performance economiche aziendali.

2.1. Leadership di costo e minacce ambientali

Leadership di costo e *SWOT analysis*

Il valore della leadership di costo può anche essere analizzato attraverso il modello delle minacce ed opportunità ambientali presentato nel cap. 2. Di seguito, si analizza, come la leadership di costo riduce la minaccia dei nuovi entranti, dei concorrenti diretti, dei prodotti sostitutivi, dei clienti e dei fornitori.

Vantaggio di costo come barriera all'entrata

Leadership di costo e minaccia di nuovi entranti. Una strategia di leadership di costo aiuta a ridurre la minaccia di nuovi entranti con la creazione di **barriere all'entrata *cost-based***. Come detto, molte delle barriere all'entrata (cap. 2), comprese le economie di scala ed i vantaggi di costo indipendenti da scala, presumono che le imprese abbiano costi più bassi rispetto ai potenziali entranti. Se un'impresa consolidata è leader di costo, per tutte le ragioni elencate, i nuovi entranti sono costretti ad investire molto per ridurre i costi di produzione iniziali ed entrare nel business. Spesso, i nuovi entranti accedono al business usando diverse strategie competitive (per differenziazione produttiva) piuttosto che provando a competere sui costi.

Un esempio, in questo senso, è rappresentato dalla Southwest Airlines. La compagnia aerea statunitense si impone nel comparto aereo nel 1971, specializzandosi, a differenza delle full cost allora leader del settore (American Airlines, Delta Airlines, United Airlines, Eastern Airlines e Pan American World Airways), in rotte con forte intensità di traffico, percorsi relativamente brevi e strutture tariffarie semplici. Tali scelte consentono alla compagnia di elevare le barriere all'entrata rispetto ai potenziali nuovi entranti, i quali, se interessati ad accedere allo stesso mercato, dovranno individuare differenti strategie competitive per guadagnare quota di mercato.

Le politiche di prezzo dell'impresa leader di costo

Leadership di costo e minaccia dei concorrenti diretti. Le imprese in una posizione di leadership di costo possono anche ridurre la minaccia dei concorrenti diretti. La minaccia della concorrenza diretta si riduce attraverso le strategie di prezzo che l'impresa *low cost* può attuare e attraverso il loro impatto sulle performance rispetto a quelle dei concorrenti con costi più elevati.

L'impresa leader di costo può adottare due tipi di scelte in merito alla fissazione del prezzo del proprio prodotto o servizio. Può stabilire prezzi uguali a quelli dei concorrenti che, tuttavia, sostengono costi più elevati. Assumendo che ci siano poche opportunità per le altre imprese di implementare una strategia di differenziazione produttiva, per i consumatori sarà indifferente acquistare beni e servizi dall'impresa a costi ridotti rispetto a quelle che sostengono costi più alti. Comunque, a questi prezzi competitivi, le imprese che sostengono costi elevati saranno capaci di raggiungere profitti normali, mentre l'impresa leader di costo raggiungerà profitti superiori al livello "normale". In secondo luogo, la scelta dell'impresa leader di costo può essere quella di fissare prezzi più bassi rispetto ai concorrenti che sostengono costi più alti. In tal caso, assumendo una scarsa differenziazione produttiva, il cliente non sarà più indifferente circa l'impresa dalla quale acquistare il prodotto. Ovviamente, il prezzo più basso dell'impresa *low cost* attirerà numerosi consumatori, facendo crescere rapidamente la sua quota di mercato.

Ciascuna di queste alternative presenta punti di forza e di debolezza. Fissare il prezzo allo stesso livello dei concorrenti permette all'impresa leader di costo di conseguire elevati margini sulle vendite. Aspetto rilevante è che questo approccio, in fondo, almeno parzialmente cela che l'impresa *low cost* possieda un vantaggio di costo. Nascondere questa informazione riduce le possibilità dei concorrenti di imitare l'impresa a basso costo e, quindi, di attenuarne il vantaggio di costo. Comunque, fissando un prezzo uguale a quello dei concorrenti si sacrifica la possibilità di avere una maggiore quota di mercato e maggiori volumi di vendita. Fissare un prezzo più basso, rispetto alle imprese che sostengono costi maggiori, produce l'effetto opposto. Tali strategie di prezzo possono significativamente accrescere la quota di mercato ed i volumi di vendita dell'impresa, ma possono ridurre anche i margini di profitto sulle vendite dell'impresa leader di costo. Inoltre, fissare prezzi ad un livello più basso lancia un segnale ai concorrenti per produrre al minor costo possibile. Tale segnale può motivare i concorrenti a provare a ridurre i propri costi.

L'abilità dei concorrenti *vs* l'impresa leader

Infine, la scelta tra queste due strategie di prezzo dipende anche dall'abilità delle imprese concorrenti di rispondere ai vantaggi di costo del leader. Se le potenziali risposte della concorrenza sono pericolose per l'impresa leader, allora quest'ultima deve fissare prezzi uguali ai propri *competitors*, sacrificando la quota di mercato per far crescere i margini di profitto e trasferire minori informazioni. D'altra parte, se le reazioni della concorrenza non rappresentano delle minacce per l'impresa leader, allora ridurre i prezzi rispetto a quelli dei concorrenti può far crescere in modo considerevole le performance economiche attraverso la crescita dei volumi di vendita.

Più in generale, queste opzioni strategiche di prezzo ed i potenziali profitti superiori al normale che possono generare, sono disponibili solo per i leader di costo. Queste strategie permettono alle imprese *low cost* di avere ritorni economici più che normali anche se il settore in cui operano è caratterizzato da un'intensa rivalità.

Leadership di costo e minaccia dei prodotti sostitutivi. Come suggerito nel cap. 2, i prodotti sostitutivi diventano una minaccia per un'impresa quando i relativi costi e le performance risultano più competitivi per la domanda rispetto ai prodotti e ai servizi delle imprese concorrenti. Quindi, quando il prezzo del petrolio greggio sale, i prodotti sostitutivi diventano più appetibili. Quando i prezzi e le performance dei calcolatori elettronici migliorano, la domanda per i dispositivi meccanici decresce.

Proteggere l'attrattività dei prodotti rispetto ai sostitutivi

In questa situazione, i leader di costo hanno la possibilità di proteggere l'attrattività dei loro prodotti e servizi rispetto ai prodotti sostitutivi. Allo stesso tempo, le imprese che sostengono alti costi di produzione devono far pagare elevati prezzi per coprire i loro costi, quindi, rendendo i prodotti sostitutivi più attrattivi, i leader di costo possono ridurre i propri prezzi e mantenere ancora un ritorno economico normale o sopra il normale.

Maggiore flessibilità per ridurre i costi di fornitura

Leadership di costo e minaccia dei fornitori. I fornitori possono diventare una minaccia per un'impresa aumentando i prezzi per i beni o i servizi che essi forniscono o riducendo la qualità degli stessi beni o servizi. Comunque, quando un fornitore vende ad un leader di costo, questa impresa ha una maggiore flessibilità nell'assorbire i maggiori costi di fornitura rispetto ad un'azienda che sostiene costi elevati. I maggiori costi di fornitura possono eliminare tutti i profitti superiori al normale delle imprese che sostengono costi elevati, mentre un'azienda leader di costo continuerà a generare profitti superiori al normale.

La leadership di costo basata su grandi volumi di produzione ed economie di scala può anche ridurre la minaccia dei fornitori. Elevati volumi di produzione implicano grandi forniture di materie prime ed altre forniture. Ai fornitori non conviene compromettere le proprie vendite minacciando i clienti. Infatti, come è stato osservato precedentemente, i clienti possono spesso ottenere degli sconti dai fornitori in funzione degli elevati volumi di acquisto.

Leadership di costo e minaccia dei clienti. La leadership di costo può anche ridurre la minaccia derivante dai clienti. Il potere dei clienti rappresenta una minaccia per le imprese quando essi insistono sul prezzo basso o sull'alta qualità e sui servizi dei venditori. I prezzi più bassi minacciano i guadagni dell'impresa, mentre la più elevata qualità può far crescere i costi della stessa. I leader di costo possono vedersi ridurre i ricavi dai propri clienti ma continuare ad ottenere dei profitti superiori al normale. Queste imprese, infatti, possono anche assorbire i maggiori costi dovuti ad una maggiore qualità o ai servizi, continuando ad avere un vantaggio di costo rispetto ai concorrenti.

La leadership di costo come deterrente per l'integrazione a monte

I clienti, inoltre, possono rappresentare una minaccia di integrazione verticale a monte. Essere un leader di costo è un deterrente per i clienti che vogliono integrarsi verticalmente a monte, poiché difficilmente questi sosterranno dei costi minori. Piuttosto che integrarsi ed aumentare i costi di fornitura, i clienti più forti preferiscono continuare ad acquistare dai fornitori a basso costo.

Infine, se la leadership di costo è basata su elevati volumi di produzione, allora la minaccia dei clienti può essere limitata, dato che i clienti, in tal caso, possono dipendere solo da poche imprese per l'acquisto di beni e servizi. Questa dipendenza riduce la volontà dei clienti di minacciare le imprese venditrici (Pfeffer, Salancik, 1978).

3. Leadership di costo e vantaggio competitivo sostenibile

Leadership di costo e analisi VRIO

Dato che la leadership di costo può essere di valore, sorge un'importante questione, "a quali condizioni le imprese attueranno questa strategia competitiva per mantenere la leadership e ottenere un vantaggio competitivo sostenibile?". Se le strategie di leadership di costo possono essere attuate da numerose imprese presenti in un settore, o se nessuna impresa subisce uno svantaggio di costo imitando una strategia di leadership di costo, allora essere un leader di costo non genera alcun vantaggio competitivo sostenibile. Come evidenziato nel cap. 3, la possibilità per una strategia competitiva di leadership di costo di valore di generare un vantaggio competitivo sostenibile dipende dal fatto che la strategia sia o meno rara e costosa da imitare, con la semplice duplicazione o con la sostituzione. Come spiegato nelle tabelle 4 e 5, la rarità e l'inimitabilità di una strategia di leadership di costo dipende, almeno in parte, dalle fonti dello stesso vantaggio.

Un esempio di azienda che sta ottenendo un vantaggio competitivo nel settore turistico è la Aurum Hotels, una giovane catena alberghiera nata con la new economy con l'obiettivo di vendere direttamente il proprio prodotto senza intermediari (tour operator e agenzie di viaggio) e che si caratterizza per una strategia di ampliamento continuo dell'offerta attraverso investimenti diretti (non ultimo l'acquisto del Gruppo Parmatour) ed accordi con altri albergatori per destinazioni non coperte dalle strutture proprietarie. L'impresa utilizza il web come canale distributivo e strumento di aggregazione di partner, un call center per la gestione diretta del servizio prenotazioni e investe in modo massiccio in pubblicità. Questa formula consente di saltare gli stadi tradizionali dell'intermediazione vendendo direttamente il prodotto, con notevoli vantaggi di costo. Inoltre, permette di offrire un servizio a prezzi più contenuti in modo da avere un maggior controllo dei rischi di mercato, garantendo un elevato tasso di occupazione delle strutture e un allungamento della stagione. Sommato agli altri risparmi di costi di gestione legati all'erogazione di servizi base, l'impresa adotta una strategia tipicamente di leadership di costo (Della Corte, Sciarelli, 2003).

3.1. La rarità della fonte di un vantaggio competitivo sostenibile

Fonti di vantaggio di costo più rare e meno rare

Alcune delle fonti di vantaggio di costo elencate nella tabella 4 tendono più probabilmente ad essere rare, altre lo sono probabilmente meno. Fonti più rare, includono le economie di apprendimento (almeno nei settori emergenti), accesso differenziale a basso costo ai fattori di produzione, tecnologie software. Le rimanenti fonti di vantaggio di costo sono meno probabilmente rare.

Tabella 4 – La rarità delle fonti del vantaggio di costo

Fonti di vantaggio di costo presumibilmente più rare	Fonti di vantaggio di costo presumibilmente meno rare
Economie di apprendimento (specialmente nei settori emergenti)	Economie di scala (eccetto quando la dimensione eguagli quasi la domanda totale del settore)
Accesso differenziale a basso costo ai fattori di produzione	Diseconomie di scala
Tecnologie software	Tecnologie hardware (a meno che un'impresa non abbia l'esclusiva abilità di sviluppo delle stesse tecnologie)
	Politiche di gestione

Il *first mover*

Fonti di vantaggio di costo rare. Nel primo stato di evoluzione di un settore, sostanziali differenze nei volumi cumulati di produzione di diverse imprese non sono inusuali. Infatti, questo è uno dei maggiori benefici associato ai vantaggi delle imprese pionieristiche (*first movers*), analizzate nel cap. 2. Queste differenze nei volumi cumulati di produzione, abbinate alle sostanziali economie di apprendimento, mostrano che in taluni casi i vantaggi da curve di apprendimento possono essere rari e, quindi, una fonte di un vantaggio competitivo almeno temporaneo.

L'accesso ai fattori di produzione

La definizione di accesso differenziale ai fattori di produzione già implica che questo accesso sia spesso raro. Certamente, se un gran numero di concorrenti ha la stessa modalità di accesso, allora non vi può essere un vantaggio competitivo.

Le tecnologie software

Anche le tecnologie software sono probabili fonti rare tra un gruppo di imprese concorrenti. Queste caratteristiche software rappresentano lo scorcio di storia di ogni impresa. Se questa storia è unica, allora le componenti soft createsi possono essere a loro volta rare. Di certo, se una serie di imprese concorrenti presentano anche percorsi di storia ed esperienze simili, le tecnologie software in queste imprese saranno probabilmente anche meno rare.

Le economie di scala

Fonti di vantaggio di costo meno rare. Quando un'efficiente dimensione di un'impresa o unità produttiva è significativamente più piccola rispetto alla dimensione totale del settore, di solito vi sono numerose imprese efficienti nel settore ed una strategia di leadership di costo basata su economie di scala non è rara. Ad esempio, se la dimensione di un'impresa efficiente in un settore è di 500 unità ed il totale della dimensione dello stesso settore (misurata in unità prodotte) è 500.000 unità, probabilmente vi sono numerose imprese efficienti nel settore e le economie di scala non danno ad alcuna impresa un vantaggio competitivo basato sui costi.

Le diseconomie di scala

Vantaggi di costo legati a diseconomie di scala sono a loro volta meno probabilmente rari. È inusuale, per molte imprese, adottare livelli di produzione in eccesso rispetto ai livelli ottimali. Se solo poche imprese sono troppo grandi in questo senso, allora una serie di concorrenti non troppo grandi raggiungono un vantaggio di costo superiore alle imprese più grandi. Comunque, dato che una serie di imprese riescono a godere di questi vantaggi di costo, essi non sono rari.

Un'importante eccezione a questa generalizzazione può esserci quando i cambiamenti tecnologici riducono significativamente la maggiore efficienza di un'operazione. A causa di questi cambiamenti tecnologici, molte imprese possono risultare sovradimensionate. Se poche imprese risultano appropriatamente dimensionate, i vantaggi di costo da esse ottenuti in tal modo possono anche essere rari. Tali cambiamenti, ad esempio, hanno reso i grandi produttori d'acciaio integrato troppo grandi rispetto ai più piccoli mini-laminatori, in grado di acquisire un vantaggio di costo.

Le tecnologie hardware

Le tecnologie hardware sono a loro volta poco rare, specialmente se sviluppate da fornitori e vendute su mercati aperti. Comunque, se un'impresa è proprietaria delle competenze per lo sviluppo delle stesse tecnologie, può possedere tecnologie hardware rare che creano vantaggi di costo.

Le scelte politiche

Infine, le politiche di gestione, di per sé, non sono fonti rare di vantaggio di costo, in particolare se le caratteristiche del prodotto o servizio in questione sono facili da osservare e descrivere.

3.2. L'imitabilità delle fonti del vantaggio di costo

Quando una particolare fonte di vantaggio di costo è rara, essa deve essere anche costosa da imitare, per essere fonte di vantaggio competitivo sostenibile. Sia la duplicazione diretta che la sostituzione, sotto forma di imitazione, sono fondamentali. Inoltre, l'imitabilità di un vantaggio di costo dipende, almeno in parte, dalla fonte di questo vantaggio.

Tabella 5 – Duplicazione diretta della leadership di costo

		Basi per una duplicazione costosa		
	Fonte di vantaggio di costo	Storia	Incertezza	Complessità sociale
Duplicazione possibile a basso costo	1. Economie di scala	–	–	–
	2. Diseconomie di scala	–	–	–
Può essere costoso da duplicare	3. Economie da curva d'apprendimento	*	–	–
	4. Tecnologia hardware	–	*	*
	5. Scelte politiche	*	–	–
In genere costoso da duplicare	6. Differenziale basso costo di accesso ai fattori produttivi	***	–	**
	7. Tecnologie software	***	**	***

Legenda: – = fonte non costosa da imitare; * = fonte a volte probabilmente costosa da imitare; ** = fonte probabilmente costosa da imitare; *** = fonte molto probabilmente costosa da imitare

Fonti poco costose da imitare: economie e diseconomie di scala

Fonti di vantaggio di costo facili da imitare. In generale, le economie e le diseconomie di scala sono fonti di leadership di costo relativamente facili da imitare. Come si può evincere dalla tabella 5, queste fonti di vantaggio di costo non sono costruite su risorse e competenze derivanti dalla storia, dall'incertezza o dalla *social complexity* e per le stesse ragioni, quindi, non sono protette dalla duplicazione.

Per esempio, se un piccolo numero di imprese possiede un vantaggio di costo basato sulle economie di scala e se la relazione tra volumi di produzione e costi è ampiamente conosciuta tra le imprese concorrenti, allora le imprese con svantaggio di costo aggiusteranno la loro produzione per sfruttare a loro volta le economie di scala. Questo vantaggio può essere attuato, sia incrementando le attuali attività dell'impresa fino al punto in cui si riescono a sfruttare le economie di scala, che aggregando operazioni svolte precedentemente in modo disgiunto per ottenere le stesse economie. Entrambe le azioni permettono all'impresa con uno svantaggio di costo di cominciare ad usare macchinari specializzati, ridurre i costi di impianto e delle attrezzature, aumentare la specializzazione dei dipendenti e ripartire i costi fissi in modo più efficiente.

BIC Corporation ed inimitabilità

Infatti, le economie di scala non sono soggette alla duplicazione a basso costo solo quando la dimensione delle attività dell'impresa è pari ad una significativa percentuale del totale della domanda in un settore. Di certo, questa è la situazione descritta nel cap. 2 circa le economie di scala come barriere all'entrata. Per esempio, come osservato in precedenza, la Bic Corporation, con la sua quota di mercato dominante nel comparto delle penne monouso, è apparentemente stata capace di ottenere e mantenere un importante vantaggio di costo basato sulle economie di scala. La capacità di Bic di mantenere quel vantaggio riflette il fatto che la dimensione ottimale degli impianti rappresenta una percentuale importante del mercato delle penne e, quindi, le economie di scala diventano barriere all'entrata in quel mercato.

Diseconomie di scala e vantaggio competitivo sostenibile

Come le economie di scala, le numerose configurazioni delle diseconomie di scala non sono fonte di vantaggio competitivo sostenibile per le imprese che non crescono "troppo". Nel breve termine, significative diseconomie di scala possono spingere le imprese a ridurre la dimensione delle loro attività per divenire più efficienti.

Nel lungo periodo, le imprese che falliscono nel modificare la loro dimensione otterranno ritorni economici al di sotto del normale e cesseranno le attività.

Anche se in molti casi ridurre la dimensione delle attività per migliorare l'efficienza sembra un problema semplice per i manager, in pratica si rivela spesso una sfida difficile da risolvere. A causa dell'incertezza, i manager di un'impresa troppo grande possono non riuscire a capire che le diseconomie di scala hanno incrementato i loro costi. A volte, i manager concludono che il problema è che gli impiegati non stanno lavorando abbastanza duramente, che i problemi nella produzione possono essere risolti e così via. Queste imprese possono continuare nella loro inefficienza per un po' di tempo, malgrado abbiano costi più alti di quelli medi del settore (Meyer, Zucker, 1989).

Anche altri processi psicologici possono far ritardare l'abbandono di attività che sono troppo grandi. Uno di questi fenomeni è conosciuto come ***escalation of commitment*** (impegno): i manager impegnati in un corso di azioni scorrette accrescono ulteriormente il loro impegno in tali azioni al manifestarsi dei relativi limiti. Per esempio, un manager che ritiene che la dimensione ottimale di un'impresa in un settore sia maggiore di quella attuale può continuare ad impegnarsi in operazioni di grossa portata malgrado i costi siano più alti di quelli medi del settore (Staw, 1981).

Per tutte queste ragioni, le imprese che soffrono di diseconomie di scala devono spesso rivolgersi a manager esterni per procedere ad una riduzione di costi. Gli esterni portano una nuova ed oggettiva visione dei problemi organizzativi e non sono condizionati dalle azioni che hanno generato i problemi iniziali (Hesterly, 1989).

Apprendimento esclusivo

Fonti della leadership di costo che possono essere costose da duplicare. Anche se i vantaggi di costo basati sulle economie da curva di apprendimento sono rari (specialmente nei settori emergenti), essi di solito non sono costosi da imitare. Come detto nel cap. 2, affinché un vantaggio di costo legato alla curva di apprendimento sia una fonte di vantaggio competitivo sostenibile, l'apprendimento raggiunto dall'impresa deve essere esclusivo. Le ricerche più recenti mostrano che in molti settori l'apprendimento non è di proprietà esclusiva e, quindi, può essere rapidamente imitato dalle imprese concorrenti che spostano in basso la curva di apprendimento aumentando i volumi cumulati di produzione (Barney, 1986b).

Comunque, la circostanza che, nella maggior parte dei settori, l'apprendimento non sia costoso da imitare, non significa che non lo sia in tutti settori. In alcuni settori, la capacità dell'impresa di apprendere dalla propria esperienza produttiva può variare significativamente. Per esempio, alcune aziende considerano gli errori di produzione come fallimenti e puniscono sistematicamente i dipendenti che hanno commesso questi errori. Tali imprese, in effetti, ne riducono l'orientamento al rischio degli addetti della produzione e, al contempo, riducono la possibilità di effettuare proposte di miglioramento del loro processo di produzione. Al contrario, altre imprese guardano gli errori della produzione come un'opportunità per apprendere come migliorare i propri processi produttivi. Queste aziende sono probabilmente più rapide nello spostare in basso la propria curva di apprendimento e mantenere i vantaggi di costo, a prescindere dai volumi di produzione cumulati dei concorrenti. Queste differenti risposte agli errori della produzione riflettono la cultura organizzativa di tali imprese. Dato che le culture organizzative sono socialmente complesse, esse possono essere molto costose da imitare (Spence, 1981; Mansfield, 1985; Lieberman, 1982, 1987).

Tecnologie hardware e scelte politiche fonti di vantaggio competitivo sostenibile

Poiché le tecnologie hardware possono essere di solito acquistate nel libero mercato, esse sono probabilmente una fonte non difficile da imitare. A volte, comunque, le tecnologie hardware possono essere di proprietà o integrate con altre risorse uniche, costose da imitare e controllate da un'impresa. In tal caso, risultano esse stesse costose o difficili da imitare.

È inusuale, ma non impossibile, per le politiche di gestione, essere fonti di vantaggio di costo sostenibile per un'impresa. Come osservato in precedenza, se le politiche in questione si focalizzano sulla semplice osservazione o descrizione delle caratteristiche del prodotto, allora l'imitazione è probabile e i vantaggi di costo basati sulle scelte politiche saranno temporanei. Comunque, se tali scelte riflettono un complesso processo decisorio dell'impresa, gruppi di lavoro trasversali tra i processi di produzione e di progettazione o ogni altro aspetto software precedentemente descritto, allora possono essere fonte di vantaggio competitivo sostenibile, fintantoché solo poche imprese abbiano la capacità di effettuare tali scelte.

Infatti, le maggiori imprese di successo che operano in settori poco attrattivi, descritti nel cap. 3, attuano scelte politiche difficili da imitare poiché riflettono la storia, la *causal ambiguity* e la *social complexity* dei processi di gestione dell'impresa. Dunque, per esempio, la strategia della riduzione dei costi di gestione delle scorte di Dell – una politica con chiare implicazioni di basso costo – riflette il complesso collegamento tra le varie parti della catena del valore, un costante impegno alla produzione flessibile ed efficiente e una cultura organizzativa che si focalizza sulle vendite on line.

Le strategie di Wal-Mart e di Southwest Airlines

La strategia di gestione della *supply chain* di Wal-Mart – di nuovo una politica con chiare implicazioni di riduzione di costo – riflette attualmente la storia unica dell'azienda, le sue complesse relazioni sociali con i fornitori e la sua unica cultura organizzativa. E la strategia di basso prezzo della Southwest Airlines – che riflette la posizione di leader di costo – è possibile grazie ai tipi di aerei usati da Southwest, che sono datati, all'impegno dei suoi addetti, ad un leader carismatico (Herb Kelleher), ed alla cultura organizzativa unica. Dato che queste politiche di impresa riflettono attributi difficili da imitare, esse possono rappresentare una fonte di vantaggio competitivo sostenibile.

Comunque, per queste e altre imprese, non sono tali scelte politiche di per sé che creano un vantaggio di costo sostenibile; piuttosto, è il come queste politiche derivino dalla storia, dalla *causal ambiguity*, dai processi sociali interni all'impresa, che le rende costose da imitare.

L'accesso a fattori di produzione e localizzazione

Fonti di vantaggio di costo difficili da imitare. Il costo ridotto di accesso ai fattori di produzione e alle tecnologie software, generate dalla storia, dall'incertezza, dalle risorse, dalle competenze e dalla *social complexity*, sono in genere fonti di leadership di costo difficili o dispendiose da imitare. Come osservato in precedenza, il differente accesso ai fattori di produzione spesso dipende dalla localizzazione dell'impresa. Inoltre, per essere una fonte di profitti economici, questa localizzazione vantaggiosa deve sussistere prima che il suo valore sia pienamente conosciuto.

Un esempio: la *location* di alcune strutture ricettive

Entrambi questi attributi del differenziale accesso ai fattori di produzione suggeriscono che, difatti, esso è raro e spesso sarà costoso da imitare. Primo, alcune *locations* sono effettivamente uniche e non possono essere imitate. Questo è il caso di numerose strutture ricettive ubicate nelle principali località turistiche d'Italia, quali la costa Smeralda, le isole Eolie, l'isola di Capri, la penisola sorrentina e quella amalfitana.

Un altro esempio interessante è quello della compagnia *low cost* Ryanair che da sempre ha scelto per le proprie rotte aeroporti secondari, con un sensibile risparmio di costo sull'accesso agli spazi aeroportuali (*slot*). Ciò ha permesso di acquisire per tempo una posizione dominante in quelle localizzazioni, rendendo difficile poi la stessa operazione alle altre compagnie aeree.

Le imprese di elettronica della Silicon Valley

Inoltre, quando una *location* non è totalmente unica, una volta che il suo valore diviene noto, l'acquisizione di quella *location* non genera probabilmente profitti. Quindi, per esempio, nonostante per alcune imprese di elettronica essere localizzati a Silicon Valley consenta di accedere ad alcuni fattori di produzione a basso costo, le imprese che si spostano in tale località, dopo che tale vantaggio si è rivelato, sostengono dei costi più elevati rispetto alle imprese che si sono localizzate prima che lo stesso valore fosse rivelato. Questi costi più elevati riducono effettivamente il profitto economico che altrimenti potrebbe essere generato. Riprendendo l'analisi del cap. 3, questi argomenti suggeriscono che ottenere un differente accesso a fattori produttivi tale da generare profitti può essere il riflesso di un unico percorso storico dell'impresa.

Quando l'accesso ai fattori di produzione dipende dal volume di produzione, allora si svolgono molte analisi delle economie di scala come fonte di vantaggio competitivo sostenibile. Solo se sussistono le speciali (e probabilmente inusuali) condizioni, descritte in precedenza, è probabile che le economie di scala rendano l'accesso ai fattori di produzione una fonte di vantaggio competitivo sostenibile.

I fattori software

Anche le tecnologie software sono probabilmente difficili da imitare e spesso possono essere fonte di vantaggio competitivo sostenibile. Come osservato nel cap. 3, i valori, il credo, la cultura, il lavoro in team rappresentano fattori software legati alle *social complexity* e possono essere immuni da imitazioni dei concorrenti. Le imprese con vantaggi di costo ricavavano dalle risorse incorporate in questa *social complexity* risparmi di costo in tutti gli aspetti delle loro imprese. Queste aziende si focalizzano costantemente sul miglioramento della qualità e dei costi delle attività operative ed hanno dipendenti molto motivati verso la leadership di costo. Dell, Wal-Mart e Southwest sono tutti esempi di tali imprese. Se ci sono poche imprese in un settore con questi tipi di valori e impegno, allora le stesse possono garantirsi un vantaggio competitivo sostenibile dal loro vantaggio di costo.

Strategie di leadership di costo sostituibili

Sostituti di fonti di vantaggi di costo. In un certo senso, ogni fonte di vantaggio di costo elencata nel capitolo è almeno in parte sostituibile. Quindi, per esempio, un'impresa può ridurre i propri costi attraverso lo sfruttamento delle economie di scala con elevati volumi, un'impresa concorrente può ridurre i propri costi attraverso lo sfruttamento delle economie di apprendimento e un elevato volume cumulato di produzione. Se queste differenti attività hanno simili effetti sulle posizioni di costo delle imprese e se sono ugualmente costose da attuare, allora sono strategie reciprocamente sostituibili.

Proprio per la sostituibilità degli effetti delle differenti fonti di vantaggio di costo non è inusuale per le imprese che perseguono una leadership di costo perseguire simultaneamente tutte le possibili operazioni per la riduzione di costo discusse in questo capitolo. L'implementazione di questo insieme di attività, finalizzate alla riduzione dei costi, può avere pochi sostituti. Se l'attuazione di questo insieme di operazioni è rara e difficile da imitare, allora l'impresa può ottenere, in tal modo, un vantaggio competitivo sostenibile.

Riduzioni di costo e le altre strategie di impresa

Varie ulteriori strategie discusse nei capitoli successivi possono presentare l'effetto della riduzione dei costi di impresa e, quindi, possono sostituirsi alle fonti delle riduzioni di costo discusse in questo capitolo. Per esempio, una motivazione comune per cui un'impresa attua una strategia di alleanza è lo sfruttamento di economie di scala in combinazione con altre imprese. Le alleanze strategiche che riducono i costi dell'impresa possono essere sostituti per un'azienda che sfrutta le economie di scala da sola per ridurre i propri costi. Anche la strategia complessiva di diversificazione spesso permette alle imprese di sfruttare economie di scala tra i diversi business in cui opera. In tal modo, ognuno di questi business – trattati separatamente – può avere svantaggi di scala, ma correlando tali attività, le sue scale creano la stessa posizione del leader che sfrutta economie di scala per ridurre i costi in un solo business (cfr. cap. 6).

4. L'organizzazione per implementare una leadership di costo

La struttura organizzativa dell'impresa leader di costo

La forma più efficace per implementare una strategia di leadership di costo è la struttura con forma U (modello funzionale). La responsabilità dell'amministratore delegato nel formulare la strategia e coordinare le funzioni per implementare la strategia rimane importante quando la struttura ad U è utilizzata per implementare una leadership di costo. I budget ed i vari compiti del management rappresentano importanti sistemi di controllo di gestione nell'implementazione di tale strategia.

Strutture organizzative, sistemi di controllo e politiche salariali

Benché tali strumenti si applichino, in questo caso, per l'attuazione di una strategia di leadership di costo, essi in genere devono essere modificati per riflettere le esigenze specifiche di questa strategia, esigenze opposte all'integrazione verticale, differenziazione produttiva, o altre strategie competitive. Alcune importanti modifiche nell'uso delle strutture organizzative, nei sistemi di controllo di gestione e nelle politiche d'incentivazione per implementare la strategia di leadership di costo sono mostrate nella tabella 6.

Come osservato nella tabella 6, le imprese che implementano strategie di leadership di costo avranno generalmente pochi livelli di reporting nel modello organizzativo. Le strutture complesse, incluse le **strutture a matrice** dove un addetto risponde a due o più persone, sono generalmente evitate (Davis, Lawrence, 1977). Lo staff a livello *corporate* in queste organizzazioni è ristretto. Queste imprese non operano con un'ampia gamma di funzioni ma sono verticalmente concentrate in quelle poche funzioni dove ci sono risorse e competenze di valore, rare e costose da imitare (cfr. cap. 5).

Tabella 6 – Organizzazione per realizzare la piena potenzialità di una leadership di costo

Struttura organizzativa
1. Pochi livelli di reporting nella struttura
2. Semplici relazioni di reporting
3. Ristretto staff a livello *corporate*
4. Focus su una ristretta gamma di funzioni

Sistemi di controllo di gestione
1. Severo sistema di controllo dei costi
2. Obiettivi quantitativi di costo
3. Controllo del costo del lavoro, materie prime, rimanenze e altri costi
4. Filosofia di una leadership di costo

Politiche d'incentivazione
1. Ricompense per riduzione di costo
2. Incentivi per tutti i dipendenti da coinvolgere nelle riduzioni di costo

4.1. Sistemi di controllo direzionale nell'implementazione della leadership di costo

Come suggerito nella tabella 6, le imprese "leader di costo" sono caratterizzate tipicamente da sistemi di controllo dei costi molto pressanti, da rapporti frequenti e dettagliati sul controllo dei costi, da un'enfasi sui target e sugli obiettivi quantitativi di costo e da uno stretto controllo del lavoro, delle materie prime, delle giacenze e degli altri costi.

Il controllo di gestione di Wal-Mart

I sistemi di controllo meno formali, inoltre, guidano una filosofia di riduzione di costo nelle imprese "leader di costo". Per esempio, anche se Wal-Mart è uno dei distributori al dettaglio più di successo al mondo, la sede principale di Wal-Mart in Arkansas è normale e semplice. Effettivamente, alcuni hanno suggerito che la sede generale di Wal-Mart assomiglia ad un magazzino. Il relativo stile della decorazione interna è stato descritto una volta come un'antica stazione di autobus.

I vicepresidenti regionali Wal-Mart viaggiano ogni settimana, da lunedì a giovedì, s'incontrano ogni venerdì per l'intera giornata, e presenziano ad una riunione allargata nella mattina di sabato; hanno il pomeriggio del sabato e della domenica liberi, appena a tempo per cominciare a viaggiare ancora il lunedì. Questo programma permette al Wal-Mart di ridurre i relativi costi del 2 per cento sulle vendite non aprendo uffici regionali indipendenti. Wal-Mart fa persino partecipare i relativi clienti chiedendo loro di "contribuire a mantenere i loro costi bassi" restituendo i carrelli di shopping nelle zone indicate di parcheggio del Wal-Mart (Walton, 1992).

4.2. Politiche d'incentivazione e implementazione delle strategie di leadership di costo

Le politiche salariali delle imprese leader di costo

Come suggerito nella tabella 6, l'incentivazione nelle imprese leader di costo è solitamente legata direttamente agli sforzi di riduzione dei costi. Tali imprese utilizzano incentivi finalizzati a far collaborare le risorse umane per ridurre i costi ed aumentare o mantenere la qualità ed invitare ogni addetto ad assumersi la responsabilità sia per i costi che per la qualità.

Il caso Ford Motors

Anche risparmi di costo apparentemente limitati possono essere importanti per le imprese che seguono una strategia di leadership di costo. Ford Motors utilizzò le politiche salariali per contribuire a scoprire le riduzioni di costo della produzione della Ford Taurus.

In questo capitolo

☞ Tra le ragioni per cui le imprese che producono essenzialmente gli stessi prodotti possono avere costi differenti si evidenziano:

1. differenze di dimensione ed economie di scala;
2. differenze di dimensione e diseconomie di scala;
3. economie di apprendimento;
4. accesso ai fattori di produzione;
5. vantaggi tecnologici indipendenti dalla scala. In più, le imprese che competono nello stesso settore possono fare le scelte di politiche gestionali circa i generi di prodotti e i servizi da vendere, che possono avere un effetto importante sulla loro relativa posizione di costo.

☞ La **leadership di costo** in un'impresa può generare profitti e può aiutarla nella riduzione della minaccia di ciascuna delle cinque forze descritte nel cap. 3. Ciascuna delle **fonti di vantaggio di costo** discusse in questo capitolo può costituire una fonte di vantaggio competitivo duraturo se è rara e costosa da imitare. Naturalmente, per massimizzare la piena potenzialità di questi vantaggi competitivi, un'impresa deve essere organizzata appropriatamente.

☞ L'organizzazione per realizzare una strategia coinvolge sempre la struttura organizzativa dell'impresa, i relativi sistemi di controllo direzionale e la relativa politica d'incentivazione. Nel caso della leadership di costo, la **struttura a forma di U** dovrebbe avere pochi livelli, semplici relazioni di reporting, un piccolo staff direttivo e focalizzarsi su una stretta gamma di funzioni di business. I budget in imprese che adottano la leadership di costo dovrebbero tenere sotto controllo i costi e le politiche d'incentivazione dovrebbero spingere alla collaborazione di tutto il personale nella direzione della riduzione dei costi.

5

La differenziazione di prodotto

1. Definizione di differenziazione di prodotto

La strategia competitiva di differenziazione del prodotto

La **differenziazione di prodotto** è una strategia competitiva attraverso la quale le imprese tentano di ottenere un vantaggio competitivo incrementando il valore percepito dei loro prodotti o servizi rispetto al valore dei prodotti o dei servizi delle altre imprese, che possono essere diretti concorrenti o aziende che forniscono prodotti o servizi sostitutivi.

I tentativi di generare differenze nel valore percepito relativo ai prodotti o ai servizi dell'impresa sono realizzati spesso alterando le proprietà specifiche di quei prodotti o servizi stessi. Rolex tenta di differenziare i suoi orologi da quelli di Timex producendoli con solide casse d'oro. Mercedes tenta di differenziare i modelli di automobili da quelli di Hyundai attraverso una sofisticata progettazione e alte prestazioni. McDonald's tenta di differenziarsi dai piccoli fast-food locali, vendendo lo stesso alimento, con la stessa qualità, ai medesimi prezzi e nello stesso modo nelle sue migliaia di punti vendita.

Valore percepito dal cliente

Le imprese alterano spesso le principali caratteristiche dei loro prodotti o servizi per realizzare una differenziazione di prodotto, che, alla fine, è sempre una questione di percezione del cliente. I prodotti venduti da due imprese differenti possono essere molto simili ma, se i clienti credono che il primo sia migliore del secondo, allora il prodotto di quell'impresa presenta un vantaggio di differenziazione. Quindi, se i prodotti o i servizi sono percepiti come differenti, allora la differenziazione di prodotto si realizza, anche se i prodotti sono sostanzialmente identici. Al contrario, una percezione di mancanza di differenze fra prodotti con caratteristiche molto diverse può ostacolare la differenziazione di prodotto. Per esempio, numerosi clienti potenziali credono che gli orologi Rolex, poiché così costosi, possiedano una tecnologia *timekeeping* avanzata e che gli orologi prodotti da Casio, meno costosi, abbiano una tecnologia meno avanzata. Viceversa, Rolex utilizza ancora una vecchia tecnologia *timekeeping* (a carica manuale) e Casio usa la tecnologia *time-*

keeping elettronica più specializzata al mondo (cristalli liquidi a batteria). Tuttavia, poiché Casio è percepito essere meno sofisticato di Rolex, il potenziale vantaggio di differenziazione del prodotto Casio rispetto a Rolex non esiste.

A volte, le percezioni del cliente generano delle fonti di differenziazione di prodotto che non sono né progettate, né volute dalle imprese. La differenziazione di prodotto è sempre una questione di percezione del cliente, ma le imprese possono intraprendere una varietà di azioni per influenzare queste percezioni, che possono essere considerate le fonti della differenziazione del prodotto. La ricerca sulle fonti della differenziazione di prodotto si distingue in due ampie categorie: **analisi teorica** e **ricerca empirica**.

1.1. Basi teoriche della differenziazione di prodotto

Fonti di differenziazione di prodotto

Numerosi studiosi, lavorando sulla loro esperienza personale e sulla ricerca di altri, hanno individuato diverse classificazioni dei fattori e delle modalità attraverso cui le imprese possono differenziare i loro prodotti o servizi. Una tra le più aggiornate classificazioni, che individua dodici fonti teoriche delle modalità con cui le imprese possono creare una differenziazione del prodotto è quella esposta qui di seguito Barney (2014):

Attributi del prodotto/servizio:
- caratteristiche del prodotto;
- complessità del prodotto;
- *timing*;
- *location*.

Relazione tra l'impresa e i suoi consumatori:
- personalizzazione del prodotto;
- consumer marketing;
- reputazione.

Collegamento all'interno e tra le imprese:
- collegamento tra le funzioni;
- collegamento con altre imprese;
- mix di prodotti;
- canali di distribuzione;
- servizio e supporto.

Attributi del prodotto/servizio

Differenziazione basata sugli attributi del prodotto

Caratteristiche del prodotto. Anche se la differenziazione del prodotto è sempre un aspetto della percezione del cliente, una delle azioni più evidenti che le imprese possono avviare per tentare di influenzare questa percezione è quella di modificare le **caratteristiche del prodotto** per differenziarlo. È il caso, ad esempio, del tentativo di Yamaha e di Bose di differenziare le loro apparecchiature stereo puntando sulla qualità del suono. Mercedes dà risalto all'eccellenza della progettazione e alle prestazioni delle sue automobili, Toyota alla qualità e all'affidabilità, mentre Hyundai allo stile sportivo e al prezzo. Pringles si propone come "una patatina, che non è una vera patatina", date le differenze nel processo di produzione (il prodotto non è fritto).

Anche in alcuni settori, come la ristorazione, diviene sempre maggiore l'attenzione alla tipicità e genuinità dei prodotti. Tale aspetto è particolarmente rilevante in paesi come l'Italia, ad alta vocazione enogastronomica. Questo approccio ha finanche condotto alcuni gruppi aziendali, come il gruppo Sebeto, specializzato in pizzerie e ristoranti con cucina napoletana, a sviluppare un franchising con diversi marchi (Pizza e contorni, Rossopomodoro, Anema e cozze, Ham, Rossosapore) rivolti a diversi target di mercato. Le imprese del gruppo si caratterizzano per i prodotti tipicamente campani, per il ricorso a chef e pizzaioli rigorosamente napoletani, per l'utilizzo di ricette, arredi e musiche (sono disponibili per i locali oltre 1.000 brani), che richiamano le atmosfere della capitale partenopea. Attualmente, il gruppo si sta sviluppando a livello internazionale, non solo europeo ma anche sudamericano, con ottimi risultati di performance. Il metodo innovativo di gestione implementato dal gruppo e l'individuazione di target di mercato differenti cui orientare la propria offerta ha condotto ad una diffusione territoriale di oltre 130 locali, presenti in Italia e in tutto il mondo.

Complessità del prodotto

Complessità del prodotto. Un prodotto è complesso quando si alterano in maniera significativa le sue caratteristiche peculiari, al fine di creare differenziazione. La BIC "Cristal pen", ad esempio, mostra una discreta complessità nei materiali, mentre una penna Mont Blanc, caratterizzata da una molteplicità di componenti e da un'elevata complessità, risulta più pregiata. Quando i clienti percepiscono che, in base a determinate caratteristiche, un prodotto ha un valore maggiore rispetto ad un altro, allora, in tal caso, la complessità del prodotto può essere considerata una fonte di differenziazione produttiva.

Timing

Timing. L'introduzione del prodotto al momento giusto può contribuire a generare la differenziazione di prodotto. In alcuni settori (cioè nei settori emergenti) la variabile critica è quella di essere il ***first mover*** nell'introdurre un nuovo prodotto. Essere il primo nei settori emergenti può permettere ad un'impresa di gestire importanti standard tecnologici, ottenere un diritto di prelazione sugli *assets* strategici e sviluppare *swiching costs* per il cliente. La possibilità di agire per primo può generare fra i clienti l'impressione che i prodotti o i servizi dell'impresa *first mover* siano in qualche modo migliori dei prodotti o dei servizi delle altre imprese (Lieberman, Montgomery, 1988).

Il *first moving* è stato una determinante importante delle differenze percepite nella qualità della formazione presso le università negli Stati Uniti e di tutto il mondo. Negli Stati Uniti, le primissime università (per esempio, Harvard e Yale) sono viste come le più prestigiose tra tutte le scuole recentemente fondate. Nel Regno Unito, le più antiche università (Oxford e Cambridge comprese) sono percepite come notevolmente superiori alle università fondate più di recente. Senza voler necessariamente affermare che la data di fondazione di un'università abbia effetto sulla qualità della formazione che si riceve, se vi è un collegamento fra la data di fondazione e la qualità, la data di fondazione funge da fonte *timing-based* del prodotto di differenziazione (London, 1995).

Nel settore turistico, Club Med è stato il primo operatore villagista, che ha avviato le prime strutture nella logica dei *kibutzim* israeliani [1]. Nonostante la formula sia stata replicata da altre aziende nel tempo, Club Med, anche in funzione dell'evoluzione dei gusti dei turisti target e di alcuni periodi critici nella gestione aziendale, tende ad applicare metodologie e a realizzare investimenti innovativi costantemente. Attualmente in Italia, sta sperimentando, per primo, l'utilizzo di alcune strutture (ad esempio, la sede di Osuini) super attrezzate e moderne, per un'utenza *up market*.

La differenziazione di prodotto basata sul ***timing***, tuttavia, non dipende solo dall'essere *first mover*. A volte, un'impresa può essere un *later mover* in un settore, ma capace di introdurre prodotti o servizi al momento giusto e quindi guadagnare un vantaggio competitivo. Questo può accadere quando il successo finale di un prodotto o di un servizio dipende dalla disponibilità di prodotti o tecnologie complementari. Per esempio, il successo di Head Ski degli anni sessanta dipendeva non soltanto dalla tecnologia superiore dello sci (di metallo), ma anche dallo sviluppo veloce dei *resorts* come destinazioni turistiche per sciare, dallo sviluppo di tecnologia per permettere agli sciatori di muoversi più rapidamente sui pendii e dall'aumento del reddito disponibile del consumatore. Se il *first mover* avesse cominciato a vendere i suoi sci prima di questi altri sviluppi, probabilmente non sarebbe stata così di successo (Christensen, Stevenson, 1967).

Il lancio in Italia di Pringles, da parte di Procter & Gamble, è stato volutamente ritardato, rispetto al lancio negli Stati Uniti, proprio per cogliere le opportunità di ingresso in un momento in cui il mercato, che rispetto alle altre nazioni presentava la minore penetrazione della categoria degli snack salati, si stava modificando e diveniva pronto per essere penetrato (Boffa, Cusi, 2000).

Nel settore dei personal computer, il dominio del sistema operativo MSDOS della Microsoft e, successivamente, di Windows, è stato possibile perché l'IBM ha introdotto la sua versione del personal computer. Senza il pc dell'IBM, sarebbe sta-

[1] Il nome kibbutz proviene dalla parola ebraica "kvutza" che vuol dire gruppo. Nato ad inizio Novecento, era un'idea rivoluzionaria per la quale un gruppo di persone volontariamente vive rispettando un'idea di contratto sociale, basato sull'eguaglianza.

ta difficile per tutti i sistemi operativi – compreso MSDOS – una così grande diffusione sul mercato (Carroll, 1993).

Posizione geografica

Location. L'**ubicazione fisica** di un'impresa può anche essere una fonte di differenziazione di prodotto. Si pensi ad esempio ai punti vendita con una maggiore facilità di accesso o di parcheggio per il cliente (Hotelling, 1929; Ricardo, 1817).

Per le imprese ricettive, l'aspetto della localizzazione incide sulla dimensione delle strutture, sul grado di stagionalità dell'attività ricettiva e sulle caratteristiche dell'offerta locale. Si pensi all'hotel S. Pietro di Positano che oltre ad offrire un servizio di altissimo livello, è scavato nella roccia, a picco sul mare, con camere di dimensione e forma differenziate, con diversa esposizione al sole e vista panoramica. La clientela, generalmente abituale, sceglie anche la stanza precisa in cui desidera pernottare. La localizzazione è fondamentale anche per la differenziazione delle località turistiche. Ad esempio, Capri non è replicabile. L'ubicazione e la raggiungibilità (*access*) rappresentano uno dei quattro elementi base che costituiscono una *destination* turistica.

Un'impresa che ha usato l'ubicazione come fattore di differenziazione del prodotto è Disney, in particolare per la sua divisione dei parchi a tema. Cominciando con The Magic Kingdom ed Epcot Center, Disney ha sviluppato il più grande *resort destination* in Orlando, Florida. Nel corso degli anni, ha poi aggiunto numerose ulteriori attrazioni, compresi gli studi di MGM, le oltre 11.000 stanze Disney possedute dall'hotel, un centro sportivo da 100 milioni di dollari, una pista per corse automobilistiche, un centro d'intrattenimento *after-hours*, e recentemente, un parco a tema da 1 miliardo di dollari denominato Animal Kingdom, tutto all'interno e nelle vicinanze di Orlando. Ora le famiglie possono giungere da tutto il mondo ad Orlando sapendo che, ovunque, possono divertirsi con un'ampia gamma di attrazioni Disney. Nel 1999, oltre 40 milioni di persone hanno visitato almeno due volte i parchi a tema Disney, altrettante hanno visitato la Gran Bretagna. Tutta questa grande enfasi su Orlando ha condotto Disney ad impiegare oltre 45.000 persone nella Florida centrale, rappresentando l'azienda con il maggior numero di addetti per una singola località degli Stati Uniti (Gunther, 1998).

Relazione tra l'impresa e i suoi consumatori

Prodotto *tailor made*

Personalizzazione del prodotto. Alcuni prodotti possono presentare caratteristiche tipiche della differenziazione quando sono realizzati "su misura", cioè in base a specifiche richieste del cliente.

La personalizzazione del prodotto è un'importante fonte di differenziazione per un'ampia gamma di imprese, tra cui quelle che realizzano biciclette. Più precisamente, i consumatori possono acquistare sia biciclette del valore di € 50, che di € 10.000. Ovviamente, maggiore è il valore della bicicletta, maggiore sarà il grado di personalizzazione. Una volta che un cliente ottiene riscontri altamente positivi rispetto alla modalità in base alla quale un'impresa riesce a personalizzare i propri prodotti e/o servizi, sarà difficile che il cliente stesso sia disposto a rivolgersi ad un'altra impresa che opera con un diverso approccio alla personalizzazione.

Marketing per il consumatore

Consumer marketing. Attraverso l'advertising e le altre attività di consumer marketing, le imprese cercano di alterare le percezioni dei consumatori attuali e potenziali, anche nel caso in cui gli specifici attributi dei prodotti/servizi di un'impresa non abbiano subito alterazioni e/o sviluppi. Ad esempio, nell'industria delle bibite analcoliche, Mountain Dew era originariamente venduta sul mercato come una bevanda fruttata e poco gassata e considerata "tanto leggera, quanto la rugiada di montagna al mattino". Alla fine degli anni novanta, l'attività di marketing realizzata per sponsorizzare Mountain Dew cambiò drasticamente. Infatti, lo slogan ufficiale divenne "Do the dew" [2] e l'azienda si focalizzò su un target di consumatori giovani, prevalentemente uomini, appassionati di sport. L'azienda stessa, in pochi anni, divenne sponsor di una grande varietà di sport estremi, come gli X-Games su ESPN.

Reputazione dell'impresa e dei prodotti

Reputazione. Una delle fonti più potenti di differenziazione è la reputazione di un'impresa e dei suoi prodotti. Spesso è molto difficile accrescere una reputazione, che, tuttavia, una volta sviluppata, tende a permanere nel tempo, anche quando ormai le sue fonti non sussistono più (Klein, Leffler, 1981). Un'impresa che ha cercato di sviluppare la sua reputazione con un intrattenimento d'avanguardia è MTV, divisione di Viacom, Inc. Nonostante molti famosissimi artisti – come Madonna – abbiano visto i propri video "bannati" da MTV, il canale è stato in grado di sviluppare una reputazione di tipo risk-taking sulla televisione. MTV crede, infatti, che i suoi utenti attendano l'inaspettato dai programmi del canale. Uno dei primi sforzi per sviluppare e rafforzare la propria reputazione di risk-taker è stato Bavis and Butthead, una serie animata su MTV che aveva come protagonisti due teenager con seri problemi di sviluppo sociale ed emotivo. Più di recente, MTV ha migliorato la propria reputazione creando un nuovo genere di televisione – il reality TV – attraverso i programmi Real World e House Rules. Questi ultimi, economici da produrre, costruiscono la reputazione di MTV con un intrattenimento che è tipicamente un po' rischioso, un po' a contenuto sessuale e un po' controverso. Infatti, MTV ha avuto molto successo nel fornire questo tipo di intrattenimento, che

[2] "Bere una bevanda da una bottiglia o una lattina senza toccarla con le labbra". La definizione è diventata popolare proprio grazie alle pubblicità realizzata da Mountain Dew.

ha contribuito a creare una nuova stazione televisiva – MTV2 – per mostrare i video musicali.

La relativa stabilità dell'impresa e la reputazione del prodotto, malgrado peggioramenti nella qualità complessiva, hanno condotto alcuni economisti a sviluppare dei modelli di "**reputazione ottimale ingannevole**", che tentano di fornire una misura delle performance ridotte, a cui un'impresa con una reputazione di alta qualità può tendere, senza danneggiare significativamente la reputazione (Rogerson, 1983; Allen, 1984; Klein, Leffler, 1981). Questi modelli indicano che produrre ad un livello qualitativo inferiore alle aspettative della clientela, per effetto della reputazione dell'impresa, apparentemente massimizza il risultato economico dell'impresa.

Aspettative e percezioni del cliente

Anche se questo tipo di ragionamento funziona bene nei modelli matematici astratti, è solitamente disastroso per le organizzazioni reali. Alla fine, la capacità di un'impresa di sviluppare, consolidare e migliorare la relativa reputazione dipende da ciò che il cliente sperimenta con i prodotti o i servizi dell'impresa. Se le prestazioni reali del prodotto o dei servizi sono inferiori del livello prestazionale previsto, la reputazione dell'impresa tenderà a ridursi nel lungo termine e a non costituire più una fonte di differenziazione del prodotto. Così come una buona reputazione può offrire nel lungo periodo ad un'impresa un vantaggio di differenziazione del prodotto, a seguito di un peggioramento della qualità dei prodotti o dei servizi dell'impresa si può determinare una reputazione negativa del prodotto, fonte di svantaggio competitivo duraturo, nonostante la qualità dei prodotti o dei servizi dell'impresa sia la stessa, o persino migliore, rispetto alla qualità dei prodotti o dei servizi di altre imprese. Un'impresa con una reputazione positiva che assume una reputazione ottimale ingannevole può generare uno svantaggio competitivo duraturo di lungo periodo.

Collegamento all'interno e tra le imprese:

Funzioni coordinate

Collegamenti fra le funzioni. Meno evidente, ma ancora di notevole efficacia, è il modo in cui un'impresa può tentare di differenziare i relativi prodotti collegando le **differenti funzioni all'interno dell'impresa**. Per esempio, nel vendere le unità centrali di un personal computer, IBM è riuscita nell'abbinamento delle vendite con il servizio di consulenza sull'*information tecnhology*. Quando il cliente acquista un'unità centrale di un pc dell'IBM, non ha comprato solo una grande scatola blu con i componenti elettronici. Sta, invece, acquistando una relazione con IBM, che comprende elevati livelli di servizio, supporto tecnico e consulenti esperti, che possono suggerire le differenti modalità con cui l'informatica può modificare il business di un'impresa. Per IBM il rapporto con i clienti non si conclude con l'acquisto di un'unità centrale di un pc, ma comincia attraverso questo acquisto. In alcuni settori, i collegamenti fra le funzioni sono stati indicati quali fattori determinanti della capacità delle imprese di introdurre prodotti nuovi e altamente differenziati. Per esempio, la ricerca nel settore farmaceutico permette alle imprese di differenziarsi a seconda di quanto siano capaci di integrare specificità scientifiche differenti come la genetica, la biologia, la chimica e la farmacologia, nello sviluppo di nuovi medicinali. Le imprese che sono state capaci di formare team multidisciplinari efficaci per esplorare le nuove categorie mediche, possiedono quella che alcuni hanno denominato **competenza architettonica**, cioè, la capacità di usare la struttura organizzativa per facilitare il coordinamento fra le discipline scientifiche nel condurre la ricerca. Le imprese che hanno questa competenza possono perseguire più efficacemente strategie di differenziazione di prodotto rispetto ad imprese che non hanno questa competenza. E nel settore farmaceutico, dove il *first mover* capace di introdurre un nuovo importante farmaco può ottenere ritorni positivi maggiori, la **capacità di coordinamento** delle funzioni è un'importante fonte di vantaggio competitivo (Henderson, Cockburn, 1994).

Accordi tra le imprese

Collegamenti con altre imprese. Un'altra fonte di differenziazione del prodotto è il collegamento con altre imprese. In questo caso, invece di differenziare i prodotti o i servizi in base a collegamenti fra le funzioni in seno ad una singola impresa o a collegamenti fra prodotti differenti, la differenziazione è basata sui **collegamenti espliciti fra i prodotti di un'impresa e i prodotti o i servizi di altre imprese**. Questa forma di differenziazione di prodotto si è sviluppata molto negli ultimi anni.

Un esempio di differenziazione in questo senso è l'accordo tra gli studi cinematografici e le catene di fast-food per la differenziazione di alcune produzioni in entrambi i comparti. Per esempio, Burger King ha offerto le sue bevande in bicchieri raffiguranti i personaggi delle Tartarughe Ninja, molto famosi tra i teenager, e distribuito modellini degli stessi personaggi in alcuni suoi menu (Kraak, Pelletier, 1998). Allo stesso modo, McDonald's ha creato un collegamento con il film Batman per migliorare la commercializzazione della pellicola e, al contempo, rendere i propri prodotti maggiormente attrattivi. Per molti mesi, è stato possibile acquistare bevande McDonald's in bicchieri di Batman e mangiare patatine da "bat-contenitori" (Freeman, 2014). I collegamenti fra le imprese per differenziare i loro prodotti offrono esempi di cooperazione strategica nelle alleanze strategiche, che sono dettagliatamente analizzate nel cap. 9.

Legame tecnologico tra i prodotti

Mix di prodotti. Il mix dei prodotti o dei servizi venduti da un'impresa può essere fonte di differenziazione del prodotto. Ciò è maggiormente probabile quando i prodotti o i servizi sono collegati tecnologicamente o quando un certa tipologia di clienti è solita acquistare dall'impresa più prodotti o servizi. Hewlett-Packard (HP) è un esempio del primo genere di collegamento tra prodotti. HP è stata storicamente una leader nel business degli strumenti elettronici; durante gli anni quaranta, cinquanta e sessanta, l'obiettivo di HP era quello di progettare gli strumenti per "l'ingegnere della scrivania accanto". L'idea era che se gli ingegneri di HP avevano bisogno di determinati strumenti di misurazione elettronica per fare il loro lavoro, era probabile che altri assistenti tecnici in altre aziende avrebbero potuto avere bisogno di questi strumenti. Verso la fine degli anni sessanta, HP ha scoperto che i propri ingegneri-clienti (sia di HP che di altre imprese) acquistavano attrezzature HP e le collegavano con cavi realizzati da altre imprese di personal computer. Il valore di queste attrezzature, congiuntamente ai cavi e ai computer, era maggiore del valore dei singoli strumenti, dei cavi e dei computer venduti separatamente. Questa intuizione è stata una delle ragioni principali per le quali HP è entrata nel commercio dei computer ed ha cominciato ad assemblare le proprie apparecchiature e computer per alcuni clienti. Più recentemente, HP ha intuito che i collegamenti fra le sue apparecchiature e i computer non erano più una fonte di differenziazione del prodotto; questa è una delle ragioni per cui ha realizzato uno *spin-off* del business degli strumenti di misurazione elettronica (Packard, 1995).

Affinità di marketing

I centri commerciali sono un esempio del secondo genere di collegamento nel mix di prodotti. Molti clienti preferiscono andare in un singolo negozio e concentrare lo shopping in un'unica localizzazione piuttosto che spostarsi in varie zone o località. Questo genere di *one-stop shopping* riduce il tempo necessario ed aiuta a trasformare lo *shopping* in un'esperienza sociale. I centri commerciali si basano sul presupposto che il valore di numerosi negozi riuniti in un'unica *location* è maggiore rispetto al valore che quei negozi avrebbero se fossero isolati (Kotler, 1986). Altro esempio di strategia di differenziazione legata ad un mix di prodotti è quella adottata da Ferrero, leader nel settore alimentare dolciario in Italia con le sue numerose marche (Nutella, Kinder, Estathé, ecc.) e prodotti (snack, merendine, ecc.). L'azienda, in alcuni casi, utilizza *brand* di prodotto e di impresa in modo associato (Kinder&Ferrero, Nutella Ferrero), proprio per sfruttare la conoscenza e la percezione di questi prodotti "di culto" e per favorire le vendite anche degli altri prodotti ed in particolare dei nuovi prodotti che continuamente vengono lanciati sul mercato.

La rete distributiva

Canali di distribuzione. I collegamenti all'interno e tra le imprese possono avere delle ripercussioni significative sul modo in cui un'impresa sceglie di distribuire i suoi prodotti e, allo stesso tempo, i canali distributivi possono diventare la base per la differenziazione di prodotto. Ad esempio, nel settore delle bibite analcoliche, Coca Cola, PepsiCo e Seven-Up distribuiscono le loro bibite attraverso un network di imbottigliatori, sia indipendenti, che di proprietà della compagnia. Il mix degli ingredienti chiave, necessari per la produzione delle bevande, è realizzato all'interno delle fabbriche delle multinazionali sopracitate; successivamente, tale mix viene distribuito agli imbottigliatori locali che aggiungono acqua frizzante, si occupano del packaging e della distribuzione del prodotto finale nelle aree geografiche di riferimento.

Servizio e supporto

Servizio e supporto. Infine, i prodotti possono essere differenziati in base al livello di servizio e supporto ad essi associato. Alcune imprese, come ad esempio, General Electric, non hanno sviluppato una propria rete di servizio e supporto e si affidano ad operatori indipendenti. Altre imprese, come Lexus (una divisione di Toyota) e Saturn (una divisione di General Motors), competono sul mercato non solo sulla base della qualità del prodotto, ma anche in base al livello di servizio e supporto da loro stessi fornito. Esemplificativo è il caso di Saturn che, al fine di sostituire un sedile con un difetto di produzione, inviò uno degli addetti al customer-service in un'area remota dell'Alaska per un solo giorno, unicamente per supportare il cliente di persona.

1.2. Ricerca empirica e fonti di differenziazione del prodotto

Questo lavoro teorico ha tracciato una lunga strada verso la descrizione delle fonti possibili di differenziazione di prodotto. Tuttavia, anche se l'approccio teorico adottato descrive una vasta gamma di modalità possibili per differenziare i prodotti, dice poco su come le imprese realmente vi siano riuscite. Due importanti tecniche empiriche per studiare le fonti della differenziazione di prodotto sono il *multidimensional scaling* e l'analisi di regressione dei fattori determinanti del prezzo del prodotto.

Somiglianza percepita tra i prodotti

Multidimensional scaling. Lo ***scaling* multidimensionale** è una tecnica matematica per analizzare la somiglianza percepita di un insieme di prodotti o di servizi. Si comincia chiedendo ad un campione di clienti di descrivere il grado di somiglianza tra diversi prodotti venduti in uno specifico mercato. Per esempio, per le automobili elencate nella figura 1, si potrebbe chiedere ai clienti quanto una Ford Taurus possa essere simile ad una Chevrolet Lumina, ad una Honda Accord o una Mercedes 300E, e cosi via. Successivamente, potrebbe essere stimata la somiglianza percepita di queste automobili, prese due alla volta. Questa somiglianza del prodotto è sintetizzata sotto forma di matrice di somiglianza (cfr. figura 1), usata come input in un programma computerizzato di *multidimensional scaling*.

Tabella di somiglianza: un esempio

L'obiettivo del programma è scoprire un numero relativamente piccolo di dimensioni di prodotti (solitamente due o tre), che possono essere usate per ricreare matematicamente l'intera matrice di somiglianza. Se due o tre dimensioni di prodotto permettono (ragionevolmente) la riproduzione esatta dell'intera tabella di somiglianza, allora quelle dimensioni riflettono solitamente le fonti chiave di differenziazione di prodotto usate in un mercato.

Figura 1 – Un'analisi ipotetica di *multidimensional scaling* di 10 automobili di media grandezza

	Taurus	Lumina	Accord	LeBaron	...	Mercedes
Taurus	1.0	.65	.76	.42	...	.54
Lumina	.65	1.0	.53	.47	...	.23
Accord	.76	.53	1.0	.65	...	.78
LeBaron	.42	.47	.65	1.0	...	.81
•	•	•	•			
•	•	•	•			
•	•	•	•			
Mercedes	.54	.23	.78	.81	...	1.0

Analisi bidimensionale della matrice di somiglianza

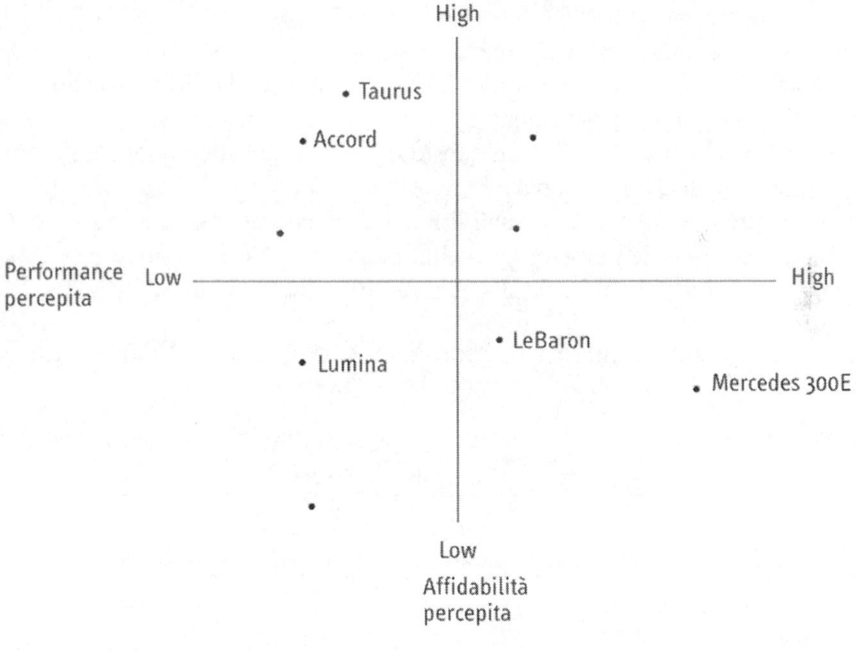

Nota: misure di somiglianza percepita (1.0 = auto simili; 0.0 = auto completamente differenti).

Nella figura 1, l'analisi ipotetica della matrice di somiglianza dell'automobile evidenzia due dimensioni interpretative: prestazioni percepite e affidabilità percepita. Queste dimensioni possono essere usate per analizzare quali prodotti in un mercato competono direttamente, quali prodotti sono differenziati e quali porzioni di mercato non sono ancora occupate dai prodotti attualmente disponibili. Nella figura

1, ciascuna delle automobili è tracciata su una superficie bidimensionale in cui l'asse x rappresenta la performance percepita e l'asse y rappresenta l'affidabilità percepita. È possibile vedere in questa figura che la Ford Taurus e la Honda Accord competono direttamente nel segmento di alta-affidabilità e di media performance, la Chevrolet Lumina e Chrysler LeBaron competono nel segmento di media-performance/media affidabilità e la Mercedes 300E è isolata nel segmento di alta-performance/media affidabilità. Oltre a rivelare le fonti di differenziazione del prodotto che sono state usate in un mercato, questo tipo di analisi può anche suggerire le opportunità di differenziazione di un nuovo prodotto.

Regressione delle determinanti di prezzo

Analisi di regressione. Il *multidimensional scaling* è un metodo puramente induttivo per la descrizione delle fonti di differenziazione del prodotto in un settore. Gli analisti non sono tenuti a supporre quali particolari attributi potrebbero essere usati come fonti della differenziazione del prodotto, ma seguono le dimensioni che emergono induttivamente da un'analisi della percezione di prodotti similari. L'analisi di **regressione** delle determinanti del prezzo di prodotto costituisce, invece, un approccio maggiormente deduttivo all'analisi empirica delle fonti della differenziazione. Si consideri il semplice esempio presentato in tabella 1. Qui, ancora una volta, il settore di studio è quello delle automobili. Con questo metodo l'analista propone un'ampia gamma di caratteristiche che possono avere un effetto sul prezzo dell'automobile. Gli attributi del prodotto automobilistico, quali il funzionamento del motore, lo spazio dell'abitacolo, la dimensione dell'albero, la qualità percepita, l'accelerazione e la capacità di frenata possono tutti avere un effetto sul prezzo di un'automobile.

Tabella 1 – Ipotesi di analisi di regressione delle basi di differenziazione di prodotto nelle automobili. Variabile dipendente: prezzo

Variabili indipendenti	Coefficiente di regressione	Significatività statistica
Costante	1,78	*
Funzionamento del motore	0,23	
Spazio nell'abitacolo	2,89	
Dimensione dell'albero motore	4,87	*
Qualità percepita	0,21	
Accelerazione	21,34	**
Capacità di frenata	0,256	*

* = significativo al livello 0,05
** = significativo al livello 0,01

Ogni automobile analizzata è misurata tenendo presente queste fonti possibili di differenziazione del prodotto. Il prezzo del prodotto (in questo caso, il prezzo all'ingrosso di ogni automobile) allora è preso come variabile dipendente in un'analisi di regressione multipla. L'equazione è:

[5.1] $\text{Prezzo}_i = b_0 + \text{attributo}_1\, b_1 + \text{attributo}_2\, b_2 + \text{attributo}_3\, b_3 + \dots \text{attributo}_j\, b_j$

dove:

Prezzo_i = il prezzo del prodotto *i*
Attributo_j = una misura dell'attributo *j* per il prodotto *i*
b_j = coefficiente di regressione che misura l'impatto dell'attributo *j* sul prezzo del prodotto *i* per altri attributi del prodotto

Questo modello di regressione valuta l'effetto di ogni attributo sul prezzo di un prodotto. Un coefficiente statisticamente significativo di regressione in questa equazione suggerisce che uno specifico attributo di prodotto ha un effetto significativo sul prezzo e, implicitamente, può ipotizzarsi come base di differenziazione del prodotto. In tabella 1 si evidenzia che l'accelerazione, la capacità di frenata e la dimensione dell'albero motore sono fattori che hanno un impatto significativo sul prezzo delle automobili e, pertanto, è probabile che possano essere fonte di differenziazione del prodotto in questo settore.

Applicazione. Sia l'analisi multidimensionale che la regressione multipla sono state applicate per studiare le fonti della differenziazione del prodotto in un'ampia varietà di settori. In uno studio particolarmente importante, una tecnica statistica simile al *multidimensional scaling* (analisi fattoriale) e un metodo di regressione multipla sono stati uniti per descrivere le fonti di differenziazione di prodotto per beni di consumo e durevoli venduti negli Stati Uniti e in Australia (Caves, Williamson, 1985). Questo studio ha avuto inizio misurando tantissimi attributi e le caratteristiche dei prodotti inseriti nel campione. Successivamente, queste caratteristiche sono state analizzate (usando l'analisi fattoriale) per scoprire un insieme di cinque dimensioni di fondo degli attributi del prodotto, che poi sono state usate come variabili indipendenti in un'analisi di regressione multipla, con il prezzo del prodotto come variabile dipendente.

Questo studio ha evidenziato che i prodotti presenti in questo campione sono stati differenziati lungo cinque dimensioni: livello di adattamento del prodotto, complessità di prodotto, enfasi sul *consumer marketing*, canali di distribuzione e servizi ed assistenza. Ciascuna di queste fonti di differenziazione di prodotto, derivate empiricamente, viene sottoposta ad analisi.

Prodotti personalizzati

Personalizzazione dei prodotti. I prodotti sono differenziati nella misura in cui sono adattati alle specifiche esigenze del cliente. Per esempio, Hewlett-Packard e National Semiconductor si sono specializzati nella progettazione dei semiconduttori di uso generale. Altre imprese progettano semiconduttori parzialmente "customizzati" (le componenti presentano alcuni elementi generici, ma hanno anche attributi specifici), mentre altre imprese progettano circuiti integrati fortemente personalizzati.

Complessità del prodotto

Complessità del prodotto. I prodotti sono differenziati anche a seconda della loro complessità. Si confronti, per esempio, la Penna Crystal di bic e una penna della Cross. Entrambe le penne scrivono, ma la sola scrittura non è una fonte di differenziazione. Tuttavia, la Cristal Standard di bic ("scrive la prima volta, come ogni volta") ha soltanto sette componenti, mentre la penna Cross ne ha parecchie dozzine.

Attività di marketing

Enfasi sul marketing al consumatore. L'enfasi sulla differenziazione del marketing verso il consumatore è una fonte di differenziazione di prodotto. Per esempio, i saponi per le mani quali Infasil e Neutro Roberts hanno ricevuto il supporto notevole del marketing sotto forma di pubblicità in televisione, buoni sconto e così via. Al contrario, il liquido e i saponi in polvere per le mani ad uso industriale ricevono poco o nessun supporto di marketing al consumo. Entrambi i saponi hanno la stessa funzione: lavare le mani. Dunque, la capacità di lavare di per sé non è fonte di differenziazione di prodotto. Piuttosto, il marketing usato per vendere questi saponi diversi costituisce la base per la differenziazione produttiva.

Distribuzione del prodotto

Differenti canali di distribuzione. I prodotti possono essere differenziati in base a canali di distribuzione alternativi. Per esempio, nel settore delle bibite analcoliche, Coca-Cola, PepsiCo e Seven-Up distribuiscono le loro bevande attraverso una rete di imbottigliatori indipendenti e di proprietà. Queste imprese producono gli ingredienti chiave per le loro bibite analcoliche, che spediscono agli imbottigliatori locali, i quali, a loro volta, aggiungono l'acqua addizionata di gas, imbottigliano le bevande in bottiglie di vetro o lattine e distribuiscono il prodotto finale ai rivenditori di zona di bibite analcoliche. Ogni imbottigliatore locale ha l'esclusività territoriale della distribuzione di una specifica marca. La Canada Dry ha adottato una rete di distribuzione completamente differente. Invece di contare sugli imbottigliatori locali, Canada Dry confeziona il suo prodotto finito in diverse localizzazioni e poi trasferisce i prodotti a grossisti, che li distribuiscono a drogherie, *convenience stores* e altri negozi al dettaglio. Una delle conseguenze di queste strategie alternative di distribuzione è che la Canada Dry ha una presenza relativamente forte nelle drogherie, ma una debole presenza nel mercato dei distributori automatici di bibite analcoliche, che è dominato da Coca-Cola e da PepsiCo, che hanno distributori locali che gestiscono le *vending machine*. Canada Dry non ha distributori locali e può penetrare nel segmento dei distributori automatici soltanto quando i distributori locali della Pepsi-Cola o della Coca-Cola decidono di inserire in gamma i prodotti Canada Dry (come il "ginger ale"), ad eccezione dei vari prodotti cola (Porter, Wayland, 1991).

Assistenza post-vendita

Servizio e supporto. I prodotti si differenziano in base al livello di servizio e di assistenza offerto. Alcune imprese nel mercato degli elettrodomestici, compresa la General Electric, non hanno sviluppato una rete di assistenza e di servizio, mentre altre imprese ne sono dotate (Ghemawat, 1993).

1.3. Differenziazione di prodotto e creatività

Differenziazione come espressione di creatività

Le fonti teoriche di differenziazione di prodotto elencate nel par. 1.1 e le fonti empiriche di differenziazione di prodotto elencate nel par. 1.2 indicano insieme una vasta gamma di modi in cui le imprese possono differenziare i loro prodotti e servizi. Tuttavia, il tentativo di classificare tali fattori risulta poco utile; la differenziazione di prodotto è, in definitiva, un'espressione della creatività degli individui e dei gruppi in seno alle imprese ed è limitata soltanto dalle occasioni che si presentano in un determinato settore, o che possono essere generate, e dalla volontà e dalla capacità delle imprese di esplorare creativamente le modalità per trarre profitto da tali opportunità.

2. Il valore economico della differenziazione di prodotto

Fonti di differenziazione di valore

Per poter generare vantaggi competitivi, le fonti di differenziazione di prodotto su cui un'impresa compete devono essere di valore, cioè permettere di accrescere i redditi, di neutralizzare le minacce e di sfruttare le opportunità.

2.1. Differenziazione di prodotto e risultato economico

Concorrenza perfetta

Data l'ampia varietà di modi in cui le imprese possono differenziare i loro prodotti e servizi, non sorprende che l'effetto di questa particolare strategia sulle prestazioni e sulla struttura del settore abbia ricevuto costanti richiami ed attenzione nella letteratura economica. I due trattati classici di queste relazioni, sviluppati indipendentemente e pubblicati quasi contemporaneamente, sono di Edward Chamberlin e Joan Robinson (Chamberlin, 1933; Robinson, 1934). Sia Chamberlin che Robinson esaminano la differenziazione di prodotto e le performance dell'impresa con riferimento alla concorrenza perfetta. Come spiegato nel cap. 2, in un regime di concorrenza perfetta le numerose imprese presenti in un settore controllano ciascuna una piccola porzione del mercato e i prodotti o i servizi venduti sono, per ipotesi, identici. In queste condizioni, le imprese si confrontano con una curva orizzontale della domanda (perché non hanno controllo sul prezzo dei prodotti che vendono) e massimizzano il loro risultato economico producendo e vendendo una quantità di output che eguaglia ricavi marginali e costi marginali. Quando le imprese vendono prodotti differenziati, invece, acquisiscono una certa capacità di controllare i loro prezzi.

Differenziazione di prodotto e concorrenza monopolistica

Un'impresa può vendere il suo output a prezzi molto elevati e produrne una quantità relativamente limitata, o può vendere output a prezzi molto bassi e produrne quantità relativamente elevata. Questi *trade-off* fra prezzo e quantità prodotta suggeriscono che le imprese che vendono i prodotti differenziati si confrontano con una curva di domanda inclinata verso il basso, piuttosto che con una curva orizzontale della domanda di un mercato perfettamente competitivo. Le imprese che vendono i prodotti differenziati e che hanno una curva di domanda inclinata verso il basso si trovano in una struttura del settore denominata da Chamberlin **concorrenza monopolistica**. È come se, all'interno di una nicchia di mercato definito dal prodotto differenziato dell'impresa, l'azienda detenga una posizione di monopolio. Le imprese monopolisticamente competitive incrementano il loro profitto producendo e vendendo una quantità di prodotti tali che il ricavo marginale sia uguale al costo marginale. Il prezzo che le imprese possono stabilire in questo punto di "ottimo" dipende dalla domanda del loro prodotto differenziato. Se la domanda è elevata, il prezzo sarà più elevato; se la domanda è bassa, il prezzo sarà più ridotto. Tuttavia, se il costo complessivo medio dell'impresa è inferiore al prezzo applicabile (cioè se il costo complessivo medio è inferiore al prezzo determinato dalla domanda), allora un'impresa che vende un prodotto differenziato può guadagnare un profitto superiore al normale. Si consideri l'esempio presentato nella figura 2. Molte curve sono rilevanti in questa figura. In primo luogo, si noti che la curva di domanda (*D*) in questo settore è descrescente.

Performance nei settori in concorrenza monopolistica

Ciò significa che è un settore non perfettamente competitivo e che l'impresa ha un certo controllo sui prezzi che potrà stabilire per i suoi prodotti. Inoltre, la curva del reddito marginale (*MR*) presenta un andamento decrescente ed è sempre più bassa della curva di domanda. La curva del reddito marginale è decrescente perché, per vendere i livelli supplementari di un singolo prodotto, un'impresa deve essere disposta ad abbassare la relativa curva del reddito marginale ad un prezzo più basso. La curva della domanda è più bassa perché questo prezzo più basso si applica a tutti i prodotti venduti dall'impresa, non solo ai prodotti supplementari. La curva di costo marginale (*MC*) nella figura 2 è crescente ed indica che, per produrre output supplementari, un'impresa deve sostenere costi addizionali. La curva di costo medio totale (*ATC*) può avere una varietà di andamenti, secondo le economie di scala, il costo dei fattori di produzione e gli altri fenomeni di costo descritti nel cap. 2.

Queste quattro curve (domanda, reddito marginale, costo marginale e costo totale medio) possono essere usate per determinare il livello del profitto economico di un'impresa in concorrenza monopolistica.

Figura 2 – Differenziazione di prodotto e performance d'impresa: analisi della concorrenza monopolistica

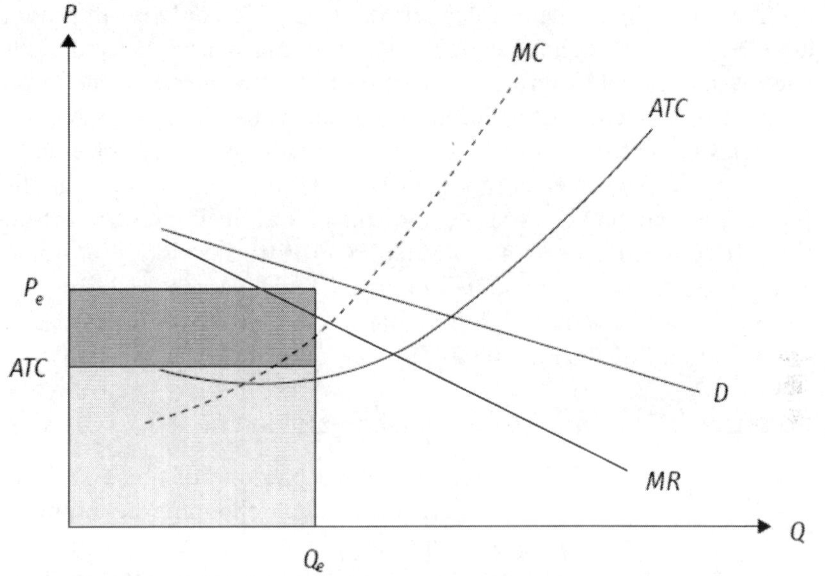

Per massimizzare il profitto, l'impresa produce una quantità (Q_e) tale che i costi marginali siano uguali ai ricavi marginali. Per determinare il prezzo marginale dell'output dell'impresa ad un determinato livello di produzione, viene disegnata una linea verticale dal punto in cui la curva dei costi marginali eguaglia quella dei ricavi marginali. Questa curva si intersecherà con la curva di domanda. Dove questa linea verticale interseca la domanda, viene disegnata una linea orizzontale fino all'asse verticale (prezzo) per determinare il prezzo che l'impresa può fare pagare. Nella figura 2, questo prezzo è P_e. Al livello P_e, il costo medio totale è inferiore al prezzo. Il ricavo totale ottenuto dall'impresa in questa situazione (prezzo × quantità) è indicato dall'area delimitata nella figura 2. La parte non-normale di profitto di questo ricavo totale è indicata dalla sezione più scura dell'area delimitata della figura. Poiché questa sezione scura è superiore ai costi complessivi medi nella figura 2, essa rappresenta il profitto superiore al normale. Se questa sezione fosse al di sotto dei costi complessivi medi, rappresenterebbe il risultato economico al di sotto del normale. Chamberlin e Robinson proseguono poi ad analizzare l'effetto dell'entrata in una nicchia del mercato determinata dal prodotto differenziato dell'impresa. Come discusso nel cap. 2, un presupposto di base dei modelli SCP, è l'esistenza dei risultati economici superiori al normale, che motiva l'entrata in un settore o in una nicchia di mercato all'interno del settore. Nei settori in concorrenza monopolistica, tale entrata significa che la curva di domanda delle imprese si sposta in basso e a sinistra. Ciò implica che i clienti dell'impresa acquisteranno un minor quantitativo di output se l'impresa manterrà i suoi prezzi o, ugualmente, che un'impresa stabilirà prezzi più bassi per mantenere il suo attuale volume di vendite. Nel lungo termine, l'entrata in questa nicchia del mercato può condurre ad una situazione dove il prezzo dei beni o dei servizi venduti, quando un'impresa produce output tali che il costo marginale eguaglia il ricavo marginale, è esattamente uguale al costo totale medio dell'impresa. A questo punto, un'impresa ottiene un ritorno economico normale anche se vende ancora un prodotto differenziato. La maggior parte delle analisi di Robinson e di Chamberlin sulla concorrenza e sulla performance nei settori in concorrenza monopolistica ha implicazioni per l'analisi strategica della differenziazione di prodotto. La capacità di un'impresa di introdurre sul mercato un prodotto differenziato e di ottenere profitti superiori al normale, dipende dalle minacce neutralizzate o dalle opportunità sfruttate da quel prodotto. L'abilità di un'impresa a mantenere il suo vantaggio competitivo dipende, a sua volta, dalla rarità ed imitabilità dei suoi punti di forza e di debolezza.

2.2. Differenziazione di prodotto e minacce ambientali

Neutralizzare le minacce con la differenziazione

Una differenziazione di prodotto di successo aiuta un'impresa a rispondere a ciascuna delle minacce ambientali identificate nel modello delle cinque forze competitive. La differenziazione del prodotto, ad esempio, aiuta a ridurre la **minaccia di nuove entrate** da parte di potenziali nuovi entranti nel settore, per la presenza non solo di costi standard di inizio attività, ma anche di costi addizionali associati al superamento dei vantaggi di differenziazione di prodotto delle imprese esistenti. Il rapporto fra differenziazione di prodotto e nuova entrata già è stato discusso nel cap. 2. La differenziazione di prodotto riduce la **minaccia dei concorrenti diretti** perché ogni azienda in un settore tenta di ritagliarsi un'unica nicchia per il proprio prodotto. La concorrenza non è ridotta a zero, dato che questi prodotti ancora competono tra loro per uno stesso gruppo di clienti, ma piuttosto è attenuata, perché i clienti di ogni azienda sono differenti. Per esempio, sia una Rolls Royce che una Hyundai soddisfano il bisogno del trasporto di un consumatore, ma è improbabile che i clienti potenziali di Rolls Royce siano anche interessati all'acquisto della Hyundai o viceversa. La differenziazione di prodotto, inoltre, aiuta le imprese a ridurre la **minaccia dei prodotti sostitutivi** realizzando prodotti che appaiono più attraenti degli stessi prodotti sostitutivi.

La differenziazione di prodotto può anche ridurre la **minaccia dei fornitori**. I fornitori più forti possono aumentare i prezzi dei prodotti o dei servizi che forniscono. Spesso, questi costi di fornitura incrementati devono essere trasferiti sui clienti dell'impresa, sotto forma di prezzi più elevati, se non si vuole limitare il margine di guadagno dell'impresa. Un'impresa senza un prodotto altamente differenziato può trovare difficile trasferire i suoi maggiori costi sui clienti attraverso i prezzi, poiché questi clienti avranno numerose altre possibilità di acquistare prodotti o servizi simili da concorrenti dell'impresa. Tuttavia, un'impresa con un prodotto altamente differenziato può avere clienti fidelizzati o clienti che non hanno la possibilità di acquistare prodotti o servizi simili da altre imprese. È probabile che questi tipi di clienti accettino incrementi di prezzo, dovuti all'esigenza di trasferire sul prezzo i maggiori costi sostenuti a causa del potere dei fornitori. Pertanto i fornitori dotati di maggior potere possono essere capaci di aumentare i prezzi, ma questi incrementi spesso non riducono il profitto dell'impresa che vende un prodotto altamente differenziato.

Limiti all'incremento del prezzo

Naturalmente, l'abilità di un'impresa che vende un prodotto differenziato di essere in qualche modo immune dal potere contrattuale dei fornitori, potrebbe incoraggiare i fornitori ad esercitare il loro potere. Se le imprese possono trasferire i costi incrementati sui clienti, i fornitori possono decidere di aumentare i costi. Ad un certo livello, tuttavia, persino i clienti più fedeli dei prodotti o dei servizi differenziati possono considerare troppo elevati i prezzi. Queste **barriere di prezzo** pongono un limite alla capacità dell'impresa di aumentare i prezzi. Ogni incremento nei costi di fornitura, una volta che queste barriere siano superate genera una riduzione dei profitti per l'impresa. Tuttavia, a questi prezzi e livelli di costi di fornitura, l'impresa può trovare possibile ottenere fornitori sostitutivi, oppure può accadere che altre imprese entrino nel mercato di fornitura. L'esistenza di fornitori sostitutivi o di più fornitori attenua il potere contrattuale dei fornitori e permette all'impresa che vende un prodotto differenziato di assicurarsi ritorni economici positivi.

Il rapporto fra i fornitori dello zucchero e i produttori di bibite analcoliche durante gli ultimi trent'anni ha avuto molte di queste caratteristiche. Negli anni settanta, lo zucchero era un ingrediente importante nelle bibite analcoliche. All'inizio degli anni ottanta, i prezzi dello zucchero aumentarono improvvisamente. Inizialmente, le aziende di bibite analcoliche riuscirono a trasferire questi costi maggiori sui clienti sotto forma di incremento dei prezzi. La fedeltà del cliente alle marche di bibite analcoliche e l'avversione per i prodotti sostitutivi, consentivano di mantenere i clienti malgrado i prezzi superiori. Tuttavia, la crescita del prezzo dello zucchero ha spinto allo sviluppo di prodotti alternativi. In primo luogo, il costoso zucchero derivato dalla canna da zucchero fu sostituito da uno sciroppo di amido ad alta percentuale di fruttosio, molto meno costoso. Poi si diffuse l'aspartame, un sostituto dello zucchero con poche calorie (commercializzato con la marca NutraSweet). Tutto ciò ha progressivamente ridotto il potere delle aziende fornitrici di zucchero per il settore delle bibite analcoliche (Casey, 1976).

Infine, la differenziazione di prodotto può contenere la **minaccia dei clienti.** Sia Chamberlin che Robinson hanno osservato, che, quando un'impresa vende un prodotto altamente differenziato, gode di un quasi-monopolio in quel determinato segmento di mercato. Gli acquirenti interessati a comprare questo prodotto particolare devono comprarlo da una specifica impresa; il potere di rifiutare di vendere prodotti ad alto valore, determina una riduzione del potere negoziale degli acquirenti.

2.3. Differenziazione di prodotto ed opportunità ambientali

Sfruttare le opportunità nei diversi settori

La differenziazione di prodotto può anche aiutare un'impresa a sfruttare le opportunità dell'ambiente. Per esempio, nei settori frammentati le imprese possono usare le strategie di differenziazione di prodotto per contribuire a consolidare un mercato. Nel mercato della stampa, una campagna pubblicitaria nazionale che enfatizzava la qualità della stampa e la velocità del servizio ha consentito al Postal Instant Printing (PIP) di guadagnare un'elevata quota di mercato in questo settore frammentato, nonostante alcuni successivi cambiamenti nella gestione abbiano causato diversi problemi a quest'azienda.

Il ruolo della differenziazione produttiva nei settori emergenti è stato analizzato nel cap. 2. Come *first mover*, in questi settori, le imprese possono ottenere vantaggi di differenziazione basati sulla leadership tecnologica percepita, sull'appropriazione degli *assets* ad elevato valore strategico e sulla fedeltà del cliente dovuta agli elevati ***switching costs***. Nei settori maturi, gli sforzi di differenziazione del prodotto passano spesso dai tentativi di introdurre tecnologie radicalmente nuove al perfezionamento del prodotto. Per esempio, nel mercato maturo della distribuzione della benzina, le imprese tentano di differenziare i loro prodotti attraverso la vendita di benzine modificate (benzina che brucia senza scorie, benzina che pulisce gli iniettori di combustibile e così via) ed alterando il mix di prodotto (collegando i distributori di benzina con i *convenience stores*). La differenziazione di prodotto può anche essere un'opzione strategica importante in un settore in declino. Differenziando il prodotto le imprese potrebbero essere capaci di diventare leader in quel tipo di settore basandosi sulla loro reputazione, sull'unicità degli attributi del prodotto, o su una qualunque altra fonte di differenziazione. Alternativamente, le imprese altamente differenziate potrebbero essere capaci di scoprire una nicchia di mercato potenziale che permetterebbe loro di sopravvivere, malgrado il declino generale nel mercato.

Infine, la decisione di implementare una strategia di differenziazione di prodotto può avere un effetto significativo su come l'impresa agisce in un settore globale, aspetto analizzato più dettagliatamente nel cap. 8.

3. La differenziazione del prodotto e il vantaggio competitivo sostenibile

Variabili per la sostenibilità del vantaggio competitivo

Le strategie di differenziazione del prodotto aggiungono valore poiché consentono alle imprese di far pagare per i loro prodotti e servizi prezzi più elevati rispetto alla media dei costi totali di un'impresa. Le imprese che adottano questa strategia con successo riescono a contrastare le minacce e a sfruttare le numerose opportunità dell'ambiente esterno. Tuttavia, come già affermato nel cap. 3, la capacità di una strategia di aggiungere valore ad un'impresa deve essere collegata alla rarità e alla costosa imitabilità dei punti di forza e di debolezza organizzativi per generare un vantaggio competitivo sostenibile.

Ciascun elemento alla base delle differenziazione del prodotto già trattato in questo capitolo può variare in funzione della probabilità di essere raro e costoso da imitare.

Un esempio di impresa che ha basato il proprio successo sulla strategia di differenziazione è quello della distilleria Nonino, impresa che ha combinato efficacemente aspetti tangibili e intangibili della differenziazione sfruttando fattori quali l'unicità del proprio sistema produttivo, l'integrità del prodotto, la gestione efficiente della catena del valore e, al contempo, inviando forti segnali non solo relativi alle caratteristiche del prodotto, ma anche all'identità d'impresa e ai valori guida che ispirano il comportamento imprenditoriale e manageriale dell'intera famiglia (Compagno, 2000).

3.1. Fonti rare di differenziazione del prodotto

Rarità

Generalmente il concetto di differenziazione del prodotto assume che il numero di imprese capaci di differenziare i loro prodotti in modo particolare sia, in un certo momento, inferiore al numero di imprese necessarie per generare dinamiche di concorrenza perfetta.

Quando Chamberlin e Robinson affermano che le imprese altamente differenziate possono far pagare per i loro prodotti prezzi molto più elevati rispetto ai costi medi totali, essi stanno asserendo che queste imprese stanno implementando una strategia competitiva rara.

Creatività

In definitiva, la rarità di una strategia di differenziazione del prodotto dipende dall'abilità delle singole imprese di essere creative. Come affermato in precedenza, le imprese maggiormente creative possono scoprire o creare nuove modalità per differenziare i loro prodotti e servizi. Questi tipi di imprese possono essere un gradino più avanti della concorrenza: mentre le imprese rivali provano ad imitare la loro ultima differenziazione del prodotto, le imprese creative stanno già lavorando alla differenziazione dei prodotti successivi. Sicuramente creativa è l'intuizione degli stilisti Diesel che, per ideare il campionario volto a creare un look particolare ed originale dei propri capi, si recano nei mercatini dell'usato delle grandi città (Camuffo, Cappellari, 1997).

3.2. L'imitabilità della differenziazione del prodotto

Imitabilità

Le fonti di valore e rare di differenziazione devono essere costose da imitare per generare un vantaggio competitivo sostenibile. Sia la duplicazione diretta che la sostituzione, come approcci per l'imitazione, sono a tal fine importanti.

Duplicazione diretta

1. **La diretta duplicazione della differenziazione di prodotto**. Con la commercializzazione dei suoi nuovi prodotti e servizi, l'impresa solitamente perde la riservatezza delle fonti di differenziazione del prodotto, che divengono accessibili alla concorrenza. Per esempio, quando Chrysler Corporation cominciò a vendere la sua linea di *minivan* – un nuovo e creativo modo per differenziarsi rispetto alle *station wagons* tradizionali – utilizzò i minivan come una fonte della differenziazione del prodotto in questo particolare segmento del mercato automobilistico. Quando Seven Up rivelò il suo sforzo per differenziare i suoi *soft drinks* attraverso un basso contenuto di caffeina, rivelò la *free caffeine* come una potenziale fonte della differenziazione produttiva. I prodotti innovativi di Meliconi, Beghelli o FoppaPedretti, o il successo della linea Mulino Bianco di Barilla, hanno aperto il campo a più o meno immediati tentativi di imitazione di vecchi e nuovi concorrenti. Così sebbene la rarità della differenziazione dipenda dalla creatività delle imprese individuali, il porre sul mercato prodotti o servizi differenziati, spesso fornisce un'occasione ad altre imprese che cercano di replicare una differenziazione produttiva di successo.

Risorse facili da duplicare

Le fonti della differenziazione che sono facili da duplicare. Mettere in commercio un prodotto differenziato spesso rivela le fonti della strategia di differenziazione, ma tali fonti si distinguono nella misura della facilità di duplicazione ed imitabilità. Come illustrato nella tabella 2, gli elementi base della differenziazione facili da duplicare tendono a non essere legati alle risorse e competenze storiche, incerte e socialmente complesse dell'impresa.

Caratteristiche del prodotto

Per esempio, benché alcune imprese impieghino tempo ed energia provando a differenziare i prodotti sulla base delle loro caratteristiche, queste di per sé sono spesso relativamente facili da duplicare. Le imprese concorrenti, il più delle volte, possono acquistare un prodotto differenziato e sezionarlo per scoprirne le caratteristiche, fonte della differenziazione.

Risorse difficili da duplicare

Le fonti della differenziazione che potrebbero essere talvolta costose da duplicare. In alcune circostanze gli elementi su cui si basa la differenziazione potrebbero essere costosi da imitare. Il **mix di prodotti** di un'impresa può essere facile da duplicare se numerose imprese concorrenti possiedono risorse e competenze tali da sviluppare un proprio mix di prodotti. L'abilità di offrire sia pc che stampanti ai clienti non è unica di HP, IBM, Apple, Dell e delle numerose altre imprese che offrono un simile mix di prodotti.

Tabella 2 – Le fonti della differenziazione e il costo di duplicazione

		Fonti di duplicazione costosa		
	Le fonti della differenziazione	Storia	Incertezza	Complessità sociale
Possibile duplicazione a basso costo	Caratteristiche del prodotto	–	–	–
Talvolta costoso da duplicare	Mix di prodotti	*	*	*
	Legami con altre imprese	*	–	**
	Personalizzazione del prodotto	*	–	**
	Complessità del prodotto	*	–	*
	Consumer marketing	*	**	–
Generalmente costoso da duplicare	Legami tra funzioni	*	*	**
	Timing	*	*	–
	Localizzazione	*	–	–
	Reputazione	*	**	***
	Canali distributivi	*	*	**
	Servizi ad attività di supporto	*	*	**

Legenda: – = Non costosa da duplicare; * = Piuttosto costosa da duplicare; ** = Costosa da duplicare; *** = Molto costosa da duplicare.

Accordi con le imprese

I **legami con altre imprese** potrebbero essere facili da duplicare in alcune situazioni e costosi da duplicare in altre. Per esempio, la prima impresa di autonoleggio che stabilì un accordo con una società di carte di credito, secondo cui quest'ultima avrebbe pagato un'assicurazione extra per il consumatore, ottenne, attraverso una minima differenziazione del prodotto, un vantaggio competitivo. Tuttavia, non appena la relazione fu rivelata (attraverso la pubblicità), numerose altre società di carte di credito e compagnie di autonoleggio rapidamente replicarono questi accordi, a dimostrazione che non costituivano una fonte di vantaggio competitivo sostenibile.

Alcuni legami tra imprese, comunque, possono essere molto costosi da imitare. Ciò avviene quando solo poche imprese dispongono delle necessarie risorse complementari da condividere e quando questi legami sono basati su relazioni socialmente complesse. Questa tipologia di relazioni cooperative tra imprese è analizzata in dettaglio nel cap. 9.

Personalizzazione e complessità del prodotto

Allo stesso modo, la personalizzazione e la complessità del prodotto sono spesso utili per duplicare le fonti della differenziazione. Tuttavia, spesso l'abilità di un'impresa di personalizzare i propri prodotti per uno dei suoi clienti poggia sulle relazioni strette che ha sviluppato con essi. Una personalizzazione di questo genere si basa sulla propensione dell'impresa a condividere informazioni e dettagli inerenti alle sue attività di produzione, ricerca e sviluppo o altre attività caratteristiche, con un'impresa fornitrice. La propensione a distribuire questo tipo di informazioni, del resto, dipende dall'abilità di ogni impresa di aver fiducia e confidare sulle altre. L'impresa che apre le sue attività a un fornitore, ha fiducia che il fornitore non renderà immediatamente disponibili queste informazioni alle imprese concorrenti. L'impresa che fornisce un prodotto personalizzato ha fiducia che il suo cliente non si impossessi di un vantaggio in modo sleale richiedendo lo sviluppo di un prodotto personalizzato che non abbia altri potenziali clienti e poi insistendo su prezzi inferiori al pattuito o su livelli qualitativi superiori al definito e così via. Se due imprese hanno sviluppato questo tipo di relazioni socialmente complesse e poche altre imprese ne dispongono, allora queste relazioni diverranno costose da duplicare e, dunque, una risorsa capace di generare un vantaggio competitivo sostenibile.

Marketing

Infine, il marketing, pur essendo una forma molto comune di differenziazione, è spesso facile la duplicare. A volte gli sforzi di marketing sembrano andar per tentativi come per la pubblicità, gli strumenti promozionali sul punto di vendita e i buoni sconto. Raramente questi sforzi sono difficili da duplicare. Per esempio, nella pubblicità di bevande energetiche per lo sport, uomini e donne in costume attraenti, impegnati in contesti sportivi (calcio, football, basket, pallavolo) sono molto comuni. Raramente queste caratteristiche delle pubblicità potranno essere difficili da duplicare e quindi difficilmente esse possono essere fonte di un vantaggio competitivo sostenibile.

Tuttavia, periodicamente una campagna pubblicitaria o uno slogan, uno strumento promozionale o altre caratteristiche di una campagna di marketing potrebbero inaspettatamente catturare e suscitare una conoscenza del prodotto superiore alle aspettative. Se un'impresa, in accordo con la sua agenzia di marketing, può sistematicamente sviluppare campagne di marketing superiori, quest'impresa può ottenere un vantaggio competitivo sostenibile. Ma se i risultati di tali campagne non si possono prevedere e sono legati alla fortuna dell'impresa, esse non possono essere considerate una fonte di vantaggio competitivo sostenibile.

Risorse costose da duplicare

Le fonti della differenziazione generalmente costose da duplicare. Le rimanenti fonti di differenziazione elencate nella tabella 2 sono generalmente costose da duplicare. Le imprese che differenziano i loro prodotti in base a queste fonti potrebbero ottenere un vantaggio competitivo sostenibile.

Rapporti interfunzionali

I legami tra le funzioni di una singola impresa sono fonti generalmente costose da imitare. Là dove i rapporti con altre imprese possano essere facili o costosi da replicare, a seconda della natura dell'accordo che esiste tra le imprese, i legami tra le funzioni della singola impresa richiedono relazioni complesse e fiduciarie. Come trattato nel cap. 6 e nei capitoli successivi ci sono numerosi casi di conflitto tra funzioni e divisioni di una singola impresa. Un'organizzazione che ha una cultura e una storia che supporta le relazioni cooperative tra divisioni in contrasto può mettere da parte i conflitti tra le divisioni e le funzioni, per cooperare liberamente alla differenziazione del prodotto da offrire al mercato. Le imprese con una storia di contrasti tra funzione e divisione sono di fronte a una sfida per cambiare il loro complesso corso della storia.

Un'impresa che ha tentato di eliminare i conflitti tra le funzioni è Chrysler, caratterizzata, fin dalle sua costituzione, da relazioni conflittuali tra le differenti funzioni, che erano coinvolte nel design, nella progettazione e nella produzione. Gli ingegneri volevano sviluppare una carrozzeria in contrasto con le richieste dei progettisti; i progettisti volevano progettare impianti elettrici costosi da realizzare e così via. I risultati di queste relazioni conflittuali erano lunghi ritardi nella progettazione del prodotto, compromessi di produzione e minore qualità. Tuttavia, recentemente la Chrysler ha tentato di eliminare questi conflitti nello sviluppo di piattaforme automobilistiche. I risultati dimostrano che questo nuovo approccio cooperativo ha avuto successo (Moritz, Seaman, 1984; Taylor, 1994; Loeb, 1995).

Timing

Il tempismo nella storia di un'impresa è un'altra fonte di differenziazione difficile da duplicare. È difficile se non impossibile ricreare l'unicità della storia di un'impresa. I concorrenti potrebbero aver bisogno di trovare modalità alternative per differenziare i loro prodotti.

Localizzazione

La localizzazione è spesso una fonte di differenziazione difficile da duplicare, specialmente quando è unica. Per esempio, la ricerca sulle preferenze dei viaggiatori d'affari suggerisce che la localizzazione è il motivo principale per scegliere un albergo. Gli alberghi comodi, unendo il trasporto e la vicinanza ai centri commerciali della città, sono preferiti rispetto agli alberghi che offrono le stesse cose, ma che sono localizzati in zone differenti. Difatti, è stato dimostrato che la localizzazione rappresenta il principale motivo di scelta per i viaggiatori d'affari, anche più del prezzo. Se solo pochi alberghi in una città hanno eccellenti localizzazioni e se non sono possibili nuove aperture di alberghi nella stessa ubicazione, allora gli alberghi con quelle localizzazioni possono ottenere un vantaggio competitivo sostenibile.

Reputazione

Di tutte le fonti della differenziazione trattate in questo capitolo, forse nessuna è più difficile da replicare come la reputazione dell'impresa. Essa rappresenta la relazione socialmente complessa tra l'impresa e i suoi clienti, basata su anni di esperienza, impegno e fiducia. La fama non si costruisce velocemente, non può essere né acquistata, né venduta. Piuttosto le reputazioni possono essere solo accresciute anche con investimenti cospicui nella relazione tra l'impresa e i suoi clienti. Un'impresa con una reputazione positiva può ottenere un significativo vantaggio competitivo, mentre un'impresa con una reputazione negativa o che non ha alcuna reputazione, dovrebbe effettuare grossi investimenti per lunghi periodi di tempo, per adeguarsi all'impresa differenziata.

Un esempio italiano è rappresentato da Marinella, leader nel settore delle cravatte realizzate su ordinazione e su misura, la cui reputazione da decenni si è ingrandita pur rimanendo sempre ben radicata alla tradizione partenopea.

Canali di distribuzione

Anche i canali di distribuzione sono fonti di differenziazione costosi da duplicare. Ciò può avvenire per due motivi.

Il primo è che le relazioni tra un'impresa e i suoi canali di distribuzione sono spesso socialmente complesse e quindi costose da duplicare. Il secondo è che le catene distributive potrebbero non essere completamente elastiche. Le imprese che hanno accesso a queste catene possono usarle, ma le imprese che non ne hanno accesso potrebbero essere spinte a creare legami propri o sviluppare nuovi canali. Creare nuovi canali, o sviluppare interamente nuovi mezzi distributivi può essere un'iniziativa difficile o costosa (Hennart, 1988). Questi costi sono una delle prime motivazioni che spingono alla creazione di *joint ventures* internazionali.

Assistenza post-vendita

Infine, anche il livello di servizio e di assistenza può essere una fonte di differenziazione costosa da duplicare. In molti settori, spesso non è costoso fornire un livello minimo di servizi ed assistenza post-vendita. Nel campo dell'elettronica, un livello minimo di assistenza può essere fornito da una rete di negozi di riparazione. Nel settore automobilistico, questo livello di servizio può essere offerto da fornitori associati ai negozianti. Nei fast-food può essere fornito da un livello minimo di impiegati istruiti.

Tuttavia, superare questo livello minimo di servizi e di assistenza, può essere difficile da duplicare per due ragioni. Il miglioramento della qualità dei servizi e dell'assistenza potrebbe far crescere l'ammontare dei costi di formazione.

Queste fonti di differenziazione, che risultano importanti rispetto agli investimenti diretti in formazione, necessari per fornire un'elevata qualità dei servizi e di assistenza, spesso riflettono le peculiarità dell'impresa e del suo personale verso i clienti. In molte imprese del mondo, il cliente è divenuto "il cattivo". Ciò è comprensibile per molte ragioni. Le risorse umane cercano di interagire con i loro clienti con meno frequenza rispetto alle interazioni con gli altri addetti. Quando essi interagiscono con i clienti spesso recepiscono i reclami diretti all'impresa. In queste circostanze, il cliente può sviluppare ostilità, che è senza dubbio incoerente con una strategia di differenziazione basata sul servizio e sull'assistenza al cliente.

In conclusione, l'elevato livello di servizio ed assistenza sono basati su relazioni socialmente complesse tra imprese e clienti. Le imprese che hanno contrasti con i loro clienti potrebbero trovare difficoltà nel duplicare gli alti livelli di servizio ed assistenza forniti dalle imprese concorrenti.

Prodotti sostitutivi della differenziazione

2. **Sostituti per la differenziazione produttiva**. L'abilità delle fonti della differenziazione di generare un vantaggio competitivo sostenibile dipende anche dall'esistenza di prodotti sostitutivi a minor costo.

I sostituti, come fonte di differenziazione, possono avere due forme. In primo luogo, molte delle fonti di differenziazione elencate nella tabella 2 possono essere parziali sostituti per le altre. Per esempio, le caratteristiche del prodotto, la personalizzazione, la complessità del prodotto sono tutte fonti molto simili e, dunque, possono agire da sostituti tra loro. Una particolare impresa potrebbe tentare di sviluppare un vantaggio competitivo dalla differenziazione dei suoi prodotti sulla base della personalizzazione, solo per verificare poi che i suoi vantaggi di personalizzazione sono sminuiti da un'altra impresa che cambia le caratteristiche dei suoi prodotti.

In modo simile, i legami tra le funzioni, i legami tra le imprese e il mix di prodotti, come fonti di differenziazione, possono essere anche sostituti per altre. IBM lega i suoi venditori, i servizi e le funzioni di consulenza per differenziarsi nel mercato dei computer. Altre imprese di computer potrebbero concludere accordi con società di servizi di assistenza ai computer e società di consulenza per ottenere un vantaggio di differenziazione.

Fonti di vantaggio competitivo sostenibile

In secondo luogo, anche altre strategie trattate in questo libro possono essere considerate sostitutive di alcune della fonti di differenziazione elencate nella tabella 2. Per esempio, un'impresa potrebbe provare a raggiungere un vantaggio competitivo regolando il suo mix di prodotti e un'altra impresa potrebbe costituire un'alleanza strategica per creare lo stesso tipo di differenziazione.

Al contrario, alcune delle fonti della differenziazione trattate in questo capitolo hanno pochi surrogati. In queste si includono il tempo, la localizzazione, i canali di distribuzione e l'assistenza post-vendita. Nella misura in cui queste fonti di differenziazione sono anche di valore, rare e difficili da imitare, potrebbero essere la base di un vantaggio competitivo sostenibile.

4. L'organizzazione per attuare la strategia di differenziazione

Problematiche organizzative

Le imprese che cercano di attuare le strategie di differenziazione possono utilizzare tutti gli strumenti trattati nel cap. 3, compreso la struttura organizzativa, il controllo di direzione e le politiche retributive. Nell'usare questi strumenti, le imprese che attuano le strategie di differenziazione devono imparare a regolare l'insieme delle esigenze organizzative in contrasto tra loro. Da un lato, queste imprese hanno bisogno di usare tali strumenti organizzativi per stimolare la creatività, le innovazioni e l'orientamento al rischio tra i dipendenti, così che nuovi prodotti altamente differenziati possano essere sviluppati e portati sul mercato. Dall'altro lato, queste imprese hanno bisogno di creare una struttura, un controllo di gestione e politiche d'incentivazione che portino coerenza e ordine alle strategie di differenziazione dei prodotti. Regolare le tensioni tra la spinta verso la creatività, da un lato, e l'ordine, dall'altro, rappresenta il problema organizzativo critico con cui si debbono confrontare le imprese che implementano strategie di differenziazione.

4.1. Il processo di sviluppo dei prodotti altamente differenziati

Processo innovativo

La necessità di un'impresa che attua una strategia di differenziazione di gestire le tensioni tra creatività, da un lato, e sistematicità, dall'altro, riflette gli attributi particolari del processo innovativo nelle imprese. Una descrizione di questo processo è presentata nella tabella 3. Come illustrato, ad un primo livello il processo innovativo è semplice e logico. Esso passa da una **fase iniziale**, dove l'innovazione è concepita, ad una **fase di sviluppo**, dove si sviluppa nei reali prodotti e nei servizi, e infine, a una **fase d'implementazione/finale**, dove l'innovazione è applicata (se genera valore di mercato) o abbandonata (se non genera valore di mercato). Questa progressione logica dall'introduzione, allo sviluppo, all'attuazione/conclusione, suggerisce che le innovazioni che mettono un'impresa in grado di seguire la strategia di differenziazione seguono un processo sequenzialmente ordinato.

Tuttavia, questo senso di regolarità è contraddetto da molti processi che accadono all'interno e tra ognuna delle fasi del processo innovativo presentato nella tabella 3.

Programmi di innovazione

Per esempio, nella fase iniziale, la gestione dell'innovazione dura molti anni mentre nell'impresa le innovazioni accadono in modo casuale. Le aziende sono spesso solo spinte a coordinare questi eventi disgiunti in un coerente sforzo innovativo, quando affrontano un importante shock competitivo. Anche allora, i piani d'innovazione che si sviluppano non descrivono realmente il processo innovativo. Piuttosto, questi sono usati solo come strumenti politici dell'impresa per "promuovere" investimenti continui nell'innovazione. Il reale processo innovativo dell'impresa potrebbe essere notevolmente diverso rispetto a come è descritto nei suoi "programmi d'innovazione".

Nella fase di sviluppo, il processo innovativo è caratterizzato da proliferazione, battute d'arresto, cambiamenti dei criteri per valutare l'innovazione, un costante cambiamento del gruppo di lavoratori coinvolti nell'innovazione e cambiamenti nei *top managers*, che promuovono l'innovazione stessa. Per avere successo, questi soggetti legati alle innovazioni devono spesso intrattenere rapporti con altre imprese a supporto delle innovazioni messe in relazione. Questi accordi tra imprese evolvono in modi imprevedibili. Difatti, non è insolito che un'innovazione si sposti dalla fase iniziale allo sviluppo e ritorni alla fase iniziale, per ripetere il processo innovativo più volte.

Una risposta a questo stato di confusione e caos è, da parte dell'impresa, fare attenzione ad imporre un ordine al processo innovativo. Tuttavia, un ordine imposto al processo innovativo, attraverso una strutturazione eccessivamente rigida dello stesso, rischia di distruggere la creatività.

Tabella 3 – Il processo di sviluppo di prodotti e servizi innovativi

Inizio

1. *Gestazione*. Le innovazioni non nascono da un'intuizione del momento, da un singolo drammatico avvenimento o da un singolo imprenditore. In molti casi, c'è un periodo d'introduzione che può durare molti anni, in cui gli eventi apparentemente coincidenti accadono e segnano la fase d'inizio dell'innovazione.
2. *Shock*. Gli sforzi indirizzati ad introdurre l'innovazione sono innescati da uno shock proveniente dalle risorse interne o esterne all'organizzazione.
3. *Programmi*. I programmi sono sviluppati e presentati ai responsabili per ottenere le risorse necessarie per lanciare lo sviluppo innovativo.

Sviluppo

4. *Proliferazione*. Quando si avviano le attività sviluppate, l'iniziale idea innovatrice presto proliferera in numerose idee ed attività che continuano in un percorso divergente, parallelo e convergente di sviluppo.
5. *Battute d'arresto*. Le battute d'arresto e gli errori si incontrano frequentemente perché i programmi perdono validità o gli eventi ambientali imprevisti alterano significativamente i presupposti dell'innovazione. Quando le battute d'arresto avvengono, le linee di tempo dello sviluppo e le risorse divergono. Inizialmente, adattamenti nelle risorse e nei programmi vengono adottati e forniscono un periodo "di tolleranza" per adattare l'innovazione. Ma, con il tempo, i problemi irrisolti spesso da "palle di neve" diventano dei circoli viziosi.
6. *Modifiche ai criteri di verifica*. Per complicare i problemi, i criteri di verifica del successo e o dell'insuccesso spesso si modificano, differiscono fra i regolatori delle risorse e i responsabili dell'innovazione e divergono col tempo, spesso innescando una lotta fra i membri interni ed esterni.
7. *La partecipazione fluida del personale organizzativo*. I soggetti coinvolti nell'innovazione partecipano in modi estremamente fluidi. Essi tendono ad essere coinvolti su una base part-time, hanno elevati turnover, euforia di nuova esperienza all'inizio, frustrazione e paura nel periodo centrale e atteggiamento di chiusura alla fine del percorso dell'innovazione.
8. *Top management e investitori*. Gli investitori e i *top managers* frequentemente sono coinvolti durante il processo di sviluppo e svolgono ruoli di contrapposizione che servono a controllarsi ed equilibrarsi vicendevolmente. In nessun caso i problemi significativi di sviluppo dell'innovazione sono risolti senza intervento dei direttori generali o degli investitori.
9. *Rapporti con altri*. Lo sviluppo dell'innovazione richiede lo sviluppo di rapporti con altre organizzazioni. Queste relazioni bloccano le unità dell'innovazione in linee di condotta specifiche provocando spesso conseguenze non intenzionali.
10. *Sviluppo dell'infrastruttura*. I partecipanti all'innovazione sono spesso coinvolti con i concorrenti, le associazioni commerciali e gli enti governativi per generare un settore o un'infrastruttura per sostenere lo sviluppo e l'esecuzione delle loro innovazioni.

Esecuzione/conclusione

11. *Approvazione*. L'approvazione e l'esecuzione dell'innovazione si presentano durante il periodo inerente allo sviluppo collegando ed integrando "il nuovo" con "il vecchio" o reinventando l'innovazione per adattarla alla situazione locale.
12. *Conclusione*. Le innovazioni si arrestano una volta attuate o quando le risorse si esauriscono. Gli investitori o il *top management* fanno attribuzioni circa il successo dell'innovazione o i fallimenti. Questi sono spesso maldiretti ma influenzano significativamente il destino delle innovazioni e le carriere dei partecipanti dell'innovazione.

Fonte: adattamento da Van de Ven, Polley, Garud, Venkatraman (1999).

Figura 3 – Dilemmi organizzativi per le imprese che implementano le strategie innovative di differenziazione del prodotto

Collaborazione interfunzionale *Troppo*: *legame (vincolo)* Rallenta il processo dell'innovazione	↔	*Troppo poco: nessuna collaborazione* Nessun apprendimento interfunzionale rende difficoltosa l'implementazione
Controllo istituzionale *Troppo*: *burocrazia* Soffoca l'innovazione	↔	*Troppo poco: il caos* Mancanza di indirizzi all'innovazione
Connessione con il passato *Troppo*: *la storia come vincolo* Soffoca l'innovazione	↔	*Troppo poco: nessuna storia* Fallimento nello sfruttamento del vantaggio storico
Impegno a una visione di mercato *Troppo*: *previsione* Mancanza di flessibilità in un mercato incerto	↔	*Troppo poco: nessuna visione* Mancanza di indirizzi all'innovazione

Il caos e il disordine, infatti, possono incoraggiare lo sviluppo di prodotti e tecnologie realmente innovativi, quelli cioè, che possono favorire l'implementazione di una strategia di differenziazione produttiva.

Un modo in cui le imprese cercano di stabilire una struttura e un ordine al processo innovativo è di determinare il tempo massimo affinché un'innovazione passi dalla fase iniziale, allo sviluppo e all'attuazione/conclusione. Tuttavia, poiché il valore economico finale di numerose importanti innovazioni tecnologiche è molto difficile da prevedere nella fase di sviluppo, passare velocemente dalla fase iniziale a quella finale può limitare l'abilità dell'impresa di introdurre prodotti differenziati. C'era, per esempio, un diffuso scetticismo circa il bisogno di lampade elettriche, poiché le lampade a olio avevano mostrato la loro utilità per secoli. All'inizio degli anni Cinquanta il presidente dell'IBM affermò che la domanda mondiale di computer nel mondo non avrebbe mai oltrepassato le sette unità. Nel 1960 un consulente, valutando il mercato mondiale delle macchine Xerox, affermò «nessuno potrà mai sostituire la carta carbone». Nel 1980, Internet era considerato poco più che un modo efficiente per gli universitari di diffondere nel mondo le loro ricerche. Se le imprese che hanno trasformato queste tecnologie in prodotti fossero passate troppo velocemente dalla fase iniziale all'implementazione/conclusione, i prodotti non sarebbero mai stati introdotti.

I problemi organizzativi, che le imprese innovatrici affrontano per implementare una strategia di differenziazione, sono stati di recente esaminati in dettaglio in alcuni studi, i più importanti dei quali sono riassunti in figura 3 e includono problematiche organizzative associate alla collaborazione interfunzionale, al controllo istituzionale, ai legami con il passato e all'impegno di una visione del mercato (Brown, Eisenhardt, 1998).

Nella misura in cui le imprese falliscono nel trovare un equilibrio tra gli imperativi contraddittori dell'organizzazione riassunti da queste problematiche, rischiano di non poter sviluppare prodotti e servizi innovativi richiesti per raggiungere il successo della strategia di differenziazione.

Legami tra funzioni

La collaborazione interfunzionale. La collaborazione interfunzionale è necessaria nel processo innovativo per sviluppare tecnologie che possano realmente essere offerte al mercato. Senza questa collaborazione, i nuovi prodotti e servizi sono generalmente buoni solo dal punto di vista di una specifica funzione dell'impresa. Quindi, per esempio, quando la produzione assume un rilievo preminente nel processo innovativo, un nuovo prodotto potrebbe essere molto facile da produrre, ma difficile da vendere. Al contrario, se la funzione vendita prevale, il nuovo prodotto potrebbe essere facile da vendere, ma costoso da produrre. Una delle responsabilità primarie di un amministratore delegato nell'attuare la strategia di business è di risolvere e gestire i conflitti tra le funzioni in una **struttura funzionale** (forma ad U). D'altra parte, un'eccessiva collaborazione interfunzionale può drammaticamente rallentare il processo innovativo, perché ogni manager funzionale in un'impresa deve negoziare ogni principale componente di una nuova tecnologia o di un prodotto. Inoltre, i prodotti che sono sorti in questo modo interfunzionale potrebbero finire per essere dei compromessi tecnologici e funzionali, non abbastanza facili da produrre per dare all'impresa un vantaggio basato sulla leadership di costo, e non sufficientemente facili da vendere per dare all'impresa un vantaggio basato sulla differenziazione.

Necessità di una direzione strategica

Il controllo istituzionale. Senza alcun controllo istituzionale il processo innovativo di un'impresa perderebbe la direzione e l'obiettivo strategico. Invece di produrre e vendere un buon portafoglio di prodotti e servizi indirizzato alla grande varietà dei bisogni dei clienti in modo efficiente e generalizzato, le imprese senza un obiettivo innovativo potrebbero finire a vendere un mix di prodotti e servizi a clienti molto diversi in modi differenti. Molti di questi prodotti potrebbero essere differenziati sulla base della loro affidabilità, altri sulla base della loro efficacia, altri sulla base della facilità d'uso, altri ancora sulla base del loro aspetto. Piuttosto che sviluppare una singola strategia di differenziazione integrata per vendere ad un ben definito segmento di mercato, questa impresa non concentrata potrebbe rivolgersi a diversi mercati, ognuno con bisogni differenti. Nello sforzo di trovare la soddisfazione per i molteplici bisogni dei clienti, l'impresa non concentrata finirà per non soddisfarne nessuno.

Limiti alla creatività

D'altro canto, il controllo istituzionale può soffocare la creatività. Istituendo ostacoli burocratici per controllare il processo innovativo, un'impresa può rallentare tale processo. Invece di decidere come indirizzare i bisogni dei clienti, il controllo istituzionale può condurre gli innovatori a trascorrere più tempo provando a decidere come soddisfare i sistemi di controllo interno, in modo da poter continuare ad innovare. In casi estremi, gli innovatori potenziali potrebbero ritenere i costi di sviluppo dell'innovazione tanto alti e le possibilità di successo così basse, da non avviarne il processo. Senza l'innovazione, la capacità dell'impresa di attuare una strategia di differenziazione può essere significativamente limitata.

Naturalmente, il numero di imprese che cadono vittime degli impedimenti burocratici attuando strategie di differenziazione è maggiore di quello delle imprese che restano vittime della confusione. Esempi di imprese del genere altamente burocratizzate includono Daimler-Benz e Campbell Soup. Entrambe erano dominanti nei loro mercati, hanno fallito nel tentativo di introdurre nuovi prodotti e servizi. Nella metà degli anni novanta, BMW ha venduto più automobili nel mondo di Mercedes e dalla metà degli anni novanta la posizione dominante di Campbell Soup è stata minacciata da nuovi prodotti innovativi offerti dai concorrenti (Berman, Alger, 1994).

La storia come fonte di vantaggio competitivo sostenibile

Il legame con il passato. È già stato affermato che l'unicità della storia di un'impresa può essere una fonte di vantaggio competitivo sostenibile. Questo perché, tipicamente, le imprese troveranno costoso imitare risorse di valore e rare che un'impresa concorrente ha sviluppato o acquisito nel posto giusto al momento giusto. Caterpillar è un esempio d'impresa con una storia unica, come si è visto nel cap. 3. Le imprese che non sono connesse al proprio passato possono perdere l'opportunità di ottenere il vantaggio competitivo che la propria storia avrebbe potuto assicurare.

Vincoli alla crescita

La storia, tuttavia, può essere anche una fonte di svantaggio. L'impresa piuttosto che concentrarsi sulle strategie che richiedono risorse e capacità che non possiede, deve trovare fonti alternative di vantaggio competitivo da utilizzare; in caso contrario, subisce uno svantaggio. Così, per esempio, Komatsu (cfr. cap. 3) elaborò e costruì equipaggiamenti pesanti che non si rompevano con frequenza (Rukstad, Horn, 1989). Un'impresa che non riesce a trovare fonti alternative di vantaggio competitivo è un'impresa che è troppo legata al suo passato non di valore e sarà incapace di ottenere la parità competitiva.

Cambiamenti nel contesto

In secondo luogo, in alcune circostanze, i vantaggi competitivi derivati dalla storia possono cambiare con i mutamenti della tecnologia, della domanda e dei gusti dei clienti. In questo contesto ciò che prima era fonte di un vantaggio competitivo, può diventare una fonte di svantaggio. Se un'impresa resta legata alle risorse e alle capacità generate storicamente, quando tali risorse e capacità diventano non più di valore, i suoi risultati possono ridursi significativamente. Si pensi al caso Disney.

Figura 4 – Dilemmi organizzativi per le imprese che implementano strategie innovative di differenziazione del prodotto

Collaborazione interfunzionale Legame	⟷	Nessuna collaborazione	• Struttura a U • Team di sviluppo prodotto • Team di gestione prodotto
Controllo istituzionale Caos	⟷	Burocrazia	• Linee guida di riferimento • Libertà di gestione con linee guida di riferimento
Connessione con il passato Maggior connessione con il passato	⟷	Disconnessione con il passato	• Combinare il vecchio con il nuovo
Dedizione ad una visione del mercato Capacità di visione	⟷	Nessuna visione	• Una politica di sperimentazione • Tolleranza al fallimento

Affidabilità delle previsioni

Nel periodo precedente alla nomina di Eisner a CEO, l'innovazione e la creatività erano soffocate dai manager di Disney che spesso si chiedevano, «Cosa avrebbe voluto fare Walt?», riferendosi ovviamente a Walt Disney, il fondatore dell'impresa. Questa domanda comportava due problemi per la società. Il primo che Walt era morto, dunque era difficile sapere cosa avrebbe voluto fare. Il secondo era che i gusti dei clienti erano cambiati. Che cosa avrebbe voluto fare Walt nel 1960 non era affatto rilevante per cosa bisognava fare nella metà degli anni ottanta. Essere troppo legata al passato fu un danno per la performance di Disney. Quando Eisner divenne CEO, egli non abbandonò il passato, ma lo adattò ai gusti moderni (Collis, 1995b).

Infine, le imprese possono essere eccessivamente legate ad una singola visione del futuro del mercato e rifiutare di accettare le alternative possibili. Ciò può interferire con gli sforzi dell'impresa di introdurre i prodotti differenziati desiderati dai clienti.

4.2. La gestione del processo innovativo per la differenziazione

Per risolvere i problemi organizzativi descritti nella figura 3, le imprese possono usare la struttura organizzativa, i processi di controllo direzionale e le politiche retributive, come indicato in figura 4. Le imprese che gestiscono bene questi stati di tensione potranno formulare e implementare strategie di differenziazione innovative.

Modello organizzativo

La struttura organizzativa e l'attuazione della differenziazione. Così come con tutte le strategie competitive, il modello di struttura organizzativa più efficiente per implementare le strategie di differenziazione è quello funzionale (forma a U). Tuttavia, diversamente dalla struttura usata per attuare le strategie di leadership di costo – dove è importante una struttura semplice e snella – la struttura a U usata nella differenziazione è spesso ampliata con numerosi team temporanei per lo sviluppo di nuovi prodotti. Questi team sono gruppi multifunzionali di manager che lavorano insieme per sviluppare e creare prodotti nuovi ed estremamente differenziati.

Team di sviluppo del prodotto

Il team è una struttura che un'impresa può utilizzare per risolvere il primo dei quattro dilemmi organizzativi indicati nella figura 3: l'appropriato livello di collaborazione interfunzionale. I team di sviluppo del prodotto sono generalmente temporanei e sono creati per aiutare a gestire l'introduzione di nuovi prodotti estremamente differenziati, essi risolvono il problema del collegamento interfunzionale e, data la natura multifunzionale, possono facilitare l'apprendere integrato tra le funzioni di business.

Disney ha spesso utilizzato team interfunzionali di sviluppo dei prodotti; quando prevede l'introduzione di nuovi personaggi animati, i professionisti nel business della distribuzione al dettaglio, nei business dei parchi a tema, nel business dell'editoria vengono inseriti in team interfunzionali per pianificare come sfruttare, nei diversi business, i vantaggi connessi a tali nuovi personaggi.

Disney attualmente sta spingendo su strategie di differenziazione, poiché le attività commerciali, la gestione dei parchi a tema e l'editoria tendono a rinforzare l'unicità degli attributi dei suoi personaggi animati (Collis, 1995b).

Team permanenti

In alcune organizzazioni, i team di sviluppo del prodotto diventano permanenti e si trasformano in **team di gestione del prodotto**, a cui è assegnata la responsabilità di gestire la differenziazione di un prodotto o di un servizio. Imprese come Procter & Gamble e American Express utilizzano gruppi di gestione prodotti per attuare le loro strategie di differenziazione. Quando un'impresa usa squadre di gestione prodotti per implementare le sue strategie di differenziazione e quando queste squadre hanno la responsabilità di gestire la profittabilità dei prodotti, l'impresa comincia a modificare la sua struttura organizzativa da una struttura funzionale (a U) ad una multidivisionale (a M).

Livelli di controllo

La struttura organizzativa può anche aiutare a risolvere il secondo dei problemi individuati da Brown e Eisenhardt: l'idoneità del livello di controllo nel processo innovativo. Questo può avvenire attraverso l'uso di differenti ruoli direttivi, che possono creare un controllo istituzionale nel processo innovativo, senza limitarne la creatività.

Ruoli del leader

In letteratura sono stati indicati cinque ruoli di leadership che possono facilitare il processo innovativo (tabella 4): il **leader istituzionale, il critico, il garante, il mentore e l'imprenditore** (Van de Ven, Polley, Garud, Venkatraman, 1999).

È improbabile che le imprese non dotate di queste figure di leadership nelle loro strutture organizzative abbiano esperienze d'innovazione di successo, e, generalmente, senza innovazione, è difficile per un'impresa mettere in atto una strategia di differenziazione.

Tabella 4 – I ruoli della leadership nel processo innovativo

Leader istituzionale	Genera l'infrastruttura organizzativa necessaria per l'innovazione Risolve le dispute tra altri leader
Critico	Tiene sotto controllo investimenti, obiettivi ed avanzamenti
Imprenditore	Gestisce l'unità innovativa
Garante	Rappresenta e valuta
Mentore	Dirige, consiglia e raccomanda

Fonte: adattamento da Van de Ven, Polley, Garud, Venkatraman (1999).

Il leader istituzionale ha la funzione di mettere in piedi l'infrastruttura organizzativa necessaria all'innovazione. Il critico deve mettere sotto pressione chi porta avanti il processo innovativo, costringendolo a prendere decisioni che in definitiva conducano a un prodotto nuovo e altamente differenziato. Senza sponsor e mentori, chi sta lavorando su un'innovazione si può trovare senza le risorse necessarie e l'intero processo innovativo può esserne influenzato negativamente. Infine, senza un imprenditore, non c'è un individuo nell'impresa a cui sia assegnato il compito della gestione del processo innovativo e che abbia una forte motivazione a portarlo a termine.

Sistemi di controllo di gestione

Il controllo direzionale e l'attuazione della differenziazione. Anche i sistemi di controllo direzionale possono aiutare a risolvere il dilemma tra *caos* e burocrazia, supportando decisioni creative, all'interno di una struttura allargata di regole di comportamento. British Airways (BA) utilizza programmi intensivi di training per insegnare ai suoi addetti di volo come fornire un servizio *world-class*, specialmente ai suoi clienti di business class. Si tratta di regole e di procedure, rispetto alle quali viene insegnato al personale anche in quali condizioni sia possibile derogarvi pur di venire incontro alle esigenze del cliente.

Ciò rende capace la BA di avere insieme una strategia di differenziazione chiaramente definita e una flessibilità di adattamento di questa strategia alla situazione contingente (Prokesch, 1995).

Nel risolvere la tensione tra una forte connessione con il passato e la mancanza di legame con il passato, il controllo di gestione può essere di grande aiuto. In particolare, il controllo può richiedere che i prodotti innovativi combinino insieme il vecchio e il nuovo. Nintendo, produttore di giochi elettronici, lasciò la posizione dominante sul mercato alle innovazioni introdotte da Sega e Sony. Con l'introduzione di Nintendo 64, l'impresa ha cominciato a riposizionarsi nel mercato dei videogiochi, con un prodotto che è una combinazione intelligente delle caratteristiche dei vecchi e dei nuovi prodotti. Alle innovazioni del microprocessore a 64 bit, prodotto da Silicon Graphics e di un nuovo joystick, si è affiancato l'uso del personaggio caratteristico del mondo Nintendo: Super Mario. Combinando questo personaggio tradizionale con le nuove tecnologie, Nintendo ha potuto unire con successo il vecchio con il nuovo.

Infine, le imprese possono utilizzare il management per risolvere i dilemmi strettamente associati da un lato a una visione ristretta sul futuro del mercato, e dall'altro al non avere una visione circa il futuro del mercato (Brandt, 1994). Gli strumenti che sono importanti nella risoluzione di questo dilemma sono la politica della sperimentazione e le politiche che tollerano, e perfino celebrano, il fallimento.

Sperimentazione

Vanno sperimentati tanti piccoli tentativi di differenziazione, in modo collegato, così da facilitare l'esplorazione di futuri scenari di mercato. Ciò richiede, tuttavia, una gestione tollerante rispetto agli errori e ai fallimenti di tali tentativi, senza i quali nessun manager sarebbe disposto ad assumersi i rischi necessariamente associati alla sperimentazione.

Politiche d'incentivazione

Politiche d'incentivazione e differenziazione: la balanced scorecard. In generale, l'uso degli strumenti indicati nella figura 4 per l'implementazione di una strategia di differenziazione deve essere supportato da un'appropriata politica d'incentivazione.

Come detto, l'attuazione di una strategia di differenziazione richiede l'integrazione di molteplici funzioni di business, spesso attraverso l'uso di squadre di sviluppo prodotto; questo carattere multifunzionale deve trovare riscontro nelle politiche retributive e d'incentivazione adottate dall'impresa. Alcune imprese, di fronte a questo obiettivo, hanno scelto di implementare quello che è conosciuto come l'approccio della *balanced scorecard* (Kaplan, Norton, 1996). L'applicazione della *balanced scorecard*, che individua un insieme di componenti chiave della performance, può favorire la scelta di incentivi finalizzati alla cooperazione trasversale nelle politiche organizzative.

Natura multifunzionale del risultato

L'approccio della *balanced scorecard*, in pratica, riconosce la natura multifunzionale del risultato.

Supponiamo che, per esempio, la performance di una strategia di differenziazione di una determinata impresa venga collegata ad un set integrato di fattori: percezione di servizio di elevata qualità da parte della clientela; consegne tempestive dei prodotti; capacità di lanciare prodotti innovativi; risultati economici positivi. È importante notare che i primi tre fattori critici sono connessi a diverse funzioni aziendali: la qualità del servizio con la funzione vendite, la consegna dei prodotti con la funzione produzione e la realizzazione di nuovi prodotti con la funzione ricerca e sviluppo. In questo approccio, sono individuate misurazioni specifiche per ognuno di questi indicatori critici di performance.

Figura 5 – L'uso della *balanced scorecard* per aiutare ad attuare la differenziazione

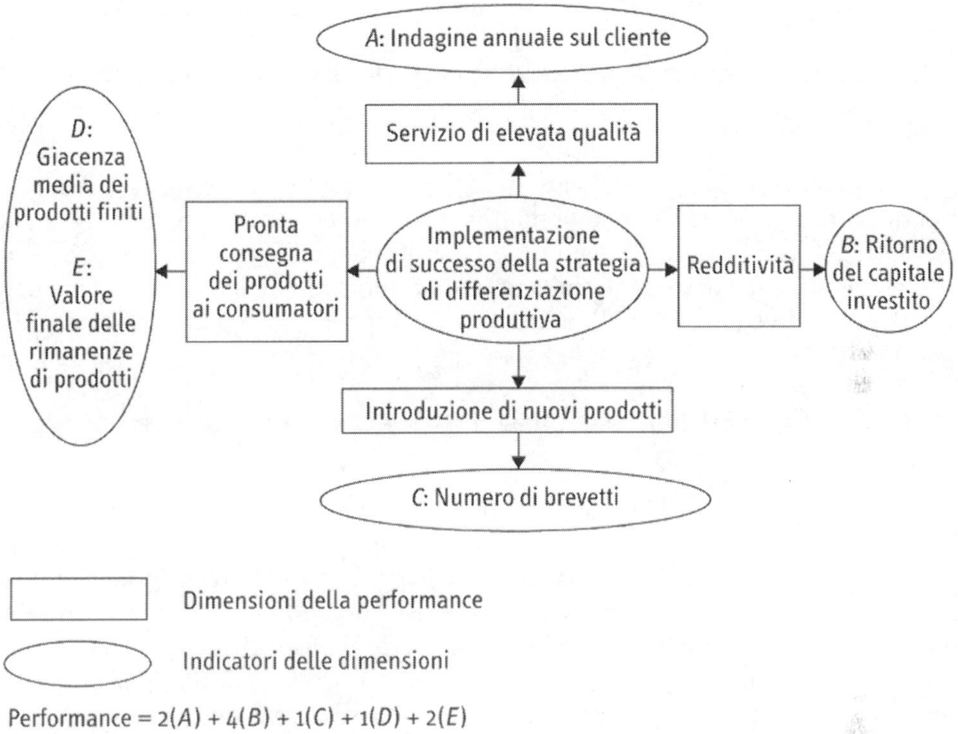

Indicatori

Per esempio, un indicatore di elevata qualità del servizio potrebbe essere un'indagine annuale sui clienti migliori; una misura della consegna tempestiva dei prodotti ai canali distribuitivi potrebbe essere il valore medio della giacenza media dei prodotti finiti in un'impresa; un indicatore del numero di nuovi prodotti introdotti sul mercato potrebbe essere il numero di brevetti ottenuti e un indicatore della redditività potrebbe essere il ritorno del capitale investito (ROI). Come mostrato in figura 5, una volta che i fattori critici del risultato di un'impresa siano identificati e che siano specificati gli indicatori relativi, ognuno di questi elementi deve essere pesato e combinato per contribuire ad una valutazione globale delle performance di un individuo, di una funzione o di un business. In questo modo, al fine di far implementare con successo una strategia di differenziazione, gli incentivi stabiliti per i manager dell'impresa sono strutturati per favorire la cooperazione tra le diverse funzioni. Naturalmente, la *balanced scorecard* può essere usata per supportare l'attuazione di altre strategie a livello di business oltre alla differenziazione. Effettivamente nella misura in cui l'attuazione di una strategia di leadership di costo richieda un'intensa cooperazione multifunzionale, la *balanced scorecard* può rappresentare efficacemente uno strumento di supporto.

5. L'implementazione delle strategie di differenziazione e di leadership di costo

Gli argomenti sviluppati nel cap. 4 e in questo capitolo affermano che leadership di costo e differenziazione produttiva, in certe condizioni, possono generare un vantaggio competitivo sostenibile e ritorni economici più che normali. Dato l'effetto di entrambe le strategie sulla posizione competitiva dell'impresa, un quesito importante diventa allora: "Può una singola impresa attuare simultaneamente le due strategie?".

5.1. Le strategie simultanee di basso costo e di differenziazione danneggeranno la performance

Scelta della strategia competitiva

Una rapida comparazione di alcuni dei requisiti organizzativi per l'attuazione di strategie di leadership di costo e differenziazione di successo sono presentati in tabella 5; da essa emerge che i requisiti organizzativi di queste strategie sono essenzialmente contraddittori. La leadership di costo richiede relazioni semplici, mentre la differenziazione necessita di legami trasversali tra divisioni e funzioni. La leadership di costo ha bisogno di un intenso lavoro di supervisione, mentre la differenziazione richiede una minor supervisione dei dipendenti creativi. La leadership di costo richiede ricompense legate ai risparmi di costo, la differenziazione esige ricompense basate sulla creatività. È ragionevole allora chiedersi: «Può una singola impresa combinare queste molteplici capacità ed abilità contrastanti?».

Porter (1980) ha affermato che imprese che tentano di implementare insieme tali strategie finiranno per non farne nessuna bene. Questa logica conduce alla curva disegnata nella figura 6, che suggerisce due modi per ottenere una performance economica superiore in un singolo settore: vendita di prodotti a prezzi elevati, con una più ridotta quota di mercato (differenziazione); vendita di prodotti a basso prezzo, con una più ampia quota di mercato (leadership di costo). Le imprese che fanno una diversa scelta di posizionamento strategico (prezzo medio, quota di mercato media) o che tentano di implementare insieme le strategie falliranno. Porter definisce queste imprese *stuck in the middle* ("a metà del guado") (ivi).

Tabella 5 – Le caratteristiche organizzative per implementare le strategie di leadership di costo e di differenziazione del prodotto

Leadership di costo	Differenziazione
Struttura organizzativa 1. Pochi livelli nella struttura di reporting 2. Semplici relazioni di reporting 3. Ridotto *corporate staff* 4. Focalizzazione su una stretta gamma di funzioni di business	*Struttura organizzativa* 1. Team di prodotto interfunzionali e interdivisionali 2. Volontà di esplorare nuove strutture per sfruttare nuove opportunità 3. Compartimenti separati di intensi sforzi creativi
Sistemi di controllo 1. Rigido sistema di controllo dei costi 2. Obiettivi quantitativi di costo 3. Stretto controllo del lavoro, delle materie prime, delle giacenze e degli altri costi 4. Una filosofia di leadership di costo	*Sistemi di controllo* 1. Ampia gamma di linee guida decisionali 2. Libertà manageriale all'interno delle linee guida 3. Politiche di sperimentazioni
Politiche d'incentivazione 1. Riconoscimenti per la riduzione di costo 2. Incentivi per tutti i dipendenti per favorire riduzione di costo	*Politiche d'incentivazione* 1. Riconoscimenti per il rischio assunto, nessuna punizione per i fallimenti 2. Riconoscimento per le intuizioni creative 3. Indicatore di performance multidivisionale

Figura 6 – Attuazione simultanea delle strategie di leadership di costo e di differenziazione. Posizionarsi a "metà strada"

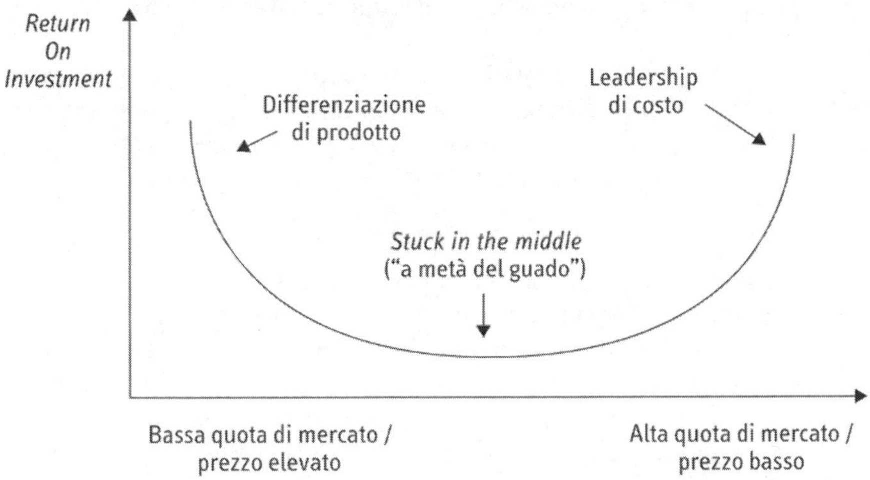

Fonte: Porter (1980).

5.2. Le strategie simultanee di basso costo e di differenziazione miglioreranno la performance

Uno studio più recente contraddice l'affermazione di Porter circa le imprese "posizionate a metà strada", affermando che le imprese di successo che utilizzano insieme la leadership di costo e la differenziazione possono spesso prevedere di ottenere un vantaggio competitivo sostenibile. Questo vantaggio riflette almeno due processi.

Implementazione simultanea delle strategie competitive

1. Differenziazione, quota di mercato e leadership di costo. Le imprese che riescono a differenziare con successo i loro prodotti e servizi possono probabilmente raggiungere più elevati volumi di vendite. Questo avviene specialmente se la fonte delle differenziazione è attrattiva per un gran numero di clienti potenziali. Si è visto che un volume delle vendite più consistente può condurre ad economie di scala, di apprendimento e ad altre forme di riduzione dei costi. Così la differenziazione di successo può alternativamente condurre a riduzioni di costo e ad una posizione di leadership di costo (Hill, 1988).

Questa è la situazione che meglio caratterizza McDonald's, che ha tradizionalmente seguito una strategia di differenziazione del prodotto, enfatizzando la pulizia, la consistenza e il divertimento nei suoi fast-food. Col tempo McDonald's ha usato la differenziazione per divenire il leader del mercato nel settore dei fast-food. Questa posizione di mercato ha poi permesso di ridurre i suoi costi, tanto da renderla un'impresa leader di costo. Dunque, il livello di profittabilità di McDonald's dipende congiuntamente dalla strategia di differenziazione e di basso costo. Ognuna di queste due strategie da sola sarebbe difficile da superare; insieme rendono il vantaggio competitivo di McDonald's veramente costoso da imitare (Gibson, 1995).

Integrazione delle strategie

2. La gestione delle contraddizioni organizzative. La differenziazione può condurre a una maggiore quota di mercato e a minori costi. Può accadere che alcune imprese sviluppino speciali abilità nel gestire le contraddizioni che sono un aspetto dell'implementazione simultanea delle strategie a basso costo e di differenziazione. Alcune ricerche recenti sull'industria automobilistica aiutano a descrivere queste speciali abilità. Tradizionalmente si pensava che gli impianti per la produzione di automobili avrebbero potuto ridurre i costi di produzione accelerando le linee di assemblaggio o far aumentare il livello di qualità delle auto, rallentando il ritmo di produzione, enfatizzando una produzione *team-based*, e così via. In generale, si pensava che gli impianti non avrebbero potuto realizzare simultaneamente automobili a costi minori e con più elevata qualità (cioè, basso costo ed elevata differenziazione).

Fattori di successo

Alcuni ricercatori del Massachusetts Institute of Technology esaminarono questa visione tradizionale. Essi cominciarono a sviluppare rigorosi indicatori delle performance di costo e di qualità delle automobili, che poi applicarono a più di 70 impianti di auto, che assemblavano berline di media dimensione in tutto il mondo. Si scoprì che sei impianti al mondo presentavano contemporaneamente costi inferiori e maggiore qualità (Womack, Jones, Roos, 1990). Nell'esaminare ciò che differenziava questi sei impianti dagli altri, i ricercatori si concentrarono su un'ampia gamma di politiche di produzione, pratiche di gestione e variabili culturali. Emersero tre importanti conclusioni. In primo luogo, questi sei impianti avevano la migliore tecnologia hardware disponibile: robot, macchinari per la verniciatura guidata dal laser e così via. Tuttavia l'hardware di produzione di per sé non era sufficiente per rendere questi impianti speciali. In più, si implementarono una serie di soluzioni altamente partecipative, circoli di qualità, team di produzione ed il *total quality management*. Inoltre, i dipendenti mostravano un senso di appartenenza e motivazione verso l'impianto in cui lavoravano, fiduciosi che sarebbero stati trattati correttamente dai loro direttori di stabilimento. Ciò che questa ricerca mostra è che le imprese possono attuare simultaneamente strategie di leadership di costo e di differenziazione, se imparano a gestire le contraddizioni legate a queste due strategie. La gestione di queste contraddizioni, del resto, dipende dalle relazioni socialmente complesse tra dipendenti, tra dipendenti e tecnologia che essi utilizzano, e tra dipendenti ed impresa per cui essi lavorano. Queste relazioni non solo sono di valore (poiché rendono capace un'impresa di implementare strategie di leadership di costo e di differenziazione), ma sono anche socialmente complesse e, quindi, prevedibilmente costose da imitare e, perciò, fonti di vantaggio competitivo sostenibile.

Recentemente, Porter, rivedendo il suo originario approccio, suggerisce che, per sopravvivere, le imprese a basso costo devono avere livelli di differenziazione competitivi e le imprese differenziate devono avere livelli di costo competitivi (Porter, 1985).

In questo capitolo

☞ La differenziazione si determina quando i clienti percepiscono i prodotti di una specifica impresa come di maggior valore rispetto ai prodotti di altre imprese. Sebbene la differenziazione possa avere tante fonti, essa, alla fine, risulta sempre un aspetto della percezione del cliente. Le **fonti della differenziazione** sono state descritte in due modi: concettualmente ed empiricamente.

☞ Il valore della differenziazione è legato alla possibilità di stabilire prezzi molto più alti dei costi medi totali e così ottenere un profitto più elevato del normale. La rarità e l'imitabilità delle fonti di differenziazione variano. Le fonti estremamente imitabili includono le caratteristiche del prodotto, quelle talvolta imitabili comprendono il **mix di prodotti**, i collegamenti con altre imprese, l'adattamento del prodotto e il marketing verso i consumatori, quelle infine costose da imitare comprendono i legami tra le funzioni di business, il *timing*, la localizzazione, la reputazione, i servizi e le attività di supporto e assistenza.

☞ L'attuazione della strategia di differenziazione richiede il controllo di molte tensioni conflittuali nell'organizzazione. Le imprese possono utilizzare la struttura organizzativa, il controllo e le politiche d'incentivazione, come supporto per la gestione di tali conflitti. La struttura organizzativa con il **modello funzionale**, adattato con **team trasversali di sviluppo/gestione di prodotto**, può risolvere il problema della collaborazione interfunzionale.

☞ Una varietà di attributi organizzativi sono richiesti per attuare una strategia di differenziazione di successo. Porter aveva affermato che le contraddizioni tra queste caratteristiche organizzative e quelle richieste per attuare una strategia di leadership di costo, producevano il risultato che le imprese che tentavano di seguirle entrambe le avrebbero realizzate male. Una ricerca recente ha studiato le relazioni tra la differenziazione, la quota di mercato, e i bassi costi e ha affermato che alcune imprese hanno imparato a gestire le contraddizioni tra la leadership di costo e la differenziazione e a perseguire strategie congiunte di successo.

6

La strategia di integrazione verticale

Le scelte strategiche d'integrazione

Come osservato nei capitoli precedenti, la comprensione delle minacce ed opportunità dell'ambiente esterno, nonché dei punti di forza e di debolezza dell'impresa è una precondizione fondamentale per le scelte e le azioni strategiche. Tuttavia, è necessario specificare le attività che un'impresa può intraprendere per neutralizzare le minacce o sfruttare le opportunità e i punti di forza, evitando o, quantomeno, contenendo i punti di debolezza. Le strategie che un'azienda realizza nel proprio mercato di riferimento sono definite **strategie di business**. Il passaggio dalle scelte e dalle azioni riferite allo specifico mercato/settore per acquisire un vantaggio competitivo, a quelle volte alla realizzazione di tale vantaggio, facendo leva sulle risorse e sulle competenze aziendali in diversi mercati e settori simultaneamente, conduce al concetto di **strategie a livello *corporate***.

La strategia d'integrazione verticale segna proprio il passaggio dalle scelte strategiche a livello *business* a quelle a livello *corporate*. Si riferisce alle decisioni circa le funzioni di *business* sulle quali l'impresa intende concentrarsi e quelle che invece vengono svolte all'esterno. In tal senso, si ricollega alle decisioni di ***make or buy*** (svolgere all'interno o esternalizzare) e rappresenta un utile riferimento nell'individuazione delle motivazioni strategiche alla base dell'esistenza dell'impresa.

1. Definizione di integrazione verticale

Integrazione delle attività di valore

Come già visto nel cap. 3, la **catena del valore** è l'insieme delle attività che devono essere realizzate per progettare, costruire, vendere e distribuire i prodotti o servizi aziendali. Ogni attività deve essere compiuta affinché il prodotto o il servizio sia venduto al cliente. Imprese diverse, tuttavia, possono assumere decisioni differenti circa le attività da intraprendere. Il numero di funzioni ed attività realizzate all'interno dell'azienda definisce il livello di integrazione verticale.

Pertanto, maggiore sarà il numero delle attività realizzate all'interno, più l'impresa sarà integrata verticalmente. Tuttavia, il numero di attività realizzate all'interno non resta costante nel tempo. Se l'azienda aumenta il numero di attività o funzioni svolte all'interno, avvicinandosi al cliente finale, si parla di **integrazione verticale a valle o discendente**.

L'integrazione di MSC

Tale scelta strategica è stata adottata, per esempio, da Coca-Cola, quando ha cominciato ad acquisire gli imbottigliatori, inizialmente operanti come aziende indipendenti in *franchising*, realizzando un processo di integrazione a valle o discendente. Nel settore turistico, caso interessante di integrazione verticale discendente è quello del gruppo MSC, controllato dall'imprenditore Gianluigi Aponte, che ha acquistato la quota di maggioranza delle circa 700 agenzie dell'estinta Blu Holding (Bluvacanze, Vivere&Viaggiare, Cisalpina Tours e il t.o. Going). L'impresa crocieristica, assorbendo un'associazione in partecipazione, è divenuta proprietaria dei punti vendita, dei quali ha un controllo esclusivo e diretto sulla domanda finale.

Quando un'impresa aumenta il numero di attività della catena del valore, avvicinandosi alla fornitura di materie prime o semilavorati, si parla infatti di **integrazione verticale a monte o ascendente** (Porter, Wayland, 1991).

Il caso Luxottica

Un'azienda italiana che ha adottato una simile strategia è la **Luxottica**, con sede ad Àgordo, provincia di Belluno, che oggi ricopre al suo interno tutte le attività che accompagnano un occhiale, dalla produzione delle singole parti alla vendita, producendo e commercializzando ogni anno circa 50 milioni di occhiali. Il processo di integrazione verticale ha avuto inizio negli anni sessanta quando l'azienda, che produceva occhiali per conto di terzi, ha successivamente deciso di fabbricare per proprio conto, ottenendo grandi successi, in ambito nazionale ed internazionale.

Rispetto alla produzione, tale scelta ha consentito di raggiungere un ottimo livello di efficienza, proporzionato alla qualità di prodotti e servizi che offrono, grazie al continuo monitoraggio e alla ricerca di forme d'innovazione legate a modalità operative, creazioni di sinergie e ottimizzazione di tempi e costi.

L'integrazione di Alpitour

In ambito strettamente turistico, l'esempio italiano di integrazione verticale di un tour operator con una compagnia aerea si è avuto nel 2002 con il gruppo Alpitour che ha creato Neos, un vettore charter che copriva una quota, anche se limitata, delle esigenze del gruppo. Nel 2003, anche il Gruppo Ventaglio ha acquistato Lauda Air ma la forma più completa di integrazione verticale a monte si è avuta con l'acquisizione di flotte aeree da parte dei tour operator Thomas Cook e di TUI (Thomas Cook Airline e Sun Express). Così come altri *tour operator* internazionali, queste imprese, infatti, hanno ritenuto opportuno investire direttamente nel comparto aereo e alberghiero entrando, al contempo, anche nel segmento del *low cost*.

È interessante, in alcuni casi, approfondire quali stadi della catena del valore l'impresa stia acquisendo, in modo da valutarne il grado di verticalizzazione. In altri casi è difficile riuscirvi, soprattutto quando l'impresa ritiene che il grado di verticalizzazione possa rappresentare una potenziale fonte di vantaggio competitivo e, quindi, è reticente a trasferire informazioni alla concorrenza. In tali ultime circostanze, sebbene non si riesca a ricostruire con esattezza tutte le attività della catena del valore, si può esaminare a fondo il **valore aggiunto dell'impresa con la percentuale delle vendite**. Questa informazione può essere desunta direttamente dai bilanci aziendali.

Integrazione verticale e valore aggiunto

Il valore aggiunto è una variabile che indica la misura percentuale dei ricavi di vendita generata all'interno dei confini dell'impresa. Un'impresa con basso valore aggiunto non presenta un elevato grado di integrazione verticale (Adelman, 1955; Gort, 1962; Laffer, 1969; Tucker, Wilder, 1977). Diverse ricerche hanno dimostrato la validità di questa variabile nel misurare il grado di verticalizzazione di un'impresa in diversi contesti (Maddigan, 1979).

Il valore aggiunto come percentuale sulle vendite può essere calcolato con la seguente equazione:

[6.1] Integrazione verticale$_i$ = [valore aggiunto$_i$ – (reddito netto$_i$ + imposte sul reddito$_i$)]/[vendite$_i$ – (reddito netto$_i$ + imposte sul reddito$_i$)],

dove:
Integrazione verticale$_i$ = livello di integrazione verticale dell'impresa$_i$
Valore aggiunto$_i$ = livello di valore aggiunto per l'impresa$_i$
Reddito netto$_i$ = livello di reddito netto per l'impresa$_i$
Imposte sul reddito$_i$ = tasse sul reddito per l'impresa$_i$
Vendite$_i$ = vendite dell'impresa$_i$.

Il calcolo del valore aggiunto

La sottrazione del reddito e delle imposte sia al numeratore che al denominatore è operata per controllare l'inflazione e l'effetto delle imposte nel tempo. Il reddito netto, le imposte e le vendite possono essere desunte direttamente dal bilancio dell'impresa. Il valore aggiunto può essere calcolato attraverso la seguente equazione (Tucker, Wilder, 1977):

[6.2] Valore aggiunto = vendite –/+ variazione rimanenze di prodotti finiti – consumi di materie

dove:
Consumi di materie = acquisti di materie –/+ variazioni di rimanenze di materie prime.

2. Il valore economico dell'integrazione verticale

Integrazione verticale e scelte di governo

Le decisioni di integrazione verticale possono essere considerate un esempio particolare di scelte di governo da parte di un'impresa nella gestione degli scambi commerciali. In tutte le decisioni di governo, la questione che i manager devono affrontare è: dato uno scambio dal potenziale valore economico, qual è il modo più efficiente per gestirlo o governarlo? L'integrazione verticale è una strategia conveniente quando i benefici superano i costi. È bene, quindi, approfondire i costi e i benefici dell'integrazione verticale come strategia di governo.

Le tre possibili scelte di governo

L'integrazione verticale è un modo importante per l'impresa di governare i propri scambi economici, ma costituisce solo una delle varie scelte di governo possibili, indicate nella figura 1. Ad un estremo, le parti di uno scambio possono interagire in un mercato privo di elementi caratterizzanti e basare le proprie scelte esclusivamente sui prezzi definiti dal mercato stesso. Questo approccio è definito ***market governance***. Le parti di uno scambio possono anche utilizzare una varietà di approcci per gestire i rapporti che non sono strettamente di mercato, ma che, allo stesso tempo, non possono essere definiti come casi di integrazione verticale. Questa tipologia di relazioni è definita ***intermediate governance***. All'altro estremo, lo scambio può essere gestito all'interno dell'impresa. Quando tale processo investe diversi anelli della catena del valore, questa forma di governo è definita integrazione verticale. Più genericamente, in tali ultime circostanze si parla di ***governance gerarchica*** (Williamson, 1975).

Figura 1 – L'intervallo delle forme alternative di governo degli scambi

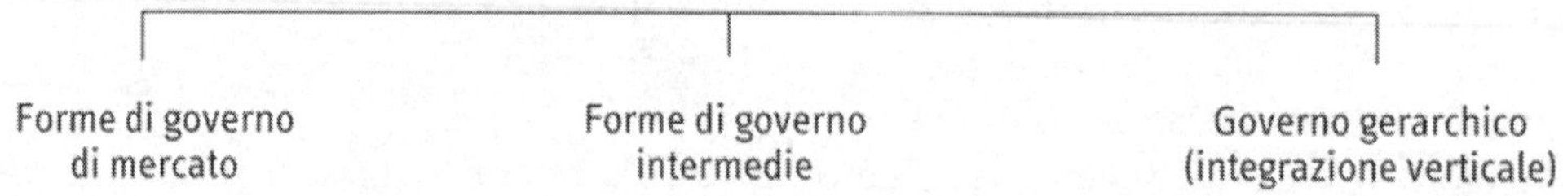

2.1. La minaccia di opportunismo e il costo del governo: la teoria dei costi di transazione

Uno dei più importanti *frameworks* teorici di riferimento per assumere scelte circa le modalità di gestione degli scambi economici è la **teoria dei costi di transazione**. Inizialmente proposta dall'economista premio Nobel Ronald Coase, la teoria dei costi di transazione è stata sviluppata in un modello di scelte di governo dell'impresa dal professor Oliver Williamson e dai suoi colleghi (Coase, 1937; Williamson, 1985).

Il rischio di comportamento sleale nelle transazioni economiche

La teoria dei costi di transazione è basata sull'assunzione che se un particolare scambio è visto come potenzialmente di valore, lo scopo dei meccanismi di governo (siano essi il mercato, le forme intermedie o la gerarchia), è di minimizzare la minaccia dei comportamenti sleali della controparte. In molti scambi economici, nonostante gli incentivi a cooperare per trarre vantaggi dalle transazioni, possono esserci anche forti stimoli a comportamenti sleali. La minaccia di comportamenti sleali può verificarsi in tutte le transazioni economiche, sia quelle gestite attraverso il mercato, che nell'ambito delle soluzioni gerarchiche. Williamson definisce questa minaccia **opportunismo** (D'Aveni, Ravenscraft, 1994). L'opportunismo si verifica quando le parti coinvolte in uno scambio sfruttano le vulnerabilità delle controparti. Lo scopo della *governance*, almeno secondo la logica *transaction cost*, è creare uno schema di riferimento istituzionale in cui si possano riscontrare i comportamenti opportunistici ed imporre adeguati rimedi. Se lo scambio, sin dalla fase in cui nasce, è ben governato, è più conveniente per le stesse parti, che si comportano nel proprio interesse, non agire opportunisticamente, in quanto i comportamenti opportunistici vengono solitamente scoperti e adeguatamente sanzionati. In questo scenario, le parti di uno scambio trovano troppo costoso impegnarsi in comportamenti sleali e la transazione si realizza con basso rischio di opportunismo. In generale, più complessa risulta la soluzione di governo, maggiore è il *range* di potenziali comportamenti opportunistici e più ampio è l'ambito delle transazioni di cui si riesce a gestire l'opportunismo.

Queste osservazioni mettono in evidenza che le forme di governo gerarchico consentono di gestire un più vasto ambito di potenziali comportamenti opportunistici rispetto alle forme intermedie di governo (cfr. figura 1) che, a loro volta, riescono a governare tali comportamenti meglio delle normali forme di mercato. Di conseguenza, laddove il rischio di opportunismo risulti elevato e vi sia, quindi, la necessità di minimizzarlo, le parti saranno più propense alle soluzioni gerarchiche e risulterà più frequente il ricorso all'**integrazione verticale**.

Il costo per gestire il rischio di opportunismo

Tuttavia, la minimizzazione della minaccia di opportunismo non è l'unico aspetto da considerare: bisogna tener presente anche il costo per gestire l'opportunismo. Il governo risulta costoso. La maggior parte degli esperti converge nell'affermare che i costi delle scelte di libero mercato siano inferiori a quelli delle forme intermedie e, ancor più, ai costi della scelta gerarchica. In tal senso, se tutte le decisioni fossero assunte in funzione dei costi, si opterebbe sempre per le soluzioni di mercato. La problematica, tuttavia, riguarda la minimizzazione, *contemporaneamente*, dei rischi di opportunismo e dei costi di gestione della transazione. In tal senso, gli attori degli scambi, nella logica della razionalità economica, sceglieranno la forma di governo più conveniente per minimizzare il rischio di opportunismo.

Le cause dell'opportunismo

Determinanti della minaccia di opportunismo. Nel *framework* della teoria dei costi di transazione, la forma di governo appropriata per uno specifico scambio dipende dalle minacce di opportunismo legate a quello scambio. In tal modo, un'importante domanda da porsi riguarda proprio le possibili determinanti della minaccia di opportunismo in una transazione. Nell'ambito delle numerose ricerche teoriche ed empiriche sull'argomento (Barney, Ouchi, 1986), in questa sede vengono individuate in particolare due di tali determinanti: il grado di specificità dell'investimento ed il livello di incertezza e complessità in uno scambio.

Grado di specificità dell'investimento: un esempio

Specificità degli investimenti ed opportunismo. Un investimento è ***transaction specific*** quando il valore che ricopre in uno scambio è superiore rispetto a quello generato in un qualsiasi altro scambio alternativo. Se l'impresa A investe in una tecnologia particolare, che può essere utilizzata nello scambio con l'impresa B, essa realizza un investimento specifico. Se l'impresa B non ha sostenuto un investimento similare può in tal modo utilizzare l'investimento specifico fatto dall'impresa A. Il valore economico di questo "sfruttamento" può essere considerato come il differenziale tra il valore dell'investimento al suo primo migliore utilizzo ed il valore dello stesso al secondo migliore utilizzo. Se, cioè, nello scambio tra A e B il valore massimo è 100.000 euro e il secondo valore massimo (cioè in uno scambio tra l'impresa A e un'impresa diversa da B) è solo 5.000 euro, l'impresa B che non ha realizzato l'investimento specifico riesce ad appropriarsi di un valore economico che può arrivare a 95.000 euro. Fino a che il valore di tale appropriazione risulti inferiore a 95.000 euro, all'impresa A conviene continuare lo scambio piuttosto che rinunziarvi e guadagnare solo 5.000 euro. Una delle implicazioni della minaccia di comportamenti opportunistici è che gli scambi, che richiedono alti livelli di investimenti specifici da parte dei contraenti, necessitano di forme di governo più complesse, comprese le scelte gerarchiche dell'integrazione verticale. Infatti, mentre le forme di mercato sono generalmente regolate in funzione del prezzo e di formule contrattuali piuttosto semplici, quelle intermedie si basano su meccanismi contrattuali più elaborati e partecipazioni incrociate al capitale, mentre le forme di governo imperniate sulla gerarchia possono implicare meccanismi differenti rispetto al prezzo (cfr. cap. 3) e ai contratti, quali le forme di **gerarchia manageriale**.

Il processo di gestione dello scambio

Williamson sostiene che nelle forme gerarchiche la minaccia di opportunismo è controllata attraverso un processo definito ***managerial fiat***. Se una o più parti di uno scambio si comportano in modo tale da porlo a rischio, i manager di questa struttura gerarchica possono assicurare che la transazione continui attraverso uno stretto processo di monitoraggio ed usando l'autorità gerarchica per "punire" le parti che adottano comportamenti sleali. All'estremo, gli individui che incorrono in simili comportamenti possono essere licenziati e sostituiti da altri soggetti che non adottano atteggiamenti opportunistici (Williamson, 1975).

Livello d'incertezza e complessità dello scambio

Incertezza, complessità e opportunismo.

Il livello d'incertezza e complessità in una transazione può anche essere un importante fattore che determina l'intensità con cui l'opportunismo, alcune volte, costituisce una minaccia per uno scambio economico. Quando è possibile prevedere l'evoluzione di uno scambio, si possono anche anticipare i comportamenti opportunistici eventualmente assunti dalle parti. In tale contesto, è possibile predisporre un contratto relativamente completo, che specifichi, nella gestione del rapporto, i diritti e le responsabilità delle parti nel tempo. Nelle relazioni moderatamente certe e semplici, l'opportunismo non rappresenta una minaccia significativa ed è difficile incorrere in situazioni impreviste particolari. Tuttavia, all'aumentare del livello d'incertezza e complessità proprio di uno scambio, potrebbe essere molto difficile, se non impossibile, per le parti coinvolte prevedere anticipatamente tutte le possibili evoluzioni del rapporto. Soprattutto, risulta estremamente difficile prevedere quanto l'evoluzione del rapporto influenzi il comportamento opportunistico dei contraenti. Nei casi in cui non sia possibile prevedere i comportamenti opportunistici, la minaccia di opportunismo, ovviamente, risulta elevata.

Stessa situazione si verifica quando il livello d'incertezza e complessità in uno scambio sia elevato. In tali circostanze, occorrono forme di governo più costose, come la gerarchia e l'integrazione verticale. Quest'ultima appare la soluzione migliore per gestire il problema dell'incertezza e della complessità nel tempo. Così, sebbene non sia possibile prevedere tutte le possibili fonti di opportunismo al sorgere di un rapporto, queste possono comunque rivelarsi nel tempo. Il governo, attraverso la gerarchia, crea un contesto in cui queste fonti di opportunismo possono essere individuate e gestite in modo da evitare i danni generalmente legati ai comportamenti sleali.

Meccanismi di governo: soluzioni non gerarchiche e integrazione verticale

Una classificazione dei meccanismi di governo. Le forme presentate nella figura 1 rappresentano le principali opzioni nel governo delle relazioni. In realtà, le imprese hanno un ben più ampio ventaglio di opportunità rispetto a quelle già delineate. Alcune delle principali sono indicate nella tabella 1 e successivamente commentate. Va sottolineato che la forma di governo gerarchica è stata articolata in più forme di governo, quali le soluzioni di mercato "interne", la burocrazia e i clan.

Tabella 1 – Principali tipologie di forme di governo

Forme di non integrazione verticale	Forme di integrazione verticale
Contratti spot di mercato	Soluzioni di mercato "interne"
Contratti *complete contingency claims*	Burocrazia
Contratti "sequenziali"	Clan
Contratti "relazionali"	

Esempi di contratti *spot-market*

Contratti spot di mercato. Quando in un mercato vi è un elevato numero di compratori e venditori di uguale livello e qualifica, e quando la qualità di beni e servizi oggetto di scambio in quel mercato è determinabile a basso costo, la forma di governo più appropriata è quella dei contratti spot di mercato. Questa tipologia di contratto è un semplice accordo tra compratore e venditore, attraverso cui si specifica l'ammontare di un bene o servizio oggetto di scambio e i tempi dello scambio stesso. Esempi di mercati, in cui si può riscontrare l'efficacia di queste forme di contratti, sono il mercato del greggio, alcuni mercati di prodotti agricoli e il New York Stock Exchange. In questi contesti ad alta competizione, il prezzo del bene o servizio oggetto di scambio riflette pienamente e completamente il valore economico atteso di quel bene/servizio.

I contratti *spot-market* controllano l'opportunismo in quanto acquirenti e venditori, possono facilmente cambiare controparte e possono farlo a basso costo, qualora le controparti attuali si comportino in modo opportunistico. La sostituzione è facile in quanto, come detto, c'è un elevato numero di compratori e venditori. D'altra parte, i partner sono anche in grado di individuare i comportamenti sleali a basso costo, in quanto la valutazione del livello qualitativo dei prodotti e servizi è agevole. In questo contesto, le parti di uno scambio hanno scarso interesse a comportarsi in modo sleale perché farlo significherebbe perdere il proprio contraente a favore di un altro (evento con costo molto elevato).

Il mercato del greggio

Si consideri, per esempio, lo *spot-market* del greggio e si supponga che un'impresa voglia acquistare 100.000 barili di greggio di alta qualità da un fornitore, che venditore e compratore siano d'accordo sul prezzo e sulla data di consegna, ma che il fornitore cerchi di trarre un vantaggio in modo sleale, sostituendo il combustibile di alta qualità con un altro di bassa qualità. In primo luogo, è probabile che l'acquirente si renda conto del comportamento opportunistico del fornitore, perché è relativamente facile distinguere tra greggio di alta e di bassa qualità. In secondo luogo, una volta rilevato il comportamento opportunistico, il compratore può sempre optare per l'acquisto presso altri fornitori, senza essere costretto a continuare ad approvvigionarsi presso quello originario. Infine, il compratore che è stato truffato può citare in giudizio la controparte e dimostrare a tutti i potenziali contraenti che quel fornitore non è affidabile. Così, non solo lo scambio tra un particolare compratore e quel fornitore è a rischio, ma lo sono anche i possibili scambi futuri per il fornitore disonesto. Data l'alta probabilità di rilevare i comportamenti sleali e, quindi, di rinunciare alle opportunità qualora venga rivelato un comportamento scorretto, non è pertanto nell'interesse di nessuna delle parti comportarsi in modo sleale. D'altro canto, negli *spot-markets* la minaccia di opportunismo è sostanzialmente minimizzata, anche ad un costo molto basso. Non devono essere predisposti contratti troppo complessi, ingaggiati avvocati e commercialisti, né risulta necessario mettere su una struttura burocratica costosa per ridurre tale rischio. Anzi, la minaccia è piuttosto minimizzata attraverso un semplice accordo contrattuale nel contesto di un gran numero di compratori e venditori con livelli di qualità facilmente accertabili. Questo, infatti, implica che non sono necessari investimenti *firm-specific* e la capacità di verificare facilmente il livello qualitativo dei beni e servizi a basso costo implica un limitato grado di incertezza e complessità.

I contratti *spot-market* riguardano investimenti *non specific*

Sicuramente, questa tipologia di contratti funziona in condizioni molto speciali. In particolare, se sono necessari investimenti *firm-specific* per consentire la realizzazione di uno scambio, una volta che tali investimenti sono realizzati, non c'è più un elevato numero di contraenti di uguale livello ed il rischio di opportunismo aumenta. Inoltre, se è costoso determinare la qualità del bene o servizio oggetto di scambio, allora anche il rischio di opportunismo aumenta.

I contratti complete contingency claims. Quando i contratti *spot-market* non possono essere usati per controllare efficientemente la minaccia di opportunismo in uno scambio, si può ricorrere ai più elaborati contratti *complete contingency claims*. Un contratto completo *contingency claims* è un contratto che specifica tutte le condizioni future possibili per lo scambio, i diritti collegati e le responsabilità delle parti anche in condizioni differenti. Tali contratti ipotizzano che una particolare relazione di scambio possa evolversi in vari sensi, prevedendo anche queste condizioni future differenti e specificando tutti i diritti e le responsabilità dei partner (Noldeke, Schmidt, 1995). Consente, inoltre, di controllare la minaccia di opportunismo attraverso uno stretto processo di monitoraggio e attraverso la minaccia di sanzioni legali o di altro tipo, che possono essere imposte se le parti dello scambio violano i loro obblighi contrattuali. Attraverso i contratti *contingency claims*, risultano più chiari i diritti e le responsabilità in tutte le condizioni future del rapporto ed è possibile accertarsi che ciascuna delle parti adempia ai propri compiti.

Le garanzie dello scambio

La maggior parte delle persone che compra una nuova automobile stipula un contratto *contingency claims* con il distributore e il produttore. Questo contratto è denominato "garanzia". La maggior parte delle garanzie sancisce che, se per qualsiasi motivo una nuova automobile ha problemi tecnici, il venditore/produttore provvederà a ripararla per un periodo definito di tempo o prima del raggiungimento di un certo numero di chilometri di percorrenza. Di solito, soltanto alcuni ulteriori elementi contingenti sono aggiunti a questi contratti già completi. Per esempio, se la nuova automobile è utilizzata in una corsa d'auto, o se l'automobile è sottoposta a sollecitazioni e sforzi insoliti, la garanzia è nulla e senza effetto. Queste garanzie inoltre non coprono generalmente le batterie e le gomme (sebbene queste ultime debbano essere garantite dagli stessi fornitori).

La vendita delle automobili

Perché questo tipo di contratto risulta così importante per i nuovi acquirenti d'auto? Quando essi comprano un'automobile non possono determinarne la relativa qualità. Possono determinare la qualità dell'automobile solo dopo l'acquisto della stessa e dopo averla guidata per un certo tempo. Poiché il livello d'incertezza in questo scambio è superiore rispetto allo *spot-market*, gli acquirenti insistono solitamente per avere contratti *complete contingency claims* e garanzie. È possibile, tuttavia, comprare le auto senza tali garanzie. In questo caso, viene stipulato un differente genere di contratto, con cui si stabilisce che la vendita dell'automobile sta avvenendo "allo stato", cioè nelle condizioni in cui si trova e il compratore è responsabile della manutenzione e riparazione, qualunque cosa accada.

I contratti *complete contingency claims* sono come le regole che governano un confronto sportivo. Se queste regole sono precise e ben scritte, gli arbitri immediatamente sanno se in una partita si stanno violando le regole del gioco. Tuttavia, quando tutte le condizioni possibili future in uno scambio non possono essere previste, o quando è difficile prevederle senza ambiguità, permane una minaccia di opportunismo.

Il mercato del grano

Si consideri, per esempio, l'operazione apparentemente semplice di acquisto del grano. Il grano è un prodotto per il quale esistono numerosi compratori e venditori che spesso ricorrono ai contratti *spot-market* per gestire la minaccia di opportunismo. Si supponga che la qualità di un tipo particolare di frumento vari significativamente, qualora la pioggia cada durante la settimana prima che il frumento sia raccolto. Se piove durante la settimana precedente alla raccolta, il contenuto d'acqua nel frumento aumenterà, così come la probabilità che il frumento si guasti più rapidamente. A causa di queste problematiche, si immagini che un compratore e un venditore di questo tipo di frumento predispongano un *complete contingency claims contract* che specifichi un prezzo per il frumento qualora non piova nella settimana prima della raccolta e un secondo prezzo più basso nel caso contrario. Si tratta di un contratto che minimizza la probabilità di comportamento opportunistico in questo scambio. Tuttavia, alcune ambiguità possono comunque sussistere e indurre a comportamenti opportunistici. Per esempio, che cosa è una settimana? È una settimana di cinque giorni, di sette giorni? Come si risponde a questa domanda e si determina il prezzo di questo frumento se piove il 6° o il 7° giorno? E che cos'è la pioggia? Il compratore di questo frumento ha un motivo forte per definire "la pioggia" in senso lato. Una nebbia pesante è realmente pioggia; l'elevata umidità può essere considerata come la pioggia. Adottando questa più ampia definizione, il compratore può ridurre il prezzo pagato per il frumento. Al contrario, il venditore ha una forte motivazione ad adottare una definizione molto circoscritta di "pioggia". Sicuramente, avrebbe potuto "piovigginare" sul campo di frumento durante la settimana più importante ai fini del raccolto, ma una limitata quantità di "pioggerella" può difficilmente essere considerata "pioggia". Quando è difficile prevedere tutte le condizioni future in un rapporto di scambio e quando è difficile definire queste condizioni future senza ambiguità, l'uso dei contratti *complete contingency claims* per controllare la minaccia di opportunismo può essere costoso e inefficace. I disaccordi circa questi contratti possono essere risolti spesso in via giudiziale, ma la controversia è costosa e richiede tempo. D'altra parte, se è possibile prevedere tutte le condizioni future in uno scambio e definire senza ambiguità quelle condizioni, un contratto *complete contingency claims* può essere un meccanismo molto efficace per il controllo della minaccia di opportunismo in uno scambio a basso costo.

Contratti e rinegoziazione

Contrattazione sequenziale. In molti scambi, può non essere possibile definire completamente e senza ambiguità tutte le condizioni future possibili di un rapporto nel tempo. Tuttavia, potrebbe essere possibile specificare le condizioni future di uno scambio con una certa chiarezza per un periodo di tempo definito. Dopo tale periodo di tempo, le parti dello scambio possono avviare un processo di rinegoziazione per sviluppare un altro contratto *complete contingency claims* a tempo determinato. Questo processo di *contracting/recontracting* è denominato "contrattazione sequenziale".

Il mercato del lavoro degli MBA

Il *sequential contracting* permette alle parti di uno scambio di economizzare sulla difficoltà di definire, in modo non ambiguo, tutte le condizioni future possibili di uno scambio, per tutto il tempo, sin dall'inizio del rapporto.

Quindi, per esempio, anche se un recente laureato MBA di 28 anni può desiderare di lavorare in un'azienda particolare, è difficile per un nuovo assunto prevedere le sfide e le opportunità che si dispiegheranno a 45 o 50 anni, mentre potrebbe essere in grado di prevedere quelle per i successivi 5 anni. Allo stesso tempo, un'azienda potrebbe avere una certa difficoltà nello stabilire come potrà generare valore economico con un nuovo MBA neo-laureato di 20 anni, ma potrebbe essere in grado di prevederlo per i 5 anni successivi. In questo scenario, l'MBA e l'azienda possono firmare contratti *contingency claims* per 5 anni e dopo quel periodo rinegoziare o sviluppare un nuovo contratto o decidere di valutare la possibilità di transazioni con nuove controparti.

I contratti sequenziali aiutano a ridurre la minaccia di opportunismo attraverso il processo di contrattazione e ricontrattazione e attraverso un controllo serrato delle azioni delle controparti durante i periodi di tempo in cui il contratto è in vigore. La maggior parte dei contratti di impiego, molti contratti relativi a forniture e la maggior parte dei contratti di licenza di brevetti hanno questa struttura. I contratti sequenziali hanno diversi punti di forza, ma anche di debolezza, che comunque li sottopongono al rischio di comportamenti opportunistici.

Il *learning by doing*

Il processo di ***contracting/recontracting*** presuppone che, una volta terminato il periodo di riferimento del contratto, la competizione per il periodo contrattuale successivo sia aperta a numerosi altri partner. La minaccia che le parti possano interagire con altri potenziali contraenti in parte fa sì che si riduca al minimo la minaccia di opportunismo durante il periodo di tempo in cui un contratto è in vigore. Tuttavia, spesso, nel processo di *recontracting*, coloro che hanno già realizzato altri scambi hanno un considerevole vantaggio competitivo rispetto a quelli che non hanno questo tipo di esperienza. Williamson descrive questo processo come l'apprendimento legato al *learning by doing* (Williamson, 1975).

Nel caso in cui sia già stata sperimentata in precedenza una relazione di scambio tra le parti, è chiaro che ciascuna di esse, nella fase di successiva rinegoziazione, risulterà più attrattiva per la controparte, rispetto ad altri potenziali partner esterni. Sicuramente, questo genere di esperienza è un esempio di investimento *transaction specific*: può essere abbastanza importante se questo rapporto continua; ha valore limitato in utilizzazioni alternative. Si consideri, per esempio, il rapporto fra un'azienda che possiede e gestisce una raffineria di petrolio e una che possiede e gestisce gli oleodotti, come rappresentato nella figura 2.

Figura 2 – Scambio tra una raffineria e un'impresa di oleodotti

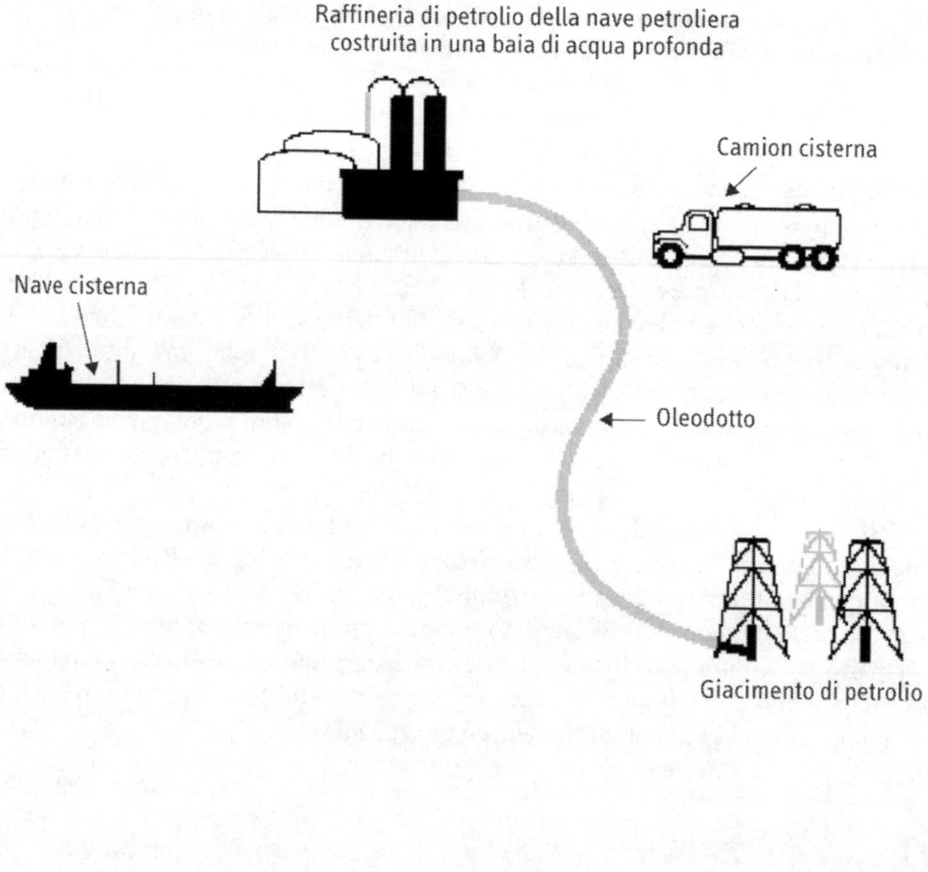

Si supponga che questa raffineria di petrolio sia costruita sul bordo di una baia di acqua profonda e che stia ricevendo i rifornimenti di petrolio greggio dalle grandi navi autocisterna. Inoltre, si supponga che il giacimento petrolifero si trovi a parecchie miglia di distanza dalla posizione della raffineria, ma che l'unico modo per trasportare il petrolio greggio dal giacimento petrolifero alla raffineria sia il mezzo di trasporto più costoso – i camion – che risultano di gran lunga più onerosi delle navi autocisterna.

Si supponga anche che un'azienda che gestisce un oleodotto contatti la raffineria proponendo di costruire una conduttura dal giacimento alla raffineria a condizione che, a sua volta, la raffineria di petrolio garantisca di acquistare attraverso l'oleodotto un numero predefinito di barili di greggio ad un prezzo pattuito per un certo periodo di tempo – circa 5 anni. Se prezzi ragionevoli possono essere negoziati, è probabile che la raffineria di petrolio trovi questa offerta interessante, dato che il costo di petrolio greggio trasportato dall'oleodotto è probabilmente più basso del costo del petrolio greggio trasportato in nave o in camion. Sulla base di quest'analisi, la raffineria e l'azienda che gestisce l'oleodotto possono essere propensi ad esplorare questa occasione di scambio.

Tuttavia, si analizzi questo scambio dal punto di vista dell'azienda che gestisce l'oleodotto, si supponga che sia stato firmato un contratto, che le cose vadano bene per 5 anni, che le principali contingenze possibili durante questo periodo di cinque anni siano state previste e che vi siano le garanzie contrattuali più idonee. Al termine dei 5 anni, però, si deve negoziare di nuovo il contratto. Chi è a rischio in questa rinegoziazione? Se il valore della raffineria, con il relativo rifornimento della conduttura, è 1 milione di dollari ma scende a 900.000, nel caso in cui quest'ultima debba cominciare ad usare il petrolio trasportato da navi e camion autocisterna, ciò significa che l'impresa ha sostenuto alcuni investimenti *transaction specific*, ma l'investimento specifico fatto dall'impresa che gestisce l'oleodotto è sostanzialmente più elevato. Quest'ultima potrebbe valere 750.000 dollari finché fornisce combustibile alla raffineria, mentre, senza questa fornitura, potrebbe avere un valore molto limitato, se non nullo. Se il valore della conduttura è soltanto di 10.000 dollari nel caso in cui non fornisca la raffineria, l'impresa che gestisce l'oleodotto affronta un rischio significativo di opportunismo nel processo di rinegoziazione. Sicuramente, i manager di quest'ultima avranno previsto problemi del genere nel processo di rinegoziazione ed avranno insistito su prezzi sufficientemente alti del petrolio greggio pompato durante il primo periodo contrattuale, tanto da rendere l'oleodotto un'impresa vantaggiosa anche in caso di successiva chiusura a causa di problemi di rinegoziazione. Naturalmente, questa tattica avrebbe l'effetto di aumentare il prezzo del petrolio greggio trasportato dalla conduttura, forse fino al punto in cui il greggio convogliato non risulti più conveniente rispetto a quello trasportato alla raffineria in navi o camion d'autocisterna. I contratti sequenziali pongono l'impresa che gestisce l'oleodotto di fronte a un rischio significativo di rinegoziazione; d'altro canto, questa impresa per proteggersi può far salire il prezzo del greggio pompato attraverso l'oleodotto o minacciare di non costruirlo in quel posto. Quando i contratti sequenziali hanno l'effetto di generare investimenti *transaction specific* asimmetrici, il processo di *contracting/recontracting* probabilmente non riduce la minaccia di opportunismo nei limiti ritenuti accettabili dalle parti.

Le joint ventures tra raffineria ed oleodotto

Un'opzione che la raffineria di petrolio e l'oleodotto possono valutare per controllare questa situazione difficile è un certo tipo di alleanza strategica, anche una *joint venture*, in cui ciascuna di queste imprese possieda partecipazioni al capitale che, a sua volta, possieda e gestisca l'oleodotto e la raffineria. Questo processo è descritto più dettagliatamente nel cap. 9. Se un'alleanza non può essere usata per risolvere i problemi di opportunismo in questo scambio, allora queste imprese possono optare per il controllo gerarchico e l'integrazione verticale, con, ad esempio, l'acquisizione dell'oleodotto da parte della raffineria. Se correttamente progettato, un controllo gerarchico avrebbe consentito di costruire la conduttura e di minimizzare simultaneamente la minaccia di opportunismo nel rapporto di scambio.

I rapporti relazionali

Contratti relazionali. È importante riconoscere che sia le forme di governo di mercato, che quelle intermedie illustrate, possono essere supportate e integrate da quelli che sono denominati "contratti relazionali" (Williamson, 1979). Questi possono essere definiti come relazioni interpersonali che consentono il funzionamento efficiente delle forme tradizionali di contratto discusse finora. Molti autori hanno osservato che spesso gli scambi strettamente economici si presentano all'interno di un più vasto contesto sociale, che può fungere da sostituto parziale per ciascuno dei meccanismi di controllo descritti in questo capitolo. Per esempio, anche se un contratto completo *contingency claims* può costituire un buon meccanismo di controllo, la difficoltà nel prevedere tutte le condizioni future in un rapporto di scambio può limitarne l'applicabilità. Tuttavia, se le parti di uno scambio ritengono che la controparte non ricorrerà a forme sconosciute ed impreviste di opportunismo – malgrado il fatto che queste contingenze non siano scritte – la gamma di contratti in cui può essere applicato lo schema *contingency claims* aumenta notevolmente (Granovetter, 1985; Barney, Hesterly, 1996).

Il ruolo della fiducia

Infine, virtualmente tutti gli scambi economici sono basati, in parte, sui rapporti relazionali. Certamente, finanche i contratti più semplici, se includessero clausole che specificano tutte le contingenze potenziali, sarebbero molto difficili da redigere ed eseguire. In questo contesto, gli attributi interpersonali come la fiducia, l'amicizia e un impegno al comportamento etico possono essere importanti nel permettere ad uno scambio di proseguire. La misura in cui questi rapporti consentono alle imprese di guadagnare vantaggi competitivi costanti è discussa nel seguito di questo capitolo.

Mercati interni. Se le parti dello scambio hanno determinato che, per evitare efficientemente i problemi di opportunismo, una certa forma di controllo gerarchico sia necessaria, parecchie opzioni di governo gerarchico possono essere adottate. I mercati interni sono i primi di queste opzioni. Nel controllo del mercato interno, molti degli attributi di forme di governo non integrate verticalmente, compreso l'uso dei contratti e dei prezzi per governare i rapporti di scambio, sono ricreati all'interno di una struttura gerarchica. Naturalmente, se fosse possibile ricreare perfettamente le forme del mercato all'interno di una gerarchia, non sarebbe necessaria la stessa gerarchia. Piuttosto che ricreare perfettamente le forme del mercato all'interno di una gerarchia, i mercati interni contano sulle analogie gerarchiche con gli attributi di *market governance*. Per esempio, mentre i contratti liberamente negoziati fra gli attori economici indipendenti sono usati per controllare gli scambi nelle forme del mercato, i contratti mediati da un "capo" che ha un certo livello di controllo ed autorità sono usati per gestire questi rapporti in un mercato interno. Inoltre, mentre i prezzi sono importanti nei rapporti di mercato, i prezzi di trasferimento sono importanti nei mercati interni, che sono usati spesso per controllare i rapporti fra i diversi business di un'impresa diversificata e, meno frequentemente, per gestire i rapporti fra business integrati verticalmente. Per questo motivo, per un'analisi più dettagliata si rinvia al cap. 7 sulle scelte organizzative per implementare una strategia di diversificazione.

Politiche, procedure, norme e regolamenti: strumenti per governare gli scambi

Burocrazia. Se le forme esterne di governo usano i contratti e i prezzi per governare gli scambi economici, i mercati interni usano i prezzi di trasferimento. Le forme burocratiche del governo gerarchico usano le politiche, le procedure, le regole e i regolamenti per governare questi scambi (Ouchi, 1980). La burocrazia solitamente è considerata un fattore negativo ma, se applicata giustamente, può essere usata per gestire gli scambi in modo efficiente e in modo da ridurre la minaccia di comportamento opportunistico. Ricorrendo alla burocrazia, le parti di uno scambio possono riferirsi alle regole e alle procedure per capire le rispettive responsabilità in relazione alle altre funzioni nell'impresa. Queste norme e regole burocratiche fungono da contratti completi *contingency claims* o da contratti sequenziali all'interno dell'impresa. Tuttavia, all'interno di una gerarchia, i problemi associati normalmente ai contratti completi *contingency claims* ed ai contratti sequenziali possono essere prevenuti dal manager dotato di autorità di comando, che giudiziosamente applica e modifica le regole e le procedure per venire incontro ai bisogni specifici dello scambio.

In altre parole, se fosse possibile scrivere un insieme delle regole burocratiche da applicare perfettamente nella mediazione di tutti gli scambi in un'impresa, quelle regole dovrebbero essere scritte e lo scambio dovrebbe essere gestito non attraverso le forme gerarchiche di governo, piuttosto attraverso forme non gerarchiche. Il fatto che nessuna burocrazia possa essere applicata perfettamente per governare uno scambio gerarchico suggerisce che i manager all'interno di un'impresa necessitano di modificare e applicare regole – usando la loro esperienza e giudizio – con modalità che minimizzano, al più basso costo possibile, la minaccia di opportunismo in queste relazioni interne. Un manager a cui i partner dello scambio devono render conto e che ha un livello d'autorità superiore ha tutte le carte in regola per poter gestire gli scambi in questo modo.

Il governo del clan

Clan. A volte, il livello dell'investimento specifico e di incertezza in uno scambio è così elevato che anche le forme burocratiche di governo – applicate con saggezza e giudizio – non possono essere usate per gestirlo efficientemente. In casi estremi, alcuni autori hanno suggerito l'uso di altre forme di governo, in particolare una forma chiamata "governo del clan" (Ouchi, 1980). Mentre le forme burocratiche di governo gerarchico si basano su regole e regolamenti per governare gli scambi, la *governance* del clan si basa su valori comuni, credenze, fiducia e relazioni amichevoli per ridurre la minaccia di opportunismo. La burocrazia può essere pensata come l'equivalente gerarchico dei contratti relazionali.

La logica della *governance* discussa in questa sede suggerisce che le forme di governo di clan potrebbero essere usate per gestire solo scambi caratterizzati da elevati livelli di investimenti specifici, di incertezza e di complessità. Il governo del clan non rappresenta una panacea utilizzabile per gestire tutti gli scambi all'interno dell'impresa integrata verticalmente. Piuttosto, il clan è uno strumento specifico per gestire un ambito ristretto di scambi gerarchici. Gli scambi che si caratterizzano per minori investimenti specifici e che sono meno incerti e meno complessi potrebbero essere governati da altri meccanismi, compresi i mercati interni e la burocrazia.

La complessità del clan

Nonostante il clan sia uno speciale strumento di governo da utilizzare in molte situazioni specifiche, è interessante notare che i clan interorganizzativi sono forme di governo socialmente complesse e pertanto se applicate in un modo economico di valore, potrebbero essere una fonte di vantaggio competitivo sostenibile per un'impresa. Questi principi sono discussi in dettaglio in seguito.

I *transaction specific investments* in capitale umano

Test empirici dei modelli transaction cost dell'integrazione verticale. La logica dei costi di transazione descritta nelle precedenti sezioni è stata oggetto di un vasto filone di ricerche empiriche degli studi di economia, di teoria organizzativa e di *strategic management*. La gran parte delle analisi empiriche supporta gli elementi essenziali della logica dei costi di transazione, compresa la nozione che la minaccia di opportunismo in grande misura determini la forma di governo economico e che i partner dello scambio adotteranno la forma di governo che, al più basso costo possibile, riduca la minaccia di opportunismo.

Per esempio, la maggior parte dei ricercatori ha mostrato che quando le imprese in un particolare scambio economico necessitano di specifici investimenti di capitale (come investimenti in impianti e macchinari), si rivolgono maggiormente all'integrazione verticale (MacDonald, 1985; Mac Millan, Hambrick, Pennings, 1986; Caves, Bradburd, 1988). Altri hanno esaminato l'impatto degli investimenti specifici in capitale umano sulle decisioni d'integrazione verticale e hanno trovato che quanto più si tratta di investimenti specifici in capitale umano tanto più diffuso risulta il ricorso alle forme di governo gerarchico (Armour, Teece, 1980; Anderson, Schmittlein, 1984; Anderson, 1985; John, Weitz, 1988; Masten, Meehan, Snyder, 1991).

Investimenti nella localizzazione degli impianti

Altri ancora hanno esaminato l'impatto di specifici investimenti in particolari localizzazioni sulle decisioni d'integrazione verticale e hanno verificato che quanto maggiore è il livello di specificità della localizzazione in un investimento tanto più spesso esso viene gestito attraverso una forma di governo gerarchico. Infine, altri ricercatori hanno mostrato che quando vi è solo un piccolo numero di acquirenti e venditori qualificati per un particolare scambio, le forme gerarchiche verticalmente integrate possono essere maggiormente usate a scapito delle forme di governo intermedie e di mercato (Levy, 1985; MacDonald, 1985; Caves, Bradburd, 1988).

La maggior parte degli studiosi esamina l'impatto delle varie forme di investimenti specifici sulle decisioni di integrazione verticale. La maggioranza delle verifiche empiriche suggerisce che, in media, più elevato è il livello richiesto dell'investimento specifico, più è probabile che saranno adottate forme di governo gerarchiche integrate verticalmente. È stato esaminato anche l'impatto che l'incertezza e la complessità in uno scambio hanno sulle decisioni di integrazione verticale. Tuttavia, questi studi non risultano coerenti con la ricerca sugli investimenti specifici. Talvolta, elevati livelli di incertezza e complessità conducono i partner di uno scambio a scegliere l'integrazione verticale al fine di minimizzare la minaccia di opportunismo. Dall'altra parte, alcuni ricercatori hanno mostrato che in condizioni di elevata incertezza e complessità, i partner potrebbero voler mantenere la flessibilità nella gestione dei loro scambi. Il governo gerarchico integrato verticalmente è spesso meno flessibile rispetto alle forme di governo intermedie e a quelle di mercato (Joskow, 1988; Mahoney, 1992; Walker, Weber, 1984; Kogut, 1991; Balakrishnan, Koza, 1993).

Alla fine in questo capitolo, sarà discusso il *trade-off* tra l'uso del governo gerarchico per ridurre la minaccia di opportunismo in scambi molto incerti e complessi e l'uso di un governo non gerarchico per mantenere un certo grado di flessibilità strategica.

2.2. Capacità e scelte di governo: la prospettiva resource-based

Resource-based theory vs transaction cost economics

La *transaction cost economics* – con la sua enfasi sulla minimizzazione delle minacce di opportunismo e sulla contemporanea minimizzazione dei costi di *governance*, attraverso le diverse forme di governo – è un approccio fondamentale per le scelte di integrazione verticale e di governo, ma non è l'unico. Un altro approccio, elaborato sulla base di alcune idee sviluppate nel cap. 3, suggerisce che le differenti capacità delle imprese sono anche un fondamentale fattore per prendere decisioni di governo (Argyres, 1996; Barney, 1999).

Tabella 2 – Asserzioni sull'integrazione verticale derivate dalla prospettiva delle capacità

Asserzioni	Coerenza o incoerenza
Quando un'altra impresa possiede risorse e capacità di valore, rare e costose da imitare, che risultano troppo costose da acquisire, il governo non gerarchico potrebbe essere preferito nonostante le notevoli minacce di opportunismo.	Incoerente con la logica dei costi di transazione.
Le imprese dovrebbero integrare verticalmente quelle funzioni da cui esse traggono un vantaggio competitivo.	Coerente con la logica dei costi di transazione.

Come suggerisce la tabella 2, almeno due asserzioni circa l'integrazione verticale possono essere analizzate nella prospettiva *resource-based*. La prima – che qualche volta il governo non gerarchico potrebbe essere scelto nonostante le notevoli minacce di opportunismo – contraddice la logica dei costi di transazione. La seconda – che le imprese potrebbero integrarsi verticalmente in quelle funzioni di business dove ottengono un vantaggio competitivo sostenibile – è coerente con la logica dei costi di transazione.

Integrazione verticale e risorse specifiche

Il governo non gerarchico in presenza di serie minacce di opportunismo. Come la *resource-based view* afferma (cfr. cap. 3), l'approccio alle competenze per l'integrazione verticale e per il governo dell'impresa comincia con l'assunto che diverse imprese potrebbero avere differenti tipologie di risorse e capacità, denominato, in precedenza, come "l'assunto dell'**eterogeneità delle risorse**". Applicato alle scelte di governo e d'integrazione verticale, ciò che è particolarmente rilevante riguardo a questo assunto è che diverse imprese potrebbero avere differenti capacità nelle attività della catena del valore necessarie per offrire un prodotto o un servizio ai clienti. Alcune aziende potrebbero essere particolarmente competenti nella ricerca e nello sviluppo; altre nelle vendite e nel marketing; altre ancora nell'erogazione dei servizi post-vendita.

Una delle implicazioni sulla *governance* di questa eterogeneità nelle risorse e nelle capacità è che, in aggiunta alla scelta delle forme di governo che minimizzino la minaccia di opportunismo, le imprese devono anche considerare il valore potenziale creato in base alla capacità di lavorare insieme ad altre imprese dotate di particolari *skills*. Si consideri, per esempio, il caso di un'impresa che debba decidere se integrarsi o no verticalmente nella distribuzione dei prodotti. Se esiste un'altra azienda che possiede capacità di valore, rare, costose da imitare, il valore che può essere ottenuto lavorando con quest'azienda per distribuire i prodotti deve essere valutato in relazione ad ogni minaccia di opportunismo che potrebbe nascere lavorando insieme.

L'integrazione di Wal-Mart

Questa è proprio la situazione che affrontano i fornitori di Wal-Mart, che ha sviluppato numerose capacità, di valore, rare e costose da imitare, almeno in Nordamerica nella distribuzione al dettaglio. Un'impresa che distribuisce i suoi prodotti attraverso Wal-Mart può probabilmente ottenere un volume di vendite maggiore rispetto ad un'azienda che opera con altri distributori. Tuttavia, Wal-Mart richiede alla maggior parte dei suoi fornitori di realizzare notevoli investimenti specifici, come ad esempio, di investire in sistemi per l'interscambio di informazioni e di dati elettronici (Electronic Data Interchange, EDI) per facilitare il processo di ordinazione (Collis, 1994).

La logica dei costi di transazione afferma che gli investimenti specifici conducono alla minaccia di opportunismo. Poiché le transazioni con Wal-Mart possono essere soggette a problemi di opportunismo, la logica dei costi di transazione sembra suggerire che i fornitori potrebbero cercare altri distributori al dettaglio da aggiungere a Wal-Mart, evitare di realizzare altri investimenti specifici nella relazione con Wal-Mart o, se queste alternative falliscono, cercare di sviluppare una propria funzione distributiva.

Naturalmente, la maggior parte di queste imprese di fornitura cerca anche grandi magazzini al dettaglio oltre a Wal-Mart. Tuttavia, data la dimensione e la sua importanza nel segmento dei discount del Nordamerica, molte di queste imprese non possono prescindere da relazioni commerciali con essa e avere relazioni con altri distributori non garantirebbe una maggiore protezione verso ogni azione opportunistica che Wal-Mart potrebbe effettuare. Queste imprese di fornitura potrebbero anche evitare di realizzare investimenti specifici in EDI in Wal-Mart, ma in genere per ottenere accesso alle sue reti distributive al dettaglio, tali investimenti devono essere effettuati. Anche se le imprese di fornitura volessero integrarsi verticalmente, potrebbe essere virtualmente impossibile per ognuna di loro sviluppare una rete distributiva sofisticata e vasta come quella che Wal-Mart possiede nel Nordamerica.

L'opportunismo non è l'unica determinante delle scelte di governo

Detto diversamente, il valore del lavoro con Wal-Mart per la distribuzione al dettaglio – misurato attraverso una crescita dei volumi delle vendite – è semplicemente maggiore rispetto al valore messo a rischio dagli investimenti specifici che esistono tra queste imprese fornitrici e Wal-Mart. Quindi, contrariamente alla logica dei costi di transazione, la minaccia di opportunismo non è l'unica determinante delle scelte di governo dell'impresa. Piuttosto, i costi associati alla minaccia di opportunismo devono essere bilanciati dal valore creato dall'interazione con altre imprese dotate di capacità uniche e distintive. Quando il valore creato, lavorando con una specifica impresa, risultasse maggiore rispetto al costo dell'opportunismo in quella relazione, le imprese non dovrebbero indirizzarsi verso l'integrazione verticale, nonostante l'elevata minaccia di opportunismo.

Se le capacità di un partner sono di valore, rare e costose da imitare

In generale, queste considerazioni sulle capacità diventano fondamentali nell'effettuare scelte di governo, quando le capacità di un potenziale partner nello scambio sono di valore, rare, inimitabili e anche costose da acquisire (Barney, 1999). Il valore e la rarità sono di immediata rilevazione: se un potenziale partner dello scambio è una di quelle poche imprese che possiedono risorse e capacità nella catena del valore di cui un'altra azienda ha bisogno per ottenere il successo, allora essa diviene un potenziale partner di scambio. Queste risorse e capacità potrebbero essere costose da imitare per ognuna delle ragioni indicate nel cap. 3: potrebbero riflettere l'unicità della storia, essere il risultato di numerose piccole decisioni, o essere socialmente complesse. In questo contesto, anche l'integrazione verticale – attraverso la duplicazione diretta o la sostituzione – risulta troppo costosa.

Naturalmente, se un'altra impresa possiede risorse e capacità di valore, rare e costose da imitare, è possibile integrarsi verticalmente acquisendola. Le acquisizioni, come strategie a livello *corporate*, sono trattate in dettaglio nel cap. 9. Tuttavia, in questo contesto, è importante riconoscere che talvolta il costo per acquisire le risorse e le capacità di valore, rare e costose da imitare potrebbe risultare maggiore rispetto al valore di tale acquisizione. Per esempio, in alcuni casi per ottenere l'accesso a particolari risorse e capacità, potrebbe essere necessario acquisire un'intera impresa, con numerose risorse e capacità economicamente irrilevanti per l'acquirente. Il costo per disfarsi di tutte queste risorse e capacità irrilevanti accresce il costo per ottenere quelle determinanti, forse al punto tale da rendere l'acquisizione non sempre di valore. In quest'ambito, integrarsi verticalmente attraverso l'acquisizione non sarà economicamente possibile.

A volte le risorse e le capacità dell'impresa sono di valore poiché non possedute da altre. Per esempio, numerose agenzie pubblicitarie statunitensi erano interessate all'acquisto dell'agenzia pubblicitaria francese Publicis, dotata di un portafoglio clienti francesi piuttosto interessante per le imprese statunitensi. Tuttavia, una delle ragioni del perché Publicis possedesse tale portafoglio, risiedeva proprio nell'essere francese. Se fosse stata acquisita da un'impresa statunitense, non sarebbe stata più francese e quindi avrebbe potuto subire una perdita delle attività principali – i suoi clienti francesi – che rappresentavano la principale motivazione all'acquisizione da parte di un'impresa statunitense. In queste circostanze, l'integrazione verticale per ottenere l'accesso a risorse e competenze di valore, rare e costose da imitare non avrebbe generato valore economico (Kanter, 1993).

Integrazione verticale e mercati internazionali

Infine, i governi, per loro ragioni, possono prevenire l'acquisizione di alcune imprese. In questa circostanza, acquisire un'altra impresa per evitare ogni minaccia di opportunismo associato all'integrazione verticale non è possibile. Questo è un principio comune affrontato dalle imprese che tentano di entrare in nuovi mercati internazionali. In tali casi, interagire con un'impresa locale potrebbe essere fondamentale per entrare con successo in un nuovo Paese. Tuttavia, tali interazioni, a causa degli investimenti specifici, dell'incertezza o della complessità, potrebbero generare problemi di opportunismo. Le imprese, che cercano di entrare in nuovi mercati lavorando con partner locali, devono verificare se il valore dell'interazione con essi sia maggiore rispetto ai costi potenziali associati all'opportunismo che potrebbe emergere in questa relazione. Le imprese statunitensi che entrano nel mercato giapponese spesso hanno affrontato questa difficile scelta (Dyer, Ouchi, 1993).

Naturalmente, questo approccio analitico alle capacità non suggerisce che le minacce di opportunismo siano irrilevanti nel realizzare le scelte di governo, ma suggerisce che il minimizzare la minaccia di opportunismo debba essere bilanciato rispetto al valore che può essere generato investendo in scambi con imprese che controllano risorse di valore, rare e costose da imitare, che non possano essere acquisite in modo efficiente sotto il profilo dei costi. In alcune circostanze, l'opportunismo è semplicemente una parte di questo costo per ottenere l'accesso alle risorse e alle capacità speciali di altre imprese.

Integrazione e vantaggio competitivo sostenibile

Il governo gerarchico quando le imprese posseggono fonti di vantaggio competitivo. La seconda asserzione inserita nella tabella 2 si focalizza sulle decisioni di integrazione verticale, quando l'impresa in questione possiede risorse e competenze di valore, rare e costose da imitare. L'affermazione suggerisce che le imprese dovrebbero integrarsi verticalmente nelle funzioni di business da cui correntemente ottengono vantaggi competitivi (Argyres, 1996).

Mantenere le fonti del vantaggio competitivo

Ci sono almeno tre ragioni del perché un'impresa dovrebbe integrarsi verticalmente in funzioni dove già ottiene un vantaggio competitivo. *In primis*, un governo gerarchico può accrescere la possibilità che l'impresa possa essere capace di mantenere le fonti del suo vantaggio competitivo, specialmente in comparazione con una forma di governo non gerarchico. Per scegliere i fornitori esterni al fine di ottenere un potenziale vantaggio competitivo, un'impresa generalmente dovrà contattare numerosi fornitori e valutare con loro cosa sia necessario per generare tale vantaggio. Questo processo di scelta dei fornitori esterni accresce la possibilità che la fonte di un vantaggio competitivo di un'impresa divenga nota alle altre imprese concorrenti. Questo, al contempo, riduce la possibilità che tale fonte di vantaggio competitivo rimanga di proprietà e, quindi, riduce la possibilità che divenga una fonte di vantaggio competitivo sostenibile (Liebeskind, 1996).

La capacità di generare rendite

In secondo luogo, attraverso l'integrazione di questa funzione, un'impresa accresce la propria capacità di appropriarsi di rendite economiche che una fonte di vantaggio competitivo sostenibile potrebbe generare. Quando le rendite economiche sono generate da fonti esterne all'impresa, queste fonti – siano esse individui o società – hanno la capacità di appropriarsi di parte dei profitti generati. D'altra parte, quando un'azienda già controlla la sua fonte di rendite economiche, attraverso le sue operazioni di integrazione verticale può appropriarsi di una maggiore porzione di queste rendite (Coff, 1999).

Risorse e competenze utilizzate nel lungo periodo

Infine, una funzione di business, per essere fonte di vantaggio competitivo sostenibile, deve essere di valore, rara e costosa da imitare. Una delle ragioni per cui una funzione di business può essere di valore, rara e costosa da imitare è che le risorse e le competenze in quella funzione siano il risultato di un processo di creazione di tempo lungo e che siano socialmente complesse. Tali risorse e capacità sono specifiche, cioè esistono in una particolare impresa in un particolare momento, a causa dell'unicità della storia dell'impresa.

Gli investimenti in tali risorse specifiche, quindi, devono necessariamente essere anche *firm specific*. Secondo la *transaction cost economics*, gestire l'investimento in risorse e competenze specifiche dell'impresa attraverso una forma non gerarchica significa voler essere soggetti a notevoli minacce di opportunismo e, quindi, dover abbandonare questa forma di governo a favore di un governo gerarchico. Di conseguenza, in presenza di investimenti specifici in una particolare funzione – investimenti che sono fonte di vantaggio competitivo per quell'impresa – sia la *resource-based*, sia la *transaction cost economics* suggeriscono all'impresa un governo gerarchico e l'integrazione verticale di quella particolare funzione.

Quando la capacità produttiva è fonte di profitti

Per esempio, si supponga che un'impresa voglia accrescere la propria capacità produttiva generando, al contempo, ritorni economici positivi. Per realizzare tali profitti, gli investimenti nella nuova capacità produttiva dovrebbero essere specifici per questa impresa. Ciò significa che questi investimenti dovrebbero essere di maggior valore per quella particolare impresa rispetto alle imprese concorrenti. I fornitori esterni potrebbero essere non interessati ad investire in tale specifica capacità produttiva poiché, se così fosse, saprebbero di trovarsi in una posizione a elevato rischio di opportunismo. Quindi, per ottenere l'accesso a tale specifica capacità produttiva, l'impresa dovrebbe investire internamente. Al massimo, questa impresa dovrebbe effettuare investimenti specifici in un suo fornitore esterno, se prevedesse la sua intenzione di fare significativi investimenti specifici in tale capacità produttiva (Riorden, Williamson, 1985).

Quando il rapporto con i fornitori è fonte di profitti

Alternativamente, se l'impresa vuole accrescere la propria capacità produttiva, ma non crede che la produzione sia una fonte di vantaggio competitivo, si appoggerà ad un fornitore esterno per ottenere l'accesso a questa capacità. I fornitori esterni sono desiderosi di fornire una capacità produttiva non specifica, poiché tali investimenti non li pongono in una posizione a rischio di opportunismo.

Tutte queste argomentazioni suggeriscono che quando le funzioni di business sono probabili fonti di vantaggio competitivo sostenibile, le imprese dovranno gestire l'investimento in tali funzioni attraverso forme di governo gerarchiche. Al contrario, quando le funzioni di business non sono probabili fonti di vantaggio competitivo sostenibile, è possibile usare forme di governo non gerarchiche. Come affermato precedentemente, ciò è perfettamente coerente con la logica dei costi di transazione.

2.3. Incertezza e scelta di governo: la prospettiva delle opzioni reali

Nella breve rassegna della ricerca sulla *transaction cost economics* presentata in questo capitolo, è stato osservato che, nonostante la maggior parte dei lavori sulla relazione tra investimenti specifici e scelte di governo sia coerente con la teoria dei costi di transazione, l'analisi della relazione tra incertezza e governo non è sempre coerente con le aspettative di questa teoria. In alcune situazioni, elevati livelli di incertezza in uno scambio economico conducono le imprese a scegliere forme di governo più gerarchico – coerentemente con la logica dei costi di transazione. Tuttavia, in altre situazioni, elevati livelli di incertezza in uno scambio economico conducono l'impresa a scegliere forme di governo meno gerarchiche, in apparente contraddizione con la tradizionale logica dei costi di transazione.

La teoria delle opzioni reali

Queste divergenze empiriche hanno spinto gli studiosi a cercare spiegazioni alternative per la scelta delle forme di governo in condizioni di elevata incertezza. Un'**opzione** è il diritto, ma non l'obbligo, di acquisire o vendere un bene specifico, ad un prezzo predefinito, ad una data prestabilita. Le **opzioni finanziarie** sono sottoscritte su *assets* finanziari, come le azioni. Le ***stock options*** danno ad una persona il diritto, ma non l'obbligo, di acquistare o vendere una particolare azione ad un prezzo e ad una data prestabiliti. Un'**opzione reale** è un'opzione sottoscritta su un bene reale, come una fabbrica, una rete distributiva o una tecnologia. Per esempio, quando un'impresa costruisce una nuova fabbrica, non solo ha l'opportunità di operare in quel nuovo stabilimento, ma anche il diritto e non l'obbligo di espandere quella fabbrica nel futuro. L'opzione di espandere la fabbrica è, in questo senso, un'opzione reale.

Il governo dell'impresa e la flessibilità

La logica delle opzioni reali si focalizza sulla capacità di un'impresa di modificare la sua strategia, in funzione dell'evolversi del futuro incerto. Data l'importanza di questa capacità di modificare le strategie nel tempo, l'analisi delle opzioni reali di governo suggerisce che quando c'è una notevole incertezza circa il valore di un particolare investimento, la scelta di una forma di governo che massimizzi la flessibilità strategica diventa fondamentale (Kogut, 1991).

In generale, un governo meno gerarchico è più flessibile rispetto a un governo più gerarchico. Ciò avviene poiché è molto più costoso dismettere gli investimenti necessari a creare un governo gerarchico, rispetto a quelli necessari per creare una forma di governo non gerarchico.

Per abbandonare una forma di governo non gerarchico, basta semplicemente risolvere i contratti. Per abbandonare una forma di governo gerarchico, le funzioni di business devono essere esternalizzate, i dipendenti licenziati, i manager riassegnati o licenziati, e il valore non ancora realizzato dell'investimento cancellato. Tutto ciò è più dispendioso rispetto al caso di una forma di governo non gerarchica.

Relazione tra governo e incertezza

Si noti che l'incertezza che è enfatizzata da questa logica delle opzioni reali è un'incertezza relativa al valore futuro di un investimento, differentemente rispetto all'incertezza che è evidenziata nella logica dei costi di transazione. Quell'incertezza è relativa a fonti non previste di opportunismo in uno scambio. Tuttavia, tutti i tipi di incertezza che potrebbero gravare su di un particolare scambio non sempre coesistono. Ciò spiega il perché la ricerca empirica sulla relazione tra incertezza e governo porti a risultati contrastanti. Quando l'incertezza che caratterizza uno scambio riguarda le possibili fonti di opportunismo, domina la logica dei costi di transazione ed il governo gerarchico è maggiormente preferito. Quando l'incertezza che caratterizza uno scambio riguarda il valore di un investimento, domina la logica delle opzioni reali e il governo gerarchico risulta meno preferito. Quando ambedue le tipologie di incertezza esistono, il valore relativo che minimizza la minaccia di opportunismo e il mantenimento della flessibilità determina la scelta di governo ottimale. La maggior parte della ricerca empirica sulla relazione tra incertezza e governo non ha esaminato questi temi specifici (Mahoney, 1992).

Un esempio: il settore farmaceutico e le biotecnologie

Tuttavia, la ricerca empirica sulle scelte di governo, che si è focalizzata sulle condizioni in cui il futuro valore di un particolare scambio sia molto incerto, è coerente con la logica delle opzioni reali. Per esempio, in tali condizioni, le imprese sono più orientate a scegliere forme intermedie di governo rispetto a forme di governo gerarchiche, anche quando la minaccia di opportunismo in uno scambio sia significativa. In queste condizioni di incertezza, il valore della disponibilità della capacità di modificare la forma di governo rapidamente e a basso costo, è elevato (Kogut, 1991). Si consideri, per esempio, un'impresa farmaceutica che cerchi di entrare nel settore dei farmaci biotecnologici, introducendo un nuovo farmaco sviluppato attraverso l'applicazione della biotecnologia. L'evoluzione di nuovi farmaci, in generale, è un business molto incerto. Le incertezze riguardano la possibilità di sviluppo del nuovo farmaco, l'adeguatezza della sperimentazione, la corretta previsione delle controindicazioni, l'approvazione governativa e la possibilità che altre imprese stiano sviluppando farmaci alternativi in concorrenza. Queste incertezze sono amplificate, poiché la biotecnologia è ancora una scienza nuova e non evoluta. Entrando nel settore dei farmaci biotecnologici, una consolidata impresa farmaceutica può avere almeno due scelte di governo. Nel primo caso, può decidere di integrarsi verticalmente in questo settore, costruendo capacità proprie nelle biotecnologie e investendo nella ricerca biotecnologica per sviluppare nuovi farmaci. Nonostante questo approccio presenti alcuni vantaggi, la sua principale debolezza è nel legare un'impresa farmaceutica a pochi progetti di ricerca e sviluppo di farmaci. In ambienti di ricerca e sviluppo più maturi, un'impresa può essere capace di stimare la probabilità che un particolare progetto di ricerca generi risultati economici positivi. Comunque, nel settore biotecnologico, la probabilità di successo di ognuno dei progetti di realizzazione di un nuovo farmaco è spesso ignota. Investire in un numero relativamente piccolo di progetti, attraverso l'integrazione verticale nella biotecnologia, potrebbe condurre un'impresa a una scelta che risulti non essere di valore.

Imprese farmaceutiche e alleanze

In secondo luogo, l'impresa potrebbe decidere di non integrarsi verticalmente nelle biotecnologie e, in alternativa, di sviluppare relazioni con numerose – forse anche centinaia – piccole imprese biotecnologiche. Queste relazioni costituiscono una tipologia di alleanze strategiche, una forma intermedia di governo che sarà discussa in dettaglio nel cap. 9. Stabilendo queste relazioni, l'impresa farmaceutica evita di impegnarsi in un particolare corso di azioni e, invece, resta flessibile nel perseguire solo quei progetti di ricerca e sviluppo che produrranno ciò che avevano promesso. Una volta che uno specifico progetto di ricerca, implementato da una piccola impresa, mostri un risultato particolarmente interessante, l'impresa farmaceutica potrebbe decidere di integrarsi verticalmente, acquisendo la piccola azienda precedentemente partner. Tuttavia, in questo caso, la decisione d'integrazione verticale è realizzata in condizioni di minore incertezza rispetto al primo. Tale soluzione è quella più adottata dalle imprese farmaceutiche che intendono penetrare nel settore delle biotecnologie. Data l'incapacità di conoscere, *ex ante*, su quali particolari progetti investire, le imprese farmaceutiche sviluppano relazioni con centinaia di piccole aziende biotecnologiche, ognuna delle quali persegue numerosi progetti specifici. Questo crea, per la grande impresa, la flessibilità di investire solo in quei progetti che hanno un più probabile ritorno positivo. Solo quando l'incertezza in questo settore sarà in parte superata, le grandi imprese decideranno definitivamente di integrarsi verticalmente. In tal modo, queste grandi imprese applicano sia la logica dei costi di transazione, sia quella delle capacità presentate in questo capitolo (Folta, Leiblein, 1994).

2.4. Integrazione degli approcci dei costi di transazione, delle competenze e delle opzioni reali per le decisioni d'integrazione verticale

Costi di transazione, risorse e opzioni reali: criteri di scelta

Come suggerito da quest'analisi, i tre approcci per realizzare le decisioni d'integrazione verticale – costi di transazione, risorse e opzioni reali – sono ben sviluppati e testati. Sfortunatamente, in alcune circostanze, essi sono contradditori. Attualmente nessuna "**teoria unitaria**" generalmente accettata delle scelte di integrazione verticale è stata sviluppata.

In queste condizioni, per realizzare le scelte d'integrazione verticale, è opportuno valutare la relativa importanza di questi tre modelli. Un approccio del genere è presentato nella figura 3. Per esempio, se il valore della minaccia di opportunismo in una transazione è molto elevato, dominerà la logica dei costi di transazione e potrebbe essere preferita una forma di governo gerarchica. Se il valore per ottenere l'accesso a risorse e competenze di valore, rare e costose da imitare e da acquisire è elevato, domina la logica *resource-based* e potrebbero essere preferite forme di governo meno gerarchiche, nonostante la minaccia di opportunismo. Infine, se l'incertezza, riguardo il futuro valore di un investimento, è elevata, il valore della flessibilità in una transazione diviene preminente, privilegiando la logica delle opzioni reali e delle forme di governo meno gerarchiche.

Figura 3 – Integrazione degli approcci dei costi di transazione, delle risorse e delle opzioni reali per le decisioni d'integrazione verticale

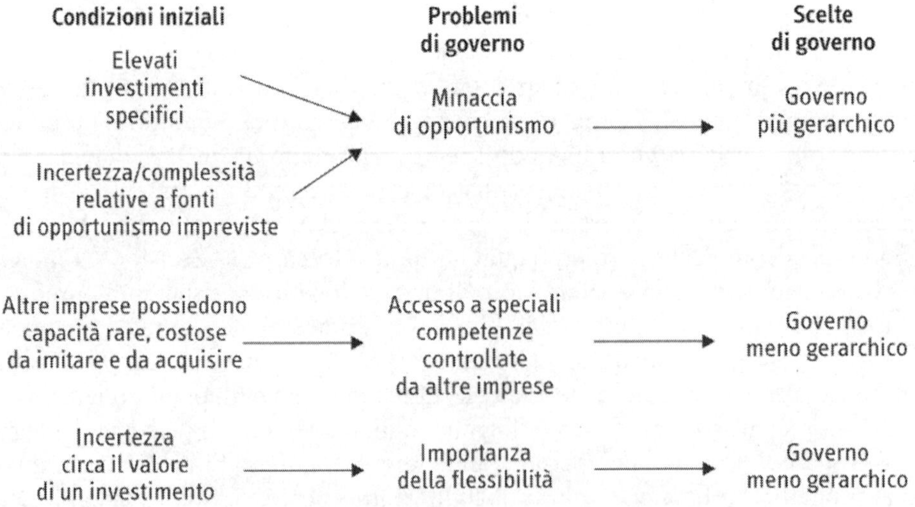

3. Integrazione verticale e vantaggio competitivo sostenibile

Valore economico dello scambio indipendente dalla forma di governo

La *transaction cost economics*, la *resource-based theory* e la *option theory* forniscono utili e potenti strumenti analitici che le imprese possono usare per decidere il loro livello di integrazione verticale. Comunque, finora, quest'analisi si è basata sull'ipotesi che il valore economico potenziale di un particolare scambio sia indipendente dalla forma di governo usata per gestire quello scambio. In altri termini, questi modelli assumono che il valore economico in uno scambio sia dato e che l'obiettivo affrontato dai manager sia semplicemente di scegliere la forma di governo che ottenga questo valore al minor costo possibile. Queste analisi non considerano la possibilità che la forma di governo dello scambio possa avere un impatto diretto sul valore che lo scambio può creare, cioè, che il governo, di per sé, possa essere una fonte di rendita economica.

La forma di governo come possibile fonte di vantaggi

Si consideri il seguente esempio. Supponiamo che due imprese stiano valutando la stessa transazione, seguendo uno degli approcci presentati e che giungano alla stessa conclusione. In questo caso, le due imprese adotteranno la stessa forma di governo o almeno una sostitutiva. In tale situazione, il governo in sé non può essere una fonte di ritorni economici. Tuttavia, se queste due imprese giungono a differenti conclusioni circa le modalità di gestione di questo scambio, potrebbero pervenire a diverse conclusioni circa la forma di governo più appropriata per la transazione. L'identificazione di diversi meccanismi di governo suggerisce che queste imprese avranno differenti costi per governare lo scambio e, forse, giungeranno anche a diversi risultati circa il potenziale economico dello stesso. Tutte queste differenze sono fonti di un potenziale vantaggio competitivo per le imprese; vantaggi che derivano dalla differente abilità ad applicare le tre logiche di integrazione verticale presentate in questo capitolo.

3.1. La rarità e l'imitabilità nella realizzazione di strategie di integrazione verticale

Scelte di governo e VRIO *framework*

È ampiamente riconosciuto che gli individui possano presentare diverse capacità nell'analizzare differenti opportunità di scambi economici. L'eterogeneità può essere introdotta per riconoscere che gli attori economici potrebbero differire nella loro capacità di analizzare le transazioni economiche incerte e complesse, nella loro abilità a cercare di implementare differenti meccanismi di governo e nella loro propensione a comportarsi opportunisticamente. Se queste differenze nelle capacità di governo sono di valore, rare e costose da imitare, le decisioni di integrazione verticale che esse implicano possono essere una fonte di vantaggio competitivo sostenibile, sempre se un'impresa è organizzata per sfruttare il pieno potenziale competitivo delle sue speciali capacità di governo.

Le differenze nell'abilità di analizzare le transazioni economiche incerte e complesse. Un'altra importante differenza tra gli attori economici è la capacità degli individui e delle imprese di concepire ed implementare diversi meccanismi di governo. Ciò che è incerto e complesso per una persona potrebbe essere semplice e ovvio per un'altra. Le differenze nelle capacità di analisi possono esistere anche nelle imprese. Un'azienda potrebbe concludere che uno scambio economico potenziale sia molto complesso ed incerto; un'altra potrebbe considerare che lo stesso scambio sia semplice e ovvio (Barney, 1994; Busenitz, Barney, 1997; Tyler, Steensma, 1995).

Differenze nell'analisi degli scambi

Le differenze nell'abilità di analizzare gli scambi economici incerti e complessi riflettono numerose distinzioni tra gli individui e tra le imprese. Le differenze in termini di capacità intellettive, nella formazione e nell'esperienza potrebbero condurre gli individui a diverse conclusioni circa la complessità e l'incertezza in uno scambio. Analogie esistono a livello d'impresa per ciascuno di questi fenomeni di livello individuale. Ad esempio, le imprese potrebbero differire nella loro abilità di far leva sulle intelligenze dei loro lavoratori. Inoltre, le aziende potrebbero differire rispetto alla formazione dei loro dipendenti e alla loro esperienza nell'analizzare certi tipi di scambi economici. Per tutte queste ragioni, potrebbero pervenire a differenti conclusioni circa il livello di incertezza e complessità in un particolare scambio.

Le proprietà "obiettive"

Naturalmente, queste differenze tra gli individui e le imprese sono rilevanti a livello competitivo solo se esse hanno implicazioni sulle modalità di formulazione delle decisioni di governo. Per esempio, supponiamo che due imprese stiano valutando la stessa transazione economica e che le proprietà "obiettive" di questa transazione siano costanti per entrambe. Se queste imprese differiscono nella loro abilità di analizzare tali proprietà "obiettive", probabilmente giungeranno a differenti conclusioni circa il livello di incertezza e complessità in questi scambi e, quindi, giungeranno a differenti conclusioni circa il livello ottimale di governo. Supponiamo che l'attuale (ma difficile da osservare) livello di incertezza in uno scambio sia abbastanza contenuto, che un'impresa giunga a questa conclusione, ma che la seconda azienda, meno capace, concluda che il livello di incertezza in questo scambio sia piuttosto alto. La prima (più prudente), confrontata alla seconda impresa meno capace, sarà in grado di scegliere una forma di governo meno elaborata e meno costosa e, tuttavia, di assicurarsi la riduzione della minaccia di opportunismo e il mantenimento di un certo livello di flessibilità. L'abilità di usare una forma di governo meno costosa per gestire uno scambio darà all'impresa maggiormente capace almeno un vantaggio competitivo temporaneo poiché, limitatamente e rispetto alla sola altra azienda in questo semplice esempio, le sue capacità di analisi sono rare. Queste capacità, per essere una fonte di vantaggio competitivo sostenibile, devono risultare immuni da imitazione, sia da duplicazione diretta, che da sostituzione. L'imitabilità di queste capacità sembra probabilmente dipendere dalla loro origine. Per esempio, un'innata intelligenza individuale è probabilmente un attributo relativamente unico e, quindi, non soggetto ad una duplicazione a basso costo, sebbene gli individui non dotati di elevati livelli di intelligenza possano comunque comportarsi come se lo fossero, grazie al fatto che sono circondati da altri individui molto capaci, da *database* sofisticati e da tecnologie collegate.

Le capacità organizzative

Le capacità organizzative, per puntare sull'intelligenza dei dipendenti, sembrano probabilmente dipendere dalla cultura organizzativa e dagli attributi legati all'impresa; attributi che, si è già evidenziato, spesso non sono soggetti a duplicazione a basso costo o a facile sostituzione (Barney, 1994). La formazione e l'esperienza individuale e organizzativa possono solo accumularsi nel tempo e, quindi, non dovrebbero essere soggette a duplicazione a basso costo o sostituzione. D'altro canto, se ci sono ritorni decrescenti per la formazione e l'esperienza, nel lungo periodo le imprese concorrenti sviluppano livelli strategicamente equivalenti di formazione ed esperienza.

Differenze nella capacità di ideare e implementare meccanismi di governo. Un'altra differenza potenzialmente importante tra gli attori economici è la capacità degli individui e delle imprese di ideare e implementare differenti meccanismi di governo. In un particolare scambio, diversi attori economici potrebbero giungere esattamente alla stessa conclusione circa la minaccia di opportunismo, l'importanza delle capacità o il livello di incertezza, ma differire nella loro capacità di costruire meccanismi di governo in grado di rispondere a questi imperativi dello scambio. Se più individui e imprese più capaci possono sviluppare meccanismi di governo meno costosi per guidare uno scambio, comparati ad individui ed imprese meno capaci che hanno sviluppato meccanismi di governo più costosi, gli individui e le imprese più capaci possono ottenere vantaggi competitivi dalle loro scelte di governo. Le differenze nella capacità di governo non sono limitate alla capacità dei diversi attori economici nel costruire diversi meccanismi di governo (per esempio, nel caso di un'impresa che risulti più capace nell'usare contratti completi *contingency claims* per gestire gli scambi, mentre un'altra azienda lo sia nell'uso di contratti sequenziali). Gli attori economici potrebbero differire rispetto alla loro capacità di usare lo stesso meccanismo di governo. Quindi, per esempio, supponiamo che due imprese concorrenti decidano di governare lo stesso tipo di scambio per usare una combinazione tra contatti completi *contingency claims* e relazionali. Supponiamo, ancora, che una di queste imprese sia capace di disegnare e gestire questa forma di governo ad un minore costo, comparata all'altra. Nonostante il fatto che ambedue le imprese siano (apparentemente) giunte alla stessa conclusione circa la natura di una particolare transazione e nonostante il fatto che ambedue abbiano implementato gli stessi meccanismi di governo per gestire questa relazione, il fatto che un'impresa sia più capace nell'implementare tali meccanismi di governo rispetto all'altra suggerisce che potrebbe esistere, per la prima, un vantaggio competitivo.

Imprese automobilistiche statunitensi e giapponesi

Per esempio, i produttori di automobili statunitensi hanno sviluppato alleanze strategiche con i produttori di automobili giapponesi. Si potrebbe concludere che queste alleanze non sono rare e, quindi, non sono una fonte di vantaggio competitivo. Tuttavia, quando si riconosce che diversi produttori di automobili statunitensi ottengono differenti risultati nelle loro alleanze con i produttori di automobili giapponesi, è chiaro che queste alleanze possono essere rare e, quindi, fonte di vantaggio competitivo almeno temporaneo. Queste evidenze possono essere generalizzate osservando che, anche quando gli individui e le imprese competono per scegliere tutti la stessa forma di governo nello svolgere una transazione, le differenze nella capacità di implementare questi dispositivi possono generare notevoli vantaggi competitivi.

Come nel caso di capacità diverse nell'analisi degli scambi economici incerti, la possibilità, da parte delle capacità di ideazione ed implementazione dei dispositivi di governo di costituire una fonte di vantaggio competitivo sostenibile, dipende dall'origine di queste capacità diverse. Se tali origini riflettono l'unicità della storia dell'attore economico, sono il risultato di "piccole" decisioni o, se sono socialmente complesse, probabilmente possono essere protette da imitazione a basso costo e, quindi, garantiscono fonti possibili di vantaggio competitivo sostenibile.

Differenze nella propensione al comportamento opportunistico. I primi due modi in cui le scelte di governo possono essere fonti di vantaggio competitivo – differenze nella capacità di analisi nello scambio e differenze nella capacità di ideare ed implementare meccanismi di governo – si focalizzano, in primo luogo, sull'incertezza e la complessità delle decisioni di integrazione verticale. Nonostante il livello "obiettivo" di incertezza e complessità in uno scambio possa essere una proprietà costante dello stesso, le percezioni dell'incertezza e della complessità di uno scambio variano a seconda delle capacità di analisi dei differenti attori. Tuttavia, in aggiunta alle differenze nel livello di percezione dell'incertezza in uno scambio, potrebbero essere importanti le differenze nella propensione dei diversi attori economici a comportarsi opportunisticamente. Se queste differenze esistono e possono essere scoperte a basso costo, allora, almeno secondo la logica dei costi di transazione, coloro che interagiscono con partner meno propensi a comportarsi in modo opportunistico sarebbero capaci di investire in una forma di governo meno costosa rispetto agli scambi con partner maggiormente propensi a comportamenti opportunistici. Questo governo a basso costo può essere fonte di vantaggio competitivo nei confronti delle imprese che interagiscono con partner propensi a comportarsi opportunisticamente e che richiedono forme di governo più costose per ridurre la minaccia di opportunismo.

La logica tradizionale dei costi di transazione non nega la possibilità che diversi attori economici possano variare nella loro propensione a comportarsi opportunisticamente. Tuttavia, la logica suggerisce anche che è molto difficile distinguere tra individui e imprese che realmente hanno una minore propensione ad impegnarsi in un comportamento opportunistico e quelli che lo dichiarano soltanto. Per ottenere i vantaggi di minori costi di governo associati a scambi con partner meno avversi, deve essere possibile, con un sufficiente grado di affidabilità – a minor costo – distinguere tra coloro che sono realmente meno inclini a comportarsi opportunisticamente e quelli che lo dichiarano soltanto.

Le condizioni di un segnale di mercato

Se fosse possibile osservare direttamente le tendenze all'opportunismo dei potenziali partner, questi problemi non esisterebbero. Tuttavia, tali tendenze devono essere individuate da **segnali del mercato**, cioè dalle azioni prese da un individuo o un'impresa. Un'azione, per essere un segnale, deve soddisfare due condizioni: *a*) deve essere correlata ad un attributo di fondo, ma non osservabile; *b*) investire in questo segnale deve essere meno costoso per quelle imprese che possiedono questo attributo, rispetto a quelle che non lo possiedono (Spence, 1973).

Il costo opportunità sostenuto dal partner dello scambio

Una certa varietà di comportamenti può essere un segnale di mercato che indica che un potenziale partner di scambio desideri maggiormente essere aperto a controlli esterni e voglia impegnarsi in investimenti specifici nello scambio e, pertanto, sia meno propenso a comportamenti opportunistici (Barney, Hansen, 1994). Quindi, il costo opportunità, che dovrebbe essere sostenuto dai partner dello scambio per essersi comportati opportunisticamente, è maggiore rispetto al costo opportunità dei partner che non hanno avuto un comportamento opportunistico. Inoltre, il voler essere aperti a controlli esterni e impegnarsi in uno scambio realizzando investimenti specifici può essere interpretato quale segnale di un minor livello di opportunismo. Investire in scambi con partner che, probabilmente, non si comportano opportunisticamente richiederà forme di governo meno elaborate, quindi forme di governo meno costose rispetto al caso in cui si investa in un partner che potrebbe avere comportamenti opportunistici.

4. Organizzare l'implementazione dell'integrazione verticale

Se la catena del valore è gestita da forme non gerarchiche

Supponiamo che un'impresa abbia condotto un'analisi di tutti gli scambi su cui investire, abbia scelto la forma di governo ottimale per ognuna di queste transazioni ed abbia concluso che sono cinque le attività di business che dovrebbero essere gestite attraverso una forma di governo gerarchica: la produzione, le vendite, la ricerca e sviluppo, le risorse umane ed il servizio legale. Ciò significa che tutte le altre attività nella catena del valore di quell'impresa – finanza, marketing ed altro – sono gestite attraverso forme di governo non gerarchiche (per esempio, attraverso contratti completi *contingency claims* o altri contratti con venditori esterni e attraverso alleanze strategiche o *joint ventures*). Dato questo livello d'integrazione verticale, una domanda fondamentale è: come dovrebbero essere organizzate queste attività per trarre un vantaggio dal loro pieno potenziale competitivo? Come è stato affermato nel cap. 3, le tre dimensioni fondamentali, che sono tutte rilevanti per l'organizzazione di un'impresa, sono: la struttura, il controllo di gestione e le politiche retributive e d'incentivazione delle risorse umane.

4.1. Struttura organizzativa e implementazione dell'integrazione verticale

La generica struttura organizzativa per implementare tutte le strategie a livello di business, compresa l'integrazione verticale, è chiamata **struttura a U (struttura funzionale)**. Un esempio di struttura organizzativa a U è presentato nella figura 4.

Integrazione e struttura funzionale

La "U" sta ad indicare la parola *unitaria*. Solo una persona in questa struttura organizzativa ha la prospettiva complessiva dell'impresa: il presidente o il CEO. Ogni altro dipendente in questa organizzazione è uno specialista di funzione; nel caso della struttura rappresentata nella figura 4, uno specialista della funzione produzione, vendite, R&S, risorse umane o legale.

Figura 4 – Un esempio di struttura organizzativa a U

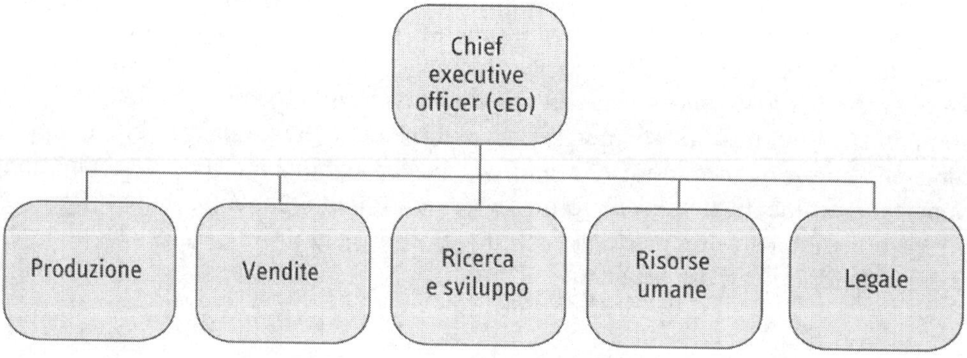

Per questa ragione, la struttura a U è anche conosciuta come struttura organizzativa funzionale. Le funzioni di business da inserire nella struttura a U dipendono dalle scelte strategiche di integrazione verticale dell'impresa.

Responsabilità del CEO

Il CEO, in una forma organizzativa a U, ha due responsabilità fondamentali: *a*) formulare la strategia dell'impresa; *b*) coordinare le attività degli specialisti di funzione per facilitare l'attuazione della strategia.

Scelte strategiche e struttura organizzativa

La formulazione della strategia. Il CEO, in una forma organizzativa a U, si impegna nella formulazione della strategia applicando i modelli e gli strumenti discussi in questo testo. I CEO devono valutare le minacce e le opportunità dell'ambiente, comprendere i punti di forza e di debolezza della loro impresa e poi devono scegliere una o più opzioni strategiche. Inoltre, i CEO devono decidere quali funzioni di business comprendere all'interno dei confini dell'impresa e quali mantenere fuori dai confini della stessa.

Nonostante, alla fine, la responsabilità per la formulazione della strategia in una forma organizzativa a U sia del CEO, vi è la necessità individuale di progettare la conoscenza, l'analisi e il coinvolgimento del manager di funzione all'interno dell'impresa. I CEO che si rifiutano di coinvolgere i manager di funzione nella formulazione della strategia corrono notevoli rischi. In primo luogo, le decisioni strategiche realizzate in modo isolato dai manager di funzione potrebbero essere prese in assenza di informazioni complete. Il fatto che una funzione sia stata integrata all'interno della gerarchia organizzativa suggerisce che i manager di quella funzione siano probabilmente in possesso di informazioni, conoscenze e punti di vista fondamentali per il successo di lungo periodo dell'impresa. L'errore nel comprendere quelle informazioni, quelle conoscenze e quei punti di vista, può compromettere la qualità della scelta strategica che è stata formulata. In secondo luogo, limitando il coinvolgimento dei manager di funzione nella formulazione della strategia si può ridurre la loro comprensione e quindi il loro impegno nella realizzazione della strategia scelta. Questo può limitare notevolmente le loro capacità e volontà di attuare ogni strategia formulata (Floyd, Wooldridge, 1992).

Coordinare le funzioni per l'implementazione della strategia. Anche la migliore strategia formulata è competitivamente irrilevante se non implementata. Il CEO deve lavorare insieme ai manager di funzione per attuare qualunque strategia sia scelta.

Gestire i conflitti tra le funzioni organizzative

Dalla prospettiva del CEO, il coordinamento degli specialisti di funzione ad implementare una strategia spesso riguarda anche la risoluzione di conflitti. I conflitti tra i manager di funzione in una forma organizzativa a U sono previsti e normali. Al contrario, se non ci fosse nessun conflitto tra alcuni manager di funzione, significherebbe che probabilmente alcuni di questi manager non stanno svolgendo i loro compiti. L'operazione affrontata dal CEO non è di simulare che questo conflitto non esista o ignorarlo, ma gestirlo in modo da facilitare l'implementazione della strategia.

La relazione tra funzione di produzione e vendita: un esempio

Si consideri, per esempio, la relazione tra i manager di produzione e i manager delle vendite. Tipicamente, i manager della funzione di produzione preferiscono produrre un singolo prodotto con lunghi cicli di lavorazione. I manager della funzione vendite, tuttavia, preferiscono generalmente vendere numerosi prodotti personalizzati. I manager della funzione di produzione non gradiscono grandi giacenze di prodotti finiti; i manager delle vendite generalmente preferiscono grandi stock di prodotti finiti, che facilitano rapide consegne ai consumatori. Se questi diversi interessi dei manager della produzione e delle vendite, almeno qualche volta, non entrano in conflitto in una forma organizzativa a U, significa che il manager della produzione non si è focalizzato abbastanza sulla riduzione dei costi e l'applicazione della qualità nella produzione; oppure, che il manager delle vendite non si è concentrato abbastanza nella soddisfazione dei bisogni della domanda; oppure, ancora, che entrambi non sono focalizzati sulla loro specifica mansione.

Vi sono numerosi altri conflitti presenti tra i manager di funzione in una forma organizzativa a U. I contabili spesso si focalizzano sulla massimizzazione della gestione contabile e sull'analisi dei costi; i manager della R&S possono temere che tali pratiche contabili interferiscano con l'innovazione e la creatività. I manager della funzione finanza spesso si focalizzano sulla relazione tra un'impresa e i mercati dei capitali esterni; le risorse umane sono maggiormente concentrate sulle relazioni tra l'impresa e i mercati del lavoro. I legali potrebbero ostacolare alcune pratiche della gestione delle risorse umane, che permettono agli altri manager di funzione di adempiere ai loro compiti.

Il ruolo del CEO

In questi contesti, il lavoro del CEO è quello di aiutare a risolvere i conflitti in modo da facilitare l'implementazione della strategia dell'impresa. I manager di funzione non devono necessariamente piacersi l'un l'altro. Tuttavia, se l'analisi dell'integrazione verticale è stata realizzata correttamente, le funzioni che sono state comprese nel perimetro dell'impresa sono essenziali per il suo successo competitivo. Accettare i conflitti tra funzioni per evitare la cooperazione, che è necessaria ad implementare la strategia dell'impresa, può insidiare in modo significativo la performance dell'impresa stessa.

Il budget quale strumento di controllo

Il processo di budgeting. Il *budgeting* è uno dei più importanti meccanismi di controllo a disposizione dei CEO nella forma organizzativa a U. Effettivamente, nella maggior parte delle società con forma a U, grandi sforzi di gestione vanno verso la creazione di budget e la valutazione della performance relativa ad essi. I budget sono elaborati per i costi, i ricavi e una varietà di altre attività svolte dai manager funzionali dell'impresa. Spesso le opportunità di incentivi manageriali e promozione dipendono dalla capacità di un manager di rispondere alle attese del budget.

Nonostante i budget siano un importante strumento di controllo, possono avere conseguenze negative non volute. Per esempio, l'uso del budget può condurre i manager di funzione ad enfatizzare eccessivamente il comportamento di breve termine, rispetto a quello di lungo termine, che è più difficile da misurare. Quindi, per esempio, strategicamente corretto per un manager di funzione potrebbe essere accrescere le spese per la manutenzione e per la formazione manageriale, assicurando che la funzione avrà, contemporaneamente, necessità di tecnologia e persone capaci di svolgere il lavoro in futuro. Un'enfasi eccessiva sulle richieste attuali del budget, viceversa, potrebbe condurre questo manager a ritardare le spese di manutenzione e di formazione manageriale. Venendo incontro alle richieste relative alle esigenze di budget di breve termine, questo manager potrebbe sacrificare la funzionalità del lungo periodo della funzione e, quindi, dell'impresa. La tendenza dei budget a condurre i manager a sottoinvestire nel futuro e a sovrainvestire nel breve termine, riflette il fatto che molti budget contano solamente sui numeri contabili della performance per stabilire gli obiettivi del manager di funzione. I risultati contabili considerano gli investimenti che rendono nel lungo periodo come costi nella gestione operativa. Spostare l'enfasi dal budget contabile ai budget relativi al valore economico delle attività svolte da una funzione aiuta a trovare collocazione al problema di breve termine.

Valutare i manager di funzione attraverso il budget

Oltre allo spostamento dai budget contabili ai budget economici, i manager nella struttura organizzativa a U possono fare molto altro per utilizzare pienamente i budget come dispositivi di **controllo di gestione**. Vari ricercatori affermano che valutare il manager funzionale attraverso la performance relativa ai budget può essere uno strumento di controllo efficiente, quando il processo usato nello sviluppare i budget sia aperto e partecipativo e rifletta la realtà economica che affrontano i manager della funzione e dell'impresa, e quando le valutazioni quantitative della performance dei manager funzionali siano completate da valutazioni qualitative di quella performance. Adottare un processo aperto e partecipativo per i budget aiuta ad assicurare che gli obiettivi siano realistici e che i manager funzionali li comprendano e li accettino. Comprendere i criteri qualitativi per la valutazione riduce le possibilità che i manager funzionali si impegnino in comportamenti che sono molto nocivi nel lungo periodo, ma permettono loro di usare il budget nel breve periodo (Ouchi, 1981; Gupta, 1987).

Il comitato esecutivo

Comitati di direzione. In aggiunta ai budget, le organizzazioni con forma a U possono usare vari comitati di direzione come meccanismi per il controllo. Due comitati di direzione particolarmente comuni sono il comitato esecutivo e il comitato operativo (nonostante questi comitati abbiano nomi diversi nelle differenti organizzazioni).

Il comitato esecutivo in un'organizzazione con forma a U tipicamente è composto dal CEO e da due o tre *senior managers* delle funzioni chiave. Normalmente si riunisce settimanalmente e valuta la performance dell'impresa in quella settimana. Le funzioni rappresentate da questo comitato generalmente comprendono la contabilità, il servizio legale e altre funzioni (come la produzione o le vendite) che sono, in gran parte, centrali per il successo di breve periodo dell'impresa. Lo scopo fondamentale di un comitato esecutivo è di seguire la performance di breve periodo, di notare e correggere ogni variazione del budget per i manager funzionali e rispondere tempestivamente ad ogni crisi che potrebbe emergere.

Il comitato operativo

In aggiunta al comitato esecutivo, un altro gruppo di manager si riunisce regolarmente per aiutare a controllare la gestione operativa dell'impresa, in un comitato spesso chiamato operativo. Questo comitato tipicamente si riunisce ogni mese e spesso è composto dal CEO e dai capi delle aree funzionali presenti nell'impresa. Il comitato esecutivo è un organo del comitato operativo.

L'obiettivo primario del comitato operativo è di controllare la performance dell'impresa ad intervalli di tempo un po' più lunghi rispetto alla settimana di principale interesse del comitato esecutivo e di monitorare gli investimenti strategici e le attività di lungo periodo.

Tali investimenti potrebbero comprendere gli ampliamenti degli impianti, l'introduzione di nuovi prodotti, l'implementazione di riduzioni di costo o l'attuazione di programmi di qualità. Il comitato operativo rappresenta un forum in cui i *senior managers* funzionali giungono a condividere le preoccupazioni e le opportunità e a coordinare gli sforzi per implementare le strategie.

Oltre questi due comitati permanenti, vari altri comitati e *task forces* possono essere strutturati all'interno di un'organizzazione a U per gestire progetti e obiettivi specifici. Questi gruppi aggiuntivi sono tipicamente presieduti da un membro del comitato esecutivo o di quello operativo e trasmettono *reports* ad uno o entrambi questi comitati permanenti come stabilito.

4.2. Politiche retributive e di incentivazione

Anche la politica retributiva è importante per implementare le strategie di business, compresa l'integrazione verticale. Nel mercato del lavoro in concorrenza perfetta, i salari sono determinati dal mercato e le imprese potrebbero assumere più dipendenti per attuare le loro strategie fino al punto in cui il ricavo addizionale generato da una nuova assunzione eguagli il salario determinato dal mercato. Tuttavia, i reali mercati del lavoro, generalmente, non sono in concorrenza perfetta poiché i dipendenti possiedono abilità e competenze differenti; i compiti variano in funzione delle loro attitudini e vi sono forme di incentivazione sia monetarie che non monetarie. In generale, le imprese pagheranno maggiori salari agli individui che possiedono abilità e competenze specifiche e spingeranno i dipendenti ad accettare compiti meno piacevoli. Il mix tra incentivi monetari e non dipende dalle preferenze dei dipendenti e dal costo relativo dell'incentivo non monetario. Oltre a queste forme di incentivazione, le imprese spesso ne utilizzano altre per facilitare l'attuazione delle strategie di business, compresa l'integrazione verticale. La politica di incentivazione è importante anche se gli interessi dei dipendenti sono in conflitto con quelli dei proprietari dell'impresa. Tali incentivi possono avere natura non monetaria (sicurezza sul lavoro, promozioni, *fringe benefits*) o monetaria (incremento retributivo fisso o legato ai risultati, bonus, partecipazione ai profitti, *stock option*, ecc.). In ogni caso, possono rappresentare uno strumento fondamentale di motivazione del personale, nella gestione delle risorse umane.

In questo capitolo

☞ Il numero delle fasi nella catena del valore dei prodotti e dei servizi di cui un'impresa si occupa definisce il livello di **integrazione verticale**. Talvolta il livello di integrazione verticale può essere osservato direttamente, altre volte deve essere arguito da un indicatore del valore aggiunto alle vendite.

☞ L'integrazione verticale è un'opzione di governo che le imprese possono usare per gestire economicamente gli scambi. Le opzioni di **governo** possono essere raggruppate in tre categorie: il governo di mercato, il governo intermedio, il governo gerarchico (l'integrazione verticale).

☞ Secondo la logica dei **costi di transazione**, i manager devono scegliere la forma di governo che, al minor costo possibile, minimizzi la minaccia del comportamento opportunistico in uno scambio. La minaccia di opportunismo dipende dal livello di investimenti specifici, dall'incertezza e dalla complessità in quello scambio stesso.

☞ Secondo l'approccio *resource-based* le imprese devono integrare verticalmente le funzioni che godono di un vantaggio competitivo. Quando c'è un'altra azienda che possiede risorse di valore, rare e difficili da imitare, per l'impresa potrebbe comunque non convenire l'integrazione verticale, anche in presenza di un elevato rischio di opportunismo.

☞ Secondo l'approccio delle **opzioni reali**, per realizzare le decisioni di integrazione verticale, le imprese non devono integrarsi in condizioni di elevata incertezza. Non integrarsi verticalmente in queste situazioni aumenta il grado di flessibilità dell'impresa.

☞ Le decisioni di governo, per essere una fonte di vantaggio sostenibile, si devono differenziare nella capacità dell'impresa di analizzare le transazioni incerte e complesse, le differenze nella capacità dell'impresa di ideare ed implementare forme di governo o nella propensione a comportarsi opportunisticamente.

☞ La più efficiente struttura organizzativa per implementare tutte le strategie di business è la **struttura a U**. I CEO nelle strutture a U hanno due importanti responsabilità: la formulazione della strategia e il coordinamento delle funzioni per l'attuazione della strategia.

7

La strategia di diversificazione

Questo capitolo, continuando ad esplorare le strategie di *corporate*, si focalizza sulla valutazione della strategia *multi-business* quale fonte di valore economico, ossia della **strategia complessiva di diversificazione**, esaminando il valore economico e le condizioni in cui essa può generare un vantaggio competitivo per l'impresa.

1. Le tipologie di diversificazione

I diversi livelli di diversificazione

La misura in cui può essere diversificato il mix dei business in cui operano le imprese può variare da caso a caso. Forse la strada più semplice per comprendere i diversi livelli di diversificazione si basa sulla relazione esistente tra le aree di business che rientrano nei confini dell'impresa. Un'impresa può perseguire una strategia di diversificazione limitata, correlata o non correlata (figura 1).

1.1. Diversificazione limitata

Differenze tra imprese single e *dominant-business*

Un'impresa attua una strategia di **diversificazione limitata** quando tutte o la maggior parte delle sue attività di business ricadono nello stesso settore (cfr. il caso A della figura 1). Due tipi di imprese sono comprese tra quelle che adottano questa strategia complessiva: **le imprese *single-business*** (imprese con più del 95% dei ricavi concentrato in un singolo settore) e **le imprese *dominant-business*** (imprese in cui tra il 70 ed il 95% dei ricavi è concentrato in un solo settore). L'impresa *single-business* con la strategia di diversificazione si rivolge ad un solo business, quello A. L'impresa *dominant-business* opera in due business, il business E ed il più piccolo business F che è, comunque, strettamente collegato al primo (Rumelt, 1974; Collis, Montgomery, 1997; Prahalad, Bettis, 1986).

In pratica, l'impresa che attua questa tipologia di diversificazione non fa leva sulle proprie risorse e competenze al di là di un singolo mercato o settore.

In questo caso, è più opportuno parlare di **integrazione orizzontale**, in quanto il processo di espansione aziendale avviene nell'area d'affari in cui opera. Quest'ultima scelta si attua, quindi, attraverso le strategie competitive analizzate nel cap. 4 e nel cap. 5. In tal senso, l'analisi della diversificazione limitata equivale all'analisi delle strategie di business (leadership di costo e differenziazione) già discusse in precedenza, ragion per cui questo capitolo si focalizza soprattutto sullo studio delle strategie che presentano un maggiore grado di diversificazione.

Figura 1 – Livelli e tipologie di diversificazione

A. *Limited diversification* (Diversificazione limitata)

Single-business: più del 95% dei ricavi sono generati da un solo business

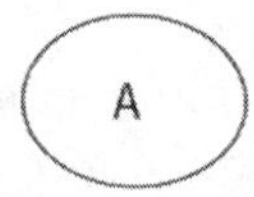

Dominant-business: i ricavi generati da un solo business sono il 70-95% dei ricavi totali

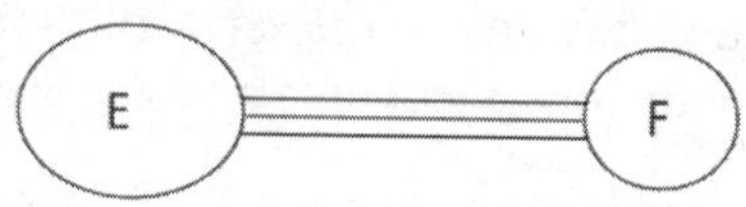

B. *Related diversification* (Diversificazione correlata)

Related constrained (correlazione stretta): ciascun business genera meno del 70% dei ricavi, e le varie ASA condividono numerosi collegamenti e caratteristiche

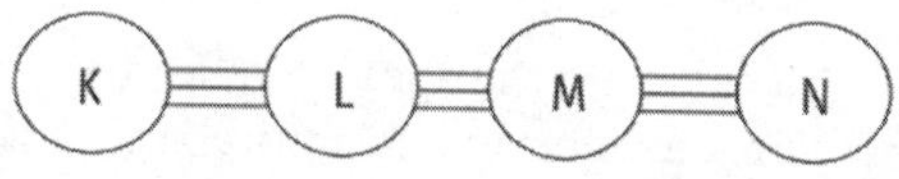

Related linked (correlazione collegata): ciascun business genera meno del 70% dei ricavi e le varie aree di business condividono pochi collegamenti e caratteristiche comuni o differenti legami e caratteristiche comuni

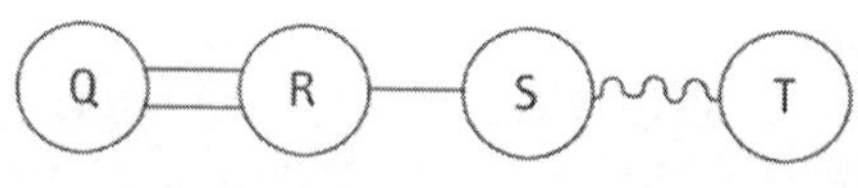

C. *Unrelated diversification* (Diversificazione indipendente-non correlata)

Ciascun business genera meno del 70% dei ricavi e non ci sono collegamenti, o ce ne sono pochi, o caratteristiche comuni tra le varie aree di business.

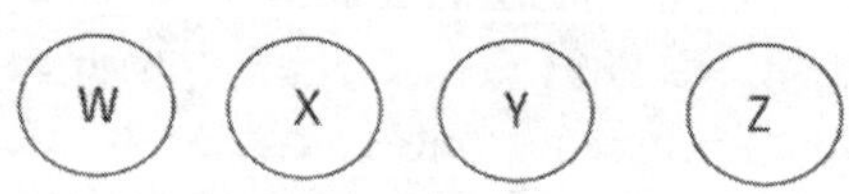

1.2. Diversificazione correlata

Da single o *dominant-business* a diversificazione correlata

Quando un'impresa comincia ad operare in più business si allontana da una situazione di *single-business* o *dominant business* per adottare un grado di diversificazione maggiore. Quando meno del 70% dei ricavi di un'impresa si concentra in un singolo business e le diverse aree di business sono in qualche modo collegate, l'impresa attua una strategia di **diversificazione correlata**.

Tale strategia è stata notoriamente implementata da leaders del settore tessile, quali Lacoste e Fila, le quali hanno affiancato al business dell'abbigliamento quello calzaturiero e delle borse. I diversi business in cui opera un'impresa diversificata possono essere correlati ai due modi (caso B nella figura 1). Quando è condiviso un numero significativo di input, tecnologie produttive, canali distributivi, segmenti di clientela e così via, la strategia di diversificazione è detta **correlata in senso stretto**. In tal caso, i manager perseguono opportunità di business in nuovi mercati o nuovi settori solo se in questi è possibile sfruttare le risorse e le competenze già richieste nel business in cui l'impresa opera. Una strategia di diversificazione correlata in senso stretto può essere rappresentata attraverso i collegamenti tra i business K, L, M e N della figura 1.

Se i vari business scelti da una singola impresa sono tra loro collegati su aspetti diversi e con modalità e intensità differenti, la strategia di diversificazione è detta **correlata in modo collegato**. Per esempio, il business Q e il business R possono condividere le tecnologie produttive, il business R e il business S possono condividere la clientela, il business S e il business T possono condividere i fornitori, e il business Q e il business T possono non avere alcuna caratteristica in comune.

1.3. Diversificazione non correlata

Le imprese che attuano una strategia di diversificazione correlata presentano numerosi collegamenti tra la maggior parte, se non tra tutti, i business in cui operano. È possibile, invece, che le imprese diversificate non presentino alcun tipo di collegamento tra i business in cui operano (caso C della figura 1). In particolare, quando meno del 70% dei ricavi di un'impresa è generato da un solo business, e quando i business dell'impresa hanno poche caratteristiche in comune, l'impresa sta perseguendo una strategia di **diversificazione non correlata**. Sempre nell'ambito del settore tessile, Benetton può essere considerata un esempio significativo in quanto opera anche in settori non collegati alla suo business originario, quali la ristorazione, con Autogrill Spa, ed i trasporti, con Autostrade per l'Italia Spa.

2. Il valore economico della diversificazione

Le due condizioni della diversificazione "di valore"

Affinché la diversificazione possa essere di valore, devono sussistere due condizioni. La prima, come per tutte le strategie complessive, è la possibilità di ottenere economie di scopo tra i vari business in cui l'impresa opera. La seconda è la gestione efficace di queste economie di scopo attraverso forme gerarchiche di *governance* rispetto alle forme di mercato ed intermedie.

2.1. Economie di scopo di valore

Come si vedrà nel cap. 9, le economie di scopo sono definite di valore quando il valore di due imprese che collaborano tra loro è maggiore della somma dei valori delle singole imprese, che operano indipendentemente [7.1]. Questa definizione di economia di scopo di valore può essere generalizzata per le imprese operanti in più business:

[7.1] $NPV \sum_{i=1}^{n} B_i > NPV(B_1) + NPV(B_2) + ... + NPV(B_n)$

$NPV(B_i)$ = Valore attuale del business i

Senza economie di scopo non vi sono ragioni per diversificare

Senza economie di scopo, non vi sono ragioni per operare simultaneamente in più business. In generale, le economie di scopo si generano grazie ai risparmi di costo o ai maggiori ricavi che un'impresa consegue dall'operare in un insieme di business. Un'impresa diversificata può ridurre i propri costi realizzando economie di scopo tra gli stessi business. Ciò può accadere, per esempio, se nei diversi business vengono utilizzati gli stessi fornitori e se i costi di fornitura decrescono all'aumentare del volume di produzione. In tal senso, le economie di scala possono essere un esempio di economie di scopo. Vi sono, comunque, numerosi altri esempi di economie di scopo non direttamente generate dalle economie di scala.

2.2. Governo gerarchico ed economie di scopo

L'economia di scopo, condizione necessaria ma non sufficiente

L'esistenza di economie di scopo – di per sé – è solo una delle condizioni necessarie, ma non sufficienti, affinché una diversificazione possa essere di valore. Tuttavia, le economie di scopo, in senso stretto, non presuppongono che l'impresa debba portare più business all'interno dei suoi confini. Queste, infatti, potrebbero essere realizzate anche attraverso alleanze strategiche. Piuttosto, affinché una strategia di diversificazione sia di valore, non solo devono esistere economie di scopo, ma deve anche essere meno costoso realizzarle all'interno di una singola impresa rispetto ad altre forme di governo, come le alleanze strategiche e le forme transazionali di mercato. (Williamson, 1975, 1985; Teece 1980). È chiaro, quindi, che lo schema logico utilizzato nel cap. 6 per supportare le decisioni strategiche di integrazione verticale è adottabile anche in merito alla formulazione di una strategia di diversificazione. Se i benefici transazionali erano un importante presupposto per attuare strategie di integrazione verticale, l'esistenza di economie di scopo è un importante presupposto per attuare scelte di diversificazione. Date queste premesse, la scelta di come organizzare uno scambio – di integrazione verticale o di diversificazione – dipende dall'analisi dei costi di transazione, delle competenze e delle opzioni reali. Se l'ammontare di un investimento *transaction specific* per realizzare un'economia di scopo tra diversi business è elevato, anche la minaccia di opportunismo nelle forme di governo non gerarchico dovrebbe presumibilmente essere consistente. In questo caso, la teoria dei costi di transazione sostiene che lo scambio dovrebbe essere gestito più efficientemente attraverso una forma di governo gerarchica. Se nel cap. 6 il governo gerarchico implicava l'integrazione verticale, in questo capitolo implica la diversificazione.

Le risorse di valore, rare e difficili da imitare vanno tenute all'interno dell'impresa

Se un'impresa dispone di risorse e competenze di valore, rare e difficili da imitare e cerca di usarle per realizzare economie di scopo, questi sforzi devono realizzarsi all'interno dei confini dell'impresa. La strategia di diversificazione, in questa situazione, consente di mantenere e sfruttare internamente le fonti del proprio vantaggio competitivo basato sulle economie di scopo e di appropriarsi dei profitti generati. Di contro, se un'impresa possiede risorse di valore, rare e costose da imitare che possono creare economie di scopo, ma il costo per acquistare o per utilizzare queste stesse risorse è troppo alto (a causa della *path dependency*, dell'incertezza o della *social complexity*), la strategia di diversificazione per realizzare queste economie di scopo può essere, a sua volta, troppo costosa. In questi casi, le alleanze strategiche – come forma di governo intermedia – rappresentano l'alternativa più adatta, come nel caso della presenza di significative minacce di opportunismo nello scambio.

Le economie di scopo di valore

Infine, se c'è una grande incertezza sul valore delle economie di scopo, la logica delle opzioni reali afferma che l'impresa deve scegliere forme di *governance* meno gerarchiche, mantenendo una certa **flessibilità strategica**. In definitiva, la diversificazione è economicamente di valore solo quando le modalità alternative per realizzare le economie di scopo non sono efficienti, cioè quando richiedono investimenti troppo elevati rispetto all'implementazione della stessa strategia di diversificazione e quando tali economie di scopo possono costituire una fonte di un vantaggio competitivo per l'impresa.

La convenienza degli azionisti ad investire in un'impresa diversificata

Governo gerarchico e interessi degli azionisti nella strategia di diversificazione. La logica sottesa alle scelte di governo già definita nelle scelte di integrazione ed applicata anche alla diversificazione aiuta a chiarire le condizioni in cui gli investitori ritengono conveniente investire in un'impresa *multi-business*. In generale, gli azionisti possono direttamente beneficiare di molte delle economie di scopo derivabili dalla diversificazione, semplicemente investendo in un portafoglio diversificato, senza nessun coinvolgimento nella gestione e a un costo pari quasi a zero. In tale situazione, può avere poco senso sotto il profilo economico per gli investitori esterni conferire ai manager di un'impresa l'incarico di gestire la diversificazione, specialmente poiché l'organizzazione dell'impresa diversificata può essere molto costosa. Dal punto di vista degli azionisti esterni, infatti, ha senso attuare una politica di diversificazione solo quando questa sfrutta le economie di scopo che gli stessi investitori troverebbero costose da realizzare autonomamente, per esempio attraverso la semplice acquisizione di partecipazioni in differenti società. Ma quando un investitore riterrà troppo costoso realizzare economie di scopo attraverso un semplice portafoglio titoli diversificato? La logica delle scelte di governo suggerisce che ciò avviene in due casi: quando per realizzare la specifica transazione è necessario un investimento *transaction-specific* troppo elevato o quando le economie di scopo possono essere fonte di vantaggio competitivo sostenibile. Nel primo caso, infatti, gli investitori assumeranno i manager per la gestione diretta dello scambio. In questo modo, condurre una **strategia *multi-business*** crea valore economico agli investitori dato che i manager sono in una posizione più idonea per gestire i problemi di opportunismo. Quando un'economia di scopo, invece, consente di generare un vantaggio competitivo sostenibile, allora è di valore, rara e difficile da imitare. Come osservato nel cap. 3, le risorse e competenze rare e costose da imitare sono spesso difficilmente individuabili da parte degli investitori esterni. Anche in questo caso, i portatori di capitale preferiranno affidarsi a manager capaci di sviluppare un meccanismo per riconoscere e gestire le economie di scopo di valore, rare e difficili da imitare presenti nell'impresa.

Tabella 1 – Motivazioni per implementare una strategia di diversificazione

1. Economie di scopo operative – attività condivise – *core competence*
2. Economie di scopo finanziarie – allocazione interna del capitale – riduzione del rischio – vantaggi fiscali
3. Economie di scopo anticoncorrenziali – *multi-point competition* – sfruttamento del potere di mercato
4. Motivazioni delle risorse umane e degli altri *stakeholders* – diversificare gli investimenti in risorse umane – diversificare il rischio di non impiego degli *stakeholders* – massimizzare i salari del management

In tal senso, adottando una strategia *multi-business* l'impresa genera un maggiore valore economico per gli investitori. Nel momento in cui gli investitori considereranno difficile perseguire autonomamente una strategia di diversificazione, si affideranno ai manager dell'impresa che diversifica, anche se gli interessi dei manager possono essere divergenti generando i cosiddetti **conflitti di agenzia** (Jensen, Meckling, 1976).

Le motivazioni della diversificazione

In letteratura sono state individuate numerose economie di scopo che potrebbero condurre l'impresa ad adottare una strategia di diversificazione. Alcune delle più importanti sono elencate in tabella 1. Queste motivazioni possono modificarsi a seconda di come rispondono ai due criteri di verifica della creazione del valore. Alcune sono basate su sinergie reali, ma gli investitori possono realizzarle autonomamente e ad un costo più basso. Altre non possono essere generate autonomamente dagli investitori, ma è poco chiaro se la diseguaglianza dell'equazione 1 sia verificata o no, mentre altre ancora soddisfano entrambi i criteri.

2.3. Diversificazione per sfruttare le economie di scopo operative

A volte, le economie di scopo possono riflettere collegamenti operativi tra diversi business di un'impresa. Le **economie di scopo operative**, generalmente, assumono due possibili forme: attività condivise o competenze condivise.

L'analisi della catena del valore

Attività condivise. Nel cap. 3, è stato osservato che l'analisi della catena del valore può essere usata per descrivere le specifiche attività di business di un'impresa. La stessa analisi può essere utilizzata per studiare le attività che possono essere condivise tra i vari business di un'impresa diversificata.

Figura 2 – Un'ipotesi di condivisione delle attività attraverso tre business

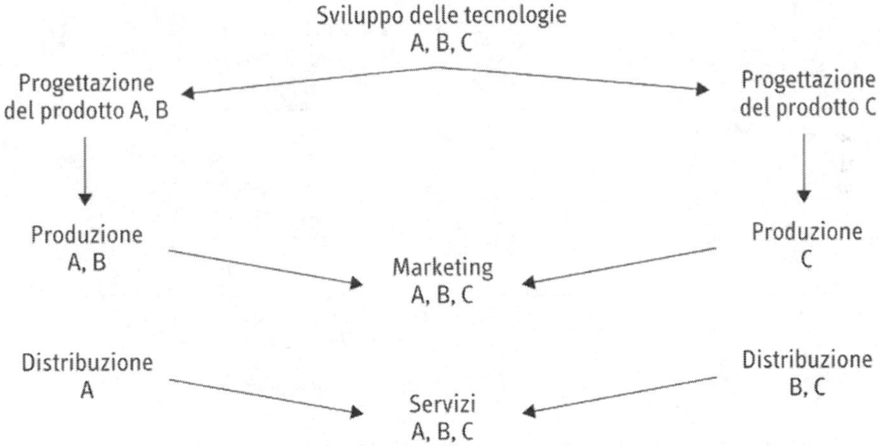

Tali **attività condivise** rappresentano tutte fonti potenziali di economie di scopo operative.

Si consideri, ad esempio, l'ipotesi dell'impresa rappresentata nella figura 2. Tale impresa opera nei tre business A, B e C che condividono una serie di attività inserite nella loro catena del valore. Per esempio, tutti e tre progettano le medesime attività di sviluppo tecnologico. La progettazione del prodotto e la produzione sono condivise nei business A e B e separati nel business C. Tutti e tre i business condividono le attività di marketing e le operazioni di assistenza post vendita. Il business A possiede una propria rete distributiva.

Tipologie di collegamento tra le attività aziendali

Queste attività sono spesso condivise nelle imprese diversificate, sia secondo una configurazione *related-constrained* che *related-linked*. Alla Texas Instruments, ad esempio, diverse unità strategiche dell'elettronica condividono alcune attività di ricerca e sviluppo e, spesso, condividono i siti produttivi. Vari business produttivi della Procter & Gamble condividono i siti produttivi e possono contare su una rete distributiva comune (attraverso una rete di dettaglianti; Burrows, 1995; Rogers, 1992; Wallace, Erickson, 1993; Porter, 1981a; St. John, Harrison, 1999).

I differenti business di un'impresa diversificata possono collegarsi secondo varie modalità. Alcuni dei più importanti collegamenti tra le attività e la loro posizione nella catena del valore sono sintetizzati nella tabella 2. Le attività condivise possono aggiungere valore all'impresa o attraverso la riduzione dei costi o con l'incremento dei ricavi (Porter, 1985; Rumelt, 1974; Ansoff, 1965).

Tabella 2 – Possibili attività da condividere e loro posizione nella catena del valore

Attività della catena del valore	Attività condivise
Attività di approvvigionamento	Comune catena di acquisto Comune sistema di controllo delle scorte Comuni strutture di immagazzinaggio Comune sistema di consegne Comune sistema di assicurazione di qualità Comune sistema di gestione degli ordini Comuni fornitori
Attività di produzione	Comuni componenti di prodotto Comuni componenti di semilavorati Comuni impianti di assemblaggio Comune sistema di controllo qualità Comune attività di manutenzione Comune sistema di controllo del magazzino
Magazzino e distribuzione	Comune sistema di consegna prodotti Comuni impianti di stoccaggio
Marketing e vendite	Comuni sforzi pubblicitari Comuni attività promozionali Vendite trasversali di prodotto Comuni sistemi di *pricing* Comuni dipartimenti di marketing Comuni canali distributivi Comuni forze di vendita Comuni uffici vendite Comuni processi di ordinazione
Supporti e servizi al venditore	Comune servizio di rete Comuni garanzie Comuni sistemi di riscossione crediti Comune formazione dei venditori Comuni servizi di supporto ai venditori

Le economie di scala

Attività condivise e riduzione di costo. Il vantaggio competitivo può essere ottenuto attraverso la condivisione di attività tra i business di un'impresa diversificata. Ad esempio, i diversi business di un'impresa producono prodotti e servizi simili e, se sussistono notevoli economie di scala legate ai processi di produzione, allora un'impresa diversificata può essere in grado di godere dei vantaggi di costo associati a queste economie; altrimenti, per generare lo stesso vantaggio di costo, l'impresa dovrebbe detenere nel singolo business una tale dimensione da consentire di sfruttare l'effetto delle economie di scala. Tali risparmi non sono limitati al solo processo produttivo. Columbia Hospital Corporation, ad esempio, condivideva le proprie attività operative in numerosi ospedali per ridurre i costi (Tomsho, 1992). Walt Disney Co. opera in cinque business correlati: Media Networks, Parks and Resorts, Studio Entertainment, Consumer Products ed Interactive Media. La corporation riesce ad ottenere economie di scopo attraverso la condivisione di attività tra le sue varie compagnie di distribuzione cinematografica, come Touchstone Pictures, Hollywood Pictures e Dimension Films (Hitt, Ireland, Hoskisson, 2014).

Le economie di apprendimento

La condivisione di attività può anche consentire all'impresa diversificata di ottenere riduzioni di costo basate sulle economie di apprendimento. Può accadere che ogni singolo business in un'impresa diversificata, da solo, non raggiunga un livello complessivo di produzione tale da generare l'apprendimento e ridurre i costi. Tuttavia, se questi business sono capaci di condividere attività critiche, i volumi cumulati aumenteranno più velocemente, accelerando ogni opportunità di apprendimento e, quindi, riducendo i costi di tutti i business dell'impresa diversificata.

Le attività condivise possono anche permettere ad un'impresa che ha sviluppato una tecnologia produttiva a basso costo, in uno dei suoi business o in un comune laboratorio di sviluppo tecnologico, di ridurre i costi diretti di produzione per tutti i business in cui opera, risparmiando il maggior costo che avrebbe sopportato sviluppando la stessa tecnologia autonomamente. Procter & Gamble, che ha recentemente acquisito Gillette Co., ha la possibilità di trasferire tecnologie e capacità da un proprio brand ad un altro: ad esempio, l'abilità acquisita nella cura della pelle attraverso il brand Olay può essere implementata nella progettazione di rasoi femminili Gillette, dal momento che tale business è sempre più attento alla cura e protezione dell'epidermide (Hitt, Ireland, Hoskinsson, 2014).

Infine, può verificarsi che uno dei business di un'impresa diversificata abbia ottenuto un accesso differenziale a specifici fattori produttivi (materie prime, forza lavoro, talento manageriale, tecnologie). Se gli altri business dell'impresa utilizzano lo stesso fattore di produzione, la condivisione può produrre una riduzione dei costi di fornitura per tutti gli altri business.

Di contro, un errore nella scelta di condividere un'attività tra più business può portare anche a costi non controllabili. Per esempio, Kentucky Fried Chicken, quando era una divisione di PepsiCo, spingeva tutte le strutture regionali nordamericane ad adottare i propri piani di miglioramento della qualità. Il risultato fu una grande ridondanza e un'incompatibilità tra almeno tre sistemi, che portarono a sostenere costi più alti rispetto a quelli strettamente necessari. Allo stesso modo, la ridotta predisposizione di Levi's Strauss a centralizzare e coordinare i processi di ordinazione portò ad una situazione in cui sei distinti sistemi di gestione degli ordini operavano simultaneamente. Ciò ha spinto recentemente l'azienda a definire un unico e integrato sistema di ordinativi condiviso in tutta l'impresa (Fuchsberg, 1992).

Il valore dei "prodotti pacchetto"

Attività condivise e aumento dei ricavi. I risparmi di costo sono spesso fondamentali al fine di ottenere economie di scopo attraverso la condivisione di attività, ma la condivisione può anche produrre un accrescimento dei ricavi aziendali dell'impresa diversificata. Tutto ciò può avvenire in almeno due modi. In primo luogo, può accadere che la condivisione delle attività di "sviluppo dei prodotti" e delle attività "di vendita" consenta a due o più business di un'impresa diversificata di offrire un insieme unico di prodotti ai consumatori. A volte il valore di questi "pacchetti di prodotti" è superiore alla somma dei valori dei singoli prodotti considerati separatamente. Questo maggior valore può generare, per ogni business, maggiori ricavi rispetto a quelli delle singole attività svolte da un'impresa *mono-business*.

Nel settore delle telecomunicazioni, le imprese fino a pochi anni fa vendevano separatamente telefoni di rete fissa, accessi a linee telefoniche, impianti d'ufficio per lo smistamento delle telefonate, telefoni cellulari e servizi di segreteria telefonica. Un consumatore che necessitava di tutti questi servizi doveva contattare cinque differenti aziende. Oggi, imprese di telecomunicazioni diversificate (Telecom, Vodafone) condividono le attività di vendita tra questi business, riducendo significativamente i costi di ricerca dei potenziali clienti. In questi casi, tuttavia, si tratta di sviluppo nel medesimo settore di attività per i sensibili collegamenti in termini sia tecnologici che di marketing. Avviene infatti una convergenza tra i business, che rende difficile individuare con chiarezza i confini tra integrazione orizzontale e diversificazione. Questo sistema *one-stop shopping* è di valore per i consumatori, che sono disposti a pagare un prezzo leggermente più alto per la convenienza ad avere un unico fornitore dei cinque servizi (premesso che tale sistema possa consentire risparmi di costo agli stessi utenti). Le imprese di telecomunicazioni riescono a condividere le attività di sviluppo di tecnologie tra i propri business, divenendo in grado di offrire direttamente ai potenziali clienti una rete di comunicazione integrata. Ovviamente, il valore supplementare di questa rete integrata si riflette, per i clienti, in prezzi superiori a quelli che sarebbero applicabili se ciascuno di questi business fosse indipendente o se non ci fosse condivisione di attività tra gli stessi.

Questi **prodotti a pacchetto** sono importanti anche in altri settori, come quello della distribuzione di prodotti alimentari, che tende ad integrare la gamma con prodotti precotti partendo dalla consapevolezza che i consumatori desiderano poter acquistare a tutti i prodotti alimentari nello stesso luogo (De Lisser, 1993).

L'avviamento di immagine e reputazione

Ne è un esempio il Gruppo Amadori, che ha inserito nella sua produzione alimentare di crudi anche prodotti precotti o prefritti, sempre più gettonati sul mercato. In secondo luogo, le attività condivise possono incrementare i ricavi sfruttando per tutti gli altri business gli avviamenti in termini d'immagine e reputazione detenuti solo per alcune attività. Ad esempio, se un business ha una forte e positiva reputazione per la produzione di alta qualità, altri business che condividono quest'attività di produzione godranno dei vantaggi d'immagine. Ancora, se un business ha una buona reputazione nella vendita di prodotti ad elevate prestazioni, anche gli altri business che condividono le funzioni e le attività collegate alle vendite godranno di alcuni dei vantaggi di tale reputazione. In entrambi i casi, i business che si appoggiano su una reputazione forte da parte di altri business condividendone alcune attività avranno redditi maggiori rispetto a quelli prodotti in una gestione indipendente e autonoma. Per molti anni, HP ha usato la sua forte reputazione ingegneristica, acquisita nel campo della strumentazione elettronica, per sostenere l'entrata nel business delle stampanti e dei pc. Ma quando i collegamenti tecnici tra i vari business si sono attenuati, il valore di questa reputazione è divenuto meno importante (Yoder, 1991). Negli anni 2000, Lego cercò di sfruttare la forte reputazione raggiunta nel settore dei giocattoli – nominato "Toy of the Century" dalla rivista Fortune – per accedere a tipologie di business differenti, in alcuni dei quali il gruppo aveva poca esperienza, come abbigliamento, prodotti per bambini, videogiochi e contratti di licenza con Hollywood. La strategia di diversificazione confuse i fan e influenzò negativamente la performance di Lego. Per recuperare la sua forte immagine, l'azienda ha revisionato la sua strategia e riformulato la sua *mission* legandola al forte impatto emotivo e memoriale del famoso mattoncino Lego: puntando sul passato per riconquistare gli utenti originali e aggiornando il prodotto con creatività per attrarre nuovi target, Lego è ritornata sull'onda del successo.

Attività condivise, governo gerarchico e investitori esterni. Se le attività condivise in un'impresa diversificata riducono i costi o aumentano i ricavi dell'impresa non diversificata, allora la diseguaglianza nell'equazione [7.1] è rispettata, la condivisione di attività rappresenta un'economia di scopo operativa. Tuttavia, affinché la condivisione di attività sia una fonte per attuare una strategia di diversificazione, deve risultare più costoso sfruttare questa economia di scopo attraverso forme non gerarchiche, oppure, deve risultare più costoso per altri investitori realizzare questa economia di scopo autonomamente.

Le limitate capacità degli investitori esterni di sfruttare le attività comuni tra i business

In generale, gli investitori esterni hanno una limitata capacità di sfruttare le attività comuni fra più business. Tale attività richiede un livello di controllo organizzativo e di integrazione, tipici della *governance* gerarchica, di solito, difficilmente replicabili in un portafoglio diversificato di titoli. Inoltre, nella misura in cui l'economia di scopo può essere una fonte di un vantaggio competitivo sostenibile, la relativa realizzazione richiederà conoscenze ed informazioni, in genere, non disponibili per gli investitori esterni.

I limiti organizzativi

I limiti nella condivisione delle attività. Malgrado la condivisione di attività possa potenzialmente essere una fonte determinante per una strategia di diversificazione di valore, questo approccio presenta tre limiti (Davis, Robinson, Pearce, Park, 1992). In primo luogo, possono presentarsi problemi di tipo organizzativo associati alla gestione dei rapporti e delle relazioni tra i business dell'impresa diversificata. Un'efficace gestione di questi rapporti può risultare molto complicata ed un suo fallimento può condurre ad un eccesso di burocrazia e all'**inefficienza organizzativa**.

I bisogni specifici della clientela

In secondo luogo, condividere attività tra più business può limitare la capacità di un particolare business di rispondere a specifici bisogni della clientela. Per esempio, due business possono sfruttare delle economie di scala condividendo alcune attività della funzione di produzione grazie alla riduzione dei costi. Tuttavia, per sfruttare queste economie di scala, i business possono essere costretti a produrre un output usando dei componenti standardizzati che non soddisfano completamente le diverse esigenze dei loro clienti.

L'immagine negativa di uno dei business

La condivisione tra più business delle attività di distribuzione può favorire risparmi di costo ma pregiudicare la possibilità di distribuire in modo efficace i propri prodotti a tutti i clienti. La condivisione della funzione delle vendite può produrre costi di vendita più bassi, ma, al contempo, ostacolare l'acquisizione di quelle competenze specialistiche di vendita necessarie per competere negli specifici business.

In terzo luogo, la condivisione di attività che sfrutti la reputazione può avere un effetto contrario: se il business di un'impresa diversificata ha una cattiva reputazione, condividere le attività con quel business può influire negativamente anche sull'immagine degli altri business. Insieme, questi limiti legati alla condivisione delle attività possono annullare tutti i potenziali benefici.

Effettivamente, nell'ultimo decennio, molte imprese diversificate hanno abbandonato gli sforzi di condivisione delle attività, in favore della gestione indipendente di ciascuna attività di business.

Per esempio, Nestlè e General Electric limitano il numero di attività condivise ad una o massimo due (come le attività di ricerca e sviluppo o di formazione del personale). In alcuni casi, la condivisione di attività ha generato processi tanto fallimentari da comportare un definitivo disinvestimento. È il caso di Marriott, che nel suo tentativo di diversificare il brand è entrata nel settore della ristorazione gourmet, dei parchi a tema, delle crociere e delle agenzie di viaggio, puntando sulla condivisione di attività attraverso *start-ups* e acquisizioni. Il Gruppo si è presto reso conto di non poter trasferire abilità e tecnologie nei nuovi business: ad esempio, crociere e parchi a tema sono incentrati su intrattenimento e menu standardizzati, piuttosto che su una gestione attenta e disciplinata e *food & beverage* di medio livello tipico del gruppo Marriott. L'azienda è stata costretta a disinvestire oltre il 36% dei suoi investimenti (Gupta et al., 1996).

Tuttavia, fino a quando un'impresa diversificata può sfruttare la condivisione delle attività evitando questi limiti, il valore dell'impresa viene incrementato.

Le *core competencies* di 3M

Core competence. Recentemente, è stato oggetto di analisi un ulteriore collegamento operativo fra i business di un'impresa diversificata, basato sulla condivisione di risorse intangibili, quali il *know-how* manageriale ed operativo, l'esperienza, l'apprendimento. Queste fonti di economie di scopo sono state denominate ***core competencies*** dell'impresa (Prahalad, Hamel, 1990). Le *core competencies* sono state definite da Prahalad e da Hamel come «l'abilità collettiva di apprendere nell'organizzazione, consistente specialmente nel saper coordinare differenti capacità produttive ed integrare molteplici tecnologie». Le *core competencies* sono insiemi complessi di risorse e capacità che collegano i differenti business in un'impresa diversificata attraverso il *know-how* manageriale e tecnico e l'esperienza. È esemplificativo il caso di 3M, che attualmente opera in sei unità di business – Consumer and Office, Display and Graphics, Electro and Communications, Health Care, Industrial and Transportation e Safety. Tale strategia di diversificazione è assolutamente unica nel mercato globale: il gruppo opera sia attraverso diversificazione non correlata che geografica. Per esempio, alcuni osservatori hanno sostenuto che le *core competencies* di 3M risiedono nell'attività di produzione di pellicole, adesivi e rivestimenti. Nel corso degli anni, 3M ha utilizzato queste risorse e capacità in un'ampia varietà di prodotti, compresi Post-it, nastri magnetici, pellicole fotografiche, rivestimenti e abrasivi rivestiti. A prima vista, questo insieme di prodotti ampiamente diversificato sembra avere poco o niente in comune. Questi differenti business sembrano condividere poco o niente in termini di specifiche attività, invece si basano su un unico insieme di risorse e competenze nel campo delle pellicole, degli adesivi e dei rivestimenti. Tutti i business di 3M sono inoltre collegati da Dipartimenti di Ricerca e Sviluppo.

Le *core competencies* di Honda

Honda produce e vende una vasta gamma di prodotti quali automobili di lusso, motociclette, falciatrici da giardino e generatori elettrici mobili. L'intera gamma si basa su un'unica *core competence* nella produzione di motori e di apparati propulsori. Alcune di queste risorse e capacità sono sfruttate da Honda attraverso attività condivise fra più business. Tuttavia, la maggior parte di questi business condivide poche o nessuna attività, ma esse sono nondimeno collegate tra loro da una *core competence*.

Quando un'impresa diversificata sfrutta una *core competence*, le attività svolte all'interno di ciascuno dei suoi business sono influenzate significativamente dalla conoscenza accumulata e dall'esperienza acquisita nelle altre aree d'affari. Questi business differenti possono tutti sfruttare tecnologie simili, indirizzarsi a simili segmenti di clientela o adottare principi manageriali similari. Nonostante questi business possano differire in modo consistente, i manager che si spostano dall'uno all'altro sperimenteranno fattori ed aspetti comuni, nonostante la strategia di diversificazione (Grant, 1988; Chatterjee, Wernerfelt, 1991; Markides, Williamson, 1994; Montgomery, Wernerfelt, 1991; Liedtka, 1996; Farjoun, 1998).

L'incompatibilità tra *core competence* e attività condivise

Core competence e attività condivise. Le *core competencies* potrebbero o no andare in parallelo con la condivisione di attività. Per esempio, la maggior parte degli osservatori sarebbe d'accordo sul fatto che Hanson Trust, PLC, ha una *core competence* ben definita nell'acquisizione e nella gestione dei business in mercati maturi (Hill, Jones, 1992). Effettivamente, gli elementi essenziali di questa *core competence* possono essere descritti in una serie di principi (tabella 3). Nel corso degli anni, Hanson Trust ha sviluppato determinati principi di gestione e li ha applicati a ciascuno dei business maturi che ha acquistato. Malgrado la *core competence* detenuta da Hanson Trust, le varie aree d'affari non condividono alcuna attività. Effettivamente, la mancanza di attività condivise fra i business di Hanson è una manifestazione della sua *core competence* nell'acquisizione e gestione di business in mercati maturi. Sarebbe facile concludere che un'impresa diversificata come la Hanson che non condivide le attività fra i relativi business, stia perseguendo una strategia di diversificazione indipendente. Tuttavia, l'esistenza di una *core competence* ben definita suggerisce che questa **diversificazione apparentemente indipendente** è in effetti di tipo correlato. Poiché tutti i business di Hanson devono rispondere alle verifiche indicate nella tabella 3, si evince che l'impresa persegue una strategia di diversificazione correlata in senso stretto.

Le modalità di crescita delle *core competencies*

Core competence *come economia di scopo* Per capire come le *core competencies* possano contribuire alla riduzione dei costi o all'incremento dei ricavi dell'impresa, è necessario comprendere come le stesse *core competencies* si evolvono nel tempo. La maggior parte delle imprese comincia prima ad operare in un singolo business.

Tabella 3 – Le *core competencies* della Hanson Trust, un'impresa diversificata in modo apparentemente non correlato

Nel considerare una potenziale acquisizione occorre:
1. Focalizzarsi sui settori maturi e a basso livello tecnologico con scarse performance e dove il management attuale ha dimostrato progressi verso il miglioramento della performance.
2. Produrre un'approfondita ricerca, da sintetizzare in una singola pagina, sulle performance e le prospettive, soprattutto per le imprese che contemplino la possibilità di *leveraged buy-out*.
3. Valutare la dimensione e la possibilità del contesto di rischio di un'acquisizione e le conseguenze per la Hanson se tutto dovesse andare male.
4. Valutare la possibilità di usare le risorse del target per assicurare la copertura dei debiti derivanti dagli sforzi per l'acquisizione.
5. Valutare la capacità di dismettere qualche business corrente del target per pagare i debiti derivanti dall'acquisizione.
6. Valutare come poter eliminare le risorse in eccesso del target dopo l'acquisizione.

Dopo l'acquisizione occorre:
1. Eliminare le risorse in eccesso, esternalizzare i business non strategici e ridurre i debiti.
2. Delegare ai *business managers* tutte le decisioni operative ordinarie al di sotto di un livello di spesa definito dalla Hanson.
3. Esercitare un forte controllo finanziario attraverso budget operativi e limiti di spesa.
4. Creare incentivi, compresi i benefit, per i *business managers* che rispettano i limiti di spesa predefiniti e i loro budget operativi.
5. Non nominare i manager anche membri del consiglio di amministrazione.
6. Enfatizzare ogni possibile economia di scopo operativa tra i business della Hanson.

Fonte: Hill, Jones (1992, pp. 764-83).

Si immagini che un'impresa abbia valutato con attenzione tutte le opportunità di investimento e che abbia pienamente finanziato quelle con un valore attuale netto positivo. Tutti i ritorni al di sopra del normale che sono avanzati dall'operazione possono essere considerati come ***free cash flow*** (Jensen, 1986). Le imprese possono utilizzare questo *free cash flow* in vari modi: può distribuirsi agli azionisti, può essere investito in nuovi business. Si supponga che un'impresa scelga di utilizzare queste risorse finanziarie per investire in un nuovo business, adottando, cioè, una strategia di diversificazione. In quale business tra tutti quelli potenzialmente redditizi dovrebbe investire? Ovviamente, l'impresa sceglierà di operare in un business dove ha un vantaggio competitivo. Ma in quale business è possibile ottenere questo vantaggio competitivo? In quei business per i quali le stesse risorse e le *core competencies* che hanno prodotto un vantaggio nel business originario, siano ancora di valore, rare e difficili o costose da imitare. Di conseguenza, questo primo passo verso la diversificazione si basa su investimenti in business strettamente collegati a quello originario, in quanto le aree d'affari poggiano sulle stesse risorse e competenze che rappresentano per l'impresa già una fonte di un vantaggio competitivo.

In altri termini, un'impresa che diversifica sfruttando le risorse e le competenze del business originario, riuscirà ad avere costi più bassi e/o maggiori ricavi rispetto alle imprese che entrano nel nuovo business senza queste risorse. Fintantoché tale impresa si organizza per sfruttare le risorse e le competenze già detenute anche nel nuovo business, riuscirà a guadagnare un profitto superiore al normale, mantenendo, allo stesso tempo, un vantaggio competitivo nel business originario (Nayyar, 1990; Robins, Wiersema, 1995).

Ad esempio, Luxottica, una volta divenuta leader nel settore degli occhiali, avendo grandi disponibilità finanziarie che potevano restare inutilizzate in quanto ulteriori investimenti nel settore d'origine non erano necessari, decise di partecipare all'operazione IRI da cui nacque il Gruppo GS, entrando nel settore della distribuzione commerciale. In tale contesto, seppur diverso da quello delle montature per occhiali, era infatti possibile sfruttare le competenze già detenute: un management con capacità di analisi e gestione, la predisposizione all'apprendimento, i buoni rapporti con le parti sociali, un nome da sempre sinonimo di professionalità e sicurezza ecc. (Brunetti, Camuffo, 2000). In ogni caso, si è trattato, comunque, di investimenti in business non troppo lontani dal *core-business* dell'azienda.

Naturalmente, col tempo, questa impresa diversificata probabilmente svilupperà anche nuove risorse e competenze nei nuovi business. Le nuove capacità e competenze, ovviamente, accresceranno l'intero set delle risorse intangibili aziendali che potrebbero consentire all'impresa l'accesso ad ulteriori nuovi business, con un meccanismo a catena, utilizzando le risorse finanziarie generate dai profitti superiori al normale.

Implementando più volte una strategia di diversificazione, proprio le risorse e le capacità, che consentono all'impresa di operare con successo in diversi business, costituiscono le *core competencies* che l'impresa sviluppa, trasferendo conoscenze ed esperienze tecniche e manageriali, generate nel business originario, ai nuovi business diversificati. Un'impresa che abbia da poco avviato il processo di diversificazione, sta implementando una strategia del tipo *dominant-business*. Se tutti i business dell'impresa, invece, condividono le stesse *core competencies*, allora quell'impresa attua una strategia di diversificazione strettamente correlata (*related-constrained*). Se i differenti business dell'impresa diversificata sfruttano differenti gruppi di risorse e competenze, allora quell'impresa sta attuando una diversificazione correlata in modo collegato (*related-linked*). In ogni caso, queste *core competencies* consentono alle imprese di produrre a costi più bassi o di conseguire maggiori ricavi rispetto alle imprese prive delle medesime competenze. Si confrontino, per esempio, le performance di GTE e di NEC (Prahalad, Hamel, 1990).

Confronto tra GTE e NEC

Nel 1980, GTE era un grande operatore del settore delle telecomunicazioni (9,98 miliardi di dollari di vendite) operante nei business della telefonia, dei dispositivi di comunicazione-commutazione, dei semiconduttori, delle tecnologie per display *multicolor* (compresi gli schermi televisivi a colori). NEC era un'impresa molto più piccola (3,8 miliardi di dollari di vendite) con una certa competenza sulle tecnologie, ma nessuna esperienza in termini di gestione della telefonia. Nonostante ciò, entro il 1988, NEC aveva invertito le posizioni con GTE, facendo salire le proprie vendite a 21,89 miliardi di dollari contro i 16,46 miliardi di GTE. Questa differenza tra i tassi di crescita è stata attribuita all'abilità di NEC nell'investire facendo leva sulle sue *core competencies*. Negli anni Ottanta, i manager di NEC, partendo dal presupposto che il successo nel mercato mondiale delle telecomunicazioni dipendesse dalle risorse e dalle competenze di progettazione, produzione e applicazione delle tecnologie nei semiconduttori, individuarono le *core competencies* da sviluppare e successivamente da condividere tra i vari business. Al fine di sviluppare tali competenze NEC estese il business dei semiconduttori ed avviò una serie di alleanze strategiche con varie imprese del settore delle telecomunicazioni e dei computer. GTE, di contro, continuò ad operare in ciascuno dei suoi business come se fossero attività tra loro separate, non riuscendo a sviluppare alcuna economia di scopo. Durante gli anni ottanta, GTE si privò della maggior parte dei business che potevano contribuire allo sviluppo delle *core competencies* nel settore dell'informatica e delle comunicazioni, compresi i business dei dispositivi di comunicazione-commutazione e dei semiconduttori. Privandosi di questi business, aumentò i costi di funzionamento in questi settori, rinunciando ai redditi ottenibili dagli stessi.

Quale fu il risultato di queste strategie differenti? Dagli anni Novanta, NEC si posizionò bene, sfruttando la crescita del settore dell'informatica e delle comunicazioni, mentre GTE rimase essenzialmente un operatore di servizi telefonici regolamentati. Sviluppando le risorse e le competenze necessarie per competere in questi settori, NEC riuscì a raggiungere le condizioni per produrre a costi più bassi conseguendo maggiori ricavi rispetto alle imprese che non possedevano le stesse *core competencies*. Naturalmente, non tutte le imprese sviluppano *core competencies* in questo modo logico e razionale. Come nelle strategie emergenti (discusse nel cap. 1), alcune *core competencies* si evolvono col tempo, nel momento in cui le imprese tentano di razionalizzare i loro progetti di diversificazione. Tuttavia, poco importa come un'impresa sviluppi le sue *core competencies*; fino a quando esse consentono all'impresa diversificata di avere costi di produzione ridotti o maggiori ricavi nelle relative aree d'affari, queste competenze possono ritenersi fonti di economie di scopo.

La diversificazione di PepsiCo e Kodak

Core competence, governance *gerarchica e investitori.* Come nel caso delle attività condivise, gli investitori hanno, in genere, una capacità limitata di generare o sfruttare autonomamente i collegamenti delle *core competencies* fra i diversi business. Piuttosto, devono acquisire le imprese per generare e sfruttare queste economie di scopo operative. Di conseguenza se le *core competencies* generano economie di scopo, diventa economicamente conveniente per le imprese attuare una strategia di diversificazione. Per esempio, PepsiCo ha provato a far leva sulle proprie abilità di vendita acquisite nel settore delle bibite analcoliche, entrando nel settore dei fast-food attraverso l'acquisizione di Pizza Hut, di Taco Bell e di Kentucky Fried Chicken. PepsiCo ha tratto solo un moderato beneficio da queste manovre di diversificazione, tanto che gli stessi business sono stati successivamente oggetto di operazioni di *spin-off* (Sellers, 1995a, 1997). Kodak ha avuto simili difficoltà concentrandosi sulle relative abilità di realizzare immagini di alta qualità su carta entrando anche nel settore delle immagini digitali, come ha fatto PolyGram facendo leva sulle competenze acquisite nell'intrattenimento entrando nel settore cinematografico (Nulty, 1995; McClelland, 1997; Trachtenberg, Pope, 1995). In tutti questi casi, le economie di scopo basate sulle *core competencies* si sono rivelate illusorie.

I limiti organizzativi

I limiti delle core competencies. Come ci sono limiti al valore delle attività condivise quali fonti di economie di scopo, ci sono anche limitazioni sull'uso delle *core competencies* come fonti di queste economie. Il tipo di organizzazione di un'impresa diversificata può tanto facilitare lo sfruttamento delle *core competencies* quanto ostacolarlo.

La natura intangibile

Un secondo limite è legato alla natura intangibile di queste economie di scopo collegate alle *core competencies*. Mentre le attività condivise dell'impresa diversificata si riflettono in operazioni tangibili, le *core competencies* possono concretizzarsi solo in *assets* intangibili quali la conoscenza, l'esperienza e il *know-how* da condividere tra i differenti business. La natura intangibile di queste relazioni è enfatizzata quando esse sono descritte come una **logica dominante** nell'impresa o come una modalità comune di interpretare la strategia nei vari business (Prahalad, Bettis, 1986). L'intangibilità delle *core competencies* può condurre i manager delle imprese diversificate a commettere due generi di errori. Le *core competencies* intangibili possono essere invenzioni illusorie create dai manager per giustificare le manovre di diversificazione. I manager possono trovare sempre alcune *core competencies* intangibili al fine di collegare persino business indipendenti e, quindi, giustificare la loro strategia di diversificazione. Un'impresa che produce aeromobili e pattini può giustificare questa diversificazione sostenendo di avere una *core competence* nei business del trasporto. Un'impresa operante nel settore calcistico e nel business cinematografico può giustificare questa diversificazione sostenendo di avere una *core competence* nel business dell'intrattenimento. Tali *core competencies* illusorie non costituiscono reali fonti di economie di scopo.

In secondo luogo, i business di un'impresa diversificata possono essere collegati da una *core competence* che non riesce ad influire significativamente in modo positivo sui costi o sui ricavi aziendali. Ad esempio, tutti i business di un'impresa diversificata possono essere influenzati attraverso le scelte di governo ma l'effetto di queste scelte sui costi e sui ricavi dei diversi business può rivelarsi inconsistente. Un'impresa può avere una *core competence* nella gestione dei rapporti con la *go-*

vernance, ma questa *core competence* potrebbe non ridurre i costi né aumentare i ricavi d'impresa. Inoltre, ciascuno dei business dell'impresa diversificata può usare una medesima campagna pubblicitaria. Tuttavia, se l'utilizzo del mezzo pubblicitario non conduce ad un effetto consistente sui ricavi o sui costi per questi business, le *core competencies* nella pubblicità, anche in questo caso, si rivelano inefficaci. Una *core competence*, quindi, può essere fonte di economie di scopo, ma il valore di queste economie può essere irrilevante. Se un'impresa che persegue una strategia di diversificazione possiede *core competencies* e può evitare queste limitazioni, le stesse competenze possono essere considerate di valore.

2.4. La diversificazione come strumento per sfruttare le economie di scopo finanziarie

I vantaggi finanziari associati alla diversificazione

Una seconda tipologia di motivazioni che spingono alla diversificazione sposta l'attenzione dai collegamenti operativi fra i business dell'impresa, ai vantaggi finanziari associati alla diversificazione. Tra le implicazioni finanziarie della diversificazione vengono solitamente indicate: la diversificazione e l'allocazione dei capitali, la diversificazione e la riduzione dei rischi, ed il vantaggio fiscale della diversificazione.

Le modalità di allocazione del capitale

La diversificazione e l'allocazione interna del capitale. Il capitale può essere allocato tra più business in due modi. Innanzitutto, i business che operano come entità indipendenti possono competere nel mercato esterno dei capitali. Questo è possibile procurandosi un ritorno dell'investimento sufficientemente elevato per indurre gli investitori ad acquistare quote azionarie, attraverso un flusso di cassa sufficientemente elevato da ripagare il debito e gli interessi. In secondo luogo, un business può essere parte di un'impresa diversificata, che compete sul mercato dei capitali e alloca il capitale fra i suoi vari business. In un certo senso, la diversificazione realizza un **mercato dei capitali interno** all'impresa in cui i vari business competono per ottenere i capitali (Williamson, 1975).

I vantaggi di efficienza e i vantaggi di informazione

L'allocazione interna del capitale come economia di scopo. Affinché un mercato interno dei capitali crei valore per un'impresa diversificata, esso deve offrire dei vantaggi di efficienza rispetto a un mercato dei capitali esterno. È stato affermato che una maggiore efficienza di un mercato dei capitali interno dipende dalla maggior quantità e qualità delle informazioni che un'impresa diversificata possiede sui propri business, rispetto alle informazioni disponibili per i fornitori di capitale esterno. Un'impresa diversificata possiede un più facile accesso ad informazioni dettagliate e precise sulla performance reale dei propri business, sulle prospettive future effettive e, quindi, sulla reale quantità di capitale da allocare. Le fonti esterne di capitale, d'altronde, hanno un accesso relativamente limitato alle informazioni e, di conseguenza, hanno una ridotta capacità di giudicare la reale performance e le effettive prospettive future di un business. Alcuni hanno messo in dubbio che un'impresa diversificata, quale fonte di capitali, abbia realmente maggiori e qualitativamente migliori informazioni relativamente al business che possiede, rispetto a fonti esterne. Dopo tutto, i business indipendenti in cerca di capitale sono fortemente incentivati a fornire adeguate informazioni a fonti esterne di capitale per ottenere i fondi richiesti. Naturalmente, un'impresa che possiede un business dovrebbe avere almeno due tipologie di vantaggi nelle informazioni rispetto alle fonti esterne di capitale. Innanzitutto, nonostante un business indipendente sia incentivato a fornire informazioni alle fonti esterne di capitale, ha anche tutto l'interesse a sminuire, se non a nascondere, una qualunque informazione negativa sulla sua performance o sulle sue prospettive. Queste informazioni negative farebbero accrescere il costo del capitale dell'impresa indipendente. Fonti esterne di capitale hanno una capacità limitata di influenzare un business a rivelare tutte le informazioni sulla sua performance e le sue attese future, correndo il rischio di fornire il capitale ad un costo minore. Un governo "proprietario" dà all'impresa il diritto di pretendere una più completa apertura informativa, sebbene anche in questo caso una piena apertura non sia garantita.

Con informazioni più complete, l'impresa diversificata può allocare esattamente il corretto ammontare di capitale, ad un costo appropriato, per ogni business.

Il "problema dei limoni"

La proprietà risolve parzialmente il cosiddetto "problema dei limoni" – descritto nel cap. 9 – fra un business e i suoi investitori esterni (Akerlof, 1970).

In secondo luogo, un'impresa *mono-business* può essere incentivata a non rivelare tutte le informazioni positive sulle sue performance e sulle prospettive. Come si è dimostrato nel cap. 3, l'abilità di un'impresa ad ottenere sovra-profitti dipende dall'imitabilità di risorse e competenze dell'impresa. Un'impresa non diversificata che fa conoscere all'esterno le sue fonti di vantaggio competitivo le fa conoscere anche ai suoi *competitors*. Questa condivisione di informazioni incrementa la probabilità che le fonti di vantaggio possano essere imitate. A causa delle implicazioni competitive della condivisione di informazioni, le imprese possono decidere di non divulgarle, dunque le fonti esterne possono sottostimare le reali performance e le relative prospettive future di quel business.

Un'impresa diversificata, naturalmente, può avere accesso a informazioni aggiuntive sui business in cui opera senza doverle rivelare anche ai suoi *competitors* potenziali. Ciò consente di prendere decisioni più precise su quanto capitale allocare e sul relativo costo, rispetto al mercato dei capitali esterno (Liebeskind, 1996).

Con il passare del tempo, gli errori nell'allocazione del capitale tramite il mercato interno dei capitali dovrebbero diminuire rispetto all'allocazione dei fondi tramite il mercato esterno, e ciò dovrebbe garantire all'impresa diversificata un leggero vantaggio nell'allocazione del capitale, che dovrebbe tradursi in un maggiore tasso di rendimento del capitale investito. Naturalmente, i business di un'impresa diversificata non presentano sempre vantaggi in termini di costo del capitale solo perché rientrano nel suo portafoglio di attività. Diversi autori hanno sostenuto che poiché un'impresa diversificata presenta un minore rischio complessivo, sosterrà anche un minore costo del capitale, che può trasferire tra i business all'interno del suo portafoglio. Nonostante i minori rischi associati ad un'impresa diversificata possano abbassare il costo del capitale dell'impresa, il costo del capitale di un business all'interno dell'impresa dipende dalla performance e dalle prospettive di ciascun business.

Il vantaggio dell'impresa nella valutazione delle performance e delle aspettative sui business in cui opera portano ad una migliore allocazione del capitale, non solo ad un inferiore costo del capitale. Infatti, il costo del capitale di un business può essere minore di quello che si otterrebbe nel mercato dei capitali esterno (grazie alla capacità dell'impresa di valutare in modo più completo gli aspetti positivi del business) o, viceversa, può essere maggiore di quello che si sarebbe ottenuto nel mercato dei capitali esterno (a causa della capacità dell'impresa di valutare in modo più completo gli aspetti negativi di quel business).

Naturalmente, se in questi business si attendono minori costi o maggiori ricavi proprio per il fatto di essere parte integrante dell'impresa diversificata, i vantaggi si rifletteranno nell'appropriato costo del capitale di quel business.

Allocazione di capitale, gestione gerarchica e investitori esterni. Se le imprese diversificate possiedono vantaggi nell'allocazione dei capitali rispetto ai mercati dei capitali esterni, allora gli investitori esterni saranno, in genere, incapaci di duplicare tale vantaggio. Per cui, per beneficiare di queste economie di scopo nell'allocazione delle risorse, gli investitori esterni dovranno affidarsi ai manager di imprese diversificate.

Un'ovvia eccezione a questa generalizzazione si presenta se un investitore esterno possiede lo stesso tipo e la stessa qualità di informazioni sulle prospettive di un business, di quelle possedute dai manager dell'impresa diversificata. In questi casi, tali investitori esterni possono duplicare da soli i vantaggi del mercato interno dei capitali.

L'efficienza del processo di allocazione

Limiti del mercato interno dei capitali. Nonostante l'allocazione interna dei capitali abbia diversi vantaggi potenziali per un'impresa diversificata, esistono anche numerosi limiti a questo processo. Innanzitutto, il livello ed il tipo di diversificazione che un'impresa persegue può influenzare l'efficienza del processo di allocazione. Un'impresa che implementa una strategia di diversificazione non correlata, dove i manager devono valutare la performance e le prospettive di un gran numero di business anche molto diversi fra di loro, mette sotto stress le capacità di allocazione del capitale dei manager più di quanto accada in un'impresa che adotti una strategia di diversificazione correlata. Infatti, portata all'estremo, l'efficienza nell'allocazione del capitale di un'impresa che persegue una politica di diversificazione non correlata non sarà probabilmente maggiore dell'efficienza nell'allocazione del capitale nei mercati esterni. Inoltre, la maggiore efficienza dell'allocazione interna del capitale dipende dai manager che hanno accesso a informazioni più precise rispetto agli investitori esterni. Naturalmente una migliore informazione non è sempre disponibile. Gli incentivi derivanti da una sovrastima delle performance e delle prospettive nei confronti del mercato esterno dei capitali possono condurre a comportamenti distorti da parte dei manager dell'impresa diversificata. In tal senso, sono stati evidenziati alcuni casi di manager che falsificano i resoconti sulle performance per ottenere un migliore accesso ai capitali (Perry, Barney, 1981). Una serie di ricerche mostra come le richieste di allocazione del capitale da parte dei manager siano di norma attualizzate nelle imprese diversificate per correggere le stime gonfiate dai manager per quel che riguarda performance e prospettive dei loro business (Bethel, 1990).

Infine, non solo i manager delle imprese diversificate hanno un incentivo a gonfiare la performance e le prospettive dei loro business in un'impresa diversificata, ma i manager incaricati dell'allocazione dei capitali in queste imprese possono avere un incentivo personale a continuare ad investire in un business nonostante le sue basse performance e prospettive. La reputazione e lo status sociale di questi manager spesso dipendono dal successo degli investimenti inizialmente da essi approvati. Questi manager il più delle volte continuano a bruciare risorse finanziarie in questi business nella speranza che questi possano un giorno migliorare e, in tal modo, possano giustificare la loro decisione originaria. Gli psicologi dell'organizzazione chiamano questo processo "**escalation dell'impegno**" e hanno presentato numerosi esempi di manager che sono divenuti irrazionalmente legati ad un particolare investimento (Staw, 1981).

Infatti, gli studi sul valore dei mercati interni di capitale in un'impresa diversificata suggeriscono che, in media, i limiti di questi mercati spesso superano i vantaggi.

Per esempio, pur dipendendo dalla dimensione dell'impresa, investimenti eccessivi in business con basse performance riducono il valore di mercato di un'impresa mediamente diversificata (Comment, Jarrel, 1995; Berger, Otek, 1995; Maksimovic, Phillips, 1999; Matsusaka, Nanda, 1998; Palia, 1998; Rajan, Servaes, Zingales, 1997; Scharfstein, 1997; Shin, Stulz, 1998; Houston, James, 1998). Naturalmente, ciò non implica necessariamente che nessuna impresa possa ottenere vantaggi. Se anche solo poche imprese riescono ad ottenere vantaggi dal mercato interno dei capitali e, contemporaneamente, ad evitare le sue limitazioni, queste economie di scopo finanziarie possono essere una fonte di vantaggio competitivo almeno temporaneo.

La rischiosità nel ritorno dei flussi di cassa

La diversificazione e la riduzione dei rischi. Un'altra possibile economia di scopo finanziaria per l'impresa diversificata è già stata accennata: la rischiosità dei flussi di cassa dell'impresa diversificata è minore di quella delle imprese *mono-business*. Si consideri, per esempio, il rischio di due business che operano separatamente, rispetto a quello di un'impresa diversificata che operi simultaneamente in questi due business. Se il rischio associato ai flussi di cassa nel business i (misurato dalla deviazione standard di questi flussi di cassa rispetto al tempo) è pari a sd_I, e il rischio associato ai flussi di cassa nel business ii (misurato dalla deviazione standard di questi flussi di cassa rispetto al tempo) è uguale a sd_{II}, e se entrambi sono distribuiti secondo una curva "normale", il rischio legato al *cash-flow* di un'impresa diversificata operante in entrambi i business simultaneamente sarà dato da:

$$[7.2] \quad sd_{I,II} = \sqrt{w^2 sd_I^2 + (1-w_I)^2 sd_{II}^2 + 2w(1-w)COV_{I,II}}$$

dove:
$sd_{i,Ii}$ = la rischiosità dei flussi di cassa dei business combinati
w = la percentuale dell'investimento totale nell'impresa diversificata investito nel business I
$(1 - w)$ = la percentuale dell'investimento totale nell'impresa diversificata investito nel business II
$COV_{I,II}$ = il coefficiente di correlazione dei flussi di cassa del business I e del business II per la deviazione standard dei flussi di cassa dei business I e II.
Cioè:

$$[7.3] \quad COV_{I,II} = r_{I,II} sd_I sd_{II}$$

dove:
$r_{I,II}$ = coefficiente di correlazione dei flussi di cassa del business I e del business II.

Se $sd_I = 0{,}8$, $sd_{II} = 1{,}3$, $w = 0{,}4$ e $r_{I,II} = -0{,}8$ l'equazione 12,2 diviene:

$$[7.4] \quad sd_{I,II} = \sqrt{(.4)^2(.8)^2 + (1-.4)^2(1.3)^2 + 2(.4)(1-.4)[(-.8)(.8)(1.3)]} = .558$$

Si noti come il rischio di intraprendere il business I e il business II contemporaneamente (0.558) sia minore rispetto al rischio di intraprendere i due business separatamente (business I: 0.8; business II: 1.3, fino a che i flussi di cassa del business I e del business II non saranno perfettamente correlati positivamente, cioè fino a che $r_{I,II} < 1.0$. Per esempio se $r_{I,II} = -0.2$ allora $sd_{I,II} = 0.782$ (l'impresa diversificata è ancora meno rischiosa rispetto ai business presi singolarmente); se $r_{I,II} = 0.7$, $sd_{I,II} = 1{,}0296$ (l'impresa diversificata è più rischiosa del business I, ma meno rischiosa del business II). Naturalmente, quest'analisi può essere generalizzata per imprese che intraprendono anche più di due business contemporaneamente. Può anche essere generalizzata a più business i cui ritorni non siano distribuiti normalmente (Copeland, Weston, 1983). La fondamentale conclusione di quest'analisi resta invariata:

le imprese possono ridurre il loro rischio globale impegnandosi in molteplici business con flussi di cassa nel tempo non perfettamente correlati.

La scelta di investire in un'impresa o in un portafoglio diversificato

Diversificazione del rischio ed interessi degli azionisti esterni. Nonostante un'impresa possa ridurre la sua rischiosità complessiva impegnandosi contemporaneamente in un insieme diversificato di business, queste politiche di riduzione del rischio non sono direttamente valutabili dagli azionisti esterni. Gli azionisti esterni, generalmente, possono ridurre i costi in maniera più "economica" (Chang, Thomas, 1989, Williamson, 1975; Golbe, 1981). Possono ridurre il loro livello di rischio investendo, sia direttamente che tramite fondi comuni, in un portafoglio completamente diversificato di azioni e titoli. Il costo da sostenere per realizzare e mantenere questo portafoglio diversificato (in pratica le commissioni agli agenti di cambio o i costi di gestione dei fondi comuni) è, di solito, molto minore del costo per elaborare e implementare una strategia di diversificazione (si considerino, stipendi e bonus per i manager della società, il costo organizzativo per implementare la diversificazione e così via). Per di più, la maggior parte degli azionisti può modificare il proprio portafoglio con costi molto bassi, acquistando e vendendo azioni. Modificare il portafoglio di business di un'impresa diversificata, attraverso fusioni e acquisizioni, sviluppo interno o altri mezzi è solitamente molto più costoso.

Per queste ragioni, gli azionisti esterni preferiranno diversificare direttamente i loro portafogli per ridurre il rischio, piuttosto che lasciare tale compito ai manager dell'impresa diversificata (Jensen, 1968; Jensen, Meckling, 1976). La ricerca empirica in alcuni settori mostra che, quando le imprese utilizzano strategie di diversificazione solo per ridurre il rischio per gli azionisti, le stesse strategie, in media, riducono la performance dell'impresa (Hill, Hansen, 1991; Amit, Livnat, 1988b).

I benefici indiretti per gli azionisti

Diversificazione, dipendenti, fornitori e clienti. Nonostante la diversificazione finalizzata a ridurre i rischi non porti sempre benefici diretti per gli azionisti esterni di un'impresa, essa può apportare vantaggi indiretti attraverso l'impatto sulla volontà di altri *stakeholders* di effettuare nell'impresa investimenti *firm-specific*. Gli ***stakeholders*** di un'impresa sono tutti quei gruppi e tutti quegli individui che presentano un interesse alle prestazioni di un'impresa. Da questo punto di vista, l'azionista rappresenta solo uno degli *stakeholders* dell'impresa. Tra i più importanti vanno ricordati i dipendenti, i fornitori e i clienti.

Gli investimenti dei dipendenti

Gli *stakeholders* effettuano **investimenti *firm-specific*** quando è possibile trarre un valore molto maggiore del valore che quegli stessi investimenti avrebbero in altre imprese. Si considerino, per esempio, i dipendenti dell'impresa. Un dipendente con un forte interesse in una specifica impresa ha, in genere, effettuato sostanziali **investimenti *firm-specific* in termini di capitale umano**. Questi investimenti comprendono la volontà di far proprie la cultura, le politiche e le procedure dell'impresa, il conoscere la "giusta" persona da contattare per portare a termine un compito e così via. Tali investimenti hanno un valore significativo nell'impresa in cui sono compiuti. Infatti, la conoscenza specifica dell'impresa in cui lavora è un presupposto necessario affinché un dipendente sia in grado di aiutare l'impresa ad elaborare ed implementare strategie di valore. Naturalmente, gli investimenti di un dipendente in una specifica impresa non hanno valore in altre imprese. Se un'impresa dovesse chiudere, i dipendenti perderebbero quasi immediatamente la maggior parte del valore degli investimenti specifici effettuati in essa.

Gli investimenti dei fornitori

Anche fornitori e clienti possono realizzare questi investimenti specifici. I fornitori effettuano questo tipo di investimenti quando personalizzano i loro prodotti o servizi per venire incontro alle richieste di un particolare cliente o quando rinunciano all'opportunità di vendere ad altre imprese per vendere a una specifica azienda.

Gli investimenti dei clienti

I clienti investono in una specifica impresa quando adottano le loro attività e le loro funzioni per utilizzare a pieno i prodotti o i servizi di quest'ultima. Inoltre, sviluppando particolari relazioni con una specifica impresa, i clienti possono rinunciare a sviluppare relazioni con altre aziende. Se un'impresa dovesse chiudere, fornitori e clienti perderebbero istantaneamente quasi tutto il valore degli investimenti fatti in quell'azienda. Nonostante gli investimenti in una specifica impresa realizzati da dipendenti, fornitori e clienti siano rischiosi, essi sono estremamente importanti per generare profitti. Come è stato specificato nel cap. 3, risorse e competenze di valore, rare e difficilmente imitabili sono una fonte di vantaggio competitivo sostenibile. È più probabile che gli investimenti in una specifica impresa siano dotati di tali caratteristiche rispetto ad investimenti in una generica impresa. Questi ultimi dovrebbero essere investimenti in grado di generare valore per numerose imprese, ma dato che, per definizione, non possono essere rari, non possono essere nemmeno fonte di vantaggio competitivo temporaneo. Inoltre, poiché la maggior parte degli investimenti, che dipendenti, fornitori e clienti effettuano in una specifica impresa, si sviluppa nel tempo, ed è basata su relazioni socialmente complesse che si sviluppano fra questi *stakeholders* e l'impresa, tali investimenti risultano anche difficili da imitare. Se essi sono anche di valore e rari, divengono una potenziale fonte di vantaggio competitivo sostenibile (Barney, 1991).

Gli *stakeholders* quali fonte di profitto per l'impresa

In tal modo, gli investimenti *firm-specific* di valore, rari e difficili da imitare fanno sì che gli stessi dipendenti, fornitori e clienti divengano fonte di profitti per l'impresa. E poiché gli azionisti hanno un diritto residuale per ogni flusso di cassa generato dall'impresa, questi profitti portano benefici anche alla proprietà dell'impresa. In tal modo, gli azionisti avranno tutto l'interesse che i dipendenti, i fornitori e i clienti dell'impresa facciano investimenti in quella specifica azienda, in quanto proprio questi investimenti possono essere una fonte della loro ricchezza.

Comunque, data la rischiosità degli investimenti in una specifica impresa, dipendenti, fornitori e clienti intenderanno effettuare investimenti solo se parte della rischiosità associata ad essi può essere ridotta. Gli azionisti hanno poche difficoltà di gestire i rischi associati con l'investimento in una determinata impresa, dato che questi possono sempre creare un portafoglio titoli che può diversificare completamente il rischio, a basso costo. È questo il motivo per cui la diversificazione che riduce la rischiosità dei flussi di cassa di un'impresa generalmente non porta benefici diretti agli azionisti esterni. Naturalmente i dipendenti, i fornitori e i clienti di un'impresa non hanno opportunità di diversificazione a basso costo. I dipendenti, per esempio, raramente sono in grado di effettuare investimenti *firm-specific* in capitale umano in un gran numero di imprese tali da poter diversificare completamente il rischio. E nonostante i fornitori e i clienti possano diversificare i loro investimenti in più imprese in misura maggiore dei dipendenti – attraverso la vendita a una molteplicità di clienti e attraverso l'acquisto da parte di diversi fornitori – il costo di tale diversificazione è, di norma, maggiore del costo sostenuto dagli azionisti per diversificare il loro rischio (Stulz, 1996; Miller, 1998; Amit, Wernerfelt, 1990; Froot, Scharfstein, Stein, 1993; Smith, Stulz, 1985).

Il ruolo del management

Quindi, dato che spesso è molto costoso per i dipendenti, i fornitori e i clienti diversificare da soli i rischi associati agli investimenti in specifiche imprese, questi *stakeholders* preferiranno che il management dell'impresa gestisca il rischio al loro posto. I manager possono farlo diversificando il portafoglio dei business nei quali l'impresa opera. Se un'impresa non vuole diversificare il portafoglio dei business nei quali opera, i dipendenti, i fornitori e i clienti saranno, in genere, meno disposti ad effettuare investimenti in quella specifica impresa. Inoltre, come si è detto, siccome questi investimenti specifici di altri *stakeholders* sono in grado di generare profitti di cui possono direttamente beneficiare gli azionisti esterni, questi ultimi hanno un incentivo indiretto ad incoraggiare l'impresa affinché persegua strategie di diversificazione, anche se tali strategie non portano loro benefici diretti.

In altri termini, la strategia di diversificazione può essere considerata come un'assicurazione per gli investimenti *firm-specific* che dipendenti, fornitori e clienti sostengono in quella specifica impresa. Gli azionisti hanno un incentivo a incoraggiare quest'assicurazione, in cambio dell'accesso ad alcuni profitti generati dagli investimenti nell'impresa. In generale, tanto maggiore è l'impatto degli investimenti *firm-specific*, realizzati dai dipendenti, dai fornitori e dai clienti, sulla capacità della stessa impresa di generare profitti, tanto maggiore è la possibilità che attuare una strategia di diversificazione sia indirettamente coerente con gli interessi degli azionisti. Inoltre, tanto più limitata è la capacità dei dipendenti, dei fornitori e dei clienti di un'impresa di diversificare il rischio associato agli investimenti in una specifica impresa, tanto più la diversificazione è compatibile con gli interessi degli azionisti.

La gestione efficiente di un portafoglio di titoli di credito

La diversificazione e i creditori. Finora, non è stato inserito nella trattazione un gruppo di *stakeholders* fondamentali per molte imprese: i creditori. Numerose imprese presentano un elevato rapporto di indebitamento, sia sotto forma di **debiti bancari**, che di **debiti commerciali** o di **titoli di credito obbligazionari**. Poiché i ritorni di questi investimenti dipendono dalla capacità dell'impresa di soddisfare le obbligazioni sottoscritte, questi *stakeholders* sono principalmente interessati alla capacità dell'impresa di generare flussi di cassa sufficienti per far fronte alle obbligazioni. Generalmente, i possessori di titoli di credito mantengono un portafoglio titoli in un gran numero di imprese differenti e in diversi settori e paesi. In tal modo, questi investitori possono diversificare in modo efficiente il rischio associato all'investimento in una specifica impresa. Naturalmente, quando l'investimento in titoli di credito di una specifica impresa o di uno specifico gruppo di imprese raggiunge livelli considerevoli, gli investitori possono non essere più in grado di gestire e di diversificare efficientemente tutto il rischio *firm-specific* del loro portafoglio; in queste condizioni si rivolgeranno ai manager affinché adottino strategie di diversificazione che aiutino a ridurre la rischiosità del loro investimento.

In questo contesto, la strategia di diversificazione, potendo ridurre la variabilità dei flussi di cassa dell'impresa stessa, può anche ridurre la probabilità che l'impresa non sia in grado di far fronte alle sue obbligazioni. In tal senso, la diversificazione può essere compatibile con gli interessi dei creditori. Poiché l'accesso a finanziamenti tramite l'indebitamento può anche incrementare il valore dell'impresa, la diversificazione che apporta direttamente benefici ai possessori di titoli di credito, può indirettamente avvantaggiare anche gli azionisti.

Tipologie di diversificazione ed effetti sugli azionisti. Sia la diversificazione non correlata che quella correlata possono apportare benefici indiretti agli azionisti. Entrambe, infatti, possono ridurre la rischiosità di un investimento in una specifica impresa da parte dei dipendenti, dei fornitori e dei clienti, e, come conseguenza, incrementare la possibilità che questi *stakeholders* effettuino investimenti, contribuendo alla realizzazione di profitti che possono far aumentare la ricchezza degli azionisti di maggioranza. Inoltre, possono ridurre la rischiosità dell'indebitamento e, quindi, incrementare l'elasticità finanziaria, il valore e la capacità di apportare benefici agli azionisti di maggioranza. Naturalmente fra le due tipologie di diversificazione, gli azionisti esterni generalmente preferiranno che l'impresa persegua una diversificazione correlata, piuttosto che una diversificazione non correlata. In altre parole, la diversificazione correlata può più facilmente portare benefici agli azionisti – sia direttamente che indirettamente – rispetto alla diversificazione non correlata.

Gli azionisti preferiscono una diversificazione correlata

La ragione per cui la proprietà preferirà che l'impresa persegua strategie di diversificazione correlata è lampante. La diversificazione correlata può portare vantaggio agli azionisti sia direttamente, attraverso lo sfruttamento in comune di attività, *core competencies* ed efficienze, altrimenti non sfruttabili autonomamente, sia indirettamente, attraverso la maggior disponibilità dei lavoratori, dei fornitori e dei clienti ad effettuare investimenti sulla specifica impresa e attraverso l'impatto della diversificazione sulla capacità di indebitamento dell'impresa. La diversificazione non correlata può creare solo vantaggi indiretti per gli azionisti. Fra queste alternative, la diversificazione correlata, con i suoi vantaggi sia diretti che indiretti, è di solito quella preferibile. La diversificazione non correlata può essere compatibile con gli interessi della proprietà solo quando la diversificazione correlata non sia applicabile e quando gli effetti indiretti della diversificazione sugli azionisti di controllo siano consistenti (Wiseman, Catanach, 1997; Ruefli, Collins, Lacugna, 1999; Gaynor, Gertler, 1995; Hill, Hansen, 1991).

Il bilanciamento dei risultati tra i vari business

Il vantaggio fiscale della diversificazione. Un'altra forma di economia di scopo finanziaria della diversificazione deriva dal possibile vantaggio fiscale conseguibile con questa strategia aziendale, con due possibili effetti. Prima di tutto, un'impresa diversificata può utilizzare i profitti conseguiti in alcuni suoi business per bilanciare le perdite negli altri, ottenendo una riduzione della sua esposizione fiscale. Di certo, se le perdite sono tanto significative da superare i profitti di tutti gli altri business, l'impresa può essere costretta ad uscire anche dai business che se fossero stati indipendenti sarebbero potuti rimanere solvibili. Naturalmente, solo quando le perdite dei business non sono troppo consistenti, l'esposizione fiscale di un'impresa diversificata può essere ridotta.

Ricerche empiriche hanno mostrato come le imprese diversificate possano, talvolta, bilanciare i profitti in alcuni business con le perdite degli altri, ottenendo un risparmio fiscale, nonostante in taluni casi questo non sia stato un vantaggio considerevole (J.H. Scott, 1977).

La maggiore capacità d'indebitamento

Inoltre, come è già stato evidenziato, la diversificazione può aumentare la capacità dell'impresa di ricorrere all'indebitamento. Questo effetto sulla capacità d'indebitamento è massima quando i flussi di cassa dei business di un'impresa diversificata sono negativamente correlati. Naturalmente anche quando tali flussi di cassa siano positivamente correlati, ci può essere ancora un (modesto) aumento della capacità d'indebitamento. La capacità d'indebitamento è particolarmente importante nei regimi fiscali ove gli interessi sui debiti sono fiscalmente deducibili. In questi casi, le imprese diversificate, grazie all'effetto della leva finanziaria, possono sfruttare al massimo la loro capacità d'indebitamento e, al tempo stesso, ridurre l'esposizione fiscale. Ovviamente, se il pagamento degli interessi non è deducibile o se il tasso marginale applicato al reddito imponibile è relativamente basso, allora anche il vantaggio fiscale derivante dalla diversificazione sarà ridotto. Recenti studi empirici mostrano come le imprese diversificate hanno una capacità d'indebitamento superiore alle imprese *mono-business*. Naturalmente, aliquote fiscali basse, almeno negli Stati Uniti, rendono il risparmio fiscale relativamente minimo (Brennan, 1979; Cox, Ross, Rubinstein, 1979; Stapleton, 1982; Galai, Masulis, 1976).

2.5. La diversificazione per sfruttare le economie di scopo anticoncorrenziali

Un terzo gruppo di motivazioni per diversificare è incentrato sulla relazione tra tale strategia e le diverse attività anticoncorrenziali delle imprese. Due specifici esempi di queste attività sono:

1. la *multipoint competition* per facilitare la tolleranza reciproca e la collusione tacita;
2. lo sfruttamento del potere di mercato.

La multicompetition di Hewlett-Packard, IBM, Michelin, Goodyear, Disney e AOL/Time Warner

La multipoint competition La ***multipoint competition*** si ha quando due o più imprese diversificate competono contemporaneamente in diversi mercati. Per esempio Hewlett-Packard e IBM competono sia nel mercato dei personal computer che in quello delle stampanti per computer. Michelin e Goodyear competono nei mercati delle gomme per automobili, sia americano che europeo. Disney e Time Warner competono entrambe sia nel mercato delle produzioni cinematografiche che in quello dell'editoria libraria.

La competizione su più fronti può aiutare a rendere più semplice un certo tipo di collusione tacita chiamata **tolleranza reciproca (*mutual forbearance*)**. Si consideri la situazione affrontata da due imprese diversificate, A e B. Queste due imprese operano negli stessi business I, II, III e IV, (figura 3). In questo contesto, ogni decisione che l'impresa A possa prendere per competere aggressivamente nei business I e III deve tener conto anche della possibilità che l'impresa B possa rispondere competendo aggressivamente nei business II e IV e viceversa.

Confronto tra perdite e guadagni potenziali

Le perdite potenziali che ognuna di queste imprese può sostenere in alcuni business devono essere comparate al guadagno che può potenzialmente ottenere se l'impresa sfrutta il vantaggio competitivo negli altri suoi business. Se il valore attuale degli utili non supera il valore attuale delle perdite legate alle risposte competitive, allora entrambe le imprese eviteranno la competizione. Questo comportamento è definibile in tal senso "tolleranza reciproca" (Karnani, Wernerfelt, 1985; Bernheim, Whinston, 1990; Tirole, 1988; Gimeno, Woo, 1999; Korn, Baum, 1999; Baum, Korn, 1999; Gimeno, 1999; Ma, 1998; McGrath, Chen, 1998; Chen, 1996; Chen, Stucker, 1997; Young, Smith, Grimm, 1997; Edwards, 1955).

Figura 3 – *Multipoint competition* tra due ipotetiche imprese A e B

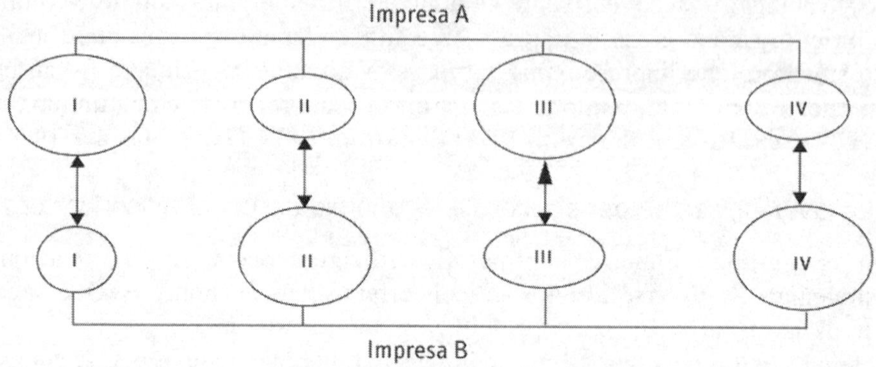

La tolleranza reciproca, come risultato di una concorrenza su più fronti, si è verificata in diversi settori. Per esempio, questa forma di collusione tacita è stata descritta nelle relazioni fra Michelin e Goodyear o BIC e Gillette (Karnani, Wernerfelt, 1985). Un altro esempio di tale forma di cooperazione può essere rinvenuto nel settore dei vettori aerei di linea.

La tolleranza reciproca tra America West e Continental Airlines

Nel novembre del 1989, America West iniziò il servizio nell'aeroporto internazionale di Houston con prezzi molto bassi. Continental Airlines, l'impresa dominante a Houston, rispose rapidamente alle tariffe basse praticate da America West, riducendo il prezzo dei suoi voli da Phoenix e dall'Arizona, verso diverse città degli Stati Uniti. Phoenix era la città madre dell'America West. In poche settimane America West ritirò le sue tariffe promozionali dai mercati di Houston e Continental Airlines eliminò i suoi prezzi ridotti dal mercato di Phoenix. La minaccia delle possibili risposte competitive sui loro mercati comuni portò apparentemente America West e Continental Airlines ad una collusione tacita sui prezzi (Gimeno, 1994).

La competizione senza tolleranza

Naturalmente, a volte, la *multipoint competition* non conduce alla tolleranza reciproca. Si consideri, ad esempio, il conflitto fra Walt Disney Company e Time Warner nei primi anni Novanta. Disney operava nei settori dei parchi giochi, dei film e delle produzioni televisive e dei canali televisivi. Time Warner operava invece nei settori dei parchi giochi, dei film e delle produzioni televisive e possedeva anche una grossa quota di mercato nel settore delle riviste ("Time", "People", "Sports Illustrated" ecc.). Dal 1988 al 1993, Disney spese oltre 40 milioni di dollari per pubblicizzare i suoi parchi nelle riviste di Time Warner. Nonostante gli ingenti introiti, Time Warner cominciò una campagna pubblicitaria aggressiva volta a sottrarre clienti ai parchi giochi Disney, la quale a sua volta rispose cancellando tutti gli investimenti pubblicitari sulle riviste di Time Warner. Time Warner reagì cancellando un meeting aziendale che si doveva tenere in Florida a DisneyWorld. Disney, a sua volta, si rifiutò di mandare in onda la pubblicità per i parchi giochi della Time Warner sulla sua stazione televisiva di Los Angeles (Landro, Reilly, Turner, 1993; Reilly, Turner, 1993).

Alcune ricerche recenti indagano sulle condizioni che portano a perseguire una strategia di tolleranza reciproca e sulle condizioni che non portano la *multipoint competition* a sfociare in questa forma di collusione tacita (Gimeno, 1994; Smith, Wilson, 1995). In genere, una minaccia competitiva deve essere reale e valutabile affinché la *multipoint competition* possa portare alla tolleranza reciproca. Tuttavia, non solo i ritorni devono essere sostanziosi, ma le imprese che perseguono questa strategia devono avere forti collegamenti fra i loro business diversificati. Questi collegamenti strategici sono visibili quando la tolleranza viene a crearsi, assumendo che ogni impresa scelga un rapporto prezzo/quantità ottimale fra tutti i business in cui si è simultaneamente investito. Ciò evidenzia che le imprese che perseguono strategie di tolleranza reciproca basata sulla *multipoint competition*, stanno adottando una forma di strategia di diversificazione correlata.

Fino a quando le imprese usano la *multipoint competition* per implementare strategie di tolleranza reciproca, e finché queste strategie consentono a tali imprese di affrontare costi minori o di ottenere maggiori entrate, questo tipo di collusione tacita può essere generatrice di valore. Inoltre, gli azionisti esterni non possono realizzare queste sinergie autonomamente. In tal modo, la tolleranza reciproca può essere un'importante fonte di economie di scopo.

Lo sfruttamento dei profitti monopolistici

La diversificazione e il potere di mercato. L'allocazione interna del capitale fra i vari business permette all'impresa diversificata di sfruttare i vantaggi connessi al potere di mercato di cui già gode negli altri suoi business. Per esempio, si supponga che un'impresa stia sfruttando parte dei profitti monopolistici in un particolare business, per attuare operazioni in altri business. Questo tipo di operazione può assumere diverse forme, compresa la vendita sotto costo in modo da spingere i concorrenti fuori dal business e, quindi, ottenere profitti monopolistici anche in quel mercato. Così, la diversificazione consente all'impresa di utilizzare il suo potere monopolistico in più business. Gli economisti chiamano questo fenomeno **modello di diversificazione "deep-pockets"** (Tirole, 1988).

Le imprese diversificate che operano in monopoli regolamentati sono state criticate per questa forma di sovvenzionamento incrociato. Per esempio, la maggior parte delle compagnie telefoniche regionali negli Stati Uniti si sta impegnando in strategie di diversificazione. La sentenza che impose lo smembramento di AT&T vietò espressamente le politiche di sovvenzionamento interno tra queste imprese monopolistiche dei servizi telefonici regionali e gli altri loro business, presupponendo che tali sovvenzioni interne avrebbero dato a queste imprese un vantaggio competitivo ingiusto nelle loro attività diversificate (Carnevale, 1993).

Gli obiettivi dello sfruttamento del potere di mercato

La distinzione fra sovvenzionamento reciproco per sfruttare un potere di mercato come economia di scopo e le altre economie di scopo è molto sottile. Nelle altre economie di scopo, specialmente le economie operative e le economie nell'allocazione del capitale, l'obiettivo della diversificazione è ridurre i costi dell'impresa o aumentarne i profitti. Nelle economie di scopo che sfruttano il potere di mercato, l'obiettivo è permettere ad un'impresa di sostenere perdite causate da politiche aggressive dei prezzi abbastanza a lungo per mettere i concorrenti fuori dal mercato. A causa di tutte queste economie di scopo le imprese indipendenti concorrenti possono ritrovarsi in posizione svantaggiata. Naturalmente, nel caso delle economie di scopo operative o derivanti dall'allocazione del capitale, lo svantaggio competitivo riflette una maggiore efficienza dell'impresa diversificata. Nel caso anticompetitivo, tale svantaggio riflette il potere di mercato dell'impresa diversificata.

Nonostante queste economie di scopo legate al potere di mercato in teoria possano esistere, la ricerca empirica che ne documenti l'esistenza è carente. Piuttosto, la ricerca su imprese di produzione che negli anni ottanta da mercati regolamentati hanno diversificato in mercati non regolamentati non mostra che queste imprese abbiano utilizzato i profitti monopolistici nei mercati regolamentati per sovvenzionare ingiustamente business non regolamentati, ma piuttosto che capacità manageriali non ottimali, sviluppate nei mercati regolamentati, tendono a rendere la diversificazione meno profittevole (Russo, 1992; Jandick, Makhija, 1999). Quindi, deve ancora essere dimostrato che la disuguaglianza nell'equazione [7.1] è utilizzabile anche per le strategie di diversificazione progettate al fine di sfruttare il potere di mercato.

2.6. La dimensione dell'impresa e gli incentivi per i dipendenti alla diversificazione

Gli interessi dell'alta dirigenza

I dipendenti possono avere incentivi per diversificare, a prescindere dai benefici che scaturiscono da altre fonti di economie di scopo. Ciò è particolarmente vero per i dipendenti che occupano posizioni di alta dirigenza e per i lavoratori con maggiore anzianità. Questi incentivi collimano con gli interessi dei dipendenti, grazie alle relazioni fra la dimensione dell'impresa e i compensi dei manager.

La ricerca, negli anni, ha mostrato compiutamente che la determinante principale dei compensi dei dirigenti di un'impresa non è la performance, ma la sua dimensione, normalmente misurata attraverso le vendite (Finkelstein, Hambrick, 1989). In tal modo, i manager, al fine di massimizzare i loro redditi, dovrebbero cercare di far crescere l'impresa. La diversificazione, soprattutto quella correlata che avviene tramite fusioni e acquisizioni, rappresenta uno dei modi più semplici per far crescere l'impresa. Realizzando grandi acquisizioni, un'impresa diversificata può crescere in modo considerevole in poco tempo, permettendo ai manager più anziani di guadagnare compensi maggiori. Tutto ciò è indipendente dal profitto che la diversificazione può generare. L'alta dirigenza deve preoccuparsi dei profitti solo se il loro livello diviene talmente basso da favorire una scalata ostile o da costringere il consiglio di amministrazione a sostituire il management.

Tuttavia, più di recente, i compensi del management anziché essere collegati alla dimensione dell'impresa sono collegati alla performance. In particolare, l'utilizzo delle *stock options*, ed altre forme di compenso differito, fa sì che il management punti principalmente all'ottenimento di una buona performance. Tali cambiamenti nei meccanismi di retribuzione non implicano necessariamente che l'impresa abbandoni ogni forma di diversificazione, bensì comportano l'abbandono da parte delle imprese di quelle forme di diversificazione che non generano reali economie di scopo.

2.7. Motivazioni e tipologie di diversificazione

Le differenti motivazioni che sono alla base della diversificazione riportate nella tabella 1 hanno un impatto anche sul tipo di strategia di diversificazione perseguita dall'impresa. La relazione fra le motivazioni della diversificazione e le tipologie di diversificazione sono schematizzate nella tabella 4. Le economie di scopo operative, inclusa la condizione di attività e *core competencies*, possono essere realizzate solo in una situazione di diversificazione correlata. Infatti, i collegamenti operativi fra i business di un'impresa diversificata in modo correlato rappresentano le fonti di queste economie di scopo. Se tutti i business di un'impresa diversificata condividono le stesse attività o sfruttano le stesse economie di scopo, allora si tratta di una diversificazione in senso stretto. Se i diversi business condividono differenti attività o differenti *core competencies*, la strategia attuata è quella di diversificazione correlata in modo collegato.

L'allocazione del capitale, come economia di scopo finanziaria, può, di solito, essere realizzata solo quando un'impresa implementa una strategia di diversificazione correlata sia vincolata che collegata. Perché il mercato interno dei capitali ottenga un vantaggio nell'allocazione rispetto al mercato esterno dei capitali, i dirigenti dell'impresa devono poter avere accesso a informazioni migliori rispetto a quelle disponibili dalle fonti esterne di capitale. Inoltre, i manager devono essere in grado di valutare ed interpretare queste informazioni in un modo più completo e dettagliato, per comprendere la performance dell'impresa e le sue prospettive di redditività. Lo sviluppo di questa migliore capacità di elaborazione delle informazioni è favorito quando i vari business di un'impresa diversificata sono correlati rispetto a molteplici dimensioni.

Tabella 4 – Relazioni tra motivi e tipologie di diversificazione

Motivazione	Diversificazione correlata	Diversificazione non correlata
Economie di scopo operative		
– Attività condivise	X	
– *Core competence*	X	
Economie di scopo finanziarie		
– Allocazione interna del capitale	X	
– Riduzione del rischio	X	X
– Vantaggi fiscali	X	X
Economie di scopo anticoncorrenziali		
– *Multipoint competition*	X	
– Sfruttamento quota di mercato	X	X
Dimensione dell'impresa e incentivi al personale per la diversificazione	X	X

In tal caso, l'esperienza di valutazione fatta in un business può essere utilizzata per valutarne altri. D'altro canto, la riduzione del rischio, come economia di scopo finanziaria, può essere ottenuta sia in caso di diversificazione correlata che indipendente. Finché i flussi di cassa dell'impresa non siano perfettamente e positivamente correlati, una qualunque forma di diversificazione può ridurre il rischio dell'impresa. Le stesse argomentazioni sono valide per quanto riguarda il risparmio fiscale quale forma di economia di scopo finanziaria. La possibilità che le perdite in un business compensino i profitti in altri business persiste fino a quando i flussi di cassa di quei business non siano positivamente correlati. Questa può essere la situazione riferibile sia alla diversificazione correlata che a quella non correlata. La capacità di indebitamento e la possibilità di ridurre gli interessi passivi può essere fortemente migliorata sia nel caso di diversificazione correlata che non correlata. La *multipoint competition* è coerente con una diversificazione correlata. Si ricordi che la tolleranza reciproca consiste nella possibilità che hanno i manager dell'impresa di determinare i prezzi e i livelli produttivi in tutti i business dell'impresa diversificata, contemporaneamente. Questo processo di determinazione congiunto prezzo/produzione deriva da una forma di diversificazione correlata. Lo sfruttamento del potere di mercato come economia di scopo anticoncorrenziale è possibile, a sua volta, in entrambe le tipologie di diversificazione. I manager di un'impresa diversificata al fine di sfruttare il vantaggio derivante dal potere di mercato possono adottare i processi di determinazione congiunta del prezzo e della produzione descritti per la *multipoint competition* o, in alternativa, possono semplicemente allocare i profitti monopolistici derivanti da un business per supportare la concorrenza dei prezzi in un altro business. Questo semplice processo di riallocazione richiede minori collegamenti fra le imprese rispetto a quelli richiesti da una determinazione congiunta dei prezzi e della produzione nelle strategie di tolleranza reciproca. Gli sforzi dei dipendenti per far crescere l'impresa, in modo da massimizzare la retribuzione, sono coerenti sia con la diversificazione correlata che con quella non correlata. Entrambe le strategie possono portare ad una rapida crescita del fatturato, nonostante la diversificazione correlata, che sfrutta economie di scopo di valore, possa, nel lungo periodo, generare profitti in modo più efficiente rispetto alla diversificazione non correlata.

La diversificazione può danneggiare la performance d'impresa

Questa osservazione è coerente con numerosi studi che hanno analizzato la relazione fra diversificazione e performance d'impresa. Tali studi, mostrano come le imprese diversificate in maniera correlata, di solito, raggiungano risultati migliori rispetto alle imprese diversificate in modo non correlato. Molte delle ristrutturazioni societarie avvenute negli anni ottanta e novanta possono essere interpretate come uno sforzo di imprese diversificate in modo non correlato di razionalizzazione del loro portafoglio di business, coerentemente con le argomentazioni presentate in questo capitolo (William, Paez, Sanders, 1988; Geringer, Tallman, Olsen, 2000; Nail, Megginson, Maquieira, 1998; Carrol, Bigelow, Seidel, Tsai, 1996; Nguyen, Seror, Devinney, 1990; Amit, Livnat, 1988a).

3. La diversificazione e il vantaggio competitivo sostenibile

La strategia di valore non implica vantaggio competitivo sostenibile

I risultati della ricerca mostrano che in genere la diversificazione correlata può generare valore a differenza della diversificazione non correlata. Naturalmente, come con tutte le altre strategie discusse in questo libro, se una strategia genera valore non implica necessariamente che sarà una fonte di vantaggio competitivo sostenibile. Per far sì che la diversificazione diventi una fonte di vantaggio competitivo sostenibile, essa deve, non solo, essere capace di creare valore, ma deve essere anche rara e non facilmente imitabile; inoltre, devono sussistere capacità organizzative che ne permettano l'implementazione. Per esempio il Gruppo Cendant, operante nei settori finanziari della gestione immobiliare e del turismo, è primo fornitore di servizi immobiliari e di viaggi al mondo. Il Gruppo rappresenta un modello di gestione strategica *resource-based*, essendo riuscito a porre le basi per il raggiungimento di un vantaggio competitivo sostenibile grazie ad un processo di continuo rafforzamento nel nuovo *core business* del turismo, pur mantenendo il riferimento all'aspetto originario immobiliare e finanziario (Della Corte, 2004).

3.1. La rarità della diversificazione

La rarità dell'economia di scopo associata alla diversificazione

A prima vista, sembra chiaro che la diversificazione in quanto tale non è una strategia d'impresa rara. L'adozione di tale strategia ha caratterizzato non solo molte grandi imprese, ma anche realtà di dimensioni medio-piccole seppur con differenti gradi di diversificazione. Naturalmente, la rarità della diversificazione dipende non dalla diversificazione in quanto tale, ma da quanto rara sia la specifica economia di scopo associata all'implementazione della strategia. Se un numero limitato di imprese concorrenti ha sfruttato una certa economia di scopo, quell'economia di scopo può avere la caratteristica della rarità. Se numerose imprese la praticano, sarà comune e, quindi, non costituirà una fonte di vantaggio competitivo. Per esempio, si è già mostrato come NEC abbia sviluppato delle *core competencies*, riuscendo a competere con successo nel mercato dell'informatica e delle comunicazioni. Tuttavia, studi recenti mostrano che altre imprese stanno sviluppando *core competencies* simili (Kirkpatrick, 1993). Se tali studi sono esatti, quando i business della NEC inizieranno a competere con i business di altre imprese che hanno diversificato alla stessa maniera, le economie di scopo ottenute dalle *core competencies* della NEC saranno meno rare di quelle che sarebbero state se non fossero state sviluppate da svariate altre imprese. I ricavi derivanti dalle economie di scopo della NEC saranno minori di quanto sarebbero stati altrimenti.

3.2. L'imitabilità della diversificazione

Entrambe le forme d'imitazione – duplicazione diretta e sostituzione – sono rilevanti nel valutare la capacità delle strategie di diversificazione di generare dei vantaggi competitivi sostenibili, anche se le economie di scopo che generano sono rare.

I costi della diversificazione per i concorrenti

La duplicazione diretta della diversificazione. Il livello al quale una strategia di diversificazione, di valore e rara, sia immune alla duplicazione dipende da quanto risulti costoso per le imprese concorrenti realizzare la stessa economia di scopo. Come è stato indicato nella tabella 5 alcune economie di scopo sono, di solito, più costose da duplicare di altre.

Tabella 5 – Costosa duplicazione delle economie di scopo

Economie di scopo costose da imitare	Economie di scopo meno costose da imitare
Core competence	Attività condivise
Allocazione interna del capitale	Riduzione del rischio
Multipoint competition	Vantaggi fiscali
Sfruttamento del potere di mercato	Compensi ai dipendenti

La condivisione delle attività, la riduzione del rischio, il vantaggio fiscale e il basare la retribuzione dei dipendenti sulla diversificazione sono, generalmente, economie di scopo relativamente semplici da imitare. Poiché le attività condivise sono basate su *assets* tangibili che un'impresa sfrutta attraverso più business, queste economie di scopo sono facili da ricostruire e da duplicare. Quindi, ad esempio, la condivisione delle attività di R&S, di vendita, e gli impianti di lavorazione non sono facili da riprodurre. L'unica problematica legata alla duplicazione della condivisione delle attività riguarda lo sviluppo di relazioni cooperative *cross-business* che spesso rendono più semplice l'uso di attività condivise.

Poiché i vantaggi derivanti dalla riduzione del rischio, il vantaggio fiscale, e dal sistema retributivo dei dipendenti possono essere ottenuti sia tramite la diversificazione correlata che tramite la non correlata, queste motivazioni tendono a essere relativamente facili da duplicare. La diversificazione non correlata, comunque, è più vulnerabile della diversificazione correlata in termini di imitabilità.

Di contro, le altre economie di scopo sono molto più difficili da duplicare. Tra queste rientrano le *core competencies*, l'allocazione efficiente del capitale, la *multipoint competition* e lo sfruttamento del potere di mercato. Dato che le *core competencies* sono spesso intangibili, la loro duplicazione diretta è difficile. La realizzazione di economie di scopo legate all'allocazione del capitale richiede capacità di elaborazione delle informazioni molto evolute, che sono a loro volta difficilmente riproducibili. La *multipoint competition* richiede uno stretto coordinamento fra i diversi business nei quali l'impresa opera. Questa forma di coordinamento è complessa e, quindi, può essere spesso immune dalla duplicazione diretta. Infine, sfruttare il potere di mercato può essere difficile da duplicare, perché richiede che l'impresa ne abbia tanto in almeno uno dei suoi business. Un'impresa che non avesse questo vantaggio legato al potere di mercato, sarebbe costretta ad ottenerlo, ma il relativo costo sarebbe, nella maggior parte dei casi, proibitivo.

La crescita separata di ogni business

Sostituti della diversificazione. Esistono due possibili alternative alla diversificazione. Innanzitutto, piuttosto che ottenere vantaggi di costo o di ricavo, sfruttando le economie di scopo fra i business di un'impresa diversificata, quest'ultima può decidere semplicemente di crescere e di sviluppare ogni business separatamente. In tal modo, un'impresa che implementa una strategia di leadership di costo o una strategia di differenziazione produttiva in un unico business può ottenere gli stessi vantaggi di costo o ricavo che avrebbe ottenuto sfruttando le economie di scopo, ma senza sviluppare le relazioni fra i business. Far crescere i business indipendentemente in un'impresa diversificata può essere una strategia sostitutiva dello sfruttamento delle economie di scopo nella stessa strategia di diversificazione.

Un'impresa che ha scelto questo percorso è Nestlè. Nestlè sfrutta poche o, forse, nessuna economia di scopo fra i sui vari business. Essa, tuttavia, ha focalizzato i suoi sforzi nel far crescere tutte le sue attività internazionali fino al punto di ottenere vantaggi di costo o di ricavo che potrebbero essere ottenuti anche sotto forma di economia di scopo da diversificazione. Quindi, per esempio, le attività di Nestlè negli usa sono sufficientemente grandi da poter sfruttare le economie di scala nella produzione, nelle vendite e nel marketing, senza dover fare affidamento a economie di scopo fra le attività statunitensi e quelle presenti in altri paesi (Templeman, 1993).

Le alleanze strategiche

Un secondo sostituto dello sfruttamento delle economie di scopo della diversificazione può essere rinvenuto nelle alleanze strategiche. Così, per esempio, invece di un'unica impresa che sfrutta le economie di scopo nella ricerca e nello sviluppo trasversalmente fra due business interni, si potrebbe avere un'alleanza strategica con un'impresa diversa e creare un'unica attività di ricerca e sviluppo. Piuttosto che avere un'impresa che sfrutta le economie di scopo delle vendite, collegando i suoi business tramite una stessa attività commerciale, si potrebbe sviluppare un accordo sulle vendite con un'altra impresa e ottenere vantaggi di costo o di ricavo.

Naturalmente, se un'azienda ha sviluppato correttamente la sua analisi sulla diversificazione, allora è difficile che le alleanze strategiche siano un buon sostituto per le strategie di diversificazione. Si ricordi che affinché la diversificazione abbia senso, non solo devono sussistere economie di scopo, ma deve essere necessario, per la realizzazione di tali economie, internalizzare una transazione. Cioè, se un'impresa ha perseguito una strategia di diversificazione ed è entrata in più business sfruttando le economie di scopo realizzabili solo attraverso forme gerarchiche di governo, allora è improbabile che altre imprese saranno in grado di realizzare le stesse economie di scopo attraverso forme di governo non gerarchico e, quindi, anche attraverso le alleanze strategiche. Solo se l'impresa ha sviluppato qualche abilità di governo non tipica sarà in grado di sfruttare le economie di scopo utilizzando forme di governo non gerarchiche atte a sostituire l'implementazione di una strategia di diversificazione.

3.3. La ricerca sulla diversificazione e il vantaggio competitivo sostenibile

La maggior parte degli studi sulla diversificazione non considera la rarità e l'imitabilità delle economie di scopo che la diversificazione può generare. La maggior parte di questi lavori mette in relazione implicitamente le performance economiche tra imprese diversificate o tra imprese diversificate e imprese *mono-business*.

La maggior parte di tali ricerche mostra come le imprese che hanno adottato una strategia di diversificazione basata su un business dominante con correlazione vincolata o collegata raggiungano migliori performance rispetto ad imprese che hanno adottato una strategia di diversificazione non correlata.

Competere con imprese diversificate e con imprese *mono-business*

Infatti, un'impresa diversificata compete sia con imprese diversificate, in modo correlato e non correlato, sia con imprese *mono-business*. Naturalmente, spesso i business di un'impresa diversificata competono con i business di altre imprese diversificate. In tale situazione, le economie di scopo che queste differenti imprese diversificate perseguono – per quanto rare e difficili da imitare siano – possono avere un impatto significativo sulle diverse posizioni competitive. Anche i business di un'impresa diversificata che competono con imprese *mono-business* o con imprese a diversificazione non correlata devono considerare se hanno ottenuto le stesse economie di scopo che possono ottenere tramite strategie sostitutive.

Per esempio, se il business A dell'impresa I compete con il business B nell'impresa II ed entrambe le imprese sfruttano esattamente le stesse economie di scopo grazie alle rispettive strategie di diversificazione, allora la diversificazione non sarà una fonte di vantaggio competitivo per il business A o per il business B. Naturalmente, se il business A dell'impresa i compete contro il business C nell'impresa III e solo l'impresa I sfrutta le economie di scopo attraverso la sua strategia di diversificazione, allora il business A può raggiungere un vantaggio competitivo rispetto a C, se l'impresa III non ha attuato alcuna strategia sostitutiva per le economie di scopo sfruttate dall'impresa I. In entrambi i casi, tutte le imprese concorrenti (I, II, e III) stanno implementando una strategia di diversificazione. Naturalmente, quando la strategia di diversificazione genera valore, ma non è rara, non è una fonte di vantaggio competitivo. Qualora quella strategia di diversificazione di valore fosse anche rara e difficile da imitare, potrebbe essere una fonte di vantaggio competitivo. Gli studi che esaminano solo la relazione fra la tipologia di diversificazione e la relativa posizione competitiva non riescono a riconoscere l'importanza della rarità e dell'imitabilità delle strategie di diversificazione.

4. Diversificazione e organizzazione

Teoria dell'agenzia

Per essere di valore, le strategie di diversificazione devono sfruttare le economie di scopo che non sono disponibili per gli investitori. Un'implicazione di questo requisito è che gli investitori devono delegare giorno per giorno la gestione dei loro investimenti nell'impresa ai manager. Ciò genera un rapporto di agenzia tra gli investitori dell'impresa (***principal***) e i suoi manager (***agents***). Finché questi ultimi assumono decisioni in modo coerente agli interessi degli investitori, non si presenta alcun problema di agenzia. In realtà, purtroppo, raramente vi è coincidenza tra gli interessi degli investitori e quelli del management (Hill, Snell, 1988). Quando le parti in una relazione di questo tipo differiscono negli obiettivi, sorge il **problema dell'agenzia**.

Strumenti di controllo e collegamento

Sia i manager che gli investitori possono investire in molteplici attività per minimizzare tale problema, la cui completa risoluzione può rivelarsi, comunque, spesso complicata e, quindi, costosa. Il costo delle azioni intraprese per ridurre i problemi di agenzia e il costo per non averli risolti, sono detti **costi di agenzia**. Tali costi possono sostanzialmente ridurre i benefici economici che si potrebbero generare attraverso il rapporto di agenzia.

Le attività finalizzate alla riduzione del problema dell'agenzia possono essere di controllo e di collegamento. I **meccanismi di controllo** sono strumenti istituzionali attraverso i quali gli azionisti dell'impresa possono osservare, misurare, valutare e controllare il comportamento dei manager. Lo scopo dei meccanismi di controllo non è permettere agli investitori di sostituire i manager nel loro ruolo di ***decision makers*** ma, piuttosto, assicurare che quando i manager assumono decisioni, esse siano coerenti con gli interessi degli investitori stessi. I **meccanismi di collegamento** sono investimenti o politiche che i manager adottano per rassicurare gli azionisti che si comporteranno in modo coerente rispetto ai loro interessi.

Nell'àmbito del rapporto di agenzia tra manager e investitori, l'organizzazione può essere intesa come la creazione di strumenti di controllo e collegamento per rassicurare gli azionisti che sono state assunte decisioni coerenti con i loro interessi. Gli sforzi per realizzare un'organizzazione efficiente riducono il conflitto di interessi tra manager e investitori al minor costo possibile. La struttura organizzativa, i sistemi di controllo della gestione e le politiche d'incentivazione sono tutti strumenti che possono avere importanti caratteristiche di controllo e collegamento.

Figura 4 – Un esempio di struttura organizzativa con forma a M

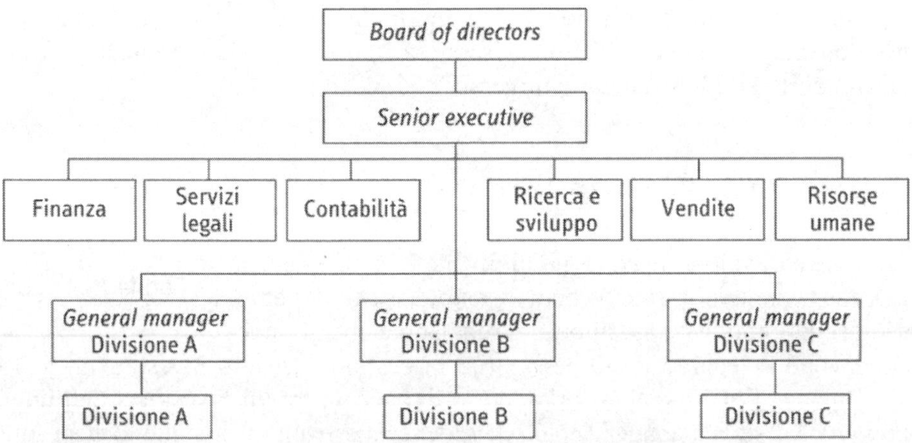

La struttura organizzativa per l'impresa diversificata

La struttura organizzativa in un'impresa diversificata è uno strumento di controllo e collegamento particolarmente importante. La migliore struttura organizzativa per attuare una strategia di diversificazione è quella **multi-divisionale**, la cosiddetta **forma a M (Multidivisionale)**. Una tipica struttura a M è rappresentata nella figura 4.

Come definire una divisione: casi empirici

In questa struttura vi sono centri di profitto, dove i risultati economici di gestione sono calcolati a livello di divisione. Le imprese utilizzano differenti criteri per definire i centri di profitto. Ad esempio, General Electric definisce le sue divisioni rispetto ai prodotti che ogni divisione realizza e vende (elettronica di consumo, nucleare, diagnostica per immagine ecc.). Nestlè definisce le sue divisioni con riferimento all'area geografica di ogni suo business (Nordamerica, Sudamerica ecc.). General Motors individua le sue divisioni in funzione del brand dei suoi prodotti (Cadillac, Oldsmobile, Saturn e così via). La definizione di una struttura divisionale può portare tanto alla creazione di divisioni molto grandi da rappresentare un'intera attività di business, quanto a divisioni abbastanza piccole così che il *general manager* possa gestire ognuna di esse in modo efficiente.

I principali componenti di una struttura organizzativa ad M

Ognuna delle principali componenti di questa struttura che permette agli investitori esterni di osservare il processo decisorio dei manager (e che pertanto faciliti il controllo), rassicura gli azionisti che questo processo sia coerente con i loro interessi (facilitando il collegamento). Le attività di controllo e collegamento delle principali componenti della struttura a M – *board of directors*, gli investitori istituzionali, i *senior executives*, lo *staff corporate*, i manager di divisione ed i manager delle attività condivise – sono descritte nella tabella 6.

Tabella 6 – Principali componenti della struttura a M e loro attività di controllo e collegamento

Componenti	Attività
Board of directors	Valuta il processo decisorio per assicurare che sia coerente con gli interessi degli azionisti (controllo).
Investitori istituzionali	Valutano il processo decisorio per assicurare che sia coerente con gli interessi degli azionisti di maggioranza (controllo).
Senior executive	Formula strategie coerenti con gli interessi degli azionisti (collegamento) e assicura l'implementazione della strategia (controllo). Formulazione della strategia: – decide i business in cui l'impresa dovrebbe operare; – stabilisce come l'impresa dovrebbe competere in questi business; – esplicita le economie di scopo che l'impresa diversificata genererà. Attuazione della strategia: – spinge la cooperazione tra le divisioni a sfruttare le economie di scopo; – valuta le performance delle divisioni; – distribuisce il capitale tra le divisioni.
Corporate Staff	Fornisce informazioni al *senior executive* riguardo all'ambiente interno ed esterno per la formulazione e l'attuazione della strategia (controllo e collegamento).
Manager di divisione	Formula strategie coerenti con le strategie *corporate* (collegamento) con l'attuazione da parte dei *general managers* (collegamento). Formulazione della strategia: – decide come la divisione dovrà competere nel suo business, data la strategia *corporate*. Attuazione della strategia: – coordina le decisioni e le azioni dei manager di funzione segnalando al *general manager* di divisione la strategia da implementare; – partecipa all'allocazione complessiva del capitale; – coopera con le altre divisioni per sfruttare le economie di scopo.
Manager delle attività condivise	Supporta le attività di gestione tra più divisioni (collegamento).

I processi critici per l'impresa diversificata

Nessuna struttura organizzativa è in grado, di per sé, di supportare una strategia di diversificazione. Anche il modello a M deve essere integrato da opportuni meccanismi e strumenti di controllo direzionale, come i sistemi di valutazione delle performance delle divisioni, i sistemi per l'allocazione del capitale tra le divisioni e i sistemi per trasferire i prodotti intermedi tra le divisioni. Questi sistemi garantiscono una funzione di controllo e di integrazione, che può favorire una riduzione dei problemi di agenzia.

La valutazione della performance, in una struttura multidivisionale dovrebbe essere diretta alla misurazione della redditività delle divisioni. Nella pratica, questo compito apparentemente semplice è molto complesso, poiché sorgono due problemi:

1. come misurare la profittabilità di una divisione;
2. come considerare le economie di scopo tra le divisioni nella misurazione della performance divisionale.

Sistemi di valutazione delle performance

Per quanto concerne i *sistemi di valutazione delle performance delle divisioni*, infatti, date le limitazioni degli indicatori di matrice contabile, come il ROI, alcune imprese adottano metodi alternativi, come l'EVA (Economic Value Added), pari alla somma dei risultati divisionali "aggiustati" a cui viene sottratto il prodotto del costo del capitale medio ponderato per il capitale totale investito dalla divisione. Tra gli aggiustamenti previsti ai risultati, si possono citare, ad esempio, la capitalizzazione e l'ammortamento delle spese in ricerca e sviluppo. La misurazione delle performance divisionali, tuttavia, si scontra con una sostanziale ambiguità, dovuta alla condivisione di attività tra le divisioni, che è poi la fonte di economie di scopo e, quindi, di vantaggi competitivi. Per tale motivo, la misurazione quantitativa della performance necessariamente richiede una valutazione complessiva, supportata dall'esperienza e dalla capacità di giudizio del management.

Sistemi per l'allocazione del capitale

Nell'àmbito dell'allocazione del capitale, si è già affermato che una delle principali limitazioni dell'allocazione interna del capitale è che i *general managers* della divisione hanno un forte incentivo a sovrastimare le prospettive della divisione e sottostimare i suoi problemi, in modo da ottenere maggiore capitale a basso costo. Avere una funzione amministrativo-contabile autonoma nell'impresa diversificata può aiutare a risolvere questo problema. Tuttavia, date le ambiguità legate alla valutazione nella performance dell'impresa diversificata, purtroppo utilizzare una contabilità indipendente non risolverà completamente questi problemi.

Sistemi per il trasferimento di prodotti e servizi

L'esistenza di economie di scopo tra molteplici divisioni in un'impresa diversificata spesso significa che i prodotti e i servizi realizzati in una divisione sono usati come input per i prodotti o i servizi realizzati da una seconda divisione. Questo trasferimento è forse maggiormente importante e problematico quando avviene tra divisioni centri di profitto. Per questo motivo tale trasferimento è spesso gestito attraverso un ***trasfer pricing system***: una divisione vende i suoi prodotti e servizi a una seconda divisione a un prezzo di trasferimento.

Dunque, l'esistenza delle economie di scopo nelle imprese che implementano le strategie di diversificazione pur complicando significativamente la gestione dei processi di valutazione della performance, di allocazione del capitale e di trasferimento dei prodotti intermedi tra le divisioni, al contempo ne facilita il controllo e il collegamento.

Politiche di incentivazione e diversificazione

Infine, anche le politiche d'incentivazione del personale possono agire come meccanismi di controllo e di collegamento per attuare una strategia di diversificazione. Storicamente, la gestione degli incentivi è stata in minima parte collegata alla performance economica dell'impresa, ma negli ultimi anni si è vista una crescita della popolarità dell'uso di azioni e *stock options* per incentivare i manager.

In questo capitolo

☞ Le imprese adottano strategie di **diversificazione** che vanno dalla diversificazione limitata, alla diversificazione correlata e alla diversificazione non correlata.

☞ Affinché sia di valore, la strategia di diversificazione deve consentire di sfruttare le **economie di scopo** realizzabili attraverso un governo gerarchico.

☞ Esistono numerose ragioni alla base dell'implementazione di una strategia di diversificazione, che comprendono: lo sfruttamento di economie di scopo operative, economie di scopo finanziarie, economie di scopo anticoncorrenziali e gli incentivi ai dipendenti. Queste differenti motivazioni presentano un diverso valore e sono anche associate a differenti tipologie di diversificazione.

☞ La capacità di una strategia di diversificazione di ottenere un vantaggio competitivo sostenibile dipende anche dalla sua rarità e imitabilità. La rarità di una strategia di diversificazione deriva dal numero di imprese concorrenti che stanno sfruttando le stesse economie di scopo. L'imitazione può avvenire o attraverso la duplicazione diretta o attraverso la sostituzione.

☞ Nelle economie di scopo difficili da imitare rientrano le core competencies, l'allocazione interna del capitale, la multipoint competition e lo sfruttamento del potere di mercato.

☞ Per poter favorire il conseguimento di vantaggi competitivi sostenibili, una strategia di diversificazione deve essere supportata da un adeguato modello di struttura organizzativa e, soprattutto, da efficaci meccanismi integrativi, di controllo e monitoraggio delle performance, di supporto alle decisioni per l'allocazione del capitale, e di trasferimento di prodotti ed attività tra i diversi business, oltre ad adeguati sistemi d'incentivazione e politiche retributive, finalizzati a promuovere lo sviluppo di economie d'interrelazione e a minimizzare i problemi di agenzia.

8

Le strategie internazionali

Le imprese possono far leva sulle proprie risorse e competenze per investire in molteplici mercati geografici. In questo capitolo esaminiamo la performance e le implicazioni delle strategie che conducono un'impresa ad operare oltre i confini di un Paese, cioè delle **strategie di internazionalizzazione**. Poiché le strategie di internazionalizzazione sono attualmente un caso speciale di diversificazione (geografica), gran parte della trattazione del cap. 6 si applica anche alle strategie internazionali. In questo capitolo, si darà risalto alle caratteristiche distintive delle strategie internazionali.

Strategie internazionali e di diversificazione

In un certo modo, le strategie di internazionalizzazione sono esistite da prima che ne avessimo testimonianza. Certamente, il commercio oltre i confini di un Paese, nella storia, è stato un elemento importante della ricchezza degli individui, delle società e dei Paesi. La ricerca di opportunità commerciali e di itinerari commerciali era la motivazione primaria per l'esplorazione dell'emisfero occidentale. Quindi, sarebbe inappropriato affermare che le strategie di internazionalizzazione siano un'invenzione del tardo ventesimo secolo.

Le prime imprese internazionali

Nel passato, tuttavia, l'attuazione delle strategie internazionali era limitata a un piccolo numero di imprese e individui orientati al rischio. Oggi, queste strategie stanno diventando comuni. A titolo indicativo, nel 1998, elevate percentuali dei ricavi di grandi imprese statunitensi provenivano dai mercati esteri (Exxon, 80%; Coca Cola, 62,3%; IBM, 56,8%; Citigroup, 34,4%; General Electric, 31,1%; General Motors, 30,8%). Non solo le imprese statunitensi hanno investito in attività al di fuori degli Stati Uniti, ma numerose grandi imprese non statunitensi hanno investito negli Stati Uniti, come Nestlè, Toyota, Royal Dutch/Shell Group. Inoltre, questo trend internazionale non è limitato a enormi società internazionali. Esistono anche imprese internazionali più piccole, come Domino's Pizza, Heineken, Electrolux e Logitech. Molto interessante è il caso della Digital Magics Inc. (Milano), una società d'investimento fondata nel 2004, che dal 2008 opera come incubatore di startup innovative digitali. Nel 2013 si è quotata all'AIM Italia, il mercato alternativo per le PMI gestito da Borsa Italiana. Da allora, ha investito 16,53 milioni di euro. Ha aperto la propria sede internazionale a Los Angeles, dove ha stretto di recente una partnership con l'associazione di venture capitalist di Los Angeles (LAVA) e l'Italian Trade Agency (Agenzia ICE) per favorire investimenti in startup innovative italiane da parte di investitori istituzionali americani. L'accordo prevede l'organizzazione di una serie di incontri, a Los Angeles, per promuovere l'innovazione italiana nel mercato Usa.

Opportunità internazionali

L'uso crescente di strategie internazionali, sia delle grandi che delle piccole imprese, suggerisce che le opportunità economiche connesse con l'operare in molteplici mercati geografici possono essere notevoli. Tuttavia, per poter essere profittevoli, queste opportunità devono far leva su risorse e capacità dell'impresa che siano di valore, rare e costose da imitare; per sfruttarne il potenziale, inoltre, un'impresa deve essere organizzata in modo appropriato. Questo capitolo esamina le condizioni per cui le strategie internazionali possono creare un valore economico, così come le circostanze in cui possono divenire fonti di vantaggio competitivo sostenibile.

1. Il valore economico delle strategie internazionali

Economie di scopo in più mercati geografici

Le strategie internazionali sono strategie di diversificazione. Così per essere economicamente di valore, esse devono sfruttare reali economie di scopo e, inoltre, deve essere costoso per gli investitori esterni realizzare queste stesse economie da soli. Molte delle economie di scopo trattate nell'ambito della diversificazione (cap. 6), delle alleanze e delle fusioni e acquisizioni (cap. 8), derivano dall'operare in molteplici business. Queste stesse economie possono anche essere create quando le imprese operano in molteplici **mercati geografici**. Più generalmente, come tutte le strategie trattate in questo libro, per essere di valore, le strategie d'internazionalizzazione devono permettere a un'impresa di sfruttare le potenziali opportunità o neutralizzare le potenziali minacce. Nella misura in cui le strategie d'internazionalizzazione permettono a un'impresa di rispondere al suo ambiente esterno, esse possono ridurre i costi o migliorare i risultati di vendita. Potenziali economie di scopo di valore, particolarmente rilevanti per le imprese che perseguono strategie di internazionalizzazione, sono sintetizzate nella tabella 1 e analizzate di seguito.

Tabella 1 – Le fonti potenziali delle economie di scopo per le imprese che perseguono strategie d'internazionalizzazione

1.	Accedere a nuovi clienti per i prodotti e i servizi correnti
2.	Accedere a fattori di produzione meno costosi
3.	Sviluppare nuove competenze
4.	Far leva su attuali competenze con nuove modalità
5.	Gestire il rischio a livello *corporate*

1.1. Ottenere l'accesso a nuovi mercati per i prodotti e i servizi attuali

Raggiungere nuovi potenziali consumatori

La più ovvia economia di scopo che potrebbe motivare le imprese a perseguire una strategia d'internazionalizzazione è legata alla possibilità di raggiungere nuovi consumatori potenziali. Se questi ultimi sono disposti ad acquistare i prodotti o i servizi attuali dell'impresa, possono migliorare i risultati. Accedere a questi clienti può anche aiutare un'impresa a gestire i cambiamenti della domanda del mercato domestico, a seconda di come i prodotti o i servizi si evolvono, attraversando differenti fasi del ciclo di vita. Infine, accedere a questi nuovi segmenti di clientela può accrescere il volume di produzione dell'impresa; se i processi di produzione sono caratterizzati da economie di scala, le strategie internazionali possono anche avere l'effetto di ridurre i costi dell'impresa.

Internazionalizzazione e ricavi dell'impresa. Se i clienti esteri hanno l'intenzione e la capacità di acquistare i prodotti e i servizi di un'impresa, allora, vendere in questi mercati accresce i suoi ricavi. Tuttavia, non è sempre sicuro che i prodotti e i servizi che un'impresa vende nel relativo mercato interno siano vendibili anche nei mercati esteri.

Differenti bisogni dei consumatori: mercati interni ed esteri

I clienti esteri sono intenzionati a comprare? Le preferenze dei consumatori possono variare molto tra mercati interni ed esteri. Queste differenti preferenze potrebbero richiedere alle imprese, che cercano d'internazionalizzare le loro attività, di cambiare e adattare i loro prodotti e servizi, in funzione delle esigenze dei clienti esteri.

Questa sfida ha interessato molti fornitori di elettrodomestici statunitensi, che sembrano aver esteso le loro attività in Europa ed Asia. Negli Stati Uniti, le dimensioni della maggior parte degli elettrodomestici (lavatrici, asciugatrici, frigoriferi, lavapiatti e così via) si è standardizzata e di queste misure standard si tiene conto nella costruzione dei nuovi immobili. Le misure standard sono state definite anche in Europa e in Asia (Yoshino, Hall, Malnight, 1991). Tuttavia, questi standard non statunitensi sono molto più piccoli dei formati presenti negli Stati Uniti e richiedono sostanzialmente ai fornitori statunitensi di modificare i processi produttivi per adattarsi ai mercati asiatici ed europei. Differenti standard fisici possono, pertanto, richiedere ad un'impresa di modificare i suoi prodotti e servizi attuali per venderli nel mercato estero.

Se gli standard fisici, tuttavia, possono facilmente essere misurati e descritti, differenze nei gusti possono rappresentare una maggiore sfida per le imprese che intendano vendere i loro prodotti e servizi fuori dal mercato interno.

Il caso Disneyland Tokyo

Disney si è confrontata con questa problematica in due delle sue iniziative d'internazionalizzazione: Disneyland Tokyo ed EuroDisney. Quando Disneyland Tokyo aprì nell'aprile del 1983, furono necessari molti cambiamenti alla formula del parco a tema, che era già stata di successo in California e Florida. Alcune delle attrazioni furono modificate, anche se Disneyland Tokyo dava ampio spazio a tutti i personaggi tradizionali Disney (Mickey Mouse, Donald Duck, Pinocchio, Biancaneve, Cenerentola) e a molte attrazioni già sviluppate originariamente nelle strutture statunitensi. Nonostante Disneyland Tokyo sia stato un successo finanziario fin dal giorno della sua apertura, Walt Disney Company limitò la sua partecipazione finanziaria in quest'impresa. Disney cedette l'uso dei suoi cartoni e le tecnologie a un gruppo di investitori giapponesi in cambio del 10% del fatturato legato agli ingressi e del 5% delle altre voci fatturate. Queste scelte finanziarie hanno limitato notevolmente i profitti di Disney generati da Disneyland Tokyo (Jones, 1991; Tanikawa, 1997).

Il caso EuroDisney

Walt Disney Company era determinata a non perdere queste occasioni di profitto, quando cominciò ad investire nelle attività del parco a tema in Europa. Forte del successo del parco giapponese, Disney tentò la sua entrata nel mercato europeo dei parchi a tema, con maggiore fiducia. Inoltre, si tentò di modificare la tradizionale formula Disney per essere coerenti con i gusti degli europei. Questa volta, Walt Disney Company acquisì il 49% delle partecipazioni nell'impresa straniera (corrispondente a quanto concede la legge francese). In cambio, Disney avrebbe ricevuto il 10% del fatturato legato agli ingressi ad EuroDisney, il 5% dei ricavi da alimenti e *merchandising*, emolumenti per i dirigenti, incentivi e il 49% dei profitti di EuroDisney. Sfortunatamente, il tipo di cambiamenti alla formula tradizionale Disney che aveva funzionato così bene in Giappone, non ha generato per EuroDisney la domanda che era stata prevista, quando il parco a tema aprì. I temi, in gran parte americani, in EuroDisney si sono rivelati inappropriati per alcuni clienti europei. Le camere d'albergo vicine a Euro-Disney sono diverse (e più costose) dal tipo di camere di albergo che gli europei generalmente preferiscono. Come risultato, Disney ha dovuto ristrutturare l'iniziativa finanziaria di EuroDisney nel tentativo di migliorarne la profittabilità (Greenhouse, 1991; Toy, Dwyer, 1994; Solomon, 1994).

L'esempio Sony Corporation

Sony, nonostante il suo successo in Giappone, si dimostrò incapace di ritagliarsi una percentuale significativa del mercato dei videoregistratori statunitensi con la sua tecnologia Betamax. Molti osservatori associarono questo fallimento alla riluttanza di Sony a concedere in licenza questa tecnologia ad altri produttori, oltre al più ridotto tempo a disposizione per la registrazione dei nastri Betamax rispetto agli altri (Perry, 1991; Montgomery, 1993).

Avere accesso a nuovi mercati per prodotti e servizi di un'impresa può generare un'economia di scopo, qualora l'offerta sia in grado di soddisfare i bisogni, le volontà e le preferenze dei consumatori stranieri allo stesso modo, se non meglio, dei prodotti alternativi.

I clienti esteri hanno la possibilità di acquistare? I clienti esteri, pur avendo il desiderio di acquistare prodotti e servizi attuali dell'impresa, potrebbero non essere in grado di acquistarli. Ciò accade per almeno tre ragioni: canali distributivi inadeguati, barriere commerciali e disponibilità economica insufficiente per effettuare gli acquisti.

Infrastrutture distributive nazionali ed estere: il caso Nestlè

Canali distributivi inadeguati possono ostacolare la penetrazione nei mercati esteri, dove esistono adeguate reti distributive legate però a imprese che già operano in questi mercati. Molte imprese europee affrontano questo problema quando tentano di entrare nel mercato statunitense. In tale situazione, le imprese che vogliono perseguire opportunità internazionali, devono realizzare nuove reti distributive proprie (attività molto costosa) o lavorare con partner locali per utilizzare le reti che già sono disponibili. Spesso il problema è che le reti distributive o non esistono o operano in modi diversi rispetto al mercato nazionale. Questo problema può essere serio, quando le imprese cercano di estendere le loro attività nei paesi in via di sviluppo. Trasporti, strutture di stoccaggio e di vendita al dettaglio inadeguati possono rendere difficile distribuire i propri prodotti e servizi in tali mercati. Queste tipologie di problemi, almeno in passato, hanno impedito investimenti in Russia e Cina. Per esempio, quando Nestlè entrò nel mercato cinese del latte dovette costruire una rete stradale in ghiaia per collegare i villaggi degli allevatori con le fabbriche di stoccaggio del latte. Per ottenere il diritto a costruire questa rete stradale ci vollero 13 anni di trattative con i funzionari del governo cinese (Rapoport, 1994). Tali problemi distributivi non sono limitati alle economie in via di sviluppo. Per esempio, la distribuzione al dettaglio giapponese è sempre stata molto frammentata e molto meno efficiente, rispetto al sistema che esiste negli Stati Uniti e nell'Europa occidentale. Tuttavia, Procter & Gamble è stata in grado di inserirsi nel sistema distributivo giapponese e di sfruttare, in tal modo, significative opportunità di vendita in Giappone.

Le barriere commerciali

L'entrata in mercati esteri può essere limitata da vari **dazi e barriere commerciali**. Un elenco di queste barriere è indicato in tabella 2. Le barriere commerciali, nonostante la loro specifica funzione, hanno l'effetto di accrescere il prezzo di vendita dei prodotti e dei servizi di un'impresa in un determinato mercato geografico e ostacolano i processi d'internazionalizzazione.

Tabella 2 – Dazi, quote e barriere commerciali

Dazi: tasse imposte sui beni e servizi importati	Quote: limiti di quantità sui volumi dei prodotti o servizi che possono essere importati	Barriere non tariffarie: regolamenti e politiche che accrescono il costo d'importazione dei prodotti o dei servizi
Dazi d'importazione	Quote volontarie	Politiche di governo
Dazi supplementari	Quote involontarie	Politiche governative sugli acquisti
Imposte variabili	Limitate licenze all'importazione	Sussidi alle esportazioni
Imposte di confine	Limiti minimi all'importazione	Programmi di assistenza alle imprese domestiche
Diritti compensativi	Embarghi	Politiche doganali • *Sistema di valutazione* • *Classificazione dei dazi* • *Richieste di documentazione* • *Fee*
		Standard di qualità • *Standard di confezionamento* • *Standard identificativi*

Kodak e il mercato giapponese

Malgrado una tendenza globale verso il libero scambio e verso la riduzione delle barriere commerciali, queste ultime sono ancora un importante fenomeno economico per molte imprese che cercano di attuare una strategia internazionale. I produttori di automobili giapponesi si sono trovati di fronte a quote volontarie e alte barriere commerciali, quando hanno cercato di estendere la loro presenza nel mercato statunitense; le imprese automobilistiche statunitensi, d'altro canto, hanno affermato che il Giappone ha usato una serie di dazi e barriere per limitare la loro entrata nel mercato giapponese. Kodak chiese al governo statunitense di avviare le negoziazioni per facilitarne l'entrata nel mercato giapponese della fotografia, un mercato che Kodak riteneva controllato, attraverso un monopolio governativo, da Fuji. Storicamente, avviare attività in India era ostacolato da una varietà di dazi e barriere commerciali, che raggiungevano un'aliquota media dell'80%; le imprese straniere avevano un limite del 40% delle partecipazioni nelle loro attività in India e le importazioni straniere necessitavano di autorizzazioni governative e licenze, che richiedevano anche più di tre anni per essere ottenute. Negli ultimi anni, molte di queste barriere commerciali in India sono state ridotte, ma non eliminate. Lo stesso è avvenuto per gli Stati Uniti. I dazi sui beni e servizi importati imposti dal governo statunitense hanno raggiunto un livello di circa il 60% nel 1932; mediamente dal 12 al 15% dopo la seconda guerra mondiale e ora circa il 5% per la maggior parte delle importazioni negli Stati Uniti (Davis, 1995; Bounds, Davis, 1995; Jacob, 1992a; Rugman, Hodgetts, 1995).

Politiche protezionistiche

I governi creano barriere commerciali per diverse motivazioni: per proteggere l'occupazione locale; per incoraggiare la produzione interna a sostituire le importazioni; per proteggere le nuove imprese dalla concorrenza; per incoraggiare gli investimenti diretti stranieri; per promuovere l'attività di esportazione. Tuttavia, per le imprese che cercano di attuare strategie internazionali, le barriere commerciali hanno l'effetto di accrescere il costo di attuazione di queste strategie. Effettivamente, le barriere commerciali potrebbero rappresentare un caso particolare di barriere artificiali all'entrata, in grado di trasformare, economicamente, una strategia di valore in una strategia non di valore.

Disponibilità economica insufficiente

Infine, i consumatori potrebbero desiderare i prodotti e i servizi di un'impresa, ma non averne la possibilità di acquisto, anche nei casi in cui non vi siano elevate barriere commerciali. È il caso, ad esempio, di una limitata capacità di acquisto, o di una moneta non sufficientemente forte, che possono limitare la capacità delle imprese straniere di vendere i propri prodotti. Il **potere d'acquisto**, infatti, è rappresentativo del potenziale economico delle attività da avviare in un nuovo Paese: McDonald's stabilisce il numero di ristoranti da aprire in un nuovo Paese, in funzione del reddito pro capite della popolazione in quel mercato (Jacob, 1992a; Serwer, 1994).

Capacità di acquisto e valore della moneta

Anche se c'è ricchezza sufficiente in un Paese, la mancanza di una moneta forte può ostacolare gli sforzi internazionali. Le monete forti sono monete generalmente scambiate e, dunque, hanno valore sul mercato monetario. Quando un'impresa internazionale fa business in un Paese con una moneta forte, essa può convertire i profitti, guadagnati in quel Paese, in valute forti, compresa la moneta del Paese in cui l'impresa ha la sede principale. Inoltre, poiché il valore delle monete può fluttuare, le imprese possono anche gestire il loro rischio di cambio attraverso operazioni di *hedging* nei mercati monetari mondiali. Alcune imprese vanno al di là delle semplici operazioni di copertura del rischio di cambio e tentano di generare profitti dalle loro attività di scambio di moneta.

Per esempio, le operazioni di cambio della Nestlè spesso generano più del 5% dei profitti mondiali di questa società (Rapoport, 1994).

Una soluzione per investire nei paesi con moneta debole

Quando le imprese avviano attività in paesi senza una valuta forte, sono in grado di ottenere pochi di questi vantaggi. Infatti, in assenza di una situazione monetaria stabile, i pagamenti in un Paese sono effettuati con una moneta che essenzialmente non ha nessun valore fuori dal Paese stesso. Un'impresa internazionale, quindi, ha un'abilità ridotta di ottenere profitti dai paesi senza una moneta forte e anche una minor capacità di difendersi dai rischi valutari. La mancanza di una moneta forte ha, in passato, scoraggiato le imprese dall'entrare in vari paesi come India, Russia e Cina, malgrado la crescente domanda di prodotti e servizi (Jacob, 1992a; Ignatius, 1993; Kraar, 1995).

Una soluzione alla mancanza di una moneta forte in un mercato non nazionale è chiamata ***countertrade***. Quando le imprese internazionali investono in *countertrade*, esse ricevono il pagamento per i prodotti e servizi che vendono in un Paese, non sotto forma di moneta, ma di altri prodotti e servizi che possono vendere sul mercato mondiale. Il *countertrade* è stato un modo particolarmente importante attraverso cui le imprese hanno cercato di ottenere accesso ai mercati nella vecchia Unione Sovietica. Questo complicato *countertrade* è tipico delle attività che le imprese internazionali devono intraprendere se stanno per investire in business in paesi senza una moneta forte e se desiderano trasferire profitti fuori da questi paesi.

La difficoltà del *countertrade* sta nella capacità di collocare i prodotti ricevuti in cambio. Un'impresa che non ha questa esperienza potrebbe trovarsi, in cambio dei propri prodotti, ad avere gas naturale, semi di sesamo o rattan e dover poi ricorrere a ***brokers*** ed intermediari per riuscire a collocarli sul mercato; ciò incrementa il costo di utilizzo del *countertrade* come modalità per facilitare le attività internazionali.

Le fasi del ciclo di vita di un prodotto internazionale

Internazionalizzazione e ciclo di vita del prodotto. Accedere a nuovi mercati non solo accresce direttamente i ricavi di un'impresa, ma può anche permettere ad essa di gestire i suoi prodotti o servizi attraverso il loro ciclo di vita. Un tipico ciclo di vita di un prodotto è indicato nella figura 1. Le diverse fasi di questo ciclo di vita sono definite da differenti **tassi di crescita della domanda** di un prodotto. Così, nella prima fase emergente (chiamata introduzione), relativamente poche imprese stanno realizzando un prodotto, ci sono pochi consumatori e il tasso di crescita della domanda per il prodotto è relativamente basso. Nella seconda fase (crescita), la domanda cresce rapidamente e molte nuove imprese entrano nel mercato per cominciare a realizzare il prodotto o il servizio. Nella terza fase del ciclo (maturità), il numero delle imprese non aumenta, la crescita della domanda si stabilizza e le imprese dirigono gli sforzi d'investimento verso la ridefinizione del processo da cui il prodotto o servizio è stato creato e verso lo sviluppo di nuovi prodotti. Nell'ultima fase (declino) la domanda crolla, quando viene introdotto un prodotto o servizio tecnologicamente superiore. Come già descritto nel cap. 2, il ciclo di vita di un prodotto ha un impatto diretto sulla struttura delle opportunità in un settore (Utterback, Abernathy, 1975; Abernathy, Utterback, 1978; Grant, 1991).

Le fasi del ciclo di vita di un prodotto in diversi paesi

Da una prospettiva di strategia internazionale, l'osservazione critica circa i cicli di vita di un prodotto è che i prodotti (o i servizi) possono attraversare diverse fasi del ciclo di vita in diversi paesi. Dunque, un'impresa può usare le risorse e le competenze sviluppate durante una particolare fase del ciclo di vita nel suo mercato nazionale, nella stessa fase del ciclo di vita in un mercato estero. Ciò può sostanzialmente migliorare la performance economica dell'impresa.

Figura 1 – Il ciclo di vita del prodotto

Internazionalizzazione e riduzione di costo. Accedere a nuovi mercati per i prodotti e i servizi attuali di un'impresa può accrescerne il volume delle vendite. Se alcuni aspetti del processo produttivo dell'impresa sono sensibili alle economie di scala, questa crescita del volume delle vendite può ridurre i costi dell'impresa, consentendo di ottenere vantaggi di costo sia in un mercato estero, che nei mercati interni.

Strategie internazionali ed economie di scala produttive

Molti studiosi, per molti anni, hanno messo in evidenza la capacità delle attività internazionali di generare economie di scala (Fayerweather, 1969 e 1982; Fayerweather, Kapoor, 1975; Hout, Porter, Rudden, 1982). La maggior parte di questi autori riconosce che la realizzazione di economie di scala dalle attività internazionali richiede un elevato grado di integrazione tra i confini dell'impresa. L'integrazione deve focalizzarsi su quei fattori rispetto ai quali sia possibile ottenere economie di scala. Per esempio, McDonald's tenta di utilizzare la formazione professionale come fonte di economie di scala attraverso l'attività di un unico centro di formazione e addestramento per tutte le attività internazionali.

Molte imprese nel settore automobilistico mondiale hanno tentato di realizzare economie di scala produttive attraverso le attività internazionali. Secondo una stima, la dimensione ottima minima efficiente di un singolo impianto di produzione di automobili è 400.000 unità all'anno (Porter, 1986; Ghoshal, 1987). Tale impianto produrrà approssimativamente il 20% di tutte le automobili vendute in Gran Bretagna, Italia e Francia. Ovviamente, per sfruttare efficientemente questa dimensione ottima minima degli impianti, le imprese europee necessariamente hanno dovuto rivolgersi a mercati più ampi del mercato domestico e, quindi, ai mercati internazionali. Pertanto, l'implementazione di una strategia internazionale ha permesso a queste imprese di realizzare un'importante economia di scala produttiva. Nonostante ci siano numerose fonti potenziali di economie di scala provenienti dalle attività internazionali, alcune ricerche empiriche recenti suggeriscono che la maggior parte riguarda le attività di ricerca e sviluppo e di marketing. Il cambiamento tecnologico, infatti, ha reso possibile operare efficientemente attraverso impianti più piccoli, rendendo le economie di scala produttive una fonte di valore economico meno importante in questi stessi settori (Kobrin, 1991).

1.2. Accedere a fattori di produzione a basso costo

Accedere a fattori di produzione a basso costo, come materie prime, lavoro e tecnologie, può garantire importanti economie di scopo alle imprese che ricercano opportunità sui mercati internazionali.

Il caso Compagnia delle Indie

Le materie prime. Accedere alle materie prime a basso costo è, forse, la principale ragione tradizionale del perché le imprese avviano attività internazionali. Per esempio, nel 1600, la Compagnia delle Indie Orientali fu costituita con un investimento iniziale di 70.000 dollari per gestire il commercio tra l'Inghilterra e l'Estremo Oriente, compresa l'India. Nel 1601, la terza flotta della Compagnia delle Indie Orientali navigò verso le Indie per acquistare chiodi di garofano, pepe, seta, caffè, salnitro e altri prodotti. Questa flotta generò un ritorno sull'investimento del 234%. I profitti condussero alla fondazione della Compagnia delle Indie tedesca nel 1602 e della Compagnia delle Indie francese nel 1664. Simili imprese erano organizzate per gestire il commercio nel Nuovo Mondo. Tutte queste organizzazioni furono create per accedere alle materie prime a basso costo che erano disponibili solo nei mercati esteri (Trager, 1992).

Accedere alle materie prime a basso costo è ancora oggi una ragione importante del perché alcune imprese investono in attività internazionali, soprattutto in alcuni settori come quello petrolifero e del gas.

Attività internazionali e basso costo della manodopera

Il lavoro. Le imprese avviano attività internazionali anche per ottenere manodopera a basso costo. Dopo la seconda guerra mondiale, il Giappone presentava i costi del lavoro più bassi e la più elevata produttività nel mondo. Con il tempo, tuttavia, il miglioramento dell'economia giapponese e la crescita del valore dello yen hanno avuto l'effetto di far lievitare il costo del lavoro in Giappone, nella Corea del Sud, a Taiwan, Singapore, in Malesia e soprattutto in Cina (l'unico Paese al mondo che sembra non essere stato neppure sfiorato dalla crisi economica internazionale, tant'è che negli ultimi anni ha visto il proprio Pil crescere al ritmo del 7-8%). Tutte aree geografiche precedentemente caratterizzate da una non costosa ed elevata produttività del lavoro. In questi ultimi anni, il Messico, l'India e il Vietnam hanno assunto questo ruolo nell'economia mondiale (Kraar, 1992).

Numerose imprese cercano di ottenere vantaggi di basso costo del lavoro per lo svolgimento delle loro attività produttive. Per esempio, Hewlett-Packard svolge attività di produzione e assemblaggio in Malesia e Messico, la giapponese Mitsubishi

Motors recentemente ha aperto un impianto per l'assemblaggio delle automobili in Vietnam, General Motors realizza l'assemblaggio con impianti in Messico. Anche Benetton, leader mondiale nella creazione, produzione e commercializzazione di abbigliamento casual per uomo, donna e bambino, realizza circa il 90% della propria produzione in paesi dell'Europa dell'Est, come Ungheria e Bulgaria. Tutti questi investimenti sono motivati, almeno in parte, dalla possibilità di un basso costo del lavoro (Collis, 1991; Engardio, 1993).

Costo del lavoro e qualità dei prodotti

Tuttavia, la disponibilità di manodopera a basso costo è generalmente non sufficiente per motivare l'entrata in particolari paesi. Dopotutto, i costi relativi del lavoro possono cambiare nel tempo. In definitiva, quando la forza lavoro di un Paese è altamente professionale e altamente motivata e quando la tecnologia e i settori di fornitura sono disponibili, un basso costo del lavoro può condurre le imprese ad avviare attività in quel Paese. Anche nel settore turistico, operatori specializzati nella creazione e nel management di villaggi turistici di proprietà o acquistati in gestione, attraverso lo sviluppo internazionale, investono in località in cui sussistono numerosi vantaggi in termini di costo delle risorse umane ed oneri fiscali. Un esempio è il Governo del Kenya, che ha dato il via ad un'attività di liberalizzazione economica con la finalità di promuovere gli investimenti dall'estero. Per quanto riguarda il turismo è noto che il Kenya è una meta prediletta a livello internazionale. Per l'economia del Paese questa voce è quella che ha il maggior peso a livello di volume di scambi con l'estero e il suo contributo al PIL raggiunge il 12%. In questo campo, il Governo offre agli investitori, sempre nel rispetto del patrimonio ambientale, numerose opportunità. Tra i principali vantaggi legati alla costruzione e/o all'acquisto di una struttura nel territorio keniota, si ricordano i privilegi fiscali per gli investitori che rientrano nel Programma EPZ (Export Processing Zones), l'esenzione dal pagamento dei dazi doganali per l'ingresso nel Paese di effetti personali e la detrazione del 60% sugli investimenti nell'industria manifatturiera e alberghiera, tutte agevolazioni fortemente volute dal Governo del Kenya.

Partnership internazionali per apprendere nuove tecnologie

La tecnologia. Un altro fattore di produzione che le imprese possono ottenere a basso costo attraverso le attività internazionali è la tecnologia. Storicamente le imprese giapponesi hanno provato a ottenere l'accesso a nuove tecnologie tramite partnership con imprese non giapponesi. Hanno anche appreso dagli investimenti realizzati nel Paese da aziende straniere (Zimmerman, 1985; Osborn, Baughn, 1987). Un esempio può essere quello degli accordi di fornitura posti in essere da Sun Microsystem, leader mondiale del settore informatico, volti ad "ottenere nuove tecnologie e nuove occasioni di business" a basso costo. L'uso di strategie internazionali per ottenere tecnologie a basso costo non è limitato alle imprese giapponesi. Un altro studio cita il commento di un manager giapponese su di un partner europeo di un'alleanza strategica «l'unica motivazione per [il nostro partner europeo] è ottenere una tecnologia per la produzione di massa. Non appena otterranno la tecnologia, non avranno più interesse nell'alleanza» (Hamel, 1991).

1.3. Sviluppare nuove *core competencies*

Le *core competencies* per accedere ai mercati esteri

Una delle ragioni che spingono le imprese ad avviare attività fuori dai mercati nazionali è ridefinire le loro *core competencies* attuali e svilupparne di nuove. Avviando attività fuori dai mercati interni, le imprese riescono ad acquisire una maggiore conoscenza dei punti di forza e di debolezza delle loro *core competencies*, che può indirizzare al cambiamento delle stesse o allo sviluppo di nuove competenze. Naturalmente, perché le attività internazionali possano influenzare le *core competencies* di un'impresa, le imprese devono imparare dalle esperienze acquisite nei mercati esteri. Inoltre, queste nuove competenze, una volta sviluppate, devono essere messe a frutto nelle altre attività dell'impresa per realizzarne pienamente il potenziale economico.

Imparare dalle attività internazionali. Imparare dalle attività internazionali è tutt'altro che semplice e, in molti casi, le difficoltà incontrate nelle fasi iniziali scoraggiano le imprese dal perseguire le loro strategie di sviluppo internazionale. Altre imprese, pur proseguendo in tale strategia, non riescono a trarre indicazioni su come modificare e sostituire le loro *core competencies*.

Motivazioni dell'apprendimento

Uno studio ha analizzato numerose alleanze strategiche, nel tentativo di capire perché alcune imprese riuscissero ad imparare dalle loro attività internazionali come modificare le proprie *core competencies* o svilupparne nuove, mentre altre no. Questo studio ha rilevato che la volontà di apprendere, la trasparenza dei partner e la capacità d'apprendimento erano le determinanti dell'abilità di un'impresa ad imparare dalle sue attività internazionali (cfr. tabella 3).

Tabella 3 – Le determinanti dell'abilità di un'impresa ad apprendere dalle proprie attività internazionali

1. La volontà di apprendere
2. La trasparenza dei partner
3. La capacità di apprendimento

Fonte: Hamel (1991).

La volontà di apprendere. Un'impresa che ha una forte motivazione all'apprendimento dalle attività internazionali è più probabile che impari (Hamel, 1991). Tale volontà deve essere comunicata a tutti quelli che lavorano nelle attività internazionali dell'impresa. Confrontiamo, per esempio, le affermazioni di un manager la cui impresa non è riuscita nel tentativo di imparare dalle proprie attività internazionali, con quella di un manager la cui impresa ha potuto imparare da queste attività.

Fallire nel tentativo di apprendere

«I nostri ingegneri erano abbastanza buoni come quelli dei nostri partner. Infatti, erano molto vicini dal punto di vista delle competenze tecniche, ma i loro avevano capito meglio che cosa la società stava cercando di raggiungere. Avevano capito che erano qui per imparare; il nostro personale no».

«Volevamo rendere l'apprendimento una pratica automatica. Chiedemmo allo staff tutti i giorni "cosa hai imparato oggi?". Ciò che si imparava fu controllato e registrato con attenzione».

Ovviamente, la seconda impresa era in una migliore posizione rispetto alla prima per apprendere dalle sue attività internazionali e per modificare le proprie competenze attuali e svilupparne di nuove. Apprendere dalle attività internazionali deve essere parte di un programma aziendale deliberato, ma non avviene per *default*.

Organizzazioni aperte al trasferimento di conoscenza

Trasparenza e apprendimento. È stato dimostrato che le imprese riescono a imparare dalle loro attività internazionali, quando interagiscono con quelli che vengono definiti **partner trasparenti**. Alcuni partner internazionali sono molto più aperti e accessibili di altri; ciò può riflettere differenti filosofie organizzative e orientamenti gestionali o procedure, così come una differente cultura del Paese di provenienza di un'impresa. Per esempio, in Giappone e in molte altre culture asiatiche la conoscenza tende ad essere legata a un contesto specifico ed è profondamente inserita in un più vasto sistema sociale. Questo rende difficile per molti manager occidentali apprendere e apprezzare la sottigliezza delle pratiche manageriali e della cultura giapponese. Ciò, quindi, limita l'abilità dei manager occidentali a imparare dalle loro attività nel mercato giapponese o dai loro partner giapponesi (Benedict, 1946; Peterson, Schwind, 1977; Peterson, Shimada, 1978; Hamel, 1991). Al contrario, la conoscenza in molte culture occidentali tende a essere meno legata ad un contesto specifico, meno racchiusa in un sistema sociale allargato. Tale conoscenza può essere codificata, insegnata e trasmessa a tutti, a un costo relativamente basso. Ciò ne rende più agevole l'accesso da parte dei manager giapponesi che lavorano in Occidente.

Cultura, attività, storia e capacità di apprendimento

La capacità di apprendimento. Le imprese si differenziano anche rispetto alla loro capacità di apprendimento, che è legata alla cultura, ai processi operativi e alla storia. La ricerca sull'apprendimento organizzativo suggerisce che, prima che le imprese possano imparare dalle loro attività internazionali, devono essere preparate a "disimparare". Il **disapprendimento** richiede all'impresa di modificare o abbandonare le modalità abituali di fare business. Il dimenticare può essere difficile, specialmente se un'impresa ha una lunga storia di successo, avendo utilizzato vecchi modelli di comportamento, che si riflettono nella struttura organizzativa dell'impresa, nei suoi sistemi di controllo e nelle sue politiche retributive (Burgleman, 1983; Hedberg, 1981; Nystrom, Starbuck, 1984; Argyris, Schon, 1978).

L'abilità ad imparare necessaria per internazionalizzarsi

Anche se disapprendere è possibile, un'impresa potrebbe non disporre delle risorse necessarie per imparare. Il management, pur consapevole dell'importanza dell'apprendimento internazionale, può essere totalmente assorbito, in termini di tempo e risorse, dall'impegno operativo quotidiano per affrontare la concorrenza, tanto da non disporre di tempo o energia da destinare all'apprendimento dalle attività internazionali (Burgleman, 1983). La capacità di apprendere può essere inoltre ostacolata, qualora i manager dovessero percepire che c'è troppo da imparare. Un manager occidentale che percepì un grande *gap* di apprendimento, dopo aver osservato lo stato dell'arte di un'attività produttiva di un partner giapponese, si espresse con queste parole (Hamel, 1991): «Non è buono per noi osservare semplicemente dove essi sono oggi, ciò che noi dobbiamo apprendere è come essi siano arrivati, da dove siamo noi e dove sono loro. Abbiamo bisogno di sperimentare e imparare attraverso tecnologie intermedie prima di replicare ciò che loro hanno realizzato».

Core competence e opportunità internazionali

Sfruttare le nuove core competencies *in ulteriori mercati.* Dopo aver appreso dalle proprie attività internazionali e modificato le proprie competenze o averne sviluppato di nuove, l'impresa deve mettere a frutto queste competenze nelle proprie attività, sia domestiche che internazionali, per realizzarne pienamente il valore potenziale. Le imprese che storicamente sono solite mettere a frutto le loro competenze nei loro diversi business, tramite l'implementazione delle strutture organizzative, dei sistemi di controllo e delle politiche retributive, spesso si rivelano come quelle in grado di sfruttare le opportunità associate alle attività internazionali.

1.4. Puntare sulle competenze disponibili attraverso nuove modalità

Le attività internazionali possono anche fornire l'opportunità di far leva sulle *core competencies* tradizionali attraverso nuove modalità. Questa capacità, benché differente, è legata all'uso delle attività internazionali per favorire l'accesso a nuovi mercati di prodotti e servizi dell'impresa. Quando le imprese accedono a nuovi mercati, spesso sfruttano le loro **competenze domestiche** oltre i confini del Paese. Quando puntano sulle stesse competenze, ma secondo nuove modalità, non solo estendono le attività al di là dei confini del Paese, ma fanno leva sulle competenze su prodotti e servizi, con modalità che non sarebbero altrimenti economicamente fattibili nei mercati domestici.

Consideriamo, per esempio, Honda, che ha sviluppato *core competencies* nella progettazione e nella produzione di motori. Honda ha usato queste competenze per facilitare l'entrata in una varietà di mercati produttivi – compresi quelli dei ciclomotori, delle automobili e degli spazzaneve – sia nel suo mercato giapponese e sia nel mercato estero, come quello degli Stati Uniti. Tuttavia, Honda iniziò ad esplorare alcune opportunità negli Stati Uniti, non possibili nel mercato giapponese. Fu avviata, ad esempio, la progettazione e la produzione di falciatrici da giardino di varie misure per il mercato statunitense, chiaramente basandosi sulla propria competenza nella realizzazione di propulsori. Dato lo stile di vita dei giapponesi, la domanda potenziale interna di falciatrici non era certamente elevata; negli Stati Uniti, invece, la domanda potenziale era molto consistente. L'opportunità per Honda di cominciare a sfruttare le competenze relative ai propulsori nel settore delle falciatrici per le abitazioni statunitensi, pertanto, derivava solo dalla possibilità di operare anche fuori dal mercato giapponese. Un ulteriore esempio di internazionalizzazione che ha imparato a tener conto delle esigenze della domanda interna è dato da McDonald's, leader mondiale dei fast-food di tipica matrice americana: già da diversi anni, l'azienda ha dato enfasi al carattere locale dei Paesi in cui opera selezionando fornitori per lo più nazionali e inserendo nel portafoglio prodotti menù dalle caratteristiche culinarie tipicamente locali, che hanno affiancato i classici menù McDonald's. Ciò è avvenuto all'avvio di un progetto di penetrazione nel mercato indiano, attraverso la creazione di una serie di prodotti vegetariani per rispettare la sacralità dei bovini. In Italia, McDonald's ha valorizzato la tradizione mediterranea avviando una partnership con Barilla e inserendo nel menu ingredienti *made in Italy*.

1.5. Gestire il rischio

Quanto già detto relativamente alla gestione del rischio attraverso strategie di diversificazione può essere esteso anche alla diversificazione geografica e, quindi, alle strategie internazionali, pur con qualche precisazione. Come già visto (cap. 7), le imprese che sfruttano opportunità di business con *cash flow* non perfettamente correlati in molteplici mercati per ridurre il proprio rischio, quando gli azionisti potrebbero direttamente ridurre quel rischio più efficientemente attraverso investimenti in portafogli azionari diversificati, non stanno perseguendo una strategia di valore. Tuttavia, in alcune circostanze potrebbe essere difficile, per gli azionisti, diversificare i propri portafogli. Nella misura in cui esistono barriere alla diversificazione per gli azionisti individuali, ma non per le imprese che perseguono strategie internazionali, la riduzione del rischio può andare a beneficio diretto degli azionisti.

Le barriere ai flussi di capitali internazionali

In generale, quando esistono barriere ai flussi di capitali internazionali, gli investitori individuali possono non essere capaci di diversificare il proprio portafoglio in modo ottimale, al di là dei confini nazionali. In questo contesto, investitori individuali possono indirettamente diversificare i propri portafogli acquistando azioni di imprese multinazionali diversificate (Agmon, Lessard, 1977). C'è uno studio empirico secondo il quale le barriere ai flussi di capitali internazionali esistono almeno per alcuni paesi. Queste barriere, che includono differenti sistemi di tassazione, differenti principi contabili, diverse norme di sicurezza e differenti sistemi politici ed economici, hanno l'effetto di accrescere, per gli investitori individuali, il costo dell'investimento in un mercato dei capitali estero. Queste barriere ai flussi di capitale conducono gli investitori a detenere più azioni "domestiche" nel proprio portafoglio, rispetto a quelle che ne potrebbero detenere, ad un costo minore, in tutti i mercati mondiali (Adler, Dumas, 1983; Lessard, 1996; Senback, Beedles, 1980).

Ci sono anche ricerche empiriche che dimostrano che perseguire una strategia di diversificazione internazionale, quando esistono **barriere ai flussi di capitale**, può essere di beneficio agli azionisti. I prezzi delle azioni di imprese che perseguono queste strategie, in un contesto del genere, sono più alti rispetto ai prezzi delle azioni delle imprese che non forniscono questo servizio ai loro investitori (Adler, Dumas, 1983; Errunza, Senbet, 1981, 1984; Logue, 1982; Rugman, 1979; Severn, 1974).

Tuttavia, le imprese che seguono strategie d'internazionalizzazione dovrebbero approcciarsi a questa riduzione del rischio con attenzione. Le barriere ai flussi di capitale tra i paesi non sono stabili. Nel tempo, sembra ragionevole attendere che queste barriere si possano ridurre al crescere del livello d'integrazione economica nel mondo. Ormai esistono molti mercati monetari e gli investitori individuali possono avere accesso a questi (direttamente o indirettamente attraverso fondi comuni) in modo vantaggioso. Quando le barriere ai flussi di capitali spariranno, la riduzione del rischio di per sé non potrà portare benefici diretti agli azionisti. Ciò suggerisce che le strategie internazionali, progettate originariamente per ridurre il livello di rischio dell'impresa, sembrano alla lunga non aggiungere direttamente un significativo valore economico all'impresa. Tuttavia, come nel caso della diversificazione, finalizzata alla riduzione del rischio, se un'impresa sta perseguendo una strategia internazionale per raggiungere economie di scopo di valore, tale strategia avrà anche l'effetto di ridurre il livello di rischio dell'impresa.

1.6. Il *trade-off* tra risposta locale e integrazione internazionale

Vantaggi internazionali *vs* vantaggi locali

Quando le imprese ricercano le economie di scopo elencate nella tabella 1, esse si trovano costantemente di fronte a un *trade-off* tra i vantaggi di essere pienamente coerenti con le condizioni dei differenti mercati stranieri, oppure di integrare le attività tra i diversi mercati in cui operano.

Da una parte, la **risposta locale** può aiutare le imprese ad avere successo rispondendo ai bisogni locali dei clienti esteri, accrescendo così la domanda per i prodotti e i servizi attuali dell'impresa. Spesso, le risposte locali permettono a un'impresa di esporre le proprie competenze a nuove situazioni competitive, aumentando quindi le possibilità di essere accresciute da nuove competenze di base. In definitiva, una **conoscenza locale** dettagliata è essenziale se le imprese intendono sfruttare le loro *core competencies* tradizionali in modi nuovi nei mercati esteri. Honda è stata capace di sfruttare le sue competenze sui motori nel mercato delle falciatrici statunitensi solo grazie alla sua dettagliata conoscenza del mercato e della sua capacità di risposta verso quel mercato.

D'altra parte, il pieno sfruttamento delle economie di scala generato dalla vendita dei prodotti e dei servizi in un mercato estero, spesso richiede una forte integrazione tra tutti i mercati in cui un'impresa opera. Accedere ai fattori di produzione a basso costo può non solo favorire un'impresa ad avere successo in un determinato mercato estero, ma anche avvantaggiarla in tutti i suoi mercati, nella misura in cui sia possibile sfruttare tali fattori di produzione in più stabilimenti a livello internazionale.

Tradizionalmente, si è ritenuto che le imprese dovessero scegliere tra risposta locale e integrazione internazionale. Questo aspetto è sicuramente importante in un settore come il turismo dove principalmente i grossi tour operator e le catene alberghiere internazionali devono contemporaneamente gestire la complessità collegata alla globalizzazione dei mercati, alla crescita della competitività e al contempo poter contribuire al raggiungimento di un vantaggio competitivo sostenibile per quelle località, in cui investono, attraverso la realizzazione di sistemi locali di offerta turistica (Della Corte, 2000, Rispoli, Tamma, 1995).

Il caso dei componenti nelle imprese di elettronica

Naturalmente, una risposta locale genera costi e spesso impedisce alle imprese di realizzare a pieno il valore delle economie di scopo di cui beneficerebbero se le loro attività internazionali fossero maggiormente integrate. Le imprese internazionalmente integrate allocano le funzioni e le attività in paesi in cui vi sono opportunità di vantaggi comparati. Per esempio, la produzione di componenti per molti dei prodotti dell'elettronica di consumo è *research intensive, capital intensive* ed è soggetta a significative economie di scala. Per gestire la componentistica con successo, molte imprese di elettronica internazionalmente integrate hanno localizzato le loro attività in paesi tecnologicamente avanzati come gli Stati Uniti e il Giappone. Poiché l'assemblaggio di queste componenti nei prodotti di consumo è *labour intensive*, molte imprese hanno ubicato le loro attività di assemblaggio in paesi in cui i costi del lavoro sono bassi, come Messico e Cina.

Naturalmente, uno dei costi della collocazione di funzioni di business e attività in differenti zone geografiche è legato all'esigenza di coordinamento di tali funzioni e attività. Anche se alcuni stabilimenti produttivi collocati in un determinato Paese riescono a produrre in modo efficiente determinate componenti, se poi tali componenti non vengono consegnate correttamente o nei tempi previsti ai centri di assemblaggio, localizzati in altri paesi, ogni vantaggio di questa collocazione territoriale delle diverse attività verrebbe a perdersi.

I **costi di trasporto** possono del resto ridurre i benefici economici dell'integrazione internazionale.

Per assicurare che le diverse attività in un'impresa integrata internazionalmente siano coordinate in modo appropriato, deve trattarsi di prodotti standardizzati, o costituiti da componenti standardizzate. La standardizzazione permette a queste imprese di realizzare sostanziali economie di scala e di scopo, ma può limitare la loro abilità di rispondere ai bisogni specifici del mercato. Quando esistono **standard internazionali di prodotto**, come nel settore dei personal computer e dei semiconduttori, tale standardizzazione non è un problema, così come anche quando la risposta locale richiede poche modifiche del prodotto standardizzato (per esempio, il cambiamento della forma della spina elettrica o il cambiamento del colore di un prodotto) l'integrazione internazionale può essere molto efficiente. Tuttavia, quando la risposta locale richiede una grande conoscenza della realtà locale e numerose modifiche del prodotto, l'integrazione internazionale può creare problemi per l'impresa che sta perseguendo una strategia internazionale.

1.7. La strategia transnazionale

Recentemente, si è affermato un nuovo orientamento secondo cui il tradizionale *trade-off* tra integrazione internazionale e risposta locale può essere sostituito da una **strategia transnazionale**, che riesce a mettere a frutto i rispettivi vantaggi di questi due aspetti (Bartlett, Ghoshal, 1989).

Il modello di Bartlett e Ghoshal

Le imprese attuano una strategia transnazionale quando trattano le loro attività internazionali come una rete integrata di risorse e capacità distribuite ed interdipendenti. In questo contesto, le attività di un'impresa, in ogni Paese, non sono semplicemente attività indipendenti che cercano di soddisfare i bisogni del mercato locale, ma sono contenitori di idee, tecnologie e approcci di gestione che l'impresa potrebbe usare e applicare nelle sue altre attività internazionali.

La gestione di un'impresa trasnazionale

In altri termini, le attività in diversi paesi possono essere considerate "esperimenti" per generare nuove competenze. Alcuni di questi esperimenti riusciranno, altri no. Quando un centro produttivo, situato in un determinato Paese, genera una competenza specifica nella realizzazione di un particolare prodotto o servizio, o investe una particolare attività che può essere utilizzata in altri paesi, l'impresa può ottenere economie di scala a livello internazionale, se quel centro produttivo diviene il principale fornitore interno di quel prodotto, servizio o attività. Si sviluppano, cioè, capacità e competenze da poter sfruttare anche in altri contesti, attraverso un effetto "moltiplicatore" delle risorse strategiche.

Gestire un'impresa in modo transnazionale non è un'operazione facile. Alcuni di questi cambiamenti organizzativi sono discussi nel successivo par. 2.

1.8. Rischi politici e finanziari nel perseguire strategie internazionali

Il profilo dei rischi

Ci sono pochi dubbi sulla possibilità che la realizzazione delle economie di scopo elencate nella tabella 1 possa essere una fonte di valore per le imprese che perseguono strategie internazionali. Tuttavia, la natura delle strategie internazionali mette a rischio la realizzabilità di tali economie di scopo. Al di là dei problemi di attuazione (che verranno analizzati più avanti in questo capitolo), sia gli aspetti finanziari, che gli eventi politici possono ridurre significativamente il valore delle strategie internazionali.

Le fluttuazioni della moneta: l'inflazione

Rischi finanziari: la fluttuazione della moneta e l'inflazione. Quando le imprese avviano delle strategie di sviluppo internazionale possono esporsi a rischi finanziari. Oscillazioni nei **cambi valutari** possono interessare significativamente il valore degli investimenti internazionali dell'impresa, trasformando un investimento in perdita in un investimento profittevole o viceversa. Inoltre differenti **tassi d'inflazione** tra i paesi possono richiedere approcci manageriali, strategie di business e pratiche contabili molto differenti. Certamente, quando un'impresa avvia attività internazionali, questi rischi finanziari possono sembrare una reale minaccia.

Fortunatamente, oggi, grazie all'uso di una varietà di strategie e strumenti finanziarie, le imprese non sono più soggette a tutti questi rischi. Lo sviluppo dei mercati monetari, insieme alla crescita dell'esperienza nell'operare in economie ad elevata inflazione, ne ha sostanzialmente ridotto la minaccia. Le imprese, che cercano di attuare strategie internazionali, devono sviluppare risorse e capacità di cui hanno bisogno per gestire questi rischi finanziari. Inoltre, queste strategie non possono far nulla per ridurre i rischi politici collegati ai business che le imprese assumono in un mercato estero.

La variabilità del macroambiente politico

I rischi politici. Considerare l'ambiente politico è fondamentale in tutte le decisioni strategiche. Cambiamenti nelle regole politiche del gioco possono avere l'effetto di accrescere alcune minacce ambientali, riducendone altre, e quindi possono modificare il valore delle risorse e delle competenze di un'impresa. Tuttavia, l'**ambiente politico** per le imprese che perseguono le strategie internazionali, può essere addirittura più problematico.

Alcuni rischi politici: esempi

Tipologie di rischi politici. La politica può interessare il valore delle strategie internazionali di un'impresa a macro e microlivelli. A livello macro, grandi cambiamenti della situazione politica possono modificare il valore di un investimento. Per esempio, dopo la seconda guerra mondiale, i governi nazionalisti vennero al potere in molti paesi nell'Est Europa. Questi governi espropriarono, per poco denaro o per nulla, molti beni delle società petrolifere e di quelle del gas, localizzate nei loro paesi. L'espropriazione dei beni delle società avvenne anche dopo la deposizione dello scià dell'Iran, quando il governo comunista fu eletto in Cile e quando i nuovi governi vennero al potere in Angola, Etiopia, Perù e Zambia (Rugman, Hodgetts, 1995).

I cambiamenti di governo e i rischi associati alle imprese internazionali sono eventi quotidiani in alcuni paesi. Consideriamo, per esempio, i paesi del Medio Oriente ricchi di petrolio, in cui vi è un continuo stato di allerta per il rischio di attentati oppure il cambiamento di governo che ha interessato l'Iraq dopo la guerra e con la fine della dittatura di Saddam Hussein.

Certamente, i cambiamenti di governo non sono sempre delle minacce per le imprese internazionali. La caduta dell'Unione Sovietica e l'introduzione del capitalismo nell'Est Europa ha creato enormi opportunità per le imprese che perseguono strategie internazionali. Per esempio, Volkswagen ha investito 6 miliardi di dollari in un'impresa automobilistica ceca; l'Opel ha investito 680 milioni di dollari in un'impresa di servizi di autoricambio nella Germania dell'Est; e General Electric ha investito 150 milioni di dollari nella produzione delle lampadine in Ungheria (Roth, 1990; Tully, 1990).

A livello micro, la politica in un Paese può impattare sul successo di alcune imprese in particolari settori. Per esempio, il successo delle società automobilistiche giapponesi nel mercato statunitense ha sottoposto queste imprese a una varietà di sfide politiche, compresa la legislazione locale e i contingenti d'importazione volontari. Questi rischi politici esistono anche se non ci sono stati macrocambiamenti nel sistema politico statunitense (Ring, Lenway, Govekar, 1990).

Un tentativo di quantificazione del rischio politico: il modello Dichtl-Koeglmayr

Quantificare i rischi politici. Gli studiosi di politica hanno tentato di misurare il rischio politico che le imprese, attuando strategie internazionali, affrontano nei differenti paesi. Nonostante questi studi si differenzino nel dettaglio, le caratteristiche elencate nella tabella 4 riassumono la maggior parte dei fattori determinanti tale rischio politico (Dichtl, Koeglmayr, 1986) e possono essere applicate per valutare le condizioni politiche ed economiche in un Paese, sommando i punti associati a ciascuna condizione. Per esempio, un Paese che ha un sistema politico instabile (14 punti), un grande controllo del sistema economico (9 punti) e significative restrizioni alle importazioni (10 punti) rappresenta un grande rischio politico rispetto a un Paese che non presenti tali caratteristiche.

Strumenti per gestire il rischio politico

Gestire il rischio politico. Diversamente dai rischi finanziari, ci sono relativamente pochi strumenti per il controllo dei rischi politici connessi con una strategia internazionale. Ovviamente, una delle opzioni sarebbe perseguire le opportunità internazionali solo in paesi dove il rischio politico è molto limitato, anche se spesso accade che esistano notevoli opportunità di business proprio nei paesi politicamente rischiosi. In alternativa, le imprese possono limitare i propri investimenti in ambienti politicamente rischiosi, anche quando ciò potrebbe impedire all'impresa di trarre il massimo vantaggio da economie di scopo che possono realizzarsi sviluppando business in quel Paese.

Tabella 4 – Quantificare i rischi politici attraverso le attività internazionali

	Incrementi al rischio del paese se il rischio del fattore è:	
	Basso	Alto
Ambiente politico economico		
1. Stabilità del sistema politico	3	14
2. Imminenti conflitti interni	0	14
3. Minacce esterne alla stabilità	0	12
4. Grado di controllo del sistema economico	5	9
5. Affidabilità del paese come partner commerciale	4	12
6. Garanzie costituzionali	2	12
7. Efficacia della pubblica amministrazione	3	12
8. Relazioni lavorative e pace sociale	3	15
Condizioni economiche interne		
1. Dimensione della popolazione	4	8
2. Reddito pro capite	2	10
3. Crescita economica degli ultimi 5 anni	2	7
4. Crescita economica dei prossimi 3 anni	3	10
5. Inflazione degli ultimi 2 anni	2	10
6. Accessibilità dei mercati del capitale interno agli stranieri	3	7
7. Disponibilità di forza lavoro locale ad elevata qualità	2	8
8. Possibilità di occupazione degli stranieri	2	8
9. Disponibilità di risorse energetiche	2	14
10. Normative antinquinamento ambientale	4	8
11. Infrastrutture di trasporto e comunicazione	2	14
Relazioni economiche esterne		
1. Limitazioni alle importazioni	2	10
2. Limitazioni alle esportazioni	2	10
3. Limiti agli investimenti stranieri	3	9
4. Libertà di intraprendere o di investire in partenariati	3	9
5. Protezione legale per i brand e i prodotti	3	9
6. Limitazioni ai trasferimenti di moneta	2	8
7. Rivalutazione della moneta negli ultimi 5 anni	2	7
8. Situazione della bilancia dei pagamenti	2	9
9. Perdite di moneta forte per le importazioni di energia	3	14
10. Posizione finanziaria	3	8
11. Limitazioni di cambio delle monete locali e straniere	2	8

Fonte: adattamento da Dichtl, Koeglmayr (1986).

Un approccio alla gestione del rischio è considerare ognuno degli elementi determinanti il rischio politico, elencati nella tabella 4, come elementi negoziali per l'ingresso in un nuovo mercato. A volte le imprese internazionalizzate possono usare questo potere di contrattazione per stabilire condizioni di entrata che riducono, o anche eliminano, alcune delle fonti di rischio politico in un Paese.

Un ultimo approccio alla gestione del rischio politico è quello di trasformare questo rischio da minaccia in opportunità, ad esempio gestendo le relazioni con i governi in modo da acquisire credibilità e un atteggiamento favorevole all'ingresso in quel determinato Paese.

1.9. Il valore delle strategie internazionali: l'esperienza empirica

La performance delle strategie internazionali

La ricerca sugli effetti economici delle strategie di sviluppo internazionale presenta diversi risultati. Secondo alcuni studi la performance delle imprese che adottano strategie internazionali è superiore alla performance di imprese che operano solo nei mercati interni (Leftwich, 1974; Dunning, 1973; Errunza, Senbet, 1981; Grant, 1987; Rugman, 1979). Tuttavia, gran parte di questi lavori non ha esaminato le particolari economie di scopo che un'impresa tenta di realizzare attraverso i suoi sforzi internazionali. Inoltre, molti di questi studi hanno cercato di valutare l'impatto delle strategie internazionali sulla performance dell'impresa attraverso indicatori contabili di performance. Altri studi dimostrano che il rapporto rischio-rendimento registrato dalle imprese che adottano una strategia internazionale, non è diverso da quello delle imprese che si sviluppano esclusivamente nei propri mercati interni (Brewer, 1981; Michel, Shaked, 1986).

Questi ambigui risultati non sono una sorpresa. Il valore economico delle strategie internazionali dipende dalla capacità dell'impresa di perseguire economie di scopo di valore e gran parte dell'analisi empirica è carente nell'esaminare tale fattore. Inoltre, anche se un'impresa è capace di realizzare effettive economie di scopo dalle sue strategie internazionali, per poter generare un vantaggio competitivo sostenibile, queste economie di scopo devono essere anche rare e costose da imitare, e l'impresa deve essere organizzata per sfruttarle al meglio.

2. Strategie internazionali e vantaggio competitivo sostenibile

Strategie internazionali e VRIO *framework*

Come affermato in precedenza, gran parte dell'analisi sulla rarità e imitabilità nelle alleanze strategiche, nella diversificazione e nelle strategie di fusione e acquisizione è applicabile anche alle strategie internazionali. Tuttavia, alcuni aspetti di rarità e imitabilità sono unici per le strategie internazionali.

2.1. La rarità delle strategie internazionali

Imprese internazionali rare: il caso delle telecomunicazioni

In qualche modo sembra che le strategie internazionali stiano diventando meno rare tra le imprese più competitive. Consideriamo, per esempio, le sempre più diffuse strategie internazionali di molte compagnie telefoniche nel mondo. Per buona parte degli anni ottanta le telecomunicazioni rimanevano un settore altamente regolamentato in tutto il mondo e le compagnie telefoniche raramente superavano i confini del loro Paese e, del resto, avevano poche (o nessuna) aspirazioni internazionali. Tuttavia, la riduzione delle restrizioni dei governi sulle imprese di telecomunicazione in tutto il mondo ha spinto queste imprese ad esplorare nuovi business alternativi. Per molte imprese ciò all'inizio ha significato esplorare nuovi business di telecomunicazioni nei mercati interni. Quindi, per esempio, molte imprese che precedentemente avevano gestito le telecomunicazioni in contesti regolamentati, cominciarono ad esplorare le opportunità di business nei segmenti delle telecomunicazioni meno regolamentati, come i telefoni cellulari ed il traffico dati. Con il tempo, queste stesse imprese iniziarono ad esplorare opportunità di business esteri.

Tecnologia e sviluppo internazionale

Miglioramenti nelle infrastrutture tecnologiche del business hanno contribuito alla crescita del numero delle imprese che perseguono strategie internazionali. I cambiamenti nelle organizzazioni economiche internazionali (Unione Europea, GATT, NAFTA ecc.), hanno ridotto sostanzialmente le barriere al commercio, favorendo gli scambi internazionali. Lo sviluppo nei trasporti e nella comunicazione (via computer, fax, telefono, cellulari e così via) ha reso ormai da tempo molto più semplice per le imprese controllare e integrare le loro attività internazionali. Forall confezioni, gruppo di alta moda noto per il marchio Pal Zileri, da sempre attento ai mercati esteri, ha introdotto sul mercato cinese il suo sistema di sartoria a distanza; nei punti vendita monomarca presenti nelle principali città cinesi, i clienti possono scegliere e provare abiti, che poi vengono tagliati e cuciti da sartorie italiane, spediti in Cina e consegnati ai punti di vendita nel giro di due settimane (Camuffo, Cappellari, 1997).

Dunque, l'emergere di standard internazionali in termini di comunicazioni, tecnologie e contabilità, ha facilitato il diffondersi di strategie internazionali. C'è anche uno standard per la lingua degli affari: l'inglese.

Risorse rare nelle strategie internazionali

Anche se le strategie internazionali trovano una crescente diffusione, ciò non significa che queste strategie non possano essere rare. Tale rarità può essere conseguita in almeno due modi: l'assenza di una concorrenza diretta e la differenziazione di risorse e competenze specifiche. Date le grandi opportunità di business che sono presenti in tutto il globo, può accadere che un gran numero di imprese possa implementare strategie internazionali e comunque non entrare in concorrenza diretta. Si ricorda che il requisito della rarità richiede che le risorse e capacità di un'impresa, utilizzate per implementare una strategia, siano rare rispetto alle imprese concorrenti. Se, per una particolare opportunità internazionale, si verifica che vi siano pochi concorrenti diretti, il criterio della rarità può essere verificato. Esempi di queste risorse e capacità rare potrebbero comprendere abilità di marketing inusuali, prodotti specializzati, speciali tecnologie, capacità manageriali superiori ed economie di scala (Caves, 1971; Dunning, 1973; Hymer, 1976; Errunza, Senbet, 1981). Nella misura in cui persegua una delle economie di scopo indicate nella tabella 1 usando risorse e capacità che sono rare, un'impresa può ottenere, dalla sua strategia internazionale, almeno un vantaggio competitivo temporaneo.

2.2. L'imitabilità delle strategie internazionali

Come tutte le strategie discusse in questo libro, la diretta duplicazione o la sostituibilità delle strategie internazionali è importante per valutare l'imitabilità di queste azioni.

Imitare una strategia internazionale di successo

La duplicazione diretta delle strategie internazionali. Nel valutare la possibilità di duplicazione diretta delle strategie internazionali, ci si deve porre due domande: altre imprese proveranno a replicare strategie di valore e rare? E ne saranno capaci? Non ci sono dubbi che, in assenza di barriere artificiali, i profitti generati da strategie internazionali di valore e rare spingeranno altre imprese a provare ad imitare le risorse e le competenze necessarie per implementare queste strategie. Questo è quanto accade nel settore delle telecomunicazioni internazionali, come in numerosi altri settori. Per esempio il settore alimentare un tempo aveva un forte orientamento al mercato domestico. Tuttavia, a causa del successo di multinazionali come Nestlè e Procter & Gamble nel mondo, molte imprese ora investono in almeno alcune attività internazionali.

Comunque, le imprese concorrenti che spesso provano ad imitare una strategia internazionale di successo, non sempre sono capaci di farlo. Nella misura in cui un'impresa di successo sfrutta risorse e competenze come la storia, l'incertezza, la *social complexity* nei suoi sforzi internazionali, la replicabilità potrebbe rivelarsi troppo costosa; dunque, le strategie internazionali, in tal caso, possono essere una fonte di vantaggio competitivo sostenibile. Per esempio, l'abilità a sviluppare una dettagliata conoscenza locale di mercati non nazionali richiederebbe *team management* con una grande esperienza straniera, che alcune imprese potrebbero avere e altre no.

Uno studio sulle esperienze all'estero dei manager

Un recente sondaggio su 433 CEO di tutto il mondo ha riportato che il 14% di quelli statunitensi non ha esperienze straniere e che l'esperienza straniera del 56% di essi si limita al turismo. Uno studio anche più recente ha mostrato che solo il 22% di CEO delle società multinazionali hanno un'esperienza maggiore (Anders, 1989; Carpenter, Sanders, Gregerson, 2000). Naturalmente, può essere necessario molto tempo per sviluppare tale esperienza straniera nel suo *team management*. Le imprese che mancano di questo tipo di esperienza dovranno inserire dall'esterno manager dotati di tale esperienza o investire nello sviluppo interno di tale esperienza. Naturalmente, queste attività sono costose. Il costo della creazione di questa esperienza di base nel *team management* di un'impresa può essere considerato come il costo dell'imitabilità.

Alcune imprese fondano il proprio processo di sviluppo internazionale su una rete di partnership, alleanze e acquisizioni di aziende con competenze strategiche nel settore. Basti pensare all'entrata del gruppo Cendant, colosso americano del settore turistico, nel tour operator Gulliver Travel Associate (GTA), operatore di successo con esperienza trentennale nel settore. L'acquisizione al 100% del tour operator ha significato per Cendant due grandi vantaggi: accedere al mercato europeo, caratterizzato da elementi che lo distinguono fortemente da quello americano, attraverso un tour operator di esperienza, profondo conoscitore di tale mercato; acquisire parallelamente competenze specialistiche nel *tour operating* attualmente presenti nel gruppo.

Prodotti sostitutivi delle strategie internazionali. La presenza di prodotti sostitutivi può limitare la capacità di una strategia internazionale di generare un vantaggio competitivo sostenibile. In particolare, poiché le strategie internazionali sono un caso abbastanza speciale di strategie complessive, alcune delle altre strategie di *corporate* analizzate in questo libro come alcuni tipi di alleanze strategiche, diversificazione, fusione e acquisizioni, possono esserne parziali sostituti.

Le strategie sostitutive: diversificazione, alleanze, fusioni e acquisizioni

Per esempio, un'impresa potrebbe ottenere alcune delle economie di scopo elencate nella tabella 1 attuando una strategia *corporate* di diversificazione geografica nel mercato di un singolo Paese, specialmente se molto grande e geograficamente molto differenziato al suo interno, come gli Stati Uniti. Un'impresa presente nel Nord-Est degli Stati Uniti può ottenere alcuni dei benefici dell'internazionalizzazione avviando nuove attività di business nel Sud o sulla costa occidentale. In questo senso, la diversificazione geografica all'interno degli Stati Uniti è un parziale sostituto per l'internazionalizzazione e una ragione del perché alcune imprese statunitensi hanno ritardato, rispetto alle imprese europee ed asiatiche, i loro sforzi internazionali.

Ci sono, comunque alcune economie di scopo elencate nella tabella 1 che possono essere ottenute solo attraverso attività internazionali. Per esempio, poiché in numerosi paesi ci sono poche limitazioni ai flussi di capitale, il *risk management* genera direttamente valore per gli azionisti di un'impresa, che sfrutta le opportunità di business nei paesi dove esistono barriere ai flussi di capitale. Inoltre, il valore potenziale di alcune delle economie elencate nella tabella 1 è sostanzialmente maggiore in un contesto internazionale, rapportato al valore di queste economie in un contesto meramente domestico. Per esempio, l'abilità di sviluppare nuove *core competencies* è, mediamente, molto più grande per le imprese che perseguono opportunità internazionali rispetto alle imprese che perseguono una strategia sostitutiva.

3. L'organizzazione delle strategie internazionali

Per realizzare pienamente il potenziale economico di una strategia internazionale di valore, rara e costosa da imitare, le imprese devono essere appropriatamente organizzate.

Tabella 5 – Opzioni organizzative per le imprese che perseguono strategie internazionali

Market governance	Forme intermedie di governo	Governo gerarchico
Esportazione	*Licensing* Alleanze *non-equity*	Fusioni Acquisizioni
	Alleanze *equity* *Joint ventures*	Succursali interamente di proprietà

3.1. Il processo d'internazionalizzazione: le opzioni organizzative

Organizzazione e diversi livelli di integrazione internazionale

Un'impresa attua una strategia internazionale quando diversifica le sue attività oltre i confini del Paese. Tuttavia, le imprese possono organizzare le loro attività internazionali in diversi modi, che vanno dalle semplici operazioni di esportazione alla gestione di una filiale estera (tabella 5). Queste opzioni possono essere considerate come possibili differenti livelli d'integrazione nelle attività internazionali di un'impresa. Al crescere del livello d'integrazione nelle attività internazionali, cresce il grado di investimenti diretti in mercati esteri. Questo investimento è chiamato **investimento diretto all'estero**. È interessante notare che la scelta dell'investimento diretto non è necessariamente funzione delle dimensioni aziendali. L'Aliantour, ad esempio, tour operator europeo di nicchia, ha attuato un processo di sviluppo internazionale basato anche sull'acquisto di uffici propri nelle principali capitali europee. Ciò dimostra che l'aspetto importante per le imprese è la realizzazione di investimenti, anche diretti, adeguati rispetto alle proprie risorse e capacità finanziarie.

L'attività di esportazione: vantaggi e svantaggi

Le relazioni di mercato, l'esportazione e le strategie internazionali. Le imprese possono mantenere tradizionali relazioni di mercato con i clienti esteri, semplicemente attraverso le esportazioni dei prodotti e dei servizi e con pochi investimenti diretti all'estero. Ovviamente, le imprese esportatrici generalmente devono collaborare con alcuni partner locali, per la ricezione, la vendita e la distribuzione dei loro prodotti. È possibile utilizzare al proposito contratti *complete contingency claim*. I vantaggi dell'esportazione, come modalità di sviluppo internazionale, sono i bassi costi e la ridotta esposizione al rischio. Le esportazioni possono essere utilizzate per testare il mercato, per verificare la domanda per i prodotti e i servizi, per sviluppare esperienze operative e per avviare relazioni che potrebbero essere di valore per una successiva strategia internazionale. Nel caso in cui si dovesse rendere conto di una scarsa domanda o di non possedere le necessarie risorse e competenze per penetrare nel mercato estero, basterebbe all'impresa cessare l'esportazione. Il costo della cessazione delle attività di esportazione può essere abbastanza ridotto, specialmente se il volume delle esportazioni sia ridotto e se l'impresa non abbia investito in impianti e attrezzature finalizzate all'esportazione. Tuttavia, i costi opportunità associati ad una visione internazionale ristretta, quale quella della semplice esportazione, possono essere significativi. Delle economie di scopo elencate nella tabella 1 il solo accesso a nuovi clienti può essere realizzato attraverso l'esportazione. Per alcune imprese, tuttavia, realizzare economie attraverso l'accesso a nuovi clienti è sufficiente e l'esportazione rappresenta una strategia fattibile anche nel lungo periodo.

Integrazione internazionale e alleanze

Forme intermedie di governo di mercato, alleanze strategiche e strategie internazionali. Se un'impresa decide di andare al di là delle forme di mercato nell'adozione di strategie internazionali, sono disponibili una vasta gamma di soluzioni intermedie di governo, come le **alleanze strategiche**.

Questa gamma di alleanze varia dal semplice *licensing*, dove un'impresa concede a un partner estero il diritto a usare i suoi prodotti e il suo brand per vendere prodotti in quel mercato estero, fino a delle vere e proprie *joint ventures*, dove un'impresa nazionale e un'impresa estera creano un'organizzazione indipendente per gestire attività internazionali. La recente diffusione delle alleanze strategiche è strettamente legata alla diffusione delle strategie internazionali. Le alleanze strategiche rappresentano una delle modalità più comuni che le imprese utilizzano per gestire le attività internazionali.

I rischi delle partnership internazionali

Gran parte di quanto sarà analizzato nel cap. 9, circa valore, rarità, inimitabilità e organizzazione delle alleanze strategiche, è pertanto applicabile all'analisi delle alleanze strategiche per l'implementazione di una strategia internazionale. Tuttavia, va sottolineato che molte delle opportunità e delle problematiche di gestione delle alleanze strategiche sono acuite nel contesto delle **alleanze strategiche internazionali**. I pericoli di comportamenti opportunistici e le difficoltà per le imprese di valutare e controllare le prestazioni del partner sono complicati, nel caso di alleanze internazionali, dalle distanze geografiche, dalle barriere linguistiche, dalle differenze culturali.

Stili di negoziazione a confronto: manager statunitensi *vs* manager cinesi

Queste sfide possono manifestarsi a diversi livelli dell'alleanza strategica internazionale. Ad esempio, uno studio ha mostrato che i manager delle imprese statunitensi generalmente adottano uno stile di negoziazione molto differente dai manager cinesi. I manager cinesi tendono a interrompere e fare molte altre domande durante le trattative. Per i manager americani è difficile giudicare se lo stile negoziale cinese rifletta una sostanziale sfiducia o sia semplicemente una manifestazione delle pratiche manageriali cinesi e della loro cultura (Adler, Brahm, Graham, 1992). Simili differenze nello stile di gestione sono state osservate tra i manager giapponesi e occidentali. Un manager occidentale diceva (Hamel, 1991, p. 95): «Ogni volta che ho fatto una presentazione [al nostro socio], ero una persona contro 10 o 12. Mi mettevano davanti una tabella e poi mi fermavano, cominciando una conversazione tra loro in giapponese per 10 minuti. Se facevo loro una domanda questi, in giapponese, discutevano della mia domanda e di cosa potessero rispondermi, prima di darmi una risposta».

Durante questi 10 minuti di break della conversazione, era difficile per questo manager comprendere se i responsabili giapponesi stavano provando a sviluppare una risposta completa e accurata o a progettare una risposta incompleta e ingannevole (Shane, 1994).

Istituire metodi di controllo

In questa situazione ambigua, per impedire il potenziale opportunismo, i manager occidentali potrebbero richiedere livelli più consistenti di governo di quanto effettivamente necessario. Infatti uno studio ha mostrato che la differenza nella fedeltà percepita dei partner internazionali ha un impatto sui meccanismi di governo proposti quando le imprese avviano attività internazionali. Se i partner non sono considerati soggetti affidabili, allora si applicano strumenti di governo, come le *joint ventures*, anche quando in realtà i partner sono di fatto affidabili.

La gestione delle alleanze strategiche oltre i confini del Paese apre anche significative opportunità. Le alleanze strategiche consentono, a un'impresa che persegue una strategia internazionale, di realizzare alcune delle economie di scopo inserite nella tabella 1. Inoltre, se un'impresa è capace di sviluppare risorse e competenze di valore, rare e costose da imitare nella gestione delle alleanze strategiche, l'uso delle alleanze in un contesto internazionale può essere una fonte di vantaggio competitivo sostenibile.

Acquisire un'impresa sul mercato estero o aprire delle filiali

Governo gerarchico, integrazione e strategie internazionali. Le imprese potrebbero decidere d'internazionalizzarsi acquisendo un'impresa locale o aprendo direttamente una nuova filiale di proprietà in un mercato estero. Ovviamente, entrambe le forme richiedono un investimento diretto all'estero di lungo periodo. Questi investimenti sono soggetti a una serie di rischi politici ed economici che dovrebbero essere affrontati solo in caso di significative economie di scopo, realizzabili attraverso attività internazionali.

Sebbene un governo gerarchico possa essere costoso e rischioso, si possono avere vantaggi rilevanti per le imprese che stanno internazionalizzandosi. Innanzi tutto, come per le alleanze strategiche, questo approccio all'internazionalizzazione può permettere all'impresa di realizzare ogni economia di scopo elencata nella tabella 1. Inoltre, l'integrazione permette ai manager di usare una gamma di meccanismi di controllo organizzativo per limitare le minacce di opportunismo in genere presenti nelle forme di mercato o nelle forme intermedie di governo. Infine, diversamente dalle alleanze strategiche, dove i profitti delle attività internazionali devono essere condivisi con i partner internazionali, l'integrazione delle attività internazionali permette alle imprese di ottenere tutti gli eventuali profitti derivanti dalle attività estere.

Tabella 6 – Opzioni strutturali per le imprese che perseguono strategie internazionali

Federazione decentrata	Le decisioni strategiche e operative sono delegate alle divisioni/società del paese
Federazione coordinata	Le decisioni operative sono delegate alle divisioni/società del paese; le decisioni strategiche sono di competenza della sede centrale
Hub centralizzato	Le decisioni strategiche e operative sono di competenza della sede centrale
Struttura transnazionale	Le decisioni strategiche e operative sono delegate a soggetti che massimizzano la risposta locale e l'integrazione internazionale.

Fonte: Bartlett, Ghoshal, 1989.

3.2. Gestire l'internazionalizzazione di un'impresa diversificata

In molti casi l'attività internazionale può essere pensata come un caso speciale di gestione di un'impresa diversificata. Tuttavia, gestire un'impresa diversificata a livello internazionale crea sfide e opportunità uniche.

La struttura organizzativa. Le imprese che perseguono una strategia internazionale hanno quattro alternative di strutture organizzative di base, elencate in tabella 6. Sebbene ognuna di queste presenti alcune caratteristiche particolari, esse sono casi speciali di strutture multidivisionali già introdotte nel cap. 6 (Bartlett, 1986; Bartlett, Ghoshal, 1989).

Decentramento strategico e operativo

Alcune imprese organizzano le loro attività internazionali come una **federazione decentrata**; in questa struttura organizzativa, ogni divisione/Paese in cui un'impresa opera è organizzata come se fosse un centro di profitto sotto la guida di un direttore generale di divisione, che è solitamente il presidente della società estera. In una federazione decentrata, sono poche le attività condivise e le sinergie tra differenti divisioni/società e le sedi centrali svolgono un ruolo strategico limitato. Le funzioni di staff sono generalmente limitate ad acquisire dati contabili e informazioni sulle performance delle divisioni/Paese e a trasferire queste informazioni aggregate ai funzionari incaricati e ai mercati finanziari. La maggior parte dei dipendenti in capo alle divisioni/Paese può anche non sapere di essere parte di una più grande impresa diversificata a livello internazionale. Le decisioni strategiche e operative sono delegate ai *general managers* di divisione generale e ai presidenti delle società. Ci sono relativamente pochi esempi di federazioni decentrate pure nell'economia odierna, ma le imprese come Nestlè, ciba-Geigy, Electrolux, Unilever e Philips hanno molte delle caratteristiche di questo tipo di strutture (Baden-Fuller, Stopford, 1991), presentano configurazione organizzativa molto tipico delle multinazionali europee.

Decentramento operativo

Una seconda opzione strutturale per le imprese internazionali è la **federazione coordinata**. In una federazione coordinata, ogni attività del Paese è organizzata come un centro di profitto e di costo e i manager della divisione generale possono essere presidenti delle società/Paese. Tuttavia, diversamente dal caso di una federazione decentrata, le decisioni strategiche e organizzative non sono pienamente delegate ai *general managers* delle divisioni e le decisioni operative sono realizzate dalle sedi centrali. Inoltre, le federazioni coordinate tentano di sfruttare le varie attività comuni e le economie di scopo fra le diverse divisioni/Paese. Non è raro, per le federazioni coordinate avere attività di ricerca e di sviluppo, o iniziative di sviluppo tecnologico e produttivo, o ancora attività e programmi formativi promossi a livello di *corporate*. Ci sono numerosi esempi di federazioni coordinate nel mondo economico odierno, collocate in maggior percentuale in America, tra le quali la General Electric, la General Motors, la Ford, la IBM, la Gillette e la Coca Cola.

Una terza opzione strutturale per le imprese è il cosiddetto ***hub* centralizzato**, in cui molte delle decisioni strategiche e operative sono prese a livello di *corporate*. Il ruolo delle divisioni/Paese, in questo modello, è semplicemente quello di attuare le strategie, le tattiche e le politiche che sono state definite dalla sede principale. È un tipo di modello particolarmente diffuso nei Paesi asiatici. Naturalmente, le divisioni/Paese delle società sono anche fonte d'informazione per lo staff della sede principale. Tuttavia, negli *hubs* centralizzati, il potere sulle decisioni strategiche e operative è mantenuto al vertice. Molte imprese giapponesi e coreane sono organizzate in questo modo, comprese la Toyota, la Honda e la Mitsubishi e NEC in Giappone, e Goldstar, Daewoo e Hyunday in Corea (Kraar, 1992).

Struttura transnazionale e federazione coordinata: similitudini e differenze

Una quarta opzione strutturale per le imprese internazionali è la **struttura transnazionale**. Questa struttura è molto più appropriata per l'attuazione della strategia transnazionale ed è per lo più simile alla federazione coordinata. In entrambe, la responsabilità della decisione strategica è ampiamente mantenuta al vertice, mentre le decisioni operative sono ampiamente delegate ai manager divisionali. Tuttavia esistono anche importanti differenze. Nel modello della federazione coordinata, attività comuni e altre economie di scopo tra divisioni e tra paesi sono gestite dal vertice. Quindi, per molte di queste imprese, se la ricerca e lo sviluppo è considerata come un'economia di scopo potenzialmente di valore, si realizza un centro di ricerca e sviluppo diretto dal vertice. Tuttavia, esse possono essere gestite direttamente dalle specifiche divisioni. Quindi, per esempio, se una divisione sviluppa competenze su ricerca e sviluppo di valore, rare e costose da imitare nello svolgimento delle sue attività di business in un particolare Paese, quella divisione del Paese potrebbe divenire il centro di ricerca e di sviluppo dell'intera società. Se una divisione/società del Paese sviluppa capacità nella crescita di tecnologie produttive di valore, rare e costose da imitare svolgendo le sue attività di business in un particolare Paese, quella divisione potrà divenire il centro per lo sviluppo delle tecnologie produttive per l'intera società.

Ottimizzare il *trade-off* tra risposta locale e integrazione internazionale

Il ruolo delle sedi principali di una struttura transnazionale è di analizzare costantemente le attività di business nei diversi paesi, alla ricerca delle risorse e delle competenze che potrebbero essere fonte di vantaggio competitivo per altre divisioni dell'impresa.

Una volta che queste specifiche abilità sono individuate, lo staff del vertice deve stabilire il miglior modo per sfruttare queste economie di scopo. Simili opportunità non sono disponibili per le federazioni decentrate (che spesso permettono alle diverse divisioni di sviluppare le loro proprie competenze), come anche per le federazioni coordinate o gli *hubs* centralizzati (che spesso sviluppano molte economie di scopo a livello *corporate*). Le imprese che hanno avuto successo nell'adottare questa struttura transnazionale comprendono Ford (la Ford Europa è divenuta un leader per il design delle automobili in tutta la Ford Motor Company) ed Ericsson (la filiale Ericsson Australia ha sviluppato il primo interruttore elettronico di telecomunicazione di quest'azienda svedese, e la sede principale ha potuto aiutare a trasferire questa tecnologia ad altre filiali Ericsson) (Bartlett, Ghoshal, 1989; Grant, 1991).

Scelta della struttura organizzativa più adatta

Struttura organizzativa, risposta locale e integrazione internazionale. È chiaro che la scelta tra i quattro approcci per gestire le strategie internazionali dipende dal *trade-off* tra risposta locale e integrazione internazionale che si pone alle imprese (figura 2). Le imprese che cercano di massimizzare le loro capacità di adattamento locale tenderanno a scegliere una struttura di federazione decentrata.

Figura 2 – Risposta locale, integrazione internazionale e strutture organizzative

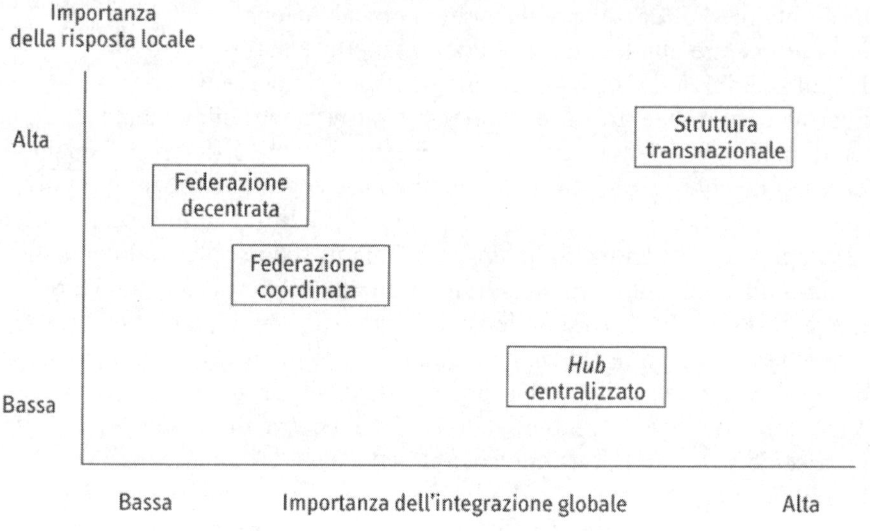

Fonte: adattato da Grant, 1991.

Imprese che perverranno all'integrazione internazionale delle attività opteranno per strutture del tipo *hub* centralizzato. L'impresa che cerca di equilibrare queste due esigenze sceglierà tipicamente la federazione centralizzata. Le imprese che tentano di ottimizzare congiuntamente la risposta locale e l'integrazione internazionale sceglieranno una struttura organizzativa transnazionale.

Gestire i rapporti tra le divisioni/Paese

Sistemi di controllo di direzione e politiche retributive. Come le strutture multidivisionali descritte nel cap. 6, nessuna delle strutture organizzative inserite in tabella 5 può essere adottata senza il supporto di una varietà di sistemi di direzione e politiche retributive. Tutti i processi di controllo di direzione analizzati nella tabella 6, compresa la valutazione delle performance delle divisioni, l'allocazione del capitale e la gestione dello scambio di prodotti intermedi fra le divisioni, sono fattori importanti per le imprese che si organizzano nell'implementare una strategia internazionale. Inoltre, le stesse sfide e opportunità di politiche retributive discusse nel cap. 6 si applicano pure all'organizzazione delle strategie internazionali.

Incentivare i manager delle divisioni/Paese

Tuttavia, come spesso avviene, quando i processi organizzativi originariamente sviluppati per gestire la diversificazione all'interno di un mercato sono estesi alla gestione della diversificazione internazionale, molte delle sfide di gestione evidenziate per le strategie di diversificazione sono acuite dal contesto internazionale. Ciò mette in difficoltà ancora di più i *top managers* di un'**impresa diversificata internazionalmente** nella scelta dei sistemi di controllo e delle politiche retributive che diano incentivi ai manager delle divisioni, al fine di favorire un'appropriata cooperazione per realizzare le sinergie, che originariamente motivano l'attuazione di una strategia internazionale.

In questo capitolo

☞ Le **strategie internazionali** possono essere viste come un caso speciale di strategie di diversificazione. Le imprese implementano strategie internazionali quando perseguono opportunità di business al di là dei confini del Paese.

☞ Come tutte le strategie di diversificazione, le strategie internazionali devono sfruttare le seguenti effettive **economie di scopo**, come l'accesso a nuovi clienti dei prodotti e dei servizi attuali dell'impresa, l'accesso a fattori di produzione a basso costo, lo sviluppo di nuove *core competencies*, o lo sfruttamento delle *core competencies* attuali secondo nuove modalità e la gestione del rischio complessivo.

☞ Le imprese che tentano congiuntamente di valutare le risposte nei mercati locali e ottenere vantaggi dall'integrazione internazionale implementano **strategie transnazionali**. Sia i rischi economici che quelli politici possono influenzare il valore delle strategie internazionali di un'impresa. Per essere fonte di vantaggio competitivo sostenibile, le strategie internazionali di un'impresa devono essere di valore, rare e costose da imitare e le imprese devono essere organizzate per realizzare pienamente il loro potenziale.

☞ Esistono numerosi sostituti delle strategie internazionali, comprese le alleanze strategiche, l'integrazione verticale, la diversificazione, e le fusioni e acquisizioni. Tuttavia, alcune economie di scopo potenziali delle strategie internazionali possono essere sfruttate solo dalle imprese che operano al di là dei confini nazionali.

☞ Quattro strutture organizzative, tutti casi speciali di **strutture multidivisionali** introdotte nel cap. 6, possono essere usate per gestire queste attività internazionali: la federazione decentrata, la federazione coordinata, l'***hub* centralizzato** e la struttura transnazionale. Queste strutture necessitano di essere coerenti con l'enfasi posta dalle imprese sull'adattamento ai mercati locali e/o sullo sfruttamento delle opportunità d'integrazione internazionale.

9

Alleanze strategiche, fusioni e acquisizioni

Economie di scopo

Come più volte affermato, il valore economico delle strategie *corporate* dipende in primo luogo dalle **economie di scopo**, che si realizzano quando il valore di due o più business combinati è maggiore del valore degli stessi business considerati separatamente. Le economie di scopo sono anche conosciute come **sinergie**. In questo senso lo studio delle strategie *corporate* è lo studio delle fonti delle economie di scopo, delle differenti modalità con cui queste economie possono essere generate e delle differenti modalità con cui la loro realizzazione può essere organizzata. Questo capitolo esamina quelle economie di scopo che possono essere generate e realizzate attraverso le alleanze strategiche, le fusioni e le acquisizioni.

1. Le differenti tipologie di alleanze strategiche

La cooperazione tra imprese

Un'**alleanza strategica** si realizza quando due o più organizzazioni indipendenti cooperano nello sviluppo, produzione o vendita di prodotti o servizi. Le alleanze strategiche possono essere raggruppate in tre macro categorie: alleanze *non-equity*, alleanze *equity* e *joint ventures* (figura 1).

Le tre forme di alleanze strategiche

In un'**alleanza *non-equity*** le imprese si accordano per sviluppare, realizzare o vendere prodotti o servizi, ma non assumono partecipazioni azionarie reciproche, né costituiscono un'unità organizzativa indipendente per gestire i loro sforzi di cooperazione. Queste relazioni, infatti, vengono governate attraverso varie forme di contratti, come **accordi di *licensing***, quando un'impresa concede l'uso del suo brand per la vendita dei prodotti, **accordi di fornitura**, tra un'impresa e un suo fornitore, o **accordi di distribuzione**, quando un'impresa si rende disponibile a distribuire anche i prodotti del partner. Un esempio può essere fornito dal recente memorandum d'intesa non vincolante siglato da Fiat Group Automobiles e Mitsubishi Motors Corporation per lo sviluppo e la produzione di un *pickup* medio, fornito da Mitsubishi e basato sulla prossima generazione del modello L200. Anche se nell'accordo non è chiaramente specificato il programma di produzione, si fa esplicito riferimento a "possibilità di sviluppare e produrre". La vettura potrà presentare dimensioni e caratteristiche che si discosteranno non poco dai *pickup* statunitensi e ciò servirà a Fiat per avere un veicolo di tale tipo e di grandezza media anche nei mercati americani. Nasceranno così dei *pickup* con la stessa base e la stessa carrozzeria diversificata a seconda del marchio che presenteranno: Fiat Professional o Mitsubishi. L'obiettivo è, comunque, quello di apprendere reciprocamente e mettere a disposizione le *capabilities* tra i differenti marchi.

Figura 1 – Categorie di alleanze strategiche

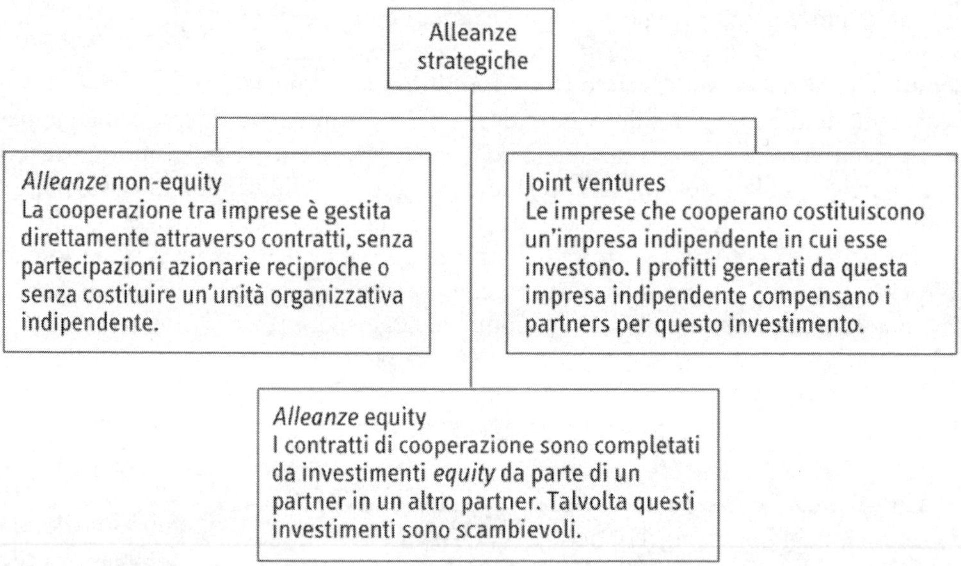

Fonte: adattato da Grant, 1991.

In un'**alleanza *equity*** le imprese integrano i contratti di collaborazione con partecipazioni azionarie al capitale del partner. Ad esempio, quando General Motors iniziò l'importazione di autovetture di piccola cilindrata, non solo strinse contratti di fornitura con la Isuzu, ma ne acquisì il 34,2% del capitale (Badaracco, Hasegawa, 1988). In una ***joint venture***, invece, le imprese che collaborano creano una struttura societaria indipendente nella quale investono e di cui condividono i risultati. Un esempio è dato dalla *joint venture* che vedrà protagonisti il gruppo Nokia China con China Huaxin per l'acquisizione di Alcatel-Lucent Shangai Bell. Due tra le aziende più importanti del mercato cinese delle infrastrutture delle telecomunicazioni coopereranno unendo le loro forze, allo scopo di creare importanti sinergie future di prodotto e di mercato. Nel dettaglio, la costituzione della *joint venture* nell'ambito della quale Nokia China deterrà il 51% delle quote azionarie – il restante 49% assegnate a China Huaxin – è sottoposta alla condizione sospensiva, rappresentata dalla finalizzazione dell'acquisizione di Alcatel-Lucent la quale continua a ricevere approvazioni da parte delle principali Autorità Garanti della Concorrenza e del Mercato. La *joint venture* si chiamerà Nokia Shangai Bell e avrà un unico consiglio di amministrazione e un unico team dirigenziale, funzioni *customer* e *business* unificate, una gestione condivisa del portfolio prodotti e attività di Ricerca e Sviluppo. Ciò, secondo il parere del CEO di Nokia, porterà anche ad una maggiore collaborazione tra Europa e Cina in questo àmbito. Altro esempio interessante è fornito da Pirelli e Manutencoop, che hanno costituito una società per lo sviluppo congiunto dei servizi di *facility management* (M. Sciarelli, 2005).

2. Il valore economico delle alleanze strategiche

La diffusione delle alleanze: il caso IBM

L'utilizzo di alleanze *non-equity*, *equity* e di *joint ventures* è cresciuto notevolmente negli ultimi anni (Ernst, Bleeke, 1993; Alvarez, Barney, 2000; Burgers, Hill, Kim, 1993). Dal 1992 IBM ha stretto più di 400 alleanze strategiche con varie imprese negli Stati Uniti e oltreoceano. Il gruppo FCA sta recentemente allargando il campo delle collaborazioni, sia con fornitori strategici, che con concorrenti. È il caso della nuova Fiat 124 Spider, nata da un progetto comune con Mazda, sulla base della recente Mazda MX-5. La vettura presenterà motori non derivati dalla concorrenza, ma avrà aspetto molto simile alla mitica spiderina giapponese, condividendone molte parti esterne.

2.1. Alleanze strategiche e performance economica

Il valore delle alleanze

In generale, le imprese hanno un incentivo a cooperare attraverso alleanze strategiche quando il valore delle risorse e degli *assets* combinati risulta superiore al valore delle risorse e degli *assets* considerati separatamente. Questa nozione di complementarità delle risorse è una definizione del concetto di **economia di scopo** e persiste fin quando si rispetta la disuguaglianza indicata nell'equazione 9.1:

[9.1] $NPV(A+B) > NPV(A) + NPV(B)$

dove:

$NPV(A+B)$ = il valore attuale netto degli *assets* "combinati" delle imprese A e B;
$NPV(A)$ = il valore attuale netto degli *assets* dell'impresa A da sola;
$NPV(B)$ = il valore attuale netto degli *assets* dell'impresa B da sola.

2.2. Le opportunità delle alleanze

Le fonti di economie di scopo

In letteratura sono state analizzate numerose fonti di economie di scopo interimpresa perseguite tramite alleanze strategiche. Alcune delle più importanti sono elencate nella tabella 1 (Harrigan, 1988; Hagedoorn, 1993; Ernst, Bleeke, 1993; Kogut, 1988; Hennart, 1988; Dyer, Singh, 1998; Spekman, Forbes, Isabella, MacAvoy, 1998; Newburry, Zeira, 1999; Varadarajan, Cunningham, 1995).

Tabella 1 – Fonti di economie di scopo interimpresa che possono motivare le alleanze strategiche

1. Sfruttare le economie di scala
2. Apprendere dai concorrenti
3. Controllare i rischi e condividere i costi
4. Facilitare le collusione tacita
5. Entrare in nuovi mercati a costi ridotti
6. Entrare in nuovi settori o segmenti a costi ridotti
7. Controllare l'incertezza

Incremento dei volumi e riduzioni di costo

Sfruttare le economie di scala. Una delle più citate motivazioni è lo sfruttamento di economie di scala da parte di imprese che, se operassero indipendentemente, non raggiungerebbero dimensioni tali da ottenere questi vantaggi di costo. I costi di risorse e *assets* complementari relativi ad attività di sviluppo, trasformazione o distribuzione, combinate all'interno di un'alleanza strategica, possono risultare minori dei costi delle stesse attività gestite in modo separato. Nel settore automobilistico è sempre più diffuso l'uso di alleanze tra produttori per sostenere i costi dello sviluppo e sfruttare le opportunità della produzione intensiva, come è avvenuti tra Ford e PSA per la realizzazione di una nuova generazione di motori da costruire assieme e condividere tra i vari marchi (Peugeot, Citroën, Ford, Jaguar, Land Rover) o da destinare ad altri produttori. Inoltre, il gruppo PSA, insieme ad altri costruttori europei, ha recentemente espresso la volontà di entrare nel mercato dell'auto iraniano, che rappresenta circa il 10% del PIL ed è il secondo settore produttivo interno, dopo quello petrolifero. Tramite accordi di *joint venture*, le case europee stanno concretamente avviando la ripresa della produzione di autovetture, interrotta tra il 2011 e il 2012, quando sanzioni economiche molto pesanti e impossibilità di trasferimenti bancari con l'estero, uniti al divieto di esportazione di tecnologie verso l'Iran, avevano bruscamente interrotto accordi e produzione automobilistica. In particolare, il gruppo PSA Peugeot Citroen ha istituito una importante collaborazione con la Iran Khodro al fine di creare un'alleanza per la produzione di auto "da zero", utilizzando avanzate tecnologie appannaggio del gruppo per telai e motori.

Imparare dai concorrenti

Apprendere dai concorrenti. Le imprese possono utilizzare le alleanze strategiche anche per acquisire e apprendere capacità e competenze fondamentali dai propri concorrenti (Shan, Walker, Kogut, 1994; Hamel, 1991; Si, Bruton, 1999; Simonin, 1999; Leroy, Ramanantsoa, 1997; Hagedoorn, 1993; Kraatz, 1998; Inkpen, 1998). Imprese concorrenti possono essere incentivate a cooperare nonostante dalla collaborazione il partner possa trarre conoscenze utili per favorirne la competitività anche in altre aree di business, non solo in quelle oggetto dell'alleanza strategica.

La *joint venture* General Motors-Toyota

La *joint venture* tra General Motors e Toyota è stata diffusamente citata per il suo potenziale aiuto a GM ad acquisire conoscenze sulla capacità di Toyota di realizzare piccole vetture di alta qualità (Badaracco, Hasegawa, 1988). Per avvantaggiarsi di questo potenziale di apprendimento, GM fece ruotare i manager dai suoi stabilimenti di produzione a quelli della *joint venture*, per poi farli rientrare di nuovo nelle proprie sedi. Questa *joint venture* ha consentito a Toyota di acquisire una più forte penetrazione nel mercato statunitense tramite l'accesso alla consistente rete di distribuzione per il mercato USA di GM, che ha consentito di superare così gli ostacoli governativi legati all'importazione di auto nel mercato statunitense. Inoltre, Toyota riteneva che la capacità di GM nell'apprendimento sulla produzione di auto di piccola cilindrata fosse limitata, per il fatto che gran parte di questa conoscenza è tacita, socialmente complessa e difficile da imitare (Teece, 1977).

I rischi di imparare dai concorrenti

Nonostante l'apprendimento dai concorrenti tramite le alleanze strategiche possa costituire un'importante opportunità, vi sono almeno due rischi associati a questo tipo di alleanze. In primo luogo, come suggerito in precedenza, queste forme di collaborazione possono permettere a un'impresa concorrente di sviluppare capacità e abilità necessarie per competere in modo più efficace in tutti i segmenti del proprio business. Questo sviluppo, alla lunga, può danneggiare il partner da cui l'impresa ha appreso. Alcuni hanno argomentato che le alleanze tra imprese statunitensi e giapponesi hanno consentito a queste ultime di avere accesso a tecnologie critiche e di acquisire un notevole vantaggio competitivo (Reich, 1986). Secondo questa linea di pensiero, le imprese giapponesi hanno usato poi quegli stessi fattori per competere con le imprese statunitensi, di cui precedentemente erano partner. Naturalmente, le imprese statunitensi, attraverso le alleanze strategiche con imprese giapponesi, hanno ottenuto l'accesso ad alcuni mercati nipponici solitamente inaccessibili.

Il problema con cui si confrontano tutte le imprese, nel giudicare la possibilità di allearsi con altre imprese del medesimo settore, diviene pertanto valutare se l'apprendimento ottenuto attraverso l'alleanza sia più rilevante della minaccia competitiva che si potrebbe generare.

Un secondo rischio associato alle alleanze strategiche è la possibile violazione delle leggi antitrust. Infatti, come sarà meglio illustrato in seguito, secondo un'interpretazione tradizionale, le alleanze strategiche con i concorrenti avrebbero il fine di facilitare forme di collusione tacita (Pfeffer, Nowak, 1976), aspetto che spingerebbe le autorità governative a sottoporle ad un'attenta attività di verifica legale. Questo, infatti, è stato il caso dell'alleanza tra GM e Toyota (Badaracco, Hasegawa, 1988).

Infine, all'interno di queste forme di collaborazione con i *competitors*, può generarsi una sorta di corsa all'apprendimento, che può sortire l'effetto di peggiorare la performance di almeno uno dei partner, a causa delle asimmetrie presenti nelle diverse capacità e negli obiettivi differenti dei partner.

Sostenere investimenti costosi

Controllare i rischi e condividere i costi. Le alleanze strategiche possono anche aiutare un'impresa a **controllare i rischi** e condividere i costi legati a nuovi investimenti. Alcune volte l'investimento necessario per sfruttare un'opportunità può essere molto elevato. Agendo da sola, l'impresa che realizza l'investimento potrebbe mettere a rischio la sua stessa sopravvivenza, incrementando sostanzialmente la probabilità di fallimento. In questo contesto, la formazione di alleanze strategiche distribuisce il rischio di errori suddividendo i costi tra più imprese. Cronache dal settore dei produttori di semiconduttori suggeriscono che la mera dimensione dell'investimento richiesto per realizzare un impianto di produzione di semiconduttori completo e verticalmente integrato è così consistente che pochi impianti, o al limite nessuno, verranno realizzati in futuro da una singola impresa. Invece, è prevedibile che diverse imprese costituiranno delle *joint ventures* per finanziare e gestire tali strutture. L'alto rischio di impianti di trivellazione petrolifera *offshore* ha spinto la maggior parte delle imprese del settore a riunirsi in consorzi per la trivellazione al fine di sfruttare possibili siti (Hennart, 1988).

Ridurre i rischi attraverso le alleanze

Il controllo dei rischi e la condivisione dei costi sembra essere al centro delle nuove alleanze create nel settore dell'automobile. I grandi gruppi automobilistici continuano a competere sul mercato dei prodotti, ma creano alleanze per investire in attività di ricerca rischiose, ma dall'elevato potenziale. Tali alleanze sulle attività di ricerca e sviluppo includono sforzi cooperativi per la creazione di materiali compositi, tecnologie motoristiche a contenuto impatto ambientale e altri sforzi comuni (Stertz, 1991; Suris, 1993a; Jensen, 1993). Altro esempio di collaborazione per condividere i costi è stata la partnership commerciale per la distribuzione del prodotto Nutella tra Ferrero e Camst. Tale accordo prevede il sostenimento da parte di Camst di tutti i costi di allestimento e gestione dei locali (personale, materie prime, attrezzature, arredi, autorizzazioni, imposte su insegne, utenze, assicurazioni) e l'ottenimento da parte di Ferrero dei ricavi dalla vendita di Nutella e dei ricavi risultanti dall'incasso di *royalties* per l'utilizzo di marchi. Altro esempio è la collaborazione tra Avis e Maggiore, tramite acquisizione del colosso di autonoleggio americano nei confronti dell'impresa italiana. La strategia di base prevede una collaborazione tramite il network in franchising di Maggiore e le risorse e le capacità dell'azienda acquisita. Questo dimostra che le acquisizioni possono comunque portare ad un vantaggio per i soggetti coinvolti, qualora il processo venga gestito e orientato alla massimizzazione dello sfruttamento delle capacità, senza il verificarsi di rapporti subalterni o opportunistici che sovente si verificano all'interno di questi processi.

Alleanze per ridurre i rischi e condividere i costi possono essere importanti anche in settori dove la tecnologia di base e gli standard di comunicazione sono rilevanti. Come emerge in questi settori, alcuni standard tecnologici possono essere in competizione tra di loro, fino a che non emerge uno standard predominante. In alternativa, le imprese possono cooperare per creare uno standard che venga incontro alle esigenze delle imprese concorrenti, riducendo così rischi e costi. L'approccio cooperativo finalizzato alla definizione degli standard è stato utilizzato nel settore emergente dei televisori ad alta definizione per creare nuovi standard tecnologici accettabili a molti dei principali concorrenti (Carnevale, 1993a).

Le condizioni della collusione tacita

Facilitare la collusione tacita. Un'altra motivazione delle alleanze strategiche può essere quella di facilitare lo sviluppo della **collusione tacita**. Nonostante i divieti allo scambio di informazioni riguardo prezzi e costi di prodotti o servizi che vengono realizzati al di fuori dell'alleanza, questa interazione aiuta a creare le condizioni sociali all'interno delle quali la collusione tacita può svilupparsi (Burgers, Hill, Kim, 1993).

Joint venture e collusione tacita: alcune ricerche

Come suggerito in precedenza, la maggior parte delle ricerche sulle alleanze strategiche si è concentrata sulle implicazioni in termini di collusione tacita. Diversi autori hanno concluso che le *joint ventures* incrementano la probabilità di collusione tacita. Ad esempio, Fusfeld (1958) trovò che, nel settore dell'acciaio e del ferro negli USA dei primi del Novecento, alcune *joint ventures* favorirono la creazione di due gruppi industriali, concorrenti della US Steel, ed ebbero l'effetto di creare un oligopolio in quello che (senza *joint venture*) sarebbe stato un mercato più concorrenziale. Pate (1969) e Boyle (1968) trovarono che più del 50% delle imprese genitrici delle *joint ventures* appartenevano allo stesso settore. Mead (1967), dopo aver esaminato le offerte di 885 *joint ventures* per gare relative a concessioni di petrolio o gas, trovò solo 16 casi in cui i partner risultavano concorrenti reciproci per lotti diversi rispetto a quelli in cui si presentavano in forma congiunta. Questi risultati suggeriscono che le *joint ventures* potrebbero incoraggiare successive collusioni tacite tra imprese dello stesso settore (Kent, 1991; Bloch, 1995). Pfeffer e Nowak (1976) riscontrarono che le *joint ventures* erano più diffuse nei settori a moderata concentrazione. Questi autori argomentarono che nei settori a maggiore concentrazione le *joint ventures* non sono necessarie per creare condizioni che conducono alla collusione e che nei settori non concentrati queste condizioni non possono essere create attraverso le *joint ventures*. Soltanto nei casi in cui la costituzione di *joint ventures* può effettivamente creare settori concentrati, in condizioni di moderata concentrazione, esse sono considerate probabili. Studi più recenti, tuttavia, mettono in discussione tali risultati. Le *joint ventures* tra imprese dello stesso settore possono essere preziose per una varietà di ragioni che poco o nulla hanno a che fare con la collusione (Kent, 1991; Kogut, 1988; Hennart, 1988). Sebbene le *joint ventures* tra imprese dello stesso settore possano avere implicazioni collusive, Duncan (1982) ha dimostrato che tali casi sono relativamente rari.

Penetrare in nuovi mercati limitando i costi

Entrare in nuovi mercati a costi ridotti. Un'altra motivazione per creare alleanze strategiche, citata in letteratura, è l'impatto sui costi di entrata in nuovi mercati, in particolar modo per quanto riguarda l'entrata in mercati stranieri. In questo contesto, un partner generalmente apporta prodotti o servizi (come risorse) all'alleanza, e l'altro partner apporta conoscenza locale, reti distributive e influenza politica verso le istituzioni locali. Il ridotto costo di ingresso in nuovi mercati costituisce la principale motivazione di numerose alleanze internazionali nel settore delle telecomunicazioni (Keller, 1993).

Le alleanze tra imprese locali

Anche in assenza di regolamentazione pubblica sull'ingresso, lo sviluppo di reti distributive locali può essere un processo costoso e complicato. Tali azioni richiedono generalmente molte conoscenze sulle condizioni locali. Il partner locale può possedere tali conoscenze. Attraverso la cooperazione con partner locali, le imprese possono riuscire a ridurre il costo di entrata in questi mercati. Le alleanze possono essere ancora più importanti quando la regolamentazione favorisce le imprese locali rispetto alle imprese provenienti da altri paesi. In questo contesto, le alleanze con partner locali possono costituire l'unica strada d'ingresso al mercato economicamente fattibile (Tomlinson, 1970; Friedman, Kalmanoff, 1961; Johansson, 1995; Xin, Pearce, 1996).

Il brand Sol Meliá

Nel settore turistico, la catena alberghiera spagnola Sol Meliá ha creato una *joint venture* con il britannico Rank Group per sviluppare il brand Hard Rock Hotels & Resorts in Europa e nelle Americhe. Alcuni risultati empirici supportano tali considerazioni (Della Corte, 2004). Altri esempi tipici sono l'accordo tra Marriott e TUI e tutti gli accordi conclusi dai tour operator con i *resort* di alcune destinazioni esotiche (ivi). Altro esempio di *joint venture* tra imprese turistiche riguarda l'accordo tra Alpitour e Costa Crociere per la gestione di Welcome Travel, la catena distributiva turistica più grande in Italia, che annovera 1.000 agenzie di viaggio in Italia ed è controllata interamente da Alpitour. Recentemente, inoltre, è nata l'innovativa piattaforma Welcome Travel Store, lanciata proprio per le adv Alpitour-Costa, d'intesa con Amadeus. Grazie alla partnership con Amadeus, Welcome Travel ha goduto di un importante upgrade tecnologico alla propria piattaforma e oggi annovera oltre 300 agenzie attive sul territorio. Le facilitazioni pratiche per coloro che usano questo tipo di tecnologie vanno dalla possibilità di prenotazione di voli senza emissione contestuale del biglietto, alla vasta scelta di vettori aerei di linea e *low cost* e, sul versante alberghiero, alla possibilità di scegliere una sistemazione per punti di interesse, ottimizzando i risultati, grazie a filtri specifici messi in uso dalla piattaforma.

Stopford e Wells (1972) hanno rilevato che quando l'entrata in un nuovo mercato estero è basata sulla differenziazione produttiva (una strategia che presumibilmente richiede una grande e specifica conoscenza locale), le *joint ventures* con partner locali (presumibilmente per acquisire conoscenza locale) sono più probabili, rispetto all'entrata in mercati stranieri basata su strategie *low cost* o di altro tipo. Inoltre, quando la cultura del Paese di origine di un'impresa è molto differente dalla cultura del Paese nel quale si cerca di entrare, secondo Kogut e Singh (1986), è molto probabile che l'impresa entrante utilizzi una *joint venture* per penetrare, acquisendo in tal modo l'esperienza culturale del partner locale.

Il protezionismo giapponese e statunitense

Un'alleanza strategica con un partner locale rappresenta quasi l'unica strada per entrare in alcuni nuovi mercati. Ad esempio, virtualmente tutte le entrate di imprese statunitensi nel mercato domestico giapponese sono state realizzate attraverso alleanze con partner locali. La possibile creazione di barriere commerciali per proteggere il mercato europeo ed altri mercati ha reso molto più importanti e frequenti le alleanze strategiche tra imprese nordamericane e partner locali in questi mercati protetti. Le restrizioni governative all'entrata in India hanno richiesto alle imprese straniere, in molte circostanze, di realizzare alleanze con partner locali, così come è avvenuto per il crescente uso di strumenti normativi di protezione locale in alcuni paesi europei e negli Stati Uniti. Complessivamente, la globalizzazione accresciuta dell'economia mondiale, insieme alle eterogenee culture e sistemi politici e le barriere alla libera concorrenza, rendono le alleanze strategiche maggiormente preziose e diffuse (Pope, Hamilton, 1993; Jacob, 1992a; Hennart, 1988).

Penetrare in nuovi settori limitando i costi

Entrare in nuovi settori o segmenti a costi ridotti. Le alleanze strategiche possono anche facilitare l'ingresso di un'impresa in un nuovo settore o in nuovi segmenti di un settore. L'ingresso in un settore può richiedere capacità, abilità e prodotti che un potenziale entrante non possiede. Le alleanze strategiche possono aiutare un'impresa ad entrare nel nuovo settore evitando gli alti costi di creazione per queste capacità, abilità e prodotti.

Ad esempio, Du Pont che intendeva entrare nel settore dell'elettronica, in cui la costruzione delle abilità e delle capacità necessarie per sviluppare prodotti competitivi è molto difficile e costosa, strinse un'alleanza strategica con un'impresa affermata del settore elettronico, la Philips, per distribuire alcuni dei suoi prodotti negli Stati Uniti. Naturalmente, per il successo di tale *joint venture*, Philips doveva avere un interesse a cooperare con Du Pont. Se Du Pont cercava di ridurre i costi d'ingresso in un nuovo settore, Philips intendeva ridurre i suoi costi d'ingresso in un nuovo mercato: gli Stati Uniti. Philips usò tale alleanza con Du Pont per vendere negli usa i compact disc che già stava vendendo in Europa (Freedman, Hudson, 1980).

Un ulteriore esempio è costituito da Cendant Corporation, leader mondiale del settore immobiliare, che attraverso accordi e acquisizioni nei comparti dell'*hospitality*, del *vehicle service* e del *distribution travel*, è riuscito ad entrare nel settore turistico e ad oggi, rappresenta il primo fornitore di viaggi del mondo. Anche il gruppo Sabre, di provenienza Microsoft, grazie agli accordi nel settore turistico, ha avviato uno dei principali *computer reservation systems* a livello mondiale (Della Corte, 2004).

Penetrare in nuovi segmenti a costi ridotti

Bisogna notare che i partner non necessariamente debbono ottenere gli stessi vantaggi dalla collaborazione secondo la condizione di complementarità delle risorse e degli *assets* descritta nell'equazione [9.1]. L'unica condizione necessaria è che il valore attuale netto delle risorse messe in comune sia più elevato del valore di ciascuna risorsa considerata separatamente. Nella misura in cui i costi di utilizzo di un'alleanza per entrare in un nuovo settore siano minori dei costi di apprendimento di nuove capacità e competenze, un'alleanza può rappresentare un'opportunità strategica di valore. L'ingresso facilitato da un'alleanza non può essere circoscritto all'ingresso in nuovi settori. Spesso le imprese intendono collaborare al fine di semplificare l'entrata in un nuovo segmento di un settore. Ad esempio, Nestlè, Coca Cola e Pepsi hanno recentemente creato *joint venture* con aziende iraniane per espandere e potenziare il proprio core business e allargare la propria penetrazione commerciale.

Ridurre i costi di uscita

Uscire da settori o segmenti a costi ridotti. Alcune imprese utilizzano le alleanze strategiche come un meccanismo per ritirarsi in modo meno costoso da un settore o da un segmento, quando il livello di performance risulti inferiore rispetto alle attese e quando ci siano limitate prospettive di miglioramento. Spesso, se un'impresa intende uscire da un settore, ha bisogno di sbarazzarsi di *assets*, che spesso includono sia risorse tangibili, come stabilimenti, centri di distribuzione, tecnologie produttive, che intangibili, come il brand, le relazioni con fornitori e clienti, forza lavoro leale e motivata e così via.

Il "problema dei limoni"

Le imprese difficilmente, dismettendo il business, riescono a ottenere il pieno valore economico di questi *assets*; ciò riflette un'importante asimmetria informativa esistente tra le imprese che dispongono di questi *assets* ed altre che intendono acquistarli; un'asimmetria che conduce a quello che alcuni autori hanno definito "problema dei limoni" (Akerlof, 1970). Si consideri, ad esempio, il mercato delle auto usate. Nel momento in cui si acquista un'auto usata, è spesso difficile dire se tale auto sia o no un "limone", ossia un'auto di scarsa qualità. Informazioni dettagliate sulla qualità di tale prodotto si potranno avere solo dopo l'acquisto. Naturalmente il venditore ha tutte le motivazioni a descrivere l'auto non come un "limone" e in questo modo riesce a spuntare il più alto prezzo possibile. Ciò è vero sia per coloro che vendono auto usate di buona qualità sia per quelli che stanno vendendo ciò che effettivamente è un "limone". Per questo motivo, i potenziali compratori, non potendo distinguere facilmente tra venditori di auto usate di buona qualità e quelli che vendono auto di scarsa qualità, tenderanno a dare un minor valore alle descrizioni del prodotto fornite dei venditori. Ciò significa che le auto usate di buona qualità sono valutate più o meno allo stesso livello di quelle di scarsa qualità, e pertanto vendute a un prezzo che non rispecchia il loro pieno valore. In una situazione di equilibrio, un proprietario razionale di auto usate di buona qualità non sarà disposto a vendere quelle auto che non riescono ad ottenere il loro valore pieno. Pertanto, le uniche auto che saranno vendute saranno i "limoni".

Un'impresa che intenda uscire da un settore, cedendo gli *assets*, affronta un simile "problema dei limoni", specialmente quando sia complesso per un acquirente potenziale valutare in modo indipendente tali *assets*. I venditori di auto usate possono cercare di trasmettere al mercato segnali sulla qualità del prodotto, ad esempio offrendo delle garanzie, che, essendo chiaramente più costose da offrire per i venditori di auto di peggiore qualità, agiscono come un meccanismo che riduce l'asimmetria informativa tra venditori e acquirenti. Le imprese che cercano di uscire da un settore o da un segmento, allo stesso modo, possono utilizzare le alleanze strategiche per ridurre tale **asimmetria informativa** sul valore degli *assets* tangibili e intangibili che intendono cedere. Attraverso l'alleanza con un'altra impresa, che intenda entrare in quel settore o segmento, l'impresa riesce a garantire al partner la possibilità di verificare direttamente la qualità degli *assets*. Il partner "potenziale venditore" non avrà motivi di trasferire al partner "potenziale successivo acquirente" elementi di valutazione inattendibili; quest'ultimo, pertanto, non avrà motivi per valutare le risorse al di sotto del loro effettivo valore. In questo modo, formare un'alleanza prima di uscire dal settore, consente di fornire al potenziale acquirente una sorta di garanzia sulla relativa qualità degli *assets* che saranno ceduti.

Governare l'incertezza

Controllare l'incertezza. In condizioni di elevata incertezza, le imprese possono non essere in grado di definire quale delle differenti possibili strategie perseguire. In questo contesto, le imprese hanno uno stimolo a mantenere la flessibilità di spostarsi rapidamente in un particolare mercato o settore, solo dopo che il reale valore di una strategia si sia rivelato. In questo senso, le alleanze strategiche possono consentire a un'impresa di mantenere una finestra d'ingresso in un mercato o settore, senza dover sopportare i costi associati ad un ingresso definitivo.

La riduzione dell'incertezza

Basandosi su questa logica, Kogut (1991) ha analizzato le *joint ventures* come opzioni reali, utilizzando la teoria del prezzo delle opzioni (Knight, 1965; Burgers, Hill, Kim, 1993; Noldeke, Schmidt, 1998; Folta, 1998). In questo senso, una *joint venture* viene considerata come un'opzione che un'impresa acquista, in condizioni d'incertezza, per garantirsi l'abilità a spostarsi rapidamente in un determinato mercato o settore, qualora si presentino opportunità di valore. Un modo attraverso il quale le imprese possono poi entrare rapidamente nel mercato è semplicemente quello di acquisire la quota dei partner delle *joint ventures*. Inoltre, investendo in una *joint venture*, un'impresa può garantirsi l'accesso a informazioni necessarie per valutare l'opportunità di una strategia d'ingresso definitivo in un determinato mercato (Kogut, 1991; Balakrishnan, Koza, 1993). Secondo Kogut (1991), le imprese che investono in *joint ventures* come opzioni acquisiscono i loro partner solo dopo che il mercato segnali un inatteso incremento di valore dell'iniziativa, e cioè solo dopo che l'incertezza si sia ridotta ed il reale valore positivo d'ingresso nel mercato sia divenuto noto. I risultati empirici della ricerca di Kogut sono coerenti con tali conclusioni. Non è sorprendente verificare che le imprese in ambienti incerti sviluppino numerose alleanze strategiche. L'AT&T, ad esempio, subito dopo il disinvestimento di alcuni operatori di carattere regionale, si trovò improvvisamente in un ambiente nuovo e altamente competitivo. Sebbene ci fossero molte opportunità, non era chiaro quali di queste presentasse il maggior valore, per cui AT&T sviluppò diverse centinaia di alleanze strategiche. Solo dopo aver esaminato le opportunità presenti nei differenti settori iniziò a risolvere alcune delle sue incertezze con investimenti completi d'ingresso in alcuni di essi, come nel caso del business dei computer con l'acquisizione di NCR. Il recente *spin-off* delle attività del business dei computer, suggerisce che le sinergie di AT&T con il settore dei computer o non esistevano o non erano state completamente realizzate. Allo stesso modo, quando IBM si trovò di fronte ad incerte fortune verso la fine degli anni ottanta e gli inizi degli anni novanta, iniziò ad investire in molte alleanze strategiche per acquisire maggiore conoscenza circa le nuove alternative strategiche e per preservare la flessibilità strategica (Keller, 1993; Kogut, 1991; Sankar, Boulton, Davison, Snyder, Ussery, 1995; Zachary, Yoder, 1991; Hooper, 1993).

2.3. Alleanze strategiche e generiche strutture di settore

Vantaggi simili

Alcune delle motivazioni per collaborare attraverso le alleanze strategiche elencate nella tabella 2 richiedono che le imprese che cooperano abbiano i medesimi fini e obiettivi.

Ad esempio, le imprese che ricercano economie di scala attraverso alleanze strategiche devono trovare partner che abbiano processi di produzione e distribuzione che possano essere convenientemente interconnessi all'interno di un'alleanza strategica per ottenere riduzioni di costo. Ancora, imprese che cercano di sviluppare una collusione tacita devono trovare partner con i quali la collusione è probabile che si sviluppi e produca effetti di riduzione della produzione e incrementi dei prezzi nel settore. Un'alleanza strategica nella quale i partner ricercano gli stessi vantaggi viene definita **alleanza simmetrica**.

Vantaggi differenti

Altri fattori di cooperazione attraverso alleanze strategiche possono, invece, operare solo quando i partner abbiano differenti fini e abilità. Ad esempio, un'alleanza che faciliti l'ingresso in nuovi mercati, nuovi settori o nuovi segmenti industriali presume che almeno uno dei partner operi all'interno di quel mercato, settore o segmento. Inoltre, alleanze strategiche progettate per facilitare l'apprendimento presumono che le imprese partner siano differenti. Se esse non differissero per alcune dimensioni strategicamente rilevanti, allora nessuna impresa potrebbe apprendere dall'altra. Queste tipologie di alleanze strategiche vengono definite **alleanze asimmetriche**.

Altri incentivi a cooperare, infine, possono presentarsi sia in caso di imprese differenti che simili. Quando le alleanze vengono utilizzate per fronteggiare l'incertezza, quell'incertezza può derivare da fattori presenti all'interno del mercato o settore o da fattori associati all'ingresso in nuovi mercati o settori. Lo stesso può essere detto delle imprese finalizzate a contenere il rischio.

Tabella 2 – Tipologie di alleanze strategiche e generiche strutture di settore

Tipologia di alleanza e finalità	Generiche strutture di settore
Alleanze simmetriche – Economie di scala – Collusione tacita	Settori maturi Settori frammentati (con raggruppamenti strategici) Settori a rete Settori *empty core*
Alleanze asimmetriche – Entrare in nuovi mercati a costi ridotti – Entrare in nuovi settori e in nuovi segmenti a costi ridotti – Apprendere dai concorrenti	Settori emergenti Settori frammentati (senza raggruppamenti strategici) Settori in declino Settori globali
Alleanze miste – Controllare l'incertezza – Controllare i rischi e condividere i costi	Tutte le strutture dei settori generici

Vantaggi simili e differenti

Quando sono presenti situazioni d'incertezza/rischio all'interno di un singolo settore, la partnership con un'altra impresa può aiutare a controllare l'incertezza/rischio. Queste alleanze sembrano essere simmetriche. Quando il governo dell'incertezza/rischio richiede partnership che attraversano i confini di un mercato o settore, si realizzano alleanze asimmetriche. Alleanze nelle quali gli interessi dei partner possono essere simili o differenti vengono definite **alleanze miste**. La distinzione tra alleanze strategiche simmetriche, asimmetriche e miste aiuta a chiarire e a comprendere quali tipologie di alleanze si traducono in opportunità nelle differenti generiche strutture di settore (Hennart, 1988; Nielsen, 1988).

Le alleanze nelle diverse strutture di settore

Dal momento che le alleanze strategiche simmetriche possono esistere solo tra imprese similari, è probabile che questi tipi di alleanze generino vantaggi per imprese in **settori molto maturi** (dove le imprese hanno simili prodotti, tecnologie e clienti e così via) o in **settori frammentati** con grandi raggruppamenti di imprese simili (dove le imprese all'interno di ogni raggruppamento sono simili alle altre). Queste tipologie di alleanze simmetriche sono anche probabili nei **settori a rete** (dove le imprese cooperano per determinare gli standard di settore) e nei **settori *empty-core*** (dove le imprese cooperano per ridurre la *cutthroat competition* tramite collusione tacita o per influenzare le politiche governative). In queste condizioni di settore, le alleanze strategiche simmetriche, che sono progettate per sfruttare economie di scala o che conducono allo sviluppo di collusione tacita, sono più probabili.

Alleanze strategiche asimmetriche sono più probabili quando le imprese siano differenti tra di loro e pertanto in **settori emergenti** (prima che gli standard di settore creino omogeneità tra le imprese), in **settori frammentati senza raggruppamenti strategici**, in **settori in declino** (dove le imprese perseguono differenti strategie) e nei **settori globali** (caratterizzati da omogeneità culturale e politica). Alleanze strategiche miste possono esistere in ogni condizione ambientale di settore. In tal senso, quelle realizzate per governare rischi e incertezze possono tradursi in opportunità in ogni generica struttura di settore.

2.4. Le minacce delle alleanze: incentivi verso comportamenti opportunistici nelle alleanze strategiche

L'opportunismo nelle alleanze

Nelle alleanze strategiche, così come vi sono incentivi alla cooperazione, sono presenti anche fattori che spingono verso comportamenti opportunistici. L'opportunismo può avvenire in tre differenti modi: *adverse selection, moral hazard, holdup* (Barney, Ouchi, 1986; Holmstrom, 1979; Gulati, Singh, 1998; Williamson, 1991b; Osborn, Baughn, 1990; Hagedoorn, Narula, 1996; Hagedoorn, 1996; Kent, 1991; Shane, 1998).

Tabella 3 – Forme di opportunismo nelle alleanze strategiche

Adverse selection	I partner potenziali danno un'idea errata delle capacità e delle abilità che portano all'alleanza
Moral hazard	I partner forniscono all'alleanza capacità e abilità di qualità inferiore rispetto a quella promessa
Holdup	I partner sfruttano gli investimenti *transaction specific* realizzati dagli altri alleati

Il partner promette ciò che non possiede

Adverse selection. Partner potenziali possono fornire un'idea errata delle capacità, abilità e risorse che essi promettono di apportare a un'alleanza. Questo comportamento opportunistico, chiamato ***adverse selection***, si verifica quando un partner promette di apportare all'alleanza certe risorse che non possiede e non può nemmeno acquisire. Ad esempio, un'impresa locale determina situazioni di *adverse selection* quando promette di rendere disponibile ad un suo partner una rete di distribuzione locale che poi effettivamente non esiste. Le imprese che adoperano tali comportamenti non costituiscono partner idonei per l'alleanza. L'*adverse selection* è probabile in un'alleanza strategica solo quando sia difficile o costoso valutare le risorse o le capacità che un partner apporta all'alleanza stessa.

Le informazioni sul partner

Infatti, la valutazione della veridicità delle asserzioni di un potenziale partner è spesso non facile e dipende dalle informazioni di cui un'impresa potrebbe anche non disporre. Per valutare pienamente le asserzioni di un partner circa i suoi contatti politici, un'impresa ha necessità dei contatti politici propri; per valutare pienamente le asserzioni di un partner circa la sua conoscenza del mercato potenziale, un'impresa necessita di una conoscenza significativa del mercato. Pertanto, un'impresa in grado di valutare, completamente e a un costo ridotto, le risorse e le capacità di potenziali partner probabilmente in realtà potrebbe non necessitare di quest'alleanza strategica. Proprio la circostanza che un'impresa sia alla ricerca di un partner è in qualche modo un'indicazione che quell'impresa disponga di abilità limitate per valutare potenziali partner.

Favorire l'*adverse selection*

In generale, quanto meno tangibili siano le risorse e le capacità che debbono essere apportate in un'alleanza strategica, maggiore sarà il costo per stimarne anticipatamente il relativo valore, ed è più probabile che si verifichino situazioni di *adverse selection*. Le imprese che prendono in considerazione alleanze con partner che apportano risorse intangibili come "conoscenza delle condizioni locali" o "contatti con le figure politiche chiave" faranno bene a guardarsi da queste possibili forme di opportunismo.

Non rendere disponibili le proprie risorse

Moral hazard. Il partner di un'alleanza strategica può essere dotato di risorse di alta qualità e capacità di valore significativo, ma non rendere tali risorse disponibili agli altri partner. Questa forma di opportunismo viene chiamata ***moral hazard***. Ad esempio, un partner in un'alleanza strategica finalizzata all'*engineering* potrebbe accordarsi per trasferire alla partnership solo gli ingegneri di maggior talento e più qualificati, ma poi in realtà trasferire solo le risorse di minor talento e peggio formate. Questi ingegneri meno qualificati potrebbero non riuscire a contribuire sostanzialmente al successo dell'alleanza, ma potrebbero essere capaci di apprendere tantissimo dagli ingegneri maggiormente qualificati messi a disposizione dagli altri partner (Ouchi, 1984; Bresser, 1988).

Accuse reciproche: il caso Boston Ventures

Spesso entrambi i partner in un'alleanza non andata a buon fine si accusano l'un l'altro di *moral hazard*. Ad esempio, al termine degli anni ottanta, Boston Ventures, una nuova società d'investimenti inglese, acquisì la Motown Records, poi strinse un'alleanza con MCA per distribuirne la produzione discografica. Sfortunatamente, le vendite discografiche della Motown attraverso la rete distributiva MCA non raggiunsero mai i risultati attesi. Motown accusò MCA di aver fallito in una politica di promozione aggressiva dei dischi Motown; MCA accusò Motown di produrre dischi che non erano di successo e non diventavano popolari. Dopo appena pochi anni, l'alleanza terminò e Motown sottoscrisse un accordo di distribuzione con la Polygram Records (Turner, 1991).

Moral hazard e cambiamenti strategici

La presenza di *moral hazard* in un'alleanza strategica non necessariamente significa che uno o più partner siano malevoli o disonesti. Piuttosto, spesso accade che le condizioni di mercato cambino successivamente alla formazione dell'alleanza, richiedendo ad uno o più partner di modificare le loro strategie.

Ad esempio, nei primi tempi nel settore dei personal computer, Compaq Computer Corporation basava la sua rete commerciale su un network di distributori indipendenti; appena la concorrenza nel settore aumentò, Internet, gli ordini *via mail* ed i cosiddetti *superstores* divennero un canale distributivo di maggior valore e pertanto la relazione tra Compaq e i suoi tradizionali distributori divenne più tesa. Verso gli inizi degli anni novanta, i tradizionali distributori di Compaq non riuscivano più a gestire tutte le scorte necessarie in modo tempestivo e, per soddisfare i bisogni di grandi ordinativi, alcuni di essi acquistavano i computer Compaq dai locali *superstores* e poi li inviavano ai loro clienti. Lo spostamento di Compaq da un sistema di distributori indipendenti a forme di distribuzione alternative fu interpretato come un *moral hazard*, per lo meno secondo il punto di vista dei venditori indipendenti. Tuttavia, nella prospettiva di Compaq, questo cambiamento rifletteva semplicemente una nuova realtà economica del settore dei personal computer (Pope, 1993). La corsa all'apprendimento descritta all'inizio di questo capitolo può essere vista come un esempio di *moral hazard*. Uno studio recente ha stimato che circa l'80% delle imprese di piccole dimensioni che costituiscono un'alleanza strategica con grandi imprese sperimentano un significativo grado di *moral hazard* (Alvarez, Barney, 2000).

Alleanze e investimenti specifici

Holdup Una volta che l'alleanza strategica è stata costituita, un'impresa partner può dover sostenere investimenti che hanno valore solo nello specifico contesto di quell'alleanza. Si tratta cioè di investimenti *transaction specific*. Ad esempio, può accadere che le relazioni intense e di fiducia tra i manager delle imprese partner abbiano un valore considerevole nel contesto dell'alleanza, ma limitato in altri contesti economici di scambio. Inoltre, per cooperare con l'altro partner, può essere necessario personalizzare impianti di produzione, reti distributive e politiche organizzative chiave. Tali cambiamenti hanno un valore significativo nel contesto dell'alleanza, ma non aiutano, anzi talvolta possono danneggiare l'impresa, negli scambi al di fuori dell'alleanza. Ogni volta che il valore di un investimento nel suo primo migliore utilizzo (in questo caso, nell'alleanza) sia molto più elevato che il valore nel suo utilizzo secondario (al di fuori dell'alleanza), quell'investimento viene definito ***transaction specific*** (Williamson, 1975; Klein, Crawford, Alchian, 1978).

Attendere ritorni superiori agli accordi iniziali

Quando un'impresa sostiene maggiori investimenti *transaction specific* in un'alleanza strategica rispetto a quanti ne sostenga il partner, quell'impresa può essere soggetta a forme di comportamento opportunistico chiamate ***holdup***. L'*holdup* si verifica quando un'impresa che non abbia sostenuto significativi investimenti *transaction specific* pretenda dall'alleanza ritorni superiori rispetto agli accordi iniziali con il partner. Ad esempio, si supponga che due partner si accordino per dividersi al 50% costi e profitti relativi all'alleanza. Per far funzionare l'alleanza, l'impresa A deve personalizzare i suoi processi produttivi, mentre l'impresa B non deve modificare i propri. Il valore per l'impresa A di questo processo produttivo se viene utilizzato nell'alleanza strategica è pari a 5.000 dollari. Mentre, al di fuori di tale alleanza, tale processo produttivo vale solo 200 dollari (come un rottame). Ovviamente, l'impresa A ha sostenuto un investimento specifico per l'alleanza, mentre l'impresa B non ne ha sostenuti. Di conseguenza, l'impresa A può essere soggetta a *holdup* da parte dell'impresa B. In particolare, l'impresa B potrebbe minacciare di lasciare l'alleanza a meno che l'impresa A non si rendesse disponibile a trasferire parte del valore di 5.000 dollari che ottiene dall'utilizzo del processo produttivo modificato nell'alleanza. Piuttosto che perdere tutto il valore generato dal suo investimento, l'impresa A potrebbe allora essere disposta a cedere parte dei 5.000 dollari per evitare di guadagnare solo 200 dollari, al di fuori dell'alleanza specifica. Così, anche se le due imprese si accordano per una suddivisione al 50%, il patto iniziale può essere in seguito modificato, a discapito della parte che sostiene significativi investimenti *transaction specific*. La ricerca sulle *joint ventures* internazionali suggerisce che l'esistenza di investimenti *transaction specific* in queste relazioni spesso conduce a problemi di *holdup* (Yan, Gray, 1994).

Holdup motivo per allearsi: il caso bauxite

La minaccia di *holdup*, tuttavia, può rappresentare anche una motivazione alla creazione di un'alleanza. Le imprese che fondono la bauxite spesso si uniscono in *joint ventures* con imprese minerarie per conseguire economie di scala nell'attività mineraria. Tuttavia, queste imprese hanno un'altra opzione alternativa: potrebbero da sole scegliere di gestire più grandi ed efficienti miniere e vendere sul mercato l'eccesso di bauxite rispetto ai fabbisogni dei propri impianti di fusione. Sfortunatamente, tuttavia, la bauxite non è una *commodity* omogenea e differenti tipi di bauxite richiedono differenti tecnologie di fusione. Per consentire a un'impresa di rivendere al mercato il proprio eccesso di bauxite, le altre fonderie dovrebbero sostenere enormi investimenti per poter raffinare quella particolare bauxite. Questi investimenti sarebbero *transaction specific* e assoggetterebbero le imprese a problemi di *holdup*. In questo contesto, un'alleanza strategica può essere considerata una via per ridurre le minacce di *holdup* attraverso la creazione di un esplicito *framework* manageriale per risolvere i problemi.

In tutte e tre queste forme di comportamenti ingannevoli nelle alleanze strategiche, l'impresa opportunista si appropria della ricchezza dei suoi partner.

3. Alleanze strategiche e vantaggio competitivo sostenibile

VRIO *framework* e alleanze strategiche

La capacità delle alleanze strategiche di divenire fonti di vantaggio competitivo sostenibile può essere analizzata usando il VRIO *framework* illustrato nel cap. 3. Un'alleanza è economicamente di valore quando la diseguaglianza nell'equazione [9.1] sia maggiore dei costi imposti all'alleanza dal comportamento ingannevole di uno dei partner. Inoltre, perché un'alleanza strategica sia fonte di un vantaggio competitivo durevole, essa deve essere rara e costosa da imitare e l'impresa deve essere organizzata per sfruttarne pienamente il suo potenziale.

3.1. La rarità delle alleanze strategiche

Alleanze rare: l'industria automobilistica statunitense e giapponese

La rarità delle alleanze strategiche dipende dal numero delle imprese concorrenti, che hanno già implementato un'alleanza e anche dai benefici che le imprese ottengono dalle loro alleanze e non solo dalla frequenza con cui le realizzano. Si consideri, ad esempio, l'industria automobilistica negli Stati Uniti dove, negli ultimi anni le alleanze strategiche sono divenute molto comuni, specialmente con le imprese automobilistiche giapponesi. Ford ha sviluppato un'alleanza con Mazda, Daimler-Chrysler ha sviluppato un'alleanza con Mitsubishi e GM un'alleanza con Toyota. Data la frequenza con la quale tali alleanze si sono diffuse nel settore, si sarebbe tentati di concludere che le alleanze strategiche non siano rare e pertanto non possano essere una fonte di vantaggio competitivo durevole. Un esame più attento, tuttavia, suggerisce che tali alleanze potrebbero essere state create per differenti ragioni. Ad esempio, fino a poco fa GM e Toyota hanno cooperato solo nella produzione di una singola linea di auto, la Chevrolet Nova. GM era meno interessata all'apprendimento delle capacità di design di Toyota, mentre era molto più interessata a capire come produrre piccole auto di alta qualità in modo profittevole. Ford e Mazda, al contrario, hanno lavorato a stretto contatto per la progettazione di nuove auto, mettendo in atto una condivisione di attività produttive. Mitsubishi ha operato dapprima come fornitore di Daimler-Chrysler e (fino a poco fa) ci sono state relativamente poche condivisioni di attività di sviluppo o produzione. Pertanto, nonostante tutte e tre le imprese abbiano sviluppato alleanze strategiche, esse rispondono a differenti scopi e quindi ognuna di esse può essere rara (Badaracco, Hasegawa, 1988; Patterson, 1991; Williams, Kanabayashi, 1993; Ennis, 1991).

Partner con risorse complementari

Una delle ragioni per le quali i benefici che maturano da una particolare alleanza strategica possono essere rari è che relativamente poche imprese possono possedere le risorse complementari e le abilità richieste per creare un'alleanza.

Ciò è particolarmente vero quando un'alleanza è realizzata per entrare in un nuovo mercato soprattutto estero. Un esempio recente è offerto dall'alleanza tra Motorola e Apple per il lancio del primo "iPodphone", il "Mac-Torola", un iPod capace di gestire musica, audiolibri, podcasting e al contempo utile per telefonare. Tale alleanza mette a sistema capacità distintive dei partner nei settori dei prodotti per la telefonia mobile, Motorola, e dei prodotti per la memorizzazione e l'ascolto di brani musicali, Apple.

In molte economie meno sviluppate solo una o poche imprese locali possono essere dotate di conoscenze locali, contatti e reti distributive necessarie per facilitare l'ingresso in quel mercato; talvolta il governo locale vara provvedimenti per limitare il numero di queste imprese locali. In questi casi, nonostante molte imprese possano cercare di entrare in questo mercato, ma solo un numero molto ridotto sarà capace di formare un'alleanza strategica con l'impresa locale, garantendosi benefici rari.

3.2. L'imitabilità delle alleanze strategiche

Duplicazione diretta e prodotti sostitutivi

Come discusso nel cap. 3, le risorse e le capacità che consentono alle imprese di concepire e implementare strategie di valore possono essere imitate in due modi: duplicazione diretta e sostituzione.

Le relazioni socialmente complesse

Diretta duplicazione delle alleanze strategiche. Ricerche recenti suggeriscono che alleanze strategiche di successo sono spesso basate su relazioni socialmente complesse tra i partner (Ernst, Bleeke, 1993; Barney, Hansen, 1994). In questo senso, le alleanze strategiche di successo spesso vanno ben al di là di semplici contratti e sono caratterizzate da fenomeni socialmente complessi, come una relazione di fiducia e amicizia tra i partner, e anche talvolta dalla volontà di mettere in secondo piano i propri ristretti interessi di breve termine, per il bene e la durevolezza delle relazione. Alcune ricerche hanno mostrato che lo sviluppo di relazioni fiduciarie tra i partner di un'alleanza sia difficile da ottenere e allo stesso tempo essenziale per il suo successo. In uno studio, circa un terzo di 49 alleanze non riuscì a soddisfare le attese delle imprese partner (Ernst, Bleeke, 1993). La causa più comune del fallimento era l'incapacità dei partner di avere fiducia reciproca. Comunicazioni interpersonali, tolleranza per le differenze culturali, pazienza e disponibilità a sacrificare profitti di breve termine per il successo di lungo termine, sono tutti fattori determinanti del livello di fiducia tra i partner. Naturalmente, non tutte le imprese in un settore avranno le capacità organizzative e relazionali necessarie per costruire alleanze di successo. Le imprese che hanno la capacità di sfruttare tali abilità attraverso la creazione di alleanze possono beneficiare di vantaggi competitivi.

Finmeccanica: competenze specialistiche

Fincantieri e Finmeccanica, di recente, hanno siglato una collaborazione nel settore delle navi militari. Gli obiettivi di tale accordo sono molteplici: aumentare la competitività sul mercato nazionale e su quelli esteri, attraverso un'offerta integrata dei prodotti di entrambe le società. Importante è sottolineare che l'iniziativa, anche in questo caso, sfrutta le sinergie tecniche e commerciali tra le unità di *business* navi militari di Fincantieri e le aziende del gruppo Finmeccanica che posseggono competenze ben specifiche nei sistemi di combattimento, nell'elettronica e nei sistemi di arma navali e subacquei. Sul piano prettamente commerciale, vi è la volontà di instituire una rete comune di fornitori di prodotti e componenti di base.

Sviluppo interno e acquisizioni

Strategie sostitutive delle alleanze strategiche. Anche se gli scopi e gli obiettivi di un'alleanza strategica sono di valore e rari, e anche se le relazioni in base alle quali è creata sono socialmente complesse e costose da imitare, quando sono presenti alternative strategiche meno costose, l'alleanza può comunque non essere in grado di generare un vantaggio competitivo sostenibile. Vi sono almeno due possibili strategie sostitutive delle alleanze: lo sviluppo interno e le acquisizioni (Nagarajan, Mitchell, 1998; Hagedoorn, Sadowski, 1999; Newburry, Zeira, 1997).

I costi dello sviluppo interno

Sviluppo interno. In alcune situazioni, il costo per realizzare particolari economie di scopo attraverso tentativi di sviluppo interno può approssimativamente equivalere al costo per realizzare le medesime economie attraverso un'alleanza strategica. In questa circostanza, lo sviluppo interno sarà un sostituto dell'alleanza strategica. I costi relativi all'uso dello sviluppo interno o dell'alleanza strategica per realizzare una particolare economia dipendono dal costo che bisogna sostenere per garantirsi l'accesso alle risorse e alle capacità necessarie a creare tale economia e dai costi di gestione dei collegamenti tra tali risorse (Barney, 1999).

In alcune circostanze, le alleanze costituiscono una modalità meno costosa per accedere a risorse e a capacità rispetto allo sviluppo interno. In questo caso il costo marginale di utilizzo delle risorse e capacità di un'altra impresa tramite un'alleanza è all'incirca pari a zero. Ad esempio, se un'impresa dispone già di una rete distributiva funzionante e se tale rete può essere utilizzata per distribuire anche i prodotti o i servizi di un'altra impresa, allora il costo marginale di utilizzo di tale rete per distribuire prodotti e servizi addizionali è circa zero. In questo contesto, anche se un'impresa può sviluppare la sua propria rete distributiva ad un costo relativamente basso, il costo più basso di uso di una rete già esistente rende l'alleanza strategica preferibile allo sviluppo interno, che pertanto non ne costituisce un sostituto. Non è raro vedere che entranti relativamente recenti nel mercato dell'auto negli Stati Uniti usino le alleanze con rivenditori di GM, Ford e Daimler-Chrysler per distribuire i loro prodotti. In questi casi, il costo di accesso alle capacità distributive tramite un'alleanza è molto più basso di quello che si sarebbe generato da uno sviluppo interno di una propria rete distributiva (Patterson, 1991; Keller, 1993).

Risorse *path dependent*

Più in generale, quando la realizzazione interna di un'economia di scopo richiede lo sviluppo di risorse e capacità che sono *path dependent*, incerte o socialmente complesse, è spesso meno costoso avere accesso a tali risorse tramite un'alleanza con imprese che già le posseggono, piuttosto che tentare di svilupparle indipendentemente. In questa situazione, gli sforzi di uno sviluppo interno non rappresentano un sostituto delle alleanze strategiche. Ma quando la realizzazione di un'economia di scopo non richiede lo sviluppo di tali risorse, lo sviluppo interno e l'alleanza strategica possono essere sostituti strategici.

Tuttavia, il costo relativo per guadagnare l'accesso a risorse e capacità tramite sviluppo interno o alleanze strategiche non costituisce l'unico aspetto nella valutazione della loro sostituibilità. Va valutato anche il costo relativo per gestire i collegamenti necessari a realizzare una particolare economia di scopo in queste modalità alternative. Se il costo per gestire tale alleanza è molto alto, lo sviluppo interno potrebbe essere comunque preferito (Shortell, Zajac, 1988).

Sviluppare sinergie nell'impresa

Gran parte della ricerca si è concentrata sull'abilità delle imprese di sviluppare relazioni cooperative e sinergiche all'interno dei loro confini ed è in crescita l'attività di ricerca sull'importanza delle relazioni cooperative nelle alleanze strategiche. Alcuni economisti hanno assunto che la collaborazione è probabilmente meno costosa da sviluppare all'interno di un'impresa piuttosto che tra le imprese, in base alla considerazione che l'autorità formale gerarchica può essere utilizzata per assicurare una cooperazione interna a basso costo. Secondo questa interpretazione, anche quando l'accesso a risorse e capacità necessarie per creare economie di scopo sia più costoso tramite sviluppo interno piuttosto che attraverso l'alleanza, il costo addizionale potrebbe essere più che controbilanciato dal minore costo interno di gestione dei collegamenti tra queste risorse (Williamson, 1975; Teece, 1977).

Al contrario, però, altri studiosi hanno criticato questa asserzione, affermando che portare una transazione all'interno dei confini d'impresa non riduce i costi per sviluppare la cooperazione. Secondo quest'argomentazione, lo sviluppo di relazioni cooperative tra imprese e lo sviluppo di relazioni cooperative tra diverse unità della stessa impresa sono egualmente costose; pertanto la scelta tra sviluppo interno e alleanza strategica dovrebbe dipendere solo dai relativi costi di accesso a risorse e capacità rilevanti. Se lo sviluppo interno e le alleanze strategiche non differiscono nel costo di accesso alle risorse necessarie per creare sinergie, allora costituiscono sostituti strategici (Grossman, Hart, 1986).

Cooperazione intraorganizzativa ed interorganizzativa

Se i costi di gestione dei collegamenti tra risorse utili per creare economie di scopo differiscono tra sviluppo interno e alleanze strategiche ciò dipende probabilmente dalle **capacità di cooperazione** delle imprese. Alcune imprese potrebbero essere molto specializzate nello sviluppo di cooperazione intra-organizzativa ad alto livello e pertanto perseguire questo come approccio a costi ridotti per sfruttare le potenziali economie di scopo. La ben conosciuta cultura cooperativa di Hewlett-Packard e di molte imprese giapponesi può rendere preferibile la cooperazione interna per sfruttare le sinergie.

Acquisizioni sostitutive delle alleanze

Acquisizioni. Anche l'acquisizione di altre imprese può essere una scelta sostitutiva delle alleanze. In questo caso, un'impresa alla ricerca delle economie illustrate nella tabella 1 può semplicemente acquisire un'altra impresa che possegga già le risorse e le capacità rilevanti tentando in tal modo di sfruttare le sinergie potenziali. Tali acquisizioni hanno l'**effetto di diversificare** il portafoglio di business nel quale l'impresa sta operando. Tuttavia, le acquisizioni per diversificare hanno quattro caratteristiche che spesso ne limitano la possibilità di costituire dei sostituti per le alleanze strategiche. Queste caratteristiche sono sintetizzate nella tabella 4 (Hennart, 1988; Kogut, 1988; Barney, 1999).

Tabella 4 – Ragioni per le quali le alleanze strategiche potrebbero essere preferite alle acquisizioni nel realizzare economie di scopo di valore

1. Vincoli legali alle acquisizioni
2. Le acquisizioni possono limitare la flessibilità dell'impresa in condizioni di elevata incertezza
3. "Fardello" organizzativo indesiderato dell'impresa acquisita
4. Il valore delle risorse e capacità dell'impresa dipende dalla loro indipendenza

Vincoli legali e limiti alla flessibilità

Innanzitutto, ci possono essere **vincoli legali** alle acquisizioni, che riguardano soprattutto imprese che cercano vantaggi attraverso la combinazione con altre imprese dello stesso settore. In secondo luogo, le alleanze strategiche garantiscono a un'impresa di preservare la sua flessibilità nell'entrare o no in un nuovo business, mentre le acquisizioni limitano tale flessibilità, perché rappresentano un forte impegno e coinvolgimento in specifiche attività di business. Di conseguenza, in condizioni di elevata incertezza le imprese possono preferire le alleanze strategiche alle acquisizioni come via per ottenere sinergie da risorse complementari, pur mantenendo la flessibilità.

"Bagaglio" organizzativo indesiderato

Un'alleanza strategica può focalizzarsi sullo sfruttamento di economie limitatamente alle parti collegate delle imprese. Le acquisizioni, invece, generalmente coinvolgono l'intera organizzazione, sia quelle parti dove si genera l'economia di scopo, sia quelle dove non si verifica. Dal punto di vista dell'impresa acquirente, le parti dell'impresa dove non si generano economie di scopo costituiscono essenzialmente un **"fardello" indesiderato**. Tali parti potrebbero essere rivendute dopo l'acquisizione, ma tale cessione potrebbe rivelarsi costosa e lenta. In questi casi le alleanze strategiche si rivelano preferibili.

Il caso Turner Broadcasting

Un'impresa che ha scelto di acquisire un'altra impresa per garantirsi l'accesso a speciali risorse, piuttosto che sviluppare un'alleanza strategica per sfruttare tali collegamenti, è stata Turner Broadcasting prima della sua acquisizione della Time Warner. Turner Broadcasting stava cercando di strutturare un nuovo network di tv via cavo ma aveva bisogno di accedere ad un grande catalogo di vecchi film. MGM possedeva tale catalogo e Turner Broadcasting la acquisì. Dopo l'acquisizione Turner Broadcasting iniziò a cedere tutte le parti della MGM, mantenendo solo il catalogo dei film. Tuttavia, pur riuscendo a creare il nuovo network (TNT network) attraverso il catalogo di MGM, il processo di acquisizione e rivendita degli *assets* indesiderati di MGM fu estremamente costoso ed erose le risorse finanziarie di Turner. Ci si potrebbe chiedere se Turner Broadcasting non avrebbe fatto meglio a negoziare un'alleanza strategica con MGM (o con altre imprese con un grande catalogo di film) evitando, in tal modo, i costi considerevoli di un'acquisizione (Barney, 1999).

Risorse di valore e imprese indipendenti

Infine, talvolta, le risorse e le capacità di un'impresa sono di valore nella misura in cui quell'impresa rimanga indipendente. Anche in questo contesto, l'acquisizione di un'impresa può in realtà ridurre il valore dell'impresa, per cui l'alleanza si rivela preferibile.

Un esempio indicativo è fornito dall'accordo strategico tra TUI e il gruppo Accor. Dall'estate 2004 il gruppo TUI ha inserito, nei propri cataloghi, 180 alberghi del gruppo, appartenenti ai marchi Sofitel, Novotel, Mercure e Ibis, tutti del gruppo Accor. Dall'inverno 2003-04 in poi, le agenzie di viaggio Accor vendono i prodotti del nuovo marchio TUI, che così è entrato nel mercato francese. Questo accordo ha apportato benefici ad ambo le parti: il gruppo Accor si è assicurato un partner in grado di movimentare 20 milioni di turisti, con posizione leader nel segmento del *city tour*. Accor, dal suo canto, opera in 92 Paesi e, con i *networks* di agenzie sotto i brand Carlson Wagonlit Travel e Frantour, ha un'alleanza con il gruppo Seltour, che consente al gruppo TUI di estendere il proprio canale di vendita anche alle 1800 agenzie controllate dal partner, insieme a CIT, Lusitania, Verny e Wasteels. Nell'accordo in questione, quindi, in cui il gruppo Accor presenta un orientamento al management tipicamente francese e opera, prevalentemente, su quel mercato, è chiaro che si tratta di due grandi imprese, con avviamento consolidato e attività e mercati target complementari. In questi casi, è più conveniente mantenere la totale identità culturale e l'indipendenza giuridica dei partner, proprio per gli obiettivi che gli stessi si pongono: accedere al mercato francese il primo, acquisire la clientela di TUI il secondo (Della Corte, 2004). TUI è, oggi, il "gigante delle vacanze" e controlla i marchi Thomson e First Choice. In seguito alla fusione tra TUI Ag e TUI Travel, è ora il gruppo numero uno al mondo per quel che concerne il turismo integrato e ha un controllo capillare su tutta la filiera turistica: possiede centri di prenotazione, navi, aerei, alberghi e praticamente ogni tipo di vettore. Ciò rende possibile il controllo dei prezzi e l'elevata presenza di barriere all'entrata per i competitors. Anche Thomas Cook, l'altro competitor a livello mondiale, ha adottato lo stesso modello di business mettendo, però, sotto unica divisione e con unico management, l'unità "aerei". In futuro, saranno anche potenziate collaborazioni più strette con i carrier indipendenti.

4. L'organizzazione delle alleanze strategiche

Organizzazione e obiettivi delle alleanze

Una delle più importanti determinanti del successo delle alleanze strategiche è la loro organizzazione. L'obiettivo organizzativo principale di un'alleanza è di garantire ai partner la massimizzazione dei benefici attesi e la minimizzazione della probabilità di comportamenti ingannevoli rispetto agli accordi. Le capacità organizzative richieste nella gestione delle alleanze sono, per molti versi, uniche e richiedono molto tempo per essere sviluppate e per raggiungere il pieno sfruttamento del relativo potenziale. Questo è il motivo per cui Apple Computer, prima di anticipare un'ampia e complessa alleanza con IBM e Motorola per sviluppare una nuova architettura di personal computer, iniziò dapprima a sviluppare alleanze meno laboriose e complesse. Ad esempio, cooperando con Sony nello sviluppo di PowerBook, Apple iniziò ad apprendere le attitudini organizzative di cui avrebbe avuto bisogno per il successo della sua più complessa alleanza con IBM e Motorola (Schlender, 1991; Corcoran, 1993).

Una varietà di strumenti e meccanismi possono essere utilizzati per minimizzare le probabilità di comportamenti sleali nelle relazioni interimprenditoriali: alleanze *non-equity*, alleanze *equity*, la reputazione dell'impresa, le *joint ventures* e la fiducia.

4.1. Alleanze *non-equity*: contratti e sanzioni legali

I contratti di collaborazione

Un modo per i partner di evitare l'opportunismo nelle alleanze strategiche è di anticipare le situazioni in cui tali comportamenti si possono verificare (incluso *adverse selection, moral hazard e holdup*) e stipulare contratti in cui si esplicitino tali situazioni e si definiscano le responsabilità legali in caso di comportamento ingannevole di una parte. La stesura di simili contratti, insieme ad un attento monitoraggio della conformità e la minaccia di sanzioni legali, può limitare la probabilità di comportamenti opportunistici. Nel par. 1, tali alleanze strategiche venivano definite ***non-equity***.

Tuttavia, i contratti talvolta non riescono a prevedere e prevenire tutte le forme di comportamenti sleali che possono verificarsi in una relazione; le imprese possono ingannare in modi così "sottili" che risultano difficili da valutare in termini di **clausole contrattuali**. Quindi, sebbene i contratti siano un'importante componente della maggior parte delle alleanze strategiche, essi non risolvono tutti i problemi associati con i comportamenti opportunistici.

4.2. Alleanze *equity*: contratti e investimenti azionari

Alleanze *equity*

Se le regole contrattuali aiutano, in qualche misura, a fronteggiare le minacce di comportamenti opportunistici, il potere di controllo dei contratti può essere rinforzato attraverso l'investimento dei partner in partecipazioni azionarie incrociate. Quando un'impresa A acquisisce una sostanziale partecipazione azionaria nell'azienda del suo partner B, il suo valore di mercato dipende in qualche misura dalle performance economiche del partner. L'incentivo a comportamenti opportunistici dell'impresa A verso l'impresa B si riduce enormemente, poiché la sua adozione comporterebbe la riduzione della performance economica dell'impresa B e pertanto del valore dell'investimento azionario dell'impresa A. Nel par. 1 tali alleanze sono state definite ***equity***. Molte imprese usano investimenti azionari incrociati per favorire la gestione delle loro alleanze. Tali soluzioni, particolarmente comuni in Giappone, dove i maggiori azionisti spesso comprendono diversi fornitori chiave, incluse le principali banche, riducono la minaccia di comportamenti opportunistici e possono ridurre i costi di fornitura (Ouchi, 1984; Barney, 1990).

4.3. La reputazione delle imprese

Difendere la propria reputazione

Un terzo ostacolo al comportamento opportunistico nelle alleanze strategiche consiste negli effetti della cattiva reputazione sulle opportunità future dell'impresa. Spesso risulta difficile prevedere tutte le differenti modalità con cui un partner può adottare comportamenti opportunistici; è più facile descrivere a posteriori tali comportamenti. La notizia che un partner si sia comportato in modo sleale in un'alleanza in genere si diffonde rapidamente, ostacolando la possibilità di realizzare alleanze strategiche in futuro con altri partner, indipendentemente dalle risorse e capacità speciali che potrebbe apportare all'alleanza. In tal modo, il comportamento opportunistico in un'alleanza può precludere le opportunità di sviluppo di altre alleanze di valore. Per tale ragione, le imprese potrebbero decidere di non comportarsi in modo sleale nelle alleanze in atto (Barney, Hansen, 1994; Weigelt, Camerer, 1988; Granovetter, 1985).

Il controllo "reputazionale"

C'è un'evidenza sostanziale che l'effetto della **reputazione** sulle opportunità future di business sia importante. Le imprese fanno grande attenzione ad assicurarsi di non sviluppare tale reputazione negativa. Tuttavia, questo controllo "reputazionale" della slealtà nelle alleanze strategiche presenta diverse limitazioni (Eichenseher, Shields, 1985; Beatty, Ritter, 1986; Kalleberg, Reve, 1992; Larson, 1992; Stuart, Hoang, Hybels, 1999; Stuart, 1998; Gulati, 1998).

Innanzitutto, una slealtà sottile nell'alleanza potrebbe non divenire pubblica; e, anche nel caso in cui divenisse pubblica, potrebbe essere ambigua la responsabilità del fallimento dell'alleanza. In secondo luogo, anche quando il comportamento opportunistico non fosse ambiguo, l'informazione su tale comportamento potrebbe restare privata, come avviene quando una o entrambe le imprese partner operano in economie meno sviluppate, dove esistono limiti oggettivi alla diffusione delle informazioni ad altre imprese o ad altri paesi.

Infine, l'effetto di una reputazione macchiata, quando il comportamento sleale non sia ambiguo e pubblicamente conosciuto, può precludere opportunità future per l'impresa, ma non riduce le perdite dell'impresa ingannata. Inoltre, in ognuna delle forme di comportamento opportunistico discusse in precedenza – *adverse selection, moral hazard, holdup* – la ricchezza creata con il comportamento sleale può essere maggiore del valore attuale conseguibile con l'entrare in futuro in nuove alleanze. In questo caso, una reputazione macchiata può condurre l'impresa sleale a conseguenze meno rilevanti (Tirole, 1988).

4.4. *Joint ventures*

Costituire un'impresa indipendente

Una quarta modalità per ridurre le minacce di comportamento opportunistico, per un partner di un'alleanza strategica, è investire in una ***joint venture***. Creare un'entità legale separata, in cui i partner investono e da cui ricavano profitti dai loro investimenti, riduce alcuni dei rischi di opportunismo nelle alleanze strategiche. Quando una *joint venture* viene creata, l'abilità dei partner di ottenere ritorni dipende dal successo economico della stessa. I partner hanno un limitato interesse a comportarsi in modo da danneggiare le performance della *joint venture*, poiché tali comportamenti si tradurrebbero in un danno anche per loro. Inoltre, a differenza delle conseguenze sulla reputazione dei comportamenti opportunistici, la slealtà nella *joint venture* non solo preclude l'opportunità di future alleanze, ma può danneggiare l'impresa sleale, anche nel presente.

Vantaggi delle *joint ventures*

Dati i vantaggi delle *joint ventures* nel controllo dei comportamenti opportunistici, non è sorprendente che quando la probabilità di tali comportamenti in una relazione cooperativa sia maggiore, la *joint venture* divenga di solito la forma di cooperazione preferita.

Alleanze *non-equity*, alleanze *equity* ed effetti sulla reputazione non sembrano poter limitare i comportamenti sleali in queste situazioni, poiché i ritorni per l'*holdup*, una volta che gli investimenti specifici siano stati realizzati, possono essere molto grandi. Ad esempio, la maggior parte delle alleanze strategiche create per l'estrazione di bauxite prende la forma delle *joint ventures*, che sembra poter creare incentivi abbastanza forti per ridurre significativamente la probabilità di comportamenti scorretti (Scherer, 1980).

Svantaggi delle *joint ventures*

Talvolta, il valore attuale del comportamento opportunistico in una *joint venture* è sufficientemente elevato da spingere un'impresa a tale comportamento, anche se può danneggiare la stessa *joint venture* e precludere opportunità future. Ad esempio, tramite una *joint venture*, una particolare impresa potrebbe garantirsi l'accesso a tecnologie che potrebbero essere di valore se utilizzate in un'altra delle sue aree di business; in tal caso potrebbe essere tentata di trasferire tale tecnologia a questa sua altra area di business, anche se si è accordata con il partner di non farlo ed anche se facendo ciò potrebbe limitare le performance della *joint venture*, poiché i ritorni al di sopra del normale guadagnati in quest'altra area di business possono avere un valore attuale maggiore di quelli conseguibili nella *joint venture* e di quelli conseguibili in futuro in altre alleanze strategiche.

4.5. Fiducia

Alleanze e fiducia

In taluni casi i partner di un'alleanza si basano solamente su approcci "legalistici" e strettamente economici per gestire le loro alleanze. Tuttavia, studi recenti sembrano suggerire che, sebbene i partner di un'alleanza di successo non ignorino i deterrenti legali ed economici ai comportamenti opportunistici, essi supportino fortemente questi stretti legami con un ricco insieme di relazioni interpersonali e di fiducia. Questi "contratti relazionali" aiutano inoltre a ridurre la minaccia di comportamenti scorretti. La fiducia può favorire il partner ad esplorare opportunità di scambio che non sarebbero possibili unicamente attraverso meccanismi organizzativi legali ed economici (Ernst, Bleeke, 1993; Barney, Hansen, 1994; Holm, Eriksson, Johanson, 1999; Lorenzoni, Lipparini, 1999; Blois, 1999; Chiles, McMackin, 1996; Larzelere, Huston, 1980; Butler, 1983; Zaheer, Venkatraman, 1995; Butler, Cantrell, 1984; Carney, 1998).

La strategia *tit-for-tat*

Ad un primo sguardo, questo argomento potrebbe sembrare affrontato alla lontana. Tuttavia, sia la teoria che la ricerca danno sostegno a tale approccio di gestione delle alleanze strategiche. Un'impresa che investe in un gran numero di alleanze strategiche nel tempo può essere considerata come un giocatore impegnato in un gran numero di giochi del dilemma del prigioniero. Axelrod ha mostrato che una strategia cooperativa *tit-for-tat* (colpo su colpo), presenta il più alto rendimento totale in questa situazione. Applicato alle alleanze strategiche, *tit-for-tat* assume la forma seguente: le imprese che entrano in alleanze vi restano fintantoché i loro partner si comportano in modo affidabile; se un partner si comporta in modo inaffidabile, l'alleanza tende a sciogliersi. Fino a che almeno alcuni dei potenziali partner stiano anche seguendo una strategia *tit-for-tat*, i benefici derivanti da alleanze di valore e durature risultano comparativamente maggiori dei costi immediati sopportati da un'impresa che è soggetta a comportamenti opportunistici dall'altro partner (Axelrod, 1984; Ring, Van de Ven, 1992).

La ricerca empirica suggerisce che, tipicamente, nei contratti i partner di un'alleanza di successo non specificano tutti i termini, le condizioni, tutte le forme di comportamenti sleali e le relative conseguenze. Inoltre, quando le *joint ventures* vengono formate, i partner non sempre insistono per una semplice suddivisione al 50% delle partecipazioni azionarie e dei profitti. Piuttosto, un'alleanza strategica di successo richiede fiducia, desiderio di essere flessibile, di apprendere e di lasciare che l'alleanza si sviluppi nelle modalità e secondo le aspettative dei partner (Ernst, Bleeke, 1993).

Alleanze di successo

Impegno, coordinamento e fiducia sono tutte importanti determinanti per un'alleanza di successo. In altri termini, un'alleanza strategica è una relazione che evolve nel tempo. Consentire a legali ed economisti di definire troppo rigorosamente i confini della relazione potrebbe limitarla nel suo sviluppo (Mohr, Spekman, 1994; Zaheer, Venkatraman, 1995). Questo approccio di fiducia ha anche implicazioni per la misura in cui un'alleanza strategica possa essere fonte di vantaggio competitivo sostenibile per le imprese. L'abilità ad affrontare le alleanze strategiche in modo affidabile può essere nel lungo termine di grande valore. È ragionevole ritenere che quest'abilità non sia uniformemente distribuita tra tutte le imprese che possono nutrire un interesse a formare alleanze strategiche e che quest'abilità possa dipendere dalla storia, socialmente complessa e pertanto costosa da imitare. Imprese con queste capacità possono essere abili a guadagnare vantaggi competitivi sostenibili dalle loro alleanze. L'osservazione che solo poche imprese sono ben note per le loro alleanze strategiche di successo è coerente con l'osservazione che queste capacità manageriali possano essere di valore, rare e costose da imitare.

5. Fusioni e acquisizioni

Diffusione di fusioni e acquisizioni

L'importanza delle strategie di fusione e acquisizione (*M&A, Mergers and Acquisitions*) come opzione strategica aperta in particolare alle imprese che perseguono strategie di diversificazione, non può essere messa in discussione. Il numero di imprese che hanno perseguito strategie di fusione ed acquisizione per diversificarsi nel corso degli ultimi anni è in continuo aumento. Tuttavia, la diversificazione non è l'unica strategia che può spingere ad operazioni di fusione e acquisizione; le imprese possono integrarsi verticalmente tramite acquisizioni, oppure possono sviluppare la propria quota di mercato acquisendo imprese concorrenti, o ancora possono entrare in nuovi mercati internazionali, acquisendo imprese locali. Luxottica, ad esempio, è cresciuta nel business globale della produzione di occhiali, acquisendo grandi imprese nazionali e internazionali (come Persol e Ray Ban), si è integrata nella distribuzione al dettaglio di occhiali tramite acquisizioni (l'ultima è la recente acquisizione di una grande catena di punti vendita di occhiali in Cina), si è diversificata in altri settori, come la grande distribuzione (operazione SME, in cordata con il gruppo Benetton) o il settore alimentare (operazione Sanson) sempre tramite acquisizioni (Brunetti, Camuffo, 2000). Le acquisizioni per il gruppo Luxottica sono quindi una strategia ordinaria per accrescere il business, allargare la filiera ed operare ad un livello sempre più profondo di mercato. Oggi, le acquisizioni riguardano anche piattaforme digitali e infrastrutture informatiche; ne è un esempio il controllo, da parte del gruppo, di Glasses.com, piattaforma statunitense preposta alla vendita di occhiali online e la collaborazione con Google nata per la progettazione di un nuovo tipo di occhiali. Riguardo i piani futuri, Luxottica non nasconde la volontà di voler innovare con le più moderne tecnologie il prodotto occhiale e farlo divenire sempre più oggetto integrato con il mondo online. Nestlè, puntando alla leadership mondiale in molti comparti del settore alimentare e non, ha adottato una politica di acquisizioni frequenti e di notevoli dimensioni; Buitoni si è sviluppata prevalentemente attraverso una politica di acquisizioni di piccole e medie imprese; Ferrero e Barilla, pur privilegiando strategie di sviluppo interno, hanno effettuato alcune operazioni di fusione con medie imprese (Capasso, 1990).

6. Il valore economico delle strategie di fusione e acquisizione

Come il valore di tutte le altre strategie discusse in questo testo, il valore delle strategie di fusione e acquisizione dipende dal contesto di mercato in cui queste strategie sono implementate. Se una fusione o un'acquisizione consente a un'impresa di sfruttare le opportunità competitive o di neutralizzare le minacce, riducendo i suoi costi o incrementando i suoi ricavi, tale strategia potrà essere economicamente di valore. Vanno distinti due casi di fusione e acquisizione: fusioni e acquisizioni tra imprese senza legami e fusioni e acquisizioni tra imprese strategicamente collegate.

6.1. Fusioni e acquisizioni: il caso di imprese indipendenti

Fusioni e acquisizioni tra imprese senza legami

Immaginiamo il seguente scenario: un'impresa (target) è l'oggetto di un tentativo di acquisizione, dieci imprese (gli acquirenti) sono interessate alla realizzazione di quest'acquisizione e il mercato dei capitali all'interno del quale operano le imprese acquirenti è semi-efficiente, cioè tutte le informazioni pubbliche disponibili si riflettono completamente nei prezzi delle azioni (Fama, 1970). Non c'è nessun collegamento strategico tra le imprese acquirenti e quella target. Ciò significa che il valore di ognuna di queste imprese acquirenti, se combinato con l'impresa target, corrisponde esattamente alla somma del valore di queste imprese prese come entità separate, e cioè:

[9.2] $NPV(\mathrm{A} + \mathrm{B}) = NPV(\mathrm{A}) + NPV(\mathrm{B})$

dove:

$NPV(\mathrm{A})$ = valore attuale netto dell'impresa A come entità autonoma;
$NPV(\mathrm{B})$ = valore attuale netto dell'impresa B come entità autonoma;
$NPV(\mathrm{A} + \mathrm{B})$ = valore attuale netto delle imprese A e B come entità combinate.

Quale sarà il prezzo di acquisizione e quali sono le conseguenti implicazioni sulle performance economiche per le imprese acquirenti e target? In questa, e in tutte le situazioni di acquisto, le imprese acquirenti saranno disposte a pagare un prezzo pari al massimo valore che l'impresa target aggiunge all'offerente una volta acquisita. Questo prezzo P è:

[9.3] $P = NPV(\mathrm{A} + \mathrm{B}) - NPV(\mathrm{A})$

dove:

A = impresa acquirente;
B = impresa target.

Si noti che P non dipende dal valore dell'impresa target considerata come entità autonoma, ma dipende dal valore che l'impresa target crea quando è combinata con l'impresa offerente. Ogni prezzo per un'impresa target inferiore a P sarà una fonte di profitti economici al di sopra del normale per l'impresa offerente; ogni prezzo uguale a P sarà fonte di profitti economici normali; ogni prezzo maggiore di P sarà una fonte di profitti al di sotto del normale per l'impresa acquirente.

6.2. Fusioni e acquisizioni: il caso di imprese correlate

Fusioni e acquisizioni tra imprese con relazioni strategiche

L'acquisizione di imprese strategicamente indipendenti genererà, quindi, solo profitti economici normali sia per le imprese acquirenti che per quelle target. Ciò è molto coerente con l'analisi delle conseguenze economiche di una diversificazione conglomerale affrontata nel cap. 7. In quel contesto si è affermato che non esiste una giustificazione economica per una strategia di diversificazione che non crea alcun tipo di economia di scopo tra i business all'interno dei quali l'impresa opera, e ancora che la diversificazione conglomerale non è una strategia economicamente di valore.

6.3. Tipologie di collegamenti strategici

La letteratura propone una grande varietà di classificazioni delle tipologie di relazioni strategiche possibili tra le imprese offerenti e il target.

Fusioni e acquisizioni secondo la FTC

La classificazione della Federal Trade Commission (FTC). La FTC ha sviluppato una classificazione delle tipologie di fusioni e acquisizioni (cfr. tabella 5), in base alla tipologia di collegamenti possibili tra impresa acquirente e target. La **fusione/acquisizione** è: **verticale**, quando l'acquirente si integra verticalmente, sia a monte che a valle, acquisendo fornitori di materie prime o clienti o reti distributive; **orizzontale**, quando acquisisce un'impresa concorrente; **per estensione di prodotto**, quando acquisisce produzioni complementari; **per estensione del mercato**, se ha come obiettivo primario l'accesso a nuovi mercati geografici; **conglomerale**, nei casi in cui non ci siano, tra le imprese, legami verticali, orizzontali, per lo sviluppo di prodotti o per lo sviluppo dei mercati.

Una delle imprese che ha effettuato numerose operazioni di fusione e acquisizione è Luxottica, leader mondiale nel settore dell'occhialeria. Nel 1974, al fine di bypassare la funzione di intermediazione commerciale acquisì la Scarrone di Torino, società di distribuzione per prodotti ottici (acquisizione verticale); nel 1981 acquisì la Meccanoptica Leonardo, nota azienda nel settore dei prodotti ottici per aver inventato e brevettato la cerniera a scatto elastico per montature, dando così un forte impulso alla capacità produttiva (acquisizione orizzontale); successivamente, allo scopo di entrare nel mercato degli occhiali da sole e sportivi (per estensione di prodotto) ha acquisito imprese come: Florence Line (nota per il marchio Vogue), Persol, Ray Ban; inoltre, per consolidare il suo sviluppo a livello internazionale (per estensione di mercato) ha acquisito US ShoeCorporation, gruppo statunitense proprietario della più grande catena al dettaglio di occhiali del Paese, LensCrafters. Infine, Luxottica ha anche acquisito parte della Sanson (leader nel settore del gelato), circa il 34% del gruppo GS e dell'Euromercato (acquisizioni conglomerali), attuando una strategia di diversificazione (Brunetti, Camuffo, 2000).

Tabella 5 – Categorie di fusioni e acquisizioni della Federal Trade Commission

Verticale	Un'impresa acquisisce ex fornitori o clienti
Orizzontale	Un'impresa acquisisce ex concorrenti
Di estensione del prodotto	Un'impresa ottiene l'accesso a prodotti complementari attraverso un'acquisizione
Di estensione del mercato	Un'impresa ottiene, attraverso un'acquisizione, l'accesso a mercati complementari
Conglomerale	Non c'è relazione strategica tra impresa offerente e impresa target

Tabella 6 – Le fonti potenziali di relazioni strategiche tra imprese acquirenti e target secondo Lubatkin

Economie tecnologiche	Economie di scala che si verificano quando i processi fisici all'interno dell'impresa sono modificati, così che le stesse quantità di input producono più elevate quantità di output. Fonti di economie tecnologiche comprendono il marketing, la produzione, l'esperienza, la programmazione, la gestione di rapporti con le banche e le politiche retributive.
Economie pecuniarie	Le economie ottenute dall'abilità delle imprese di dettare i prezzi grazie al potere di mercato.
Economie di diversificazione	Economie ottenute dal miglioramento della performance dell'impresa a parità di rischio o dalla riduzione del suo rischio a parità di performance. Fonti di economie di diversificazione comprendono la gestione del portafoglio titoli e la riduzione del rischio.

Fonte: Lubatkin (1983).

Altre tipologie di connessioni strategiche. Tra le altre classificazioni, che tentano di fornire un quadro più preciso delle fonti dei legami tra acquirente e target, Lubatkin (tabella 6), propone una distinzione tra economie tecnologiche (nel marketing, produzione e forme simili di relazioni), economie monetarie (derivanti dalla capacità di fissare i prezzi sfruttando il potere di mercato) ed economie di diversificazione (nella gestione del portafoglio e nella riduzione del rischio) come possibili fonti di relazioni strategiche tra imprese acquirenti e imprese target.

Fonti di acquisizioni secondo Jensen e Ruback

Jensen e Ruback, dopo una rassegna completa di ricerche empiriche sui ritorni economici delle fusioni e delle acquisizioni, ne individuarono alcuni fattori di spinta (tabella 7): riduzioni potenziali nei costi di produzione o distribuzione (dalle economie di scala, all'integrazione verticale, alla riduzione nei costi di agenzia e così via); la realizzazione di opportunità finanziarie (come ottenere l'accesso a scudi fiscali sottoutilizzati, evitare i costi di bancarotta); la creazione di potere di mercato e l'abilità ad eliminare l'inefficienza di gestione nell'impresa target.

Il valore delle acquisizioni

Per essere economicamente di valore, i legami tra le imprese acquirenti e target devono soddisfare gli stessi criteri già affrontati nelle strategie di diversificazione (cfr. cap. 7). Questi legami devono generare economie di scopo reali tra le imprese acquirenti e target; in tali casi allora l'uguaglianza nell'equazione [9.4] diventa una disuguaglianza:

[9.4] $NPV(\text{A} + \text{B}) > NPV(\text{A}) + NPV(\text{B})$

Tabella 7 – Le motivazioni delle imprese che intendono investire in strategie di fusioni e acquisizioni secondo Jensen e Ruback

Per ridurre i costi di produzione e distribuzione:
1. Attraverso le economie di scala
2. Attraverso l'integrazione verticale
3. Attraverso l'adozione di tecnologie organizzative e di produzione più efficienti
4. Attraverso il crescente utilizzo di un *team management* dell'impresa acquirente
5. Attraverso la riduzione dei costi di agenzia sottoponendo gli *assets* specifici dell'organizzazione alla comproprietà

Motivazioni finanziarie:
1. Ottenere l'accesso a scudi fiscali sottoutilizzati
2. Evitare i costi di bancarotta
3. Accrescere le opportunità di indebitamento
4. Ottenere altri vantaggi fiscali
5. Ottenere potere di mercato
6. Eliminare le inefficienze nella gestione dell'impresa target

Fonte: Jensen, Ruback, 1983.

Se una disuguaglianza del genere persiste, allora queste due imprese genereranno, attraverso la cooperazione, un maggior valore rispetto a quello conseguibile separatamente. Questo valore addizionale può essere il risultato della riduzione dei costi o dell'aumento dei ricavi che sono generati dalle economie di scopo; tuttavia, tali economie non solo devono realizzarsi, ma devono anche essere meno costose rispetto a una soluzione strategica di sviluppo autonomo e indipendente.

6.4. Ritorni economici nelle acquisizioni collegate

Se l'impresa acquirente e l'impresa target sono strategicamente correlate, il loro valore economico combinato risulta maggiore della sommatoria dei singoli valori economici delle stesse, considerate separatamente. In condizioni di efficienza *semi-strong* del mercato dei capitali, quando esiste una relazione strategica, di quelle illustrate nelle tabelle precedenti, tra acquirente e target, il valore complessivo della combinazione delle due imprese sarà maggiore per effetto delle economie di scopo generate. Il prezzo che l'impresa acquirente sarà disposta a spendere per l'acquisizione sarà pertanto maggiore del valore di mercato dell'impresa target, considerata separatamente. Il differenziale di tale valore (tra il prezzo di acquisizione e il valore di mercato dell'azienda target) genererà un ritorno economico per gli azionisti dell'impresa target, e non per gli azionisti dell'impresa acquirente, in quanto il prezzo di acquisizione sarà pari proprio alla somma del valore di mercato dell'impresa target e del valore generato dall'acquisizione. Per essere più precisi, in caso di offerte multiple di acquisto, se il valore complessivo successivo all'acquisizione, proprio per la connessione strategica tra acquirente e target, è pari a 32.000 dollari (quando 15.000 dollari è il valore dell'impresa acquirente, da sola, e 10.000 il valore di mercato dell'impresa target, sempre da sola) 17.000 dollari sarà il prezzo di acquisizione. Tale prezzo, per il target, genererà un profitto di 7.000 dollari (differenza tra 17.000 e 10.000), mentre per gli azionisti dell'acquirente genererà solo un ritorno normale (il prezzo di acquisto di 17.000 dollari è esattamente pari al valore incrementale conseguito per effetto dell'acquisizione, che è pari alla differenza tra 32.000 e 15.000 dollari).

Le relazioni tra le imprese e gli effetti sui ritorni economici

Quindi, l'esistenza di relazioni strategiche tra imprese acquirenti e target, come definita nell'equazione [9.4], non è una condizione sufficiente per far ottenere agli azionisti delle imprese acquirenti profitti al di sopra del normale. Se il potenziale economico per acquisire una particolare impresa target è ampiamente conosciuto, e molte potenziali imprese offerenti possono ottenere questo valore tramite l'acquisizione di un'impresa target, in condizioni di efficienza semi-strong del mercato dei capitali, gli azionisti delle imprese offerenti, nel migliore dei casi, riusciranno ad ottenere solo profitti economici normali dall'implementazione di una strategia di acquisizione. In questa condizione, una fusione o un'acquisizione "collegata strategicamente" creerà valore economico, ma questo valore sarà distribuito sotto forma di ritorni economici al di sopra del normale agli azionisti delle imprese target acquisite. Anche in caso di assenza di offerte multiple di acquisizione, lo stesso effetto sui ritorni economici potrebbe essere la conseguenza di un'offerta a prezzo più elevato (pari all'incremento di valore conseguito per effetto dell'operazione), per anticipare e scoraggiare potenziali altri acquirenti. Inoltre, differenti imprese acquirenti potrebbero avere diversi tipi di relazioni strategiche con le imprese target, e tuttavia queste implicazioni sulla performance delle fusioni e acquisizioni resterebbero ancora immutate, sempre a patto che le differenti imprese offerenti valutino le imprese target allo stesso modo.

6.5. Perché ci sono così tante fusioni e acquisizioni?

Motivazioni che spingono alle fusioni e alle acquisizioni

Data la prova empirica inconfutabile che, di solito, la maggior parte del valore creato nelle fusioni e nelle acquisizioni viene fatto proprio dagli azionisti dell'impresa target, sorge allora il dilemma: perché i manager delle imprese offerenti continuano ad investire nelle strategie di fusione e acquisizione? Alcune possibili spiegazioni sono le seguenti:

1. assicurare la sopravvivenza;
2. *free cash flow*;
3. problemi di agenzia;
4. presunzione manageriale;
5. potenziale di profitti al di sopra del normale.

Risposta a comportamenti dei concorrenti

Assicurare la sopravvivenza. Le acquisizioni possono essere un modo per assicurare la sopravvivenza; in particolare, se, tramite determinate acquisizioni, i concorrenti hanno migliorato la loro efficienza ed efficacia, allora non riuscire a realizzare lo stesso tipo di acquisizione può mettere l'impresa in una posizione di svantaggio competitivo. Tipici sono i casi relativi a fusioni e acquisizioni nel settore delle banche, come risposta all'apertura dei mercati e all'esigenza di consolidamento per affrontare le nuove forze competitive.

L'impiego di flussi di cassa "liberi"

Free cash flow. Generalmente, dalle acquisizioni, si attendono performance economiche per lo meno normali per le imprese offerenti, da poter reinvestire in investimenti strategici alternativi. Questo è il caso particolare delle imprese che generano *free cash flow* (M.C. Jensen, 1986; M. Jensen, 1988), ossia l'ammontare di flussi di cassa che un'impresa ha da investire dopo che tutti gli investimenti con valore attuale netto (*net present value*) positivo abbiano già ricevuto copertura finanziaria.

Il *free cash flow* è generato quando le attività di gestione ordinaria dell'impresa producono profitti, ma offrono poche opportunità di investimenti addizionali. Un'impresa che sembra avere generato moltissimo *free cash flow* negli ultimi anni è Philip Morris. La commercializzazione di tabacco della Philip Morris è estremamente profittevole, ma vincoli nella regolamentazione, le preoccupazioni sulla salute e il rallentamento della crescita della domanda limitano le opportunità di investimento nel settore del tabacco. Il *cash flow* eccedente può pertanto essere reinvestito in altri business ed alimentare processi di diversificazione tramite acquisizioni (Miles, Cameron, 1982).

I vantaggi per i manager

Problemi di agenzia. Le acquisizioni possono avvantaggiare direttamente i manager, indipendentemente dal valore creato per gli azionisti dell'impresa offerente. Come suggerito nel cap. 7, questi conflitti di interesse sono manifestazioni di problemi di agenzia tra i manager e gli azionisti di un'impresa.

Strategie di fusione e acquisizione possono avvantaggiare i manager – anche se non avvantaggiano direttamente gli azionisti dell'impresa acquirente – in almeno due modi: aiutare a diversificare i loro investimenti di capitale umano dell'impresa, favoriti dalla presenza dell'impresa in più business; aumentare rapidamente la dimensione dell'impresa, misurata attraverso i beni o gli *assets*. Quando la remunerazione del management è legata alla dimensione dell'impresa, i manager che accrescono la dimensione dell'impresa riescono a incrementare anche la loro remunerazione. Tra tutti i modi per accrescere velocemente la dimensione di un'impresa, la crescita attraverso le fusioni e le acquisizioni è forse la più semplice.

Presunzione manageriale. I manager delle imprese acquirenti possono essere mossi dalla presunzione di riuscire a gestire le attività di un'impresa target più efficientemente del management della stessa. Si parla in questo caso di **"presunzione manageriale"** (Roll, 1986), che può condurre le imprese offerenti a investire in strategie di acquisizione che non generano ritorni economici positivi. Il mercato, talvolta, interpreta l'annuncio di un'acquisizione come il frutto illusorio della presunzione manageriale dell'impresa acquirente e ne penalizza il valore, come emerge in alcuni studi (Dodd, 1980; Eger, 1983; Firth, 1980; Varaiya, 1985; Ruback, Mikkelson, 1984; Ruback, 1982).

Profitti al di sopra del normale

Potenziale di profitti superiori al normale. Anche se la ricerca empirica sui ritorni delle imprese offerenti nelle fusioni e nelle acquisizioni indica che, in media, le imprese offerenti ottengono profitti normali, tuttavia, in alcune situazioni si possono ottenere performance al di sopra del normale. Nel paragrafo successivo vengono illustrate tali situazioni.

7. Fusioni, acquisizioni e vantaggio competitivo sostenibile

I vantaggi delle acquisizioni e delle fusioni

Abbiamo già visto che le economie di scopo che spingono ad attuare processi di fusioni e acquisizioni tra imprese con relazioni strategiche possono essere di valore. Un esempio di sviluppo dimensionale attraverso strategie di fusione e acquisizione è fornito da Permasteelisa, leader mondiale nella progettazione, produzione e installazione di facciate continue, nata dalla fusione dell'ISA di Corbanese di Tarzo (Treviso), specializzata nella realizzazione di serramenti in alluminio per edifici non residenziali, con l'australiana Permasteel, prima impresa al mondo a realizzare facciate strutturali, come quella della Sidney Opera House (Garzia, Moretti, 2004). Inoltre, anche l'acquisizione della Zanussi da parte della svedese Electrolux ha rappresentato una valida opportunità di sviluppo nel settore degli elettrodomestici (Capasso, 1990). Tuttavia, la capacità di queste economie di generare profitti superiori al normale e vantaggi competitivi per l'impresa offerente non dipende esclusivamente dal valore economico, ma anche dalla competitività del mercato. Solo quando tale mercato sia caratterizzato da una concorrenza imperfetta è possibile per l'impresa offerente ottenere profitti superiori al normale attraverso l'implementazione di fusioni ed acquisizioni. Per dimostrare come le dinamiche competitive nel mercato delle imprese possono influenzare i ritorni derivanti da fusioni e acquisizioni, si considereranno tre scenari che coinvolgono sia l'impresa offerente sia quella target e le relative implicazioni (Barney, 1988).

7.1. Economie di scopo di valore, rare e riservate tra impresa offerente e target

Acquisizioni ed economie di scopo riservate

Si ha un mercato competitivo imperfetto quando un'impresa target risulta di maggior valore per una determinata impresa offerente rispetto alle altre e quando ciò non sia noto alle imprese, comprese quella offerente e quella target. In questa situazione, il prezzo dell'impresa target si incrementerà così da riflettere le aspettative pubbliche del valore della stessa. Una volta completata l'acquisizione, comunque, la performance dell'impresa acquirente sarà maggiore di quanto previsto, generando profitti superiori al normale per i suoi azionisti.

La differenziazione delle imprese produce un impatto sulle economie di scopo di valore, rare e segrete, che è funzione dell'unicità delle imprese offerenti, sia considerate indipendentemente, che combinate alle imprese target.

7.2. Economie di scopo di valore, rare e costose da imitare tra impresa offerente e target

Economie di scopo e barriere all'imitazione

L'esistenza di imprese con economie di scopo (di valore, rare e private) con le imprese target non rappresenta l'unico fattore che può portare ad una concorrenza imperfetta nel mercato delle imprese. Se altre imprese acquirenti non possono imitare le economie di scopo di valore e rare, la competizione sarà imperfetta e gli azionisti dell'azienda acquirente otterranno dei profitti. In questo caso, l'esistenza di economie di scopo di valore e rare non necessita di essere ignota, poiché le altre imprese non possono, comunque, imitarle e non si rischia di avere offerte di acquisizione da altre imprese che andrebbero ad annullare i profitti degli azionisti. Casi di economie di scopo di valore e non economicamente riproducibili sono legate alle fusioni ed acquisizioni avvenute dopo la privatizzazione delle imprese elettriche, come ad esempio la fusione Montecatini-Edison o le strategie di acquisizione della SME (Capasso, 1990).

Se il numero di offerenti è maggiore dei target

In generale, vincoli all'imitazione si hanno quando la relazione derivi da risorse rare e difficili da imitare, controllate dall'impresa offerente; in questi casi, nonostante la diffusione delle informazioni relative alla potenzialità di vantaggio di tali fonti, l'unicità delle risorse dell'impresa acquirente rende inapplicabile l'imitazione e garantisce agli azionisti dell'acquirente rendimenti superiori. Se il numero di imprese acquirenti, che posseggono queste economie di scopo, è minore del numero di imprese target, si eviterà una competizione tra le imprese offerenti che sposterà i profitti dall'impresa acquirente all'impresa target.

Se il numero di offerenti è minore dei target

Se il numero di imprese offerenti è inferiore a quello delle imprese target, allora il livello di profitto che potranno ottenere sarà approssimativamente pari a quello dell'impresa offerente con economie di scopo di valore, rare e "private" con l'impresa target. Tuttavia, se il numero di imprese offerenti è pari a quello delle imprese target allora il mercato avrà le caratteristiche di un **monopolio bilaterale**. In queste circostanze, il livello di profitti superiori al normale ottenuti dagli azionisti dell'impresa offerente è funzione delle loro abilità di negoziazione e, quindi, non è predeterminabile. Quando sia le imprese offerenti che le target sono a conoscenza del valore di una determinata impresa target per un offerente, è probabile che il prezzo di negoziazione assuma un valore compreso tra il valore che ha l'impresa target per l'impresa offerente con cui si creano le particolari economie di scopo e il valore per le altre imprese offerenti.

È, inoltre, possibile che le economie di scopo di valore, rare e costose da imitare tra un'impresa offerente e una target siano anche riservate. Infatti, di solito le caratteristiche di un'impresa che sono costose da imitare, sono anche difficili da descrivere e da individuare, e per questo motivo rappresentano informazioni di proprietà dell'impresa. In questo caso, si ripresenta lo scenario precedentemente affrontato di profitti superiori al normale associati ad economie di scopo di valore, rare e private.

7.3. Economie di scopo tra impresa offerente e target inaspettatamente di valore

Economie di scopo inattese

L'analisi precedente si è basata sull'ipotesi forte che il valore delle relazioni strategiche tra acquirenti e imprese target fosse noto con certezza a tutte le imprese offerenti. Ciò è in linea di principio possibile, ma non sempre. Molte delle più recenti acquisizioni e fusioni sono caratterizzate da numerose e complesse relazioni tra le imprese, non note a tutti. In questi casi, eventi inaspettati successivi all'acquisizione possono rendere tali strategie di maggior valore rispetto alle aspettative delle imprese coinvolte. Il prezzo pagato per l'acquisizione sarà pari al valore atteso dall'impresa target solo una volta attuata l'integrazione tra le due imprese. La differenza tra il valore inatteso effettivamente ottenuto dall'offerente e il prezzo pagato dallo stesso rappresenta un profitto superiore al normale per gli azionisti dell'impresa offerente.

7.4. Implicazioni per i manager dell'impresa offerente

Regole per i manager dell'impresa offerente

I casi illustrati precedentemente evidenziano le condizioni in cui le imprese acquirenti realizzano un profitto superiore al normale. Da ciò si possono derivare alcune importanti prescrizioni per i manager, sintetizzate qui di seguito:

1. cercare economie di scopo di valore e rare;
2. non divulgare le informazioni sull'acquisizione alle altre imprese acquirenti;
3. non divulgare le informazioni sull'acquisizione alle imprese target;
4. evitare di partecipare ad aste al rialzo;
5. concludere l'operazione velocemente;
6. agire in mercati meno attrattivi.

Relazioni di valore e rare con il target

Cercare economie di scopo rare. Una delle principali ragioni per cui le imprese acquirenti non ottengono performance superiori al normale dall'acquisizione di imprese strategicamente correlate sta nel fatto che le altre possibili imprese acquirenti valutano l'impresa target allo stesso modo. In questo caso, è facile trovarsi in un contesto molto competitivo che elimina la potenziale generazione di performance superiori al normale. Per evitare ciò, le imprese acquirenti devono mirare ad acquisire target con cui hanno relazioni di valore e rare. Ciò significa operativamente valutare tali relazioni anche rispetto agli altri acquirenti concorrenti. Ad esempio, se un'impresa acquirente possiede una reputazione unica nel suo mercato e se i prodotti dell'impresa target possono beneficiare di tale reputazione, allora l'impresa target può essere di maggior valore per questo particolare offerente, che per altri.

Evitare numerosi offerenti per la stessa impresa

Non divulgare le informazioni sull'acquisizione alle altre imprese offerenti. Un punto chiave per ottenere performance superiori al normale da una strategia di acquisizione è evitare di trovarsi in una situazione in cui ci siano numerosi offerenti per una stessa impresa target. Un modo per far ciò è limitare le informazioni sull'acquisizione e sulle fonti delle economie di scopo tra impresa acquirente e impresa target.

Evitare di trasferire informazioni riservate al target

Non divulgare le informazioni sull'acquisizione alle imprese target. Le informazione sul valore delle economie di scopo tra l'impresa offerente e le target devono essere mantenute riservate sia nei confronti di altre imprese offerenti che dell'impresa target. In effetti, quest'ultima potrebbe anche coinvolgere altri potenziali acquirenti e, a mano a mano che aumenta il numero di compratori, si riduce il profitto generabile dall'acquisizione. Quindi, per ottenere tali profitti l'offerente non deve divulgare l'informazione del valore delle economie di scopo tra la stessa e l'impresa target. Tuttavia, in alcune circostanze limitare il flusso informativo può essere difficile o anche illegale o del tutto controproducente. Lo scambio di informazioni, infatti, è stato dimostrato, favorisce la piena realizzazione delle economie di scopo, in fase di implementazione.

Evitare la concorrenza nelle acquisizioni

Evitare di partecipare ad aste al rialzo. Quando ci sono più imprese che concorrono rispetto alla stessa acquisizione, la probabilità di ottenere profitti superiori al normale è molto bassa.

L'unico caso in cui ha senso vincere una competizione tra più offerenti, è quando l'impresa in questione realizza effettivamente, con l'impresa target, delle economie di scopo rare e riservate o rare e costose da imitare, che siano di maggior valore dei legami strategici che possono crearsi tra ogni altro offerente e l'impresa target.

Velocizzare la tempistica del processo

Concludere l'operazione velocemente. Un'ultima regola è di concludere questi processi velocemente. Infatti, i processi economici che rendono difficoltoso per le imprese offerenti ottenere profitti economici dall'acquisizione di un'impresa target strategicamente correlata richiedono tempo per manifestarsi. Inoltre, è necessario del tempo prima che le imprese offerenti si rendano conto del valore associato all'acquisizione di una determinata impresa target, che l'impresa target coinvolga altri offerenti, che ci sia una fuga di informazioni e così via. Un'impresa che riesce a concludere il processo di acquisizione o di fusione rapidamente può evitare molti di questi problemi e, quindi, appropriarsi di parte delle performance superiori generate nel processo.

Opportunità nei mercati poco commerciali

Agire in mercati meno attrattivi. Infine, una strategia di acquisizione può essere una fonte di profitti per le imprese acquirenti se queste ultime operano nei **mercati non attrattivi**, caratterizzati da un ristretto numero di venditori e acquirenti; le informazioni sulle opportunità in questi mercati non sono diffuse e interessi diversi dalla pura massimizzazione del profitto possono avere un'importanza primaria. Nel contesto di acquisizioni e fusioni, i mercati "poco commerciali" sono definiti in base al numero di imprese che implementano strategie di acquisizione, normalmente poche (spesso una sola). Queste poche imprese possono essere le sole ad essere consapevoli del valore delle opportunità economiche di questo mercato. Gli stessi manager delle imprese target potrebbero non aver compreso totalmente il valore di queste opportunità del mercato e, anche qualora l'avessero fatto, potrebbero avere altre finalità oltre alla massimizzazione del valore della propria impresa, possibile oggetto di un *takeover*.

In generale, mercati di acquisizioni e fusioni meno attrattivi sono estremamente frammentati. La competizione avviene a livello locale, poiché una piccola impresa locale compete con altre piccole imprese locali per un gruppo di clienti geograficamente delimitati. La maggior parte di queste piccole imprese è di proprietà privata. Molte sono a proprietà concentrata. In mercati simili, così frammentati, il consolidamento risulta la strada preferibile; fusioni e acquisizioni possono essere una modalità per realizzare tale strategia.

7.5. Conseguenze per i manager delle imprese target

Regole per i manager dell'impresa target

Nonostante i manager delle imprese offerenti abbiano diversi modi per tentare di massimizzare la probabilità di ottenere profitti da acquisizioni o fusioni, lo stesso si può dire dei manager delle imprese target, che possono reagire alle azioni delle imprese offerenti e tentare di appropriarsi del valore creato. Le "regole" da seguire per i manager delle imprese target sono:

1. cercare di ottenere informazioni dalle imprese offerenti;
2. coinvolgere altri offerenti nella competizione per l'acquisizione;
3. ritardare, ma non fermare, il processo di acquisizione.

Conoscere le risorse dell'impresa offerente

Cercare di ottenere informazioni dalle imprese offerenti. È chiaro che le imprese offerenti devono essere pienamente consapevoli delle risorse e delle capacità di potenziali imprese target per determinare un prezzo d'acquisto appropriato. Tuttavia, le stesse imprese target devono informarsi sulle risorse e capacità dei potenziali offerenti così da essere consapevoli del loro valore per queste ultime, tentare di alzare il prezzo di acquisto ed appropriarsi del valore creato.

Incrementare il numero degli offerenti

Coinvolgere altri offerenti nella competizione per l'acquisizione. Una volta che l'impresa target sia pienamente consapevole della natura e del valore delle economie di scopo che sussistono tra quest'ultima e le imprese offerenti, può sfruttare questa informazione coinvolgendo nella competizione altre imprese con cui ha le stesse relazioni strategiche. In questo modo, l'impresa target aumenta l'intensità competitiva del mercato e, quindi, incrementa anche la probabilità di appropriarsi del valore creato nel processo di acquisizione.

Rallentare la tempistica del processo

Ritardare, ma non fermare il processo di acquisizione. Come già affermato, le imprese offerenti hanno un forte incentivo a concludere rapidamente il processo di acquisizione, in modo da evitare che altre imprese siano coinvolte nella gara. L'impresa target ha l'obiettivo contrario: coinvolgere altre imprese nell'acquisizione. Quindi, per aumentare la probabilità di ricevere più di un'offerta per l'acquisizione, l'impresa target deve tentare di ritardare il processo per creare un mercato più competitivo, senza tuttavia evitare l'acquisizione di per sé. Se ci sono delle economie di scopo di valore tra un'impresa offerente e l'impresa target, la fusione di queste due imprese creerà valore economico. Se il mercato nel quale l'acquisizione ha luogo è competitivo, allora saranno gli azionisti dell'impresa target ad appropriarsi del valore cerato. Non concludere l'acquisizione potrebbe, quindi, essere molto costoso per questi ultimi.

I manager dell'impresa target hanno diverse opzioni a disposizione: alcune hanno l'effetto di ridurre il valore per gli azionisti dell'impresa stessa, altre non hanno alcun impatto sul valore appropriato ed altre ancora possono anche incrementarlo. Alcune delle azioni più comuni dei manager delle imprese oggetto del *takeover* (acquisizione) e le relative implicazioni economiche per gli azionisti delle imprese target, sono affrontate e sintetizzate in tabella 8[1].

Le azioni *anti-takeover*

Azioni che riducono il valore per gli azionisti dell'impresa target. La *Greenmail*, gli accordi *standstill* e le cosiddette *poison pills* sono azioni *anti-takeover* che i manager delle imprese target possono attuare e che riducono il valore creato per gli azionisti della stessa. ***Greenmail*** (riacquisto di azioni proprie) rappresenta una manovra at-

[1] Nonostante la maggior parte dei termini in tabella sia stata sviluppata negli anni ottanta questi sono tutt'oggi utilizzati.

traverso la quale il management dell'impresa target acquista azioni della stessa, di proprietà delle imprese offerenti, ad un prezzo maggiore del valore corrente di mercato delle azioni.

Tabella 8 – Effetti sul valore delle azioni dei manager delle imprese target in risposta ai tentativi di acquisizione

1. Azioni che riducono il valore per gli azionisti dell'impresa target:
- *Greenmail* (acquisto di azioni proprie);
- Accordi *standstill* (in ristagno);
- *Poison pills* (pillole avvelenate).

---

2. Azioni che non incidono sul valore per gli azionisti dell'impresa target:
- *Shark reppelents* (contro gli squali);
- *Pac Man defense* (difesa di Pac Man);
- *Crown jewel sale* (vendita dei gioielli della corona);
- *Lawsuits* (citazione in giudizio).

---

3. Azioni che incrementano il valore per gli azionisti dell'impresa target:
- *White knight* (cavaliere bianco, difensore);
- *Auction* (asta);
- *Golden parachutes* (paracadute d'oro).

Gli **accordi *standstill*** sono di solito negoziati contestualmente al *greenmail* e rappresentano dei contratti tra l'impresa target e un'impresa offerente nei quali quest'ultima dichiara di non tentare azioni di *takeover* per un determinato periodo di tempo. In questo modo, l'impresa target si assicura che il processo di acquisizione non si concluda per quel periodo e limita il numero di potenziali offerenti. Quindi, gli azionisti dell'impresa target rinunciano al valore che poteva essere creato con l'acquisizione attraverso la competizione di più offerenti.

Le cosiddette ***poison pills*** (pillole avvelenate) comprendono diverse azioni che i manager dell'impresa target possono attuare per rendere l'acquisizione estremamente costosa. Una delle più comuni consiste nell'emissione, da parte dell'impresa target, di diritti verso i propri azionisti indicando che, nel caso di un *takeover* ostile, l'impresa distribuirà un dividendo speciale. Questo dividendo aumenta il costo di acquisizione dell'impresa e ciò può scoraggiare potenziali offerenti. Un'altra *poison pill* sostituisce alla distribuzione di uno speciale dividendo, l'opzione per gli attuali azionisti di acquistare altre azioni a un prezzo molto basso. Tale tattica diminuisce il valore di un investimento di capitale nell'impresa target da parte di un'impresa offerente e incrementa il costo dell'acquisizione. Altre di queste tattiche riguardano l'offrire diversi diritti agli azionisti, che vanno effettivamente ad aumentare il costo di un *takeover* ostile (Lamphier, 1980; Metz, 1988; Turk, 1987). Non sempre le *poison pills* si rivelano efficaci. Peraltro l'interesse degli azionisti dell'impresa target è quello di favorire l'acquisizione per appropriarsi del valore.

Essi sono disponibili pertanto anche ad offerte dirette di acquisto delle azioni, da parte di investitori individuali. Nel caso delle imprese quotate, ciò può avvenire attraverso offerte pubbliche di acquisto (OPA).

Non modificano il valore della strategia per gli azionisti del target

Azioni che non incidono sul valore per gli azionisti dell'impresa target. Il management delle imprese target può attuare diverse azioni per rinviare l'acquisizione, molte delle quali non incidono in modo significativo sul processo e, quindi, sul valore per gli azionisti dell'impresa target.

Una di queste era nota negli anni ottanta come ***shark reppelent*** (contro gli squali), che comprende piccole modifiche nella struttura della *corporate governance* che rendono l'acquisizione più difficoltosa, come nel caso di maggioranze qualificate o leggi che favoriscono l'acquisizione da parte dello Stato.

Un'altra azione che non ha effetti sul valore creato per gli azionisti è nota come la ***Pac Man defense***. Le imprese target che adottano queste azioni riescono ad evitare l'acquisizione, acquisendo a loro volta l'impresa o le imprese offerenti. Come nell'omonimo videogioco, la preda diventa cacciatore.

La cosiddetta ***crown jewel sale*** si basa sull'idea che, a volte, le imprese offerenti sono interessate solo ad alcuni business dell'impresa target. Questi ultimi rappresenterebbero i "gioielli della corona". Per evitare un'acquisizione, l'impresa target deve vendere tali business direttamente ad un'impresa offerente o può creare una nuova società che li gestisca. In questo modo, l'impresa offerente sarà meno interessata all'acquisizione del target.

Infine, un'azione di difesa per l'impresa target è rappresentata dalla possibilità di citare in giudizio l'offerente (***lawsuits***). Infatti, almeno negli Stati Uniti, questa rappresenta una difesa molto comune, quasi contestuale all'annuncio di un'acquisizione, anche se non molto efficace per rimandarla o evitarla.

Come nel caso delle azioni che andavano a ridurre il valore per gli azionisti dell'impresa target, queste azioni che non impattano su tale valore sono diventate meno frequenti. Ciò dimostra una maggiore consapevolezza della loro inefficacia.

Accrescono il valore della strategia per gli azionisti del target

Azioni che incrementano il valore per gli azionisti dell'impresa target. Come mostrato in tabella 8, alcune azioni che i manager dell'impresa target possono intraprendere per ritardare (ma non evitare) l'acquisizione, possono anche avvantaggiare gli azionisti della stessa impresa target. La prima di queste è la ricerca del ***white knight*** (cavaliere bianco), ovvero di un'altra impresa offerente che si accorda con l'impresa offerente per acquisire il target al posto suo. Il management dell'impresa target, infatti, può preferire di essere acquisito da una piuttosto che da un'altra impresa. Per esempio, può accadere che una particolare impresa offerente possegga delle economie di scopo con il target di maggior valore di altre imprese o ancora che abbia una visione di gestione di più lungo termine rispetto ad altre. In entrambi i casi, i manager dell'impresa target possono preferire l'una piuttosto che l'altra.

Inoltre, se, come affermato precedentemente, l'aggiunta di una nuova impresa offerente alla competizione per l'acquisizione incrementa il valore appropriabile dagli azionisti dell'impresa target, il coinvolgimento di più offerenti avrà effetti ancora maggiori. Le imprese target possono far ciò creando una vera e propria asta (***auction***) tra gli offerenti.

Una terza azione che i manager di un'impresa target possono attuare per aumentare il valore per i propri azionisti è la creazione di ***golden parachutes*** (paracadute d'oro), accordi compensativi tra l'impresa ed il *senior management* che consistono in ingenti pagamenti di denaro a questi ultimi, se l'impresa viene acquisita ed il management sostituito. La somma di denaro promessa può sembrare più che soddisfacente, ma in effetti non è così se confrontata con il valore che può essere creato nell'acquisizione. Quindi, i *golden parachutes* rappresentano un prezzo basso da pagare per incentivare i manager dell'impresa target a non ostacolare l'acquisizione. In altre parole, queste azioni vanno a ridurre i problemi di agenzia di una determinata impresa target, allineando gli interessi del *top management* con quelli degli azionisti.

8. Organizzare l'implementazione di una fusione o di un'acquisizione

Coordinamento e integrazione tra acquirenti e target

Per realizzare pienamente il valore di ogni relazione strategica che esiste tra un'impresa acquirente e un'impresa target, va accuratamente studiata l'appropriata organizzazione. Ciò significa porsi il problema del coordinamento e dell'integrazione post-acquisizione tra le imprese acquirenti e le imprese target. Per esempio, per realizzare economie di scala, le imprese offerenti e target devono coordinare l'integrazione delle funzioni sensibili alle economie di scala. Per realizzare il valore delle tecnologie che un'impresa acquisisce dall'impresa target, l'impresa post-acquisizione deve essere in grado di usare questa tecnologia nello sviluppo, nella produzione o nella vendita dei suoi prodotti. Per sfruttare le capacità sottoutilizzate di indebitamento nell'impresa target, i bilanci delle imprese offerenti e target devono essere fusi e l'impresa risultante deve cercare di ottenere fonti di finanziamento addizionali.

Sostituire il management inefficiente

Per realizzare l'opportunità di sostituire il management inefficiente dell'impresa target con un management più efficiente dell'impresa acquirente, questi cambiamenti devono realmente aver luogo.

Il coordinamento e l'integrazione post-acquisizione sono essenziali se le imprese offerenti e target vogliono realizzare il pieno potenziale delle relazioni strategiche che guideranno l'acquisizione nella prima fase. Se un'impresa decide di non coordinare o non integrare nessuna delle sue attività di business con le attività dell'impresa target, allora l'acquisizione non ha senso.

Gestione attiva tra acquirente e target

Come la diversificazione richiede una gestione attiva dei legami tra le differenti funzioni interne dell'impresa, le fusioni e le acquisizioni (intese come uno dei modi in cui le strategie di diversificazione possono essere attuate) richiedono una gestione attiva delle relazioni tra impresa acquirente e target. Un esempio di gestione attiva delle relazioni è dato da ITH Holding Spa, holding del gruppo Ittierre che coordina un insieme di società operanti nella produzione, design e distribuzione di prodotti del settore del lusso. Quest'impresa, nonostante abbia attuato una campagna di acquisizioni di imprese operanti in business eterogenei (Dei Mattioli Mac-Malo, Allison, Optiprojecy, Romeo Gigli, Gianfranco Ferrè) è stata sempre in grado di mediare tra le esigenze di sfruttamento delle sinergie e la necessità di tutelare il patrimonio di risorse tangibili e intangibili delle imprese acquisite (Meglio, 2004).

Dato che la maggior parte delle strategie di fusione e acquisizione è utilizzata per attuare strategie di diversificazione, gli approcci organizzativi precedentemente descritti nel cap. 7, sono rilevanti per implementare al meglio strategie di fusione e acquisizione. Quindi, le fusioni e le acquisizioni progettate per attuare le strategie di diversificazione potrebbero essere gestite attraverso la **struttura multidivisionale**. I sistemi di controllo e le politiche salariali associate alle strategie di diversificazione attuate potrebbero essere applicate nell'organizzazione per implementare le strategie di fusione e acquisizione.

I problemi organizzativi di integrazione

Tuttavia, anche se l'organizzazione utile ad attuare strategie di fusione e acquisizione può essere vista come un caso particolare di organizzazione per implementare strategie di diversificazione, la realizzazione di strategie di fusioni e acquisizioni può creare particolari problemi. La maggior parte di questi problemi riflette il fatto che le differenze operative, funzionali, strategiche e culturali tra le imprese offerenti e target sono probabilmente maggiori rispetto alle differenti parti di un business diversificato, non creato attraverso l'acquisizione. Il motivo di questa differenza è che le imprese coinvolte in una fusione o acquisizione hanno avuto una vita separata, una storia separata, una filosofia di gestione separata e hanno seguito strategie separate.

Un esempio significativo di capacità d'integrazione è l'acquisizione da parte di Whirlpool Corporation di Philips. Whirlpool, infatti ha mostrato enormi capacità nel gestire i diversi orizzonti temporali connessi sia con l'integrazione operativa che con quella delle risorse umane. Nel 1988 vi è stato il primo incontro, ma la conclusione dell'operazione attraverso la realizzazione di una *joint venture* (Whirlpool International BV) è avvenuta dopo un anno. Il gruppo dirigente Whirlpool valutò attentamente i vantaggi e gli svantaggi dell'operazione, che, tra l'altro, rispecchiavano i benefici potenziali della combinazione e le criticità del processo d'integrazione. Si diede così inizio al processo d'integrazione che, da un punto di vista operativo, interessò le attività di approvvigionamento, produzione, progettazione, ricerca e sviluppo, l'assistenza post-vendita, la gestione della qualità, la distribuzione la logistica e il marketing; mentre rispetto alla gestione delle risorse umane l'obiettivo di Whirlpool fu quello di comunicare immediatamente a Philips la *vision*, gli obiettivi, i valori e la filosofia aziendale in modo da ottimizzare il processo d'integrazione socio-culturale.

Diverse tecnologie

Le differenze tra imprese offerenti e target possono manifestarsi in una grande varietà di modi. Per esempio, le imprese offerenti e target potrebbero operare con differenti sistemi informativi, differenti sistemi di telecomunicazione e altre tecnologie non integrabili. Queste imprese potrebbero seguire diverse politiche nella gestione delle risorse umane. Un'impresa potrebbe avere programmi pensionistici e previdenziali molto generosi, un'altra meno.

Diversi sistemi salariali

Un sistema retributivo potrebbe focalizzarsi su elevate retribuzioni, un altro su *stock options* e bonus. Ci possono essere relazioni molto diverse con i consumatori. Per un'impresa, i consumatori potrebbero essere visti come partner del business, in un'altra, la relazione con i consumatori potrebbe essere di tipo più contrattuale. Un esempio di differenti sistemi di ricompensa è dato dalla fusione British Petroleum ed Amoco, dove la diversa filosofia, legata principalmente alle forme di capitalismo che caratterizzavano i loro mercati (rispettivamente europeo e statunitense) si è riflessa nei piani retributivi dei dirigenti. Infatti, nonostante British Petroleum fosse il partner dominante, i dirigenti Amoco si dimostrarono restii ad accettare l'inevitabile riduzione di compenso, conseguente all'adozione della filosofia di BP, generando così delle difficoltà per la conclusione dell'operazione.

L'integrazione tra le imprese acquirenti e target potrebbe richiedere la risoluzione di numerosi problemi.

Differenze culturali

Forse la sfida principale nell'integrazione delle imprese offerenti e target ha a che vedere con le differenze culturali (Cartwright, Cooper, 1993; Chatterjee, Lubatkin, Schweiger, Weber, 1992).

Le differenze operative, funzionali, strategiche e culturali tra le imprese offerenti e target possono tutte essere ricomposte nel processo di fusione e acquisizione, specialmente se tale processo è ostile. Un cambio di gestione non amichevole può generare nel management dell'impresa target "animosità e rabbia" nei confronti del management dell'impresa acquirente. La ricerca ha mostrato che il tasso di rotazione del *top management* è molto più elevato nelle imprese che sono state acquisite, rispetto alle imprese non soggette a *takeover*, così da costituire un approccio alla risoluzione di questi conflitti di gestione (Walsh, Ellwood, 1991).

Difficoltà e costi aggiuntivi

Le difficoltà spesso associate con l'organizzazione dell'attuazione di strategie di fusione e acquisizione possono essere viste come un costo aggiuntivo del processo di acquisizione. Le imprese offerenti, oltre a stimare il valore delle relazioni strategiche con l'impresa target, devono anche valutare il costo relativo all'organizzazione post-acquisizione. Dal valore che un'impresa target porta all'impresa acquirente attraverso un'acquisizione dovrebbe essere sottratto il costo dell'organizzazione per implementare questa strategia. In alcune circostanze, il costo di organizzazione potrebbe essere tale da scoraggiare l'acquisizione.

Molti studiosi affermano che le potenziali economie di scopo tra le imprese acquirenti e target spesso non sono pienamente realizzate. Per esempio, nonostante le numerose fusioni nel settore multimediale nel 1990 (Time Warner, Turner Broadcasting e AOL; The Walt Disney Company, Capital Cities/ABC e ESPN; GE e NBC; Westinghouse e CBS) solo Viacom e News Corporation sembrano essere state capaci di realizzare importanti economie (Landro, 1995).

L'organizzazione come fonte di valore

Tuttavia, nonostante l'organizzazione dell'implementazione di un'acquisizione possa essere fonte di un significativo costo, può anche essere fonte di valore e opportunità. Alcuni studiosi hanno suggerito che la creazione di valore può continuare ad avvenire per un lungo periodo, dopo che l'acquisizione formale si sia completata (Haspeslagh, Jemison, 1991). Mentre le imprese acquirenti e target continuano a coordinare e integrare le loro attività operative, le opportunità non previste per la creazione di valore possono manifestarsi. Queste fonti di valore potrebbero non essere state previste al momento dell'acquisizione (e allora sono, almeno parzialmente, una manifestazione di buona fortuna dell'impresa acquirente), ma le imprese offerenti possono influenzare la probabilità di scoprire queste fonti di valore impreviste imparando a cooperare efficientemente con le imprese target, mentre si organizza l'attuazione della strategia di fusione o acquisizione.

In questo capitolo

☞ Questo capitolo esamina quelle economie di scopo che possono essere generate e realizzate attraverso le **alleanze strategiche**, le **fusioni** e le **acquisizioni**.

☞ Le alleanze strategiche si realizzano quando due o più imprese cooperano per attuare la produzione o la vendita di prodotti e servizi. Le alleanze strategiche possono essere raggruppate in tre macro categorie: ***non-equity***, ***equity*** e ***joint venture***. Ci sono numerose ragioni per creare un'alleanza: sfruttare le economie di scala, imparare dai concorrenti, gestire il rischio e così facilitare la collusione tacita, entrare in nuovi mercati a costi ridotti, entrare in nuovi settori o segmenti a costi ridotti e gestire l'incertezza. In tutti questi casi, l'alleanza strategica è un tentativo di sfruttare una sinergia potenziale tra imprese indipendenti.

☞ Ci sono molti incentivi per cooperare in un'alleanza strategica, ci sono anche numerose spinte a comportamenti opportunistici. Generalmente essi sono rappresentati in tre forme: ***adverse selection***, ***moral hazard*** e ***holdup***.

☞ Il valore delle alleanze strategiche può essere analizzato attraverso l'uso del modello delle strutture generiche di settore, distinguendo tra **alleanze simmetriche**, **asimmetriche** e **miste**.

☞ Il fattore chiave che le imprese debbono affrontare nell'organizzare le loro alleanze è facilitare la cooperazione, evitando la minaccia di comportamenti opportunistici e favorendo la creazione di relazioni di fiducia. Le alleanze *non-equity*, le alleanze *equity*, la reputazione, le *joint ventures* e la fiducia possono tutte, in situazioni differenti, ridurre la minaccia di comportamenti opportunistici.

☞ Le imprese possono usare le fusioni e le acquisizioni per realizzare strategie *corporate* di diversificazione ed acquisire vantaggi competitivi. Le fusioni e le acquisizioni tra imprese strategicamente non collegate possono condurre esclusivamente a profitti normali per le imprese offerenti e i target, mentre quelle tra imprese strategicamente correlate di solito generano valore economico, che per la maggior parte è fatto proprio dagli azionisti dell'impresa target.

☞ Le motivazioni delle imprese che perseguono queste strategie comprendono: 1. il desiderio di assicurare la sopravvivenza all'impresa; 2. l'esistenza di *free cash flow*; 3. i problemi di agenzia tra i manager dell'impresa offerente e gli azionisti; 4. la "presunzione manageriale"; 5. la possibilità che alcune imprese offerenti guadagnino risultati economici dall'attuazione delle strategie di fusione e acquisizione.

☞ L'organizzazione per attuare una strategia di fusione o acquisizione può essere vista come un caso speciale di organizzazione per implementare una strategia di diversificazione. Tuttavia, le differenze nella storia, nella cultura, nelle politiche e nei meccanismi operativi tra imprese acquirenti e target potrebbero rendere l'integrazione post-acquisizione più difficile rispetto al caso di un'impresa diversificata. Comunque, l'organizzazione per implementare una fusione o un'acquisizione può anche essere il modo in cui le imprese offerenti e le imprese target riescono a scoprire economie di scopo originariamente non previste.

10

I percorsi di sviluppo aggregativo: dall'impresa al sistema

di *Valentina Della Corte* e *Mauro Sciarelli*

1. Le aggregazioni interimprenditoriali: logica distrettuale e *networking*

I rapporti di collaborazione tra imprese costituiscono, come visto, una potenziale soluzione strategica in grado di generare vantaggi competitivi sostenibili. In questo capitolo ci si sofferma, in particolare, sulla collaborazione tra più imprese, solitamente di dimensione più piccola, finalizzata a creare **sistemi connessi** o addirittura integrati, in grado di competere con altri sistemi. I vantaggi e le problematiche della collaborazione riprendono ed amplificano, in questi casi, quanto già visto nel capitolo precedente sulle alleanze strategiche.

Principali motivazioni dell'aggregazione sistemica

Fare massa critica per conseguire economie di scala e aumentare il potenziale competitivo (o difensivo), condividere risorse e attività con i relativi costi e investimenti, favorire l'accesso a mercati (anche esteri) e settori, condividere il frutto delle economie di apprendimento sistemiche (o di territorio), mettere in rete risorse e competenze complementari, acquisire maggiore flessibilità strategica, sono alcune delle principali motivazioni che possono spingere all'aggregazione sistemica delle imprese (M. Sciarelli, 1996; Della Corte, 2009).

Logiche del processo aggregativo

La dinamica aggregativa può seguire una **logica territoriale**, **settoriale**, **intersettoriale** o **di filiera**. Nel primo caso, l'appartenenza a uno specifico territorio costituisce il denominatore comune del sistema; negli altri è l'appartenenza a uno specifico settore merceologico o a settori che presentino legami e affinità o rapporti di adiacenza (legami di fornitura o commerciali) la radice comune del processo aggregativo. Nessuna delle logiche citate è, ovviamente, esclusiva; alcuni sistemi sono contemporaneamente caratterizzati da elementi territoriali, settoriali e di filiera. I distretti industriali locali, che tradizionalmente costituiscono un modello di sviluppo industriale tipico della realtà italiana, si contraddistinguono per un'elevata specializzazione produttiva, concentrata in un'area geografica definita (Becattini, 1987; Ferrucci, Varaldo, 1997). Si pensi al distretto delle piastrelle di Sassuolo, oppure a quello orafo di Valenza, alla cosiddetta "Etna Valley" per l'alta tecnologia, ai distretti agroindustriali del Volture o di San Benedetto del Tronto, dell'occhiale di Belluno, o al distretto di Manzano per il settore delle sedie (De Toni, Grandinetti, 2001), solo per citarne alcuni. Tali sistemi si caratterizzano per un "humus" di competenze tecniche storicamente diffuse nel territorio, percorsi di sviluppo delle imprese da forme artigianali a industriali, legami stretti e di tipo personale interimprenditoriali e con gli *stakeholders* principali, flussi continui e multidirezionali di conoscenza, strutturati e spontanei. La collaborazione diviene quasi un fattore di contesto, che si affianca alla naturale competizione tra le imprese e promuove la competitività del sistema integrato. I distretti non sorgono ovunque, ma una serie di fattori fisici, sociali e storici ne influenzano la creazione in particolari localizzazioni. Si tratta di processi lenti, che si alimentano di valori condivisi, *know-how* e conoscenze che si tramandano da generazioni, che sviluppano economie di sistema, esterne alle singole imprese, ma interne al distretto. La forte interrelazione tra la comunità di persone e la popolazione di imprese industriali e di servizi, implica un tessuto sociale di relazioni parentali, economiche e politiche; è la società, con la sua storia, la sua comunità, le sue istituzioni, il suo sistema produttivo complessivo, una risorsa produttiva fondamentale dell'impresa distrettuale (Rullani, 1984). A livello di sistema possono prodursi economie di apprendimento, di scala e di scopo, in grado di supportare l'acquisizione di posizioni di vantaggio competitivo sostenibile.

La costellazione di imprese

Tali dinamiche toccano in generale qualsiasi **sistema "a rete"** (Boari, Grandi, Lorenzoni, 1992), come le forme organizzative che fanno perno su un'impresa guida, che costruisce una serie di legami e di relazioni esterne, sviluppando un sistema di collaborazione che sintetizza esigenze di decentramento, di sviluppo orizzontale e di flessibilità. Tale modello associativo assume i connotati della costellazione, solo quando un'impresa forte assume il ruolo di guida del polo strategico, necessario per la massimizzazione delle sinergie del sistema (Caputo, Sciarelli, Gallucci, 1993). Ne deriva una maggiore elasticità operativa, strutturale e strategica, che conferisce al sistema una capacità di adattamento dei processi, del modello organizzativo e delle strategie adottate ai mutamenti della domanda e del sistema ambientale, inteso in senso più ampio (S. Sciarelli, 1987).

La creazione del network: *top down*, *bottom up* o laterale

In alcuni casi, il processo di creazione del network procede dall'alto, per effetto di fenomeni di disgregazione, *downsizing* o ristrutturazione della catena del valore della grande impresa, anche attraverso operazioni di *outsourcing*, *spin-off* o decentramento produttivo. In altri, il processo si genera dal basso, per effetto dell'aggregazione di strutture imprenditoriali di più piccole dimensioni, intenzionate a "consorziarsi" per acquisire una dimensione strategicamente critica (come il Polo Orafo del Tarì, o quello di Vicenza Oro). In altri ancora, la dinamica può essere definita laterale, quando più imprese con un'esigenza specifica comune, pur provenendo da settori diversi, tendono a condividere obiettivi di sviluppo complementari. Un esempio di questo tipo è fornito dal Polo della Qualità, costituito in Campania da alcune imprese del settore moda, accessori, con forte contenuto di tradizione nel nome e nei prodotti, al fine di aumentare il potenziale di penetrazione dei mercati internazionali e rafforzare l'immagine di qualità, comune a tutti i partecipanti.

2. L'organizzazione relazionale e il vantaggio competitivo

La complessità sociale e l'ambiguità causale dei legami che sussistono tra le risorse e competenze sviluppate nel network e quelle specifiche degli attori che lo compongono, unitamente all'unicità dei processi storici *path-dependent*, possono rendere non replicabile o imitabile tale fonte di vantaggio competitivo.

Le differenti tipologie di relazioni

Questi sistemi si alimentano di una **conoscenza dinamica e relazionale**, che fluisce e si diffonde nel contesto territoriale e si trasmette tra gli attori, attraverso sistemi di comunicazione formale e informale, pianificata e spontanea. Nella rete relazionale è possibile distinguere (Lomi, 1992):

– *relazioni strumentali*, ossia di scambio di beni, servizi, danaro, prestazioni di lavoro;

– *relazioni di autorità e gerarchiche*, che generano meccanismi di influenza, potere, dipendenza, subordinazione;

– *relazioni di comunicazione*, basate su scambi di informazioni e di elementi simbolici;

– *relazioni affettive*, di amicizia e sociali in genere;

– *relazioni di parentela*, che derivano da legami familiari diretti e indiretti.

L'organizzazione determinante per il vantaggio competitivo sostenibile

L'aspetto organizzativo, in questi casi, gioca un ruolo determinante per il potenziale di sostenibilità del vantaggio competitivo del sistema e dei suoi componenti. È proprio la natura sistemica, costituita da componenti per loro natura potenzialmente in conflitto (o che comunque possono attivare comportamenti opportunistici), che richiede modelli di *governance* efficaci, in grado di unificare gli intenti e di consentire la finalizzazione strategica delle risorse e competenze aggregate. In questa prospettiva, il modello organizzativo prescelto e i meccanismi integrativi, legati ai sistemi di controllo e di incentivazione, debbono rispondere a tali finalità di efficienza ed efficacia.

La scelta della forma di **governo del sistema** si traduce non solo nella soluzione contrattuale adottata per regolare i legami tra i componenti, ma anche nella strutturazione dei flussi comunicazionali e delle modalità procedurali, che debbono favorire l'integrazione delle competenze e lo sviluppo delle sinergie.

Modello strutturale governato da un'impresa guida

Il modello strutturale può essere più o meno formalizzato e gerarchico. Una struttura meno formalizzata si basa su un sistema di contratti, semplici o complessi, tra i componenti e l'impresa guida, che, nel caso di costellazioni, detiene con i suoi organi anche il governo del sistema di relazioni.

Un esempio a tal proposito è fornito, nell'ambito delle reti di fornitura che vanno sviluppandosi per effetto del processo di terziarizzazione dell'economia e di *out-sourcing* delle attività *non-core*, dalle organizzazioni di *global service*. Si tratta di sistemi che offrono servizi integrati di natura composita ed eterogenea a imprese o pubbliche amministrazioni, sotto il coordinamento di un *global provider*, che ne assume la funzione di governo (M. Sciarelli, 2005). L'eterogeneità delle prestazioni esige un'integrazione esterna di specializzazioni e competenze operative (servizi tecnico manutentivi, servizi d'igiene ambientale, servizi di ristorazione, ecc.), che vengono integrate, pianificate, dirette e controllate da chi detiene le specifiche competenze di regia e governo del sistema (potere di mercato, sistema informativo, sistema di controllo, relazioni con la clientela, ecc.).

Modello strutturale cooperativo

Nel caso di strutture consortili, cooperative o distrettuali, in cui l'integrazione assume una forma associativa, il governo è affidato ad organi centrali nominati dai partecipanti alla rete. Si pensi, ad esempio, ai *comitati di distretto*, di cui fanno parte rappresentanti dei diversi attori componenti i distretti e che dovrebbero (il condizionale è legato alle difficoltà applicative che si riscontrano nella realtà dei distretti) svolgere un ruolo di indirizzo strategico, di pianificazione dello sviluppo e di controllo e monitoraggio dei risultati raggiunti dal sistema.

Strumenti di coordinamento organizzativo

Al di là del modello organizzativo e dei ruoli di governo, i sistemi aggregativi funzionano solo quando le relazioni tra le diverse componenti vengono gestite in modo efficiente ed efficace. I **meccanismi interni di interfaccia** tra i componenti debbono favorire l'integrazione delle competenze; i flussi comunicazionali, che regolano il fluire delle informazioni nel sistema, debbono essere progettati e gestiti accuratamente. Il coordinamento organizzativo necessita di un sistema di procedure operative condivise. Il sistema informativo assume un ruolo centrale, unitamente al sistema di controllo e monitoraggio delle prestazioni, cui si lega anche il sistema premiante (incentivi-sanzioni).

L'**integrazione**, che si realizza per effetto di tutti questi meccanismi, può favorire la risoluzione dei problemi imprevisti. La capacità di gestione delle incertezze è compito principale di chi assume la funzione di governo, ma deve anche essere una risorsa organizzativa, cioè parte della cultura condivisa all'interno del sistema aggregato. Tale capacità può avere la funzione di riduzione del potenziale di comportamento opportunistico e di conflitto interno.

Difendersi dal rischio di perdita o trasferimento delle competenze distintive

Un aspetto rilevante, già sottolineato nell'analisi delle alleanze strategiche (cfr. cap. 8), è rappresentato dal rischio di perdita o di trasferimento all'esterno di competenze distintive, fonte di vantaggio competitivo per il sistema e per chi ne è parte. Nei casi in cui siano definite delle regole di funzionamento del sistema, solitamente vengono introdotte clausole a salvaguardia e difesa del sistema di competenze (di riservatezza, di non concorrenza, ecc.). L'esperienza dimostra, tuttavia, che l'unica fonte certa di difesa del sistema da possibili forze disgregatrici e comportamenti sleali, che ne minano la sopravvivenza, è la fiducia tra i partner. Tale **fiducia** è la risultante di risorse e competenze di natura relazionale, come la trasparenza degli obiettivi e dei comportamenti, la capacità di empatia, ossia di comprensione delle aspettative dei partner, la permanenza della condizione di reciproca vantaggiosità del legame, la capacità di andare alla radice dei problemi d'integrazione organizzativa e la capacità di adattamento alle esigenze dei partner e alle novità provenienti dal contesto.

In conclusione, quindi, l'organizzazione, intesa in senso ampio, costituisce un fattore imprescindibile per puntare a vantaggi competitivi durevoli, in sistemi interorganizzativi, siano essi governati da un'impresa guida oppure di tipo cooperativo.

3. La logica sistemica nella *resource-based theory*

La rigenerazione delle risorse

Considerando che, come detto, un percorso evolutivo estremamente importante, per le PMI, è quello delle reti e della cooperazione interaziendale, è opportuno capire in questi casi quale sia il processo di creazione, rafforzamento e rigenerazione di risorse a **livello intra e interimprenditoriale**, quali siano le influenze e le ripercussioni reciproche e le relazioni attivabili.

Il primo passaggio da comprendere è cosa sia un sistema e perché per le piccole e medie imprese possa risultare conveniente il ricorso alla logica sistemica.

I sistemi di alleanze strategiche prima e le reti aziendali poi sono già l'espressione di un processo di cooperazione, cui spesso ricorrono le imprese di minori dimensioni, in funzione delle opportunità di creare sinergie e generare un potenziale strategico che, per la singola impresa, sarebbe alquanto difficile (in taluni casi impossibile) raggiungere a livello individuale (cfr. cap. 9).

Dall'impresa individuale al sistema

In tal senso, è possibile immaginare un *continuum* del processo di sviluppo aziendale, legato anche alle relazioni interimprenditoriali (cooperazione), come rappresentato di seguito:

Impresa individuale ⇨ Alleanze strategiche ⇨ Reti e Costellazioni ⇨ Sistemi

Rispetto alle altre forme di cooperazione, il sistema (Golinelli, 2002) implica un maggior coinvolgimento e legame tra le aziende che ne fanno parte, soprattutto in riferimento a due aspetti:

1. nel sistema, si generano attività e, quindi, risorse e competenze specifiche, che si aggiungono e risultano spesso fondamentali per le singole aziende che ne fanno parte;
2. è facile riscontrare una vera e propria *logica integrata d'offerta*, che può esprimersi dalla fase di progettazione dei prodotti/servizi offerti, all'elaborazione delle scelte strategiche, alle politiche di marketing, alle scelte organizzative, di investimento e finanziamento.

Perché fare sistema?

Perché fare sistema? A parere di chi scrive, è opportuno valutare: le opzioni strategiche che si dispiegano per i membri del sistema che, come si vedrà più avanti, possono fungere da moltiplicatore del potenziale strategico generabile dalle singole imprese (**elasticità strategica**). Allo stesso tempo, si tratta di un percorso di sviluppo che, nel rispetto delle individualità che compongono il sistema stesso, consente di mantenere un adeguato livello di **flessibilità strategica**. Tale ultimo aspetto risulta tanto più rilevante quanto più turbolento e ipercompetitivo è il contesto di riferimento. In tal senso, va aggiunto che le piccole e medie imprese presentano una maggiore debolezza strutturale, specie nei settori in cui si assiste a marcati processi di concentrazione aziendale. In questo scenario, la strada sistemica appare, in taluni casi, un interessante percorso di sviluppo, se non una strada obbligata per acquisire maggiore competitività, a dimostrazione della percorribilità di più sentieri strategici nella varietà delle soluzioni e situazioni generabili di vantaggio competitivo.

Fornire risposte in contesti molto complessi

I due aspetti evidenziati – maggiori e più ampie opzioni strategiche e flessibilità – risultano, in realtà, fortemente collegati. La flessibilità può essere definita come la «possibilità di anticipare e, quindi, cogliere come opportunità l'alto grado di incertezza del contesto ed il rischio connesso» (Della Corte, 2004, p. 93). Tale concetto, tuttavia, come spiegato anche nel cap. 2, non si riferisce al concetto tradizionale di assunzione di scelte generali, piuttosto che specifiche; al contrario, per le imprese occorre sempre più realizzare investimenti altamente *firm specific*, sia a livello *hard*, che *soft* e di risorse umane. La flessibilità che si riesce a raggiungere con il percorso sistemico, nonostante gli elevati livelli di specializzazione, è una **flessibilità innovativa**, legata alla capacità di fornire risposte in contesti ad alto livello di complessità (Golinelli *et al.*, 2002; Fazzi, 1982). Questo concetto trova la massima espressione nei settori ipercompetitivi e nei processi di distruzione proattiva evidenziati nel cap. 2.

Operare in situazioni di non facile accesso

Gli aspetti evidenziati, ovviamente, si aggiungono a quelli già illustrati in riferimento alle alleanze e alle reti d'imprese: dalle economie di scala, alle economie di scopo, di apprendimento e di transazione. Tuttavia, risulta ampliato, nel caso di sistema, il concetto di elasticità strategica per gli attori coinvolti, che possono ritrovarsi ad operare in situazioni e progetti di non facile se non impossibile accesso per le singole imprese. Si pensi, ad esempio, alle realtà consortili in diversi settori di attività (produzioni alimentari, moda, informatica, turismo), attraverso le quali risulta possibile, per le singole imprese, partecipare a grandi progetti, intraprendere iniziative di ricerca e sviluppo o di marketing che la singola realtà non sarebbe mai stata in grado di avviare. In Italia, per citare un semplice caso, l'iniziativa "Tavernello", marca leader nel settore del vino di bassa fascia di prezzo prodotto della Caviro, cooperativa agricola che comprende 33.000 soci viticultori distribuiti su tutto il territorio italiano. La cooperativa è stata in grado di offrire, in una logica integrata, le diverse produzioni, creando un prodotto in grado di posizionarsi molto favorevolmente sul mercato e gestendo operazioni in pubblicità e promozione di grande portata. Similmente, il consorzio Italia del Gusto comprende le più importanti aziende italiane del settore alimentare ed intraprende attività di marketing, promozione e comunicazione nei mercati internazionali per contribuire allo sviluppo delle esportazioni per i propri membri. Ancora, si pensi alle iniziative avviate tra piccole e medie imprese per progetti innovativi, direttamente finanziate dal ministero alle Attività produttive in Italia (PIA Innovazione), per progetti di importo superiore ai 5 milioni di euro. In questi casi, si assiste alla presenza di un organo precostituito che coordina gli attori del sistema, elabora idee, strategie, proposte anche sulla base di spunti forniti dai membri stessi del consorzio/aggregazione. Si crea, in tal senso, un processo di sviluppo a doppio livello: per le singole imprese e per il sistema nel suo complesso.

La peculiarità, tuttavia, della logica sistemica è proprio la presenza di situazioni di **concorrenza di tipo cooperativo** – *coopetition* (Della Corte, 2004; Nalebuff, Brandenburger, 1996) –, ossia di contesti in cui esistono forme di collaborazione anche intense nell'ambito del sistema di attori che, pur essendo in competizione, presentano "complementarità" nelle offerte.

3.1. L'applicazione del VRIO *framework* ai sistemi d'impresa

Rispetto a quanto evidenziato, anche l'analisi strategica, nell'individuazione delle fonti potenziali di vantaggio competitivo sostenibile, deve riguardare il sistema nel suo complesso e le singole imprese che ne fanno parte: si può, cioè, riscontrare che la performance del singolo attore beneficia, di fatto, delle capacità e competenze a livello sistemico.

Le componenti del potenziale strategico aziendale sistemico

Un altro aspetto importante riguarda l'articolazione del concetto stesso di **"risorsa"**. Come detto nell'ambito del testo, con il termine risorsa si fa riferimento al bagaglio complessivo di attività materiali, immateriali, capacità e competenze aziendali. Nell'analisi bi-livello, tuttavia, può essere opportuno considerare una certa differenziazione tra le diverse componenti del potenziale strategico aziendale sistemico e precisamente:

– le risorse comuni o locali, non necessariamente di proprietà del sistema o delle imprese che ne fanno parte, ma che contribuiscono alla competitività e, quindi, alla performance del sistema stesso;
– le capacità dei singoli attori, nello svolgimento delle specifiche attività individuali;
– le competenze (incluse le *core competencies*), risultato della cooperazione interaziendale e/o a livello di sistema nel suo complesso;
– le capacità di governo del sistema, anche mediante l'istituzione di organismi *ad hoc*.

In questo senso, le prime possono essere intese come lo *stock* di fattori disponibili (Dierickx, Cool, 1989) posseduti o controllati dal sistema e dalle imprese che ne fanno parte; le *capabilities* si riferiscono alla capacità delle imprese di sfruttare le proprie risorse attraverso i propri processi organizzativi, come la capacità di svolgere il proprio lavoro in modo soddisfacente, mediante processi che si sedimentano all'interno dell'impresa (Nelson, Winter, 1982). Le competenze riguardano, in particolare, la capacità d'interazione per dar luogo a forme integrate di offerta, valorizzare le risorse comuni o territoriali locali e per alimentare il potenziale in grado di generare nuove capacità in senso sistemico. Quest'ultimo aspetto si riferisce sia alle competenze imprenditoriali delle imprese facenti parte del sistema, sia ai fattori strategici, riscontrabili a livello di sistema stesso (meta-management) (Normann, 1977; Coda, Invernizzi, Molteni, 1992; Molteni, Sainaghi, 1997; Martini, 2005).

Il ruolo del leader

Rispetto a tali contesti, è spesso verificabile l'importanza delle doti di leadership del responsabile aziendale delle componenti, che spesso racchiude la figura dell'imprenditore-manager e intorno al quale gravita un personale non necessariamente ad alta specializzazione, ancorché competente. In ogni caso, le capacità di leadership, già a livello delle singole imprese, possono essere determinanti per il livello di competitività del sistema nel suo complesso. Non a caso, alcuni studi (Roberts, 2005) evidenziano il crescente ruolo assunto dalle donne nel *top management* aziendale, grazie alla sempre maggiore necessità di un processo innovativo in cui le aziende tendono a costruirsi sull'empatia, come famiglie imprenditoriali e amorevoli (*lovemarks*). Si è visto, infatti, che talvolta il successo poggia anche sull'identità femminile, nelle sue qualità d'intuito, curiosità, capacità di ascolto e motivazione. Tali aspetti, ovviamente, sebbene siano confermati dai risultati di *top manager* a capo di grandi aziende, come la Comstock, la General Electric, o la cinese Siaou-Sze alla guida del rilancio di Hewlett-Packard, rivelano in ogni caso quanto siano importanti e non solo per la grande impresa, ma altrettanto per la piccola e per le realtà sistemiche, fattori quali la conoscenza, le capacità di relazionarsi e di comunicazione da parte di chi è preposto alla leadership aziendale. Tali fattori si esprimono attraverso elementi come la capacità di gestione, con equilibrio, delle emozioni proprie e altrui in un'ottica di praticità, la capacità del *problem solving*, il coinvolgimento del personale (anche se dividere aiuta a dirigere!), il *timing* nell'implementazione delle decisioni ed il giusto riconoscimento allo staff (con denaro, carriera, visibilità e "calda stima"). Questo, d'altra parte, è il comportamento etico dell'imprenditore o del manager nella gestione delle risorse umane (per un approfondimento, si veda S. Sciarelli, 2002).

In riferimento alle imprese facenti parte di un sistema, comunque, è difficile analizzare il potenziale strategico delle singole prescindendo dagli elementi di competitività dell'intero sistema.

Il VRIO a livello d'impresa e di destinazione

È opportuno, in simili casi, condurre un'analisi, basata sempre sull'applicazione del **VRIO *framework***, in cui distinguere il livello al quale esiste la disponibilità o, comunque, il controllo della risorsa strategica, distinguendo appunto tra il livello della singola impresa e quello del sistema. In tali situazioni, la variabile organizzativa riguarda i sistemi informativi, di coordinamento, di programmazione e controllo esistenti anche a livello sistemico, che possono divenire risorse strategiche se presentano connotazioni particolari.

Si pensi, ad esempio, alle destinazioni turistiche che, nella moderna accezione (Rispoli, Tamma, 1995; Della Corte, 2000; Franch, 2002; Martini, 2005) sono intese come forme di offerta integrata in un'ottica sistemica. Il successo di queste realtà dipende dall'insieme di risorse e competenze del territorio nel suo complesso, delle singole imprese che operano a livello locale o, comunque in collegamento con la destinazione e del sistema nel suo complesso.

Il settore turistico: alcuni esempi

Rispetto alla destinazione nel suo insieme, la distinzione tra risorse locali, capacità delle imprese e competenze di sistema assume un ruolo particolarmente rilevante. Le imprese del settore turistico, infatti, nelle proprie offerte, inseriscono i fattori di attrattiva (ossia le risorse in grado di attrarre domanda) delle località in cui operano (di tipo naturalistico, artistico-culturale, ecc.), contribuendo alla relativa valorizzazione con le proprie capacità e competenze. Si possono, tuttavia, riscontrare località ad alto potenziale di risorse locali, non in grado di generare vantaggio competitivo sostenibile o, ancor meno, vantaggio competitivo, in quanto non adeguatamente valorizzate dalle imprese locali. Si pensi, ad esempio, alla cittadina di Pompei che, pur essendo dotata di una risorsa archeologica unica al mondo (gli scavi di Pompei, appunto, che rappresentano un esempio completo di città sommersa dalla lava al tempo dell'eruzione del Vesuvio) rappresenta un fattore di attrattiva per le località limitrofe (Penisola Sorrentina, Isole del Golfo, Napoli città) e, quindi, un luogo di escursione ma non di turismo. Pompei, infatti, non è dotata delle strutture ricettive, dei servizi e delle attività di svago di cui qualsiasi località turistica dovrebbe esserne dotata. Al contrario, si consideri una città come Rimini che, pur presentando risorse naturali che potrebbero essere definite non proprio "di valore" (ad esempio, la bellezza del mare, che è tra i meno attrattivi delle coste italiane), riesce a trasformare, mediante l'erogazione di servizi di qualità, quegli elementi in fattori di attrattiva "di valore". Ciò consente alla destinazione di generare elevati flussi turistici legati al turismo balneare, grazie ad una forte dotazione di ricettività, ad un competitivo rapporto qualità-prezzo, all'organizzazione di servizi legati alla balneazione e allo svago; tutti fattori che attirano notevolmente una variegata domanda (dalle famiglie, agli anziani, ai giovani). In più, per prolungare la stagione turistica, è stato creato un importantissimo polo fieristico, operando nel comparto congressuale e degli affari nei periodi differenti da quello estivo. In questi casi, quindi, si tratta prevalentemente di competitività generata dalle aziende locali, che sono riuscite finanche a creare delle *man-made attractions* come principali fattori di attrattiva (ad esempio, i parchi divertimento, ecc.). Rimini, come anche altre destinazioni della Riviera Romagnola, punta a differenziare la propria offerta, promuovendo anche l'enogastronomia, il turismo artistico-culturale delle aree interne e limitrofe, oltre al potenziamento del comparto congressuale e, soprattutto, fieristico. Basti pensare che Riminifiera tende a divenire uno dei poli specialistici più importanti d'Italia.

Il VRIO strumento per modificare il mix di risorse: il caso Napoli

Nel processo di analisi a livello sistemico, quindi, è possibile individuare il potenziale strategico di una destinazione, le risorse utilizzate in termini organizzativi e, quindi, fonti di vantaggio competitivo (temporaneo o sostenibile) e gli eventuali punti di debolezza, che saranno legati a scarse capacità delle imprese e/o a carenze del sito nel suo complesso. In tal senso, il VRIO ***framework*** **rappresenta un utile strumento di analisi**, anche nella decisione di cambiamenti e/o sostituzioni nel mix di risorse, o nell'attivazione di nuove risorse e competenze.

Nella tabella 1 è indicata l'analisi di alcune risorse della città di Napoli, a seguito di un processo di valutazione qualitativa realizzato attraverso il metodo Delphi su un gruppo qualificato di esperti ed esponenti del turismo cittadino (Della Corte, 2000).

Nell'elenco delle risorse a cui applicare il VRIO *framework*, quindi, è opportuno distinguere se si tratta del patrimonio aziendale specifico o dell'intero sistema, oltre a valutare ciascuna di esse in funzione delle quattro variabili dello schema.

Come si può osservare in tabella 1, a Napoli le risorse naturali rappresentano un innegabile punto di forza, anche rispetto ad altre città d'arte, grazie al clima favorevole, alla vicinanza al mare, al paesaggio. Quelle culturali, se comparate con le risorse possedute da altre città italiane o straniere, rendono la città in posizione di vantaggio competitivo temporaneo, mentre quelle archeologiche di località limitrofe (Pompei) rappresentano una realtà quasi unica. Interessanti sono fattori come l'*ambiance*, espresso dall'ospitalità e socievolezza, nonché da una tradizione e un folklore plurisecolari che, tuttavia, costituiscono un potenziale di risorse non adeguatamente valorizzato. Quanto all'artigianato (ad esempio, la produzione di pastori a S. Gregorio Armeno) e alla cucina, come confermato da periodiche indagini condotte sul turismo enogastronomico della città (Università Federico II), si tratta di risorse ad elevata competitività. Non si può ribadire lo stesso per le capacità progettuali e di coordinamento, che non presentano particolari caratteristiche, legate anche al tipo di organizzazione del turismo a livello locale. Tuttavia, l'inserimento di manager esperti alla guida di alcuni enti locali di promozione già costituisce un passo avanti nel miglioramento e rafforzamento di tali capacità e competenze.

Tabella 1 – Il modello analitico del VRIO applicato alla città di Napoli

	V	R	I	O	Livello
Risorse naturali					D
Clima/sole	X	X	-	~	
Paesaggi	X	X	-	~	
Mare	X	X	-	~	
Vesuvio	X	X	-	~	
Risorse culturali					D, I
Arte	X	X	-	X	
Cultura e storia	X	X	-	X	
Archeologia	X	X	X	X	
Livello qualitativo dei servizi					I
Professionalità	X	X	-	~	
Favorevole rapporto qualità-prezzo	X	X	-	~	
Ambiance					I, D
Ospitalità, socievolezza, simpatia	X	X	X	~	
Atmosfera caratteristica	X	X	X	-	
Tradizione (folklore, musica ecc.)	X	X	X	-	
Artigianato locale	X	X	X	~	I
Cucina	X	X	X	X	I
Capacità di progettazione	X	-	-	~	D
Capacità di coordinamento	X	-	-	~	

Legenda: I = Imprese; D = Destinazione; ~ = da migliorare; X = presente; - = assente.

Punti di debolezza, risorse da attivare ...

Da quest'ultimo aspetto, si può passare all'analisi dei punti di debolezza del capoluogo partenopeo. Rispetto ai punti di debolezza evidenziati in tabella 2, si possono segnalare le risorse/competenze da attivare e il ruolo prevalente di taluni *stakeholders* coinvolti.

Alcuni problemi sono, ovviamente, tipici delle grandi città: a partire dall'inquinamento, che richiede interventi per la sostenibilità, insieme al traffico e all'affollamento. In tal senso, l'immagine negativa legata alla microcriminalità ha un effetto più forte agli occhi del turista, rispetto a tale contesto. Occorrono, pertanto, maggiori interventi sul tema della sicurezza, accompagnati da un'adeguata promozione dell'immagine.

A questi problemi va aggiunto anche quello relativo alle infrastrutture, in termini di miglioramento dell'intermodalità, sistemazione delle strade e dell'arredo urbano, ecc.

Tabella 2 – Punti di debolezza della città di Napoli, risorse da attivare e *stakeholders* coinvolti

Punti di debolezza	Risorse/competenze da attivare	*Stakeholders* coinvolti
Inquinamento ambientale, traffico, affollamento, microcriminalità Infrastrutture (intermodalità, sistemazione delle strade e dell'arredo urbano ecc.)	Capacità di governo del territorio a livello locale Capacità di comunicazione	Istituzioni locali
Insufficiente ricettività e carenza di alcune forme di attrattiva (locali tipici, attrattive, luoghi dove trascorrere il tempo libero in modo ameno)	Nuovi investimenti con capacità imprenditoriale	Imprese locali e no che investono nell'area
Individualismi degli operatori	Fiducia, capacità relazionali	Imprese e istituzioni locali
Assenza di un piano di sviluppo strategico della città in termini turistici	Capacità di *destination management*	Istituzioni locali

... e *stakeholders* coinvolti

Vi è, inoltre, un marcato individualismo da parte degli operatori, ancorché intraprendenti, che rappresenta un innegabile ostacolo allo sviluppo della città in ottica sistemica. Rispetto a tali elementi, può risultare determinante un'adeguata attività di guida e coordinamento del turismo locale. Ciò per favorire l'esistenza di un fine comune, di una visione condivisa di tipo *community* (Martini, 2005), eventualmente stimolata e realizzata da un soggetto *pivot* del sistema, nella logica del *destination management*. Tale aspetto, tuttavia, richiama anche problematiche legate alle politiche di governo delle imprese e dei sistemi, nonché a scelte di tipo organizzativo. Questo fattore, come dimostrato da studi internazionali (Ritchie, Crouch, 2000), tende a divenire un elemento di competitività tra le destinazioni, anche nei contesti in cui il turismo si è sviluppato secondo logiche spontaneistiche ma dove sono in atto processi di revisione delle strategie di offerta e delle scelte di marketing.

3.2. La *governance* delle aggregazioni sistemiche: il caso dei DMS

I fattori base del governo sistemico

In tutti i casi, comunque, è importante che la *governance del sistema stesso emerga dall'insieme di valori il più possibile condivisi, nell'ambito di relazioni sociali più o meno consolidate* (Macneil, 1980; Noordwier, George, Nevin, 1990), *secondo una visione delle imprese e dei sistemi come creator of positive piuttosto che avoider of negative* (Conner, Prahalad, 1996; Della Corte, Sciarelli, 1999). A seconda, poi, dei contesti, emerge la necessità di una leadership e, più precisamente, di una guida particolarmente stimolante, di impatto sui componenti del sistema stesso, nella piena considerazione delle peculiarità individuali.

Figura 1 – Rapporti tra capacità imprenditoriale/manageriale e relazioni di fiducia, in presenza di risorse comuni e/o territoriali

		Grado di fiducia	
		Elevato	*Basso*
Capacità imprenditoriale/manageriale	*Elevato*	**Sistemi spontanei** → rafforzamento	**Contesti ostili** → difficile sviluppo competitività sistemica
	Basso	**Sistemi da potenziare** → miglioramento del livello qualitativo dell'offerta	**Sistemi marginali** → necessità di una *transformational leadership*

Nelle realtà in cui è particolarmente importante avviare un processo strutturato che guidi contesti locali poco sviluppati, o in situazioni di rilancio del sistema stesso, possono essere importanti interventi di ***transformational leadership***, ossia di una guida carismatica, coinvolgente, in grado di rinnovare e mobilitare lo sforzo collettivo, di valorizzare le specificità e di favorire il coinvolgimento (Bass, 1998).

Grado di fiducia e capacità imprenditoriali/manageriali

Ovviamente, un elemento di analisi importante è il grado di fiducia (*trustworthiness*) esistente tra i partner, che talvolta dipende anche dal grado di conoscenza e maturità imprenditoriale e manageriale degli stessi. È facile, infatti, riscontrare differenti situazioni che, comunque, restano legate al grado di fiducia esistente e alla capacità di visione strategica di ciascun membro del sistema, come indicato in figura 1.

Diverse tipologie di sistemi

Come si può osservare nella matrice, in presenza di potenziali risorse comuni/territoriali, al variare del grado di fiducia degli attori, nonché delle capacità imprenditoriali e manageriali di ciascuno di essi, si assiste allo sviluppo di contesti differenziati, rispetto ai quali possono risultare opportuni interventi di *system management* e *governance*. Laddove i rapporti di fiducia tra le parti sono forti e ci si trova di fronte a partner con elevate capacità, è facile che si sviluppino dei **sistemi spontanei**, in grado di valorizzare le risorse comuni e/o territoriali. In tali situazioni, può essere importante un processo di rafforzamento e consolidamento delle strategie e dei posizionamenti di mercato. Viceversa, nella situazione opposta, caratterizzata da scarsi rapporti di fiducia e scarso livello di capacità manageriali o imprenditoriali, si è di fronte a **sistemi marginali**, rispetto ai quali occorre un processo di rilancio integrale, anche attraverso una *transformational leadership*; se risultano carenti solo le capacità degli attori, allora occorre un miglioramento del sistema (**sistemi da potenziare**), attraverso interventi di diffusione e formazione imprenditoriale e culturale. Se, infine, pur essendo buono il livello degli attori, i rapporti di fiducia sono deboli, allora i contesti rivelano una forte indipendenza delle imprese locali e la presenza di un vero e proprio **sistema ostile**, rispetto al quale gli interventi di *system management* risultano particolarmente complessi e di difficile applicazione.

In ogni caso, appare necessario definire una dimensione collettiva dell'azione strategica del network di soggetti che agisce sul territorio e quindi di identificare una possibile "regia", centri decisionali, strutture, regole. In tal senso, occorre studiare come un'efficace politica di *governance* territoriale possa consentire il superamento di elementi di insufficienza presenti nelle *destination* e, al tempo stesso, possa favorire il consolidamento della *brand image* della destinazione nell'arena internazionale.

Il *destination management*

Più precisamente, a fronte di un contesto in cui i mercati sono divenuti globali, aumenta la domanda di certificazione della qualità, è richiesta innovazione continua, le diverse realtà locali non appaiono più in grado di tenere il passo. Per superare le difficoltà, la via indicata è lo sviluppo di una capacità di risposta sistemica più forte. Sono tuttavia di ostacolo due significativi fattori, esaminati anche in precedenza, ovvero la cultura fortemente individualista degli imprenditori e, di riflesso, la riluttanza all'aggregazione e, in secondo luogo, la mancanza di una managerialità di aggregato che sappia efficientemente gestire tanto il progetto di sviluppo quanto il consenso politico. Da qui l'importanza del ruolo che possono giocare gli stakeholder della *destination* nel delineare una visione ed un'azione strategica complessiva di sistema e nel definire politiche pubbliche di governo del territorio in ragione della mobilitazione di forze e di investimenti. Al fine di individuare funzioni e soggetti in grado di realizzare una gestione strategica sovraordinata in realtà territoriali caratterizzate da attori interdipendenti ma autonomi, la letteratura rinvia al concetto di *Destination Management* (DM), ossia il management delle destinazioni in grado di attrarre turisti. Il DM può essere definito come il processo decisionale finalizzato alla predisposizione di offerte integrate di servizi e di fattori di attrattiva, che alimentano i flussi turistici verso la destinazione, per il raggiungimento di un vantaggio competitivo sostenibile (Franch, 2002; Tamma; 2002; Martini, 2002).

Il campo di azione del DM è stato individuato in quattro attività principali (Kelly, Nankervis, 2001; Martini, 2005):

– la generazione di flussi turistici *incoming* verso la destinazione, in ottica di sostenibilità;

– la gestione dell'immagine della *destination*;

– il coordinamento e la gestione delle relazioni con gli *stakeholders*;

– la valutazione dell'impatto del turismo sul sistema territoriale locale, comprese le ripercussioni sui residenti.

L'organo di governo, a seconda dei casi, può essere un organismo pubblico piuttosto che privato, o una configurazione mista pubblico-privato. A prescindere dalla matrice, tuttavia, in alcuni casi è costituita un'apposita *Destination Management Company*, quale soggetto di guida strategica e di governo, cui sono demandate le principali attività sopra delineate, dopo aver concertato con le autorità locali le principali strategie d'intervento. Il processo di strutturazione di una DMC richiede la leadership di un soggetto pivot pubblico o privato, che può essere il risultato di un processo di creazione che parte dall'alto (top-down) o dal basso (bottom-up). Nel primo caso, la spinta propulsiva parte da aggregazioni di imprenditori privati ed enti territoriali. Nel secondo caso, l'iniziativa è generalmente pubblica: enti, agenzie, aziende di promozione o coordinamento avviano iniziative territoriali mirate ad insediamenti imprenditoriali ed investimenti strutturati (Della Corte, Sciarelli, 2012) [1]. L'assunzione di un modello di *governance* delle destinazioni volto a valorizzare la rete delle relazioni tra i diversi attori sembra essere la modalità più idonea a salvaguardare l'autonomia delle singole aziende e, allo stesso tempo, capace di creare sinergie. Il governo delle destinazioni ha una duplice responsabilità: da un lato, deve interagire positivamente con tutti gli attori del sistema, mediante processi di coordinamento e di integrazione volti alla creazione di consenso, condivisione, convergenza di interessi su problemi e soluzioni; dall'altro, deve sviluppare un insieme di interventi diretti a fornire risposte concrete ai bisogni del turista. Date le strette interrelazioni esistenti tra interessi di organizzazioni pubbliche, private e non profit, si afferma un nuovo concetto di *governance*, ossia quello di *destination governance* (Beritelli et al., 2007; Pechlaner et al., 2012), di rilievo per la gestione delle relazioni settoriali rispetto all'efficacia complessiva del sistema turistico. Con il termine *destination governance* si individua il *sistema attraverso il quale le organizzazioni si relazionano tra loro con i propri interlocutori e la gestione integrata dei servizi e delle attività, in ambito turistico, sviluppati dagli attori della rete per ottimizzare la performance dei territori, delle destinazioni e delle aziende coinvolte* (Franzoni, 2014). Dunque, per *destination governance* si intende un insieme di attività sviluppate dal network per ottimizzare i risultati e per soddisfare le esigenze degli stakeholder coinvolti. I diversi attori della *destination* sono legati mediante relazioni e processi integrati di *governance*, orientati a favorire l'efficacia complessiva dei servizi turistici forniti dai soggetti coinvolti nelle destinazioni.

---

[1] Un esempio interessante e tra i più evoluti in Europa è fornito dall'area turistica alpina, in cui si riscontrano DMC regionali nei diversi paesi attraversati dall'arco alpino (Valle d'Aosta, Lombardia, Trentino, Veneto e Friuli Venezia Giulia in Italia; Austria, Svizzera, Francia e Germania). È interessante sottolineare che alcune strutture a matrice pubblica sono in fase di privatizzazione (Veneto e Trentino); altre risultano a matrice pubblica (Austria) o privata (Svizzera, Francia).

4. Le implicazioni strategiche

Quali sono, allora, nell'ottica *resource-based*, le implicazioni strategiche per le imprese? Fare parte di un sistema significa avere di per sé un vantaggio competitivo sostenibile? La risposta è: non necessariamente.

Per ottenere un vantaggio competitivo sostenibile, occorrono risorse e competenze strategiche, sia da parte delle imprese che del sistema nel suo complesso. Viceversa, possiamo ritrovarci in situazioni di parità competitiva. Tuttavia, va detto che se esiste una logica sistemica, che rappresenta una forma di aggregazione precisa, più o meno spontanea, già ci si trova dinnanzi ad una situazione di potenziali sinergie tra gli attori. Ciò porta a dedurre che, rispetto ai contesti di aziende di piccole dimensioni, del tutto indipendenti e senza alcun rapporto collaborativo, anche implicito, quelli sistemici consentono in ogni caso alle singole imprese di raggiungere una maggiore competitività.

È opportuno, inoltre, aggiungere che, sia a livello distrettuale che, per esempio, di sistemi turistici locali, in Italia i casi non risultano tanto diffusi. Si tratta, quindi, di una componente che può essere definita anche rara. La difficoltà a creare sistemi di replicazione o, comunque, sostitutivi dipende poi, come si è visto, dalle specifiche risorse, capacità e competenze esistenti nel sistema. Esempio rilevante di recentissima creazione è il distretto turistico del Gran Sasso e dei Monti della Laga, primo distretto montano in Italia ed il più esteso della nazione, che riunisce 60 comuni e 400 imprenditori. Il distretto nasce per adeguare l'offerta turistica legata al comprensorio del Gran Sasso ai tempi e alle specificità del territorio. Nel concreto, questo vuol dire mettere a disposizione servizi più efficienti e meglio organizzati, tutelare giuridicamente le imprese, attrarre domanda nazionale ed internazionale, investire e intrattenere relazioni vantaggiose con le pubbliche amministrazioni.

Il VRIO per l'analisi di realtà da potenziare

In quest'ottica, la RBT sta sviluppandosi in una direzione estremamente interessante, che implica l'applicazione del modello VRIO per analisi volte non solo ad individuare casi di successo strategico ma anche ad esaminare realtà, dotate di potenzialità, ma non ancora adeguatamente valorizzate. Inoltre, il *framework* consente anche di individuare punti di debolezza che, in situazioni di crisi, possono richiedere l'impiego di nuove risorse o l'utilizzo diverso di risorse già controllate dall'impresa e dal sistema.

Un altro aspetto importante è proprio la realizzazione di uno studio su più livelli: dell'impresa e, appunto, del sistema. Ciò arricchisce l'orizzonte teorico verso frontiere più ampie, flessibili, considerando un numero molto più elevato di variabili e opzioni che, sebbene renda più complessa l'unità di analisi, permette anche di individuare con maggiore precisione le reali fonti del vantaggio competitivo sostenibile.

In tal senso, nelle realtà sistemiche, la variabile organizzativa, di per sé, riguarda l'esistenza di forme di coordinamento, di strumenti e soggetti di programmazione e controllo, di sistemi di marketing integrato e di sviluppo dell'imprenditorialità e managerialità delle diverse componenti. Tuttavia, se alla base di tali strumentazioni organizzative esistono delle risorse e capacità specifiche, allora risulta chiaro che, da variabile organizzativa dello schema, tali sistemi possano divenire essi stessi fonte di vantaggio competitivo.

Al contrario, si potrebbe argomentare che il sistema rappresenti, invece, un vincolo, un ostacolo allo sviluppo libero e più destrutturato delle imprese di minori dimensioni. In tal senso, va ribadita la logica della coopetizione che, come già detto, implica sempre totale autonomia e intraprendenza da parte dei singoli operatori. Si tratta, sulla base di quanto illustrato, di processi aggregativi spontanei, promossi e realizzati dalle imprese o, anche quando proposti maggiormente sulla base di un processo *top down*, comunque largamente condivisi.

L'agenzia di sviluppo locale: il caso Tess-Costa del Vesuvio Spa

Un esempio è l'attività svolta, in diverse circostanze, dalle agenzie di sviluppo locali, che devono fungere da animatori e catalizzatori sul territorio, sia nelle fasi d'investimento che di promozione e vendita. Si pensi all'agenzia di sviluppo Tess-Costa del Vesuvio Spa, sorta nell'area torrese-stabiese della provincia di Napoli, includendo 16 comuni della Campania lungo la costa da S. Giorgio a Cremano (adiacente a Napoli) fino a Vico Equense (l'inizio della Penisola Sorrentina). L'agenzia ha commissionato a un gruppo di esperti la predisposizione di uno studio di fattibilità per verificare se quell'area possa divenire una *destination*. Gli esperti, dopo accurate analisi sul territorio, hanno elaborato alcune linee-guida, successivamente sottoposte all'attenzione delle amministrazioni comunali locali e delle associazioni di categoria del settore, perché formulassero le proprie osservazioni e condividessero il piano. Dopo una serie di incontri reiterati si è riusciti finanche ad orientare alcune imprese ed enti locali a rivedere determinate scelte d'investimento individuali, in funzione di una più estesa logica "comprensoriale" di sviluppo. Attualmente, il Consorzio Costa del Vesuvio rappresenta un rilevante motore per il territorio, sia per la sua veste istituzionale e rappresentativa, sia e, soprattutto, per la sua veste di operatore marketing e commerciale: la politica d'integrazione e rete di impresa ha permesso di promuovere attraverso Tour Operators ed agenzie, italiani ed esteri, un'offerta di oltre 600 posti letto e servizi turistici collegati.

È chiaro, tuttavia, che, se i componenti effettuano investimenti *firm specific*, sarà proprio la specificità di questi investimenti stessi a determinare e, di fatto, limitare il grado di libertà, di scelta e di azione dei singoli operatori. Tale aspetto, però, riguarda, in generale, tutte le decisioni d'impresa, come visto nell'analisi, sia delle strategie a livello business, che di quelle a livello *corporate*.

D'altra parte, ad oggi, considerando anche i processi di concentrazione aziendale che stanno investendo diversi settori di attività, solo attraverso forme collaborative e di *networking* è possibile, per le piccole e medie imprese, competere sui mercati e puntare a raggiungere situazioni di vantaggio competitivo. Ciò, tuttavia, rappresenta un innegabile punto di forza per il tessuto industriale europeo, nella caratterizzazione e tipicità che lo distinguono dalle realtà d'impresa oltreoceano.

In questo capitolo

☞ Ci si sofferma sulla collaborazione tra PMI finalizzata alla creazione di **sistemi a rete**. La dinamica aggregativa può seguire una **logica territoriale**, **settoriale**, **intersettoriale** o **di filiera**, a seconda se il denominatore comune del sistema è l'appartenenza a uno specifico territorio, l'appartenenza a uno specifico settore merceologico o a settori che presentino legami e affinità, o rapporti di adiacenza (legami di fornitura o commerciali). Inoltre, il processo di creazione del network può avvenire dall'alto, dal basso o lateralmente. In genere i sistemi a rete si alimentano di una **conoscenza dinamica e relazionale**, che fluisce e si diffonde nel contesto territoriale e si trasmette tra gli attori. Nella rete relazionale è possibile distinguere le relazioni: strumentali, di autorità e gerarchiche, di comunicazione, affettive, di parentela.

☞ La scelta della forma di **governo del sistema** e i **meccanismi interni di interfaccia** sono i fattori principali dell'integrazione sistemica per il raggiungimento di un vantaggio competitivo durevole. Fondamentale nel percorso evolutivo dei sistemi a rete è il processo di creazione, rafforzamento e rigenerazione di risorse a **livello intra e interimprenditoriale**. Inoltre, per analizzare il potenziale competitivo del sistema e per adottare strategie che modifichino il mix di risorse, è opportuno, applicare il **VRIO *framework*** a livello di singola impresa e di sistema.

☞ La *governance* del sistema emerge dall'insieme di valori il più possibile condivisi, nell'ambito di relazioni sociali più o meno consolidate, secondo una visione delle imprese e dei sistemi come *creator of positive*. Attraverso il rapporto tra capacità imprenditoriale/manageriale e relazioni di fiducia, è possibile individuare sistemi spontanei, marginali, da potenziare ed ostili, a seconda dei quali è possibile adottare scelte strategiche differenti.

☞ Infine dall'applicazione empirica del VRIO *framework* ad alcune località turistiche si può concludere che questo può essere utile per analisi volte non solo a individuare casi di successo strategico ma anche a esaminare realtà, dotate di potenzialità, ma non ancora adeguatamente valorizzate.

Bibliografia

ABERNATHY W.J., UTTERBACK J. M. (1978), *Patterns of technological innovation*, in "Technology Review", 80, pp. 40-7.

ABRAHAMS J. (1995), *The Mission Statement Book*, Ten Speed Press, Berkeley (CA).

ADELMAN M.A. (1955), *Concept and statistical measurement of vertical integration*, in NATIONAL BUREAU FOR ECONOMIC RESEARCH (eds.), *Business Concentration and Price Policy*, Princeton University Press, Princeton (NJ), pp. 281-322.

ADLER M., DUMAS B. (1983), *International portfolio choice and corporate finance: A synthesis*, in "The Journal of Finance", 38, pp. 925-84.

ADLER N.J., BRAHM R., GRAHAM J.L. (1992), *Strategy implementation: A comparison of face-to-face negotiations in the People's Republic of China and the United States*, in "Strategic Management Journal", 13, pp. 449-66.

AGMON T., LESSARD D.R. (1977), *Investor recognition of corporate international diversification*, in "The Journal of Finance", 32, pp. 1049-56.

AGUILAR F.J., BHAMBRI A. (1983), *Johnson & Johnson (A)*, in "Harvard Business School", Case no. 384-053.

AGUILAR F.J., BOWER J.L., GOMES-CASSERES B. (1985), *Restructuring European petrochemicals: Imperial Chemical Industries, P. L. C.*, in "Harvard Business School", Case no. 9-385-203.

AKERLOF G.A. (1970), *The markets for 'lemons': Qualitative uncertainty and the market mechanism*, in "Quarterly Journal of Economics", 84, pp. 386-409.

ALCHIAN A. (1950), *Uncertainty, evolution, and economic theory*, in "Journal of Political Economy", 58, pp. 211-22.

ALCHIAN A., DEMSETZ H. (1972), *Production, information costs, and economic organization*, in "American Economic Review", 62, pp. 777-95.

ALLEN F. (1984), *Reputation and product quality*, in "The Rand Journal of Economics", 15, 3, pp. 3311-27.

ALLEN M., SICONOLFI M. (1993), *Dell computer drops planned share offering*, in "Wall Street Journal", February 25, p. A3.

ALLEY J. (1997), *The Heart of Silicon Valley*, in "Fortune", July 7, p. 86 ss.

ALPERT M. (1992), *The care and feeding of engineers*, in "Fortune", September 21, pp. 86-95.

ALVAREZ S., BARNEY J.B. (2000), *How can entrepreneurial firms really benefit from alliances with large firms?*, in "Academy of Management Executive", 15, 1, pp. 139-48.

AMIHUD Y., LEV B. (1981), *Risk reduction as managerial motive for conglomerate mergers*, in "Bell Journal of Economics", 12, pp. 605-17.

AMIT R., LIVNAT J. (1988a), *Diversification strategies, business cycles and economic performance*, in "Strategic Management Journal", 9, pp. 99-110.

AMIT R., LIVNAT J. (1988b), *Diversification and the risk-return trade-off*, in "Academy of Management Journal", 31, pp. 154-66.

AMIT R., SCHOEMAKER P.J.H. (1993), *Strategic assets and organizational rent*, in "Strategic Management Journal", 14, 1, pp. 33-45.

AMIT R., WERNERFELT B. (1990), *Why do firms reduce business risk?*, in "Academy of Management Journal", 33, pp. 520-33.

ANDERS G. (1989), *Going global: Vision vs. Reality*, in "Wall Street Journal", September 22, p. R21.

ANDERSON E., SCHMITTLEIN D. (1984), *Integration of sales force: An empirical examination*, in "Rand Journal of Economics", 15, pp. 385-95.

ANSOFF H. I. (1965), *Corporate Strategy*, McGraw-Hill, New York.

APPLEBAUM A. (2000), *Smartmoney.com: Unilever feels hungry, buys Ben & Jerry's*, in "The Wall Street Journal", April 13, p. B1 ss.

ARGYRES N. (1996), *Evidence on the role of firm capabilities in vertical integration decision*, in "Strategic Management Journal", 17, pp. 129-50.

ARGYRIS C., SCHON D.A. (1978), *Organizational Learning*, Addison-Wesley, Reading (MA).

ARMOUR H.O., TEECE D.J. (1980), *Vertical integration and technological innovation*, in "Review of Economics and Statistics", 60, pp. 470-4.

ARMSTRONG L. (1991), *Services: the customer as 'honored guest'*, in "Business Week", October 25, p. 104.

ARTHUR W.B. (1989), *Competing technologies, increasing returns, and lock-in by historical events*, in "Economic Journal", 99, pp. 116-31.

AXELROD R.M. (1984), *The Evolution of Cooperation*, Basic Books, New York.

BACKAITIS N.T., BALAKRISHNAN R., HARRIGAN K.R. (1984), *The dimensions of diversification posture, market power, and performance: The continuing debate*, Working paper, Columbia University, New York.

BADARACCO J.L., HASEGAWA N. (1988), *General Motor's Asian alliances*, in "Harvard Business School", Case no. 9-388-094.

BADEN-FULLER C.W.F., STOPFORD J. M. (1991), *Globalization frustrated: The case of white goods*, in "Strategic Management Journal", 12, pp. 493-507.

BAIN J.S. (1956), *Barriers to New Competition*, Harvard University Press, Cambridge (MA).

BAIN J.S. (1968), *Industrial Organization*, John Wiley & Sons, New York.

BALAKRISHNAN S., KOZA M. (1993), *Information asymmetry, adverse selection and joint ventures*, in "Journal of Economic Behavior & Organization", 20, pp. 99-117.

BARNEY J.B. (1986a), *Organizational culture: Can it be a source of sustained competitive advantage?*, in "Academy of Management Review", 11, pp. 656-65.

BARNEY J.B. (1986b), *Strategic factor markets: Expectations, luck and business strategy*, in "Management Science", 32, pp. 1512-4.

BARNEY J.B. (1986c), *Types of competition and the theory of strategy: Toward an integrative framework*, in "Academy of Management Review", 11, pp. 791-800.

BARNEY J.B. (1988), *Returns to bidding firms in mergers and acquisitions: Reconsidering the relatedness hypothesis*, in "Strategic Management Journal", 9, pp. 71-8.

BARNEY J.B. (1990), *Profit sharing bonuses and the cost of debt: Business finance and com pensation policy in Japanese electronics firms*, in "Asia Pacific Journal of Management", 7, pp. 49-64.

BARNEY J.B. (1991), *Firm resources and sustained competitive advantage*, in "Journal of Management", 17, pp. 99-120.

BARNEY J.B. (1994), *Bringing managers back in: A resource-based analysis of the role of managers in creating and sustaining competitive advantages for firms*, in "Does Management Matter?", Institute of Economic Research, Lund University, Lund, pp. 3-36.

BARNEY J.B. (1999), *How a firm's capabilities affect boundary decisions*, in "Sloan Management Review", 40, 3, pp. 137-45.

BARNEY J.B. (2014), *Gaining and Sustaining Competitive Advantage* (4th Edition), Prentice Hall, Upper Saddle River, New Jersey.

BARNEY J.B., HANSEN M.H. (1994), *Trustworthiness as a source of competitive advantage*, in "Strategic Management Journal", 15 (Winter Special Issue), pp. 175-90.

BARNEY J.B., HESTERLY W. (1996), *Organizational economics: Understanding the relationship between organizations and economic analysis*, in S. CLEGG, C. HARDY, W. NORD (eds.), *Handbook of Organizational Theory*, Sage, London, pp. 115-47.

BARNEY J.B., HOSKISSON R.E. (1990), *Strategic groups: Untested assertions and research proposals*, in "Managerial and Decision Economics", 11, pp. 187-98.

BARNEY J.B., OUCHI W.G. (1986), *Organizational Economics*, Jossey-Bass, San Francisco.

BARNEY J.B., TYLER B. (1990), *The attributes of top management teams and sustained competitive advantage*, in M. LAWLESS, L. GOMEZ-MEJIA (eds.), *Managing the High Technology Firm*, JAI Press, Greenwich, pp. 33-48.

BARNEY J.B., WRIGHT P. (1998), *On becoming a strategic partner*, in "Human Resource Management", 37, pp. 31-46.

BARNEY J.B., DELLA CORTE V., SCIARELLI M. (2005), *Digital economy and sustained competitive advantage in the tourism industry*, in A. CAPASSO, G. DAGNINO, A. LANZA (eds.), *Strategic Capabilities and Knowledge Transfer Within and Between Organizations: New Perspectives from Acquisitions, Networks, Learning and Evolution*, EURAM (European Academy of Management), Edward Elgar Publishing, London, pp. 35-55.

BARTLETT C.A. (1986), *Building and managing the transnational: The new organizational challenge*, in M.E. PORTER (ed.), *Competition in Global Industries*, Harvard Business School Press, Boston, pp. 367-401.

BARTLETT C.A., GHOSHAL S. (1989), *Managing across Borders: The Transnational Solution*, Harvard Business School Press, Boston.

BARTLETT C.A., GHOSHAL S. (1993), *Beyond the M-form: Toward a managerial theory of the firm*, in "Strategic Management Journal", 14, pp. 23-46.

BARTLETT C.A., RANGAN U.S. (1985), *Komatsu Ltd*, in "Harvard Business School", Case no. 9-385-277.

BASS M.B. (1998), *Transformational Leadership: Industrial, Military and Educational*, Laurence Erlbaum Associates Publishers, London.

BAUM J.A.C., KORN H.J. (1999), *Dynamics of dyadic competitive interaction*, in "Strategic Management Journal", 20, pp. 251-78.

BAUMOL W.J., PANZAR J.C., WILLIG R.P. (1982), *Contestable Markets and the Theory of Industry Structure*, Harcourt, Brace and Jovanovich, New York.

BEATTY R., RITTER R. (1986), *Investment banking, reputation, and the underpricing of initial public offerings*, in "Journal of Financial Economics", 15, pp. 213-32.

BECATTINI G. (1987), *Mercato e forze locali. Il distretto industriale*, Il Mulino, Bologna.

BECKER G.S. (1964), *Human Capital*, Columbia, New York.

BENEDICT R. (1946), *The Chrysanthemum and the Sword*, New American Library, New York.

BENGTSSON M., KOCK S. (2000), *"Coopetition" in business Networks-to cooperate and compete simultaneously*, in "Industrial Marketing Management", 29(5), 411-426.

BERGER P., OTEK E. (1995), *Diversification effect on firm value*, in "Journal of Financial Economics", 37, pp. 36-65.

BENEVOLO C., GRASSO M. (2010), *Ricettività e imprese alberghiere*, Franco Angeli, Milano.

BERITELLI P., BIEGER T., LAESSER C. (2007), *Destination governance: Using corporate governance theories as a foundation for effective destination management*, in "Journal of Travel Research", 46, 1, pp. 96-107.

BERMAN P., ALGER A. (1994), *Reclaiming the patrimony*, in "Forbes", March 14, p. 50.

BERNHEIM R.D., WHINSTON M.D. (1990), *Multimarket contact and collusive behavior*, in "Rand Journal of Economics", 12, pp. 605-17.

BETHEL J.E. (1990), *The capital allocation process and managerial mobility: A theoretical and empirical investigation*, Unpublished doctoral dissertation, UCLA, Los Angeles.

BITTLINGMAYER G. (1982), *Decreasing average cost and competition: A new look at the Addyston Pipe case*, in "Journal of Law and Economics", 25, pp. 201-29.

BLOCH F. (1995), *Endogenous structures of association in oligopolies*, in "Rand Journal of Economics", 26, pp. 537-56.

BLOIS K.J. (1999), *Trust in business to business relationships: An evaluation of its status*, in "Journal of Management Studies", 36, 2, pp. 197-215.

BOARI C., GRANDI A., LORENZONI G. (1992), *Le organizzazioni a rete: tre concetti base*, in G. LORENZONI (a cura di), *Accordi, reti e vantaggio competitivo*, Etas libri, Milano.

BOFFA M., CUSI A. (a cura di) (2000), *Un brand globale nel mercato italiano*, Lupetti, Milano.

BOND R.S., LEAN D.F (1977), *Sales, Promotion, and Product Differentiation in Two Prescription Drug Markets*, US Federal Trade Commission, Washington.

BOSTON CONSULTING GROUP (BCG) (1970), *Perspectives on Experience*, Boston Consulting Group, Boston.

BOUNDS W., DAVIS B. (1995), *US to launch new case against Japan over Kodak*, in "Wall Street Journal", June 30, p. A3.

BOUNCKEN R.B., MUENCH M., KRAUS S. (2015), *Born Globals: Investigating The Influence Of Their Business Models On Rapid Internationalization*, in "International Business & Economics Research Journal (IBER)", 14(2), 247-256.

BOUNCKEN R.B., SCHUESSLER F., KRAUS S. (2014), *The Theoretical Embedding Of*

Born Globals: Challenging Existing Internationalization Theories, in "International Business & Economics Research Journal (IBER)", 14(1), 39-46.

BOYLE S.E. (1968), *Estimate of the number and size distribution of domestic joint subsidiaries*, in "Antitrust Law and Economics Review", 1, pp. 81-92.

BRANDT R. (1994), *Is Nintendo a street fighter now?*, in "Business Week", August 29, p. 35.

BREALY R., MYERS S. (1988), *Principles of Corporate Finance*, 3rd ed., McGraw-Hill, New York.

BRENNAN M. (1979), *The pricing of contingent claims in discrete time models*, in "Journal of Finance", 34, pp. 53-68.

BRESNAHAN T.F. (1985), *Post-entry competition in the plain paper copier market*, in "American Economic Review", 75, pp. 15-9.

BRESSER R.K. (1988), *Cooperative strategy*, in "Strategic Management Journal", 9, pp. 475-92.

BREWER H.L. (1981), *Investor benefits from corporate international diversification*, in "Journal of Financial and Quantitative Analysis", 16, March, pp. 113-26.

BRIGHT A.A. (1949), *The Electric Lamp Industry*, MacMillan, New York.

BRINKLEY J. (2000), *US judge says Microsoft violated antitrust laws with predatory behavior*, in "New York Times", April 4, p. A1 ss.

BROWN E. (1999), *America's most admired companies*, in "Fortune", March 1, p. 68 ss.

BROWN S., EISENHARDT K. (1998), *Competing on the Edge*, Harvard Business School Press, Cambridge (MA).

BRUNETTI G., CAMUFFO A. (1994), *Marzotto. Continuità e sviluppo*, Utet-Isedi, Torino.

BRUNETTI G., CAMUFFO A. (2000), *Del Vecchio e Luxottica*, Utet-Isedi, Torino.

BUGLEMAN R.A. (1983), *A process model of internal corporate venturing in the diversified major firm*, in "Administrative Science Quarterly", 28, 2, pp. 223-44.

BURGERS W.P., HILL C.W.L., KIM W.C. (1993), *A theory of global strategic alliances: The case of the global auto industry*, in "Strategic Management Journal", 14, pp. 419-32.

BURROWS P. (1995), *Now, ti mean's 'talking initiative'*, in "Business Week", May 15, pp. 120-1.

BUSENITZ L., BARNEY J.B. (1997), *Differences between entrepreneurs and managers in large organizations: Biases and heuristics in strategic decision-making*, in "Journal of Business Venturing", 12, 1, pp. 9-30.

BUTLER J.K. JR. (1983), *Reciprocity of trust between professionals and their secretaries*, in "Psychological Reports", 53, pp. 411-6.

BUTLER J.K. JR., CANTRELL R.S. (1984), *A behavioral decision theory approach to modeling dyadic trust in superiors and subordinates*, in "Psychological Reports", 55, pp. 19-28.

BUZZELL R.D., GALE B.T., SULTAN R. (1975), *Market share: A key to profitability*, in "Harvard Business Review", 53, 1, January/February, pp. 97-106.

CAMERON K. (1986), *Effectiveness as paradox: Consensus and conflict in conceptions of organizational effectiveness*, in "Management Science", 32, pp. 539-53.

CAMINITI S. (1992), *The payoff from a good reputation*, in "Fortune", February 10, pp. 74-7.

CAMUFFO A., CAPPELLARI R. (1997), *Forall-Pal Zileri. Strategia e tradizione*, Utet-Isedi, Torino.

CAPASSO A. (1990), *Economia e finanza delle acquisizioni aziendali*, Cedam, Padova.

CAPUTO M., SCIARELLI M., GALLUCCI V. (1993), *Relazioni e strutture inter-imprenditoriali: il caso delle riparazioni navali*, in "L'industria", 4, ottobre-dicembre, p. 729 ss.

CAREY S. (1993), *USair declares war over fares in California*, in "Wall Street Journal", June 9, p. B1.

CARNEVALE M.L. (1993a), *HDTV bidders agree to merge their systems*, in "Wall Street Journal", May 24, p. B1 ss.

CARNEVALE M.L. (1993b), *Ring in the new: Telephone service seems on the brink of huge innovations*, in "Wall Street Journal", February 10, p. A1.

CARNEY M. (1998), *The competitiveness of networked production: The role of trust and asset specificity*, in "Journal of Management Studies", 35, 4, pp. 457-79.

CARPENTER M., SANDERS G., GREGERSON H. (2000), *Building human capital with organizational context: The impact of assignment experience on multinational firm performance and CEO pay*, in "Academy of Management Journal", 44, pp. 493-511.

CARROLL G.R., BIGELOW L.S., SEIDEL M.D.L., TSAI L.B. (1996), *The fates of de novo and de alio producers in the American automobile industry 1885-1981*, in "Strategic Management Journal", 17 (Summer Special Issue), pp. 117-37.

CARROLL P. (1993), *Big Blues: The Unmaking of IBM*, Crown Publishers, New York.

CARTWRIGHT S., COOPER C. (1993), *The role of culture compatibility in successful organizational marriage*, in "The Academy of Management Executive", 7, 2, pp. 57-70.

CASEY J. (1976), *High fructose corn syrup*, in "Research Management", 19, pp. 27-32.

CAULEY L. (1995), *Phone Giants discover the interactive path is full of obstacles*, in "Wall Street Journal", July 24, p. A1 ss.

CAVES R.E. (1971), *International corporations: The industrial economics of foreign investment*, in "Economica", 38, February, pp. 1-28.

CAVES R.E., BRADBURD R.M. (1988), *The empirical determinants of vertical integration*, in "Journal of Economic Behavior and Organization", 9, pp. 265-79.

CAVES R.E., PORTER M.E. (1977), *From entry barriers to mobility barriers: Conjectural decisions and contrived deterrence to new competition*, in "Quarterly Journal of Economics", 91, pp. 241-62.

CAVES R.E., WILLIAMSON P. (1985), *What is product differentiation, really?*, in "The Journal of Industrial Economics", 34, pp. 113-32.

CHAMBERLIN E.H. (1933), *The Theory of Monopolistic Competition*, Harvard University Press, Cambridge (MA).

CHANDLER A.D. (1962), *Strategy and Structure: Chapters in the History of the Industrial Enterprise*, MIT Press, Cambridge (MA).

CHANG Y., THOMAS H. (1989), *The impact of diversification strategy on risk-return performance*, in "Strategic Management Journal", 10, pp. 271-84.

CHATTERJEE S., LUBATKIN M., SCHWEIGER D., WEBER Y. (1992), *Cultural differences and shareholder value in related mergers: Linking equity and human capital*, in "Strategic Management Journal", 13, pp. 319-34.

CHATTERJEE S., WERNERFELT B. (1991), *The link between resources and type at diversification: Theory and evidence*, in "Strategic Management Journal", 12, pp. 33-48.

CHEN M.J. (1996), *Competitor analysis and interfirm rivalry: Toward a theoretical integration*, in "Academy of Management Review", 21, 1, pp. 100-34.

CHEN M.J. (2008), *Reconceptualizing the competition-cooperation relationship: A transparadox perspective*, in "Journal of Management Inquiry", 17, pp. 288-304.

CHEN M.J, STUCKER K. (1997), *Multinational management and multimarket rivalry: Toward a theoretical development of global competition*, in "Academy of Management Proceedings 1997", pp. 2-6.

CHILES T.H., MCMACKIN J.F. (1996), *Integrating variable risk preferences, trust, and transaction cost economics*, in "Academy of Management Review", 21, 1, pp. 73-99.

CHOI F.D.S., LEVICH R.M. (1990), *The Capital Market Effects of International Accounting Diversity*, Dow-Jones Irwin, Homewood.

CHRISTENSEN C.R., ANDREWS K.R., BOWER J.L., HAMERMESH G., PORTER M.E. (1980), *Business Policy: Text and Cases*, Irwin, Homewood.

CHRISTENSEN C.R., BERG N.A., SALTER M.S. (1980), *Policy Formulation and Administration: A Casebook of Senior Management Problems in Business*, 8th ed., Irwin, Homewood.

CHRISTENSEN C.R., STEVENSON H.H. (1967), *Head Ski Co.*, in "Harvard Business School", Case no. 9-313-120.

COASE R.H. (1937), *The nature of the firm*, in "Economica", 4, pp. 386-405.

CODA V., INVERNIZZI G., MOLTENI M. (1992), *Studi ed esperienze di imprenditorialità interna*, in "Economia & Management", 6, pp. 93-104.

COFF R. (1999), *When competitive advantage doesn't lead to profit: Resource-based theory and stakeholder bargaining power*, in "Organizational Science", 10, 2, pp. 119-33.

COLLINS J.C., PORRAS J.I. (1997), *Built to Last: Successful Habits of Visionary Companies*, Harper-Collins Publishers, New York.

COLLIS D. (1995a), *Cooper Industries' Corporate Strategy (A)*, in "Harvard Business School", Case no. 9-391-095.

COLLIS D. (1995b), *The Walt Disney Company (A)*, in "Harvard Business School", Case no. 1-388-147.

COLLIS D.J. (1991), *A resource-based analysis of global competition: The case of the bearing industry*, in "Strategic Management Journal", 12 (Summer Special Issue), pp. 49-68.

COLLIS D.J. (1994), *Newell Company: Acquisitions Strategy*, in "Harvard Business School", Case no. 9-794-066.

COLLIS D.J., MONTGOMERY C.A. (1997), *Corporate Strategy: Resources and the Scope of the Firm*, Irwin, Chicago.

COMMENT R., JARRELL G. (1995), *Corporate focus and stock returns*, in "Journal of Financial Economics", 37, pp. 67-87.

COMPAGNO C. (2000), *Il caso Nonino, lo spirito d'impresa*, Utet-Isedi, Torino.

CONNER K. (1995), *Obtaining strategic advantage from being imitated: When can encouraging 'clones' pay?*, in "Management Science", 41, pp. 209-25.

CONNER K.R. (1991), *A historical comparison of resource based theory and five schools of thought within industrial organization economics: Do we have a new theory of the firm?*, in “Journal of Management”, 17, 1, pp. 121-54.

CONNER K.R., PRAHALAD C.K. (1996), *A Resource Based Theory of the firm: knowledge versus opportunism*, in “Organization Science”, vol. 7, pp. 477-501.

CONNER K.R., RUMELT R.P. (1991), *Software piracy: An analysis of protection strategies*, in “Management Science”, 37, 2, pp. 125-39.

COPELAND T., KOLLER T., MURRIN J. (1995), *Valuation: Measuring and Management the Value of Companies*, 2nd ed., John Wiley & Sons, New York, pp. 165-6.

COPELAND T.E., WESTON J.F. (1983), *Financial Theory and Corporate Policy*, Addison-Wesley, Reading (MA).

CORCORAN C. (1993), *At last, users can inspect IBM's Powerpc systems*, in “Infoworld”, 15, November 15, pp. 1, 6.

COX M. (1993), *Electronic campus: Technology threatens to shatter the world of college textbooks*, in “Wall Street Journal”, June 1, p. A1.

CROCK S. (2000), *Can Lockheed Martin pull out of dry dock?*, in “Business Week”, May 1, p. 148.

CROCKETT R. (1999), *The last monopolist*, in “Business Week”, 3624, April 12, p. 76.

CROCKETT R. (2000), *A Baby Bell's growth formula*, in “Business Week”, 3671, March 6, pp. 50-2.

CURRAN J. (1997), *GE Capital: Jack Welch's secret weapon*, in “Fortune”, November 10, p. 116 ss.

DARLIN D. (1991), *Coke and Nestlé launch first coffee drink*, in “Wall Street Journal”, October 1, p. B1 ss.

D'ASCENZO (2015), *Paperoni, Ortega (Zara) supera Buffett*, in “Il Sole 24 Ore”, 4 giugno 2015.

D'AVENI R. (1994), *Hypercompetition: Managing the Dynamics of Strategic Maneuvering*, Free Press, New York.

D'AVENI R. (1995), Coping with hypercompetition: *Utilizing the new 7S's framework*, in “Academy of Management Executive”, 9, 3, pp. 45-60.

D'AVENI R., RAVENSCRAFT D. (1994), *Economics of integration versus bureaucracy costs: Does vertical integration improve performance?*, in “Academy of Management Journal”, 37, pp. 1167-206.

DAGNINO G.B., PADULA G. (2002), *Coopetition strategy. A new kind of interfirm dynamics for value creation. Coopetition strategy. Towards a new kind of Interfirm dynamics. Paper presented at EURAM – The European Academy of Management Second Annual Conference – “Innovative Research in Management” Stockholm*, 9-11 May 2002.

DAVIDS M. (1997), *More attention to K-Mart shoppers*, in “The Journal of Business Strategy”, 18, p. 36.

DAVIDSON J.H. (1976), *Why most new consumer brands fail*, in “Harvard Business Review”, 54, March/April, pp. 117-22.

DAVIS B. (1995), *US expects goals in pact with Japan to be met even without overt backing*, in “Wall Street Journal”, June 30, p. A3.

DAVIS P., ROBINSON R., PEARCE J., PARK S. (1992), *Business unit relatedness and performance: A look at the pulp and paper industry*, in "Strategic Management Journal", 13, pp. 349-61.
DAVIS S.M., LAWRENCE P.R. (1977), *Matrix*, Addison-Wesley, Reading (MA).
DELLA CORTE V. (2000), *La gestione dei sistemi locali di offerta turistica*, Cedam, Padova.
DELLA CORTE V. (2004), *La gestione strategica e le scelte di governo di un'impresa tour operator*, Cedam, Padova.
DELLA CORTE V. (2009), *Imprese e sistemi turistici: il management*, Egea, Milano.
DELLA CORTE V. (2013), *Imprese e sistemi turistici: il management*, Seconda Edizione, Egea, Milano.
DELLA CORTE V., SCIARELLI M. (1999), *L'approccio della Resource-Based Theory alla generazione del vantaggio competitivo*, in "Sviluppo e Organizzazione", 172, pp. 115-28.
DELLA CORTE V., SCIARELLI M. (2003), *Evoluzione del marketing nella filiera turistica: Il ruolo dell'Information & Communication Technology*, in J.-C. ANDREANI, U. COLLESEI (a cura di), *Atti del terzo congresso internazionale sulle tendenze di marketing, 28-29 novembre*, Venezia.
DELLA CORTE V., SCIARELLI M. (2012), *Destination Management e logica sistemica: un confronto internazionale*, Giappichelli, Torino.
DELLO IACOVO (2011), *Sony abbandona la joint venture con Samsung per gli schermi piatti LCD incassando 939 milioni di dollari*, in "Il Sole 24 Ore", 25 dicembre 2011.
DEMETRAKAKES P. (1994), *Household-chemical makers concentrate on downsizing*, in "Packaging", 39, 1, p. 41.
DEMSETZ H. (1973), *Industry structure, market rivalry, and public policy*, in "Journal of Law and Economics", 16, pp. 1-9.
DE TONI A., GRANDINETTI R. (a cura di) (2001), *Conoscenze, relazioni e tecnologie di rete nelle filiere distrettuali. Il caso del distretto della sedia*, Franco Angeli, Milano.
DICHTL E., KOEGLMAYR H.G. (1986), *Country risk ratings*, in "Management International Review", 26, 4, pp. 2-10.
DIERICKX I., COOL K. (1989), *Asset stock accumulation and sustainability of competitive advantage*, in "Management Science", 35, pp. 1504-11.
DIXIT A.K. (1982), *Recent developments in oligopoly theory*, Papers and Proceedings of the American Economic Association (94th annual meeting), 72, 2, pp. 12-7.
DODD P. (1980), *Merger proposals, managerial discretion and stockholder wealth*, in "Journal of Financial Economics", 8, pp. 105-38.
DOMINELLI C. (2015), *Solare, Enel Green Power diventa leader in Brasile*, in "Il Sole 24 Ore".
DRUCKER P. (1994), *The theory of business*, in "Harvard Business Review", 75, September/October, pp. 95-105.
DUNCAN L. (1982), *Impacts of new entry and horizontal joint ventures on industrial rates of return*, in "Review of Economics and Statistics", 64, pp. 120-5.
DUNNING J.H. (1973), *The determinants of international production*, in "Oxford Economic Papers", 25, November, pp. 289-336.
DYER J., OUCHI W. (1993), *Japanese style partnerships: Giving companies a competitive edge*, in "Sloan Management Review", 31, pp. 51-63.

DYER J.H., SINGH H. (1998), *The relational view: Cooperative strategy and sources of interorganizational competitive advantage*, in "Academy of Management Review", 23, 4, pp. 660-79.

EDWARDS C.D. (1955), *Conglomerate bigness as a source of power*, in "Business Concentration and Price Policy", NBER Conference Report, Princeton University Press, Princeton.

EGER C.E. (1983), *An empirical test of the redistribution effect in pure exchange merger*, in "Journal of Financial and Quantitative Analysis", 18, pp. 547-72.

EICHENSEHER J., SHIELDS D. (1985), *Reputation and corporate strategy: A review of recent theory and applications*, in "Strategic Management Journal", 9, pp. 443-54.

ENGARDIO P. (1993), *Motorola in China: A great leap forward*, in "Business Week", May 17, pp. 58-9.

ENNIS P. (1991), *Mitsubishi group wary of deeper ties to Chrysler*, in "Tokyo Business Today", 59, July, p. 10.

ENRIGHT M.J., BUMBACHER U. (1995), *Swiss watch industry*, in "Harvard Business School", Case no. 9-792-046.

ERNST D., BLEEKE J. (1993), *Collaborating to Compete: Using Strategic Alliances and Acquisition in the Global Marketplace*, John Wiley & Sons, New York.

ERRUNZA V., SENBET L.W. (1981), *The effects of international operations on the market value of the firm: Theory and evidence*, in "The Journal of Finance", 36, pp. 401-18.

FAMA E.F. (1970), *Efficient capital markets: A review of theory and empirical work*, in "Journal of Finance", 25, pp. 383-417.

FARJOUN M. (1998), *The independent and joint effects of the skill and physical bases of relatedness in diversification*, in "Strategic Management Journal", 19, pp. 611-30.

FATSIS S. (1995), *Major leagues keep minors at a distance*, in "Wall Street Journal", November 8, p. B1 ss.

FAYERWEATHER J. (1969), *International Business Management: Conceptual Framework*, McGraw-HILL, New York.

FAYERWEATHER J. (1982), *International Business Strategy and Administration*, Ballinger, Cambridge.

FAYERWEATHER J., KAPOOR A. (1975), *Strategy and Negotiation for the International Company*, Ballinger, Cambridge.

FAZZI M. (1982), *Il governo dell'impresa*, 2 voll., Giuffrè, Torino.

FERRUCCI L., VARALDO R. (1997), *Il distretto industriale tra logiche di impresa e logiche di sistema*, Franco Angeli, Milano.

FINKELSTEIN S., HAMBRICK D.C. (1989), *Chief executive compensation: A study of the intersection of markets and political processes*, in "Strategic Management Journal", 10, pp. 121-34.

FINN E.A. (1987), *General Electric*, in "Forbes", March 23, pp. 74-80.

FIRTH M. (1980), *Takeovers, shareholder returns and the theory of the firm*, in "Quarterly Journal of Economics", 94, pp. 235-60.

FISHER F.M., MCGOWAN J.J. (1983), *On the misuse of accounting rates of return to infer monopoly profits*, in "American Economic Review", 73, pp. 82-97.

FLOYD S.W., WOOLDRIDGE B. (1992), *Middle management involvement in strategy and its association with strategic type: A research note*, in "Strategic Management Journal", 13 (Special Issue), pp. 153-67.

FOLTA T.B. (1998), *Governance and uncertainty: The tradeoff between administrative control and commitment*, in "Strategic Management Journal", 19, pp. 1007-28.

FOLTA T., LEIBLEIN M. (1994), *Technology acquisition and the choice of governance by established firms: Insights from option theory in a multinomial logit model*, in "Academy of Management Proceedings 1994", pp. 27-31.

FRANZONI S. (2014), *Destination governance, aziende turistiche e sviluppo sostenibile*, Franco Angeli, Milano.

FREEBAIRN J. (2015), *Reconsidering royalty and resource rent taxes for Australian mining*, in "Australian Journal of Agricultural and Resource Economics".

FREEDMAN A., HUDSON R. (1980), *Du Pont and Phillips plan joint venture to make, market laser disc products*, in "Wall Street Journal", December 22, p. 10.

FREEMAN M. (2014), *Transmediating Tim Burton's Gotham City: Brand Convergence, Child Audiences, and Batman: The Animated Series*, in "Networking Knowledge: Journal of the MeCCSA Postgraduate Network", 7(1).

FRIEDMAN W., KALMANOFF G. (1961), *Joint International Business Ventures*, Columbia University Press, New York.

FUCHSBERG G. (1992), *Decentralized management can have its drawbacks*, in "Wall Street Journal", December 9, p. B1.

FUERST B., MATA F., BARNEY J. (1996), *Information technology and sustained competitive advantage: Reason-based analysis*, in "MIS Quarterly", 19, pp. 487-505.

FULFORD B. (1999), *We're not Hapi with Havi*, in "Forbes", February 22, p. 102.

FUSFELD D. (1958), *Joint subsidiaries in the iron and steel industry*, in "American Economic Review", 48, pp. 578-87.

GAIN S. (1993), *Korea is overthrown as sneaker champ*, in "Wall Street Journal", October 7, p. A14.

GALAI D., MASULIS R.W. (1976), *The option pricing model and the risk factor of stock*, in "Journal of Financial Economics", 3, pp. 53-82.

GARZIA C., MORETTI A. (2004), *Massimo Colomban e la Permasteelisa 1974-2002*, Isedi, Torino.

GAYNOR M., GERTLER P. (1995), *Moral hazard and risk spreading in partnerships*, in "Rand Journal of Economics", 26, 4, (Winter), pp. 591-613.

GERINGER J.M., TALLMAN S., OLSEN D.M. (2000), *Product and international diversification among Japanese multinational firms*, in "Strategic Management Journal", 21, pp. 51-80.

GHEMAWAT P. (1984a), *Capacity expansion in the titanium dioxide industry*, in "Journal of Industrial Economics", 33, 2, pp. 145-63.

GHEMAWAT P. (1984b), *Du Pont in Titanium Dioxide (A)*, in "Harvard Business School", Case no. 9-385-140.

GHEMAWAT P. (1986), *Wal-Mart store's discount operations*, in "Harvard Business School", Case no. 9-387-018.

GHEMAWAT P. (1993), *Sears, Roebuck and Company: The Merchandise Group*, in "Harvard Business School", Case no. 9-794-039.

GHEMAWAT P., MCGAHAN A. (1995), *The us airline industry in 1995*, in "Harvard Business School", Case no. 9-795-113.

GHEMAWAT P., STANDER III H.J. (1992), *Nucor at a crossroads*, in "Harvard Business School", Case no. 9-793-039.

GIBSON R. (1991), *McDonald's insiders increase their sales of company's stock*, in "Wall Street Journal", June 14, p. A1.

GIBSON R. (1995), *Food: At McDonald's, new recipes for buns, eggs*, in "Wall Street Journal", June 13, p. B1.

GILBERT R.J., NEWBERY D.M. (1982), *Preemptive patenting and the persistence of monopoly*, in "American Economic Review", 72, 3, pp. 514-26.

GIMENO J. (1994), *Multipoint competition, market rivalry and firm performance: A test of the mutual forbearance hypothesis in the United States airline industry, 1984-1988*, Unpublished doctoral dissertation, Purdue University, Westville.

GIMENO J. (1999), *Reciprocal threats in multimarket rivalry: Staking our 'spheres of influence' in the US airline industry*, in "Strategic Management Journal", 20, pp. 101-28.

GIMENO J., WOO C.Y. (1999), *Multimarket contact, economies of scope, and firm performance*, in "Academy of Management Journal", 43, 3, pp. 239-59.

GLUECK W.F. (1980), *Business Policy and Strategic Management*, McGraw-HILL, New York.

GNYAWALI D.R., PARK B.J.R. (2011), *Co-opetition between giants: Collaboration with competitors for technological innovation*, in "Research Policy", 40(5), 650-663.

GOLBE D.L. (1981), *The effects of imminent bankruptcy on stockholder risk preferences and behavior*, in "Bell Journal of Economics", 12, 1, pp. 321-8.

GOLINELLI G. (2002), *L'approccio sistemico al governo dell'impresa*, vol. III, *Valorizzazione delle capacità, rapporti intersistemici e rischio nell'azione di governo*, Cedam, Padova.

GOLINELLI G., MASSARONI E., PASTORE A, GATTI M., VAGNANI G. (2002), *The firm as a viable system: managing inter-organisational relationships*, in "Sinergie", 20, 58, pp. 65-98.

GORT M. (1962), *Diversification and Integration in American Industry*, Princeton University Press, Princeton.

GRANOVETTER M. (1985), *Economic action and social structure: The problem of embeddedness*, in "American Journal of Sociology", 3, pp. 481-510.

GRANT L. (1997), *Monsanto's bet: There's gold in going green*, in "Fortune", April 14, p. 116.

GRANT R.M. (1988), *On 'dominant logic' relatedness and the link between diversity and performance*, in "Strategic Management Journal", 9, pp. 639-42.

GRANT R.M. (1991), *Contemporary Strategy Analysis*, Basil Blackwell, Cambridge.

GRANT R.M. (1996), *Toward a knowledgebased theory of the firm*, in "Strategic Management Journal", 17 (Winter Special Issue), pp. 109-22.

GREENHOUSE S. (1991), *Playing Disney in the Parisian fields*, in "New York Times", February 17, 3, pp. 1, 6.

GROSS N. (1995), *The technology paradox*, in "Business Week", March 6, pp. 76-84.

GROSSMAN S., HART O. (1986), *The costs and benefits of ownership: A theory of vertical and lateral integration*, in "Journal of Political Economy", 94, pp. 691-719.

GULATI R. (1998), *Alliances and networks*, in "Strategic Management Journal", 19, pp. 293-317.

GULATI R., SINGH H. (1998), *The architecture of cooperation: Managing coordination costs and appropriation concerns in strategic alliances*, in "Administrative Science Quarterly", 43, pp. 781-814.

GUNTHER M. (1998), *Disney's call of the wild*, in "Fortune", April 13, pp. 120-4.

GUPTA A.K. (1987), *SBU strategies, corporate-SBU relations, and SBU effectiveness in strategy implementation*, in "Academy of Management Journal", 30, 3, pp. 477-500.

GUPTA D.V., CHEN Y.R.B., SHARPER C.A., STONE A.E. (1996), *U.S. Patent No. 5,555,244*, Washington, DC: U.S. Patent and Trademark Office.

HACKMAN J.R., OLDHAM G.R. (1980), *Work Redesign*, Addison-Wesley, Reading (MA).

HAGEDOORN J. (1993), *Understanding the rationale of strategic technology partnering: Interorganizational modes of cooperation and sectoral differences*, in "Strategic Management Journal", 14, pp. 371-85.

HAGEDOORN J. (1996), *Trends and patterns in strategic technology partnering since the early seventies*, in "Review of Industrial Organization", 11, pp. 601-16.

HAGEDOORN J., NARULA R. (1996), *Choosing organizational modes of strategic technology partnering: International and sectoral differences*, in "Journal of International Business Studies", 2nd quarter, pp. 265-84.

HAGEDOORN J., SADOWSKI B. (1999), *The transition from strategic technology alliances to mergers and acquisitions: An exploratory study*, in "Journal of Management Studies", 36, 1, pp. 87-107.

HAMBRICK D. (1987), *Top management teams: Key to strategic success*, in "California Management Review", 30, pp. 88-108.

HAMEL G. (1991), *Competition for competence and inter-partner learning within international strategic alliances*, in "Strategic Management Journal", 12, pp. 83-103.

HAMERMESH R.G., ROSENBLOOM R.S. (1989), *Crown Cork and Seal Co., Inc.*, in "Harvard Business School", Case no. 9-388-096.

HARBISON J.R., PEKAR Jr, P. (1998), *Smart alliances: A practical guide to repeatable success* (Vol. 2), Jossey-Bass, Hoboken.

HARRIGAN K.R. (1988), *Joint ventures and competitive strategy*, in "Strategic Management Journal", 9, pp. 141-58.

HARRIS L.C., OGBONNA E. (1999), *Developing a market oriented culture: A critical evaluation*, in "Journal of Management Studies", 36, 2, pp. 177-96.

HASPESLAGH P., JEMISON D. (1991), *Managing Acquisitions: Creating Value Through Corporate Renewal*, Free Press, New York.

HATFIELD D.D., LIEBESKIND J.P., OPLER T.C. (1996), *The effects of corporate restructuring on aggregate industry specialization*, in "Strategic Management Journal", 17, pp. 55-72.

HATTEN K.J., HATTEN M. L. (1988), *Effective Strategic Management: Analysis and Action*, Prentice Hall, Upper Saddle River.

HAYES R.H., WHEELWRIGHT S.G. (1979), *The dynamics of process-product life cycles*, in "Harvard Business Review", March/April, p. 127.

HEALY P.M. (1985), *The effect of bonus schemes on accounting decisions*, in "Journal of Accounting and Economics", 7, pp. 85-107.

HEDBERG B.L.T. (1981), *How organizations learn and unlearn*, in P.C. NYSTROM, W.H. STARBUCK (eds.), *Handbook of Organizational Design*, Oxford University Press, London.

HENDERSON B. (1974), *The Experience Curve Reviewed III: How Does it Work?*, Boston Consulting Group, Boston.

HENDERSON R., COCKBURN I. (1994), *Measuring competence? Exploring firm effects in pharmaceutical research*, in "Strategic Management Journal", 15, pp. 63-84.

HENNART J.F. (1988), *A transaction cost theory of equity joint ventures*, in "Strategic Management Journal", 9, pp. 361-74.

HESTERLY W.S. (1989), *Top management succession as a determinant of firm performance and de-escalation: An agency problem, Unpublished doctoral dissertation*, UCLA, Los Angeles.

HILL C.W.L. (1988), *Differentiation versus low cost or differentiation and low cost: A contingency framework*, in "Academy of Management Review", 13, 3, pp. 401-12.

HILL C.W.L., JONES G.R. (1992), *Strategic Management Theory: An Integrated Approach*, Houghton Mifflin, Boston.

HILL C., HANSEN G. (1991), *A longitudinal study of the cause and consequence of changes in diversification in the us pharmaceutical industry, 1977-1986*, in "Strategic Management Journal", 12, pp. 187-99.

HILL C., SNELL S. (1988), *External control, corporate strategy, and firm performance in research intensive industries*, in "Strategic Management Journal", 9, pp. 577-90.

HITT M.A., IRELAND R.D. (1986), *Relationships among corporate level distinct competencies, diversification strategy, corporate strategy and performance*, in "Journal of Management Studies", 23, pp. 401-16.

HITT M.A., IRELAND R.D., HOSKISSON R.E. (1997), *Strategic Management: Competitiveness and Globalization*, Southwestern Publishing, Cincinnati.

HOLM D.B., ERIKSSON K., JOHANSON J. (1999), *Creating value through mutual commitment to business network relationships*, in "Strategic Management Journal", 20, pp. 467-86.

HOOPER L. (1993), *CD ventures planned by IBM, Blockbuster*, in "Wall Street Journal", May 11, p. B1 ss.

HOTELLING H. (1929), *Stability in competition*, in "Economic Journal", 39, pp. 41-57.

HOUSTON J., JAMES C. (1998), *Some evidence that banks use internal capital markets to lower capital costs*, in "Journal of Applied Corporate Finance", 11, 2, pp. 70-78.

HOUT T., PORTER M.E., RUDDEN E. (1982), *How global companies win out*, in "Harvard Business Review", September/October, pp. 98-108.

HUEY J. (1991), *Nothing is impossible*, in "Fortune", September 23, pp. 134-140.

HUEY J. (1995), *Eisner explains everything*, in "Fortune", April 17, pp. 44-68.

HUEY J. (1997), *In search of Robert's secret formula*, in "Fortune", December 29, p. 230.

HUNT M.S. (1972), *Competition in the major home appliance industry 1960-1970*, Unpublished doctoral dissertation, Harvard University, Boston.

HYMER S. (1976), *The International Operations of National Firms: A Study of Direct Foreign Investment*, The MIT Press, Cambridge (ma).

IBISWorld (2015), *Global Fast Food Restaurants*, IBISWorld Industry Report.

IGNATIUS A. (1993), *Commodity giant: Marc Rich & Co. does big deals at big risk in former USSR*, in "Wall Street Journal", May 13, p. A1.

INKPEN A. (1998), *Learning and knowledge acquisition through international strategic alliances*, in "Academy of Management Executive", 12, 4, pp. 69-80.

IRELAND R.D., HOSKISSON R., HITT M. (2014), *Strategic Management: Concepts and Cases: Competitiveness and Globalization*, South-Western College Publishing, Boston.

ITAMI H. (1987), *Mobilizing Invisible assets*, Harvard University Press, Cambridge (MA).

JACOB R. (1992a), *India is opening for business*, in "Fortune", November 16, pp. 128-30.

JACOB R. (1992b), *Service Corp. International: Acquisitions done the right way*, in "Fortune", November 16, p. 96.

JACOB R. (1992c), *Thriving in a lame economy*, in "Fortune", October 5, pp. 44-54.

JACOBSEN R. (1988), *The persistence of abnormal returns*, in "Strategic Management Journal", 9, 5, pp. 415-30.

JANDIK T., MAKHIJA A.K. (1999), *An empirical examination of the atypical diversification practices of electric utilities: Internal capital markets and regulation*, Working paper (September), Fisher College of Business, The Ohio State University, Columbus.

JENSEN E. (1993), *ABC and BBC pool their radio-tv news coverage*, in "Wall Street Journal", March 26, p. B1 ss.

JENSEN M.C. (1968), *The performance of mutual funds in the period 1945-64*, in "Journal of Finance", May, pp. 389-416.

JENSEN M.C. (1986), *Agency costs of free cash flow, corporate finance, and takeovers*, in "American Economic Review", 76, pp. 323-9.

JENSEN M.C., MECKLING W.H. (1976), *Theory of the firm: Managerial behavior, agency costs, and ownership structure*, in "Journal of Financial Economics", 3, pp. 305-60.

JENSEN M.C., RUBACK R.S. (1983), *The market for corporate control: The scientific evidence*, in "Journal of Financial Economics", 11, pp. 5-50.

JOHANSSON J.K. (1995), *International alliances: Why now?*, in "Journal of the Academy of Marketing Science", 23, 4, pp. 301-4.

JOHN G., WEITZ B.A. (1988), *Forward integration into distribution: An empirical test of the transaction cost analysis*, in "Journal of Law, Economics and Organization", 4, pp. 337-55.

JONES G. (1991), *Michael Eisner's Disney Company*, in C.W. HILL, G. JONES (eds.), *Strategic Management*, Houghton-Mifflin, Boston, pp. 784-805.

JOSKOW P.L. (1988), *Asset specificity and the structure of vertical relationships*, in "Journal of Law, Economics and Organization", 4, pp. 95-117.

KALLEBERG A.L., REVE T. (1992), *Contracts and commitment: Economic and sociological perspectives on employment relations*, in "Human Relations", 45, 9, pp. 1103-32.

KANTER R.M. (1993), *FCB and Publicis (A): Forming the alliance*, in "Harvard Business School", Case no. 9-393-099.

KAPLAN R.S., NORTON D.P. (1996), *The Balanced Scorecard: Translating Strategy into Action*, Harvard Business School Press, Boston.

KARNANI A., WERNERFELT B. (1985), *Multiple point competition*, in "Strategic Management Journal", 6, pp. 87-96.

KEARNS D.T., NADLER D.A. (1992), *Prophets in the Dark*, Harper Collins, New York.

KELLER J.J. (1993), *Sprint hangs back as its rivals forge global alliances*, in "Wall Street Journal", June 4, p. B4.

KELLY I., NANKERVIS T. (2001), *Visitor Destinations*, John Wiley and Sons Australia, Milton.

KENT D.H. (1991), *Joint ventures vs. non-joint ventures: An empirical investigation*, in "Strategic Management Journal", 12, pp. 387-93.

KIRKPATRICK D. (1993), *Could AT&T rule the world?*, in "Fortune", May 17, pp. 54-6.

KIRKPATRICK D. (1997), *Be like Mike*, in "Fortune", September 8, pp. 91-2.

KIRKPATRICK D. (1998), *The second coming of Apple*, in "Fortune", November 8, p. 886 ss.

KIRKPATRICK D. (1999), *The fortune 500*, in "Fortune", April 26, p. F1 ss.

KLEIN B., CRAWFORD R., ALCHIAN A. (1978), *Vertical integration, appropriable rents, and the competitive contracting process*, in "Journal of Law and Economics", 21, pp. 297-326.

KLEIN B., LEFFLER K. (1981), *The role of market forces in assuring contractual performance*, in "Journal of Political Economy", 89, pp. 615-641.

KLEMPERER P. (1986), *Markets with consumer switching costs*, Unpublished doctoral thesis, Graduate School of Business, Stanford University, Stanford.

KNIGHT F.H. (1965), *Risk, Uncertainty, and Profit*, John Wiley & Sons, New York.

KOBRIN S. (1991), *An empirical analysis of the determinants of global integration*, in "Strategic Management Journal", 12, pp. 17-31.

KOGUT B. (1988), *Joint ventures: Theoretical and empirical perspectives*, in "Strategic Management Journal", 9, pp. 319-32.

KOGUT B. (1991), *Joint ventures and the option to expand and acquire*, in "Management Science", 37, pp. 19-33.

KOGUT B., SINGH H. (1986), *Entering the United States by acquisition or joint venture, country patterns, and cultural characteristics*, Working paper, Department of Management, Wharton School of Business, University of Pennsylvania, Philadelphia.

KOGUT B., ZANDER U. (1992), *Knowledge of the firm, combinative capabilities, and the replication of technology*, in "Organization Science", 3, pp. 383-97.

KORN H.J., BAUM J.A.C. (1999), *Chance, imitative, and strategic antecedents to multimarket contact*, in "Academy of Management Journal", 42, 2, pp. 171-93.

KOTLER P. (1986), *Principles of Marketing*, Prentice Hall, Upper Saddle River.

KRAAK V., PELLETIER D.L. (1998), *How marketers reach young consumers: implications for nutrition education and health promotion campaigns*, in "Family Economics and Nutrition Review", 11(4), 31.

KRAAR L. (1992), *Korea's tigers keep roaring*, in "Fortune", May 4, pp. 108-10.

KRAAR L. (1995), *The risks are rising in China*, in "Fortune", March 6, pp. 179-80.

KRAATZ M.S. (1998), *Learning by association? Interorganizational networks and adaptation to environmental change*, in "Academy of Management Journal", 41, 6, pp. 621-43.

KRAFCIK J.K., MACDUFFIE J.P. (1989), *Explaining high performance manufacturing: The international automotive assembly plant study*, International Motor Vehicle Program, MIT Press, Cambridge (MA).

KROGH L., PRAEGER J., SORENSON D., TOMLINSON J. (1988), *How 3M evaluates its R&D programs*, in "Research Technology Management", 31, pp. 10-4.

KUPFER A. (1995), *Can cable win its phone bet?*, in "Fortune", September 18, pp. 175-88.

LAFFER A. (1969), *Vertical integration by corporations: 1929-1965*, in "Review of Economics and Statistics", 51, pp. 91-3.

LAMPHIER G. (1980), *Inco 'poison pill' plan is producing broad opposition*, in "Wall Street Journal", October 20, p. A5.

LANDRO L. (1995), *Giants talk synergy but few make it work*, in "Wall Street Journal", September 25, p. B1 ss.

LANDRO L., REILLY P.M., TURNER R. (1993), *Cartoon clash: Disney relationship with Time Warner is a strained one*, in "Wall Street Journal", April 14, p. A1.

LARSON A. (1992), *Network dyads in entrepreneurial settings: A study of the governance of exchange relationships*, in "Administrative Science Quarterly", March, pp. 76-104.

LARZELERE R.E., HUSTON T.L. (1980), *The dyadic trust scale: Toward understanding interpersonal trust in close relationships*, in "Journal of Marriage and the Family", August, pp. 595-604.

LAU L., TAMURA S. (1972), *Economies of scales, technical progress, and the nonhomotheti e leontief production function*, in "Journal of Political Economy", 80, pp. 1167-87.

LEANA C.R., VAN BUREN H.J. (1999), *Organizational social capital and employment practices*, in "Academy of Management Review", 24, 3, pp. 538-55.

LEARNED E.P., CHRISTENSEN C.R., ANDREWS K.R., GUTH W. (1969), *Business Policy*, Irwin, Homewood.

LEFTWICH R.B. (1974), *US multinational companies: Profitability, financial leverage and effective income tax rates*, in "Survey of Current Business", 54, May, pp. 27-36.

LEROY F., RAMANANTSOA B. (1997), *The cognitive and behavioural dimensions of organizational learning in a merger: An empirical study*, in "Journal of Management Studies", 34, pp. 871-94.

LESSARD D.R. (1996), *World, country, and industry relationships in equity returns: Implications for risk reduction through international diversification*, in "Financial Analysts Journal", 32, pp. 32-8.

LEVINE J. (1995), *Entertainment systems for idiots*, in "Forbes", May 22, p. 238.

LEVY D.T. (1985), *The transactions cost approach to vertical integration: An empirical investigation*, in "Review of Economics and Statistics", 67, pp. 438-45.

LIEBERMAN M. (1982), *The learning curve, pricing and market structure in the chemical processing industries*, Unpublished doctoral thesis, Harvard University, Boston.

LIEBERMAN M. (1984), *The learning curve and pricing in the chemical processing industries*, in "Rand Journal of Economics", 15, pp. 213-28.

LIEBERMAN M. (1987), *The learning curve, diffusion, and competitive strategy*, in "Strategic Management Journal", 8, pp. 441-52.

LIEBERMAN M.B., MONTGOMERY D.B. (1988), *First-mover advantages*, in "Strategic Management Journal", 9, pp. 41-58.

LIEBESKIND J.P. (1996), *Knowledge, strategy, and the theory of the firm*, in "Strategic Management Journal", 17 (Winter Special Issue), pp. 93-107.

LIEDTKA J.M. (1996), *Collaborating across lines of business for competitive advantage*, in "Academy of Management Executive", 10, 2, pp. 20-37.

LIM D.S., CELLY N., MORSE E.A., ROWE W.G. (2013), *Rethinking the effectiveness of asset and cost retrenchment: The contingency effects of a firm's rent creation mechanism*, in "Strategic Management Journal", 34(1), 42-61.

LINDENBERG E.B., ROSS S.A. (1981), *Tobin's q ratio and industrial organization*, in "Journal of Business", 54, 1, pp. 1-32.

LIPPMAN S., RUMELT R. (1982), *Uncertain imitability: An analysis of inter firm differences in efficiency under competition*, in "Bell Journal of Economics", 13, pp. 418-38.

LOEB M. (1995), *Empowerment that pays off*, in "Fortune", pp. 145-6.

LOGUE D.E. (1982), *An experiment in international diversification*, in "Journal of Portfolio Management", 9, pp. 20-2.

LOMI A. (1992), *L'organizzazione a rete nella teoria organizzativa*, in G. LORENZONI (a cura di), *Accordi, reti e vantaggio competitivo*, Etas libri, Milano.

LONDON H. (1995), *Bait and switch in academe*, in "Forbes", May 22, p. 120.

LORENZONI G., LIPPARINI A. (1999), *The leveraging of interfirm relationships as a distinctive organizational capability*, in "Strategic Management Journal", 20, pp. 317-38.

LUBATKIN M. (1983), *Mergers and the performance of the acquiring firm*, in "Academy of Management Review", 8, pp. 218-25.

LUBOVE S., FRANCO R.L. (1997), *Why Mickey isn't doing much talking these days*, in "Forbes", August 25, pp. 45-6.

LUO Y. (2005), *Toward coopetition within a multinational enterprise: a perspective from foreign subsidiaries*, in "Journal of World Business", 40(1), pp. 71-90.

MA H. (1998), *Mutual forbearance in international business*, in "Journal of International Management", 4, 2, pp. 129-47.

M'CHIRGUI Z. (2005), *The economics of the smart card industry: towards coopetitive strategies*, in "Economics of Innovation and New Technology", 14(6), 455-477.

MACDONALD J.M. (1985), *Market exchange or vertical integration: An empirical analysis*, in "Review of Economics and Statistics", 67, pp. 327-31.

MACMILLAN I., HAMBRICK D.C., PENNINGS J.M. (1986), *Uncertainty reduction and the threat of supplier retaliation: Two views of the backward integration decision*, in "Organization Studies", 7, pp. 263-78.

MACNEIL I.R. (1980), *The new social contract: an inquiry into modern contractual relations*, Yale University Press, New Haven.

MADDIGAN R. (1979), *The impact of vertical integration on business performance*, Unpublished doctoral dissertation, Indiana University at Bloomington.

MAHONEY J.T. (1992), *The choice of organizational form: Vertical financial ownership versus other methods of vertical integration*, in "Strategic Management Journal", 13, pp. 559-84.

MAHONEY J.T., PANDIAN J.R. (1992), *The resource-based view within the conversation of strategic management*, in "Strategic Management Journal", 13, pp. 363-80.

MAKSIMOVIC V., PHILLIPS G. (1999), *Do conglomerate firms allocate resources inefficiently?*, Working paper, University of Maryland, College Park.

MANCKE R.B. (1974), *Causes of Interfirm profitability differences: A new interpretation of the evidence*, in "Quarterly Journal of Economics", 108, pp. 181-93.

MANDEL M. (2000), *Antitrust in the digital age*, in "Business Week", 3681, May 15, pp. 46-8.

MANSFIELD E. (1985), *How rapidly does new industrial technology leak out?*, in "Journal of Industrial Economics", 34, 2, pp. 217-23.

MANSFIELD E., SCHWARTZ M., WAGNER S. (1981), *Imitation costs and patents: An empirical study*, in "Economic Journal", 91, pp. 907-18.

MARIN D. (1990), *Tying in international trade: Evidence on countertrade*, in "World Economy", 13, 3, p. 445.

MARKIDES C., WILLIAMSON P.J. (1994), *Related diversification, core competencies, and corporate performance*, in "Strategic Management Journal", 15, pp. 149-65.

MARTIN J. (1996), *Are you as good as you think you are?*, in "Fortune", September 30, p. 142 ss.

MARTINI U. (2002), *Da luoghi a destinazioni turistiche. Ipotesi di destination management nel turismo alpino*, in M. FRANCH (a cura di), *Destination management (Governare il turismo tra locale e globale)*, Giappichelli, Torino.

MARTINI U. (2005), *Management dei sistemi territoriali: gestione e marketing delle destinazioni turistiche*, Giappichelli, Torino.

MASON E.S. (1939), *Price and production policies of large scale enterprises*, in "American Economic Review", 29, pp. 61-74.

MASTEN S., MEEHAN J.W., SNYDER E.A. (1991), *The cost of organization*, in "Journal of Law, Economics and Organization", 7, pp. 1-25.

MATSUSAKA J.G., NANDA V. (1998), *Internal capital markets and corporate refocusing*, Working paper, University of Southern California, Los Angeles.

MCCLELLAND D. (1997), Midrange digital cameras, in "Macworld", 14, 10, pp. 44-5.

MCCORMICK J., STONE N. (1990), *From national champion to global competitor: An interview with Thomson's Alain Gomez*, in "Harvard Business Review", 68, 3, May/June, pp. 126-35.

MCGAHAN A., KOU J. (1995), *The us Airline Industry in 1995*, in "Harvard Business School", Case no. 9-795-113.

MCGEE J., THOMAS H. (1986), *Strategic groups: Theory, research and taxonomy*, in "Strategic Management Journal", 7, pp. 141-60.

MCGRATH R.G., CHEN M.J. (1998), *Multimarket maneuvering in uncertain spheres of influence: Resource diversion strategies*, in "Academy of Management Review", 23, 4, pp. 724-40.

MCWILLIAMS A. (1990), *Rethinking horizontal market restrictions: In defense of cooperation in empty core markets*, in "Quarterly Review of Economics and Business", 30, pp. 3-14.

MCWILLIAMS A., BARNEY J. (1994), *Managing cutthroat competition in empty core markets: An additional motive for inter-firm cooperation*, Unpublished manuscript, Arizona State University West, Phoenix.

MEAD W.J. (1967), *Competitive significance of joint ventures*, in "Antitrust Bulletin", 12, pp. 300-15.

MEGLIO O. (2004), *Il processo di integrazione post-acquisizione: profilo teorico ed esperienze aziendali*, Cedam, Padova.

METZ T. (1988), *Promoter of the poison pill prescribes stronger remedy*, in "Wall Street Journal", December 1, p. C1.

MEYER M.W., ZUCKER L.G. (1989), *Permanently Failing Organizations*, Sage, Newbury Park.

MICHEL A., SHAKED I. (1984), *Does business diversification affect performance?*, in "Journal of International Business", 17, pp. 89-100.

MICHEL A., SHAKED I. (1986), *Multinational corporations vs. domestic corporations: Financial performance and characteristics*, in "Journal of International Business", 17 (Fall), pp. 89-100.

MILES R.H., CAMERON K.S. (1982), *Coffin Nails and Corporate Strategies*, Prentice Hall, Upper Saddle River.

MILLER A., DESS G.G. (1996), *Strategic Management*, McGraw-Hill, New York.

MILLER K. (1998), *Economic exposure and integrated risk management*, in "Strategic Management Journal", 33, pp. 756-79.

MINTZBERG H. (1978), *Patterns in strategy formulation*, in "Management Science", 24, 9, pp. 934-48.

MINTZBERG H. (1985), *Of strategies, deliberate and emergent*, in "Strategic Management Journal", 6, 3, pp. 257-72.

MINTZBERG H., MCHUGH A. (1985), *Strategy formulation in an adhocracy*, in "Administrative Science Quarterly", 30, pp. 160-97.

MITCHELL J. (1991), *Office-furniture firms struggle for sales*, in "Wall Street Journal", August 9, p. B1.

MOHR J., SPEKMAN R. (1994), *Characteristics of partnership success: Partnership attributes, communication behavior, and conflict resolution techniques*, in "Strategic Management Journal", 15, pp. 135-52.

MOLTENI M., SAINAGHI R. (1997), *Il metamanagement di un distretto turistico*, in "Economia & Management", 6, pp. 93-104.

MONTEVERDE K., TEECE D. (1982), *Supplier switching costs and vertical integration in the automobile industry*, in "Rand Journal of Economics", 13, 1, pp. 206-13.

MONTGOMERY C. (1993), *Marks and Spencer Ltd. (A)*, in "Harvard Business School", Case no. 9-391-089.

MONTGOMERY C.A. (1989), *Sears, Roebuck and Co., in 1989*, in "Harvard Business School", Case no. 9-391-147.

MONTGOMERY C.A., WERNERFELT B. (1991), *Sources of superior performance: Market share versus industry effects in the us brewing industry*, in "Management Science", 37, pp. 954-9.

MONTGOMERY D.B. (1975), *New product distribution: an analysis of supermarket buyer decision*, in "Journal of Marketing Research", 12, pp. 255-64.

MOORE F.T. (1959), *Economies of scale: Some statistical evidence*, in "Quarterly Journal of Economics", 73, pp. 232-45.

MORITZ M., SEAMAN B. (1984), *Going for Broke: Lee Iacocca's Battle to Save Chrysler*, Anchor Press/Doubleday, Garden City.

NAGARAJAN A., MITCHELL W. (1998), *Evolutionary diffusion: Internal and external methods used to acquire encompassing, complementary, and incremental technological changes in the lithotripsy industry*, in "Strategic Management Journal", 19, pp. 1063-77.

NAIL L.A., MEGGINSON W.L., MAQUIEIRA C. (1998), *How stock-swap mergers affect shareholder (and bondholder) wealth: More evidence of the value of corporate 'focus'*, in "Journal of Applied Corporate Finance", 11, 2, pp. 95-106.

NALEBUFF B., BRANDENBURGER A. (1996), *Co-opetition*, ISL Forlag Ab, Goteborg.

NAYYAR P. (1990), *Information asymmetries: A source of competitive advantage for diversified service firms*, in "Strategic Management Journal", 11, pp. 513-9.

NASRALLAH W.F., OUBA C.J., YASSINE A.A., SROUR I.M. (2015), *Modeling the span of control of leaders with different skill sets*, in "Computational and Mathematical Organization Theory", 21(3), pp. 296-317.

NEE E. (1999), *Lew Platt: Why I dismembered HP*, in "Fortune", March 29, pp. 167-70.

NELSON R., WINTER S. (1982), *An Evolutionary Thery of Economic Change*, Belknap Press, Cambridge.

NEWBURRY W., ZEIRA Y. (1997), *Generic differences between equity international joint ventures (EIJVS), international acquisitions (IAS) and international Greenfield investments (IGIS): Implications for parent companies*, in "Journal of World Business", 32, 2, pp. 87-102.

NEWBURRY W., ZEIRA Y. (1999), *Autonomy and effectiveness of equity international joint ventures (EIJV's): An analysis based on EIJV's in Hungary and Britain*, in "Journal of Management Studies", 36, 2, pp. 263-85.

NGUYEN T., SEROR A., DEVINNEY T. (1990), *Diversification Strategy And Performance In Canadian Manufacturing firms*, in "Strategic Management Journal", 11, pp. 411-8.

NIELSEN R.P. (1988), *Cooperative strategy*, in "Strategic Management Journal", 9, pp. 475-92.

NOCERA J. (1998), *Microsoft goes to court?*, in "Fortune", October 26, pp. 35-6.

NOLDEKE G., SCHMIDT K. (1995), *Option contracts and renegotiation: A solution to the holdup problem*, in "Rand Journal of Economics", 26, pp. 163-79.

NOLDEKE G., SCHMIDT K. (1998), *Sequential investments and options to own*, in "Rand Journal of Economics", 29, 4, pp. 633-53.

NOORDWIER T.G., GEORGE J., NEVIN J. (1990), *Performance outcomes of buyervendor relationships*, in "Journal of Marketing", pp. 54, 10, pp. 80-94.

NORMANN R. (1977), *Management for Growth*, John Wiley and Sons, Chichester.

NORTON E., STEM G. (1995), *Steel and aluminum vie over every ounce in a car's construction*, in "Wall Street Journal", May 9, p. A1 ss.

NULTY P. (1995), *Digital imaging had better boom before Kodak film busts*, in "Fortune", May 1, pp. 80-3.

NYSTROM P.C., STARBUCK W.H. (1984), *To avoid organizational crisis, unlearn*, in "Organizational Dynamics", 12, 4, pp. 53-65.

O'BRIEN B. (1993), *Losing altitude: After long soaring, Delta Airlines runs into financial clouds*, in "Wall Street Journal", June 25, p. A1.

O'REILLY B. (1990), *The inside story of aids drug*, in "Fortune", November 5, pp. 112-29.

ORTEGA B. (1995), *Life without Sam: What does Wal-Mart do if stock drop cuts into worker's morale?*, in "Wall Street Journal", January 4, p. A1.

OSBORN R.N., BAUGHN C.C. (1987), *New patterns in the formation of us/Japan cooperative ventures: The role of technology*, in "Columbia Journal of World Business", 22, pp. 57-65.

OSBORN R.N., BAUGHN C.C. (1990), *Forms of interorganizational governance for multinational alliances*, in "Academy of Management Journal", 33, 3, pp. 503-19.

OUCHI W.G. (1980), *Markets, bureaucracies, and clans*, in "Administrative Science Quarterly", 25, pp. 121-41.

OUCHI W.G. (1981), *Theory Z: How American Business Can Meet the Japanese Challenge*, Addison Wesley, Reading.

OUCHI W.G. (1984), *The M-form Society: How American Teamwork Can Capture the Competitive Edge*, Addison-Wesley, Reading.

PACELLE M. (1996), *'Big boxes' by discounters are booming*, in "Wall Street Journal", January 17, p. A2.

PACKARD D. (1995), *The HP Way*, Harper Business, New York.

PADULA G., DAGNINO G.B. (2007), *Untangling the rise of coopetition: the intrusion of competition in a cooperative game structure*, in "International Studies of Management & Organization", 37(2), 32-52.

PALIA D. (1998), *Division-level overinvestment and agency conflicts in diversified firms*, Working paper, Columbia University, New York.

PARÉ T.P. (1995), *Why the banks lined up against Gates*, in "Fortune", May 29, p. 18.

PASCALE R.T. (1984), *Perspectives on strategy: The real story behind Honda's success*, in "California Management Review", 26, 3, pp. 47-72.

PASCALE R.T., ATHOS A.G. (1981), *The Art of Japanese Management*, Simon & Schuster, New York.

PATE J. (1969), *Joint venture activity, 1969-1968*, in "Economic Review", Federal Reserve Bank of Cleveland, pp. 16-23.

PATTERSON G.A. (1991), *Mazda hopes to crack Japan's top tier*, in "Wall Street Journal", September 20, p. B1 ss.

PECHLANER H., VOLGGER M., HERNTREI M. (2012), *Destination management organizations as interface between destination governance and corporate governance*, in "Anatolia", 23(2), pp. 151-168.

PELLEGRINI D. (2004), *Quante mani per un motore. Alleanze e accordi per il cuore dell'auto*, in "Repubblica", 21 dicembre.

PENROSE E.T. (1959), *The Theory of the Growth of the Firm*, John Wiley & Sons, New York.

PERFECT S.B., WILES K.K. (1994), *Alternative constructions of Tobin's q: An empirical comparison*, in "Journal of Empirical Finance", 1, pp. 313-41.

PERROW C. (1984), *Normal Accidents: Living with High-Risk Technologies*, Basic Books, New York.

PERRY L.T., BARNEY J.B. (1981), *Performance lies are hazardous to organizational health*, in "Organizational Dynamics", 9, 3, pp. 68-80.

PERRY N.J. (1991), *Will Sony make it in Hollywood?*, in "Fortune", September 9, pp. 158-66.

PERRY N.J. (1993), *What's next for the defense industry?*, in "Fortune", February 22, pp. 94-100.

PETERAF M.A. (1993), *The cornerstones of competitive advantage: A resource-based view*, in "Strategic Management Journal", 14, pp. 179-91.

PETERS T.J., WATERMAN R.H. Jr. (1982), *In Search of Excellence*, Harper & Row, New York.

PETERSON R.B., SCHWIND H.F. (1977), *A comparative study of personnel problems in international companies and joint ventures in Japan*, in "Journal of International Business Studies", 8, 1, pp. 45-55.

PFEFFER J., NOWAK P. (1976), *Patterns of joint venture activity: Implications for antitrust research*, in "Antitrust Bulletin", 21, pp. 315-39.

PFEFFER J., SALANCIK G.R. (1978), *The External Control of Organizations: A Resource Dependence Perspective*, Harper & Row, New York.

PIRRONG S.C. (1992), *An application of core theory to the analysis of ocean shipping markets*, in "Journal of Law and Economics", 35, pp. 89-132.

POLANYI M. (1962), *Personal Knowledge: Towards a Post Critical Philosophy*, Routledge & Kegan Paul, London.

POLLOCK E.J. (1993), *Mediation firms alter the legal landscape*, in "Wall Street Journal", March 22, p. B1.

POPE K. (1993), *Dealers accuse Compaq of jilting them*, in "Wall Street Journal", April 7, p. B1 ss.

POPE K., CAULEY L. (1998), *In battle for tv ads, cable is now the enemy*, in "Wall Street Journal", May 6, p. B1 ss.

POPE K., HAMILTON D. (1993), *US computer firms, extending pc wars, charge into Japan*, in "Wall Street Journal", March 31, p. A1 ss.

PORRAS J., BERG P.O. (1978), *The impact of organizational development*, in "Academy of Management Review", 3, pp. 249-66.

PORTER M.E. (1980), *Competitive Strategy*, Free Press, New York.

PORTER M.E. (1981a), *The contribution of industrial organization to strategic management*, in "Academy of Management Review", 6, pp. 609-20.

PORTER M.E. (1981b), *Disposable diaper industry in 1974*, in "Harvard Business School", Case no. 9-380-175.

PORTER M.E. (1985), *Competitive Advantage*, Free Press, New York.

PORTER M.E. (1986), *Competition in global industries: A conceptual framework*, in Id. (ed.), *Competition in Global Industries*, Harvard Business School Press, Boston.

PORTER M.E. (1987), *From competitive advantage to corporate strategy*, in "Harvard Business Review", 3, pp. 43-59.

PORTER M.E., WAYLAND R. (1991), *Coca-Cola vs. Pepsi-Cola and the soft drink industry*, in "Harvard Business School", Case no. 9-391-179.

PRAHALAD C.K., BETTIS R.A. (1986), *The dominant logic: A new linkage between diversity and performance*, in "Strategic Management Journal", 7, 6, pp. 485-501.

PRAHALAD C.K., DOZ Y. (1987), *The Multinational Mission*, Free Press, New York.

PRAHALAD C.K., HAMEL G. (1990), *The core competence of the organization*, in "Harvard Business Review", 90, pp. 79-93.

PROKESCH S. (1995), *Competing on customer service: An interview with British Airways' Sir Colin Marshall*, in "Harvard Business Review", November/December, p. 101.

QUINN J. (1995), *KitchenAid*, in "Incentive", 169, 5, pp. 46-7.

RAJAN R., SERVAES H., ZINGALES L. (1997), *The cost of diversity: The diversification discount and inefficient investment*, Working paper, University of Wisconsin-Parkside, Madison.

RAPOPORT C. (1992), *A tough Swede invades the US*, in "Fortune", June 29, pp. 776-9.

RAPOPORT C. (1994), *Nestlé's brand building machine*, in "Fortune", September 19, pp. 147-56.

REDA S. (1995), *Motor oil: Hands-on approach*, in "Stores", 77, 5, pp. 48-9.

REED R., DEFILLIPPI R.J. (1990), *Causal ambiguity, barriers to imitation, and sustainable competitive advantage*, in "Academy of Management Review", 15, 1, pp. 88-102.

REICH R. (1986), *Joint ventures with Japan give away our future*, in "Harvard Business Review", 64, March/April, pp. 78-86.

REILLY P.M. (1993), *At a crossroads: The instant-news age leaves Time magazine searching for a mission*, in "Wall Street Journal", May 12, p. A1.

REILLY P.M., TURNER R. (1993), *Disney pulls ads in tiff with Time*, in "Wall Street Journal", April 2, p. B1.

RENNA P., ARGONETO P. (2012), *Capacity investment decision in co-opetitive network by information sharing*, in "Computers & Industrial Engineering", 62(1), 359-367.

RICARDO D. (1817), *Principles of Political Economy and Taxation*, Murray, London.

RIES A., TROUT J. (1986), *Marketing Warfare*, McGraw-Hill, New York.

RIGDON J.E. (1993), *Workplace: Using new kinds of corporate alchemy, some firms turn lesser lights into stars*, in "Wall Street Journal", May 3, p. B1.

RING P.S., LENWAY S.A., GOVEKAR M. (1990), *Management of the political imperative in international business*, in "Strategic Management Journal", 11, pp. 141-51.

RING P.S., VAN DE VEN A. (1992), *Structuring cooperative relationships between organizations*, in "Strategic Management Journal", 13, pp. 483-98.

RIORDEN M., WILLIAMSON O. (1985), *Asset specificity and economic organization*, in "International Journal of Economic Organization", 3, pp. 365-78.

RISPOLI M., TAMMA M. (1995), *Risposte strategiche alla complessità: le forme di offerta dei prodotti alberghieri*, Giappichelli, Torino.

RITCHIE J.R.B., CROUCH G.I. (2000), *The competitive destination: a sustainability perspective*, in "Tourism Management", 21, 1, pp. 1-7.

ROBERTS K. (2005), *Lovermarks. Il futuro oltre i brand*, Mondadori, Milano.

ROBINS J., WIERSEMA M. (1995), *A resourcebased approach to the multibusiness firm: Empirical analysis of portfolio interrelationships and corporate financial performance*, in "Strategic Management Journal", 16, pp. 277-99.

ROBINSON J. (1934), *What is perfect competition?*, in "Quarterly Journal of Economics", 49, pp. 104-20.

ROBINSON W.T., FORNELL C. (1985), *Sources of market pioneer advantages in consumer goods industries*, in "Journal of Marketing Research", 22, 3, pp. 305-7.

ROGERS A. (1992), *It's the execution that counts*, in "Fortune", November 30, pp. 80-3.

ROGERSON W. (1983), *Reputation and product quality*, in "Rand Journal of Economics", 14, 2, pp. 508-16.

ROHWEDDER C. (1993), *Europe's smaller food shops face finis*, in "Wall Street Journal", May 12, p. B1.

ROLL R. (1977), *A critique of the asset pricing theory's tests; Part i: On past and potential testability of the theory*, in "Journal of Financial Economics", 4, pp. 129-76.

ROLL R. (1986), *The hubris hypothesis of corporate takeovers*, in "Journal of Business", 59, pp. 205-16.

ROSE M., MITCHENER B. (1998), *Siemens to quit pc market, sell plants to Acer*, in "Wall Street Journal", April 24, p. A13.

ROTH T. (1990), *Bid size showed vw's eagerness to buy Skoda*, in "Wall Street Journal", December 11, p. A15.

ROUSH C. (1993), *At Timex, they're positively glowing*, in "Business Week", July 12, p. 141.

RUBACK R.S. (1982), *The Conoco takeover and stockholder returns*, in "Sloan Management Review", 14, pp. 13-33.

RUBACK R.S., MIKKELSON W.H. (1984), *Corporate investments in common stock*, Working paper, Massachusetts Institute of Technology, Sloan School of Business, Cambridge (MA).

RUEFLI T.W., COLLINS J.M., LACUGNA J.R. (1999), *Risk measures in strategic management research: Auld Lang Syne*, in "Strategic Management Journal", 20, pp. 167-94.

RUGMAN A. (1979), *International Diversification and the Multinational Enterprise*, Lexington Books, Lexington.

RUGMAN A., HODGETTS R. (1995), *International Business: A Strategic Management Approach*, McGraw-Hill, New York.

RUKSTAD M.G., HORN J. (1989), *Caterpillar and the construction equipment industry in 988*, in "Harvard Business School", Case no. 9-389-097.

RULLANI E. (1984), *L'impresa a più dimensioni e il suo territorio*, in "Economia e Politica industriale", 41, pp. 241-61.
RUMELT R. (1974), *Strategy, Structure, and Economic Performance*, Harvard University Press, Cambridge (MA).
RUMELT R. (1984), *Toward a strategic theory of the firm*, in R. LAMB (ed.), *Competitive Strategic Management*, Prentice Hall, Upper Saddle River, pp. 566-70.
RUSSO M.V. (1992), *Power plays: Regulation, diversification, and backward integration in the electric utility industry*, in "Strategic Management Journal", 13, pp. 13-27.

SANKAR C.S., BOULTON W.R., DAVISON N.W., SNYDER C.A., USSERY R.W. (1995), *Building a world class alliance: The University Cord-tsys case*, in "Academy of Management Executive", 9, 2, pp. 20-9.
SAPORITO B. (1992), *Why the price wars never end*, in "Fortune", March 23, pp. 68-78.
SCHARFSTEIN D.S. (1997), *The dark side of internal capital markets II: Evidence from diversified conglomerates*, NBER working paper no. 6352.
SCHELLING T.C. (1960), *Strategies of Conflict*, Harvard University Press, Cambridge (ma).
SCHERER F.M. (1980), *Industrial Market Structure and Economic Performance*, Houghton Mifflin, Boston.
SCHLENDER B.R. (1991), *Apple's Japanese ally*, in "Fortune", November 4, pp. 151-2.
SCHLENDER B.R. (1992), *How Sony keeps the magic going*, in "Fortune", February 24, pp. 75-84.
SCHLENDER B.R. (1995), *What Bill Gates really wants*, in "Fortune", January 16, pp. 34-63.
SCHLENDER B.R. (1997), *On the road with chairman Bill*, in "Fortune", May 20, p. 72 ss.
SCHLENDER B.R., KIRKPATRICK D. (1995), *The Valley vs. Microsoft*, in "Fortune", March 20, pp. 84-90.
SCHMALANESEE R. (1978), *Entry deterrence in the ready-to-eat breakfast cereal industry*, in "Bell Journal of Economics", 9, 2, pp. 305-27.
SCHUMPETER J.A. (1934), *The Theory of Economic Development*, Harvard University Press, Cambridge (MA).
SCIARELLI M. (1996), *Processo decisionale e valutazione strategica, la formulazione degli accordi tra imprese*, Cedam, Padova.
SCIARELLI M. (2005), *L'outsourcing strategico dei servizi integrati di gestione. Il Facility Management*, Cedam, Padova.
SCIARELLI S. (1987), *L'impresa flessibile*, Cedam, Padova.
SCIARELLI S. (2002), *La produzione del valore allargato quale obiettivo dell'etica d'impresa*, in "Finanza, Marketing e Produzione", dicembre, pp. 44-69.
SCOTT J.H. (1977), *On the theory of conglomerate mergers*, in "Journal of Finance", 32, 4, pp. 1235-50.
SCOTT W.R. (1977), *Effectiveness of organizational effectiveness studies*, in P.S. GOODMAN, J.M. PENNINGS (eds.), *New Perspectives on Organizational Effectiveness*, Jossey-Bass, San Francisco, pp. 63-95.
SELLERS P. (1995a), *Pepsico's shedding ugly pounds*, in "Fortune", June 26, pp. 94-5.
SELLERS P. (1995b), *Sears: In with the new, out with the old*, in "Fortune", October 16, p. 98 ss.

SELLERS P. (1997), *Pepsi's eateries go it alone*, in "Fortune", August 4, pp. 27-30.
SELZNICK P. (1957), *Leadership in Administration*, Harper and Row, New York.
SENBACK A.J., BEEDLES W.L. (1980), *Is indirect international diversification desirable?*, in "Journal of Portfolio Management", 6, pp. 49-57.
SERWER A.E. (1994), *McDonald's conquers the world*, in "Fortune", October 17, pp. 103-16.
SEVERN A.K. (1974), *Investor evaluation of foreign and domestic risk*, in "Journal of Finance", 29, pp. 545-50.
SHAFFER R.A. (1995), *Intel as conquistador*, in "Forbes", February 27, p. 130.
SHAN W., WALKER G., KOGUT B. (1994), *Interfirm cooperation and startup innovation in the biotechnology industry*, in "Strategic Management Journal", 15, pp. 387-94.
SHANE S. (1994), *The effect of national culture on the choice between licensing and direct foreign investment*, in "Strategic Management Journal", 15, pp. 627-42.
SHANE S.A. (1998), *Making new franchise systems work*, in "Strategic Management Journal", 19, pp. 697-707.
SHAPIRO E. (1993), *Cigarette burn: Price cut on Marlboro upsets rosy notions about tobacco profits*, in "Wall Street Journal", April 5, p. A1.
SHIN H.H., STULZ R.M. (1998), *Are internal capital markets efficient?*, in "Quarterly Journal of Economics", May, pp. 551-2.
SHORTELL S., ZAJAC E.J. (1988), *Internal corporate joint ventures: Development processes and performance outcomes*, in "Strategic Management Journal", 9, pp. 527-42.
SI S.X., BRUTON G.D. (1999), *Knowledge transfer in international joint ventures in transitional economies: The China experience*, in "Academy of Management Executive", 13, 1, pp. 83-90.
SIMON H.A. (1976), *Administrative Behavior*, 3rd ed., Macmillan, New York.
SIMONIN B.L. (1999), *Ambiguity and the process of knowledge transfer in strategic alliances*, in "Strategic Management Journal", 20, 7, pp. 595-623.
SJOSTROM W. (1989), *Collusion in ocean shipping: A test of monopoly and empty core models*, in "Journal of Political Economy", 97, pp. 1160-79.
SMITH C.W., STULZ R.M. (1985), *The determinants of firms' hedging policies*, in "Journal of Financial and Quantitative Analysis", 20, pp. 391-405.
SMITH D.K., ALEXANDER R.C. (1988), *Fumbling the Future*, William Morrow, New York.
SMITH F., WILSON R. (1995), *The predictive validity of the Karnani and Wernerfelt model of multipoint competition*, in "Strategic Management Journal", 16, pp. 143-60.
SOLOMON J. (1994), *Mickey's trip to trouble*, in "Newsweek", February 14, pp. 34-9.
SPEKMAN R.E., FORBES T.M.I., ISABELLA L.A., MACAVOY T.C. (1998), *Alliance management: A view from the past and a look to the future*, in "Journal of Management Studies", 35, 6, pp. 747-72.
SPENCE A.M. (1981), *The learning curve and competition*, in "Bell Journal of Economics", 12, pp. 49-70.
SPENDER J.C. (1996), *Making knowledge the basis of a dynamic theory of the firm*, in "Strategic Management Journal", 17 (Winter Special Issue), pp. 109-22.
STALK G., EVANS P., SHULMAN L. (1992), *Competing on capabilities: The new rules of corporate strategy*, in "Harvard Business Review", March/April, pp. 57-69.
STAPLETON R.C. (1982), *Mergers, debt capacity, and the valuation of corporate loans*,

in M. KEENAN, L.J. WHITE (eds.), *Mergers and Acquisitions*, D. C. Heath, Lexington, chapter 2.

STATISTICA (2015), *Revenue of cereal production (NAICS 31123) in the United States from 2009 to 2014 (in billion U.S. dollars), http://www.statista.com/statistics/290449/revenue-of-cereal-production-in-the-us/.*

STAW B.M. (1981), *The escalation of commitment to a course of action*, in "Academy of Management Review", 6, pp. 577-87.

STECKLOW S. (1999), *Gallo woos French, but don't expect bordeaux by the jug*, in "Wall Street Journal", March 26, p. A1 ss.

STEINER G.A., MINER J.B. (1977), *Management Policy and Strategy: Text, Readings and Cases*, Macmillan, New York.

STERTZ B.A. (1991), *In a U-turn from past policy, Big Three at Detroit speed into era of cooperation*, in "Wall Street Journal", June 28, p. B1 ss.

STEVEN L. (1992), *Front line systems*, in "Computerworld", 26, March 2, pp. 61-3.

STEWART T. (1995), *Getting real about brain power*, in "Fortune", November 27, p. 201 ss.

STEWART T.A. (1991), *GE keeps those ideas coming*, in "Fortune", August 12, pp. 40-9.

STOPFORD M., WELLS L. (1972), *Managing the Multinational Enterprise*, Basic Books, New York.

STUART T.E. (1998), *Network positions and propensities to collaborate: An investigation of strategic alliance formation in a hightechnology industry*, in "Administrative Science Quarterly", 43, 3, pp. 668-98.

STUART T.E., HOANG H., HYBELS R.C. (1999), *Interorganizational endorsements and the performance of entrepreneurial ventures*, in "Administrative Science Quarterly", 44, pp. 315-49.

STULZ R.M. (1996), *Rethinking risk management*, in "Journal of Applied Corporate Finance", Fall, pp. 8-24.

SURIS O. (1993), *Big Three win joint patent, marking a first*, in "Wall Street Journal", April 13, p. B1 ss.

SURIS O. (1993), *IndyCar 'Honda rule' blocks fast track*, in "Wall Street Journal", May 28, p. B1.

SWAMIDASS P.M., WINCH G.W. (2002), *Exploratory study of the adoption of manufacturing technology innovations in the USA and the UK*, in "International Journal of Production Research", 40(12), 2677-2703.

TAKAHASHI D. (1998), *Showdown looms over a chip giant's power*, in "Wall Street Journal", June 8, p. B1 ss.

TAMMA M. (2002), *Destination management: gestire prodotti e sistemi locali di offerta*, in M. FRANCH (a cura di), *Destination Management (Governare il turismo fra locale e globale)*, Giappichelli, Torino, pp. 39-65.

TANIKAWA M. (1997), *Fun in the sun*, in "Far Eastern Economic Review", 160, 22, May 29, pp. 56-7.

TAYLOR A.I. (1991), *BMW and Mercedes make their move*, in "Fortune", August 12, pp. 56-63.

TAYLOR A.I. (1994), *Iacocca's minivan*, in "Fortune", pp. 56-66.

TEECE D. (1977), *Technology transfer by multinational firms*, in “Economic Journal”, 87, pp. 242-61.

TEECE D. (1980), *Economy of scope and the scope of the enterprise*, in “Journal of Economic Behavior and Organization”, 1, pp. 223-45.

TELSER L.G. (1978), *Economic Theory and the Core*, University of Chicago Press, Chicago.

TEMPLEMAN J. (1993), *Nestlé: A giant in a hurry*, in “Business Week”, March 22, pp. 50-4.

THEROUX J., HURSTAK J. (1993), *Ben & Jerry's Homemade Ice Cream Inc.: Keeping the mission(s) alive*, in “Harvard Business School”, Case no. 9-392-025.

THURM S. (1998), *Copy this typeface? Court ruling counsels caution*, in “Wall Street Journal”, July 15, p. B1 ss.

TICHY N.M., DEVANNA M.A. (1986), *The Transformational Leader*, John Wiley & Sons, New York.

TIROLE J. (1988), *The Theory of Industrial Organization*, MIT Press, Cambridge (ma).

TOBIN J. (1978), *Monetary policies and the economy: The transmission mechanism*, in “Southern Economic Journal”, 37, pp. 421-31.

TOMER J.F. (1987), *Organizational Capital: The Path to Higher Productivity and Well-Being*, Praeger, New York.

TOMLINSON J.W.L. (1970), *The Joint Venture Process in International Business*, MIT Press, Cambridge (MA).

TOMSHO R. (1992), *Columbia Hospital is expanding, one market at a time*, in “Wall Street Journal”, December 4, p. B4.

TOY S., DWYER P. (1994), *Is Disney headed to the Euro-trash heap?*, in “Business Week”, January 24, p. 52.

TRACHTENBERG J.A. (1991), *Home economics: Ikea furniture chain pleases with its prices, not with its service*, in “Wall Street Journal”, September 17, p. A1.

TRACHTENBERG J., POPE K. (1995), *Poly Gram's Levy puts music firm further into movie-making*, in “Wall Street Journal”, June 15, p. A1 ss.

TRAGER J. (1992), *The People's Chronology*, Henry Holt, New York.

TRIMBLE V. (1993), *Overnight Success: Federal Express and Frederick Smith, Its Renegade Creator*, Crown, New York.

TROY M. (1998), *Wal-Mart intensified global push for '99*, in “Discount Store News”, 37, 23, December 14, p. 7.

TUCKER I., WILDER R.P. (1977), *Trends in vertical integration in the US manufacturing sector*, in “Journal of Industrial Economics”, 26, pp. 81-94.

TULLER L.W. (1991), *Going Global: New Opportunities for Growing Companies to Compete in World Markets*, Irwin, Homewood.

TULLY S. (1990), *GE in Hungary: Let there be light*, in “Fortune”, October 22, pp. 137-42.

TURK T.A. (1987), *The determinants of management responses to interfirm tender offers and their effect on shareholder wealth*, Unpublished doctoral dissertation, Graduate School of Management, University of California at Irvine.

TURNER R. (1991), *How MCA's relations with Motown Records went so sour so fast*, in “Wall Street Journal”, September 25, p. A1 ss.

TYLER B., STEENSMA H.K. (1995), *Evaluating technological collaborative opportunities: A cognitive modeling perspective*, in “Strategic Management Journal”, 16, pp. 43-70.

UTTERBACK J.M., ABERNATHY W.J. (1975), *A dynamic model of process and product innovation*, in "Omega", 3, pp. 639-56.

VAN DE VEN A., POLLEY D., GARUD R., VENKATRAMAN S. (1999), *The Innovation Journey*, Oxford University Press, New York.

VARADARAJAN P.R., CUNNINGHAM M.H. (1995), *Strategic alliances: A synthesis of conceptual foundations*, in "Journal of the Academy of Marketing Science", 23, 4, pp. 282-96.

VARAIYA N. (1985), *A test of Roll's hubris hypothesis of corporate takeovers*, Working paper, Southern Methodist University, School of Business, Dallas (TX).

VON CLAUSEWITZ K. (1976), *On War*, vol. I, Kegan Paul, London.

VON NEUMANN J., MORGENSTERN O. (1944), *The Theory of Games and Economic Behavior*, John Wiley & Sons, New York.

WALKER G., WEBER D. (1984), *A transaction cost approach to make-or-buy decisions*, in "Administrative Science Quarterly", 29, pp. 373-91.

WALLAS J., ERICKSON J. (1993), *Hard Drive: Bill Gates and the Making of the Microsoft Empire*, Harper Business, New York.

WALLEY K. (2007), *Coopetition: an introduction to the subject and an agenda for research*, in "International Studies of Management & Organization", 37(2), 11-31.

WALSH J., ELLWOOD J. (1991), *Mergers, acquisitions, and the pruning of managerial deadwood*, in "Strategic Management Journal", 12, pp. 201-17.

WALTON S. (1992), *Sam Walton, Made in America: My Story*, Doubleday, New York.

WEIGELT K., CAMERER C. (1988), *Reputation and corporate strategy: A review of recent theory and applications*, in "Strategic Management Journal", 9, pp. 443-54.

WEINER S. (1987), *The road most travelled*, in "Forbes", October 19, pp. 60-4.

WELBOURNE T., ANDREWS A. (1998), *Predicting the performances of initial public offerings*, in "Academy of Management Journal", 39, pp. 891-919.

WELSH J. (1998), *Office-paper firms pursue elusive goal: Brand loyalty*, in "Wall Street Journal", September 21, p. B6.

WERNERFELT B. (1984), *A resource-based view of the firm*, in "Strategic Management Journal", 5, pp. 171-80.

WERNERFELT B. (1986), *A special case of dynamic pricing policy*, in "Management Science", 32, pp. 1562-6.

WERNERFELT B., KARNANI A. (1987), *Competitive strategy under uncertainty*, in "Strategic Management Journal", 8, pp. 187-94.

WILLIAM J., PAEZ B.L., SANDERS L. (1988), *Conglomerates revisited*, in "Strategic Management Journal", 9, pp. 403-14.

WILLIAMS M., KANABAYASHI M. (1993), *Mazda and Ford drop proposal to build cars together in Europe*, in "Wall Street Journal", March 4, p. A14.

WILLIAMSON O.E. (1975), *Markets and Hierarchies: Analysis and Antitrust Implications*, Free Press, New York.

WILLIAMSON O.E. (1979), *Transaction cost economics: The governance of contractual relations*, in "Journal of Law and Economics", 22, pp. 233-61.

WILLIAMSON O.E. (1985), *The Economic Institutions of Capitalism*, Free Press, New York.

WILLIAMSON O.E. (1991a), *Strategizing, economizing, and economic organization*, in "Strategic Management Journal", 12 (Winter), pp. 75-94.

WILLIAMSON O.E. (1991b), *Comparative economic organization: The analysis of discrete structural alternatives*, in "Administrative Science Quarterly", 36, pp. 269-96.

WISEMAN R.M., CATANACH A.H. Jr. (1997), *A longitudinal disaggregation of operational risk under changing regulations: Evidence from the savings and loan industry*, in "Academy of Management Journal", 40, 4, pp. 799-830.

WOMACK J.P., JONES D.I., ROOS D. (1990), *The Machine that Changed the World*, Rawson, New York.

WOODS W. (1991), *Misery in the air*, in "Fortune", December 16, pp. 88-9.

WORTHY F.S. (1991), *Japan's smart secret weapon*, in "Fortune", August 12, pp. 72-5.

XIN K.R., PEARCE J.J. (1996), *Guanxi: Connections as substitutes for formal institutional support*, in "Academy of Management Journal", 39, 6, pp. 1641-58.

YAN A., GRAY B. (1994), *Bargaining power, management control, and performance in United States-China joint ventures: A comparative case study*, in "Academy of Management Journal", 37, pp. 1478-517.

YANG C., LEE S.G., LEE J. (2013), *Entry barrier's difference between ICT and non-ICT industries*, in "Industrial Management & Data Systems", 113(3), 461-480.

YODER S.K. (1991), *A 1990 reorganization at Hewlett Packard is already paying off*, in "Wall Street Journal", July 22, p. 1 ss.

YOSHINO M., HALL S., MALNIGHT T. (1991), *Whirlpool Corp*, in "Harvard Business School", Case no. 9-391-037.

YOUNG G., SMITH K.G., GRIMM C.M. (1997), *Multimarket contact, resource heterogeneity, and rivalrous firm behavior*, in "Academy of Management Proceedings 1997", pp. 55-9.

YUKL G. (1989), *Managerial leadership: a review of theory and research*, in "Journal of Management", 15, 2, pp. 251-89.

ZACHARY G.P. (1991), *IBM, Microsoft are deadlocked over royalties*, in "Wall Street Journal", October 1, p. B1.

ZACHARY P., YODER S.K. (1991), *Apple and IBM discuss a swap of technologies*, in "Wall Street Journal", June 7, p. B1 ss.

ZAHEER A., VENKATRAMAN N. (1995), *Relational governance as an interorganizational strategy: An empirical test of the rate of trust in economic exchange*, in "Strategic Management Journal", 16, pp. 373-92.

ZENGER T.R. (1989), *Organizational diseconomies of scale: Pooling vs. separating labor contracts in Silicon Valley (California)*, Unpublished doctoral dissertation, University of California, Los Angeles.

ZIMMERMAN M. (1985), *How to Do Business with the Japanese*, Random House, New York.

Finito di stampare nel mese di dicembre 2015
nella Stampatre s.r.l. di Torino
via Bologna, 220